Winston Graham
Der weite Weg nach Arwenack

SERIE PIPER
Band 1390

Zu diesem Buch

England 1593. Die Zeit der niedergehenden spanisch-katholischen und der aufstrebenden englisch-protestantischen Weltmacht, eine Zeit der Seeschlachten und der Piraten.

Der junge Maugam, unehelicher Sohn von John Killigrew, dem zwielichtigen Burgherrn von Arwenack an der Südküste Cornwalls, träumt von einem aufregenden Leben. Genährt wird seine Phantasie von den Erzählungen der Piraten, die sich – wie sein Vater – am Kaperkrieg gegen spanische Schiffe bereichern. Doch schneller als erträumt wird sein Leben zum Abenteuer: Eines Nachts überfallen die Spanier die Burg und nehmen Maugam als Geisel mit. Damit beginnt für ihn eine Odyssee, die erst ihr Ende findet, als es Maugam unter dramatischen Umständen gelingt, zu fliehen und Sue, seine Jugendliebe, dem verhaßten Nebenbuhler zu entreißen.

Winston Graham, geboren 1917 in Victoria Park/Manchester. Seit seinem dreiundzwanzigsten Lebensjahr freier Schriftsteller. Verfaßte historische Romane und spannende Unterhaltungsliteratur. Viele seiner Bücher wurden verfilmt, u. a. »Marnie« von Alfred Hitchcock. Lebt in Sussex.

Winston Graham

Der weite Weg nach Arwenack

Roman

Aus dem Englischen von
Herbert Schlüter und Helmut Degner

Piper
München Zürich

Die Originalausgabe erschien 1960 unter dem Titel
»The Grove of Eagles« bei Collins, London.

ISBN 3-492-11390-7
Neuausgabe 1991
2. Auflage, 16.–25. Tausend September 1991
(1. Auflage, 1.–10. Tausend dieser Ausgabe)

Umschlag: Federico Luci,
unter Verwendung einer Illustration von Braldt Bralds, New York
Satz: Friedrich Pustet, Regensburg
Druck und Bindung: Clausen & Bosse, Leck
Printed in Germany

Personen

In Arwenack:

Mr. John Killigrew, Burghauptmann von Pendennis Castle
Mrs. Dorothy Killigrew, geborene Monck, seine Frau
Lady Killigrew, geborene Wolverstone, seine Mutter
Maugan, ältester Sohn John Killigrews, unehelich

John Thomas Odelia Henry Maria Peter Elizabeth Simon Dorothy	Kinder von John und Dorothy Killigrew

Mary Killigrew, Schwester von Mr. Killigrew
Bethia Wolverstone, Schwester von Lady Killigrew
Henry Knyvett, Sohn Lady Killigrews aus ihrer ersten Ehe
Paul, sein Sohn
Belemus Roscarrock, Vetter der Kinder
Pastor Merther
Thomas Rosewarne, Verwalter
Jael Job, rangältester Gefolgsmann
Jane, seine Frau, Bediente
Annora, ihre Tochter

Carpenter, Tischler Foster Penruddock Carminow, Kanonier Bewse, Oberfalkenier	Gefolgsleute Mr. Killigrews

Wilky, persönlicher Bedienter Mr. Killigrews
Stevens, Page
Dick Stable, Stallknecht und Harfner
Rose, Stallknecht
Long Peter, Hundeknecht
Maud Vance, Hebamme
Meg Levant, Magd

Verwandte, Nachbarn, Bekannte:
Simon Killigrew, Bruder von Mr. Killigrew, in London
Stephen, sein Sohn
Thomas Killigrew, Bruder von Mr. Killigrew
Sir Henry Killigrew, Onkel von Mr. Killigrew, in London
Lady Jael Killigrew, seine zweite Frau
William Killigrew, Onkel von Mr. Killigrew, in London
Sir Anthony Arundell von Tolverne
Lady Anne Arundell, geborene Godolphin, seine Frau

Jonathan Thomas Elizabeth	ihre Kinder
Gertrude Carew Sue Farnaby	Freundinnen der Kinder Sir Anthonys

Alice Arundell, Schwester von Sir Anthony, in Tregony
Thomas Arundell, Bruder von Sir Anthony, in Spanien
Henry Arundell von Truthall, Bruder von Sir Anthony
Jack Arundell von Trerice, Neffe von Sir Anthony, ehemals Mündel von Sir Richard Grenville
Gertrude Arundell, seine Mutter
Sir Francis Godolphin, Vizegouverneur des Zinngrubengebiets in Cornwall und Devon, Sheriff von Cornwall, Bruder von Lady Anne Arundell
Lady Godolphin
William Treffry, Vetter, in Fowey

Tresthney Abel	seine Söhne

Digby Bonython, Vetter, in Carclew
Hannibal Vivian, Burghauptmann von St. Mawes Castle
Harold Tregwin, Nachbar, in Gluvias

John Trefusis, Nachbar
Katherine Footmarker, Kräuterfrau, Heilkundige
Captain Elliot, Kapitän der *Dolphin*
William Love, sein Steuermann
Captain Richard Burley, Kapitän der *Neptun*
Chudleigh Michell, Kaufmann in Truro
John Michell, sein Bruder
Philip Reskymer, Pfarrer in Paul
Sir George Fermor
Jane, seine Tochter
Sir Ferdinando Gorges, Kommandant der Festung Plymouth, Verwandter Sir Walter Raleighs
Butshead Gorges, sein Sohn
John Grenville, Vetter der Killigrews und Raleighs, zweiter Sohn Sir Richard Grenvilles, Offizier unter Raleigh

In Sherborne:
Sir Walter Raleigh
Lady Elizabeth Raleigh, seine Frau
Carew Raleigh, älterer Bruder Sir Walters
Arthur Throgmorton, Bruder Lady Raleighs
Victor Hardwicke, Vetter Lady Raleighs, stellvertretender Gutsverwalter
Laurence Keymis, Mathematiker und Oxfordmann

In London:
Robert Earl of Essex, Günstling Elizabeths I.
Sir Robert Cecil, Ratgeber der Königin, entfernter Verwandter der Killigrews
Lord Admiral Howard, später Earl of Nottingham, Mitglied des Staatsrats, entfernter Verwandter der Arundells
Lord Thomas Howard, sein Sohn, Admiral
Lord Henry Howard, sein Bruder
Francis Bacon } Freunde Lord Henry Howards,
Anthony Bacon } Neffen Sir Henry Killigrews

In Spanien:

Andres Prada, Hauptsekretär Philipps II., Mitglied der *Junta de Noche*

Rodez, Neffe Pradas

Isabella
Mariana — seine Schwestern

Estaban de Ibarra, Mitglied der *Junta de Noche*

Don Juan de Idiaquez, Mitglied der *Junta de Noche*

Don Martin de Padilla, Gouverneur von Kastilien, Adelantado

Pedro Lopez de Soto, Sekretär des Gouverneurs von Kastilien

Don Juan Portocarrero, Admiral, Kommandant des Galeerengeschwaders

Manuel Buarcos, Militärgouverneur von Lagos

Erstes Buch

1

Ich wurde am 25. Februar 1578 geboren. Später im selben Jahr heiratete mein Vater Dorothy Monck, eine reiche Erbin aus Potheridge in Devonshire, die ihm vierzehn Kinder schenkte – neun Söhne und fünf Töchter – von denen nur vier im Kindesalter starben.
Ich habe meine Mutter nicht gekannt. Ich wurde aufgezogen im Hause meines Vaters, als sein Sohn, und ich trug seinen Namen, Killigrew. Getauft wurde ich auf den Namen Maugan.
Wir kamen von St. Erme bei Truro in der Grafschaft Cornwall, wo ein Ralph Killigrew um 1240 von Heinrich III. die Erlaubnis erhielt, Waffen zu tragen. Ralphs Ururenkel hieß Simon, und Simon heiratete 1385 Joan aus Arwenack, das an der Mündung des Flusses Fal liegt; dorthin siedelte die Familie über und nahm zu an Reichtum. Als – fünf Generationen darauf – Heinrich VIII. im Krieg mit Frankreich eine Burg bauen wollte, die die Mündung des Fal beherrschte, wählte er als Standort ein altes verfallenes Fort, das auf dem Besitz der Killigrews, in unmittelbarer Nähe des Arwenack-Hauses, stand. Der damals lebende John Killigrew, mein Urgroßvater, wurde zum ersten Burghauptmann ernannt und noch im selben Jahr zum Ritter geschlagen.
Dieser John Killigrew war damals ein Mann in der Mitte des Lebens, beleibt, ein bißchen pockennarbig. Sein Bildnis, das wir bewahrten, bis es ein Raub der Flammen wurde, zeigte das runde Gesicht der Killigrews mit den vorstehenden Augen, dem Grübchen im Kinn und dem blonden Haar, wie es sich bei manchem der Männer in unserer Familie findet. Er hatte eine reiche Frau geheiratet, Elizabeth Trewinnard, und großen Vorteil aus der Auflösung der Klöster gezogen, so daß sich seine Ländereien und Güter vom Fluß Fal bis Helford Passage erstreckten, und er den Zehnten von sechzehn

Pfarrgemeinden erhob und ein Einkommen von mehr als sechstausend Pfund im Jahr hatte. Er meinte wohl, daß das Haus, in dem er, im Schatten der Burg, lebte, nicht seinem neuen Reichtum und Rang entsprach, denn er beschloß, es abzureißen und an seiner Stelle das größte Haus in Cornwall zu bauen.

So wurde denn das neue Arwenack-Haus gebaut, in dem ich zur Welt kam. Der Bau wurde erst 1567 vollendet, und mein Urgroßvater erlebte nur noch, wie der letzte Stein gesetzt wurde; dann fiel er vom Pferd und starb.

Er hatte sich keiner großen Beliebtheit erfreut, und es fehlte nicht an Stimmen, die raunten, daß dies ein böses Omen sei und Hochmut vor dem Fall komme. Es ist wahr, das neue Arwenack-Haus hat zu meinen Lebzeiten nur selten das Glück gekannt; aber man kann ebensogut nach einem realen Grund dafür suchen und ihn in der einfachen Tatsache finden, daß sich mein Urgroßvater übernommen hatte. Denn ungeachtet ihres Alters und Besitzes fehlte unserer Familie der solide Unterbau eines so großen Besitzes, wie er allein mühelos den extravaganten Lebensstil ermöglichte, den mein Urgroßvater sich zur Regel gemacht hatte. Auf ihn geht daher dieses Element von fieberhafter Unruhe und finanziellen Schwierigkeiten in unserem Leben zurück. Jede Generation versuchte, die alte Stellung zurückzugewinnen, und jede scheiterte in noch größerem Ausmaß als die vorangegangene. Mein Großvater und mein Vater waren oft bei Hofe und ließen es sich viel kosten, die königliche Gunst und ein öffentliches Amt zu erwerben. Als sie dann ein Amt erhielten, konnten sie es sich nicht mehr leisten, in seiner Ausübung besonders gewissenhaft zu sein.

Doch von alledem wußte ich in meiner Jugend nichts.

Der Lauf des Fal, der bis Tregony schiffbar ist, verbreitert sich etwa drei Meilen von der See landeinwärts zu einem großen natürlichen Ankerplatz, der zu den schönsten der Welt gehört. Eine gute Meile von der Mündung aus landein spaltet eine schmale Landzunge das westliche Ufer; die dadurch entstandene Bucht erstreckt sich noch über eine Meile weit vom Hauptlauf weg bis nach Penryn, dem größten Hafen am Fluß.

Aber am äußersten Rand der Mündung ragt, und zwar wieder an der Westseite, ein Vorgebirge, dessen Form an den Kopf eines Perlhuhns erinnert, ins Wasser der Flußmündung. In diesem Kopf denke man sich nun ein Auge: es ist die Burg, Pendennis Castle, deren Hauptleute nacheinander mein Urgroßvater, mein Großvater und mein Vater waren; und wie ein Auge überblickt die Burg alle Zugangswege. Genau unter dem Hals des Perlhuhns steht das Arwenack-Haus, und der gewaltige Leib des Vogels war der Besitz der Killigrews.

Das Arwenack-Haus sieht, mit der Front nach Süden, auf das heitere Blau der Flußmündung. Aber hinter dem Hause, nur verborgen hinter einer schmalen höckerigen Bodenerhebung, liegt wieder die See: die weite Bucht von Falmouth und der Kanal.

Ich bin nie dahintergekommen, ob das Haus nach irgendeinem Plan gebaut wurde. Es war wie eine kleine Stadt, die innerhalb ihrer Palisaden alles enthielt, was man zum Leben brauchte. Zur Zeit meiner Geburt lebten dort einige fünfzig Leute. Zu der ständig wachsenden Familie mit ihren nächsten Verwandten kamen fünfunddreißig Knechte, Dienstboten und Lehnsleute samt einem halben Dutzend Schmarotzer, – Leute, die einen Anspruch auf die Großmut oder Duldsamkeit meines Vaters hatten und bei uns lebten und sich durchfutterten.

Die einzelnen Gebäude des Komplexes umschlossen auf drei Seiten einen viereckigen Hof – die vierte Seite, die auf den Hafen ging, war offen, bis auf einen zinnengeschmückten Turm, der von zwei niederen Mauern flankiert wurde und unten ein großes Tor hatte. Jeder, der von der See her kam und das Haus betreten wollte, mußte durch dieses Tor gehen, über dem man, von einem Mauervorsprung gestützt, das Wappen der Killigrews sah, einen doppelköpfigen Adler mit ausgebreiteten Schwingen. An der Nordecke des Hauses befand sich ein zweiter Turm, mit Schießscharten für Pfeile oder Musketen, und so hoch, daß man von ihm aus alle Zugangswege vom Land her überblickte. Auf allen Seiten war das Haus durch Palisaden und Erdwälle geschützt, denn in seiner isolierten Lage, ohne natürlichen Schutz, konnte ihm bei einem Angriff von der See her selbst nicht die nahegelegene Burg vollkommene Sicherheit gewähren.

Mein Zimmer – das ich mit meinem Halbbruder John teilte, der anderthalb Jahre jünger als ich war – lag im linken Flügel des Hauses und ging auf den Hafen. Es war kaum vier Ellen breit und knapp fünfeinhalb Ellen lang; an dem einen Ende war ein hohes, schmales Fenster, während am anderen das Bett neben der Tür stand.

Eine zweite Tür führte zu den übrigen Schlafzimmern. Wenn draußen der Südost blies, pfiff der Wind durch unser Zimmer, wie fest auch das Fenster verriegelt war, und er suchte seinen Weg mit solcher Wut, daß unsere Strohmatte sich hob und bebte, als sei eine Schlange darunter. Das Zimmer war einfach aber behaglich eingerichtet, denn außer dem Bett enthielt es zwei Hocker, ein gesticktes Fensterkissen, ein Stück Segeltuch, das wir nachts vor das Fenster hängten, ein Regal und schließlich an der Wand eine alte Karte von der Bretagne, gezeichnet von Baptista Boazio.

Alle meine Kindheitserinnerungen kreisen um ein dunkles Zimmer mit dem Blick auf einen hellen Schauplatz, denn trotz seiner Höhe schien das Fenster weniger das Licht hereinzulassen als die Helligkeit draußen hervorzuheben. Meine erste Erinnerung überhaupt zeigt meinen Halbbruder John, wie er von seiner Amme gesäugt wird – er bekam die Brust, bis er drei Jahre alt war –, und wie ich, des Schauspiels überdrüssig, ans Fenster laufe und aus der Dunkelheit des Zimmers hinaussehe auf die tiefe Bläue eines stillen Gewässers, das wie eine blaue Schüssel ist, mit einem Schiff darauf, dessen Schokoladesegel gerade zerknittert werden, als es vor Anker geht, und dahinter die grün bewaldeten Hügel am Ostufer des Flusses.

Alle meine frühen Erinnerungen sind Erinnerungen an Wasser, an Meer, Fluß und Regen, an Wind und Himmel. Entweder sah ich von oben aus darauf hinunter, oder ich war draußen und mitten darin, mit einem älteren Familienmitglied, oder ich war unten am See, wo wir Schwäne züchteten, oder ich kletterte auf den Klippen unterhalb der Burg umher und ließ mir die Beine vom Gischt bespritzen. Noch bevor ich alt genug war, um vernünftig zu denken, liebte ich das Meer und kannte es als ein Naturelement, so vertraut wie das feste Land. Sobald ich aber alt genug war, um vernünftig zu denken, lernte ich es fürchten – nicht als Element, sondern um dessentwillen, was es bringen konnte.

Denn wir lebten immer unter der spanischen Bedrohung. Es hatte, solange ich mich erinnern konnte, keinen Frieden gegeben, und niemals wußten wir, wann die feindlichen Galeonen vor unserer Küste erscheinen würden. Als die erste Armada kam und an uns vorbeizog, war ich zehn Jahre alt; ich erinnere mich noch an den 30. Juli jenes Jahres, – es war ein Samstag, und ich stand mit meinem Vater und John, mit meinem Großonkel Peter und meinem Onkel Thomas

auf dem höchsten Türmchen der Burg und drängte meinen Vater, mich durch sein Fernglas sehen zu lassen, mit dem er den Horizont absuchte.
Am späten Nachmittag, als der Wind auffrischte und sich der Dunst über der See auflöste, bekamen wir die Schiffe zu sehen. Die große Flotte, von der uns nur ein Teil vor Augen kam, ragte wie Burgen aus dem Meer heraus, wie unser Pendennis-Castle, Burgen, an den Horizont gebaut, und die Sonne glänzte auf ihnen und vergoldete sie. Als die Dämmerung kam, erschien Walter Powell aus Penryn bei uns und erzählte, daß er dicht an der Flotte vorbeigekommen sei und mehr als hundert Schiffe gezählt habe, und alle hätten ihre Flaggen und Wimpel wehen lassen, und die Schiffskapellen hätten an Bord Marschmusik gespielt. Mein Großonkel Peter war bereits – obwohl damals schon über sechzig Jahre alt – in einem Küstenfahrer in See gestochen, um dem Feind den Kanal hinauf zu folgen.
Aber auch als die erste Gefahr vorüber war, und auch noch nach den großen Freudenfesten, als bekannt geworden war, daß die Armada versenkt war und der Sturm sie zerstreut hatte, wußten wir sehr wohl, daß dies für uns nicht das Ende des Krieges war.
Ich habe viele Kindheitserinnerungen, aber allen voran steht diese erste: ich lebe innerhalb der vier Wände unseres Zimmers bedrückt wie in einer dunklen Zelle und blicke hinaus auf eine Welt strahlender Helligkeit; ich werde wie ein Gefangener in der Dunkelheit gehalten und habe nur den einen Wunsch, hinauszukommen. Es ist die Erinnerung an ein Gefühl des Eingesperrt- und Beengtseins. Daneben aber ist die zweite Erinnerung, die sich auf einen größeren Zeitraum erstreckt: daß in der Welt kein Frieden ist, daß ›draußen‹ Furcht und Gefahr heißt, ›drinnen‹ aber eine begrenzte Sicherheit.
In jener Zeit schreckte uns jedes Gerücht, jeder falsche Alarm, jedes Flüstern hinter der vorgehaltenen Hand, jeder Wechsel der Atmosphäre, jeder Argwohn von Verrat und Treubruch. Da starb ein Kalb ohne ersichtlichen Grund, oder die Pferde scharrten rastlos im Stall, oder eine von der untergehenden Sonne rötlich gefärbte Wolke nahm die Gestalt des Richterstuhls an, am Tage des Jüngsten Gerichts. Oder Meg Levant, eine der Mägde, kam mit einer Geschichte nach Hause, die sie von Harold Tregwin aus Gluvias hatte: man habe, so hatte er gehört, einen papistischen Priester in einem geheimen

Schrank gefunden, im Hause der Roscarrocks in Pentire, und alle seien verhaftet worden.

Mit vier Jahren wurde ich, unter der Anleitung unseres Hauskaplans, Pastor Merther, vor Abc-Buch und Lateinfibel gesetzt, und im Jahr darauf kam mein Bruder John dazu. Fast jedes Jahr kam einer dazu: Thomas, dann Odelia, darauf Henry. Dann kam eine Weile niemand, weil Grace mit drei Monaten gestorben war. Oft gesellte sich mein Vetter Paul Knyvett zu unserer Gruppe, ein mürrischer Junge, der ein Jahr älter als ich war, und noch ein anderer Vetter, zweiten oder dritten Grades, Belemus Roscarrock, der noch ein Jahr älter war, aber faul und rebellisch.

Als ich elf Jahre alt war, hatte mich mein Lehrer bereits in die lateinische Grammatik Lilys, in die Arithmetik Records und die Colloquia des Erasmus eingeführt, und ich konnte einige Stücke von Ovid und Juvenal auswendig, nicht zu vergessen die ersten zwanzig Lehrsätze des Euklid. Ich wußte auch ein wenig von der Geschichte und von den Sternen.

Man stand im Hause mit der Sonne auf, um die Morgenandacht zu halten, worauf wir Kinder laut ein Kapitel aus der Bibel lesen mußten, bevor wir unser Frühstück bekamen. Es bestand aus Roggenbrot und Porridge, zuweilen auch einer Scheibe kaltem Hammelbraten oder einem Stück holländischem Käse. Pastor Merther paßte auf uns auf, betulich und zappelig wie eine alte Frau; mit seinen langen gelben Fingern fummelte er an seinem Wams herum, während seine kleinen Augen mit messerscharfen Blicken nach Anlaß zum Tadeln suchten, an unserer Kleidung oder unseren Manieren. John ertappte er dabei, daß er auf seinen Haferbrei blies, damit er schneller abkühle, Odelia hatte sich nicht die Nase geputzt, Paul hatte die Strumpfbänder vergessen, und alle hielten wir den Kopf zu tief über den Teller.

Das war übrigens Pastor Merthers besondere Sorge: selbst im Unterricht mußten wir mit erhobenem Kopf arbeiten, damit uns nicht die Humores in den Kopf stiegen und die Augen schädigten.

Nach dem Mittagessen hatten wir drei Stunden frei, in denen wir uns im Fechten mit Rapier oder Degen üben konnten oder mit einem der Reitknechte auf die Jagd mit dem Falken gingen, wenn wir uns nicht lieber ein Boot nahmen und am Fluß spielten oder uns in dem dunklen, von würzigen Düften erfüllten Schuppen des Kräutergartens, in dem die Kräuter zum Trocknen lagen, Geschichten zum Fürchten erzählten. Oder wir spielten mit den Hunden oder halfen beim Pferdefüttern, und wenn der Verwalter guter Laune war, durften wir sogar reiten. Oder wir kletterten auf die Ulmen, oder wir spielten im dichten Wald und gingen hinunter zum Schwanenteich.

Aber pünktlich um sechs Uhr mußten wir, ordentlich gewaschen und angezogen, zum Abendessen bei Tische sein. Nach dem Essen hatten wir noch eine Stunde bei Pastor Merther, in der wir ein paar Absätze aus den Briefen des Cicero wiederholen mußten oder aus sonst einem guten Autor, mit dem wir uns am Vormittag beschäftigt hatten; und wenn wir es falsch wußten, bekamen wir Prügel, bevor wir ins Bett geschickt wurden.

Eine besonders lebhafte Erinnerung habe ich an meinen vierzehnten Geburtstag bewahrt. Walter – er war das sechste legitime Kind meines Vaters – hatte seit drei Wochen am Wechselfieber gelitten und viele Anfälle durchgemacht. Dorothy, die Frau meines Vaters, war wieder schwanger, dennoch sollte am Abend ein Bankett stattfinden. In der Bucht lagen zwei Schiffe, und man erwartete ein Dutzend Gäste zur Tafel. So war der Tag mit geschäftig hin und hereilenden Dienern und den Vorbereitungen zum Festmahl wie im Flug vergangen.

Da meine Stiefmutter so fleißig für das Wachstum der Familie sorgte, hielt meine Großmutter oft die Zügel des Haushalts in ihren Händen – aber vielleicht hätte sie sie, wie sie nun einmal geartet war, in jedem Fall in den Händen gehalten. Wenn Gäste erwartet wurden, übernahm sie ohnehin das Regiment, und ich glaube, daß sie, obwohl mein Großvater damals schon sieben Jahre tot war, nie wirklich ihrem Sohn oder ihrer Schwiegertochter Platz gemacht hatte. Jedenfalls war sie der einzige Mensch im Hause, der nicht, wenn er den Schritt meines Vaters hörte, ängstlich oder unruhig wurde.

Ich hatte den Nachmittag mit Belemus Roscarrock verbracht. Wir hatten mit einem Tennisball auf dem Rasen, der zum Übungsplatz der Bogenschützen gehörte, gespielt, bis man uns verjagt hatte. Wir hatten dann versucht, die Krähen zu jagen, die über einem kürzlich umgegrabenen Rübenfeld kreisten. Nachdem wir auch dieses Spiels

überdrüssig geworden und nur eine Krähe getötet hatten, schlenderten wir bei sinkender Dämmerung nach Hause und schauten einen Augenblick zu den beiden Schiffen hinüber, die – beides Schaluppen – im nahen Schutz des Landes vor Anker gegangen waren.
»*Neptun* und *Dolphin*«, sagte Belemus und kratzte sich den von dichtem schwarzem Haar bedeckten Schädel. »Es ist etwas über sechs Monate her, daß sie schon einmal hier waren.«
»Daran erinnere ich mich nicht«, sagte ich.
»Nein, sie lagen damals drüben vor Helford. Hier tauchten sie nicht auf, weil die *Crane* hier kreuzte. Besser, wir gehen jetzt hinein. Freund Tintenkleckser wird sich schon vor Wut auf die Lippen beißen.«
Wenn ich auch mit Belemus nicht immer gut auskam, fand ich das Zusammensein mit ihm höchst anregend. Er war ein kräftiger, massiger junger Mann, der mit sechzehn schon so groß wie ein ausgewachsener Mann war, mit schwarzen Augen, die tief in den Höhlen lagen – die wirklich etwas von felsüberhangenen Höhlen hatten – und er sprach, mit einem breiten blühenden Mund, voll spöttischer Überlegenheit, wie einer, der die Welt schon viel besser kannte als ich.
»Wenn einer«, sagte ich, »keine Angst vor dem Federfuchser zu haben braucht, dann bist du es ... Denn obwohl du nicht arbeiten willst, bist du sein Liebling.«
»Ach? Und weißt du, warum ich sein Liebling bin? *Weil* ich ihn nicht fürchte. Verstehst du?«
Er wandte sich um und ging ins Haus. Ich aber blieb noch ein paar Minuten draußen und blickte zu den beiden niedrigen dunklen Schiffen hinüber, deren Masten sich langsam mit der Dünung wiegten. Hinter ihnen brannte, auf der anderen Seite der Flußmündung, ein Licht im St. Mawes Castle, einer Burg, die zur selben Zeit und zu demselben Zweck wie Pendennis Castle gebaut worden war; nur war sie weniger günstig gelegen. Was aber Belemus anging, so hatte ich mich oft gefragt, warum Pastor Merther ihn rücksichtsvoller behandelte als mich und alle andern. Wollte mich nun mein Vetter aufhetzen, um dann in Ruhe, aus dem Hintergrund, das Resultat abzuwarten?
Der Abend war kalt, und ich erinnere mich noch an das Gefühl von Wärme, als ich unterm Turm durch das große Tor auf den Hof trat und die Lichter im Hause aufflackern sah. Am hellsten

brannte das Licht in der Südecke, wo das Zimmer meiner Großmutter lag, in dem sie sich jetzt wohl für den Abend ankleidete. Aber als ich mich anschickte, ins Haus zu gehen, kam ein Mädchen heraus und rannte quer über den Rasen, von einem Flügel zum andern, was kein Mädchen bei Tageslicht gewagt hätte. Ich trat in den Schatten zurück und nahm mir vor, wenn sie in meine Nähe kam, hervorzuspringen und sie zu erschrecken, aber sie hatte mich schon gesehen, und statt mir auszuweichen, lief sie auf mich zu.
»Walter ist sterbenskrank, Master Maugan. Er hat gerade wieder einen schlimmen Anfall. Seid leise, wenn Ihr in sein Zimmer geht.«
»Grete ist so dünn wie eine Gräte«, sagte ich, aber nur aus Gewohnheit; in Wahrheit dachte ich über das nach, was sie gesagt hatte. Schon in der vergangenen Nacht hatte es während der dunklen Stunden ein Kommen und Gehen durch unser Schlafzimmer gegeben. Ich war noch nie in meinem Leben krank gewesen, und vielleicht interessierte mich deshalb zu erfahren, was Krankheit war. Beim Tode von Grace im vorigen Jahr hatte man uns hineingerufen, und ich hatte ihr pausbäckiges totes kleines Gesicht geküßt; es war weich und kühl gewesen und hatte einen sonderbaren Geruch gehabt.
Als ich nach Hause kam, wusch ich mir rasch Hände und Gesicht und zog mich um, bevor Pastor Merther dazukommen und die große Kraftprobe heraufbeschwören konnte, zu der mich Belemus aufreizen wollte. Aber der Tintenkleckser hatte genug im Zimmer nebenan zu tun, und ich bekam ihn den ganzen Abend über nicht zu sehen.
Im Speisesaal war auch an diesem Abend nicht mehr als die übliche Anzahl von fünfzig Personen versammelt, denn zehn oder mehr Dienstboten, die sonst zur gleichen Zeit zu Abend aßen, wurden heute für Extraarbeiten in der Küche und zum Servieren gebraucht. Der Saal nahm fast ganz den mittleren Teil des Hauses ein; dahinter lagen, getrennt vom übrigen Haus, die Küchen. Im Sommer war der Raum schön, im Winter aber wurde er sehr feucht. Von den getünchten Wänden troff die Feuchtigkeit, und vor der Kälte, die von ihnen ausging, konnte auch kein Wandteppich schützen. An diesem Abend aber war rechtzeitig ein kräftiges Feuer im Kamin gemacht worden, und da draußen kein starker Wind wehte, war es drinnen einigermaßen gemütlich und warm.
Der vordere Tisch war voll besetzt, und sechs weniger bedeutende Gäste hatten mit Plätzen am Ende unseres kleineren Tisches vorlieb

nehmen müssen, der an einer Seitenwand stand. Ein dritter Tisch, bestehend aus einer Platte, die auf einem Gestell von Böcken lag, stand, mit den Bänken für das Gesinde, am unteren Ende des Saals. Die Flammen der brennenden Buchenscheite spiegelten sich mit tanzenden Reflexen in dem Erkerfenster gegenüber, und in den Messingleuchtern brannten heute vierundzwanzig Kerzen aus feinem Wachs statt, wie an gewöhnlichen Abenden, stinkenden Talglichtern.

Auf dem Fußboden lagen frische Binsen, und die meisten Hunde waren heute aus dem Saal verbannt worden. Mein Vater hatte eine Schwäche für Hunde und konnte sich kaum je dazu überwinden, einen von ihnen töten zu lassen. So kam es, daß sie sich in allen Größen, Formen und Spielarten der Promenandenmischung vermehrten. Selten gab es eine Zeit ohne einen Wurf junger Hunde, und selten eine Zeit – ausgenommen, es wurden Gäste erwartet – in der man keine Pfütze auf dem Boden oder, was zuweilen auch vorkam, auf den Stühlen bemerkte. Fast in allen Zimmern roch es nach Hund, aber am stärksten war dieser Geruch im Saal.

Ein Kind nimmt viele Jahre seine Umwelt hin, ohne über sie nachzudenken, ja ohne sie eigentlich zu sehen. Dann aber kommt ein Tag, an dem sich sein Geist gleichsam selbständig macht und zum erstenmal mit neuen Augen um sich blickt. Und so machte ich mir zum erstenmal an diesem Abend Gedanken über die merkwürdige Buntscheckigkeit der Gäste, die am Tisch meines Vaters saßen. Einmal waren es unsere Vettern, die Arundells oder die Godolphins oder die Bassets, vornehm und reicher als wir. Ein andermal war es der Kapitän einer Pinasse, die die Aufgabe hatte, die Küste auf Piraten zu überwachen, zusammen mit Hannibal Vivian von St. Mawes Castle, der sich über die schlechte Bewaffnung seines Bootes beklagte. Dann gab es wieder Bankette für Leute, die in der Grafschaft eine kleine Rolle spielten, und die gelegentlichen Besuche derer, die eine große Rolle spielten. Selten aber verging eine Woche ohne Gäste. Am merkwürdigsten waren vielleicht die lärmenden Feste zum Empfang von Kapitänen und Mannschaften der Schiffe, die ab und zu in unserer Bucht vor Anker gingen.

Captain Elliot von der *Dolphin* war ein Mann von kränklicher Gesichtsfarbe, mit einem schwarzen Bart, vorstehenden Backenknochen und von hagerer Gestalt. Seine Nase gab bei jedem Atemzug einen

Pfeifton von sich, und er sprach kaum je anders als im Flüsterton. Gewiß kamen seine Befehle an Bord durch den Mund seines Steuermanns, eines gewissen William Love aus Weymouth, der ein fröhlicher Mann mit rotem Gesicht und seltsam gierigen Augen war. Beide waren dem festlichen Anlaß gemäß gekleidet, aber ihre Begleiter bildeten eine recht gemischte Gesellschaft – die meisten von ihnen in schlechtsitzenden Anzügen, wie für einen andern angefertigt, Männer von derber Sprache, unrasiert, mit langen Haaren und von rauhen Manieren. Captain Burley von der *Neptun* war groß und hellblond; aber er hatte etwas Heruntergekommenes und sah wie ein Schurke aus.

Daß meine Großmutter ihren Platz zwischen ihm und Elliot gewählt hatte, war mir schwer verständlich. Denn meine Großmutter war eine große Dame.

Von den bei diesem Bankett anwesenden Personen seien noch erwähnt: Mary Killigrew, eine unverheiratete Schwester meines Vaters, Henry Knyvett und Bethia Wolverstone. Meine Großmutter war eine Tochter von Philip Wolverstone aus Suffolk, und Mrs. Wolverstone war ihre Schwester, eine kränkliche, hagere und hochbetagte Frau. Henry Knyvett war ein Sohn meiner Großmutter aus erster Ehe. Er lebte mit seiner Frau und seinen vier Kindern auf Rosemerryn, einem der Rittergüter meines Vaters, aber meistens aß er in Arwenack, denn er vertrug sich schlecht mit seiner Frau, und sein zweiter Sohn, Paul, wohnte ohnehin bei uns.

In dem Winkel bei der Treppe spielten drei Spielleute ihre Weisen, aber je länger das Essen dauerte, desto mehr glich ihre Musik einem Floß bei Sturm und ging unter im Meer der Stimmen.

Wenn mein Vater Gäste hatte, zeigte er sich stets von seiner besten Seite. Er war damals noch ein stattlicher Mann, anfang der Vierzig, vielleicht ein bißchen klein von Wuchs, aber von frischer Gesichtsfarbe, mit schönem vollem, blondem Haar, ein wenig vorstehenden, ausdruckslosen blauen Augen und hellbraunem Knebelbart, der seidig und gepflegt über einem festen, doch mit einem Grübchen gezierten Kinn stand. In seiner sorglosen, leichtsinnigen Art verbrachte er viel Zeit mit Trinken, Spielen und Mädchen, wenn auch seine Stimmungen wechselten und er große Entschlossenheit an den Tag legen konnte, wenn es um seinen Vorteil ging.

In diese lärmende Gesellschaft, auf die das Kaminfeuer seinen flackernden Schein warf, trat plötzlich Pastor Merther. Er blinzelte und schrak ein wenig zurück vor dem Licht und Lärm, dann schlängelte er sich an der Wand entlang – wie ein Kakerlak, schien mir –, bis er hinter dem Stuhl meines Vaters erschien. Dort wagte er sich einen Schritt vorwärts und flüsterte ihm etwas ins Ohr. Zufällig hatten die Spielleute ihr Stück beendet, und die Gespräche verstummten, als Gäste und Diener die Szene beobachteten.

»Was gibt's, John?« fragte meine Großmutter, Lady Killigrew. »Ist etwas mit Walter?«

»Ja. Walter ist tot.« Und nüchtern erklärte er den andern: »Es ist mein Sohn. Im zarten Alter von fünf Jahren. Mein Kaplan wird jetzt ein Gebet sprechen.«

Alles stand stolpernd und scharrend auf, und Pastor Merther murmelte ein langes Gebet. Als er sich anschickte, ein zweites zu sprechen, unterbrach ihn mein Vater barsch. Als wir uns alle wieder gesetzt hatten, fragte ihn Captain Elliot etwas im Flüsterton.

»Aber nein, ich bitte Euch«, antwortete mein Vater. »Es würde ihm nichts helfen, wenn wir jetzt aufhörten. Seine Mutter ist bei ihm. Er ist als Christ gestorben. Was ist dazu mehr zu sagen?«

Und doch mußte etwas mehr dabeisein, denn die Gespräche im Bankettsaal wollten nicht mehr recht in Gang kommen. Die Worte meines Vaters klangen gefühllos, aber ich war überzeugt, daß er nicht wirklich so gefühllos war, wie er es im Augenblick schien. Mechanisch strich er sich immer wieder mit einer fleckigen Serviette über den Schnurrbart, und er aß nicht mehr weiter, sondern blinzelte nur mit steinerner Miene über den Rand seines Glases hinweg in den Saal.

Mitten in der Stille hörte ich, wie Captain Burley zu meiner Großmutter sagte: »Wir brauchen das Zeug dringend, Eure Ladyschaft. Man bekommt es nicht in jedem Hafen, und wir zahlen gut dafür. Das wißt Ihr.«

»Womit?« fragte Lady Killigrew, aber die Antwort hörte ich nicht, weil gerade ein Diener mit klapperndem Geschirr vorbeikam.

»Womit?« wiederholte Belemus flüsternd die Frage. »Mit Froschnieren, Hühneraugen und den Weichteilen eines gemarterten Hundes«, beantwortete er sie. »Das ist alles, womit er zahlen kann, denn seine Mutter ist eine Hexe.«

»Sechs Anfälle von Wechselfieber«, sagte mein Vater verdrießlich.

»Viele hätten sich davon wieder erholt. Aber Walter war von zu feiner Art. Die Feinen nimmt Gott zu sich, und die Groben bleiben hier, um für den Teufel zu arbeiten.«
»Ich glaube, daß es nicht allein das Wechselfieber war«, sagte Lady Killigrew. »Wahrscheinlich war es eine Vergrößerung der Leber. Ich verlor zwei von deinen Schwestern dadurch, bei der zweiten ließ ich die Leichenöffnung zu. Ihre Leber war ganz rostfarben und geschwollen. Kein schöner Anblick.«
Mein Vater schob mit einer heftigen Gebärde seine Schüssel von sich, gab aber keine Antwort. Niemand hätte in diesem Augenblick gewünscht, seine Aufmerksamkeit auf sich zu lenken. In der peinlichen Stille winkte Lady Killigrew einem Bedienten und schickte ihn zu den Spielleuten mit dem Auftrag, noch eine Melodie zu spielen.
»Was sagtet Ihr gerade, Captain Elliot?«
»Was ich gerade sagte, Eure Ladyschaft? Ach ja, ich sagte, daß man in der Irischen See kein einziges Kriegsschiff findet – oder doch nur selten –, aber dafür Schiffe mit wertvoller Fracht jeden Tag. Ich verstehe nicht, daß Mr. Killigrew nicht um ein Kriegsschiff nachsucht.«
Lady Killigrew machte sich an einer Brosche zu schaffen. »Es gehört nicht zu Mr. Killigrews Bestallung, in der Irischen See das Kommando zu führen, Captain Elliot. Er findet es wegen der Knauserigkeit des Staatsrats schon schwer genug, eine Burg und einen Küstenstreifen zu verteidigen und die Piraten niederzuhalten.«
»Ich kann mir kaum vorstellen«, erwiderte Burley, »daß die Knauserei soweit gehen sollte, einen so wichtigen militärischen Posten ohne gewöhnliche Verteidigungsmittel zu lassen.«
»Sie geht tatsächlich so weit, Captain Burley«, sagte meine Großmutter. »Ihr würdet überrascht sein, wenn Ihr von den steten Bemühungen Mr. Killigrews wüßtet, mit Briefen und persönlichem Vorstelligwerden das Nötigste an Verteidungsmitteln zu erhalten. Er bekommt sie nicht. Noch heute, da wir nach wie vor mit der spanischen Drohung leben, sind wir schutzlos jedem Angriff ausgeliefert. Mr. Killigrew empfängt 12 Pence am Tage als seinen Hauptmannssold, das ist der gleiche Betrag, den man dem Maurermeister von Boscastle Pier zahlt. Wir haben unseren Hauptmann-Stellvertreter, Forster, hier und einen Geschützmeister, Carminow, dort; zwei Kanoniere und für den Notfall die Musterungen von Budock.

Und zu ihrer Ausrüstung haben wir nicht mehr als zwanzig Karabiner, vier Faß Pulver und drei Feldschlangen. Mr. Killigrew hat, wie er Euch bereits sagte, ein Vermögen aus seiner eigenen Tasche gezahlt.«

»Eure Ladyschaft kann meines tiefsten Mitgefühls sicher sein«, erklärte Captain Elliot. »Es ist ein erbitternder Gedanke, daß die, welche unserem Lande am ergebensten dienen, dadurch nur allzu oft zum Bettler werden.«

»Es gibt auch andere, die finden ihre Mühen durchaus nicht schlecht belohnt«, sagte Captain Burley, der sich gerade nach einem kräftigen Schluck den Mund am Ärmel abwischte. Was auch immer dieser Mann sagte, er sagte es mit einem höhnischen Lächeln.

Bald darauf verließen die Hauptgäste den Saal, und die Diener begannen aufzuräumen, indem sie sich mühsam einen Weg suchten zwischen umgestürzten Stühlen, vergossenem Wein und einem halben Dutzend schlafender Matrosen. In einer Ecke saßen drei Männer beim Spiel und schienen nahe daran, handgemein zu werden, unter ihnen ein Matrose mit einer üblen Visage, ein gewisser Aristotle Totle. Die Kerzen tropften auf die Tische. Die Buchenscheite waren herabgebrannt, und die graue Asche lag verstreut über dem Boden der Feuerstelle. Die Musikanten hatten den Kampf aufgegeben, und Dick Stable, der Harfner, fütterte die Spaniels meines Vaters mit Brocken und Resten.

»Schau«, sagte Belemus und stieß mich leicht mit dem Ellbogen an, »jetzt haben sich die Herren Kapitäne zu einer vertraulichen Unterhaltung zurückgezogen. Du hast mich gefragt, warum sie herkommen. Wenn du jetzt lauschen könntest, würdest du es wissen.«

»Da ich das nicht kann, werde ich es also nie erfahren.«

»Ich würde sagen, es kommt darauf an.«

»Wie meinst du das?«

Wir verließen den Saal und gingen langsam durch den getäfelten Gang zum Südflügel. Wir kamen an der Tür des Gesellschaftszimmers vorbei, in dem sich unsere Gäste vermutlich aufhielten. Durch zwei Ritzen in der Tür drang Licht. Als wir vorübergegangen waren, sagte Belemus leise: »Na, was hab ich dir gesagt, Dummkopf? Da kannst du hineinsehen.«

»Aber es könnte doch jemand kommen.«

»Wenn du interessiert bist, will ich für dich aufpassen.«

Ich zögerte, schwankend zwischen Zweifel und Lust am Komplott; dann trat ich an die Tür. Der obere Spalt befand sich etwa eine halbe Elle unter Augenhöhe. Hier war das Holz geborsten, und man konnte hindurchsehen. Ich hörte das Husten meiner Großmutter.

Captain Burley sprach: ». . . wenn wir zu dem noch fünf Pfund Levantiner Seide, blau gefärbt, und zwei Kisten Feigen hinzufügen, dann ist das mehr wert als zwei lumpige Faß Pulver.«

»Ich kann meine Verteidigungsanlagen nicht weiter entblößen. Wenn die Spanier kommen . . .«

»Mr. Killigrew, wenn die Spanier kommen . . .« Das war Captain Elliot – ein kaum vernehmbares Flüstern. »Dann genügen auch zehn Faß Pulver nicht. Wenn die kommen . . . eine Armada, doppelt so groß wie die vorige . . . kommen sie mit Peitschen, eigens angefertigt für die nackten Rücken der Engländerinnen . . . aber sie versuchen es noch nicht in diesem Sommer.«

»Habt Ihr Informationen?«

»Privat, aber authentisch, Eure Ladyschaft. Die *Dolphin* kommt weit herum. In Blavet in der Bretagne im vergangenen Monat, in La Coruña im Dezember . . . Ihr könntet, ohne daß es Euch wehtut, auf Euer letztes Falkonett verzichten.«

Einer der Hunde, Christian, bewegte sich und knurrte im Schlaf. Ich konnte gerade das Gesicht meines Vaters sehen, er hatte es in die Hand gestützt, über die sein blonder Knebelbart hing. Irgendwo hinter ihm hörte man Klirren und das Geräusch von Wein, der in einen Pokal gegossen wird.

»Macht einen besseren Vorschlag. Einen, den wir in Erwägung ziehen können.«

»Lady Killigrew, Ihr wißt so gut wie ich, was es zur Folge hätte . . .«

»Nein«, unterbrach mein Vater, »ich weiß nicht, ob ich heute abend dazu in der Stimmung bin. Mein Kind liegt oben, gerade ist es von uns gegangen . . .«

Elliot brachte flüsternd sein Mitgefühl zum Ausdruck.

»Meine Situation ist die«, erklärte mein Vater, »daß ich eine große Verantwortung habe und nur ganz geringe, dürftige, ja minimale Hilfsmittel. Jeden Monat erniedrige ich mich so weit, an Cecil zu schreiben . . . Englands Sicherheit, Englands Fortbestand hängen vielleicht von der Fähigkeit seiner wenigen wirklichen Kommandeure ab, über die es im Südwesten verfügt. Grenville stimmte mir bei – Gott hab ihn selig. Raleigh stimmt mir ebenfalls bei und hat mir versprochen ...«

Dann aber geschah irgend etwas, das mir verborgen blieb. Jedenfalls mußte Captain Burley eine Bemerkung gemacht haben, die meinen Vater sofort verstimmte. Denn er bekam einen seiner jähen Zornesausbrüche, zu denen es bei ihm öfter kam, als seine Miene erwarten ließ.

»... Ich bin kein Lakai, über den man sich lustig macht. Wir haben in der Burg vier Monarchen gedient und im Laufe dieser Zeit ein halbes Vermögen verloren! Eine solche Anschuldigung in meinem eigenen Heim ...«

»Nun, Euer Gnaden, so hört man's allgemein – und auch, daß Lady Killigrew selbst darin verwickelt gewesen sei und zwei ihrer Diener deswegen gehängt –«

»Ich bitte Eure Ladyschaft um Verzeihung«, hörte man die Stimme William Loves. »Aber Richard Burley wollte niemanden kränken, da möchte ich wetten. Wenn –«

»Unterhaltet Euch darüber ganz nach Euren Wünschen, ich werde mich nicht mehr daran beteiligen.«

So ging das Gespräch eine Weile hin und her, man suchte zu besänftigen und zu beruhigen. Trotzdem hätte ich vorsichtiger sein müssen. Ich war es nicht, bis ein Schatten über den Spalt in der Tür fiel. Dann wich ich, zu spät, stolpernd zurück, als jemand die Tür für meine Großmutter öffnete, und ich in ihre kalten grauen Augen blickte.

Durch die Ritze hatte ich nur wenig sehen können. Jetzt aber war hinter ihrer Schulter der ganze Raum sichtbar geworden: die Reihe der Leuchter, die flackernden Flammen, die schwere Gestalt Burleys, mit dem hellen Haupthaar, der zornig und höhnisch dreinblickend in dem mit Nägeln beschlagenen Ledersessel saß, und, hinter ihm stehend, Love; Elliot, der an seinem goldenen Ohrring fingerte; mein Vater, der mit gerötetem Gesicht, das gepolsterte gelbe Wams schief sitzend und offen, Wein einschenkte.

Aber die ganze Zeit starrte ich in die Augen meiner Großmutter. Einer der Hunde war ihr, unsicher mit dem Schwanz wedelnd, gefolgt. Sie stieß ihn mit dem Fuß fort und eilte an mir, ohne mich eines Wortes zu würdigen, vorbei.

2

Elliot, Love und Burley blieben mitsamt ihren Freunden noch den ganzen folgenden Tag, den sie schmausend und feiernd verbrachten. Doch am Abend um neun brachen sie auf, und mit der Mitternachtsflut gewannen sie das offene Meer. An dem Tag, an dem Walter begraben wurde, waren sie fort, und die Wasserfläche der Mündung lag wieder so still und glatt, als ob nie ein Schiff das Spiegelbild von Bäumen, Hügeln und dem fernen Fort gestört hätte. Zu meiner Überraschung erwähnte meine Großmutter mit keinem Wort, daß sie mich an jenem Abend vor der Tür überrascht hatte.

Der Frühling kam, und wir arbeiteten widerwillig die langen, leuchtenden Vormittage hindurch, mit der Sehnsucht nach den Nachmittagsstunden voller Freiheit und Abenteuer. Meistens blieben wir innerhalb der Palisaden, aber manchmal wagten wir uns auch hinaus in der Obhut eines Stallknechts namens Rose, der nicht selten eine Tracht Prügel riskierte, weil er uns erlaubte, weiter umherzustreifen, als wir eigentlich durften. Wir hatten ein kleines Boot mit nur einem Segel und einem Paar Riemen; damit segelten wir zuweilen ein gutes Stück flußaufwärts.

Beide Flußufer waren, mit Ausnahme der Stellen, an denen Häuser oder Dörfer standen, mit dichtem dunklem Wald bedeckt, durch den nur hier und da ein paar schlammige Pfade führten. Es wimmelte von Eichhörnchen, Dachsen, Füchsen und Hasen, und gelegentlich hob auf dem Boden des Waldes eine Viper den Kopf. Pastor Merther hatte uns ausdrücklich verboten, in diese Wildnis einzudringen, aber hin und wieder wagten wir uns ein paar hundert Yards weit hinein. Viele seltsame Geschichten wurden von diesen Wäldern erzählt. Sie sollten so alt sein wie die Erde selbst, und wer dort geboren war oder dort lebte, stand in ihrem Bann. Merkwürdige Sekten trieben dort ihr Wesen, und Hexen hausten in den abgelegenen Bereichen einiger der schmaleren Buchten. Diese kleinen Buchten füllten sich bei Flut mit ölig schimmerndem Wasser, doch zweimal täglich waren sie nur noch gelber Schlick, über dem kein Laut hörbar war außer Vogelschreien und -flattern. Manch argloses Kind, so erzählte man, sei hier vom Wege abgekommen und nie mehr zurückgekehrt. Die größeren Vögel hatten oft etwas von Kindern, die sich verirrt hatten und weinten – und wer wollte sich dafür verbürgen, daß sie es nicht vielleicht wirklich waren?

Im Sommer zeigte sich uns das hohe Alter und der Zauber der Wälder, wenn wir tauchten und unter Wasser schwammen, genau am Rande unseres umgrenzten Besitzes, am Eingang zu der Bucht von Penryn. Dabei sah man die Bäume, die gewachsen waren, bevor es dort einen Fluß gegeben hatte. Ganze Gruppen von Baumstümpfen waren noch drei Faden tief unter Wasser zu sehen, Haselnußstrauch, Eiche, Buche und Fichte, und bei Ebbe sah man Wasserschwertlilien und Farnwedel.

Auf dem die Bucht von Penryn von dem eigentlichen Fluß Fal trennenden Vorgebirge lebte die Familie Trefusis aus Trefusis, die wir aber selten besuchten und von der kaum je gesprochen wurde. Ich kannte nicht den Grund dafür, und nahm, wie nur natürlich, die Partei meines Vaters, aber die Familien hatten Generationen hindurch miteinander im Streit gelegen, und es war allgemein bekannt, daß John Trefusis die hochfahrende Art der Killigrews durchaus nicht guthieß. Mein Vater pflegte zu sagen, daß die Landspitze von Trefusis, die wie in einer Kneifzange zwischen Pendennis Castle und St. Mawes Castle lag, sich jedesmal gezwickt fühlte, wenn sich die Zange schloß.

Weiter stromaufwärts, am linken Ufer, bei der Fähre, lag Tolverne, wo Verwandte von uns lebten – ein Zweig der Arundell-Familie. Der älteste Sohn, Jonathan, war über Zwanzig, aber Thomas und Elizabeth waren in unserem Alter. Ihr Vater, Sir Anthony Arundell von Tolverne, war seit einigen Jahren zum Sonderling geworden. Er lebte wie ein Einsiedler, stand oft erst um fünf Uhr nachmittags auf und ging dafür manchmal erst bei Tagesanbruch zu Bett. Der Wald habe ihn verhext, sagte mein Vater.

Anfang Mai waren wir Kinder eingeladen worden, dort einen Tag zu verbringen, und so segelten wir denn, mit Rose und einem zweiten Diener, flußaufwärts. Tolverne war viel kleiner als unser Haus, aber es war räumlich gut aufgeteilt, nicht so übermäßig ausgedehnt, und wäre es nicht so dunkel und von Bäumen eingeschlossen gewesen, hätte man es freundlich und behaglich gefunden. Die Vorderfenster gingen zwar auf einen Rasen, aber der Platz war von dichten Bäumen umgeben. Ein Pfad führte durch die Waldung zum Fluß. Überdies waren unter den Bäumen viele Nadelhölzer, die auch im

Winter das Licht vom Hause fernhielten. Für mich, der ich auf dem freier gelegenen Vorgebirge von Arwenack aufgewachsen war, hatte dieses Haus immer etwas Geheimnisvolles gehabt.

Wir trafen dort an diesem Tage außer den drei jungen Arundells Gertrude und Hoblyn Carew, die Kinder Richard Carews von Antony bei Plymouth; Gertrude war ungefähr fünfzehn und Hoblyn zwei Jahre jünger. Die Liste der Gäste war damit nicht erschöpft. Sue Farnaby aus Treworgan bei Truro war da, ein schmächtiges, ungefähr vierzehnjähriges Mädchen, mit anziehendem Gesicht und schwarzem Haar, das den Kopf ein wenig schief hielt; und Jack Arundell von Trerice, der mit seinen fünfzehn Jahren das Haupt der Arundells von Trerice war, da sein Vater gestorben war, als Jack noch ein kleines Kind war.

Jonathan Arundell von Tolverne schien, obwohl schon Mitte der Zwanzig, den Nachmittag genauso zu genießen wie wir, besonders immer dann, wenn er mit Gertrude Carew zusammen sein konnte. Wir begannen alsbald mit einem Spiel, das über das ganze Gelände hinweg gespielt wurde, und zu meinem leisen Erschrecken fand ich, daß Sue Farnaby meine Partnerin war. Ich war noch nie mit einem Mädchen meines Alters in dieser Weise allein gewesen, denn es gehörte wesentlich zu dem Spiel (»Wer ist von zu Hause?«), daß sich die Paare voreinander versteckten, was zu Flüstern und Kichern führte und eine Stimmung der Verschworenheit mit sich brachte, wodurch sogleich ein familiäres Verhältnis hergestellt wurde.

Sue hatte den Vorteil, das Spiel schon öfter in Tolverne gespielt zu haben, also kannte sie die besten Verstecke und alle Wege durch den Wald. Bald hatten wir die andern verloren und befanden uns auf einem schmalen Pfad am Fluß, von wo aus wir unser kleines Boot sehen konnten, in dem Rose zurückgeblieben war, der jetzt angelte. Ein Ruderboot überquerte den Fluß an der Fähre, und ein Leichter von dreißig oder vierzig Tonnen kämpfte flußabwärts gegen die Brise an.

»Am besten setzen wir uns hier ein Weilchen hin«, sagte sie. »Die andern Paare werden sich erst in der Nähe des Hauses suchen. Wir wollen ihnen Zeit lassen, sich in alle Richtungen zu zerstreuen, dann schleichen wir uns zurück und sind die ersten zu Hause.«

Sie setzte sich auf einen Felsvorsprung und glättete das dünne Halstuch, das sie sich über die Ohren gebunden hatte. »Mein Vater ist

Landwirt und Kaufmann. Wir sind nicht Eigentümer von Treworgan, wir haben es von deinem Vater gepachtet. Meine Mutter kannte deine Mutter in Devon.«

»Meine Mutter?« wiederholte ich fragend, bis ich mir klar machte, sie meinte Mrs. Killigrew.

»Ja, sie wuchsen miteinander auf.«

»Das ist meine Stiefmutter. Meine Mutter ist tot.«

»Oh, das tut mir leid ... Meine Mutter starb beinahe bei meiner Geburt. Deshalb habe ich keine Geschwister.«

»Fühlst du dich einsam zu Hause?«

Mit einem offenen strahlenden Lächeln sah sie mich an. »Nein, ich habe so viele Freunde.«

Dieses Lächeln machte ihr einen neuen Freund fürs Leben. Sie hielt die Hand wie einen Schirm über die Augen. »Kennst du Sir Anthony Arundell? Das ist doch er, der da übersetzt?«

Es waren zwei Mann im Boot. »Der vorn mit dem roten Mantel? Ja. Mit seinen weißen Haaren ist er nicht zu verwechseln.«

»Ich bin mit Elizabeth Arundell seit Jahren befreundet«, sagte Sue Farnaby. »Ich komme oft hierher, und manchmal besucht sie uns, obwohl unser Haus verglichen mit ihrem nur bescheiden ist. Warum heißt du Maugan? Ist das Walisisch?«

Ich lachte. »Das glaube ich nicht. Nicht bei der Schreibweise. Aber es gab doch mal einen Sankt Maugan, der eine Kirche bei Padstow gründete? Ich habe nie darüber nachgedacht. Warum heißt du Susan?«

»Susanna«, sagte sie, »nach meiner Großmutter.«

Ich lachte wieder. Es war nichts Besonderes an unserer Unterhaltung, und doch erschien sie mir damals heiter beschwingt, witzig und freudig bewegt. Wir plauderten noch ein Weilchen, bis Sue aufstand und mich an der Hand faßte. »Jetzt sollten wir gehen. Die andern werden keine Lust mehr haben, noch länger zu warten.«

Wir machten uns lachend auf den Heimweg, indem wir uns auf einem anderen Pfad zum Haus zurückschlichen. Am liebsten wäre ich an diesem Nachmittag immer nur weiter durch den Wald gestreift, zusammen mit diesem schmächtigen, blassen, schwarzhaarigen Mädchen, das mich mit einer Hand führte, während es mit der anderen seine Röcke raffte, um sich nicht in den Brombeersträuchern zu verfangen. Wenn sie lachte, glänzten ihre Zähne wie plötzlicher

Sonnenschein; ihre Gesichtshaut war merkwürdig zart, und in ihren Augen wechselte der Ausdruck wohl zwanzigmal, vom dunklen Ernst bis zum grau-grünen Funkeln, wenn sie lachte. Für mich war sie in jenen Augenblicken ganz Geheimnis und Bezauberung: die erste Frau.

Wir befanden uns nun in Sichtweite des Hauses. Vor uns entdeckten wir, geduckt hinter einem Strauch, Belemus mit der kleinen Odelia Killigrew, die ihn als Partner gezogen hatte. Ich hatte kein Verlangen, mit ihnen zu sprechen, aber Sue Farnaby meinte, es müsse sein; deshalb nahmen wir sie innerhalb von drei Minuten ›gefangen‹ und überlegten dann gemeinsam, wie wir, ohne von den andern gesehen zu werden, zu dem festgesetzten Ziel auf der anderen Seite des Hauses gelangen könnten.

Sue behauptete, wir könnten einfach durchs Haus gehen. Vor uns sahen wir eine rundbogige Tür in einer Mauer, dahinter die Stufen zu einer schmaleren Tür, die offen stand. Bald fanden wir uns in einem dunklen Raum wieder, der uns irgendwie sonderbar anmutete mit seinen Ornamenten und kleinen Bildern und einem Geruch von verbrannten Kräutern. Aber bevor wir weitergehen konnten, trat Sir Anthony ein, gefolgt von dem Mann, mit dem er im Boot gewesen war.

»Verzeiht, Sir«, sagte Sue, »wir haben ein Spiel gespielt und uns dabei verlaufen.«

Sir Anthony hatte ein glattes, rundliches Gesicht, das, wie mein Vater sagte, einmal schön gewesen war. Die Haut wirkte nicht mehr gesund; es war, als habe sie ein schleichender Zersetzungsprozeß befallen. Er entließ uns mit einer Handbewegung, aber sein Begleiter fragte: »Sind das Eure Kinder, Sir?«

Es war ein beleibter, robuster Mann, und seine Beleibtheit unterschied sich in jeder Weise von der Sir Anthonys wie ein straff gespanntes Seil von einem an den Rändern ausgefaserten, schlaffen Seil.

»Nein, es sind Freunde meiner Kinder. Susanna Farnaby von Treworgan; Maugan und Odelia Killigrew und Belemus Roscarrock, der ebenfalls in Arwenack wohnt.«

»Roscarrock«, sagte der Mann. »Das ist ein berühmter katholischer Name.«

»Mein Vater ist Katholik«, sagte Belemus.

Wir waren im Begriff, uns zu entfernen, als Lady Arundell eintrat.

»Anne«, sagte Sir Anthony, »ich stelle dir Mr. Humphry Petersen vor. Ich glaube, du hast ihn noch nicht kennengelernt. Aber sicher hast du bei unseren Verwandten von ihm sprechen hören.«

»Ihr kommt aus Chideock?« fragte Lady Arundell kühl.

»Nicht unmittelbar, Mylady, obwohl ich es kenne. Ich bin einige Monate im Ausland gewesen.«

»Dann habt Ihr Nachrichten über den Krieg?«

»Keine guten. Die Engländer haben in der Bretagne eine schwere Niederlage erlitten.«

»Tatsächlich?« sagte Sir Anthony. »Das hatte ich noch nicht gehört.«

»Sie ist schwer genug, um Englands Hoffnungen in Frankreich auf lange Zeit zunichtezumachen. Wir hatten Craon belagert – tausend Engländer, etwa sechshundert Deutsche und französische loyale Truppen unter dem Prinzen von Dombe und dem Prinzen von Condé. Aber eine starke Streitmacht – Spanier und Truppen der Liga, über sechstausend insgesamt, unter dem Befehl des Herzogs von Mercoeur, – unternahm einen Überraschungsangriff auf uns und rieb uns vollständig auf. Wir – Engländer und Deutsche –, die wir der ganzen Wucht des Angriffs ausgesetzt waren, verloren zwei Drittel unserer Gesamtstärke. Die Verluste der loyalen Franzosen waren weit geringer. Sie flohen und fanden Zuflucht in benachbarten Städten, aber für uns gab es nirgends Zuflucht, und wir waren, als der neue Tag heraufdämmerte, kaum noch eine Armee zu nennen.«

»Susanna«, sagte Lady Arundell, »im Garten, unter der Weinlaube, liegt meine Batisthaube. Würdest du sie mir bringen?«

»Selbstverständlich, Madam.«

»Habe ich recht gehört, du bist ein Killigrew, mein Junge?« fragte Mr. Petersen, als ich an ihm vorbeiging.

»Ja, Sir.«

»Es sind die Killigrews von Arwenack an der Mündung des Fal«, erklärte Sir Anthony Arundell. »John Killigrew hat eine zahlreiche Nachkommenschaft.«

»Ja, ich bin über ihn im Bilde. Er ist der Kommandant von Pendennis Castle. Bist du sein Ältester?«

»Ja, wenigstens ...«

»Wenigstens?«

»Maugan ist ein Packsattelkind«, sagte Sir Anthony, wobei er mich ansah, als sei ich Luft. »Der älteste ist John, er ist etwa zwölf Jahre alt; Sie werden ihn im Garten sehen. Thomas ist ein Jahr jünger, und die kleine Odelia hier ist noch ein Jahr jünger.«
In diesem Augenblick kamen Jack Arundell von Trerice und Thomas Arundell herein, um zu sehen, wo wir geblieben waren; wir gingen mit ihnen zusammen hinaus zu den andern. Eine Weile lagen wir im Gras, wir lachten und sprachen miteinander und überlegten uns, welches Spiel wir als nächstes spielen sollten.
Odelia fragte plötzlich: »Was heißt *Recusancy*? Ich habe das Wort noch nie gehört.«
»Wer hat das Wort gebraucht?« fragte Thomas.
»Euer Gast, Thomas. Ich habe nicht gemeint, daß es jemand von euch gesagt hat. Ist es ein unrechtes Wort?«
»An dem Wort ist nichts Unrechtes«, erklärte Jack Arundell von Trerice in schroffem Ton. »Nicht das Wort ist schlecht, sondern die Sache, für die es steht. *Recusancy* heißt Weigerung. Es heißt, daß einer katholisch bleibt und sich weigert überzutreten, sich weigert, den Gottesdienst zu besuchen und ein Protestant der Englischen Kirche zu werden.«
»Bist du ein *Recusancy*, Belemus?« fragte Odelia.
»Du meinst: ein *Recusant*«, sagte Belemus, der an einem Grashalm saugte. »Mein Vater ist es.«
»Willst du damit sagen, daß er für die Spanier kämpfen würde?« fragte Hoblyn Carew.
»Selbstverständlich«, sagte Belemus. »Und ich bin ein verkleideter Spanier. Hast du das nicht gewußt?«
Solchem Sarkasmus waren die Jüngeren unter uns nicht gewachsen. Sie wanden sich vor Verlegenheit.
»Spione und Verräter soll es jetzt überall geben«, sagte Hoblyn. »Es heißt, wenn die Spanier einmal landeten, würden in jeder Stadt Verräter auftauchen. Und es heißt auch, daß eine neue Armada kommt.«
Man konnte jetzt den Ostwind in den Baumkronen hören. Odelia warf zwei Steinchen in die Luft und hob rasch ein drittes auf, das in ihrem Schoße lag, noch bevor die beiden anderen herunterkamen.
»Und was ist ein Packsattelkind?« fragte sie.
Zwei von den Älteren lachten, und ich glaubte, Sue Farnaby war eine von ihnen. Belemus sagte: »Wenn du zur Welt kommst, setzt

dich die Hebamme auf ein Pferd, und wenn dich das Pferd abwirft, dann bist du –«

Hier unterbrach ihn Thomas. »Ein Packsattelkind heißt ein Bastard.«

Thomas war der Zweitälteste von den Tolverne-Kindern, neun oder zehn Jahre jünger als sein Bruder, aber älter und größer als ich. Die beiden andern waren gutartig und ohne Falsch, von eher zarter Konstitution, Thomas aber war ein Draufgänger, mit dichtem, krausem Haar, einem blassen, glatten Gesicht wie sein Vater, nur ohne dessen Sensibilität, und einem verweichlichten Körper.

»Du weißt aber auch alles«, sagte ich.

»Es ist doch die Wahrheit. Vielleicht schmeckt sie dir bitter, aber das ist oft so bei der Wahrheit. Man muß sie wie eine bittere Medizin hinunterschlucken.«

»Vielleicht muß jemand noch etwas anderes hinunterschlucken. Zum Beispiel diesen Dreck.«

»Es bedeutet«, sagte er, »daß deine Mutter wahrscheinlich eine Frau von leichter Moral war, und daß du – und das steht fest – keinen Namen hast. Den Namen Killigrew trägst du nur gnadenhalber. Und ich bezweifle, daß du überhaupt getauft bist.«

Er stand auf, als ich auf ihn losging, aber ich hatte die Kraft des Zorns. Ich warf ihn zweimal nieder und brach ihm zwei Vorderzähne aus. Odelia und Elizabeth schrien, die Erwachsenen stürzten heraus, und es gab eine große Aufregung. Niemand ergriff meine Partei außer Sue Farnaby und Jack Arundell von Trerice, und die Großen waren zu zornig, um auf sie zu hören.

Der Besuch nahm danach bald ein Ende. Wir beriefen uns darauf, daß wir die fallende Flut abpassen mußten, und verließen das Haus in bedrücktem Schweigen. Ich dachte, ich würde nun nie wieder dort eingeladen werden und wahrscheinlich auch nie wieder Sue Farnaby sehen oder mit ihr noch einmal durch den Wald streifen dürfen, mit der Sonne zwischen den Bäumen, dem Schrei der Flußvögel und der leichten Brise, die in den Grashalmen rauschte. Mir war, als hätte ich ein Stück meiner Jugend zerstört.

Trotz der einsetzenden Ebbe war der Gegenwind so stark, daß Rose und sein Begleiter bald das Segel streichen und zu den Riemen greifen mußten. Ich sprach während des ganzen Rückwegs nur einmal, und das mit Belemus, als wir uns unserem Landungsplatz näherten.

»Ich verstehe das nicht. Hättest du dich nicht mit ihm geschlagen, wenn er dir das gesagt hätte? Warum hat er es dann aber gesagt? Womit habe ich ihn beleidigt?«
Belemus lächelte sein hohlwangiges Altmännerlächeln.
»Dummkopf, weißt du nicht, daß du den ganzen Nachmittag dem kleinen Mädchen den Kopf verdreht hast, auf das er es abgesehen hat?«

Rose war der Überbringer eines zornigen Briefes Lady Arundells an meinen Vater, in dem sie sich darüber beklagte, daß ich mich wie ein Verrückter auf ihren Sohn gestürzt und sein Aussehen für immer beschädigt habe, ja, vielleicht sogar seine Gesundheit, und sie vertraue darauf, daß ich in angemessener Weise bestraft würde.
So geschah es. Mein Vater war aus dem Hause, aber meine Großmutter sorgte dafür, daß ich eine tüchtige Tracht Prügel erhielt – nicht von Pastor Merther, dem es an der nötigen Muskelkraft gebrach, sondern von Carminow, dem Kanonier, der sich darauf verstand, Blut fließen zu lassen. Darauf bekam ich drei Tage Zimmerarrest bei Wasser und Brot.
Der Schmerz und der Hunger waren wenig neben dem Gefühl der Demütigung. Etwas, das zum erstenmal aufgeblüht war in meinem Herzen, war wie ausgebrannt worden. In der Erinnerung ging ich noch hundertmal alle Szenen jenes Nachmittags durch, und die Freude der ersten Stunden war vergiftet durch die Schande der letzten.
Am zweiten Tage meines Arrests kam eine neue und unerwartete Enttäuschung. Als wir am Morgen erwachten – es war ein Donnerstag – sahen wir, daß zehn Kriegsschiffe auf der Reede ankerten.
Die Flotte stand unter dem persönlichen Kommando von Walter Raleigh, mit Sir John Burrough als seinem Unterbefehlshaber, und hatte den Auftrag, den Isthmus von Panama anzugreifen und zu versuchen, die Schatzschiffe vom La Plata zu kapern. An diesem Abend sollten Raleigh und Burrough Gäste meines Vaters sein, zusammen mit einer ausgesuchten Gesellschaft von Offizieren und Zivilisten. Sie würden am folgenden Tag segeln.
Alles, was ich von meinem Fenster aus sehen konnte, war das Kommen und Gehen kleiner Boote, die ihre Passagiere im Wechsel an

Bord und an Land brachten. Ich ging die meiste Zeit im Zimmer auf und ab und biß mir die Finger wund, und als mir Rose um fünf Uhr Brot und Wasser brachte, stieß ich den Krug um, und das Brot rieb ich in die Dielen hinein. Als John und die andern um acht Uhr zum Schlafengehen hinaufkamen, sagte er, daß die Gäste noch bei Tische waren; darauf zog ich mir ein Hemd und Hosen an und ging hinaus, um zuzusehen.

Ich stahl mich in das Zimmer, in dem mein Onkel Simon Killigrew schlief, wenn er zu Hause war, und blickte zur Mündung hinüber. Die Nacht war mondlos, aber sternklar, und ich konnte die Lichter der Schiffe sehen und ihre Form ausmachen. Ich wünschte mir, mit ihnen zu fahren, in den Ruhm oder den Tod. Wenn ich keinen Namen hatte, mußte ich mir einen machen.

Mit einem weiten Umweg, auf dem ich jede Berührung mit der Dienerschaft vermied, gelangte ich bis zu dem großen Saal. Sir Walter Raleigh hatte ich schon zweimal gesehen, und wer Sir John Burrough war, ließ sich leicht erraten. Aber wer die andern waren, konnte ich nicht sagen, obwohl ich wußte, einer war ein Grenville, einer ein Crosse, ein dritter ein Thynne, und alle aus dem Südwesten unseres Landes.

Das Essen näherte sich seinem Ende. Mit Rücksicht auf dieses Mahl hatte noch niemand vom Gesinde gegessen – nur die zwanzig Gäste und ihre Gastgeber. Raleigh schien an der Unterhaltung kaum teilzunehmen; seine Miene war düster, und mit seinen Gedanken war er anscheinend weit fort von hier. Ich war überrascht, daß er so mürrisch und besorgt aussah, wo ein so wunderbares Abenteuer vor ihm lag. Sir John Burrough machte einen freundlicheren, duldsameren Eindruck, und ich überlegte mir, ob ich ihm nachlaufen sollte, wenn er aufbrach, und ihn bitten, mich mitzunehmen. Ich dachte an Grenville, der im vergangenen Jahr fünfzehn Stunden allein gegen die ganze spanische Flotte gekämpft hatte, achthundert Salven Widerstand leistend, bevor er sich überwunden gab. Raleigh war sein Vetter.

Ich versuchte, mir vorzustellen, wie man sich als Günstling der Königin, als der vielleicht mächtigste Mann Englands fühlte – und nun im Begriff, eine Flotte gegen den Feind zu führen. Ich hatte nur den einen Wunsch, groß zu werden. Mir schien, daß alle guten Gelegenheiten vorübergingen, weil ich noch zu jung war, um eine Rolle zu spielen.

Als wir am folgenden Abend wieder allein waren, ging ich in das große Wohnzimmer hinunter, um meinen Vater zu sprechen und von ihm etwaige abschließende Ermahnungen zu empfangen, bevor der Zwischenfall als erledigt galt. Zu meiner Überraschung schien er nun die ganze Angelegenheit leichtzunehmen.

»Die Arundells waren schon immer etwas empfindlich in puncto ihrer Schönheit – nicht, daß sie ihnen gefehlt hätte. Aber du wirst ein sehr unruhiges Leben haben, wenn du dich mit jedem schlagen willst, der dich einen Bastard nennt, mein Junge.«

»Nein, Vater, das war nicht das Schlimmste. Aber was er über ...«

»Denk immer daran, daß es andere gab wie dich, die in der Geschichte ihre Spur hinterlassen haben. Wilhelm der Eroberer war ein Bastard, und heute treten sich die Leute gegenseitig auf die Füße, die ihn alle als ihren Ahnherrn in Anspruch nehmen.«

Ich beobachtete meine Großmutter, die einige Rechnungsbeträge addierte. Ich hatte es ihr zu danken – obwohl ich das erst Jahre später verstand –, daß ich meine Mutter kaum unter dem Gesinde zu suchen hatte. Es war eine Regel, die sie mit eiserner Energie sogar noch bei Lebzeiten ihres Mannes durchgesetzt hatte. Was ihre Männer außerhalb des Hauses taten, war mehr oder weniger ihre eigene Angelegenheit – aber unter keinen Umständen ließen sie sich mit den Mägden des Hauses ein.

Gähnend und die Beine über eine Fußbank gelegt, sagte mein Vater: »Denke immer an ein Wort: Erfolg. Wenn du im Leben Erfolg hast, wird man dir weit Schlimmeres vergeben als so eine Kleinigkeit. Du kannst einen Mord verübt oder dein Land verraten haben, Frauen mißhandelt und die Waisen bestohlen, geplündert, gebrandschatzt und einen Meineid geschworen haben – wenn nur das Ergebnis Erfolg ist, wird dir die Welt schöntun.«

»Ja, Vater.«

»Aber verzehre dich nicht mit allen Kräften und Mitteln im Dienst deines Vaterlandes, oder du wirst nahezu zum Bettler werden. In unserer Zeit ein öffentliches Amt bekleiden, heißt seine Börse vor einem Hungerleider offenhalten, der alles nimmt und nichts dafür gibt. Sogar deine beiden Großonkel Henry und William, die so vertraut mit der Königin sind wie zwei Beichtväter – ständige Besucher in ihrem Schlafzimmer, mit geheimen Aufträgen stets unterwegs für sie –, also sogar deine Onkel gestehen, daß sie mit jedem

Jahr tiefer in Schulden geraten. Aber sie haben wenigstens die Ritterwürde dafür erhalten, was mehr ist, als ich bekommen habe, obwohl ich das Haupt der Familie bin und mein Vater zum Ritter geschlagen wurde und sein Vater vor ihm, und sie beide in einer Zeit lebten, die nicht so unruhig war wie die unsere. Von Rechts wegen hätte ich es vor zehn Jahren werden müssen.«

»Laß den Jungen in Ruhe, John«, sagte meine Großmutter mit einem vernehmlichen Hüsteln. »Überlasse es ihm, seine eigenen Erfahrungen zu machen.«

Mein Vater nahm einen großen Schluck aus dem Krug. »Wir alle müssen lernen«, sagte er, »aber manche brauchen viel Zeit dazu. Wenn ich die vergangenen zwanzig Jahre noch einmal vor mir hätte, würde ich entweder das eine oder das andere tun: meinen eigenen Acker bestellen, nicht von meinem Grund und Boden weichen und ein reicher Gemüsebauer werden wie die Boscawens drüben überm Fluß; oder aber mein Leben ausschließlich bei Hofe verbringen und alle Vorteile einheimsen, wie es Raleigh getan hat. Aber beides halb tun wollen bringt einem nur die Nachteile beider Welten ein ...«

»Die beste Art und Weise, den Jungen etwas lernen zu lassen«, sagte Lady Killigrew, »sind nicht Bücher oder Vorschriften; du mußt ihn in die Welt schicken, damit er sich selbst ein Bild machen kann. Die Grenzen von Arwenack sind zu eng für ihn.«

»Das sehe ich nicht ein«, sagte mein Vater.

»Andere begreifen es aber.«

Mein Vater holte seinen Taschenspiegel hervor und begann, die Enden seines Schnurrbarts nach oben zu drehen. »Bald«, sagte er. »Bei passender Gelegenheit.«

»Wer ist meine Mutter, Sir?« fragte ich.

»Siehst du«, sagte Lady Killigrew.

»Deine Mutter ist in den Himmel gekommen, mein Junge. Und das geschah bei deiner Geburt. Wer sie war, spielt keine Rolle. Gib dich damit zufrieden, daß ich dein Vater bin.«

»Mancher junge Bursche hat für sich selbst gesorgt, bevor er in Maugans Alter war«, sagte Lady Killigrew. »Du hast deine eigene junge Familie, die wächst, John. Aber junge Bäume wachsen schlecht, wenn sie von größeren Bäumen überschattet werden.«

Später in derselben Nacht hörte ich, wie sie über Raleigh sprachen. Henry Knyvett sagte, er sei gar zu stolz und hochmütig gewesen, wie er so stumm bei Tische gesessen hatte, als ob niemand für ihn gut genug gewesen sei, um das Wort an ihn zu richten.

»Ich bin nicht so überzeugt davon, daß es das war«, sagte mein Vater. »Er war nur zornig darüber, daß er diese Expedition auf die Beine gestellt und die Besatzung der Schiffe angeheuert und zu einem Teil das Ganze finanziert hatte, um dann das Kommando abtreten zu müssen und den Befehl zu erhalten, sobald er die Expedition sicher auf den Weg gebracht habe, an den Hof zurückzukehren.«

»Wann hat er dir das erzählt?« fragte Lady Killigrew scharf.

»Im Augenblick des Abschieds. Frobisher soll an seiner Statt den Oberbefehl übernehmen. Und da Essex einigermaßen in Ungnade gefallen ist, steht Walter jetzt bei der Königin an erster Stelle, und sie will ihn zu Hause haben. Aber bei einer so launischen Frau ist das, was von ihm verlangt wird, ein Tanz auf dem Drahtseil.«

»Ich möchte das Drahtseil haben, wenn es mir angeboten würde«, sagte Henry Knyvett, während er in seinen Zähnen herumstocherte.

Der Sohn meiner Großmutter aus erster Ehe war ein etwas klappriger Mann von nicht ganz fünfzig Jahren, mit langer Nase und fliehender Stirn. Er ging, als habe er Wasser in den Gelenken, und trug bei Tisch stets ein Käppchen, damit ihm die Haare nicht ins Essen fallen konnten. Sein Verhältnis zu Mr. Killigrew war nie ganz frei von Komplikationen.

»Du bist ja nun ganz und gar für Raleigh«, sagte Mr. Knyvett, »wir wissen aber, daß er der bestgehaßte Mann von London ist, und ich könnte dir mehr als nur ein paar Gründe angeben, warum das so ist. Er hat sich, sozusagen an seinen Schuhriemen, selbst aus dem Nichts herausgezogen. Er ist ein so gut wie überführter Atheist und Gotteslästerer. Jetzt lebt er üppig von Weinausschank-Privilegien und Tuchweber-Konzessionen, tyrannisiert die Königin als Hauptmann ihrer Garde und behandelt gewöhnliche Menschen, als wären sie Dreck unter seinen Füßen! Du glaubst, er sei enttäuscht, weil ihm die Gelegenheit genommen wurde, gegen die Spanier zu kämpfen? Ich glaube es nicht. Er erlebt soviel spanische Abenteuer, wie er nur will, im Schlafzimmer der Königin.«

»Der Neid wird am Aufstieg eines Mannes stets etwas auszusetzen haben«, sagte mein Vater. »Er hat viel für die Zinngießer in unserer Grafschaft getan, und niemand könnte bei ihnen beliebter sein. Und was die ›tyrannisierte‹ Königin angeht, so würdest du, wenn du sie so oft gesehen hättest wie ich, es besser wissen und nicht glauben, daß irgendein Mann ihr Gebieter sein könnte. Sie zieht an den Drähten, und die andern tanzen. Glaube mir.«

Ende des Monats kam Simon, der jüngere Bruder meines Vaters, mit seiner Frau und zwei Kindern für einen langen Sommeraufenthalt zu uns, wie üblich, wenn in London die Pest herrschte. Simon war lebhaft, herzlich und von lärmendem Wesen. Wenn er bei uns auf Besuch war, pflegte er mit meinem Vater stundenlang zu würfeln oder, wenn sie Henry Knyvett als Dritten dazu gewannen, Karten zu spielen. Simon war, wie mein Onkel Thomas, mit dem Hof verbunden. Aber im Gegensatz zu meinen Großonkeln William und Sir Henry schienen sie kein bestimmtes Amt innezuhaben, was sie nicht hinderte, gut zu leben und sich ihre Gläubiger vom Leibe zu halten.

Simon brachte die Neuigkeit mit, daß Raleigh heimlich eine Hofdame der Königin geheiratet und später seinen Fehler der Königin gebeichtet hatte. Eine Woche darauf befanden sich er und seine junge Frau in Tower – aber in verschiedenen Zellen, wie Onkel Simon mit dröhnendem Gelächter betonte –, sehr ungelegen für ein Liebespaar. Simon mochte Sir Walter nicht leiden.

Zwei Kinder mehr im Haus bedeuteten, daß unser Lerneifer nachließ und daß wir viele Stunden am Fluß verbrachten, wenn wir nicht an einem der Sandstrände der Bucht badeten. Das Leben war heiter und leicht in diesen warmen Augusttagen und noch zu Beginn des Septembers. Das Gerede von einer Invasion hatte nachgelassen, und den ganzen Sommer über war kein feindliches Schiff gesichtet worden.

Mitte September fuhr Mrs. Simon Killigrew mit ihren beiden Kindern nach Somersetshire, aber Onkel Simon blieb noch bei uns. Ein paar Tage nach dem Aufbruch seiner Familie nahm er an einer Expedition meines Vaters teil, zu der sie auch Belemus mitnahmen. Die anderen Kinder wollten den Nachmittag am Schwanenteich verbringen, aber da ich leichtes Fieber hatte und man mir Blutegel angesetzt hatte, sollte ich im Bett bleiben. Ich wußte also, daß mich niemand bis zur Zeit des Abendessens suchen würde.

Ich verließ das Haus auf dem Wege über die Backstube, den von einer Mauer umgebenen Garten und die Ställe, die zwischen dem Haupthaus und dem Zugang zum Grundstück lagen. Von dort ging ich auf dem von einer tiefen Wagenspur gefurchten Weg weiter, an unserer Windmühle vorbei, bis ich zu einer schadhaften Stelle der Palisaden kam, an der ich leicht hinüberklettern konnte.

Es war eine gute Meile über Felder, Wiesen und durch den Wald bis zu meinem Ziel, der alten Mühle über Penryn. Zuerst sah ich niemanden; aber beim Haus der Three Farthings pflügte Paul Gwyther ein Feld, und sein Sohn Oliver folgte ihm und säte die Wintersaat aus, Weizen und Roggen. Hinter Oliver kamen zwei jüngere Brüder von ihm, mit Schleuder und Steinen bewaffnet, um die Vögel fernzuhalten. Oliver erkannte mich und winkte mir zu.

In der Gegend von Glasney war der Wald dicht gewachsen. Ich ging an seinem Rand entlang den Hügel hinauf. Die Segel der Windmühle waren zerbrochen, aber einer der Arme wiegte sich sanft im Winde. Hinter einem Baum hervor blickte ich über die Brombeersträucher hinweg. Ich pflückte eine Brombeere und kaute sie; ein Kern kam mir zwischen die Zähne, und ich tastete mit dem Zeigefinger nach ihm. Ein Hund bellte in der Mühle, ein einziges Mal.

Dann herrschte wieder Stille. In der Lichtung sah ich zwei graue Granit-Mühlsteine von der Größe und Form eines großen Käses; ein gebrochenes Rad lehnte dagegen. Ampfer und Disteln wuchsen zwischen dem Gras, und Schößlinge von Gerste und Hafer. Ein Pfad führte zur Tür der Mühle, die nur noch an einer Angel hing.

»Wer ist da?« fragte eine Stimme. »Komm her, wenn du etwas willst. Wenn nicht, laß uns in Ruhe.«

In der Tür, deutlich im einfallenden Sonnenschein, saß eine Frau, wohl Anfang der Dreißig, in einem verblichenen blauen Rock, mit übergeschlagenen Beinen, auf dem Boden. Neben ihr saß ein Kaninchen auf einem Hocker und fraß Salatblätter; ein paar Katzen lagen in der Sonne.

»Nun, mein Junge?«

Ich versuchte zu sprechen, aber etwas wie Angst lähmte mir die Zunge; ich konnte nur schlucken und starren.

»Was suchst du?« fragte sie wieder.

»Ich bin . . . ich wollte Mrs. Footmarker sprechen.«
»Du wirst ihr nie näher sein, als du es jetzt bist.«
Ich trat von einem Fuß auf den anderen. Ein schwarzer Hund lag neben einem Weidenkorb, und eine Dohle saß auf einem Balken.
»Wie heißt du, Junge?« Ich nannte ihr meinen Namen, und langsam stand sie auf, bürstete sich den Staub vom Rock und rieb mit dem Zeigefinger an einem Fleck. »Ich dachte doch, ich hätte dich schon einmal gesehen. Ich dachte es mir. Du bist von Arwenack. Natürlich. Du bist für Arwenack, ich dachte es mir.«
Es klang, als werfe sie mir etwas vor. »Ja«, sagte ich.
»Ach . . . Und was kann ich für einen Killigrew tun?«
Ich sah zu, wie das Kaninchen ein Stück von einem Salatblatt fraß. Man konnte das Knirschen beim Kauen hören und das Auf- und Abschwellen der dicken Backen beobachten.
». . . ist es ein zahmes Kaninchen?«
»Nicht zahm, mein Junge, es ist frei. Es kommt hierher, wenn ihm der Sinn danach steht.«
Ich stand halb und halb in der Tür.
»Weiß dein Vater, daß du hier bist?« fragte sie.
»Nein.«
»Du willst sagen, daß du aus eigenem Entschluß zu mir gekommen bist? Wer hat dir den Rat gegeben?«
»Ich hatte Lust, einmal diesen Weg zu gehen.«
Sie atmete geräuschvoll aus und störte eine große graue Katze auf, die im Halbschatten schlief. »Das ist wohl eine Überraschung, plötzlich solchen Besuch zu bekommen. Es ist sehr sonderbar. Denn wenn ich Besuch von einem Killigrew erwartet hätte, dann hätte ich gewettet, dein Vater käme mit seiner Bande von bewaffneten Raufbolden, um mir das Dach über dem Kopf anzuzünden.«
»O nein, das würde er niemals tun.«
»Nicht?« Sie kratzte sich das nackte Bein überm Knie, wo der Rock zerrissen war. »Ich sitze hier zwischen dem einen und dem anderen, wie du wissen solltest, mein Junge. Im Norden Penryn und im Süden Arwenack, und beide meinen es böse mit mir, aber jeder von ihnen wartet auf den andern, ob der sich nicht zuerst rührt.« Sie lächelte und zeigte gesunde weiße Zähne in ihrem länglichen, braunen Gesicht. »Glaubst du mir nicht?«
»Ich weiß nicht.«

»Sag mir nun, warum du gekommen bist.«
»Ich möchte wissen, wer meine Mutter war«, sagte ich.
Der große schwarze Hund bellte plötzlich wieder, was die Dohle erschreckte, die darauf mit den Flügeln schlug und auf dem Balken entlangtrippelte, wobei sie ein glitzerndes kleines Auge unverwandt auf mich gerichtet hielt.
»Kusch! Moses!« sagte die Frau, zum Hund gewandt, der aufstand und, den Schwanz zwischen den Beinen, in eine dunkle Ecke trottete. »Ich mag es nicht, wenn die Tiere laut sind«, sagte sie. »Man lernt nur in der Stille, nicht im Lärm.«
Sie goß sich etwas Milch ein, trank und reichte dann mir den Becher. Ich schüttelte den Kopf.
»Wie alt bist du, Maugan Killigrew?«
»Vierzehn.«
»Und unehelich geboren? Vierzehn. Das heißt 1578. Warum glaubst du, daß ich deine Frage beantworten kann?«
»Ich dachte ... Ihr würdet es vielleicht herausbekommen.«
»Aha. Und wenn ich es herausbekomme, dann erzählst du in Arwenack, Katherine Footmarker sei eine schlimmere Hexe, als du je geglaubt, und sie habe einen schwarzen Hund, der auf Kirchenlieder obszöne Texte singt, und fünf Katzen, gekleidet in Soutane und Chorrock!«
»Nein, nein, das würde ich nicht tun! Ehrlich, ich tue es nicht.«
»Das sagst du jetzt so.« Sie stellte den Becher ab und trat langsam wieder ins Licht. »1578 – das liegt lange Zeit zurück. John Killigrew hat lange genug das Land unsicher gemacht. Wie soll sich da jemand erinnern können – außer deiner Mutter, und vielleicht hat sogar sie es vergessen.«
»Sie ist tot. Das hat mir mein Vater gesagt.«
»So? Na schön. Er erinnert sich also. Und er will dir nicht sagen, wer es war? Maugan Killigrew, geboren 1578. So so.«
Das Kaninchen hatte aufgehört zu kauen und beobachtete sie.
»Was gibst du mir, wenn ich es herausbekomme?«
»Ich habe zwei Schilling hier.«
»Heute früh habe ich deinen Vater mit einer Schar von Dienern ausreiten sehen. Was führt er Böses im Schilde?«
»Er führt nichts Böses im Schilde. Er ist ausgeritten zur Jagd und Falkenbeize. Das ist das Ganze.«

»Und das glaubst du, wie? Wirklich? Laß dich einmal anschauen.« Sie faßte mir unters Kinn, aber ich wich zurück. »Ich glaube, du bist so unschuldig, wie du aussiehst ... Gib mir einen Schilling.«
Ich gab ihr eine der beiden Münzen.
»Das ist die Hälfte«, sagte sie zwischen den Zähnen, als sie auf das Silber biß. »Komm in drei bis vier Wochen wieder. Beim nächsten Vollmond.«
»Aber vielleicht werde ich nicht wieder herkommen können! Ich dachte, Ihr würdet – ich dachte, Ihr könntet ...«
Ich blickte zum Hafen hinüber. Zwei kleine Fischerboote kamen mit dem Wind aus der Bucht von Penryn; ein anderes Schiff war vor Trefusis Point vor Anker gegangen. Es sah aus wie eins der großen Fischerboote aus Fowey oder Looe.
»Wenn du glaubst, ich stamme aus dem Dunkel, dann mußt du im Dunkeln wiederkommen.«
Das Kaninchen sprang von seinem Hocker und lief aus der Hütte.
»Zeig mir deine Hand.« Bevor ich sie hinter dem Rücken verstekken konnte, hatte sie sie ergriffen und die Innenseite nach oben gedreht. »Wie heiß sie ist, vielleicht ein Anfall von Wechselfieber? ... Nun, wenigstens verschwendest du nicht sinnlos Wasser und Seife. Da, spuck dir auf die Hand, mein Junge – nicht um sie zu säubern, aber wie der Speichel trocknet, sagt mir genauso viel wie die Linien der Hand.«
Ich gehorchte. Mit den langen schwarzen Haaren, die über meine Hände fielen, war sie mir schon allzu nahe auf den Leib gerückt. Sie roch nach feuchtem Heu.
Sie sagte: »Du bist, ob du es willst oder nicht, ein Killigrew. Da ist der Adler – dir auf die Hand gedrückt, kannst du es sehen? Kein Entrinnen. Du hast eine interessante Hand, mein Junge. Da ist Blut. Auf beiden ist Blut.«
Ich versuchte, ihr meine Hände zu entziehen.
»Zieh sie noch nicht fort. Es ist verschiedenes Blut. Kannst du es nicht sehen? Hier, hier, bei den beiden Fingern und dem Daumen der Linken – und da der Streifen quer durch die Rechte.«
»Was bedeutet das?«
»Das kann ich dir nicht sagen. Die Zeit wird es dir offenbaren. Du wirst reisen, mein Junge. Ich sehe dich hin und her in Arwenack und wieder fort, dein ganzes Leben. Ich sehe Kriege – und Frauen,

aber nur eine oder zwei hinterlassen tiefere Spuren. Und immer ist es Cornwall und Arwenack, ob es dir paßt oder nicht, wenn es um die Entscheidungen geht. Du wirst hier sterben, denke ich, hier oder in dieser Gegend – aber nicht in Arwenack. Siehst du, hier zeigt es sich zum letztenmal; aber deine Lebenslinie geht darüber hinaus.«
Kaum hatte sie ihren Griff gelockert, als ich ihr meine Hände entzog. Sie lachte.
»Ich glaube, du wirst einen schönen Mann abgeben, Maugan. Die Frauen werden dich mögen. Und die Männer werden dich nicht geringschätzen. Es erfordert Mut, ein Frau aufzusuchen, die meinen Ruf hat.«
Verstohlen versuchte ich, mir die Hände hinten an meinem Wams abzuwischen. »Wann soll ich wieder kommen?«
»Heute ist es zwei Tage nach Vollmond. Komm ungefähr in einem Monat; vielleicht habe ich dann etwas für dich, aber dies ist kein Versprechen.«
»Ich werde versuchen, wegzukommen.«
»Du wirst wegkommen. Das meiste, was du gern tun möchtest, wirst du tun. Das kann ich dir am Gesicht ablesen.«

Das Tor, das heißt der Haupteingang in der Palisadenwand zu unserem Besitz, befand sich auf einer Bodenerhebung, die einen Überblick über alle Zugangswege vom Süden her bot. Bei Tage stand hier ein Posten, um unerwünschten Personen wie Kesselflickern, Hausierern und Bettlern den Zutritt zu wehren, aber auch gelegentlich einer bedeutenderen Persönlichkeit, die mein Vater aus guten Gründen nicht zu empfangen wünschte. Bei Nacht wurden drei Wachhunde losgemacht, Charon, Scylla und Charybdis.
Jetzt aber würde ein Diener namens Penruddock am Tor stehen und mich einlassen, ohne mich zu verraten. Ich ging also rasch den hügelanführenden Pfad hinauf, als ich hinter mir ein Pferd wiehern hörte. Ich hatte gerade noch Zeit, mich hinter einem Stechginsterstrauch zu verstecken, als mein Vater und Onkel Simon über den Hügelrand hinaufgeritten kamen.
Acht unserer Diener begleiteten sie, dazu Belemus und Rosewarne, unser Verwalter. Sie sahen alle aus, als seien sie scharf geritten, und die Pferde schwitzten. Aber sie konnten nicht auf die Falkenjagd gegangen sein, denn es war kein Falkenier bei ihnen, und keiner

hatte auf der Faust den Falken mit der über den Kopf gezogenen Haube, und kein Wild hing leblos vom Sattel herab. Zwar folgten vier Spaniels mit seitlich heraushängender Zunge, aber das waren die Lieblingshunde meines Vaters, die ihn überallhin begleiteten.
Ich beobachtete das Gesicht meines Vaters, als er vorbeiritt. Der freundlich-gelassene Ausdruck war verschwunden; er sah besorgt und trotzig aus. Rosewarne hatte ein Buch bei sich, und um den Sattel hatte er einen Reisesack gehängt.
Als ich am großen Tor eintraf, war Penruddock gerade dabei, den letzten Riegel zuzuschieben. Er zog die grauen Brauen hoch. »Warst du mit deinem Vater zusammen, Master Maugan?«

Als ich hineingeschlüpft war, empfing mich der übliche Lärm und Wirrwarr, der die Ankunft meines Vaters stets begleitete. Bellende Hunde, hastende Diener, ein Mann, der ihm die Stiefel auszog, ein anderer, der ihm ein trockenes Leinenhemd brachte, und ein dritter, der ihm Bericht erstattete über die Arbeit vom Nachmittag. Aber heute war eine neue Stimme zu vernehmen.
Es war ein Vetter und Nachbar, Digby Bonython, Sohn des John Bonython von Carclew, einem kleinen Besitz, sieben Meilen von unserem entfernt. Digby war auf der Heimreise von Exeter. Er war ein ruhiger Mann von fünf- oder sechsundzwanzig Jahren, also war es ungewöhnlich, seine Stimme laut zu hören.
»Raleighs Schiff hat die Prise gemacht. Sein zweites Geschwader unter dem Kommando Burroughs hat ein bewaffnetes portugiesisches Handelsschiff, das auf dem Wege nach San Lucar war, aufgebracht und Anfang vergangener Woche in den Hafen von Darthmouth gebracht. Die Szenen, die sich seitdem dort abgespielt haben, sind einfach unvorstellbar. Halb Jahrmarkt, halb Volksaufruhr. Perlen, Diamanten, chinesisches Porzellan –«
»Wie ist das Schiff gekapert worden?«
»Erst nach erbittertem Kampf. Aber dieses Schiff! In Dartmouth ragt es wie ein Turm über die Stadt. Sieben Decks hat es, und das Fünffache an Tonnage wie das Kaperschiff; zweiunddreißig Kanonen und mehr als siebenhundert Mann Besatzung. Im Umkreis von Meilen, heißt es, hätten sämtliche Handelsschiffe Kurs auf den Hafen genommen. Und mehr als Tausend Aufkäufer und Händler aus London! Man muß sich auf der Straße seinen Weg freikämpfen

– und das ist wörtlich zu verstehen. Ich hätte zwei Tage früher da sein müssen! Cecil wurde persönlich nach Darthmouth beordert, aber die Leute waren nicht mehr aufzuhalten –«

»Wie war doch der Name des Schiffs?«

»*Madre de Dios* – und es trug auch alle Reichtümer der Mutter Gottes: Zimt, Gewürze, Goldbrokat, gezwirnte Seiden, türkische Teppiche, Moschus und Ambra und Edelseine von jeder Form und Größe. Ich sah einen Matrosen, der feines Prozellan, das Stück für einen Schilling, verkaufte –«

»Dauert das noch an?«

»Nein, es hat aufgehört, sonst wäre ich nicht dort weggekommen. Raleigh hat der Sache ein Ende gemacht.«

»Raleigh? Aber ich denke, er ist im Tower?«

»Das war er. Aber als sich herausstellte, daß niemand imstande war, die Leute unter Kontrolle zu bringen, wurde er entlassen und schleunigst nach Dartmouth gesandt, übrigens in Begleitung eines Wächters namens Blount, der für seine Rückkehr zu sorgen hat. Ich war bei seiner Ankunft noch da, und ihr könnt euch nicht vorstellen, mit welcher Freude und welchem Jubel er begrüßt wurde. Am Ende konnte er seine Autorität durchsetzen, und von diesem Zeitpunkt an waren – mit Unterstützung auch von Cecils Leuten – Disziplin und Ordnung wiederhergestellt.«

Henry Knyvett schlurfte zu dem Gitterfenster hinüber und zog es zu. Dann kehrte er auf seinen Platz zurück, bürstete sich ein paar Hundehaare von seinem staubigen schwarzen Rock und schlug seine X-Beine übereinander. Aller Augen waren auf ihn gerichtet, aber niemand sprach ein Wort.

Dorothy Killigrew, meine Stiefmutter, die den kleinen Peter auf ihren Knien hatte und ihre Lieblingsleckerei, Kümmeldragées mit Zuckerguß, aß, fragte mit ihrer sanften Stimme: »Möchtest du nicht heute nacht bei uns schlafen, Digby?«

»Danke, Cousine, nein. Ich bin auf dem Weg nach Hause und schon um zwei Tage verspätet. Ich muß mich beeilen. Aber vielleicht könntet ihr mir und meinem Diener mit einem Paar Reitpferden aushelfen. Ich wäre mit der Post gereist, doch mir war das Geld ausgegangen. Aber sieben Fischerboote aus Plymoth segelten gerade ab zu der Neufundlandbank, und zwei hatten vor, auf ihrer Fahrt nach Westen hier einzulaufen. Da kam mir der Gedanke, ich könne etwas an den Reisekosten sparen und zugleich euch die neusten Nachrichten überbringen.«

»Jedenfalls mußt du mit uns zu Abend essen. Es wäre ein etwas kalter Ritt, so auf leeren Magen.«

Sie stand auf und legte Peter einer Amme in die Arme. Als sie hinausging, ließ sie ihr Halstuch fallen. Seit ihrer letzten Niederkunft, der achten, waren kaum zwei Monate vergangen. Meine Großmutter beobachtete sie, als sie das Zimmer verließ.

»Und von einer solchen Kirmes kommst du mit leeren Händen?« fragte mein Vater mit einem Stirnrunzeln. Die schlechte Stimmung, in der er von seinem Ritt heimgekehrt war, hatte sich noch nicht verflüchtigt. Die ganze Welt verfolgte ihn. »Warum, in Gottes namen? Wenn es schon einmal etwas zu mausen gab ...«

»Also mit völlig leeren Händen denn doch nicht, wie ich dir gleich zeigen werde, Vetter.«

Digby griff tastend in seinen Lederbeutel und förderte ein Halsband zutage. Es war eine dreifache Perlenschnur, hier und da von Goldknöpfen unterbrochen, und die Knöpfe waren je mit einem Diamanten besetzt. Mein Vater nahm sie in die Hand, und Mayflower, einer der Spaniels, der wohl glaubte, hier gäbe es etwas zu fressen, schnupperte daran; doch mein Vater stieß ihn ungeduldig beiseite.

»Was hast du dafür bezahlt?«

»Zehn Pfund, und sie muß mindestens hundert Pfund wert sein.«

Kein Laut war zu hören, außer dem Scharren der Hunde.

Lady Killigrew reichte die Kette ihrer Schwester, Mrs. Wolverstone, bevor sie fragte: »Und was noch?«

»Nur soviel ich noch bezahlen konnte. Nein, keinen Schmuck mehr. Aber an der Tür liegt ein Paket mit feinem Taft und chinesischer Rohseide, worüber man zu Hause in Entzücken geraten wird. Ich hätte gern ein ganzes Vermögen ausgegeben. Viel von der Ware war schon aufgekauft, aber man konnte immer noch einen Matrosen finden, der nicht recht wußte, wohin mit seiner Last, und sich gern zu einem bescheidenen Preis ihrer entledigte.«

Er war schnell überredet, das Paket hereinbringen zu lassen und auf dem Tisch zu öffnen. Mit großen Augen und Ausrufen der Bewunderung standen wir um den Tisch. Er gab meiner Stiefmutter ein kleines Stück Seide; aber niemand in der Familie war besonders liebenswürdig gegen ihn, mit Ausnahme von Dorothy, meiner Stief-

mutter, als sie sein Geschenk entgegennahm. Ich sah ihnen an, daß sie sich die Szenen ausmalten, von denen Digby gesprochen hatte, und sich nun vor Gram verzehrten, es zu spät erfahren zu haben, obwohl sich doch alles keine fünfundachtzig Meilen weit entfernt zugetragen hatte.
Nach dem Abendessen verließ uns Digby mit seinem Diener und einem unserer Männer, den ihm mein Vater, widerwillig und nur auf Drängen Dorothys, zu seiner Sicherheit auslieh. Denn der Weg war, mochte er auch kurz sein, gefährlich wegen der vielen Windungen des Flusses hinter Penryn. Als sie vorm Tor aufsaßen, fragte mein Vater: »Weißt du, ob Raleigh frei bleiben soll?«
»Er erklärt, er sei der Gefangene der Königin, und die Anwesenheit Mr. Blounts könnte das bestätigen. Aber ich halte es bei ihm nicht für ausgeschlossen, daß er seine augenblickliche Freilassung dazu nutzt, eine dauernde daraus zu machen.«
»Das glaube ich gern. Was hat er denn auch getan? Es entsteht manchmal eine etwas schwierige Situation, mit einer Frau auf dem Thron.«
»Er vertauschte seine Lehnspflicht gegen eine Elizabeth mit der gegen eine andere Elizabeth«, sagte Digby. »Das war sein Verbrechen. Und solange wir nicht wissen, wie intim er mit der ersten war, können wir nicht den Grad der Kränkung ermessen.«
Jemand lachte. Meine Großmutter, die uns bis zur Tür begleitet hatte, blickte über den Hafen. Der kühle Wind, der aufgekommen war, wehte ihr das ockerfarbene seidene Kleid um die hohe hagere Gestalt. Sie hustete hart.
»War es das Schiff, mit dem du gekommen bist?« Sie wies auf Trefusis Point.
»Nein, das da ist die *Buckfast*. Der Kapitän der *Totnes*, mit der ich kam, hatte einen Auftrag in Penryn, den er sofort erledigte. Er segelte sogleich weiter, unter Ausnutzung der gleichen Flut und folgte den andern, solange der Wind gut war. Über die *Buckfast* habe ich meine eigenen Gedanken.«
»Nämlich?« fragte mein Vater und legte seine Hand auf den Sattel.
»Nämlich, daß einige Schiffe aus der Flotte Raleighs in Plymouth einliefen, und daß sie sich ihren Anteil an der Beute von der *Madre de Dios* nahmen, als sie noch auf See war. Nicht die ganze Beute gelangte nach Dartmouth. Ich vermute nun, daß der Kapitän der

Buckfast höchstwahrscheinlich durch Tausch sich selbst einen Teil der Beute gesichert hat und nun die Risiken der langen Reise bis Neufundland, mit zerbrechlichen Gegenständen im Schiffsladeraum, fürchtet und es vorzieht, bevor er England verläßt, seine Beute zu veräußern, zu einem Zeitpunkt, da die Preise noch nicht durch das Überangebot beeinflußt sind.«

»Du meinst, daß es sich wirklich so verhält, Digby?«

»Ja, das meine ich. Sonst gäbe es keine Erklärung für seine verzögerte Weiterfahrt... Aber ich muß nun fort. Lebt wohl.«

Mr. Killigrew ließ den Sattel los. »Meine herzlichsten Grüße deinen Eltern!«

Wir winkten den dreien nach, bis sie außer Sicht kamen, was bald der Fall war, denn die Nacht brach herein, und der Mond war noch nicht aufgegangen. Als ich mich umwandte, sah ich, daß der Blick meiner Großmutter noch immer auf den Fluß gerichtet war. Mein Vater folgte ihrem Blick.

Pastor Merther war erschienen, um uns Kinder ins Haus zu holen, aber als ich mich noch einmal umsah, fand ich, daß sich Lady Killigrew und mein Vater nicht bewegt hatten; ihre beiden Gestalten standen schwarz gegen den wolkigen Abendhimmel. Unter ihnen war das Wasser ein wenig heller, grauer, als das Land. An Bord der *Buckfast* schimmerte ein gelbes Licht, als sich das Schiff vor Anker drehte, in der Nähe von Trefusis Point.

Wir hatten zum Abendessen Pökelfleisch gehabt, ich hatte daher großen Durst und fühlte eine gewisse Übelkeit. Etwa gegen Mitternacht kroch ich aus dem Bett und ging hinunter in die Küche, wo die Pumpe war. Das Haus hätte eigentlich um diese Zeit völlig dunkel sein müssen, aber aus dem großen Saal drang ein Lichtschein. Die Tür stand halboffen; vier Gestalten saßen vor dem leeren Kamin: mein Vater, meine Großmutter, Onkel Simon und Onkel Henry Knyvett. Obwohl sie leise sprachen, konnte ich das Wort *Buckfast* verstehen.

Dann hörte ich Henry Knyvett in gereiztem Ton und deshalb lauter als zuvor sagen: »Du sprichst manchmal in Rätseln, Mutter. Löse mir dieses eine.«

Lady Killigrew hustete. »Ich glaube, Johns goldener Mittelweg wäre der allerschlechteste –«

»Aber in diesem Fall –«
»Ich weiß. Und ich sage dir, du mußt gar nichts unternehmen, John. Wie willst du eigentlich wissen, ob auch nur ein Ballen Kattun an Bord ist? Digby Bonython hat doch nur gesagt, was er sich denkt.«
»Mit einem solchen Projekt sind alle möglichen Gefahren verbunden«, sagte mein Vater. »Gehe ich dagegen im Namen der Königin an Bord, kann niemand mein Recht in Frage stellen. Umgekehrt aber –«
»Jetzt verstehe ich Mutter«, sagte Simon. »Spiel du jetzt den Kranken, Bruder, und laß Merther an dein Krankenlager kommen. Dann können wir später nach eigenem Ermessen handeln.«
Das Scharren eines Stuhls warnte mich: diesmal wollte ich mich nicht überraschen lassen. In aller Hast schlich ich, mit ungestilltem Durst, davon und legte mich wieder ins Bett.

3

In dieser Nacht schlief ich schlecht. Etwa ein dutzendmal stand ich auf – leise, um John nicht zu stören, der einen leichten Schlaf hatte – und ging ans Fenster, um hinauszusehen. Arwenack war in seiner Anlage so auseinandergezogen, daß man sehr wohl in dem einen Teil in völliger Unkenntnis von dem sein konnte, was im andern vor sich ging. Aber ich hörte hin und wieder Stimmen, einmal fiel etwas im hinteren Hof mit Klirren zu Boden.
Wenn ich mich weit aus dem Fenster beugte und mir den Hals ausreckte, konnte ich gerade noch Trefusis Point und die schlanken schwarzen Masten der *Buckfast* auf dem silbernen Wasser erkennen.
Als der Mond hinter dem Hügel auf der anderen Seite des Hauses unterging, schien das Wasser im Hafen mit den ersten Zeichen der Morgendämmerung blauer und kälter zu werden. Ich fiel in tiefen Schlaf, aus dem mich erst Stevens, der Page, riß, indem er mich an den Schultern schüttelte. Ich konnte im ganzen nur zwei oder drei Stunden geschlafen haben und fühlte mich, mit schweren Gliedern, schlecht gewappnet für den neuen Tag. Während des morgendlichen Unterrichts nickte ich über Euklid ein und empfing dafür einen schmerzhaften Schlag quer über den Rücken vom ›Tintenfaß‹. Dann

mußte ich aus dem Horaz übersetzen, was mir nur stockend gelang, bis ich ganz steckenblieb.
»Komm mal her, Junge!« befahl Pastor Merther.
Seine Prügel waren so alltäglich, daß in der Tat kein Tag verging, ohne daß der eine oder andere sich über seinen Hocker bücken mußte, die kleine achtjährige Odelia nicht ausgenommen. Uns älteren pflegte er jeweils fünf oder sechs Schläge zu geben, aber als er mir an diesem Morgen vier verabreicht hatte, richtete ich mich auf und wandte mich um.
Mit erhobenem Rohrstock hielt er inne, und seine kleinen scharfen Augen waren rot vor Anstrengung. »Ich habe dich nicht geheißen, dich aufzurichten, mein Sohn.«
»Nein, Sir, aber ich meine, es hat genügt.«
Pastor Merther entgegnete darauf: »Soviel Verstand, wie dir gegeben ist, mein Sohn – und es ist nicht viel –, solltest du lieber für das Studium der lateinischen Sprache gebrauchen, als darauf, mich zu belehren. Bück dich, andernfalls werde ich deine Strafe verdoppeln.«
»Sir, ich habe meine Strafe gehabt«, erwiderte ich und ging auf meinen Platz zurück. Aber noch bevor ich dort angelangt war, packte er mich am Arm und schlug mir mit dem Rohrstock über das Gesicht. Ich riß ihm den Stock aus der Hand und schleuderte ihn ins Zimmer. Er wollte mich mit der Faust schlagen, aber ich bekam sie rechtzeitig zu fassen und drehte sie ab.
»Ich habe meine Strafe gehabt«, wiederholte ich, wandte mich um und ging auf meinen Platz. Diesmal versuchte er nicht, mich zurückzuhalten, sondern ging bis zu der Stelle, an der der Rohrstock lag, hob ihn auf und kehrte an sein Pult zurück.
»John«, sagte er, »fahre fort mit der Übersetzung.«

Nachrichten aus der Außenwelt gelangten in eine so abgeschlossene Gemeinschaft wie die unsere früh oder spät – es hing allein vom Zufall ab. An Gerüchten fehlte es nie, aber die eigentliche Nachricht brauchte als Übermittler den zufälligen Besucher oder, noch häufiger, unsere eigenen Boten, die, was sie draußen gehört hatten, mitbrachten.
An diesem Tage hatte niemand das Gut verlassen. Unser erster Falkenier hatte eine Schnittwunde über dem Auge, aber als ich ihn frag-

te, wie er dazu gekommen sei, brummte er nur und sagte, das ginge mich nichts an.
Weder Onkel Simon noch Onkel Henry Knyvett erschienen zum Mittagessen, und Mr. Killigrew war noch immer in der Stimmung, in der alle Welt, statt ohne Bedeutung zu sein wie sonst, sein Feind geworden war. Am Nachmittag fing es an zu regnen, und ein Vorhang von feinem feuchtem Nebel senkte sich über die Bucht. Das Haus selbst schien dahinzudämmern im feuchtkalten Dunst. Als sich kurz vor dem Abendessen der Nebel ein wenig hob, sah ich, daß die *Buckfast* noch immer da war, und leicht in der Strömung schwoite. Während ich hinübersah, bemerkte ich plötzlich, daß ein Beiboot vom Schiff ablegte, und die drei oder vier Mann, die darin saßen, es zur Landspitze ruderten.
Zum Abendessen kamen Onkel Simon und Mr. Knyvett. Onkel Simon hinkte, und Henry Knyvett betrank sich sehr während des Essens.
Als wir nach oben gingen, fragte mich Belemus: »Und wie fühlt sich der kleine Rebell?«
»Recht gut«, antwortete ich mit einem Achselzucken.
»Jetzt siehst du, wie leicht es ist, wenn man nur den ersten Schritt getan hat.«
»Und worin bestand bei dir der erste Schritt, Belemus?«
»Es war mehr oder weniger dasselbe, Maugan, nur daß ich es nicht so an die große Glocke hängte.«
Als ich mich auszog und ins Bett ging, schaute ich noch einmal hinaus, aber der Nebel war wiedergekommen und versagte mir den Blick auf den ganzen Hafen.

Am Morgen darauf kam Stevens noch vor dem Frühstück und sagte: »Master Maugan, Ihr Vater erwartet Sie in seinem Privatkontor.«
Es geschah selten, daß mein Vater jemanden in den kleinen Raum kommen ließ, in dem er seine persönlichen Papiere aufbewahrte, und in den er sich oft zurückzog – gelegentlich, um zu arbeiten, häufiger, um seine Ruhe zu haben, und manchmal, um mit sich selbst zu würfeln, wenn kein anderer im Hause war, gegen den er spielen konnte. Heute saß er hinter seinem eisenbeschlagenen Pult, und seine vier Spaniels lagen wie ein abgeworfener Pelzmantel zu seinen Füßen. Ich blieb an der Tür stehen und hörte dem Kratzen seiner Feder zu. Einer der Spaniels gab einen klagenden Ton von sich.

Er trug das glanzlose wildlederne Wams und das breite, fettige Bandelier; es war seine gewöhnliche Werktagskleidung; aber sein Haar war stets gut gewaschen und gekämmt, sein Schnurrbart pomadisiert und fleckenlos.
Er beendete seinen Brief und steckte den Federkiel in das zinnerne Tintenfaß. »Verdammte Tinte«, sagte er und bestreute das Papier. Dann lehnte er sich in seinen Lehnstuhl zurück und sah mich an. Wie so oft, waren auch jetzt seine Augen fast ohne Ausdruck. Er konnte reizend lächeln, und doch blieben seine Augen kalt. Er konnte vor Zorn brüllen, und doch blieben seine Augen kalt. Es nahm ihm etwas von seinem guten Aussehen.
»Du wächst allmählich aus deinen Schuhen heraus, mein Junge.«
Ich betrachtete die Pistolen an der Wand.
»Antworte mir.«
»Ja, Sir.«
»Du tätest übrigens gut daran, dich zu erinnern, daß du ohne mich überhaupt keine Schuhe hättest. Doch darüber will ich nicht weiter sprechen ... Aber du bist erst vierzehn Jahre, Maugan, und in diesem Alter hast du das zu tun, was dir deine Vorgesetzten sagen, ob ich oder so ein kleiner Federfuchser wie Merther. Verstehst du?«
»Ja, Sir.«
Sein Blick irrte ab zu einem Spiel Karten auf dem Pult, dann konzentrierte er sich widerwillig auf mich und die anstehende Sache.
»Wenn du nicht weißt, wie – dann mußt du es lernen. Prügel hast du nun genug bekommen, darum wirst du den heutigen Tag im Hundezwinger verbringen, an der Kette wie die Hunde. Sie verstehen, aufs Wort zu gehorchen. Nichts zu essen und zu trinken bis zum Schlafengehen, es sei denn, du nimmst mit ihrem Futter vorlieb. Wenn wir mit dem Abendessen fertig sind, werde ich mir überlegen, ob ich dich auch die Nacht dort lassen werde. Verstanden?«
»Ja, Sir.«
»Aber erhebe du noch einmal die Hand gegen Merther, und ich lasse dich prügeln, bis du keine Haut mehr auf dem Rücken hast. Oder du wirst aus dem Hause geworfen.«
Er stand auf und zog das Glockenseil am Fenster. Die Spaniels wachten auf und purzelten übereinander. »Ich habe eine Zuneigung zu dir, Maugan. Du bist mein Ältester, soweit ich weiß, und obwohl es noch mehrere gibt, die wie du unehelich geboren sind, bist du doch

der einzige, abgesehen von meiner eigenen Familie, den ich gern habe. Vielleicht, weil ich deine Mutter lieber hatte ... Aber strapaziere meine Geduld nicht zu sehr. Ein Kind oder ein Spaniel mehr oder weniger: was macht das schon in einem so großen Haushalt?«

Ich fror und war hungrig. Die Hunde hatten anscheinend nichts gegen meine Anwesenheit. Bis drei Uhr regnete es, aber ich wollte nicht in den Zwinger kriechen und zog es vor, naß zu werden. Als es aufhörte zu regnen, senkte sich wieder dichter Nebel herab, so daß man kaum die Schornsteine des Hauses sehen konnte.

Niemand kam in meine Nähe, niemand wagte, mit mir zu sprechen. Auf der Anhöhe hinter dem mit Kopfsteinen gepflasterten Hof waren vier Männer damit beschäftigt, für den Winter Holz zu sägen und aufzustapeln. Alle Jahre wurden in dem Wald unmittelbar westlich der Burg Bäume gefällt, so daß sich der ohnehin dünne Bestand immer mehr lichtete. Die besten Stücke wurden lang gelassen, um als Dielen bei der Reparatur der oberen Räume verwendet zu werden, denn hier war während des Baus das gute Bauholz ausgegangen, so daß man auf grünes Holz zurückgreifen mußte. Von Zeit zu Zeit bewegten sich drei Mädchen durch mein Gesichtsfeld, mit einer Last Äpfel aus dem Garten, die poliert und dann gelagert werden wollten. Zwischen den Mädchen und mir befand sich eine große Jauchepfütze, die aus den Ställen zusammengeflossen war.

Am späten Nachmittag hörte ich ein leises Zischen und wandte mich an meiner Kette um; ich sah Meg Levant, meine Freundin unter den Mägden, die sich am Hofrand entlanggeschlichen hatte, im Schutz der Bäckerei, bis sie in meiner Nähe war. Sie brachte eine Schüssel mit heißer Suppe. Beide sahen wir uns rasch um, blickten zu den Fenstern des Hauses und zu den vier Männern, die Holz sägten. Dann reichte sie mir die Schüssel und kauerte an der Mauer nieder, so gut wie unsichtbar gegen den braunen Stein, während ich die Suppe hinunterschlang.

Sie rann mir wie ein dicker warmer Wein durch die Kehle. Als ich fertig war, gab ich ihr die Schüssel zurück; sie ergriff sie hastig und kauerte sich von neuem nieder.

»Das wird dir im Himmel belohnt werden«, flüsterte ich.

»Wenn's nur keiner auf Erden merkt!«

»Dann geh, bevor dich einer sieht.«

»Hier bin ich so gut wie nicht zu sehen. Brauchst du noch etwas?«
»Nein, ich werde es überleben, um dich wieder quälen zu können.«
»Das habe ich befürchtet.« Sie nahm einen Apfel in die Hand und begann, ihn zu essen.
»Meg.«
»Ja?«
»Jael Job hat mich hierher gebracht. Wenn es dunkel wird, gib seinem Gedächtnis einen Stoß, damit ich nicht die Nacht über hierbleiben muß.«
Sie versprach es mir, und ich war froh, daß ich sie für ein paar Minuten in der Nähe hatte.
»Was wäre jetzt eigentlich deine Arbeit, Meg?«
»Binsen schälen für Kerzendochte.«
»Paß bloß auf, daß du nicht mit mir zusammen wegen Ungehorsam eingelocht wirst.«
»Dagegen hätte ich nichts; mir wär's eine willkommene Ruhepause.«
Die drei Mädchen überquerten wieder einmal mit einer Last Äpfel klappernd den Hof. Als sie nicht mehr zu sehen waren, fragte ich: »Was gibt es heut Neues hier?«
»Neues?«
»Ich bin seit dem frühen Morgen hier. Ist mein Vater im Hause?«
»Ja. Alle sind hier ... Vorgestern nacht hat es auf dem Fluß etwas gegeben.«
»Was?«
Ich hörte das Knirschen ihrer Zähne, als sie den Apfel kaute und hinunterschluckte.
»Harold Tregwin kam von Gluvias herüber, und du weißt, was für ein Klatschmaul er ist. Donnerstag nacht ist vor Trefusis Point ein Fischerboot geentert und geplündert worden. Dabei ist einer von der Besatzung in dem Handgemenge über Bord gegangen und ertrunken. Gestern abend wurde seine Leiche bei St. Thomas-Bridge angeschwemmt.«
Ich atmete langsam aus. »Warum sollte jemand ein armseliges Fischerboot ausplündern?«
»Dasselbe fragt sich Harold. Nachdem, was er sagt, hat der Kapitän eine Klage beim Grafschaftsgericht eingereicht und verlangt, daß die Mörder ausfindig gemacht werden. Es war ein richtiger Roman,

den er da erzählte, aber du kennst ja Harold, dem nichts lieber ist, als aus so einer Sache eine lange Geschichte zu machen. Hier, kannst du ihn fangen? Ich glaube, ich muß jetzt gehen.«

Am folgenden Tag, einem Sonntag, gingen wir alle wie üblich in die Kirche von St. Budock; Vater und Mutter gingen voran, es folgten die übrigen Mitglieder der Familie, dann wir Kinder und am Schluß in langer Schlange das Gesinde. Mr. Garrock, der Vikar, hatte als Text seiner Predigt unglücklicherweise folgenden Vers gewählt: »Es kann niemand einem Starken in sein Haus fallen und seinen Hausrat rauben, es sei denn, daß er zuvor den Starken binde und alsdann sein Haus beraube.« (Markus 3,27).

Mein Vater schlief die meiste Zeit, was ich mir nicht leisten durfte, denn ich wußte, daß uns am Abend Pastor Merther nach dem Inhalt der Predigt fragen würde, und daß es Prügel setzte, wenn wir nicht imstande waren, sie in großen Zügen wiederzugeben. Und ich am wenigsten konnte es riskieren, noch weiteren Ärger heraufzubeschwören.

Als die Predigt vorüber war, gähnte mein Vater. »Komm, wir wollen nicht mehr auf das Gebet warten«, sagte er laut und vernehmlich zu Onkel Simon und drängte sich durch die Menge hinaus.

Vielleicht hatte er aber doch nicht so fest geschlafen in der Kirche, denn während des ganzen Mittagessens äußerte er sich ausgesprochen kritisch über den geistlichen Stand. Will Garrock war nach ihm ein unwissender und ungebildeter Schurke, der in einer Schankstube besser am Platz sei als in einer Kirche. Hawken von Philleigh – er wußte es geanu – verbrachte Tag und Nacht mit Würfelspiel und Hurerei; und der Pastor von St. Issey, so hieß es, trug an der Hand ein Brandmal für Felonie; und Arscott von Cubert war ein Säufer und lebte mit einer Hure, von der er sechs Bastarde hatte. Kurz, es war Zeit, die Kirche zu säubern von Pfründenjägern, Verrätern und unwissenden Schurken.

Ich weiß nicht, wie es im Hause zu der Überzeugung gekommen war, daß an dem Überfall von Donnerstag nacht die Unseren nicht unschuldig waren, aber es war ein Gefühl, das wie ein kalter Schauder über die Haut kroch. Vielleicht ist es nur unmöglich, daß fünf oder sechs Männer, von denen ein paar verheiratet sind, nach Einbruch der Dunkelheit das Haus verlassen und wieder zurückkehren können, ohne daß ihnen Fragen gestellt werden.

Am Dienstag sprach Sir Francis Godolphin vor.

Sir Francis, der bei Helston lebte, war *Vice Warden of the Stannaries,* Vizegouverneur des Zinngrubengebiets in Cornwall und Devon also, und seit neuerem auch Sheriff von Cornwall. Seine erste Frau, Margaret, war eine Killigrew und die Tante meines Vaters gewesen. Sir Francis war jetzt fast sechzig, ein graubärtiger Mann, klein gewachsen, von ruhigem Wesen, nüchtern und zurückhaltend; er und Raleigh, so hieß es, hätten viel dazu getan, das Los der Zinngießer in der Grafschaft zu verbessern, und Sir Francis war dadurch reich geworden. An diesem Abend begleitete ihn unser Nachbar, Mr. John Trefusis, ein Mann mit schriller Stimme und einer Haut, die so braun wie Schnupftabak war. Mein Vater war gerade auf der Burg, als sie kamen, und daher mußte Mrs. Killigrew, verwirrt und behindert von kleinen Kindern und ihrer Handarbeit, sie im Gesellschaftszimmer begrüßen, und ich, John und Odelia durften unbemerkt dabeisein. Als schließlich mein Vater hereinkam, dem alsbald Lady Killigrew folgte, tranken die Gäste Rheinwein und aßen süße Mandelbiskuits.

Da Mr. Killigrew und Mr. Trefusis keinerlei Wertschätzung füreinander empfanden, fiel ihre Begrüßung etwas steif aus; es herrschte verlegenes Schweigen, nachdem alle Platz genommen hatten. Um es zu überbrücken, erkundigte sich Mrs. Killigrew nach dem ältesten Sohn von Sir Francis, der in Irland kämpfte; aber dieser Austausch höflicher Phrasen blieb kurz, und ohne seine übliche Geschmeidigkeit wandte sich Sir Francis an meinen Vater.

»Du hast wohl davon gehört, John, daß die *Buckfast* in der Nacht vom vergangenen Donnerstag geentert und geplündert worden ist?«

»Wer hätte nicht davon gehört? Sie haben es ja laut genug austrompetet, daß es jeder hören konnte.«

»Sollten sie es etwa nicht«, fragte Mr. Trefusis scharf, »wenn ihnen sechzig Pfund in Gold geraubt wurden und einer ihrer Männer auf den Kopf gehauen wurde, daß er über Bord ging? Sollten sie schweigen? Ihr könnt Eure Verantwortung nicht außer acht lassen.«

»Ich?« Mein Vater schlug die Beine übereinander und warf einen verstohlenen Blick auf einen Fleck auf seinem Strumpf. »Ihr meint wohl, weil es sich in meinen Gewässern ereignete? Gewiß bedaure ich es, sehe aber nicht ein, was ich mehr tun kann, als ein Protokoll aufzunehmen, falls sie eine Aussage machen wollen.«

»Sie haben bereits Aussagen gemacht, John«, erklärte Sir Francis. »Gestern, bevor sie weiterfuhren.«

»Das haben sie schon? Dann haben sie es nicht formgerecht getan. Sie hätten zu mir kommen müssen.«

»Sie zogen es vor, es anders zu machen.«

»Man hat nicht immer das Glück, nach seinem Belieben handeln zu können. Ich hätte in jedem Fall gemeint, die Klage des Kapitäns stehe auf unsicherem Grund, wenn wahr ist, was das Gerücht erzählt, daß nämlich das Geld gestohlen wurde von dem gekaperten portugiesischen Handelsschiff, das die Prise der Königin ist.«

»Nach der Darstellung des Kapitäns brachten sie Waren mit, die sie am Kai von Plymouth ehrlich erworben hatten«, sagte Sir Francis. »Sie verbrachten den Nachmittag und Abend des Donnerstags mit Besuchen bei Mr. Trefusis, Mr. Thomas Enys und mehreren Händlern, denen sie den größten Teil dieser Waren gegen Geld und Wechsel verkauften. Etwa um vier Uhr früh am Freitag kamen sieben bewaffnete Männer an Bord der *Buckfast* und bemächtigten sich des Schiffes. In dem Kampf wurde ein Mitglied der Besatzung, ein gewisser Ezekiel Penwethers, aufs Haupt getroffen, daß er über Bord fiel und ertrank. Das Schiff wurde vom Bug bis zum Heck durchsucht und alles von Wert mitgenommen, einschließlich natürlich des Goldes.«

Mein Vater hatte nun nicht etwa geduldig zugehört, vielmehr seufzend die Augen geschlossen, sie aber wieder aufgeschlagen, um nach dem Fleck zu schielen. »Das habe ich gehört, Francis«, sagte er. »Das hat man mir erzählt. Persönlich bezweifle ich stark, daß die Geschichte, so wie sie der Kapitän erzählt, einer genaueren Prüfung standhält. Ist sie aber wahr, so bedaure ich sein Mißgeschick – ohne daß es mich übermäßig überrascht. Diebe und Vagabunden machen das Land unsicher, und es werden immer mehr. Wer soll ihnen Einhalt gebieten?«

»Wenn die Geschichte des Kapitäns wahr ist«, ließ sich Mr. Trefusis vernehmen, »könntet Ihr allerdings nicht übermäßig überrascht sein, da man bemerkt hat, daß einer der Räuber unter seinem Mantel die Livree der Killigrew trug!«

In das gespannte Schweigen brach plötzlich lautes Weinen; die kleine Odelia war von ihrem Stuhl heruntergefallen und lief zu ihrer Mutter, um sich von ihr trösten zu lassen. Als Mrs. Killigrew sie aus

zum Zimmer gebracht hatte, war die Röte im Gesicht meines Vaters wieder verblaßt.
»Die grimmigen Einfälle meines Nachbarn können mich nicht mehr überraschen. Aber ich hoffe doch, daß du, Francis, nicht solchen Argwohn hegst?«
»Ich würde mich jedenfalls freuen, wenn ich –«
»– eine beruhigende Erklärung haben könnte? Willst du sagen, daß ich es getan habe? Glaubst du, daß ich ein solcher Narr wäre – wenn ich diesen Raubüberfall begangen hätte – Männer, die meine Livree tragen, mit an Bord zu nehmen? Tatsächlich aber war ich in der fraglichen Nacht krank.«
»Krank?«
»Ein plötzlicher Magenkrampf. Ich mußte sogar meinen Kaplan wecken, und ich denke, er wird dir bestätigen könne, daß ich in jener Nacht das Bett nicht verlassen habe.«
Mr. Trefusis äußerte brummend seine Zweifel. »Wenn Ihr es auch nicht in Person wart, so sagt das . . .«
Es war ein unglücklicher Zufall, daß in diesem Augenblick Simon Killigrew hereinkam. Neugierig sah er von einem zum andern, sah ihre gespannten Gesichter. »Willkommen, Onkel. Willkommen auch Ihr, Trefusis. Habt ihr eine private Besprechung?«
»Ich wußte gar nicht, daß Ihr hier seid«, sagte Trefusis. »Das könnte freilich alles erklären!«
»Was erklären?« fragte Simon.
»Die Killigrews sind sich alle gleich«, sagte unser Nachbar. »Sie haben alle eine so entgegenkommende Moral wie der Ärmel eines Bettelmönchs.«
»Niemand hatte Euch um Euren Besuch gebeten, Trefusis«, sagte mein Vater. »Wenn Ihr uns nicht von selbst verlaßt, könnt Ihr auf unsere Hilfe rechnen.«
»Einen Augenblick, John«, sagte Sir Francis ruhig. »Du kannst vielleicht Mr. Trefusis hinauswerfen. Aber diese Protokolle sind aufgenommen worden und werden ihren Weg zu den zuständigen Stellen finden. Ob sie nun der Wahrheit entsprechen oder nicht, sie werden sorgfältig geprüft werden. Darum –«
»Dann prüf sie doch, Francis! Ich glaubte, ich hätte schon genug Feinde und Neider in der Grafschaft, ohne auf den Gedanken zu kommen, daß einer meiner Verwandten darunter ist. Welches Inter-

esse hast du daran? Worauf kannst du neidisch sein, mit all deinem Grundbesitz und deinen florierenden Zinnwerken?«

»Ich neide dir nichts, wie du wissen solltest. Diese Anklage gegen dich ist gewiß falsch, aber sie zeigt dir, was für einen Ruf du hast.«

»Mein Ruf, bei Gott! –«

»Ja. Wenn du glaubst, daß ich dir übelwill, nur weil ich dich warne, dann hast du mich mißverstanden. Aber es muß schon weit gekommen sein, wenn die Seeleute den Fluß meiden, an dem du das Kommando hast, und dort nur im äußersten Fall, bei Sturm und Seenot, einlaufen, und wenn statt des Gesetzes der Königin bewaffnete Gefolgsleute das Land beherrschen. So kann es nicht weitergehen, und das sage ich als dein Verwandter und Freund. Gute Nacht.«

Am Donnerstag darauf erklärte Onkel Simon, er müsse am nächsten Tag nach Greenwich aufbrechen, wo sich zu der Zeit der Hof befand. Mein Vater sagte, er habe es sich überlegt und wolle mit ihm reiten; darauf entschloß sich meine Großmutter, ebenfalls zu reisen. Das führte zu einem Wortwechsel. Mein Vater vertrat die Ansicht, daß Lady Killigrew nicht die Kraft habe, zehn Tage lang wie sie auf einem Pferd zu sitzen. Darauf erwiderte sie, wenn es sie zu sehr anstrengen sollte, würde sie einen Wagen mieten. Worauf mein Vater entgegnete, daß sie sich derlei in ihrem augenblicklichen Zustand der Verarmung nicht leisten könnten; sie möge also lieber warten und die Reise zur See zurücklegen. Meine Großmutter erwiderte, sie neige zur Seekrankheit, und die Herbststürme stünden bevor; außerdem wolle sie jetzt reisen, sie habe das Leben einer Landpomeranze wieder einmal satt; und falls er Lady Betty den Hof machen wolle, würde sie ihm nicht im Wege stehen; alles, was sie wolle, sei, einmal selbst zu sehen, was man heute in London und Westminster trüge – und ihre Verwandten und Freunde wiedersehen; und schließlich habe sie ja etwas eigenes Geld jetzt.

Als der Freitagmorgen kam, war Lady Killigrew bei Sonnenaufgang mit den anderen reisefertig; ihre beiden Reisetaschen waren gepackt, ihre kleine schwarze Stute gesattelt, und keiner wagte, dazu nein zu sagen.

4

In der zweiten Donnerstagnacht im Oktober war wieder Vollmond, und mein Vater, mein Onkel und meine Großmutter waren nun schon drei Wochen fort. Am Tage war es windig gewesen, aber mit der sinkenden Nacht hatte der Wind sich gelegt und nur noch die weißen Wolken zurückgelassen, die sehr hoch über den Himmel zogen, Nachgedanken des Sturms. Als es zehn Uhr geworden war und im Hause alles schlief, stand der Mond hoch, und jede Wolke, die vorüberzog, ließ das Wasser unten im Hafen grau und weiß erscheinen.

Kaum hatte ich das Haus verlassen, als mich Charon entdeckt hatte und mißtrauisch knurrte, aber er hörte bald auf, um die Fleischstücke zu fressen, die ich ihm mitgebracht hatte. Nicht die Hunde mußte ich fürchten, sie konnte ich beruhigen und abschütteln, aber den Schatten, der mir auf dem Fuße folgte, konnte ich nicht loswerden, und den riesigen Schatten der Bäume quer überm Fahrweg nicht ausweichen, die den Umriß von Hexen und Gerippen hatten und an blutige Feste, Menschenopfer und verlorene Seelen gemahnten.

Nachdem ich die Palisaden hinter mir gelassen hatte, lief ich zunächst auf dem ausgetretenen schlammigen Heckenweg weiter, bis ich mich durch ein Gewirr von Brombeersträuchern und Farnkraut hindurcharbeitete und ins Freie kam. Von hier aus sah man die Flußmündung, die sich wie eine gespaltene quecksilberne Zunge in das dunkle Fleisch des Landes schob.

Als die Mühle in Sicht kam, blieb ich ein Weilchen stehen, um Atem zu schöpfen. Ich sah ein Licht. Weiter ging ich durch Brombeergesträuch, dann langsamer über freies Feld. Die Tür ließ sich wegen der fehlenden Angel nicht richtig schließen, und das Licht, das aus dem Innern der Hütte kam, war für einen Augenblick abgeschnitten, als eine Gestalt davor trat.

Die Quelle des Lichts war eine kleine offene Lampe, wie aus frühchristlicher Zeit, mit ölgefüllter Schale und einem Docht, der aus einer Tülle heraus brannte. Ein Kohlenbecken stand etwa in der Mitte des Raums mit einem brodelnden Topf darauf.

»Du bist also wirklich gekommen.«

Obwohl die Lampe nur trübe brannte, erhellte sie den Raum mit einem gleichmäßigeren Schein, als es die helle Sonne gekonnt hätte.

Auf einem an der Wand angebrachten Regal lag ein Stapel Bücher, und auf den Mühlsteinen hinter dem Kohlenbecken standen Reihen von Flaschen, Töpfen und Dosen. Im Dach des oberen Stocks war ein Loch; eine hölzerne Treppe führte zu einem Riß, der mit Säcken zugenagelt war, die den Zug abhalten sollten.
»Ich bin gekommen ... Haben Sie ...«
Sie schloß die Tür. »Es ist eine schöne Vollmondnacht, aber ein bißchen bedeckt. Setz dich. So, und nun sag mir deinen Vornamen. Maugan?«
Ich saß auf dem Rand des Hockers, auf dem damals das Kaninchen gesessen hatte. »Hattest du nicht Angst, hierherzukommen?«
Ich nickte.
»Gut. Mut ist etwas Schönes und verdient, belohnt zu werden. Ich will also versuchen, dir zu helfen.«
Ich hielt ihr meinen zweiten Schilling entgegen, aber sie schüttelte den Kopf. »Warte erst mal ab.« Sie nahm einen Löffel und rührte damit im Topf herum. Der Feuerschein beleuchtete ihr langes, sonnenverbranntes Gesicht, das einen Ausdruck von gespannter Vorsicht zeigte. Ich sah, daß es einmal schön gewesen sein mußte.
»Weiß du, ich habe mein Kaninchen verloren«, sagte sie. »Ein Wiesel hat es getötet.«
»Oh, das tut mir leid.«
»Hast du schon mal ein Wiesel tanzen sehen, bevor es sein Opfer tötet?«
»Nein.«
»Das Tier ist von Natur nicht gut, aber es tötet nur, weil es fressen muß. Der Mensch aber tötet zum Vergnügen oder aus einem sonderbaren und bösen Grund, Prinzip genannt. Wie hieß deine Mutter, Maugan?«
Ich starrte sie an. »Warum?«
»Da sehe ich ein M im Topf. Es wäre nicht so ungewöhnlich, wenn du nach ihr genannt worden wärest.«
»Oh ...«
»Hast du einmal ein Glühwürmchen bei Tage gesehen?« fragte sie mich und sah mich an.
»Nein.«
»Wenn du einmal wiederkommst, zeige ich dir, wie sie sind. Wie kleine Käfer. Die Weibchen leuchten mehr als die Männchen. Wenn

sie ihre Eier tragen, werden sie von ihnen von innen erleuchtet wie verglimmende Kohlestückchen von der Glut. Weißt du, daß man beim Licht von drei oder vier Glühwürmchen lesen kann?«

»Nein.«

»Du mußt von der Natur lernen, Maugan«, sagte sie, während sie wieder in den Topf blickte. »Das wird dir mehr Befriedigung geben als die Gesellschaft der Menschen . . . Ich glaube, du bist an einem Fluß geboren, mein Junge.«

»An *diesem* Fluß?«

»Nein, größer als dieser. Breiter und tiefer.«

»Wo?«

»Ich habe nicht jeden Fluß in England gesehen. Vielleicht Bristol. Plymouth. London. Ich sehe Liebe – und Haß – und Gier – und Krankheit. Aber weder Armut noch Reichtum. Wahrscheinlich war deine Mutter von guter Herkunft. Du hast keinen Grund, dich ihrer zu schämen, falls dir das je in den Sinn gekommen ist.«

Ich schwieg.

»Sie waren von verschiedener Art, dein Vater und deine Mutter. Das kann ich sehen. Aber das ist nicht immer eine Frage von Geld oder Erziehung . . .«

»Woran ist sie gestorben?«

»An der Pest, würde ich glauben. Da ist überall Krankheit und Tod. Ein Wunder, daß du am Leben geblieben bist. Ich sehe sonst keinen Verwandten, der verschont geblieben wäre. Nur deinen Vater sehe ich – er reitet mit dir – einen schmalen Weg hinauf . . .«

Darauf folgte ein längeres Schweigen. Sie schien zum Ende gekommen sein.

»Gier, sagtet Ihr?« wagte ich schließlich zu fragen.

»Ja, Gier. Aber frag mich nicht, was für eine Rolle sie gespielt hat . . . Mag sein, daß dein Vater gierig war und Blumen in Nachbars Garten pflückte.«

Sie stand auf und schmiegte die Ellbogen in ihre Hände. Das Licht warf ihren Schatten quer durch den Raum wie den Schatten einer großen Katze. »Weißt du, mein Junge, was in diesem Topf ist, in dem ich deine Vergangenheit gelesen habe?«

»N-nein.«

»Mein Essen für morgen . . .«

Ich gab keine Antwort.

»Kaninchenknochen für Schmorfleisch. Wenn du mir nicht glaubst, nimm den Löffel hier und koste.«
»Nein!«
»Angst, es möchte ein unheimliches Gebräu sein? Es kommt nicht darauf an, was du beschaust, wenn du die Gabe des Sehens hast. Ich hätte das gleiche gesagt, wenn ich das Herz eines Kohlkopfs angeschaut hätte, und nicht mehr, wenn ich den Schädel des Paracelsus betrachtet hätte.«
Sie trat zu den Mühlsteinen, auf denen die Flaschen aufgereiht standen. »Weißt du, wer Paracelsus war, Maugan?«
»Nein.«
»Da pfropfen sie dir den Kopf voll mit Griechisch, Latein und Logik, und sagen dir nicht, wie du eine wunde Stelle behandeln oder eine Schnittwunde an deinem Finger heilen sollst. Hier, komm her, stell dich neben mich.«
Ich stand langsam auf, und als sie gerade nicht hinsah, blickte ich in den brodelnden Topf. Ich glaubte, ein Gesicht zu sehen, und wich zurück.
»Betonie«, sagte sie, »und Safran für Masern, Steinbrech für Steinleiden, Klauenfett für Frostbeulen, Schwarzwurz und Süßholz für Bronchitis, Majoran und Anissamen für Migräne ... eine hübsche Liste. Aber die wenigsten kommen zu mir wegen ihrer eigenen Beschwerden; sie haben zu große Angst. Sie kommen zu mir – zu vieren, weil sie sich dann sicherer fühlen – wenn ihr Vieh krank ist. Da siehst du, wie mutig du bist, Maugan, du gehst Wege, die die Narren nicht zu gehen wagen.«
»Ihr spracht auch von Haß«, erinnerte ich flüsternd.
»Von Liebe und Haß. Zwischen Mann und Frau ist immer Liebe und Haß. Du wirst es selbst erfahren. Und wenn es eine heimliche Liebe ist, wird sie um so leidenschaftlicher sein. Und wenn ihr der Verrat folgt, wird der Haß wie Wicken im Kornfeld blühen. In einer Weise hast du Glück, Maugan Killigrew.«
»Wieso?«
»Du entstammst einer Leidenschaft, daher mußt du lebendiger sein als alle, die ihr Dasein einer Pflicht, einem alltäglichen Bedürfnis oder der Langeweile eines langen gemeinsamen Lebens verdanken. Wenn die Zeit gekommen ist, wirst vielleicht auch du Liebe und Haß erfahren wie dein Vater und deine Mutter.«

Der Mond war ein ganzes Stück über den Himmel gewandert, bevor sie mich weggehen lassen wollte. Am Ende nahm sie doch meinen Schilling an. Sie sprach noch viel, bevor ich ging, und jedesmal, wenn ich Anstalten machte zu gehen, fiel ihr ein neues Thema ein. Aber sie sprach nicht mehr von meiner Mutter.

Ich trat den Heimweg an mit einem Gefühl von Unbehagen und Widerwillen – und zugleich mit einer kleinen Erleichterung, wie man sie nach überstandener Feuerprobe empfinden mag. Solange sie mit mir sprach, fühlte ich mich von ihr ebenso angezogen wie abgestoßen. Ich glaubte, sie hatte versucht, einen Bann über mich zu werfen, und bis zu einem gewissen Grad mit Erfolg. Früher oder später würde ich wiederkommen, angezogen von diesem Doppelgefühl der Anziehung und des Widerwillens, wie man an den Rand einer Klippe tritt.

Der Himmel hatte sich bezogen, und der Rückweg war nicht heiterer als der Weg hinaus. Ich hatte ein kurzes dickes Stück Seil in einer Schlinge über die Palisaden geworfen, und mir einen geborstenen Baum als Markierungspunkt gemerkt, aber als ich näherkam, hörte ich leise rauhe Stimmen und bald auch das Scharren von Füßen.

Sie kamen auf demselben Weg, den ich benutzt hatte, eine Gruppe von sechs Mann, die im unbestimmten Licht des Mondes schwerfällig den Hügel hinauf stampfte. Der vorderste trug einen grauen Hut mit aufgeklapptem Rand und hatte eine Hand in der Binde; einer war ein Neger. Alle waren schlecht gekleidet, zwei so gut wie in Lumpen. Sie hätten zu einer der Räuberbanden gehören können, die England unsicher machten, wäre ihr Auftreten nicht so sicher, ihr Gang nicht so entschlossen gewesen.

Als sie vorbeigekommen waren, erhob ich mich und ging langsam, von einem Gebüsch zum andern, hinter ihnen her. Vor dem geschlossenen Tor von Arwenack blieben sie stehen, rüttelten an ihm und versuchten, es gewaltsam zu öffnen. Erst jetzt erkannte ich im hellen Mondschein den Mann mit dem grauen Hut. Es war Captain Elliot.

Erst vor zwei Stunden, berichteten sie, waren sie in Helford Haven vor Anker gegangen. Nur die *Dolphin* war hier. Die *Neptun* war mit ihnen gesegelt, aber ein Sturm hatte sie getrennt. Die *Dolphin* war schwer beschädigt worden und bedurfte gründlicher Ausbesserung und Wiederinstandsetzung. Auch der Steuermann, Mr. Love, war krank.

»Wecke deinen Vater, Junge.«
»Er ist nicht zu Hause. Meine Großmutter auch nicht.«
»Wer ist dann für das Haus verantwortlich? Deine Mutter?«
»Meine – Mutter ist krank. Mein Onkel, Mr. Knyvett, ist hier.«
»Dann rufe ihn. Kannst du die Hunde beruhigen?«
»Ja. Aber es ist weit nach Mitternacht. Mr. Knyvett wird schlafen.«
»Sag ihm, wer hier ist, und daß wir mit ihm etwas dringend zu besprechen haben. Er wird am Ende zugeben, daß es eine gestörte Nachtruhe wert war.«
So gestaltete sich meine Rückkehr ganz anders, als ich vorausgesehen hatte. Ich stieg über die Palisaden, beruhigte Charon, tastete mich durch das schlafende Haus und weckte Onkel Knyvett. Er war viel zu benommen und verwirrt, um zu fragen, wieso ich etwas von den nächtlichen Besuchern wußte. Er zog verdrießlich sein Nachthemd an, Kniehosen und darüber seinen abgetragenen Schlafrock aus schwarzem Samt. Dann stolperte er, wackelig auf den Beinen, wie er war, in den anderen Flügel des Hauses, wo er Long Peter und einen zweiten Diener durch Fußtritte in einen wenigstens halbwachen Zustand versetzte und ihnen auftrug, die Hunde hereinzurufen und das Tor zu öffnen.
Sobald er Captain Elliot erkannte, begann Henry Knyvett zu nörgeln, aber der Kapitän fiel ihm ins Wort.
»Es fehlt uns die Zeit zur Beachtung des Zeremoniells, Mr. Knyvett. Wir hatten einen ziemlichen Zustammenstoß in der Carmarthenbucht. Dann gerieten wir vor Land's End in einen Sturm und sanken beinahe. Captain Burley wurde nach St. Ives zu abgetrieben und ist vielleicht jetzt schon ertrunken, vor dieser endlosen öden Küste auf der Leeseite.«
Sie entfernten sich von mir, aber Teile ihrer Unterhaltung konnte ich noch mitanhören.
»... vier Dreimaster, auf der Fahrt von Bristol nach Pembroke ... Ein paar Tage lang mußten wir vor dem Winde lavieren, aber an dem Morgen hatten wir günstigen Wind, er kam von Süden. Burley sichtete sie zuerst und begann, sie zu verfolgen. Wir waren ihnen voraus und konnten ihnen den Weg verlegen. Wir forderten sie auf, sich zu ergeben, aber die beiden ersten setzten sich zur Wehr ...«
Die Seeleute waren in die große Halle gekommen und hatten ihre

Reisesäcke neben dem Kamin niedergelegt, in dem ein großer Holzkloben in einer Wüste von weißer Asche glimmte.

»... Das habe ich beim Entern abbekommen. Mein Deckoffizier hat ein Bein verloren, zwei andere sind verwundet ... Love? Nein, Love ist unversehrt durchgekommen, aber danach krank geworden. Nach drei Monaten auf See brauchen wir alle eine gründliche Überholung – und haben wohl auch ein Recht darauf ...«

Der Mann mit der Muskete war der pockennarbige Seemann, der im Februar so streitsüchtig gewesen war, Aristotle Totle.

»... wann wird er denn wieder hier sein? Aber sicher könnt Ihr doch die nötigen Maßnahmen veranlassen ... Hauptsächlich Seide und Samt, mit einer ansehnlichen Ladung Wein ... wir konnten die Fracht doch nicht auf hoher See übernehmen ...«

»Maugan, geh jetzt zu Bett.«

»Ja, Onkel Knyvett.«

»Stammt das Zeug, das ihr hier habt, auch davon?«

»Nur eine Probe ...«

Ich ging zur Tür. Der Neger betastete den Pavia-Wandteppich links neben dem Kamin.

»Da ist heute nacht wenig zu machen, Elliot. Wollt Ihr hier übernachten?«

»Ihr müßt eine Nachricht nach Truro senden. Wir brauchen unter anderem Gemüse, Obst und Trinkwasser. Auch einen Apotheker. Einige meiner Leute sind krank. All dieser Dinge wegen wollte ich nicht bis zum Morgen warten.«

»Maugan, es wird Zeit für dich zu Bett zu gehen!«

»Ja, Mr. Knyvett.«

Ich ging und schloß die Tür hinter mir. Als ich die Treppe hinaufstieg, fühlte ich mich plötzlich müde und einsam.

Die *Dolphin* lag in Helford Haven, etwa fünf Meilen entfernt. Es war ein kleiner Fluß, der in eine ziemlich weite Bucht mündete, mit sicherem, von Land eingeschlossenem Ankerplatz für Schiffe bis zu dreihundert Tonnen und dicht bewaldeten Ufern. Neben der *Dolphin* lag ein anderes Schiff von etwa der gleichen Größe, aber nicht in so sauberem Zustand. Ich sah sie beide am dritten Tag, als ich mit Belemus aus dem Haus entwichen war, und wir über das Vorgebirge kletterten, um mit eigenen Augen zu sehen, was es zu sehen gab.

Aber zu diesem Zeitpunkt konnte es kaum etwas Friedlicheres geben als den Anblick der beiden Schiffe. Er war jedenfalls sehr viel friedlicher als Arwenack, wo jeden Tag mehr als ein Dutzend Matrosen bei Tische saß und sich bedienen ließ.
Am vierten Tag kam auch William Love, abgemagert nach seiner Krankheit, und setzte sich in einen Sessel in der großen Halle, wo er unsere Mägde mit seltsam trüben Augen beobachtete.
Aber nicht alle Matrosen begnügten sich mit dem bloßen Beobachten, und einige unserer Mägde waren nicht abgeneigt, sich mit ihnen heimlich auf dem Heuboden zu treffen. Sie prunkten in Samt und Seide, und im nächsten Juli gab es zwei Geburten. Aber die Gäste machten nicht halt bei den noch freien Mädchen, und mehr als einmal kam es zu stürmischen Auseinandersetzungen wegen einer verheirateten Frau oder einer jungen Verlobten. Ein langhaariger Matrose, Justinian Kilter mit Namen, war ständig in Schwierigkeiten. Meg Levant hatte man kürzlich mit Dick Stable zusammen gesehen, dem großen, etwas empfindlichen Jungen, der die Harfe spielte, aber eines Tages bedachte Kilter sie mit seiner Aufmerksamkeit. Stable wollte sich nicht verdrängen lassen, und die Folge war, daß er der Länge nach auf den Hof flog und sich den Kopf an einem Prellstein aufschlug. Später an diesem Abend hörte ich Geräusche wie von einer Balgerei draußen auf dem Gang. Ich fand Meg, die sich der Umarmung Kilters zu entziehen suchte. Ich holte tief Atem und rannte mit voller Wucht gegen ihn an. Der Anprall brachte beide aus dem Gleichgewicht, und in der Verwirrung gelang es Meg, sich loszureißen und in das nächste Zimmer zu stürzen.
»Oh, Verzeihung«, sagte ich. »Ich habe Sie nicht gesehen.« Und ich war schon im Begriff weiterzugehen, als mich Kilter am Arm packte.
»Bursche«, sprach er mich an, »für meinen Geschmack stößt du ein bißchen zu leicht mit Leuten zusammen. Siehst du die Faust?«
»Ja.«
»Dann paß auf, daß sie nicht mit deiner Nase zusammenstößt, oder sie wird dir deine Chancen bei den Mädchen gründlicher verderben, als du mir eben meine verdorben hast.« Er lachte. »In diesem Haus gibt es zuviel vorlaute Leute.«
Aber nicht alle nahmen die Dinge so leicht, und nicht viele blieben im Rausch so liebenswüridg. Es wurde mehr getrunken, als ich je gesehen hatte. Die Gäste hatten zwei Faß Wein in den Hof ge-

stellt, aus denen sich jeder, der wollte, bedienen konnte. Der Hof roch wie ein Ausschank, und das Haus roch nicht viel besser.

Annora Job, die siebzehnjährige Tochter von Jael und Jane, war schön und groß, mit langem goldblondem Haar, und von ihrer Schönheit überzeugt. Jael Job stand als der rangälteste Gefolgsmann meines Vaters, mit dem er sich zu unterhalten pflegte und dessen besonderes Vertrauen er genoß, eine Stufe (oder auch mehrere Stufen) über der Dienerschaft und hatte ohne besonderes Wohlwollen auf die jungen Leute geblickt, die sich bisher präsentiert hatten, so daß Annora noch niemandem angelobt war. Selbst dünkte sie sich zwar keineswegs zu schade für einen Seitenblick hier und da; nur für Aristotle Totle hatte sie keinen, der sich nun, am fünften Abend, spät von der Abendtafel erhob, der weinbefleckten, an der seine Kameraden, in einem Zustand stumpfsinniger Betrunkenheit, zurückblieben, und behutsam die Treppe hinaufging, gewiß, dort oben Annora zu treffen. Als sie vorbeikam, versuchte er erst, sie zu überreden, und dann, sie mit Gewalt zu nehmen. Als erster war ihr Vater zur Stelle. Er fand sie, wie sie sich schreiend wehrte, ihre Kleider in Unordnung, er gab Totle einen kräftigen Stoß und warf ihn die Treppe hinunter.

Blutend im Gesicht, erhob sich Totle und stieg brüllend die Treppe wieder hinauf, auf der ihm freilich Jael Job entgegentrat. Aufeinanderprallend stürzten sie zusammen herunter und sprengten durch die Gewalt ihres Falles die Tür zum Bankettsaal auf. Aber weder Mr. Knyvett noch Captain Elliot waren anwesend, und die anderen, Seeleute wie Diener, traten beiseite, als die beiden Männer durch den Saal wirbelten und dabei Schemel und Tische, Sessel und Kamingerät umwarfen. Von seinem Stuhl gestoßen, sprang der Neger plötzlich Job von hinten an, aber Carminow, der Deckoffizier, griff nach einem Leuchter und schlug mit ihm, während die brennenden Kerzen über den Tisch flogen, dem Neger aufs Haupt.

Im Halbdunkel schrien die Frauen, und die Männer brüllten, trampelten und fluchten. Auch die Hunde nahmen Partei und fuhren knurrend und schnappend zwischen den scharrenden Füßen der Streitenden umher. Den Matrosen wäre es am Ende schlecht ergangen, denn ihnen stand eine doppelt so große Zahl von Gefolgsleuten Killigrews gegenüber, die seit Tagen ihren Unmut nur mühsam beherrscht hatten; aber gerade noch zur rechten Zeit führte Pastor

Merther, der beim ersten Anzeichen von Streit Reißaus genommen hatte, Mr. Knyvett und Captain Elliot herein.
Captain Elliot schoß mit seiner Pistole über die Köpfe der streitenden Männer hinweg, und nach einer Weile war ein gewisses Maß von Ordnung wiederhergestellt. Ein paar Männer wurden aufgehoben und herausgebracht, ein Feuer von Binsen und brennendem Talg wurde in einer Ecke ausgetreten, und die Hunde hinausgejagt, um draußen ihre Wut abzukühlen. Der Neger kam bald wieder zu sich, aber ein Falkenier namens Corbett war schwer verletzt von einem Schlag, den er noch gegen Ende des Kampfes erhalten hatte; er blieb mehrere Tage lang bewußtlos und war nie wieder ganz bei klarem Bewußtsein, bis er 1595 starb.
Wer geglaubt hatte, ein solches Gewitter würde die Luft reinigen, sah sich getäuscht. Die Seeleute fühlten sich ungerecht behandelt, wetzten insgeheim ihre langen Messer und warteten ab. Es war klar, daß Elliot sie so schnell wie möglich fortschaffen mußte, und es gab ein langes, erregtes Feilschen hinter verschlossenen Türen. Aber erst, als einer der erkrankten Matrosen sozusagen in aller Stille starb, wurde uns plötzlich klar, daß ihr Besuch noch andere Gefahren barg als Trunkenheit und Notzucht.
Man trug den Toten bis zu unserer Landungsbrücke, von wo ihn vier seiner Kameraden auf die offene See ruderten und dort über Bord warfen. Eine Stunde später war man sich endgültig handelseinig geworden, und Elliot und Love verließen das Haus. Elliot trug zwei schwere Taschen, in denen es klirrte. Dann machten sich auch die andern mit ihrer Habe auf den Weg. Einer der Matrosen sah nicht so aus, als ob er die fünf Meilen bis Helford jemals schaffen würde.
Als letzte gingen Aristotle Totle und Justinian Kilter. Mr. Knyvett war ins Haus gegangen, aber Carminow und Rosewarne waren zu ihrer Verabschiedung da.
»So, jetzt gehen wir wohl am besten«, sagte Totle. »Aber wir kommen wieder, was, Tinny?«
»Höchstwahrscheinlich«, sagte Kilter.
»Höchstwahrscheinlich mit meinem eigenen Schiff das nächste Mal«, sagte Totle. »Jedenfalls sollte es mein eigenes sein, wenn es nach Recht und Gerechtigkeit geht. Aber wir armen Teerjacken werden nie nach Verdienst belohnt.«
»Wer weiß«, sagte Carminow.

»So ist es: wer weiß! Vielleicht sind wir das nächste Mal mit den Spaniern zusammen und pusten euch aus eurem Loch heraus.«
»Auf den Tag will ich gerne warten«, erwiderte Carminow.
Totle zeigte seine eingeschlagenen Zähne. »Dann wollen wir erst richtig über eure Frauen herfallen, ihr gelten Stiere! Was meinst du, Tinny?«
»Das haben wir schon getan«, sagte Kilter und schulterte sein Bündel mit einem zufriedenen Grinsen.
Ein gelter Stier ist ein zeugungsunfähiger Stier, und die doppelte Beleidigung war – ich konnte es sehen – beinahe mehr, als selbst der gutmütige Rosewarne ertrug.
Schweigend sahen sie den beiden Seeleuten nach, bis sie auf dem laubbedeckten Weg zum Tor gelangt waren. Dann räusperte sich Carminow geräuschvoll und spuckte aus.
»Ein Glück, daß wir die los sind. Es war höchste Zeit, daß sie gingen.«
»Vielleicht war es schon zu spät«, sagte Rosewarne.

5

In den nächsten Tagen nahm das Leben wieder seinen gewohnten Gang. Aus Nonesuch, wohin sich der Hof begeben hatte, kamen Briefe, in denen mein Vater in etwas unbestimmten Wendungen von seinem Leben dort erzählte und es vermied, ein Datum für seine Rückkehr zu nennen. Ich hörte Henry Knyvett vor sich hinbrummen, daß wir John, falls sein Liebchen ihm entgegenkam, nicht wiedersehen würden, solange er noch Geld in der Tasche hatte.
Aber etwa eine Woche, nachdem die *Dolphin* abgesegelt war, klagte die Kammerjungfer Mrs. Killigrews, ein Mädchen namens Ida, über Kopfschmerzen und Schlaflosigkeit. Am Tag darauf wurden eines der Mädchen aus dem Kuhstall und Dick Stable, der Harfner, von hohem Fieber befallen, und einen Tag später gab es zwei weitere Fälle. Anfälle von Wechselfieber waren an und für sich nichts Ungewöhnliches, und der gegenwärtige Ausbruch mochte jahreszeitlich bedingt sein, aber am Sonntag hörte ich, was zwei der älteren Frauen miteinander flüsterten. Maud Vance, die Hebamme des Hauses, er-

zählte der anderen Frau, daß sie vor einer Stunde das Zimmer betreten habe, in dem Ida krank lag; sie habe die Kranke in einer Art Betäubung angetroffen und, als sie ihr das Hemd abstreifte, einen Ausschlag von blutroten Flecken auf Bauch und Beinen entdeckt. Bald darauf verbreitete sich die Meinung, daß die Matrosen ihre Krankheit zurückgelassen hatten.

Welchen Namen sie hatte, und wie man sie behandeln mußte, wußte niemand. Wir legten die Kranken in einen großen Raum zusammen und schlossen die Fenster, über die wir zudem schwarzes Segeltuch nagelten, so daß in dem Raum kein Unterschied zwischen Tag und Nacht war. Die Wände wurden mit Essig abgewaschen und glimmende Kräuter in Zinnschüsseln über Kerzenflammen gehalten. Meine Stiefmutter bestand darauf, die Pflege der Kranken zu leiten, obwohl sie selbst noch schwach von ihrer letzten Krankheit war und schon wieder einer Niederkunft entgegensah.

Nach einer Woche starb die Magd aus dem Kuhstall und bald darauf ein Sattler. Inzwischen hatte es zwölf Erkrankungen gegeben, übrigens bisher nur unter dem Gesinde. Die einzelnen Fälle unterschieden sich sehr durch den Grad ihrer Heftigkeit. So lag Ida noch immer ohne Besinnung, während Dick Stable schon wieder auf war und bei der Wartung der andern half. Bei den einen kam es zu einem Hautausschlag, bei den andern zu Schüttelforst und Fieber, die ein, zwei Tage dauerten, worauf die Genesung einsetzte. Ein Mann starb im Delirium; zwei oder drei andere lagen tagelang ohne Bewußtsein, aber mit weit geöffneten Augen, als seien sie wach. Maud Vance sprach von Typhus, während Henry Knyvett sogar das gefürchtete Wort ›Pest‹ in den Mund nahm. Aber meine Tante Mary Killigrew, die durch die Krankheit in ihrer Umgebung so beansprucht wurde, daß sie ihre Falken vollkommen vergaß, erklärte, daß es auch die Pest nicht war. Sie hatte die Pest in London im Jahre 63 erlebt, an der zwanzigtausend starben, und die Symptome hatten keine Ähnlichkeit, versicherte sie. Sie mußte es wissen. Sie glaubte eher an Fleckfieber und gab die Schuld diesen lärmenden, ewig betrunkenen Piraten; es sei noch nie etwas Gutes dabei herausgekommen, wenn man liederliche und gottlose Männer in seinem Hause beherbergte. Es würde sie keineswegs überraschen, wenn dies alles eine Strafe Gottes sei.

Ende Oktober war die Zahl der Erkrankungen auf einundzwanzig gestiegen, einschließlich unseres Verwalters Thomas Rosewarne; drei waren tödlich verlaufen. Zwölf befanden sich auf dem Wege der Besserung. Jetzt erst wurde eins der Kinder krank. Es war mein Vetter Paul Knyvett, noch nicht ganz sechzehn Jahre alt. Dann traf es Maud Vance und schließlich Mrs. Killigrew.

Maud Vance schwebte tagelang zwischen Leben und Tod; Mrs. Killigrews Fall verlief leicht, aber die Krankheit schwächte sie sehr, so daß sie noch gebrechlicher als sonst aussah. Paul Knyvett hatte furchtbare Schmerzen im Kopf und konnte kein Wasser lassen. Seine Zunge war mit offenen Stellen bedeckt, und am zweiten November starb er unter großen Qualen.

Wieder ein langer Weg, diesmal unter Hagelschauern, diesmal hinter einem Sarg aus glattem Kiefernholz, den Timothy Carpenter gezimmert hatte, der Haustischler, der dafür an seinen Holzvorrat gegangen war, den er für neue Schränke in der Vorratskammer gespart hatte. Den Tod hatte ich mir immer als etwas vorgestellt, das anderen widerfahren konnte, aber nicht mir; doch Pauls plötzlicher Tod, während ich noch sein Federetui hatte und wir eine Schein-Fehde miteinander führten, ging mir sehr nahe.

Mitte November, als sich viele der Kranken endlich erholten und es in den letzten sechs Tagen nur zwei neue Erkrankungen gegeben hatte, mußte sich meine Stiefmutter legen: in Erwartung ihres neunten Kindes. Der Zeitpunkt war, wie Tante Mary sagte, schlecht gewählt. Mr. Knyvett war seit dem Tode seines Sohns ständig betrunken; er wäre gern in sein Haus in Rosemerryn zurückgekehrt, aber seine Frau wollte ihn aus Furcht vor Ansteckung nicht wiederhaben und verriegelte Fenster und Türen vor ihm. Maud Vance, unsere Hebamme, war noch zu schwach, um sich auf den Beinen zu halten; und da es Rosewarne, dem Verwalter, nicht besser ging, war es um den letzten Rest von Disziplin im Hause geschehen.

Nach der Schule und noch vor dem Mittagessen warf ich einen Blick in die Küche. Statt das Mittagessen zu bereiten, buken sie dort Brot, was bereits am frühen Morgen hätte geschehen müssen.

Der große Backofen, in dem vor Stunden große Reisigbündel entfacht worden waren, stand gerade offen; die Asche wurde herausgescharrt, um die Brote zum Backen hineinschieben zu können. Ich hielt mich dort auf, ohne zu sprechen, und achtete darauf, niemandem in den Weg zu kommen. Die Hitze aus dem Ofen verbreitete sich rasch in der ganzen Küche, so daß es eine Erleichterung war, als die letzten Brote hineingeschoben wurden und die Ofentür geschlossen werden konnte. Sarah Keast, die das Brot machte, da Simon Cook krank war, lief durch die Küche und schlüpfte mit den bloßen Füßen in ein Paar alte Filzpantoffeln. Dann nahm sie einen großen Schluck Buttermilch.

»Ist Rose schon zurück?« fragte sie Stevens, der einen großen Kessel für die Suppe hereinbrachte.

»Ja. Vor zehn Minuten. Pendavey will nicht kommen.«

»Warum nicht?«

»Hat Angst vor Ansteckung, sagt er.«

»Und das will ein Arzt sein. Er soll sich schämen. Und was nun?«

»Rose ist in ganz Penryn herumgelaufen. Als nächsten hat sie Clapthorne gebeten. Aber Clapthorne sagt, er kennt sich nicht mit Entbindungen aus. Wir sollten jemand nach Truro schicken.«

»Die haben bloß alle Angst. Das ist das Ganze. Die Mistress wird sich behelfen müssen, so gut es geht.«

»Wetten, sie schafft es am besten allein«, sagte eine andere Frau in der Küche. »Bei meinem dritten hat es zwanzig Stunden gedauert. Zweimal hatten sie mir Blutegel angesetzt, und es half nichts. Aber die Ebereschenbeeren, die mir Sam übers Bett hängte, gaben mir die Kraft, das Kind zur Welt zu bringen.«

»Aber Jane sagt, es liegt verkehrt, und wenn das Kind verkehrt liegt, gibt es keine Rettung. Ich sage euch, das kommt alles von den Männern, die hier waren, genau wie es Mistress Mary gesagt hat. Die hatten den bösen Blick. Vier Tote bis jetzt, und keiner weiß, wann ein Ende abzusehen ist. Mich würde es nicht wundern, wenn noch zwei dazu kommen, bevor es dunkel wird!«

»Na wenn es so ist, möchte ich nicht an Janes Stelle sein. Wenn die Mistress und das Kind sterben, weiß allein Gott, was der Herr dazu sagen wird. Schuld oder nicht Schuld, es ist nicht seine Art, so etwas gnädig aufzunehmen.«

»Er sollte lieber hier sein und sich um seine Frau kümmern, statt mit anderen herumzuhuren. Dann wäre das alles bestimmt nicht passiert.«

Plötzlich hielten sie inne, und einer von ihnen blickte, als wolle er die andern warnen, zu mir herüber. Ich verließ die Küche und ging in die Speisekammer mit ihren Mehlfässern an den Wänden, Gefäßen mit Gepökeltem und Eingemachtem und den tiefen Holzfässern voll Roggenmehl. Niemand war da, und so ging ich, auf einem anderen Weg, wieder ins Haus zurück. Ich sah Meg, wie sie ein heißes Getränk – Molken mit Grünkohlbrühe – für Mrs. Killigrew hinauftrug, aber sie wollte nicht stehenbleiben, sondern sah mich mit einem verstörten Blick an und schüttelte den Kopf. Oben hörte ich Mrs. Killigrew schreien.

Ihre Schreie klangen mir unheimlich. Das Essen verzögerte sich, man hatte uns so gut wie vergessen. Bei meinem Streifzug kam ich auch in das Privatkontor meines Vaters, das in letzter Zeit Mr. Knyvett benutzt hatte. Es roch kalt und muffig, und war seit Tagen nicht mehr saubergemacht worden; ein Dutzend Gläser standen umher, einige noch fleckig von Weinresten. Der Regen schlug an das Gitterfenster wie ein Besen aus Birkenreisern.

Auf dem Pult lag ein aufgeschlagenes Buch, in das Mr.Knyvett einige Eintragungen gemacht hatte. Ich glaubte, er hatte es nicht mehr berührt, seit Bewse, der Oberfalkonier, mit der Nachricht zu ihm gekommen war, daß Paul tot war.

Ich las: »21. Okt. An John Michell verkauft 200 Ellen feinen Velvet zu 18 Schilling pro Elle = 180 Kfund. An Capt. Elliot ein Fünftel bezahlt = 36 Pfund. Ein Fünftel an J. Michell = 36 Pfund. Verschiedene andere Zahlungen = 18 Pfund. Netto 90 Pfund.

29. Okt. An T. Roscarrock 80 Ellen rote Seide zu 2 Pfund und 40 Pfund. Verschiedene andere Zahlungen = 12 Pfund. Ein Fünftel für Capt. Elliot = 40 Pfund. Netto 180 Pfund.«

Ich schlug das Buch zu. Ich wußte nicht, wer alles Zutritt zu diesem Raum hatte; jedenfalls konnten nur wenige lesen; aber ich hielt dies für eine Sache, die man am besten vertraulich behandelte.

Auf dem Pult lag noch ein kleineres, in schwarzes Leder gebundenes Buch; ich schlug es auf der Seite auf, die durch einen aus dem Buch ragenden Strohhalm markiert wurde. Diesmal las ich Eintragungen von der Hand meines Vaters.

»An John Harris, Lamrest, 15 Pfund gezahlt. Ich schulde ihm 235 Pfund. Ich schulde John Jeale 1000 Pfund, Mr. Challenor 250 Pfund, Hugh Jones 550 Pfund. An Mr. Coswarth und seinen Onkel 50 Pfund gezahlt. Schulde Wm. Gilbert in London, Kurzwarenhändler, 26 Pfund. Mr. Siprian in London, Hufschmied, 100 Pfund. An Mrs. Ascott 15 Pfund gezahlt. Schulde Ihrer Maje-

stät nach dem Zeugnis des Mr. Reynolds vom Schatzamt 1,700 Pfund. Geliehen von Mr. Stanes 200 Pfund, so daß ich ihm jetzt insgesamt 1,400 Pfund schulde. Schulde Anthony Honey 150 Pfund.«
Es folgte eine lange Liste kleinerer Buchungen; einige betrafen Haushaltsausgeben, einige Schulden und wieder andere den Eingang von Pachtzinsen.
Ich wanderte durch den dunklen Gang in die Halle, wo nun die Diener die Tische für das Mittagessen deckten. Pastor Merther kam vorbei, und sein schmales Frettchengesicht zuckte.
»Wie geht es Mrs. Killigrew, Sir? Ist das Kind schon geboren?«
Er warf wie geistesabwesend einen raschen Blick auf mich, anscheinend ohne mich recht zu erkennen. »*Musculorum convulsio cum sopore*«, antwortete er.
Ich wandte mich um und sah der forteilenden Gestalt nach. Zum zweitenmal, seitdem mein Vater fortgeritten war, wünschte ich mir, er sei wieder zu Hause.

Zum Essen an jenem Tage erschien zum erstenmal wieder Rosewarne. Er war mager geworden und schwitzte so, als habe ihn der Schüttelfrost noch nicht verlassen. Auch Mrs. Wolverstone war heruntergekommen; ich hörte, wie Tante Mary leise zu ihr sagte: »Sie hat nicht mehr lange zu leben, wenn nicht bald etwas geschieht. Der Kopf des Kindes liegt jetzt nach unten, aber diese Krämpfe bringen sie noch beide um. Zwischen den einzelnen Anfällen ist sie nicht bei Sinnen, und nichts was wir tun können, schafft ihr Erleichterung. Mir kommt es mehr wie ein böser Zauber vor als wie eine Krankheit. Wir haben ihr Gesicht mit meinem Topas abgerieben und ihr Steinbrechwurzel und Arnika eingegeben. Was John sagen wird, wenn er zurückkommt, wage ich mir nicht auszumalen.«
»Es gibt da eine junge Frau in der Nähe von Pentryn«, sagte Mrs. Wolverstone und zog ihren Pelzkragen hoch, um sich gegen den Zug zu schützen. »Hat man nicht nach ihr geschickt?«
»Es kommt ja doch keiner. Man hat für unser Haus nichts übrig, solange noch jemand am Fieber darniederliegt.«
»Meine Meinung ist, Maud Vance sollte aufstehen, auch wenn sie nur auf dem Stuhl sitzen kann, und ihren Rat geben.«
»Ich weiß nicht, ob du Maud gesehen hast. Sie kann einstweilen so wenig den Fuß auf den Boden setzen, wie sie fliegen kann.«

Ich mußte in diesem Augenblick an meinen Platz gehen, weil Pastor Merther das Tischgebet sprechen wollte. Doch nach der Mahlzeit übersah ich sein Winken und ging auf die Gruppe zu, in der sich meine Tante und meine Großtante mit Mr. Knyvett, Rosewarne und Jael Job besprachen. Ich wußte, worüber sie sprachen und von *wem* sie sprachen, und das mußte ich hören.

»... ich habe gehört, daß sie viel von Kräutern und Medizinen versteht, und wenn wirklich jemand einen bösen Zauber auf meine Schwester geworfen hat, dann weiß diese Frau, wenn überhaupt eine, wie sie davon zu befreien ist. Wenn sie nur kommen wollte.«

»Katherine Footmarker hat vor nichts Angst.«

»Das glaub ich wohl, daß sie vor nichts Angst hat, wenn man bedenkt, wem sie dient. Wenn wir sie ins Haus holen, beschwören wir damit noch weit schlimmeres Unglück herauf, als wir schon haben.«

»Es gibt aber welche, die ebenso helfen, wie sie schaden können«, sagte Mrs. Wolverstone und faltete ihre gichtigen Hände. »Eine junge Hexe in Suffolk hat mich einst vom Stein kuriert. Mit Magie. Hat Rose die Frau auch gefragt?«

Mr. Knyvett nahm den Zahnstocher aus dem Mund. »Wenn wir Rose zu ihr schicken, kannst du sicher sein, daß er sich nur bis auf einen Steinwurf an ihr Haus heranwagt. Er bekommt schon Angst, wenn er nur einen schwarzen Mantel flattern sieht.«

»Das ginge jedem von uns so, Sir«, sagte Roseewarne eigensinnig. »Es sind schlimme Geschichten über sie in Umlauf. Sie soll bei Vollmond nackt tanzen, und wenn sie je einen jungen Mann berührt, dann ist er für immer verloren.«

»Ich werde zu ihr gehen«, sagte Jael Job. »Wenn es Eure Absicht ist, sie holen zu lassen. Ich habe keine Angst. Ich werde sie fragen, ob sie kommen will.«

Aller Blicke richteten sich auf ihn. Vielleicht dachten sie, er wolle deshalb so gern gehen, weil bis jetzt seine Frau die Verantwortung für alles, was in dem Zimmer dort oben geschah, trug, und weil er ihr gern diese Last abnehmen wollte. Denn die Heimkehr John Killigrews hing wie eine Drohung über allen.

»Ich meine, man soll sie fragen«, sagte Tante Mary. »Es ist das Wenigste, was wir tun können. Und was kann uns eine Hexe Schlimmeres bringen, als uns schon diese Männer gebracht haben? Zoten und Sauferei, Geilheit und Schlemmerei, Gift und die Pest. Jedes-

mal stirbt ein Kind, wenn sie in dieses Haus kommen. Nimm jemanden mit, Job, wenn du Gesellschaft haben willst.«
»Ich denke, Rose wird mitkommen, Madam, wenn ich das Sprechen besorge. Wenn ich gleich losgehe, kann sie vor Einbruch der Nacht vielleicht schon wieder auf dem Heimweg sein.«

Katherine Footmarker kam.
Von einem Fenster aus sah ich sie mit ausgreifenden Schritten die lange Auffahrt heraufkommen; sie trug wegen des Regens eine schwarze, eng anliegende Haube über dem Kopf, und sie hatte einen oben mit einer roten Schnur zusammengezogenen Beutel bei sich. Als sie das Haus betrat, wurde sie gewiß von allen Ecken und Enden des Hauses so neugierig und furchtsam beobachtet wie von mir. Alle Arbeit kam zu einem Stillstand.
Was dann geschah, erfuhr ich erst später. Meine arme Stiefmutter hatte wohl gerade einen ihrer Anfälle, und das Kind war noch nicht geboren. Während dieser von Zuckungen und Krämpfen begleiteten Anfälle geriet Mrs. Killigrew in leidenschaftliche Erregung, in den Zwischenzeiten lag sie wie tot da, abgesehen von einem schaudernden Aufseufzen dann und wann. Katherine Footmarker musterte die Kranke eingehend und wortlos. Dann öffnete sie ihren Beutel und ließ sich von Mrs. Job einen Kessel mit heißem Wasser bringen. Bis zu diesem Augenblick hatte Mrs. Killigrew vollkommen ruhig gelegen, jetzt aber kündeten sich mit einem Zittern des ganzen Körpers die nächsten Krämpfe an. Katherine ließ ihr deshalb einen Kristall aus Salz oder Salpeter oder sonst einem unbekannten Element in den Mastdarm einführen; dann wurden Tücher in dem heißen Wasser eingeweicht, eine gelbe Blume darüber zerrieben und die dampfend heiße Bandage ihr um den Kopf gelegt.
Kate Penruddock erzählte später, daß gleich danach ein seltsamer Luftzug im Zimmer entstand, der die Kerzen zum Flackern und Verlöschen brachte. Im gleichen Augenblick gab Mrs. Killigrew einen durchdringenden Schrei von sich, und die Krämpfe begannen nachzulassen. Darauf kam es zu einer gründlichen Darmentleerung, bevor die Wehen wieder einsetzten. Dieser Zustand dauerte eine Stunde an, dann ließ sich Katerhine eine Nadel bringen und durchstach mit ihr die Halsader, aus der ein wenig schlechtes Blut trat. Etwa um vier Uhr kam Mrs. Killigrew wieder zu Besinnung und bat um einen

Schluck Wein. Der Wein verweigerte ihr Katherine Footmarker, die ihr statt dessen einen heißen Trank mischte, in dem sie Fenchel- und Mohnsamen auflöste und ein schreckliches Zeug aus zwei Flaschen, das Mrs. Penruddock nicht zu beschreiben vermochte. Um fünf Uhr wurde Mrs. Killigrew von einem kräftigen Jungen entbunden, der gesund an allen Gliedern war.
Aber bald darauf, als es dunkel wurde, verfiel das Kind in Krämpfe und starb. Sein Gesicht, so wurde erzählt, trug einen Ausdruck, als sei seine Seele verdammt.

Sehr gegen unseren Wunsch hatte uns Pastor Merther zusammengetrieben, damit wir uns wuschen und für das Abendessen zurechtmachten, so kam es, daß ich eine Zeitlang nichts wußte, als daß Katherine Footmarker Erfolg gehabt hatte. Ich war davon seltsam erregt, als ob ich selbst mit diesem Wunder etwas zu tun gehabt hätte. Nach all meinen Befürchtungen sah ich nun den Beweis, daß die Frau, die ich aufgesucht hatte, gut und nicht böse war. Ich hatte nichts Unrechtes getan, als ich zu ihr gegangen war. Und ich freute mich für Mrs. Killigrew, daß sie diese schwere Prüfung bestanden hatte. Vielleicht wäre es Katerhine auch gelungen, das Leben Paul Knyvetts und all der anderen, die am Fieber gestorben waren, zu retten, wenn man sie früher gerufen hätte.
Eine halbe Stunde nach der festgestzten Zeit von sechs Uhr marschierten wir Kinder gemeinsam in die Halle, obwohl wir wußten, daß das Essen auch jetzt noch nicht fertig war; mindestens fünfzehn Diener und Mägde standen flüsternd in Gruppen umher, während Mr. Knyvett bereits am oberen Tisch saß und mit seinem Zahnstocher winkte, indem er mit Rosewarne sprach, der hinter ihm stand.
Auf unserem Weg die Treppe hinunter hatte sich Belemus heimlich entfernt; jetzt nahm er seinen Platz neben mir ein.
»Das Kind ist tot«, sagte er.
Ich hatte bei dieser Nachricht ein seltsames, qualvolles Gefühl im ganzen Körper, als habe mich das Fieber gepackt.
»Wie ist das geschehen? Wann?«
»An Krämpfen. An den gemeinsten, teuflischsten Krämpfen, die man je erlebt hat. Sie sagen, daß sein Körper, als er starb, verkrümmt war und die Form eines schwarzen Hundes annahm.«

»Wie war das möglich?«
»Wie es möglich war, weiß ich nicht«, sagte er und sah mich mit einer Grimasse an. »Ich weiß nur, daß man sich das im Hause über den Fall erzählt. Vielleicht ist es so, wie Rosewarne und andere schwören, daß die Footmarker ihre Kunst daher hat, daß sie dem Teufel bei einer schwarzen Messe den nackten Hintern geküßt hat, als er sich über den Altar beugte. Aber wenn sie sich Flügel wachsen lassen und fliegen kann, dann ist jetzt jedenfalls der Zeitpunkt gekommen, es zu tun.«
»Wann ist sie fortgegangen?«
»Sie ist nicht fortgegangen. Sie wollte gerade gehen, als es zu der Verwandlung kam. Darauf hielt man sie fest. Erst wollte man sie ins Burgverlies sperren, aber Forster wollte sie nicht dahaben – es würde ihm bei einem Gefecht mit den Spaniern Unglück bringen, und so kam sie in den Keller unterm Turm am Tor. Damit ist sie über Nacht vorsichtshalber an den am entferntest gelegenen Platz gebracht worden, der sich finden ließ.«
Wir standen auf. »Herr Jesus Christus«, begann Pastor Merther, »allmächtiger, gnädigster Heiland, wir, deine in Sünde und Irrtum lebenden Geschöpfe, flehen dich an ...«
Als wir wieder saßen, fragte ich: »Warum über Nacht? Was haben sie mit ihr vor?«
Belemus zuckte mit den Achseln. »Das wird von deinem Vater abhängen. Und wahrscheinlich wird er nicht sehr gnädig gestimmt sein.«
»Aber wann wird er zurückkommen? Das kann vielleicht noch Wochen dauern ...«
»Morgen, Dummkopf. Ich dachte, du wüßtest das. John Michell hat Nachricht bekommen, daß er die letzte Nacht bei George Grenville in Penheale übernachtet hat, und daß er morgen um diese Zeit hier sein dürfte.«
Das Abendessen ging für gewöhnlich nicht gerade leise vor sich, aber an diesem Abend war es im Saal stiller noch als auf dem Höhepunkt der Krankheitswelle. Miss Mary Killigrew war überhaupt nicht erschienen, und Mr. Knyvett war betrunken. Nach dem Essen sprach ich mit Mrs. Wolverstone, während Pastor Merther ungeduldig darauf wartete, daß ich den andern folgte.
»Was?« fragte sie. »Wie? Ja, deine Stiefmutter schläft jetzt. Sie

atmet ruhig. Bete zu Gott, daß sie, wenn sie aufwacht, ganz bei Verstand ist. Wie? Nein, was sie Böses tat, weiß ich nicht, aber Böses geschah, oder nicht? Am besten, man sperrt sie ein, das arme Ding. All diese Geschöpfe sperrt man am besten ein, damit sie nicht mehr Schaden anrichten, als sie Gutes tun.«

Eine Stunde saß ich mit den andern zusammen und übersetzte aus den Georgica des Vergil. Als ich schließlich, neben John, ins Bett kam, lag ich lange Zeit mit meinem Kopf so aufgestützt, daß ich durch die offenen Bettvorhänge das schmale Rechteck des Fensters erkennen konnte; es war ein wenig grauer als das Zimmer. Es regnete noch immer, und der Wind blies heftig, doch von Südwest, so daß man ihn in unserem Zimmer nur aus der Entfernung hörte, da das Haus vor ihm im Schutz des Hügels lag.

Plötzlich fragte mich John – ich hatte gedacht, er schliefe –:

»Glaubst du, Mama wird sterben?«

»Jetzt nicht mehr«, antwortete ich.

»Glaubst du, die Hexe wird verbrannt?«

»Ich weiß nicht.«

»Ich habe gehört, wie der Tintenkleckser sagte, es gäbe Proben, nach denen man sagen kann, ob sie sich dem Teufel verkauft hat. Was sind das für Proben?«

»Wenn du Nadeln in ihr Fleisch steckst, und sie blutet nicht«, sagte ich. »Oder wenn du sie in den Fluß wirfst, und sie geht nicht unter. Oder wenn du ihr die große Zehe mit den andern über Kreuz zusammenbindest, und sei weint nicht, oder wenn du ihr den Kopf kahl scherst –«

»Aber ist das nicht dasselbe wie die Folter?«

»Wenn sie eine Hexe ist, treibt es den Teufel aus ihr und bringt sie zum Geständnis.«

»Und wenn sie gesteht?«

»Dann wird sie wohl gehängt werden.«

»Und was hoffst du für sie?«

»Das haben die da zu entscheiden.«

Bald nach diesem Gespräch müssen wir beide eingeschlafen sein. Aber ich schlief nicht lange und erwachte in größter Angst; ich hatte geträumt, ich läge in einem Sarg, und der Deckel schließe sich über mir. Ich setzte mich im Bett aufrecht; ich sah kein Licht und rang nach Atem, und als ich die Bettvorhänge fühlte, war ich überzeugt, ein Leichentuch zu greifen. Ich kroch bis ans Fußende des Bettes und fiel beinahe heraus, dann tastete ich mich bis zum Fenster. Erst als ich das vertraute glucksende Geräusch des vom Dach herablaufenden Wassers hörte und das einsame Licht eines Fischerbootes erkannte, kam mir zu Bewußtsein, daß ich in meinem Zimmer war und aus meinem Fenster sah, und daß John ruhig weiterschlief in der Dunkelheit.

Ich stand minutenlang am Fenster, ehe der Traum von mir abfiel, wie der Schlamm langsam abtropft, wenn man aus einem Sumpf gekrochen kommt. Und es vergingen noch mehr Minuten, bis ich mir die Hose, die Trikots und das Wams anzog und in meine Schuhe schlüpfte . . .

Auf dem Gang draußen war es nicht heller als im Schlafzimmer; aus dem Zimmer gegenüber drang das Schnarchen Pastor Merthers. Unten in der großen Halle lauerten, von einem flackernden Holzscheit im Kamin hervorgerufen, unheimliche Schatten, die Hunde bewegten sich knurrend im Schlaf. Ich hob den Feuerhaken auf, der auf dem Kaminbock lag.

Um den eisernen Riegel zurückzuschieben, mußte ich auf einen Stuhl klettern, und als die Tür aufging, fuhr ein feuchter Windstoß herein. Ich schloß die Tür nicht wieder, sondern ließ sie pendeln, und konnte das Rascheln der Binsen auf dem Fußboden hören, als der Wind darüber strich.

Draußen war es heller, die warme, feuchte Nacht hatte etwas Erstickendes. Nur ein Licht war im ganzen Haus zu sehen, dort, wo Kate Penrudduck bei Mrs. Killigrew aufsaß.

Die Tür, die zum Keller des Turms führte, befand sich in der rechten Wand. Sie war nicht abgeschlossen. Ich ging zehn Stufen hinunter bis zur eigentlichen Kellertür und klopfte. Jemand da drinnen bewegte sich. »Wer ist da?«

»Maugan Killigrew.«

»Maugan! Ich habe nach dir Ausschau gehalten, als ich kam. Hast du dich vor mir versteckt?«

Ich sah mir die Tür genauer an. Voriges Jahr war hier ein Mann eingesperrt worden, ein Bettler, für den ein Platz in der Burg zu schade gewesen wäre, und damals hatte man dasselbe massive Vorhängeschloß vor die Tür gehängt wie heute.

»Oder war es gar dein Vorschlg gewesen, mich zu holen?«

»Nein!«
»Gut, daß ich einen Freund hier habe. Hast du etwas Wasser? Ich habe Durst.«
Ich schob das Ende des Schürhakens durch das Vorhängeschloß und begann zu ziehen.
Ich konnte ihr Lachen hören. »Es ist schwer, ein Arzt zu sein, wenn man eine Frau ist, und es ist gefährlich, jemandem das Leben zu retten, denn dann wird man mißhandelt, weil man nicht zwei Leben gerettet hat.«
Der Feuerhaken ruschte ab, ich stolperte, und das Metall gab einen klirrenden Klang.
»Du versuchst, mich zu befreien? Das nenne ich eine gute Tat, und ich nehme dich aus von allen Flüchen, die ich in den letzten Stunden heimlich ausgestoßen habe. Es gibt nicht Schlimmeres als Ignoranz, mein Lieber.«
Ich schwitzte so sehr, daß meine Hände kaum noch greifen konnten; es war, als sei der Alptraum von vornhin noch nicht zu Ende. Ich hatte das Gefühl: ich tat dies nicht, weil ich es wollte, sondern weil sie wollte, daß ich es tat. Sie hatte mich in meinem Zimmer geweckt und hier hergebracht.
Obwohl ich sehr dünn war, hatte ich von jeher große Kraft, und ich fühlte, wie sich der Feuerhaken allmählich bog. Ich hielt inne und bemerkte, daß zwar das Vorhängeschloß nicht nachgab, wohl aber die in die Mauer eingelassenen Ösen oder Krampen, durch die der Bügel des Schlosses griff. Noch ein Ruck, und die Krampen gaben nach, so daß die Tür aufging.
Sie trat heraus. Ihr Gesicht schien in der Dunkelheit unnatürlich weiß.
»Du bist ein wahrer Freund, Maugan Killigrew.«
»Ich *mußte* kommen.«
»So soll es auch sein.«
Ich hätte nicht sagen können, ob ihr strahlendes Lächeln zärtlich oder wölfisch war.
»Ihr dürft nicht über die Felder nach Hause gehen. Die Hunde würden Euch anfallen.«
»Ich habe keine Angst vor Hunden.«
»Sie würden aber das ganze Haus aufwecken. Es ist sicherer, wenn Ihr durch dieses Tor geht, wenn wir es aufriegeln können.«

»Und dann?«
»Dieser Weg führt unmittelbar zum Pier. An den Steinen hinter dem Landungsplatz werdet Ihr ein kleines Boot finden. Damit könnt Ihr um die Landspitze herumrudern und es am Fluß unter unserem Besitz an den Strand ziehen.«
»Wie weit ist es um die Landspitze herum? Ich könnte ja auch schwimmen.«
Hexen können nicht untergehen, hatte ich einmal gehört. »Nehmt lieber das Boot«, sagte ich. »Die Strömung zum Meer ist sehr stark.«
»Und du willst nicht mitkommen, um das Boot nachher zurückzurudern?«
»Man wird es morgen früh finden. Ich habe alle Türen hinter mir aufgelassen.«
»Hör mal, Maugan, du hast doch keine Angst vor mir?«
Ich gab keine Antwort, aber als sie näher kam, konnte ich ihr nicht ausweichen. Sie gab mir einen Kuß auf den Mund.
»Wenn das der Kuß einer Hexe ist, dann bist du jetzt natürlich verflucht. Wenn es aber der Kuß einer Frau ist, dann wird er dir keinen Schaden bringen. Die Zeit wird es zeigen.«

6

»Jemand im Hause hat sie herausgelassen. Darüber besteht gar kein Zweifel«, erklärte mein Vater. »Sie kann nicht gut das Schloß von außen aufgebrochen und dabei einen Schürhaken umgebogen haben, um dann, nachdem sie die Türen hinter sich geschlossen, auf dem Seeweg das Weite zu suchen.«
»Wenn man den Teufel auf seiner Seite hat, ist alles möglich«, sagte Pastor Merther.
»Dummes Zeug! Ich glaube nicht, daß eine Frau, wenn sie sich zweimal vor dem Mond verbeugt hat, deshalb die ganze Macht des Teufels in Pacht hat. Ich kann mir nicht denken, daß die schwarze Kunst dieser Katherine Dingsda in mehr besteht als darin, daß sie ein paar Tränke brauen kann.«
»Ihr Sohn starb unter ihrer Hand, Sir, und Sie haben sein Gesicht gesehen.«

»Mrs. Killigrew ist der Meinung, daß sie nichts Böses an ihr tat, sondern Gutes, denn als kein anderer helfen konnte, hat sie allein mit ihrer Hilfe entbunden.«

»Mrs. Killigrew hat, wenn ich mir die Bemerkung erlauben darf, Sir, einen so edelmütigen und christlichen Charakter, daß sie überall, selbst bei der schwärzesten Untat, nur das Gute sucht.«

»Vielleicht solltet Ihr Euch an ihr ein Beispiel nehmen, da Ihr ja unser Lehrer im Glauben seid oder doch sein solltet.«

Pastor Merther schneuzte sich die Nase und verfiel in gekränktes Schweigen.

»Es war eine schlimme Zeit für euch alle«, sagte Mr. Killigrew, »die Zeit, als ich weg war. Paul gestorben, Clara und Basset und Wilson auch; und nun dies. Aber Ihr könnt das alles nicht dieser Frau zum Vorwurf machen, die erst gestern hier erschien. Ich würde sagen, laßt sie in Ruhe – wenn da nicht ein Punkt wäre, der mir nicht gefällt. Ich habe nicht gern einen Verräter in meinem Hause. Ob es recht war, sie über Nacht im Hause festzuhalten, oder nicht – es war nun einmal geschehen, und damit die Beurteilung des Falls mir überlassen. Versteht Ihr? Mir. Und jemand, der heute einen Gefangenen herausläßt, kann sich morgen hinunterschleichen, um den Feind hereinzulassen.«

»Schick ein paar Leute aus, die die Frau verfolgen«, sagte Henry Knyvett. »Sie kann noch nicht weit sein. Laß sie zurückbringen, damit wir sie verhören können.«

»Ich will's mir überlegen«, sagte mein Vater und strich sich liebevoll über den Bart. »Heute habe ich noch manch anderes zu besorgen. Aber hab keine Angst, ich finde sie bei der Mühle. Solche Frauen laufen nicht weit weg. Morgen oder einen dieser Tage reite ich einmal hinüber und verhöre sie dort.«

»Und wenn sie es nicht sagen will?«

»Sie wird es sagen.«

Die ganze nächste Woche lebte ich in der tödlichen Angst, Mr. Killigrew könnte seine Drohung wahr machen; aber in dieser Woche verließ er nicht den eigenen Grund und Boden. Er war in einer Stimmung, die ihn angenehm machte, friedlich und träge. Immer wenn er von einem Liebesabenteuer zurückkam, zeigte er eine herzlichere Zuneigung zu Frau und Kindern – obwohl ich den Zusammenhang erst begriff, als ich älter geworden war.

Außerdem hatten sich seine sonstigen Geschäfte, fast zu seiner eigenen Überraschung, gut entwickelt. Der Besuch Elliots hatte Geld nach Arwenack gebracht, und während seines Aufenthalts in London hatte er eine private Zusicherung erhalten, daß die Nachforschungen in der Angelegenheit des geenterten Fischerboots blockiert werden würden.

So war er trotz seiner verschwenderischen Geschenke für Lady Betty bei Kasse. Onkel Sir Henry hatte ihm Geld geliehen, und der Sohn eines wohlhabenden Tuchhändlers namens Henry Lok hatte eine stattliche Anzahl seiner Schuldscheine übernommen. Für Mr. Killigrew war das soviel wie geschenktes Geld; das Problem der Rückzahlung lag in zu weiter Ferne, als daß es ihn beunruhigen konnte. Er war des Lobes voll für beide Männer, und Sir Henry und seine Gattin sollten Weihnachten auf Arwenack verbringen. Es sollte ein festliches Ereignis werden.

Mrs. Killigrew hatte keinen Rückfall nach ihrer schweren Krise, und in zwei Wochen konnte sie wieder aufstehen. Die Epidemie zog sich bis Mitte Dezember hin, es gab ein paar neue Fälle und etliche nur langsam voranschreitende Genesungen, aber es kam zu keinem Todesfall mehr.

Eines Tages Anfang Dezember ritt mein Vater mit seinen Leuten aus, aber nur um den Pachtzins einzutreiben; jedenfalls sagte das Belemus, der mit ihm geritten war. Mit gespielter Beiläufigkeit fragte ich Belemus, ob sie auch bei Katherine Footmarker wegen des Pachtzinses gewesen waren. Er sagte nur mit einem Grinsen, nein. Es folgte eine Woche mit gutem Wetter, während der Mr. Killigrew jeden Tag auf die Jagd und Falkenbeize ging. Er brach um acht Uhr auf und kam mit der Dämmerung zurück, so daß man ihn im Hause kaum zu sehen bekam und die Stunden bei Tageslicht eine Art langer sonniger Windstille bedeuteten, eingerahmt von Lärm, Rufen und Pferdegetrappel am Morgen und am späten Nachmittag. In diesen Stunden war Katherine Footmarker also sicher, falls sie ihm nicht geradezu in den Weg lief.

Am 15. Dezember – es war ein Freitag – fragte mich mein Vater, ob ich ihn auf einem Ritt nach Trerice begleiten wolle, wo er Mrs. Gertrude Arundell in Geschäften zu sprechen habe.

Wir brachen mit fünf Dienern auf, kamen in geringer Entfernung an der alten Mühle vorbei, die jedoch zu meiner Erleichterung verlassen schien, ritten durch Penryn und nahmen dann den Weg längs der bewaldeten Täler, die die Flußbuchten säumten. Wir ritten durch einen schmalen Flußarm und überquerten die Carnon-Brücke, die die Grenze bezeichnete, bis zu der der Carnon noch bei niedrigstem Stand der Ebbe schiffbar war. Weiter flußaufwärts konnte man die Zinnminen sehen, und das Wasser unter der Brücke war von schmutzigem Gelb. Mein Vater sagte mir, daß der Fluß allmählich verschlamme und die Tiefe bei Ebbe bei Daniel Point nur noch vier Faden betrage. Das komme daher, daß soviel Bäume gefällt und das Erdreich in den Fluß geschwemmt würde.

Wir ritten durch Truro und dann den steilen Hügel auf der anderen Seite hinauf, wobei die Pferde in Schritt fielen; Kandaren und Steigbügel klirrten, und die Hufe glitten im Schlamm aus. Zuerst wollten wir einen Besuch in Treworgan machen, erklärte mein Vater.

»Wo die Farnabys wohnen?« fragte ich.

Er musterte mich argwöhnisch. »Ja. Kennst du sie?«

»Ich habe ihre Tochter, Susanna Farnaby, im Mai in Tolverne kennengelernt.«

»Oh, ich verstehe.« Sein Pferd schüttelte die Schnauze und schnaubte; die Luft aus seinen Nüstern stieg wie Dampf auf in die klare durchsonnte Morgenluft. »Es ist richtig, sie haben da gewohnt, aber jetzt nicht mehr.«

»Wohin sind sie gezogen?«

»Ja, wie sollte ich das wissen? Ich glaube, zu irgendeiner Schwester, die wirtschaftlich besser gestellt ist. Er war ein unfähiger Bursche, von dem ich keinen Pachtzins bekommen konnte.«

»Meinst du damit, daß er – daß sie hinausgeworfen worden sind?«

»Er hat mich lange genug unter diesem oder jenem Vorwand vertröstet. Nur ein Narr kann glauben, daß er heute noch die gleiche Pacht wie vor fünfzehn Jahren zahlen könnte. Die Preise sind allenthalben gestiegen. Zu der Zeit, als du geboren wurdest, kostete ein Dutzend Ellen Stoff 4 Pfund, heute bekommst du für vier Pfund nicht die Hälfte soviel Stoff. Ein Quarter Weizen kostete ein Pfund, heute drei. Du konntest einen Ochsen für fünf Pfund kaufen, heute mußt du zwölf dafür geben. Aber er ist selber schuld, er brauchte seine Produkte nur teurer zu verkaufen. Die Landwirte sind doch am besten dran. Aber seine Faulheit hat ihn ruiniert.«

Erst als wir beinahe angekommen waren, sagte ich: »Ich glaube,

er war krank. Sue sprach davon, als wir im Mai zusammen waren.«
»Wer? Ach, du bist noch immer bei den Farnabys. Ja, er war krank. Das ist jeder einmal. Als ich ein Geschwür an meinem Bein hatte, hat mich das auch nicht von meinen Verpflichtungen befreit. Die Welt hat keinen Platz für Schwächlinge, mein Sohn.«
Das Haus mit seinen Bogenfenstern machte einen reizenden Eindruck. Zu meiner Überraschung trat uns am Tor einer unserer Diener entgegen, zwei weitere standen vor der Haustür. Mein Vater saß ab und trat ein. Ich ließ meine Blicke schweifen und bildete mir ein, daß trotz allem, was ich gehört hatte, Sue aus einem der Nebengebäude plötzlich auf mich zulaufen könnte. Jetzt erst fiel mir auf, daß die Haustür fehlte, bis ich entdeckte, daß sie an die Mauer des Hauses gelehnt stand.
Penruddock war einer von denen, die mit uns geritten waren, und ich fragte ihn: »Was ist mit der Haustür geschehen?«
»Sie war schon vorige Woche heraus, Master Maugan.«
»Aber warum?«
Er fuhr sich mit dem Daumen durch den Bart. »Eine Anordnung Mr. Killigrews. Weil Mrs. Farnaby nicht ausziehen wollte; sie sagt, Mr. Farnaby sei zu krank für einen Umzug. Mr. Killigrew war schon einmal unverrichteterdinge wegen des Pachtzinses hier, darauf bekamen wir den Befehl, alle Türen herauszunehmen, und Mr. Killigrew stellte eine Sanduhr auf einen Pfahl und sagte, wenn die Uhr abgelaufen ist und die Farnabys noch nicht draußen, sollten wir rein und sie rausssetzen.«
Im Taubenschlag gurrten zwei Tauben.
»Sind unsere Diener hiergeblieben seit dem letzten Mal?«
»Ja. Das Haus und die Einrichtung sind gepfändet worden an Zahlungsstatt, und alles wird verkauft werden. Wenn wir es unbewacht gelassen hätten, dann hätte sich die Neuigkeit herumgesprochen und noch andere Gläubiger hätten sich hier gemeldet und einen Anteil gefordert.«
Langsam ging ich ins Haus. Mein Vater war im großen Wohnzimmer, bei ihm befand sich ein Schreiber oder Sekretär mit einem Buch.
»Es steht alles drin, Mr. Killigrew«, sagte er und verbeugte sich hin und wieder, während er sprach. »Ein türkischer Teppich, 3 Pfund; zwei Fensterkissen, 10 Schilling; zwei Spiegel 1 Pfund, 3 Schilling,

4 Pence; neun Wandbehänge, die ins Speisezimmer gehören, 3 Pfund, 10 Schilling; neunundzwanzig Zinnschüsseln, zwölf Untertassen und ein Leuchter, 2 Pfund, 16 Schilling, 8 Pence. Es ist alles in größter Ausführlichkeit niedergeschrieben.«

»Nichtsdestoweniger«, bemerkte mein Vater, »haben Sie die Güte, mit mir noch einmal durch das Haus zu gehen. Ich möchte eine genaue Vorstellung von dem Gesamtwert haben.«

»Der Gesamtwert, Mr. Killigrew ...« Sie verschwanden durch die hintere Tür, und der kleine Schreiber trottete hinter Mr. Killigrew her wie ein eifriges Hündchen.

Ich ging in die Halle zurück. Hinter der Tür fand ich einen Mantel und einen Hut mit einer Feder. Hatte man ihnen keine Zeit gelassen, ihre persönlichen Dinge mitzunehmen? Ich mußte an die schmächtige, reizende Sue denken, wie ich sie damals gesehen hatte, lachend unter den Bäumen von Tolverne.

Ich ging die Treppe hinauf und öffnete hier und da eine Tür. Im zweiten Zimmer wehte mir ein schwacher Duft entgegen, ich glaube, es war Sandelholz, denn wann immer, bis zum heutigen Tag, mir dieser Geruch in die Nase steigt, fühle ich mich wieder in jenes leere Haus versetzt, wie ich zögernd in das Zimmer Sues eindringe.

Ich hatte keinen Augenblick lang Zweifel, daß es ihr Zimmer war. Da stand das lange schmale Bett mit den Taftvorhängen, auf einem Teppich von einem einst leuchtenden Gelb, nun aber verblichen und fadenscheinig. Die Laken aus grobem Leinen lagen noch auf dem Bett. Auf einem Tisch am Fenster stand eine Zuckerdose, ein Perlmutter-Becher und eine Lichtputzschere. Unter dem Tisch lag ein Paar abgetragene Pantoffeln aus blauem Samt, auf einem Stuhl ein Spiegel, mit der Glasseite nach unten – als habe ihn seine Besitzerin in der Eile fallen lassen.

Ich hob die Pantoffeln auf und stopfte sie rasch unter mein Wams. Dann lief ich aus dem Haus.

Man hatte uns in Trerice erwartet, und Jack Arundell trat zu unserer Begrüßung vor die Tür, zusammen mit seiner Mutter und seinen jüngeren Geschwistern dicht hinter ihm. Ich mochte Jack nicht lieber oder weniger gern als irgendeinen anderen Jungen, den ich kannte, und konnte damals kaum ahnen, was die Zukunft bringen würde. Er war zuverlässig, eigenwillig, offen und freimütig, mit einem

Lachen aus der Tiefe seiner Brust, das die tiefe Stimme, die er seit kurzem hatte, noch eindrucksvoller machte. Sein Vater war gestorben, als er, Jack, vier Jahre alt war, und Sir Richard Grenville war bis zu seinem Tode sein Vormund gewesen.

Trerice war praktisch ein neues Haus; Jacks Vater hatte es umgebaut und vergrößert, und mit seinem Ziergiebel wirkte es recht reizvoll, obwohl es kleiner als unser Haus Arwenack war. Mrs. Arundell war eine schöne Frau, übrigens wesentlich jünger als ihr verstorbener Gatte, dessen zweite Frau sie gewesen war, und mit einer etwas peinlichen Überraschung stellte ich fest, daß mein Vater ihr sofort den Hof machte. Kein Zweifel, er tat es mit den guten Manieren eines Mannes von Welt, aber mir erschien es, bei meiner Jugend, als taktlos und ungemein peinlich. Er lud sie alle ein, Weihnachten in unserem Hause zu verbringen, und Mrs. Arundell dankte ihm mit Erröten. Sie wolle versuchen, die nötigen Dispositionen zu treffen. »Versuch es nicht«, antwortete er, »triff sie, Gertrude, und komm!« »Mein lieber John, ich habe an vier Stieftöchter zu denken, von denen zwei noch unverheiratet sind, von meiner eigenen Familie zu schweigen.« – »Bring sie alle mit. Wir werden diese Weihnacht sehr fröhlich sein, und je mehr, desto fröhlicher.«

Ich schlief mit Jack in einem Bett, in einem quadratischen Zimmer, schwarz getäfelt bis zur Decke, und wir sprachen noch lange, nachdem die Lichter gelöscht waren, miteinander.

Jack war gerade aus Oxford zurück, dem Exeter College, genau gesagt, und im nächsten Jahr sollte er, nach erfolgter Immatrikulation, in Lincoln's Inn die Rechte studieren. Er erzählte mir von seinem Leben in Oxford, dem Würfelspiel in den Wirtshäusern und den langen Gesprächen bis tief in die Nacht, bei denen er mit gleichgestimmten Geistern die Probleme der Welt erörterte, und wie er sich als Arbeiter verkleidete und die Spiele in der Kirche von St. Mary ansah; er erzählte von der winterlichen Kälte, um so schärfer empfunden nach dem gewohnten milden Klima von Cornwall, und daß er eine ganze Ladung Holz bereits jetzt für den Tag seiner Rückkehr, den 8. Januar, bestellt habe, sprach mir von seinem Studium der Logik, der Rhetorik und der Theologie – und von den Gesetzen gegen Bärte und langes Haar.

Nach einer Weile verfiel er in Schweigen. Er brach es mit einer Frage. »Was hältst du von den Arundells von Tolverne, Maugan?«

»Ich bin seit ... seit meinem Streit mit Thomas nicht mehr dort gewesen. Warum fragst du?«

»Jonathan schätze auch ich, aber wie du habe ich nicht viel übrig für Thomas, der etwas von einem männlichen Hausdrachen hat und seine Familie bald kommandieren wird. Weißt du eigentlich, daß Jonathan und Gertrude Carew im nächsten Monat heiraten?«

»Nein. Sie ist doch noch so jung.«

»Sie passen gut zueinander. Sogar sein Vater ist dafür.«

»Was heißt ›sogar‹?«

»Weil Sir Anthony, glaube ich, mit den Jahren etwas vertrottelt ist und heute nicht mehr weiß, was er gestern meinte. Sag mal, Maugan, hast du so etwas wie Heimweh nach dem alten Glauben?«

»Dem alten Glauben?« fragte ich überrascht. »Nein, ich bin Protestant wie wir alle.«

»Wie wir alle sein sollten. Heutzutage ist Katholik ein anderes Wort für Verräter. Wie viele von ihnen im Sold Spaniens stehen, weiß niemand. Aber wir Arundells sind schon eine bunte Gesellschaft. Unsere Vettern –«

»Ach ja, die Arundells von Lanherne. Ich weiß.«

»Mein Großvater hatte glücklicherweise den anderen Glauben, und wir sind genauso zuverlässige Protestanten wie die Killigrews. Und wie die Tolverne-Arundells, möchte man glauben.«

»Hast du irgendeinen Grund, anzunehmen ...?

»Kannst du dich noch an den Mann erinnern, den wir dort trafen? Petersen hieß er.«

»Ja. Ich wußte nicht mehr, daß du ihn auch gesehen hast.«

»Fandest du, daß er wie ein Priester aussah?«

»Nein. Jedenfalls ist mir nie der Gedanke gekommen. Was willst du damit sagen?«

»Diese Priester kommen noch immer aus Frankreich herein, mit der Absicht, die Königin zu stürzen oder den Aufruhr zu organisieren, bis die Spanier landen. Und wo gäbe es ein geeigneteres Einfallstor als in Tolverne, so versteckt in seiner stillen Bucht gelegen, umgeben von Wäldern?«

»Es wäre geeignet, wenn nicht die Arundells von Tolverne genauso loyal wären wie wir!«

»Vielleicht bilde ich mir nur etwas ein. Vielleicht bin ich nur überempfindlich, wenn von jemandem die Rede ist, der denselben Namen trägt wie ich. Aber ... der Wechsel ist nicht so radikal, wie du vielleicht glaubst. Es gab da ein paar Vorlesungen in Oxford ... ein gewisser Curry ... da werden viele Glaubenssätze in Frage gestellt. Ich kann verstehen, daß ein Mann wie Sir Anthony, von jeher ein wenig überspannt, sein Gewissen so genau prüft, daß er am Ende findet, er habe seinen neuen Glauben zu Tode strapaziert, so daß ihm nur noch der alte bleibt. Wie wenn jemand mit einem Holzbrett einen Stein abreiben wollte ...«

Eine Ratte piepste in der Täfelung. Einen Augenblick später lief sie humpelnd davon. Wir wurden schläfrig, und es wurde uns warm. Vor dem Einschlafen mußte ich über den Unterschied zwischen seiner und meiner Lage nachdenken: ich ohne Namen, ohne Besitz oder Unabhängigkeit, der illegitime Sohn einer großen, doch stark verschuldeten Familie; und er bereits Herr dieses schönen Hauses und Besitzes, reich und frei, eines Lebens voller Tätigkeit und Auszeichnung gewiß, – soweit man einer Sache überhaupt gewiß sein konnte.

In der Woche nach unserer Rückkehr gelang es mir einmal, unbemerkt das Haus zu verlassen und zu der alten Mühle bei Penryn zu gehen. Sie war leer. Katherine Footmarker war ausgezogen und hatte all ihre Habe mitgenommen. Nur eine Dohle flatterte in der Dunkelheit, als ich die Tür aufstieß. Ich rief ein paarmal ihren Namen und war jedesmal froher, daß ich sie nicht wiedersehen mußte. Flaschen und Dosen waren verschwunden wie der hölzerne Becher, das Kohlenbecken und der eiserne Topf. Nur der Kreis mit der Brandspur auf dem Fußboden und die überall verstreute Asche erinnerten an sie, und ein zerbrochener Hocker ... Ich ging hinaus, ins Freie, und zog die Tür hinter mir zu.

Erst auf dem Heimweg wurde mir bewußt, daß sich in meine Erleichterung auch ein wenig Enttäuschung mischte.

Die ersten Weihnachtsgäste erschienen am 20. Dezember. Es waren Sir Henry und Lady Killigrew, und mit ihnen kam meine Großmutter. Sir Henry hatte ich meines Wissens noch nie gesehen. Er mochte um die fünfundsechzig sein, sah aber jünger aus, eine elegante Erscheinung, nicht groß – die wenigsten Killigrews sind groß –, aber er mußte einmal schön gewesen sein, bevor ein welkes Grau Wange und Bart überzogen hatte. Sein Blick schätzte sein Gegenüber ab, kühl und sorgfältig – der Blick eines Richters oder Anwalts –, seine Hände waren schön und mit Ringen besteckt; er war schlank und wie ein Dandy gekleidet. Lady Killigrew war seine zweite Frau und nur halb so alt wie er. Sie war eine dunkeläugige Schönheit von blassem Teint, aber es war etwas wie Kälte um sie; sie sprach mit fremdem Akzent und fiel erleichtert ins Französische zurück, wenn sie mit ihrem Mann oder meiner Großmutter sprach.

Sir Henry hatte von seiner ersten Frau vier Töchter, die alle mit Rittern verheiratet waren, und eine Tochter von seiner zweiten Frau. Aber in diesem Jahr hatte ihm die zweite Lady Killigrew zu seiner großen Freude endlich den Sohn und Erben geschenkt.

Mir schien Sir Henry damals, ungeachtet seines Aussehens, ungeheuer alt zu sein, denn als ein junger Mann von noch nicht zwanzig war er mit seinem Vater nach London geritten und an den Hof Heinrichs VIII. gekommen. Er erinnerte sich noch an den Tag, an dem die Nachricht von der Hinrichtung Catherine Howards und – ein Jahr darauf – von der Heirat Heinrichs mit der »anständigen Witwe«, wie er Catherine Parr nannte, nach Cornwall kam. Dreiundzwanzig Jahre war er gewesen, als es in Cornwall zu der großen Erhebung gegen die neue Liturgie kam, bei der Humphrey, John und Thomas Arundell führend waren – ich spürte ein Unbehagen bei der Nennung dieser Namen. Mit sechsundzwanzig trat er in die Dienste des Herzogs von Northumberland und wurde Mitglied des letzten Parlaments des jungen Königs Eduard. Nach dem frühen Tode Eduards schickte ihn der Herzog nach Launceston, um dort Lady Jane Grey zur Königin auszurufen. Aber der Plan Northumberlands scheiterte und der Herzog wurde enthauptet. Mein Onkel floh ins Ausland.

»Walter Raleigh stellte mir einen Dreimaster zur Verfügung«, erzählte er. »Nicht dieser Walter, sondern sein Vater. Es war sein eigenes Schiff; ihr wißt, er war Kaufmann und trieb Handel mit den französischen Häfen. Die *Joan* – so hieß das Schiff nach seiner ersten Frau – war gerade erst am Abend zuvor eingelaufen und die Ladung kaum gelöscht, aber Walter wußte, daß ich keine Zeit zu verlieren hatte. Es gab Leute, die nach uns Ausschau hielten – nicht eigentlich die Männer der Königin, sondern andere, die persönliche Gründe zur Rache hatten. Hätte man uns gefangengenommen, wäre es zur Genugtuung Roms gewesen. Wir liefen bei Dunkelheit aus, bevor der Mond aufging; mit mir waren Tremayne, John Courtenay und Peter Carew; wir alle sahen England erst nach dem Tode Maria Stuarts wieder ...«

»Ich war seekrank«, fügte er hinzu, »während der ganzen Reise. Wie Bruder Peter war auch ich nie seefest.«

»Auch Sir Walter ist oft seekrank, wie ich mir sagen ließ«, bemerkte Mrs. Killigrew.

»Ich bezweifle, daß sich Sir Walter auf See so wohl fühlt, wie er es vorgibt. Ich weiß, er hat bedeutende Gaben, darunter auch die der Rede, aber zuerst und vor allem ist er Soldat.«

»Wird er noch immer im Tower gefangengehalten?«

»Nein. Er wurde zusammen mit seiner Elizabeth in der Woche vor unserem Aufbruch freigelassen, ist aber noch vom Hofe verbannt, und das ist ein strikter Befehl. Es wird ihn ärgern, denn er ist nur glücklich, wenn er im Zentrum des Geschehens steht.«

»Er sollte es wie Essex machen und seine Frau auf dem Lande verstecken«, sagte mein Vater. »Mit der Zeit wird die Königin sie vergessen.«

»Ich glaube, sie fühlt sich mehr durch Walter gekränkt«, gab Sir Henry zu bedenken. »Ihre Majestät war sehr erzürnt und verurteilte mir gegenüber mit scharfen Worten seine Tücke und Undankbarkeit. Sie meinte wohl, daß ein Mann, der mit vierzig Jahren noch unverheiratet geblieben war, ihr sein Leben lang die Treue halten müßte. Wahrscheinlich spielt bei ihr auch die Überlegung eine Rolle, daß Lord Essex ein Edelmann vornehmster Abkunft ist und darum ihrer Gunst weniger zu verdanken hat, Walter dagegen, als Bürgerlicher, alles.«

Ich bemerkte, daß Sir Henry, der eine lange und wechselvolle militärische Laufbahn hinter sich hatte, uns freimütig von Ereignissen der Vergangenheit berichtete, während sich seine Miene verschloß und er das Thema wechselte, sobald sich das Gespräch den Dingen der Gegenwart näherte. Erst am Abend des 23., also am Vorabend der erwarteten Ankunft der meisten Gäste, hörte ich ihn von den gegenwärtigen Verhältnissen reden, und auch das nur mit meinem Vater und meiner Stiefmutter und im Glauben, es höre niemand weiter zu.

Sie hatten weniger reichlich als sonst gegessen; mein Vater klagte über Magenschmerzen und deshalb erklärte sich Sir Henry bereit, ihm bei einer bescheideneren Mahlzeit Gesellschaft zu leisten; sie bestand aus einer gut gespickten Kalbsschulter und Hasenkeule mit einer besonderen schwarzen Sauce. Darauf tranken sie Malvasier und aßen geröstete Birnen, während meine Stiefmutter Zuckerkonfekt naschte.

Mein Vater hatte davon erzählt, daß Sir Walter Raleigh eine große Vorliebe zu dem jüngsten Sohn Sir Richard Grenvilles, John, gefaßt hatte.

»Dann«, erwiderte Sir Henry, »wird er ihn wohl bald auf eine seiner abenteuerlichen Expeditionen aussenden, nach Roanoke oder sonstwo in Nord-Amerika, selbst aber hübsch zu Hause bleiben und aus der Entfernung seine Ermahnungen und Ratschläge schriftlich schicken. Schließlich und endlich hätte Raleigh mit der *Revenge* fahren müssen, und keinesfalls Grenville.«

»Willst du sagen, daß er feige ist?«

»Oh nein, Walter ist kein Feigling! Es wäre töricht, nicht zuzugeben, daß er von größter Unerschrockenheit ist, wenn die Gelegenheit es fordert. Nur hat die Gelegenheit es letzthin, sei es Zufall, sei es Absicht, nicht mehr gefordert.«

»Und was ist mit Essex?« fragte mein Vater, während er lässig die Beine auf die Fußbank stützte.

Sir Henry nippte an seinem Wein. »Wir sehen in dem Einfluß Essex' eine größere Gefahr als einst in dem Walters. Außerdem hat er neuerdings bessere Köpfe, die ihn beraten ...«

»In London gab es das Gerücht, er sollte in den Geheimen Staatsrat berufen werden.«

»Das würde mich gar nicht überraschen. Vorige Woche auf ›None-such‹ kokettierten sie miteinander in bester Laune; aber dann braucht nur einer von beiden etwas zu sagen, was dem andern nicht gefällt, und schon kommt es zum Streit, und Essex läuft wütend hinaus. Vor meiner Abreise war die Königin nervös, reizbar, und bei dem geringsten Anlaß geriet sie in Wut. Wenn Essex dann zurückkehrt – wie er es vielleicht inzwischen bereits getan hat – wird sie ihn zunächst wie ein Fischweib beschimpfen, bevor es zu der großen Versöhnung kommt. Nach dieser Versöhnung ist es dann soweit, daß sie ihn mit neuen Würden auszeichnet.«

Sir Henrys Blick durchmaß den Saal, bis er seine schöne Frau traf, die vor dem Kamin saß und an den Saiten ihrer Laute zupfte.

»Ihr spracht von den guten Köpfen, die der Graf zu seinen Beratern habe«, sagte Mrs. Killigrew.

»Ganz recht, und die klügsten von ihnen sind meine beiden Neffen Anthony und Francis. Wenn er mehr auf ihren Rat gäbe, glaube ich, daß wir noch mehr zu fürchten hätten.«
»Auf dem Herweg machten wir einen Besuch in Gorhambury«, sagte Lady Jael Killigrew. »Also ihre Mutter – ihr stellt euch nicht vor –«
»Man flüstert sich so einiges zu über Francis' Lebenswandel«, bemerkte Sir Henry mit einer Grimasse, »aber Lady Bacon flüstert nicht, sondern brüllt. Wir waren kaum in ihrem Hause und die Tür hinter den Dienern geschlossen, als sie schon wetterte: ›Hurenböcke, Ehebrecher und Sodomiten soll der Zorn Gottes treffen! Francis kennt keine Scham! Sich diesen verdammten Percy als Bettgenossen zu halten! Und diese geilen walisischen Burschen dazu. Die Flammen der Hölle werden sie sengen, denkt an meine Worte!‹«
»Und noch viel mehr«, fügte seine Frau hinzu und entlockte der Laute einen Ton. »Den ganzen Tag hielt mir die alte Frau eine Predigt über die Sittenverderbnis am Hofe. Als ob ich das nicht wüßte!«
Mein Vater kratzte sich die Hand, wo ihn ein Floh gestochen hatte. »Man hätte doch meinen sollen, die Bacons seien sich selbst genug, anstatt daß sie sich zu Essex schlagen.«
»Ich bin zu alt geworden, um noch zu glauben, daß Bande der Verwandtschaft oder die einfachste Loyalität in der heutigen Zeit noch Bedeutung hätten«, sagte Sir Henry. »Bruder steht gegen Bruder, Freund gegen Freund. Es ist schon nichts mehr dabei, wenn der Sohn des Erschlagenen zum leidenschaftlichen Anhänger des Mörders wird, und wenn Mann oder Frau vor Gericht Aussagen machen, die den andern aufs Schafott bringen. Nur zwei Motive beherrschen heute alles Handeln: Karriere zu machen und – das eigene Leben zu retten.«
»Du bist heute abend ein bißchen zynisch«, sagte mein Vater. »Aber ich zweifle nicht daran, daß du recht hast ... Die Königin sah gut aus, fand ich, aber sie wird nicht eben jünger. Und was auch nach ihr kommen mag, sie ist die letzte der Tudors.«
Ein kurzes Schweigen folgte.
»Wer wird ihr folgen? Jakob von Schottland? Arabella Stuart? Philipp von Spanien?«
Sir Henrys Miene zeigte wieder Verschlossenheit. »Die Königin ist erst neunundfünzig. Wer weiß, was sich alles in ein paar Jahren ändern kann?«

»Ich wünschte mir, sie brächten uns Frieden mit Spanien«, sagte mein Vater. »Man sollte doch meinen, daß selbst Philipp einsieht, wie sinnlos die Fortsetzung des Krieges für beide Parteien ist.«
»Es fehlt nie an Kontakten und Sondierungen«, bemerkte Sir Henry zurückhaltend. »Die Friedenspartei gewinnt in beiden Ländern an Einfluß.«
»Stimmt es, daß Spanien eine neue Armada ausrüstet?« fragte Dorothy Killigrew.
»Das berichten unsere Spione.«
»Ein Grund mehr für uns, ein gerechtes Übereinkommen zu suchen, bevor die Armada in See sticht«, sagte mein Vater. »Der vorigen fehlte sehr viel weniger zum Erfolg, als man bei uns ausposaunt hat.«
Ein Scheit fiel aus dem Kamin, ich beeilte mich, es zurückzuschieben, und zog mich rasch in meinen Winkel zurück, um nicht die Aufmerksamkeit auf mich zu lenken und fortgeschickt zu werden. Das aufflammende Kaminfeuer warf seinen flackernden Schein auf die weißen Hände Lady Jaels.
»Es ist mir immer ein Rätsel«, sagte mein Vater, »daß der spanische Soldat zu Lande so überlegen ist, wie wir es zur See sind. Oder war das nur das Verdienst des Herzogs von Parma?«
»Ich bin gar nicht so sicher, daß es noch lange bei dieser Überlegenheit bleibt, in beiden Fällen, meine ich«, sagte Sir Henry, »da beide Nationen voneinander lernen. Worauf es ankommt, ist Disziplin, Technik und die Kunst der Führung. Wir haben oft bewiesen, daß wir die Mutigeren waren, aber in der Organisation waren wir unterlegen. Doch wir haben gelernt und lernen noch.«
Ein Diener – es war Rose – kam mit einer kleinen Flasche Kanariensekt, den meine Stiefmutter dem schwereren Wein vorzog, den die anderen tranken. Sir Henry stand auf und klopfte seine Pfeife aus, um sie alsbald wieder zu stopfen. Fasziniert sah ich ihm zu, da noch niemand in unserer Familie geraucht hatte.
Mein Vater leerte seinen Becher. »Unsere beste Hoffnung bleibt der Friede. Einstweilen aber denken wir lieber an Weihnachten! Jael, sing uns ein Lied! Morgen ist der Heilige Abend.«

7

Seit 1592 habe ich noch oft Weihnachten gefeiert – glücklich, sorgenvoll und auch in dem strengen Stil engherziger Puritaner, aber diese Weihnacht war die einzige in ihrer Art. Kleine Sorgen wie die wachsende Schuldenlast schüttelte mein Vater einfach ab: es war ja Geld ins Haus gekommen, und er gab es wieder aus. Vielleicht erinnerte er sich dabei an die Zeit seiner Jugend, als das Familienoberhaupt noch ein leichtes Leben hatte; vielleicht erinnerte er sich auch nur an die Weihnachten seiner Kindheit, so wie sie sich dem kindlichen Gedächtnis eingeprägt hatten, und versuchte, etwas zurückzuholen, was es eigentlich nie gegeben hatte.

Lady Killigrews Gesundheit war seit ihrer Reise nicht die beste, so daß sie an den Weihnachtstagen meist auf ihrem Zimmer blieb, – ein Umstand, der meinem Vater und vielleicht uns allen eine gewisse Gezwungenheit nahm.

Am Heiligen Abend trafen zunächst Mrs. Gertrude Arundell und Jack Arundell aus Trerice ein. Es folgten Digby Bonython und seine Schwester Alice aus Cardew und wenige Minuten später Hugh und Grace Boscawen aus Treggothnan. Hugh war zwei Monate jünger als ich, aber Grace war vierundzwanzig und noch unverheiratet.

Nach dem Mittagessen kamen zwei Vettern aus Fowey: Tresithney und Abel Treffry. Tresithney war einundzwanzig und Abel fünfzehn. Dann warteten wir weiter, ohne etwas Besonderes zu unternehmen, bis es dunkel wurde. Als wir uns um sechs Uhr zum Abendessen setzten, erschienen Mr. und Mrs. Richard Carew mit ihrer Tochter Gertrude und dem zukünftigen Schwiegersohn, dem jungen Jonathan Arundell aus Tolverne. Sir Anthony und Lady Arundell waren dagegen nicht gekommen, so wenig wie Thomas, so daß es den Anschein hatte, als habe man uns meine Rauferei mit ihm nur halb verziehen. Mich störte das nicht weiter, zumal unter den neuen Ankömmlingen Sue Farnaby war ...

Ich glaube, in dem Augenblick, in dem meine erste Freude, sie wiederzusehen, abklang, wurde mir klar, daß ihre Familie wohl wirklich der unseren an gesellschaftlichem Rang nachstand, denn wie hätte sie sonst so schnell über die unbarmherzige Austreibung aus ihrem Pachthof hinwegsehen können!

Vom 21. bis zum Heiligabend hatten wir Kinder zusammen mit

einem halben Dutzend Diener den großen Saal und die wichtigsten Zimmer ausgeschmückt. Man hatte Stechpalmen und Efeu aus den Wäldern am Fluß gebracht und die Mistelzweige von den Apfelbäumen geholt. Die Fensterbänke waren mit Lorbeerzweigen zu kleinen Lauben ausgestaltet, Rosetten, aus gefärbten Stoffresten gefertigt, auf Schnüre gezogen und quer über den Saal gehängt. Belemus strich ein paar Fensterscheiben farbig an, rot, ockerfarben, kräftig grün, so daß am Tage buntes Licht hinein- und bei Nacht hinausschien. Orangen und Zitronen hatte man zu Büscheln zusammengebunden und über einige farblosere Wandteppiche rote Tücher gehängt.

Um den Gästen Platz zu machen, hatten wir Kinder unsere Schlafzimmer räumen müssen; wir schliefen zu fünft auf Stroh in einem Raum hinter dem Hause. Bei Tisch saßen wir noch enger als sonst, denn keine der einzelnen Besuchergruppen hatte weniger als zwei Bediente mitgebracht.

Am Heiligabend gab es ein festliches Abendessen, und das große Julscheit wurde in den Saal geschleppt und quer über die Feuerstelle im Kamin gelegt. Es sollte vier Tage lang brennen. Nach dem Essen sangen wir Madrigale und Weihnachtslieder; aber um Mitternacht erschien der *Lord of Misrule* in gelber Flitterrobe, gefolgt von zwölf Gehilfen, alle so bunt wie nur möglich gekleidet. Man hatte Dick Stable für diese Rolle gewählt, weil er ein munterer und lustiger Bursche war, aber auch weil er ein Gefühl dafür hatte, wie weit er gehen durfte ohne meinen Vater zu reizen, und unter Jubel und Gelächter hatte ihn meine Stiefmutter gekrönt. Von diesem Augenblick an hatte er bei allen Lustbarkeiten den Anführer zu machen und durfte zwölf Tage lang seinen Thron behalten.

Am Weihnachtstag ging die Hausgemeinschaft fast vollzählig in feierlichem Zug über die Felder zum Gottesdienst mit Abendmahl nach St. Budock, und nach einem üppigen Mittagessen, bei dem es unter anderem Taubenpastete, Schweinskopf mit Rosinen und Äpfeln und Haferbrei mit Rosinen und Hammelrücken gab, verging der Nachmittag in einem Zustand der allgemeinen Apathie. Am Abend machte man sich reihum Geschenke und wir tanzten bis zehn Uhr. Von einigen Kleinigkeiten für Mitglieder der Familie abgesehen, hatte ich nur zwei Geschenke zu vergeben, denn ich hatte kaum Geld – und natürlich auch keine Gelegenheit es auszugeben. Aber ich hatte mir von Rose aus Truro ein Paar Strümpfe aus feiner, scharlachroter Wolle mitbringen lassen und von einem der Matrosen hatte ich ein Häubchen aus Antwerpener Klöppelspitze gekauft.

Nach dem Erwerb dieser Geschenke verbrachte ich eine qualvolle Zeit mit der Überlegung, welches ich Meg und welches Sue geben sollte. Da die Strümpfe mehr gekostet hatten, hielt ich sie für wertvoller, aber ich war mir nicht ganz sicher, ob Sue Strümpfe als ein schickliches Geschenk von mir ansehen würde. Ich wurde aus ihr nicht schlau – sie sah so scheu, so bleich und feindselig aus.

Darum schenkte ich Meg die Strümpfe. Ich tat es vor dem Abendessen, als sie die Kerzen putzte; sie nahm sie und hob sie hoch, so daß sie sich in ihrer ganzen Länge entfalteten.

»Für mich? Ja, ist das denn möglich? Wo hast du die her? Gekauft? Für mich gekauft? Richtige Damenstrümpfe! Danke, Master Maugen! Nein, die sind nicht für alle Tage. Aber ich werde sie anziehen, bestimmt. Nicht, daß du sie jemals zu sehen bekämst!« Sie kicherte. »Also gut, vielleicht einmal, wenn uns Dick nicht dabei ertappt.« Sie tänzelte auf mich zu und legte, die Strümpfe in der Hand, ihre Arme um mich. So gab sie mir einen Kuß auf den Mund. Es war das erste Mal, daß sie mich auf den Mund küßte, und es war sehr viel aufregender.

Plötzlich wich sie zurück. »Weiß irgendjemand etwas davon?«

»Nein.«

»Dann erzähl es auch niemandem, Maugan, versprich es mir. Es ist besser so.«

»Ich werde es niemandem sagen.«

»Damenstrümpfe! Maugan, du bist ein echter Gentleman. Wenn du einmal groß bist, wird dich nichts halten können. Danke!«

Ich ging, mit dem Gefühl, etwas getan zu haben, was ich eigentlich nicht hätte tun dürfen. Und doch schämte ich mich dessen nicht.

Das für Sue bestimmte Häubchen trug ich während des ganzen Abendessens und des anschließenden Tanzes in meiner Tasche, ohne den Mut zu finden, es ihr in Gegenwart anderer zu geben. Megs Betragen hatte mich noch in meiner Schüchternheit und Zurückhaltung bestärkt. Aber als das Tanzen zu Ende ging, geriet alles in Bewegung; überall gab es plaudernde Gruppen, und niemand achtete darauf, was andere taten. So näherte ich mich unbemerkt Sue.

»Sue, das habe ich dir mitgebracht. Ich dachte, es würde dir vielleicht gefallen ...«

Ihr Gesicht war vom Tanzen gerötet, und die vielen bunten, miteinander in Widerstreit liegenden Lichter im Saal gaben ihrem Gesicht einen neuen Ausdruck. Ich weiß noch, wie weiß ihre Augenlider waren, als sie das Spitzenhäubchen entgegennahm und den Blick darauf senkte.

»Das ist sehr . . . lieb von dir, Maugan. Diese Spitze – wie schön!« Sie drehte das Häubchen in ihren Fingern, die plötzlich zitterten. »Aber müßtest du mir nicht auch noch ein Kleid kaufen? Parfüm, einen Muff, einen Spiegel? Das ist das Wenigste, das ein Killigrew einer Farnaby geben kann, nachdem mein Vater Bankrott gemacht hat und vielleicht ins Gefängnis kommt.«

»Es war nicht meine Schuld.«

»Hast du gewußt, daß man uns nur eine Stunde Zeit ließ? Daß wir nichts mitnehmen durften außer dem, was wir am Leibe trugen, und einen kleinen Reisesack für uns alle drei? Daß dein Vater die Pacht um das Vierfache gesteigert hatte, seitdem wir eingezogen waren? Und weißt du, daß mein Vater sechs Briefe schrieb, in denen er um Aufschub bat und zu zahlen versprach? Und alles geschah gerade vierzehn Tage vor Weihnachten, das doch eine Zeit des Friedens sein soll und des Wohlwollens für die Menschen – und unter Nachbarn. Und sieh das hier: all diesen Luxus, die Tafel, die Weine, die Juwelen! Wir mißgönnen es niemandem, wenn wir nur ein wenig Verständnis für unsere eigenen Schwierigkeiten erwarten könnten!«

Sie blickte zu mir auf. Ihre Augen standen voll Tränen.

»Ach, Sue, Sue, ich weiß, ich weiß das alles, aber es geschah, bevor ich davon hörte. Aber auch wenn ich es gewußt hätte, so hätte ich es doch nicht verhindern können . . . Warum bist du gekommen?«

»Weil es meine Tante für das beste hielt. Es war ein Mund weniger zu stopfen für sie.«

Am nächsten Tag, dem Stephanstag, gingen die meisten Männer auf die Falkenbeize, und es war gut, sie aus dem Wege zu haben. Wir, wie wir zu Hause geblieben waren, gingen, nach einer längeren Andacht als gewöhnlich – sie mußte für den ganzen Tag genügen – und einem raschen Frühstück, bestehend aus Sülze mit Senf und Malvasier, daran, den Saal für den Mummenschanz am Abend vorzubereiten.

Es gehörte zu dem Spiel, daß – obwohl wir wußten, wer alles an ihm teilnahm – jeder Teilnehmer so verkleidet sein mußte, daß die Zuschauer kaum errieten, wer wer war. Seit zwei Wochen war man damit beschäftigt, neue Masken zu machen und alte zu erneuern. Manche der Maskierten sahen wie Einhörner aus, andere wie Bären; wieder andere trugen Hirschfelle und Geweihe, und einige wenige konnten, in Ermangelung anderer Verkleidung, nur ihr Gesicht schwärzen. Dick Stable sollte den heiligen Georg spielen, und der alte Penruddock den Teufel.

Ich weiß nicht, wie viele errieten, wer der Junge war, der den jungen Gefährten des heiligen Georg spielte. Er trug eine weiße hautenge Maske, eine schwarze Kappe, ein grünes Wams, eng anliegende graue Kniehosen und leuchtend rote Strümpfe. So zeigte Meg ihre Strümpfe nicht nur mir, sondern dem ganzen Hause. Ich war um sie besorgt, denn sie riskierte eine Tracht Prügel. Wie gebannt blickte ich auf ihre Beine, wie auf etwas Schönes, doch Verbotenes, das ich nie wieder sehen würde.

Das Spiel wäre ein größerer Erfolg gewesen, wenn die Mitspieler nicht zuvor so viel Starkbier getrunken hätten. Zweimal mußte es unterbrochen werden, weil die Bühne unter der Last der allzu zahlreichen Spieler zusammenzubrechen drohte. Als der heilige Georg und Satan einen Kampf auf Leben und Tod darzustellen hatten, vergaß Satan, daß es sich um ein Spiel handelte, und warf, angefeuert durch die lauten Rufe seiner Anhänger, den heiligen Georg mit geübtem Ringergriff aufs Kreuz und blickte darauf, grinsend, triumphierend und betrunken, hinter der sich lösenden Maske hervor ins Publikum. Der Page des heiligen Georg suchte ihn fortzuziehen, und es kam zu einem Streit. Innerhalb eines Augenblicks rangen acht bis zehn Personen miteinander oder schlugen mit den Fäusten auf einander ein. Glücklicherweise waren ihrer einige noch nüchtern genug, den sich Balgenden Einhalt zu gebieten, bevor die Szene ausartete und nicht länger nur amüsiertes Gelächter bei dem erlauchten Publikum hervorrief.

Als der Tanz begann, mischten sich die Masken unter die Zuschauer, und obwohl man mit einer Pavane und einer Courante anfing, war niemand in der rechten Stimmung für höfische Musik, und bald spielten die Musikanten zu einem Bauerntanz auf. Um Lady Jael Killigrew war dabei Digby Bonython sehr eindringlich bemüht, und allem Anschein nach hatte sie nicht das geringste dagegen. Es war wie ein Schock gewesen, als sie zum Abendessen in einem Gewand aus Goldstoff, mit Samt gefüttert, erschienen war, das so weit ausgeschnitten war, daß die Brüste kaum bedeckt waren. Sie hatte ihre Augenbrauen ausgezupft und die Lider geschwärzt, und sie trug mit Lavendel parfümierte Handschuhe. Meine Stiefmutter tanzte noch nicht, so bald nach ihrer Krankheit, und so führte mein Vater beständig Mrs. Gertrude Arundell zum Tanz.

Mr. Killigrew sprühte vor Leben. Er war in seiner herrischsten Laune und bestand darauf, daß jedermann den neuen Tanz tanzte, den er vom Hofe mitgebracht hatte, der Lavolta hieß, und dessen wichtigster Schritt in einem Sprung in die Luft bestand. Er machte es vor, sprang und tanzte, sein Gesicht rötete sich, sein dichtes blondes Haar fiel ihm ins Gesicht und Schweißperlen glänzten um Nase und Mundwinkel, wo der Schnurrbart sie freigab. Es war seltsam, ihn so lebhaft zu sehen und doch so wenig Leben in seinen etwas vorstehenden Augen zu finden.

Sue Farnaby hatte mich den ganzen Tag gemieden. In dem Spiel hatte sie eins der Tierkreiszeichen dargestellt, und sie trug noch ihre pergamentene Maske und zwei hölzerne Fische auf den Schultern. Man tanzte gerade eine Gigue, als ich plötzlich auf sie zuging und sie an der Hand faßte, und schon waren wir im Tanz, bevor sie abwehren konnte.

»Ich habe dich schon den ganzen Tag sprechen wollen«, sagte ich.

Sie blickte rasch zu mir auf, sprach aber kein Wort.

»Nach gestern abend konnte ich dich beinahe nicht mehr um einen Tanz bitten«, sagte ich.

Sie kicherte leise.

»Ich muß dich um Verzeihung bitten«, sagte ich. »Aber du bist auf meinen Wunsch eingeladen worden, und jetzt sehe ich, daß ich unrecht hatte, darum zu bitten. Ich hoffe, daß ich eines Tages alles, was zwischen deiner und meiner Familie steht, in Ordnung bringen kann. Ich kann nur mein möglichstes tun.«

Sie schien darüber nachzudenken, während wir im Reigen schritten, aber als der Tanz endete, und wir eine Pause machten, um Atem zu schöpfen, bevor der nächste begann, und sie noch immer nicht sprach, fragte ich: »Sue . . .«

Sie tätschelte meinen Arm. »Lieber Maugan, es war häßlich von mir, dich anzuführen, aber ich bin Gertrude Carew.«

Flammende Röte stieg mir ins Gesicht. »Den ganzen Abend über glaubte ich . . . Wer ist denn dann Sue?«

»Sue will nicht, daß ich es irgendjemandem sage.«

»Habt ihr das Kostüm gewechselt, um die Leute zu täuschen?«

»Sue wollte es. Ich weiß nicht, warum.«

Jonathan Arundell, der uns schon lange beobachtet hatte, trat auf uns zu. »Wird dir die Maske nicht allmählich lästig, Gertrude? Ich kann mir nicht denken, daß es sich gut damit tanzen läßt.«

Sie lachte. »Sie ist auch für Maugan lästig, Jonathan.« Sie zog die Maske herunter und zeigte uns zerzaustes Haar und ein strahlend glückliches Gesicht. »Jetzt muß ich euch allein lassen und mich ein wenig abkühlen.«

»Weißt du, wer Sue Farnaby ist?« fragte ich Jonathan, als Gertrude gegangen war.

»Ich glaube, sie hat den Saal vor einer halben Stunde verlassen«, sagte er. »Sie war das schwarze Mädchen mit dem Turban. Wahrscheinlich wollte sie sich abschminken.«

Langsam ging ich den Gang hinunter, der zum Nordflügel des Hauses führte. Ich hatte in einem der oberen Räume Licht gesehen, Annora Job kam aus diesem Zimmer, ihr blondes Haar, zu langen Zöpfen geflochten, hing vor ihrem Mieder. Als sie auf dem Gang an mir vorbeiging, warf sie mir einen raschen Seitenblick zu. Als ich am Ende des Korridors angelangt war, hörte ich hinter mir eine Tür; ich drehte mich um und sah, daß ein Mann aus demselben Zimmer gekommen war. Wenn ich mich nicht irrte, war es mein Vetter aus Fowey, Tresithney Treffry.

Hier, am Ende des Ganges, waren den Spielern zwei Kammern als Umkleideräume überlassen worden; praktisch gesprochen, zwei Dachkammern, von denen einer für die Männer, und die andere für die Frauen bestimmt war. Der Männerraum war bis auf einen Haufen von Kleidungsstücken leer, aber in der Garderobe der Frauen traf ich Sue Farnaby an. Beim Licht einer einzigen Kerze kämmte sie sich das Haar vor einem quadratischen Stück Spiegelglas, das sie an ein Holzkästchen gelehnt hatte. Als sie mich hörte, wandte sie sich um.

Sie trug noch das geborgte Gewand, hatte sich aber den gebrannten Kork aus Gesicht und Händen gewaschen.

»Heute abend habe ich mich düpieren lassen«, sagte ich. »Dich hielt ich für Gertrude, und Gertrude für dich.«
»Gerade hat sie es mir erzählt. Weißt du nicht, daß ich einen ganzen Zoll größer bin?«
»Ich dachte, es läge an den Schuhen.«
»Und außerdem ist sie in der Taille um zwei Zoll stärker.«
»Es tut mir leid.«
»Was? Daß wir verschieden sind, oder daß du dich so geirrt hast?«
»Daß ich mich geirrt habe.«
Sie legte den Kamm nieder, vermied es aber, mich anzusehen. »Ich glaube, ich hatte unrecht, so mit dir zu sprechen, wie ich es gestern tat, Maugan.«
»Nein, du hattest recht. Ich schäme mich für meine Familie.«
»Gertrude sagte, daß ich dir meine Einladung verdanke.«
Ich sagte zögernd ja.
»Du hast es gut gemeint.«
»Nein, ich wollte dich wiedersehen. Also war es vielleicht der reinste Eigennutz.«
»Ich finde es nicht eigennützig. Es gefällt mir doch gut hier.«
»Du kannst noch sieben oder acht Tage hierbleiben.«
»Ich muß mit Getrude zusammen reisen. Wahrscheinlich noch vor dem neuen Jahr.«
»Was wirst du dann tun?«
»Ich weiß noch nicht. Irgendetwas wird schon kommen. Verdirb dir nicht die Weihnachtsfreude mit unseren Sorgen.«
»Kommst du nicht wieder herunter, um zu tanzen?«
»Ich wollte nur den Ruß aus meinem Gesicht haben. Schau, die Spitze ist davon schon schmutzig geworden.«
»An deinem Ohr ist noch eine schwarze Stelle.«
»Wo?« Sie wandte sich um. »Wo denn? Ich sehe nichts.«
»Nein, nicht da. Es ist nur eine Kleinigkeit.«
Sie gab mir das Handtuch. »Willst du es mir abwischen, Maugan?«
Ich stand dicht vor ihr – ich war zwei bis drei Zoll größer als sie, etwa einen halben Kopf, so habe ich es in Erinnerung –, schob ein paar Strähnen ihres schwarzen Haares beiseite und rieb behutsam mit dem Tuch die Stelle an ihrem Ohr. Ich legte dabei meine Hand auf ihre Schulter, und es war wie eine magische Berührung. Mir

schwindelte vor Glück. Ihr Atem traf meine Wange, und ich wollte, die Zeit bliebe stehen.
Mit einem lauten Lachen trat ich einen Schritt zurück. »Da, alles in Ordnung!« sagte ich, ließ das Handtuch fallen und wandte mich ab.
»Danke, Maugan. Jetzt wollen wir hinuntergehen.«
Sie ergriff meine Hand, und langsam gingen wir den ersten Flur entlang und bogen dann in den zweiten ein. Hier überraschten wir Stevens, den Pagen, der eine der Carminow-Töchter küßte. Sie hörten auf, als wir kamen, und flüchteten um die nächste Ecke.
»Nicht jeder tanzt«, sagte ich.
»Es ist ein fröhliches Haus. Ich hoffe, die Carews bleiben doch noch bis in den Januar hinein.«
»Wann heiratet Gertrude denn Jonathan Arundell?«
»Im Mai. Dann ist sie fünfzehn.«
»Ich werde im Februar fünfzehn. Und du?«
»Ich bin es im vorigen Monat geworden. Bald werden wir alle alt sein.«
»Du – alt: diese Vorstellung ertrage ich nicht.«
Der Druck ihrer Hand verstärkte sich. »Ich möchte ein Mann sein. Dann könnte ich in die Welt hinaus und mein Glück machen – oder es doch wenigstens versuchen –, ich könnte meinen Eltern anders helfen, auf größere Art. Eine Frau ist ein so unnützes Geschöpf!«
»Nein!«
»Seit Jahren habe ich es gewußt, daß alle meine Freundinnen aus anderen Verhältnissen stammen als ich. Gewiß, ich habe eine gute Erziehung bekommen, aber der Unterschied bestand immer, und der Bankrott meines Vaters oder die Unbarmherzigkeit deines Vaters haben ihn nur noch deutlicher gemacht. Ich bin nicht aus ihrer Welt, Maugan, und werde es niemals sein.«
»Glaubst du, ich bin es?«
»Bei dir – ich glaube, bei dir wird es nicht viel ausmachen. Wenn auch deine Mutter unbekannt ist, dein Vater ist der größte Mann im weiten Umkreis. Es wird ihm nicht schwerfallen, dich irgendwo unterzubringen, falls er nicht hier für dich Verwendung hat. Solange er lebt, brauchst du keine Not leiden. Und wenn er einmal stirbt, bleibst du immer ein Killigrew mit Verwandten an den höchsten Stellen des Landes . . .«

Mr. Killigrew saß sie ganze Nacht auf und würfelte mit seinen Gästen. Einer nach dem andern war aufgestanden und zu Bett gegangen, bis er im Morgengrauen mit Lady Jael und Digby Bonython allein geblieben war. Er hatte in dieser Nacht gewonnen und war glücklich darüber, aber die Folge war, daß sich bis spät am Nachmittag des nächsten Tages kaum jemand im Haus rührte. Am Abend gab es einen Umzug, den der *Lord of Misrule* anführte, gefolgt von einem Steckenpferd, in dem der Stallknecht Rose steckte, dem wieder *Maid Marion* folgte, die in Wahrheit unser Mann, der für die Hunde sorgte, war, Long Peter, der längste Mann im Hause, als Frau verkleidet. Jemand hatte die hinteren Beine des für Penruddock bestimmten Stuhls an den Enden abgesägt und an ihre Stelle zwei Kerzenenden angebracht, so daß er, als er sich setzte, rückwärts in den Kamin fiel. Die kleine Odelia Killigrew fürchtete sich vor Spinnen; also hatten ihre Brüder, John und Thomas, drei besonders haarige Exemplare auf dem Speicher gefangen und sie in dem Augenblick auf ihrem Holzteller freigelassen, als sie sich anschickte zu essen. Sechs Dienern hatte man Dünnbier aufgetischt, das sich als Kuh-Urin herausstellte.

Aber auch die Gäste wurden nicht verschont. So setzte man Jack Arundell eine Fleischpastete vor, die eine lebende Maus verbarg. Sie lief den Tisch entlang, es gab umgestürzte Weinbecher und lautes Gelächter. Digby Bonythons Stuhl war mit frischer Farbe angestrichen worden. Henry Knyvett hatte es bewerkstelligt, daß unter dem Tisch gerade zwischen ihm und Lady Jael ein Feuerwerk losging, doch Lady Jeal war von den Funken auf ihrem Rock so erschreckt, daß sie nicht in das allgemeine Gelächter einstimmen konnte.

Die Carews, Jonathan Arundell von Tolverne und Sue Farnaby verließen uns am letzten Tag des Jahres. Den Tag zuvor waren wir – im ganzen etwa zwölf Personen – über die schmale Landzunge gegangen, die unser Haus von dem Vorgebirge von Pendennis trennt, und den Hügel hinauf zur Burg geklettert. Es war ein strahlend klarer Tag mit einer Brise aus Nordwest, die ein paar weiße Wogen außerhalb der schützenden Bucht vor sich herschob.

Carminow ließ uns ein, und wir stiegen die schmale Wendeltreppe zu dem obersten der kleinen Türme empor. Ich habe in späteren Jahren einige der großen Schlösser Englands zu sehen bekommen und mache mir klar, daß, mit ihnen verglichen, Pendennis eher als eine Festung zu bezeichnen war. Wir bewunderten die Geschütze auf den Wällen und musterten einer nach dem anderen den Horizont durch das Fernglas meines Vaters. Man plauderte, man lachte, jemand wollte die Burgverliese unter dem Hauptturm sehen, aber Sue sagte, Gefängniszellen seien nicht nach ihrem Geschmack, da wolle sie lieber die Felsen hinunterklettern bis an den Rand des Wassers. Ich begleitete sie.

Es war eine arge Kletterei, aber als wir erst einmal unten waren, saßen wir, ganz vom Winde geschützt, in der Sonne. Eine Weile beobachteten wir eine Bark aus Amsterdam, die ihre Segel festmachte, als sie langsam in den Hafen einlief. Keiner von uns beiden sprach. Da sich die Wärme bemerkbar machte, öffnete Sue das den Mantel zusammenhaltende Band. Sie wußte bereits, daß sie am nächsten Tag Arwenack verließ.

»Ich habe ein Gefühl, als sei ich zum letztenmal hier gewesen«, brach sie endlich das Schweigen. »Es war eine wunderbare Woche, Maugan, trotz allem, was vorangegangen ist.«

»Wirst du mir einmal schreiben, wenn du Zeit hast?« bat ich sie. »Ich möchte weiter von dir hören.«

Sie nickte. »Aber ich bin nicht sehr geschickt mit der Feder.«

»Ich werde dich besuchen. Schließlich wohnst du ja nur an der Quelle dieses Flusses. Ich brauche nur ein Boot zu nehmen und mit der Flut flußaufwärts zu fahren.«

Aber ich glaube, wir wußten beide, daß es nicht gar so einfach gehen würde, weder mit dem Schreiben noch mit meinem Besuch, und wir wußten auch, daß es, selbst wenn es uns gelänge, nicht dasselbe sein würde wie unser Zusammensein in dieser Woche. Mir war das Herz schwer. Verzweifelt suchte ich ihr irgend etwas Entscheidendes zu sagen oder eine Erklärung von ihr zu hören, bevor es zu spät war. Aber meine Zunge verweigerte ihren Dienst. Was ich empfand, ließ sich nicht mit ein paar einfachen Worten aussprechen, und es fehlte mir an Geist oder Erfahrung, diese Empfindungen in einer Weise auszudrücken, die sie ihr nach meiner Meinung annehmbar machen würde. So blieb mir nur das Schweigen.

Es gibt keinen Schmerz wie den Schmerz der Jugend. Ich wußte, nie wieder würde Arwenack so leer für mich sein wie morgen.

»Möchtest du Seemann werden, Maugan?«

»Ich glaube, ja. Ich möchte nach Westen segeln und gegen die Spanier kämpfen.«
»Mein Vater sagt, die Schiffahrt verschlingt mehr Matrosen als nachwachsen.«
»Ist dein Vater zur See gefahren?«
»Ja, er fuhr zweimal mit Captain Amidas zu den Kanarischen Inseln.«
Niedergeschlagen blickte ich zum Horizont, wo zwei Schiffe auftauchten, den Rumpf tief im Wasser. »Und hat es ihm gefallen?«
»Nicht so sehr, daß er es nicht gern später anderen überließ. Einige kommen mit einem Holzbein heim, sagt er, andere mit gar keinem, da sie den ganzen Leib auf See gelassen haben, und die, welche zurückkommen, haben wenig mehr gelernt als Talg zu essen und stinkendes Wasser von der Schiffspumpe zu trinken.«
»Manche gewinnen Ehre und Ruhm.«
Auch sie ließ den Blick über das Wasser schweifen. Ich glaube, keiner von uns achtete sonderlich auf das, was der andere sagte.
»Wenn ich nur etwas älter wäre!«
»Das kommt, Maugan.«
»Aber vielleicht nicht schnell genug.«
Die beiden Schiffe waren inzwischen näher herangekommen.
»Wir müssen gehen«, sagte Sue. »Das Essen wird angerichtet sein. Die Gäste des reichen Mannes müssen sich vor ihm verneigen und sagen ›Danke, Gott sei mit Euch!‹, und eure Diener werden mit dem Wein und den Fleischgerichten bereitstehen, und alle werden wir aufgefordert werden, das Tischgebet zu sprechen.«
Sie stand auf, um zu gehen, aber ich rührte mich nicht.
»Maugan!« Sie streckte mir die Hand entgegen.
Ich ergriff sie und stand auf; sie lächelte. Ich beugte mich zu ihr und küßte sie auf die Wange, die sie mir entgegenhielt. Ich machte eine rasche Bewegung mit dem Kopf und küßte sie auf den Mund. Es war ein kindlicher Kuß, der Kuß eines Knaben, und doch hatte er etwas von der Bedeutung, die ihm ein Mann gab.
Sie lächelte, das Gesicht gesenkt. Ihr Mund zuckte, als sie sagte: »Ich habe nachts wilde Träume gehabt. Die Spanier waren hier. Und ich sah Schlangen und Engel im Traum. Weißt du, was das bedeutet?«
»Nein.«

»Es ist ein Omen, Maugan. Ich habe Angst. Angst vor der Zukunft. Willst du das nehmen und als Andenken behalten?«
Sie hakte ein kleines goldenes Armband von ihrem Handgelenk los.
»Ich will es behalten, Sue. Hier, nimm du diesen Stein. Es ist alles, was ich habe.«
»Ich werde ihn immer behalten.«
Dann verließen wir dieses geschützte und warme Fleckchen Erde und begannen, langsam wieder zur Burg hinaufzuklettern.
Andere stiegen den Felsen hinab, uns entgegen. Ich erkannte John, meinen ältesten Stiefbruder, der jetzt dreizehn war, und dem Thomas und Odelia folgten.
»Habt ihr gesehen?« rief er, sobald er in Hörweite kam. »Das ist die *Frances* von Fowey, und sie wird von einer spanischen Galeasse verfolgt, sagt Carminow. Von der Blavet-Mündung aus.«
Wir wandten uns um. Das zweite Schiff hatte abgedreht, und ohne Fernglas war es nicht näher zu erkennen.
»Sie liegt hier vor der Küste schon die ganze Woche auf der Lauer. Gestern hat sie zwei Barken verfolgt, die sich bis in die Nähe der Klippen wagen mußten, um der Galeasse zu entkommen.«
Thomas und Odelia plapperten aufgeregt, aber Sue und ich blickten auf das Meer, ohne ein Wort zu sagen.
»Ein Stück aus deinem Traum«, sagte ich leise zu Sue.
»Ja«, sagte sie. »Aus meinem Traum.«

8

Für mich war damit Weihnachten abgeschlossen, wenn ich auch meine Rolle bis zum Ende spielte. In den ersten Tagen des neuen Jahres war unsere Gesellschaft in alle Winde zerstreut. Alle Arundells waren fort, auch Digby und Alice Bonython.
Vielleicht wird mir im Rückblick klarer, als es mir damals war, daß in der übermütig-festlichen Stimmung meines Vaters etwas Ungesundes und Fiebriges war. Das traf zumal für die Tage nach Jahresbeginn zu, da er jeden abschiednehmenden Gast noch ein Weilchen zurückhalten wollte. Als das Dreikönigsfest näherkam, traf er Vorbereitungen für einen besonderen Abend, der das Weihnachtsfest endgültig

abschließen sollte. Wenn es das Wetter erlaubte, wollte man ein Freudenfeuer im Freien veranstalten; mein Vater hatte dazu einige Feuerwerkskörper aus London mitgebracht, die er dort billig gekauft hatte, als dem Hof eines seiner Feste verregnet war. Übrigens mußte auch noch der *Lord of Misrule* entthront und sein Bild in dem Freudenfeuer verbrannt werden. Das alles würde nicht ohne mancherlei Rüpelspiele abgehen.

Aber dieses Projekt stand von Anfang an unter keinem guten Stern. Es war, als ob die so abgeschirmten, ganz im privaten Bezirk begangenen Feiertage sich schon ihrem Ende zuneigten, und Kälte und Schärfe des Winters und der Wirklichkeit wieder in unser Leben drangen. Am Morgen liefen drei Leichter von Devon in den Hafen ein und gesellten sich zu der *Frances* von Fowey, später kamen noch zwei Barken hinzu, eine von Bremen, die andere von Dieppe, und alle zusammen verstopften die schmalste Stelle in der Bucht, was dringend die Aufmerksamkeit meines Vaters erforderte. Er hatte bis zum Mittagessen damit zu tun. Am Nachmittag kam Thomas Rosewarne aus Truro mit Nachrichten über Schwierigkeiten, die sich mit Treworgan, dem Farnaby-Haus, ergeben hatten. Es gab jemanden, der das Haus auf Grund einer Forderung an meinen Vater pfänden lassen wollte. Und am Abend kam Sir Walter Raleigh.

Wir waren gerade im Begriff, uns zu Tisch zu setzen, es war gedeckt, die kalten Schüsseln aufgetragen, als Stevens und Penruddock hereinkamen und auf Mr. Killigrew zueilten, schwitzend alle beide vor Ungeduld, ihre wichtige, dringende Nachricht abzuliefern. Mr. Killigrew hatte keine Zeit mehr, irgendetwas zu tun oder Anordnungen zu erteilen, als unser Besucher bereits klirrenden Schrittes in den Saal trat, gefolgt von seinem persönlichen Bedienten, während zwei andere Diener an der Schwelle stehen blieben.

»Ich störe«, begann er. »Oh, Sir Henry und meine Gnädigste. Mistress Killigrew, Euer Diener.« Er hob den Kopf, und sein Blick streifte die Dekorationen. »Ich hatte vergessen, daß es noch Weihnachten ist, Mr. Killigrew. Verzeiht mir, bitte.«

Nach der Stille der ersten Überraschung war jetzt alles in Bewegung geraten, Sir Walter – er zog sich die Handschuhe aus und wärmte seine Hände über dem Kaminfeuer – mochte noch so sehr betonen, daß er uns nicht stören wolle, seine Anwesenheit wirkte sich etwa so aus, als ob man einen Tigerhai in einen Karpfenteich geworfen

habe. Obwohl er bestimmt nicht mehr als sechs Fuß groß war, kam gleich wieder die täuschende Vorstellung auf, daß er alle im Saal überrage.
Es lag nicht einfach an dem Ansehen, das er genoß, so wenig wie an seiner Stimme, die dünn und ziemlich hoch war, mit einem Anklang an den Dialekt des Südwestens. Und es war auch nicht gesellschaftlicher Charme, denn er lächelte selten, und seine Manieren verbargen kaum seine Ungeduld, den Austausch von Artigkeiten bald hinter sich zu bringen.
Er war in Helston gewesen, wie sich herausstellte, zu einer Sitzung der Zinngrubenverwaltung, und hatte von dem Geheimen Staatsrat den Auftrag bekommen, auf der Heimreise nach London die Befestigungsanlagen von Pendennis zu besichtigen. Dies wollte er denn auch am frühen Morgen tun, nachdem er die Nacht hier verbracht, so daß er etwas später am Morgen auch noch die Burg von St. Mawes besuchen könne und am Abend, das heißt morgen um diese Stunde, in Fowey wäre. Wie mein Vater nach seinem Aufbruch sagte, waren die Anordnungen und Maßnahmen, die Sir Walter in seiner Eigenschaft als Lord Lieutenant der Grafschaft, als Gouverneur der Zinngruben und als Parlamentsmitglied für St. Michael traf, nur von Nutzen für die Grafschaft, und doch erledigte er die damit verbundenen Besuche stets in Eile und schien jedesmal froh zu sein, wenn er sie hinter sich gebracht hatte.
Sowie meine Großmutter von seiner Ankunft gehört hatte, eilte sie herunter, um bei dem Anlaß nicht zu fehlen, und niemand hätte mehr gewagt, die Streiche und Späße in Szene zu setzen, die man geplant hatte. Später hörte man die Version, daß man von dem Freudenfeuer und dem Feuerwerk Abstand genommen habe, weil Sir Walter fürchtete, sie könnten irrtümlicherweise als Alarm für eine spanische Invasion aufgefaßt werden.
Sir Walter aß mäßig und trank noch weniger. Er unterhielt sich in fließendem Französisch mit Lady Jael, die allein seine Konversation genoß. Aber schon nach wenigen Minuten entschuldigte sich mein Vater bei seinen übrigen Gästen und verließ die Tafel zusammen mit Raleigh und Sir Henry, denen meine Großmutter, die sich nicht ausschließen lassen wollte, alsbald folgte. Henry Knyvett schloß sich an, steifbeinig, einen Becher Wein in der Hand, auf dem Schädel ein enganliegendes Käppchen.

Eine Stunde lang wurden unter den Zurückbleibenden noch allerlei Spiele gespielt, aber der Abend hatte allen Reiz und alle Spannung verloren, und mißmutig stahl ich mich davon. An der Tür zum Gesellschaftszimmer hörte ich Stimmen, Carminow kam gerade heraus.
»Wo ist Wilky?« Stephen Wilky war der persönliche Bediente meines Vaters.
»Ich weiß nicht, aber ich glaube, er ist im Saal.«
»Mr. Killigrew hat geläutet, aber niemand hat sich gemeldet. Sag Wilky, er soll die Karte von Europa aus dem Privatkontor Mr. Killigrews bringen.«
Ich nickte und lief den Gang hinunter, entschloß mich dann aber, die Karte selbst zu holen.
Sie saßen um den langen eichenen Tisch im Hintergrund des Raums, und Raleigh präsidierte. »Ist Euch klar, Sir Henry«, fragte Raleigh, »mit wem wir Eurer Meinung nach Frieden schließen sollen? Denn darüber könnt Ihr nicht mit Spanien verhandeln, sondern allein mit dem Mann, der für Spanien spricht.«
»Schwierig, ich sehe es ein, doch nicht unmöglich –«
»Ich würde sagen, mehr und mehr unmöglich. Philipp ist ein Fanatiker, und sein Fanatismus grenzt an Wahnsinn. Denkt an seine Herkunft. Seine Eltern waren Geschwisterkinder, beide waren Enkel von Ferdinand und Isabella. Er ist erblich belastet. Seine Großmutter, Johanna die Wahnsinnige, verbrachte drei Viertel ihres Lebens in krankhafter Melancholie. Sein Vater verfiel in seinem späteren Leben, ungeachtet seiner starken Begierden und seiner geistigen wie körperlichen Kraft, Stimmungen religiöser Verzückung und tiefer Verzweiflung. Philipp würde vielleicht Frieden schließen, aber es würden die Bedingungen eines Fanatikers sein.«
»Burghley ist sich der Risiken durchaus bewußt«, sagte Sir Henry. »Aber trotz allem hat Philipp sein Leben lang den Frieden mit England gesucht. Es kann ihm nicht unbekannt geblieben sein, dieses mächtige Verlangen nach einer Atempause in Europa, in der die religiösen Leidenschaften ein wenig abkühlen können –«
Ungeduldig unterbrach ihn Raleigh: »Vergeßt dabei nicht seinen Anspruch auf unseren Thron. Das Blut der Plantagenets fließt in seinen Adern, er stammt in direkter Linie von Johann von Gent ab, der ein Sohn Eduards III. war. Er selbst war mit Maria Tudor verheiratet und eine kurze Zeit bereits der eigentliche König von Eng-

land. Und Maria Stuart hat in ihrem Testament ihren Sohn zugunsten Philipps enterbt. Noch immer träumt er davon, nach dem Tode Elizabeths England zu erben – oder es noch vor ihrem Tode zu erobern. Und da er älter wird und unsere Königin noch immer lebt, dürfte er mehr denn je an Eroberung denken.«

In diesem Augenblick sah mich mein Vater. »Ach, du hast uns die Karte gebracht, mein Junge.«

»Und wenn auch sonst alles dafür spräche«, fuhr Raleigh fort, »so ist dies nicht der Moment, Frieden zu schließen. Hätte man sich für eine aktive Vorwärts-Politik entschieden, nachdem die Armada zurückgeschlagen worden war, man hätte Spanien in die Knie gezwungen. *Wir* hätten dann den Frieden diktiert, statt über geheime Kanäle Verhandlungen zu führen. Es ist zu spät für Frieden, Sir Henry. Vor vier Jahren befand sich Spanien in einer schlimmen Lage, seine Flotte war zerstreut und vernichtet, seine Küsten lagen ungeschützt gegen einen massiven Gegenangriff von unserer Seite, der im folgenden Jahr hätte kommen können. Statt dessen entschlossen wir uns nur zu halben Maßnahmen, unbedeutenden Invasionen und kleinmütigen Rückzügen. Jetzt sind wir nicht mehr in der starken Position von damals.«

Mein Vater begann, die Landkarte auf dem Tisch aufzurollen; die andern hielten sie mit den Händen fest, ohne sie einstweilen zu betrachten. Sir Walter war noch nicht fertig.

»Die Spanier sind stolze und intelligente Menschen. Wenn sie etwas durch unseren Sieg über ihre Armada gelernt haben, dann soviel, daß unsere Schiffe, unsere Ausbildung und unsere Artillerie besser waren als ihre. Seitdem haben sie mit fieberhaftem Eifer neue Schiffe gebaut, und alle nach englischem Muster, oder wenigstens unter Berücksichtigung ihrer Erfahrungen mit der ersten Armada. In einigen Fällen waren sogar die Konstrukteure und Erbauer ihrer Schiffe Engländer. Zwölf große Galeonen, auf die Namen der Apostel getauft, wurden in den Häfen der Biscaya gebaut, weitere neun in Portugal. Dazu kommen mindestens noch zwanzig im Bau, aber so gut wie fertig, zusammen mit vielen Beibooten, Galeassen und Pinassen zu ihrer Eskorte. Vergeßt nicht, was 91 geschah, als Howard und seine Flotte vor den Azoren beinahe abgefangen wurde. Das war schon eine neue Taktik. Und der einzige, der sich zum Kampf stellte, war mein Freund und Verwandter Richard Grenville! Aber

am Ende waren es zwei der ›Apostel‹, die ihn in die Tiefe schickten. Ach nein, die Niederlage der Armada bedeutete nicht das Ende der spanischen Flotte, sie setzte das Datum für ihren Beginn!«
Mein Vater streichelte seinen Schnurrbart. »Das alles könnte um so mehr Grund sein, sich mit Spanien friedlich zu einigen, statt sich auf Leben und Tod zu bekämpfen.«
»Und ich sage Euch, Spanien schließt jetzt keinen Frieden zu Bedingungen, die für uns annehmbar wären. Nicht unter Philipp und nicht unter den neuen Flottenführern. Wenn Ihr und die Cecils etwas anderes glaubt, dann habt Ihr Luftschlösser gebaut!«
Während des verlegenen Schweigens, das diesen Worten folgte, bemerkte mich Lady Killigrew. »Geh, Maugan, du hast hier nichts zu suchen. Du störst.«
»Mit Verlaub, Madam . . .«
Raleigh sah zu mir herüber. »Wer ist der Junge?«
»Mein Sohn. Mein unehelicher Sohn, Maugan.«
Er schien mich im nächsten Augenblick vergessen zu haben und blickte ernst auf die Karte hinunter.
»Seht«, sagte er. »Die Spanier halten jetzt Blavet an der bretonischen Küste. Sie können dort Truppen massieren und nach Belieben herüberbringen, und nicht in ungeschützten Barken, die von den Holländern beschossen oder gerammt werden können. Wir haben in diesem Herbst eine neue Armee in die Bretagne gesandt, aber im November landeten die Spanier mehr als zweitausend Mann. Sie sind jetzt zahlenmäßig dreimal so stark wie wir. Gewiß, König Heinrich hat versprochen, zu uns zu stoßen, aber daraus wird nichts werden. Er ist noch nicht bereit, und ohne ihn ist Norris zu schwach, um das Feld zu behaupten, und in jedem Fall zu schwach, um anzugreifen . . . Nun hier oben. Weil die Holländer geschwächt sind, herrscht Dänemark. Fremde Schiffe müssen vor dänischen Kriegsschiffen das Toppsegel streichen zum Zeichen der Anerkennung ihrer Obergewalt. Dänemark besitzt die reichen norwegischen Fischereigründe und kann uns jederzeit den Zugang zur Ostsee sperren. Im Augenblick sitzt dort ein Minderjähriger auf dem Thron. Aber wir wissen nur allzu gut, wie gefährlich Regentschaften sind. Wir argwöhnen – und ich glaube –, daß Dänemark einen Geheimvertrag mit Spanien geschlossen hat . . . Dann die Lage in Irland . . .«
So fuhr er fort, nacheinander jedes Land kritisch zu betrachten, in-

sofern es dank seiner Lage und Politik unseren Kampf mit Spanien beeinflußte. Ich bemerkte, daß seine Hände, mit denen er auf Orte und Länder auf der Karte wies, länglich und schlank waren – die Hände eines Künstlers eher als eines Soldaten.
»Heinrich von Frankreich hat sich verpflichtet, keinen Separatfrieden mit Spanien zu schließen«, sagte mein Onkel. »Mündlich mit einem Versprechen, das er mir persönlich gab. Und vertraglich im vergangenen Juni. Er kann nichts durch einen Bruch seines Versprechens gewinnen.«
»Heinrich muß einen Seiltanz vollführen«, sagte Raleigh. »Er kämpft gegen die katholische Liga seiner Landsleute an allen Orten, gegen die Spanier in der Bretagne oder in Flandern, gegen die Savoyarden in der Provence. In der Normandie sitzen rivalisiernde Parlamente in Caen und Rouen. Nördlich der Loire ist der Herzog von Mercoeur sein erbitterter Feind. Die Picardie ist für die katholische Liga. Burgund ist ein Bollwerk des Herzogs von Moyenne. Die Champagne wird von einem jungen Guise verwaltet. Sogar in Navarra und seinen Stammlanden ist seine Autorität nicht unangefochten. Und er mißtraut den Engländern, die er doch um Hilfe bittet. Man kann von jemandem in solcher Lage nicht erwarten, daß er ein Versprchen länger hält, als es für ihn nützlich ist.«
»Und wenn er auch nur ein halber König ist«, sagte Mr. Killigrew, »es gibt niemanden mehr in Frankreich, der sich mit ihm messen könnte. Und ich glaube, er sieht in unserer Hilfe seine beste Hoffnung auf den endgültigen Sieg.«
Raleigh zog mißmutig an seiner Pfeife. »In diesem Monat treten die Stände im Louvre zusammen. Vermutlich hat der spanische Botschafter Instruktionen, eine alte Idee wieder zu propagieren: den Herzog von Guise zum König von Frankreich zu machen, mit der Infantin als seiner Gemahlin. Diese Idee würde Frankreich mehr denn je teilen, aber mit spanischer Hilfe *könnte* sie sich durchsetzen ... Heinrich hätte nur eine Möglichkeit, solche Pläne zu durchkreuzen, aber nur eine einzige.«
Mein Onkel zuckte die Achseln, schwieg aber.
»Heinrich könnte sie durchkreuzen«, fuhr Raleigh fort, »indem er katholisch würde.«
»Bei Gott, das würde er nicht wagen!« sagte mein Vater.
»Dieses Gerücht habe ich auch gehört«, sagte Sir Henry ungeduldig.

»Er könnte damit viel gewinnen, aber es wäre ein so gemeiner Verrat an allem, wofür er und sein Volk gekämpft haben, daß ich nicht glaube, er könne eine solche Möglichkeit überhaupt ernstlich erwägen, selbst wenn sie ihm sein Gewissen erlauben sollte. Er würde sich für immer um seine Glaubwürdigkeit bringen. Ein einfacher Mann kann das tun und weiterleben. Aber ein König würde nicht mehr als König geachtet werden.«

»Also ich glaube nicht, daß Heinrich ein so großer Eiferer ist, daß er nicht sorgfältig das Für und Wider eines solchen Entschlusses abwägen würde – und ich könnte ihn auch nicht tadeln, wenn er es täte.«

»Ihr möchtet ihn nicht tadeln?«

»Ich würde ihn nicht tadeln, wenn er den Gewinn und Verlust gegeneinander abwägt. Nein.«

»Auch nicht, wenn es um eine Frage unseres religiösen Gewissens geht, um derentwillen heilige Märtyrer auf dem Scheiterhaufen starben?«

»Ich denke, wir vergessen gern, daß unser aller Großeltern Katholiken waren. Und ich glaube nicht, daß sie deshalb der ewigen Verdammnis anheimfielen. Wir alle versuchen, demselben Gott zu dienen.«

Die ärgerlichen und schockierten Mienen um den Tisch schienen Raleigh nicht aus der Fassung zu bringen. Ich hatte bereits früher gehört, daß er imstande war, gefährliche und unerhörte Dinge zu sagen. Mein Vater, der ihn bewunderte und beneidete, behauptete, es amüsiere ihn, so offen und freimütig zu reden. Aber diese Bemerkungen streiften die Blasphemie und den Hochverrat.

Die Unterhaltung war indes wieder in Gang gekommen, und Sir Walter, mit ungehemmtem Redefluß, sprach davon, daß er einige weitere Expeditionen in die Neue Welt ausrüsten wollte; aber für mich, und vielleicht auch für alle andern, hatten seine Worte ihre Magie verloren.

»Wenn man die spanischen Dokumente aus den letzten vierzig Jahren liest, erkennt man, daß sie mehr als einmal das verborgene Reich der Inkas fast erreicht haben, aber immer wieder zurückgeschlagen wurden, durch feindliche Stämme, durch Krankheit oder auch durch Verrat in den eigenen Reihen. Es kann kein Zweifel darüber bestehen, daß zwischen Amazonas und Orinoco der Manoa-See liegt – möglichenfalls so groß wie ganz Europa – und an seinen Gestaden die Stadt Manoa mit ihren Goldminen. Dieses *Dorado*, wie die Spanier es nennen, ist von Gebirgen umgeben und von intelligenten und findigen Stämmen bevölkert, die auf Grund ihrer schlechten Erfahrungen Spanien und den weißen Mann verabscheuen. Und da liegt Englands Chance.«

»Guayana also jetzt, nicht mehr Virginia«, sagte Sir Henry.

»Ja. Aber ebenso bedeutend für die Zukunft. Schaut auf diese Karte. Welches sind die drei Länder der zivilisierten Welt mit einer langen Westküste und einer alten Seefahrertradition? ... Spanien, Frankreich und England. Von diesen dreien hat allein Spanien seine Möglichkeiten genutzt; und Ihr seht seine Macht und seinen Reichtum. Trotz aller Rückschläge bleibt es Herr von halb Europa. Und warum? Nicht wegen seiner eigenen Naturschätze, sondern wegen der Reichtümer, die es von Übersee holt. Denkt nur an die Beute, die sich an Bord eines einzigen Schiffes wie der *Madre de Dios* befand, und die wir – Cecil, ich und Euer Bruder William – noch immer zu berechnen versuchen. Stellt Euch vor, was England sein könnte, wenn es solche Schätze regelmäßig und als sein gutes Recht erhielte! Und all diese Möglichkeiten würden wir verlieren, wenn wir mit Spanien Frieden schlössen.«

»Derselben Meinung war mein Onkel Peter«, sagte mein Vater. »Friede seiner Seele! Er war ein unternehmungslustiger Bursche, stets auf Abenteuer aus und bereit sich zu schlagen. Und ich kann Euch verraten, daß er eine Expedition zur Pfefferküste und zur Elfenbeinküste vorschlug, zehn Jahre, bevor Hawkins sie ausführte. Es war nicht seine Schuld, daß er sie nicht selbst machte. Es hatten die Mittel zur Ausrüstung gefehlt.«

»Und solch ein kühnes Unternehmen sollte weit mehr einbringen als Prisen und Kriegsbeute«, sagte Raleigh. »Die Spanier suchen in ihren eroberten Gebieten nur Gold, Diamanten und Beute. Das ist kurzsichtig gedacht. Ich würde dort Kolonien gründen, Engländer ansiedeln, die sich dort ein Heim schaffen und in gutem Einvernehmen mit den Wilden und den Indianern leben müßten.«

In diesem Augenblick wandte sich meine Großmutter um und sah, daß ich noch immer da war. Ich wußte, ich riskierte eine Tracht Prügel, wenn ich jetzt nicht ging, und so machte ich ein paar Schritte rückwärts zur Tür. Plötzlich bemerkte ich, daß der Blick

Sir Raleighs auf mir ruhte. Wie von einem Pfeil an die Tür genagelt, blieb ich stehen.
»Gehst du zu deinen Spielkameraden, mein Junge?«
»Nein, Sir«, stammelte ich. »Wenigstens nicht freiwillig. Aber ich muß – ich muß zu Bett gehen.«
»Bleib hier, wenn du Lust hast«, sagte er. »Wir sprechen hier nicht über Staatsgeheimnisse.«
Verblüfft blieb ich also dort.
Meine Großmutter warf mir wieder einen Blick zu, und ich wußte, daß sie mir früher oder später meinen Ungehorsam heimzahlen würde.
Aber darauf mußte ich bis zu meinem fünfzehnten Geburtstag warten.

9

An meinem fünfzehnten Geburtstag gab mich mein Vater zu seinem Vetter Mr. Chudleigh Michell in Truro in die Lehre; Chudleigh Michell war Kaufmann und ein Bruder jenes John Michell, der damals bei der Übernahme der Beute Captain Elliots behilflich gewesen war.
»Es wird Zeit, daß du dich auf deine eigenen Füße stellst«, sagte er und sah dabei verlegen in seinen Handspiegel. »Es wird dir eine nützliche Erfahrung sein, und, wer weiß, vielleicht schaffst du dir da eine gute Stellung; er braucht einen geschickten Jungen, der ihm hilft.«
Ich verließ Arwenack in der folgenden Woche. Die kleine Odelia weinte bitterlich, und ich selbst war traurig, weil mir dies das Ende meiner Kindheit schien. Ein Lebensabschnitt war zu Ende gegangen. Chudleigh Michell war ein hagerer Mann mit spitzer Nase, pokkennarbigem Gesicht und wässerigen Augen. Seine Frau, obwohl nicht älter als sechsundzwanzig, war taub, und ihre fünf Kinder – das älteste war kaum sieben Jahre alt – schienen diesen Umstand auszunutzen, indem sie unaufhörlich schrien. Ich hatte eine Stube unterm Dach, und das Haus war so gebaut, daß das Schreien und Weinen der Kinder wie das Blöken verirrter Lämmer zu mir heraufdrang.

Mehr als alles andere hatten sich in meinem neuen Leben die Gerüche und Geräusche geändert. In Arwenack war ich den Geruch der Hunde gewöhnt, den Geruch von feuchten Binsen und frischem Brot, von Talg – ein säuerlicher Geruch –, von brennenden Kastanienholzscheiten, von Meer und Wind. In Truro roch der Fluß nach Schlamm und Schlick, nach Teer und Tauwerk, das Haus nach kleinen Kindern und Urin, und das Lagerhaus, das tatsächlich ein Teil des Hauses war, nach wollenen Stoffen, Fellen und Wein. Den Wind hörte ich weniger, und wenn er blies, war seine Stimme gedämpft; aber ich hörte oft das Rauschen von fließendem Wasser, denn unter dem Haus floß ein Kanal vorbei. Das unangenehmste Geräusch aber kam von einem Gießer im Nachbarhaus, der Leuchter und kupferne Wärmepfannen goß; denn, nachdem er sie gegossen hatte, behandelte er sie auf der Drehbank, bis sie glatt und glänzend wurden, und der schrille Kratzton ging mir durch Mark und Bein.

Ich hatte die Hoffnung gehabt, daß mich für den Wechsel die Nähe Sue Farnabys entschädigen würde, aber meine Arbeitszeit – von sieben Uhr früh bis neun Uhr abends mit einer halben Stunde Mittagszeit – ließ mir weder Kraft noch Muße, weite Wege zu machen. Meine Arbeit bestand zum größten Teil in Buchführung und Kopieren im Kontor und im Hantieren mit Stoffballen und Fellen unten im Lagerhaus. Chudleigh Michell exportierte grobe, ungefärbte Wollstoffe und Felle in die Bretagne und importierte dagegen ungesüßte Weine. Für einen Mann von fünfunddreißig, der mit nichts angefangen hatte, ging es ihm recht gut.

Es wurde Mai, bis ich einen freien Tag hatte – abgesehen von den Sonntagen, wenn mich der Kirchgang in der Nähe von St. Mary festhielt –, und sofort machte ich mich auf den Weg, um die Farm zu suchen. Die ersten Auskünfte waren falsch, denn die Farm lag keineswegs am Fluß, sondern zwischen Hügeln hinter St. Clement's Point. Es war ein ziemlich trostloses Stückchen Erde, aufgeweicht von den letzten Regenfällen, der Weg war überwachsen, die Gittertüren bedurften dringend der Reparatur. Die Frau, die in der Tür erschien und sich die mehlbestäubten Hände abwischte, war freilich recht sauber – und hatte überdies eine überraschende Ähnlichkeit mit Sue.

Nein, sie war nicht Mrs. Fanaby, sondern Mrs. Maris. Nein, die Farnabys wohnten nicht mehr hier: Mr. Farnaby sei im März gestorben

und Mrs. Farnaby nach Tiverton verzogen, wo sie für eine Cousine arbeitete, die eine Spitzenklöpplerin war. Nein, Susanna sei nicht mit ihr gegangen, sondern habe sich in Tolverne verdingt: man habe ihr dort die Stelle als persönliche Bediente Elizabeth Arundells und als ihre Gesellschafterin angeboten.
Mit einem gewissen Unbehagen ging ich zur Stadt zurück, denn der Name Tolverne hatte für mich eine unheilvolle Bedeutung angenommen. Es war ein schlechtes Haus, meinte ich, und ein Unglück für Sue, damit verbunden zu sein. Und mir fiel wieder ein, was damals Belemus auf unserem Heimweg nach meinem Streit mit Thomas zu mir gesagt hatte: ›Weißt du nicht, daß du den ganzen Nachmittag dem kleinen Mädchen den Kopf verdreht hast, auf das es Thomas selbst abgesehen hat?‹

Von meiner Familie sah ich niemanden und hörte nur von Zeit zu Zeit von ihr; immerhin erfuhr ich, daß es meinem Vater trotz der Forderungen seiner Gläubiger gelungen war, Treworgan zu verkaufen. Es war dies schon das zweite Gutshaus, das er innerhalb eines Jahres verkaufen mußte, und nach Chudleigh Michells Meinung würde er sich mindestens von zwei weiteren noch zu trennen haben. Ich erfuhr aber auch, wie außerordentlich unbeliebt der Name Killigrew war. Immer wieder im ersten halben Jahr konnte ich den Wechsel in Haltung und Ausdruck meines Gegenübers beobachten, wenn ich ihm meinen Namen nannte. Fast stets war dann die erste Frage: »Aus Arwenack?«, und wenn ich sie bejahte, war es, als hätte ich damit ihre schlimmsten Befürchtungen bestätigt.
Truro – inzwischen ist es gewachsen – zählte damals nicht mehr als sechs Straßen; aber selbst diese habe ich kaum ganz bis zu ihrem Ende durchstreift, da ich zufrieden war, wenn ich meine wenige freie Zeit am Kai verbringen konnte, der auf der Landzunge gebaut worden war, die den Allen und den Kenwyn voneinander trennt. Es wurde Anfang Juni, bis ich einmal im Norden der Stadt herumwanderte, dort wo ein paar Häuser und Hütten an dem staubigen Hügelhang standen, inmitten von Stechginster, Fingerhut und blauen Sternhyazinthen.
Als ich an ihnen vorbei war, setzte ich mich auf einen Felsblock und sah auf die Dächer der Stadt, von denen hier und da eine träge Rauchspirale aufstieg, wie von einem fast erloschenen Feuer. Eine

Frau mit einem Hund pflückte Blumen zwischen den Baumstümpfen zu meiner Rechten, und weiter hinter ihr fällten vier Männer eine Zwergeiche.
Ich stand von meinem Stein auf, als die Frau mit dem Hund auf mich zukam. Es war Katherine Footmarker.
Sie hatte mich schon erkannt, also konnte ich mich nicht mehr abwenden. »Maugan Killigrew! Daß ich dich hier treffen sollte, hätte ich nie gedacht!«
Vielleicht war es nur die Sonne, aber mir schien, ihr fahles Gesicht habe sich gerötet. Sie trug einen Mantel mit zurückgeworfener Kapuze, und sie hatte ihr Haar halb herabgelassen, in einer langen Ringellocke, die bis unter den Mantel reichte. Stockend erklärte ich ihr meine Anwesenheit.
»So sind wir gewissermaßen Nachbarn geworden. Ich habe ein kleines Haus da unten, am Fuß des Hügels. Gehst du denselben Weg?«
Mir fiel keine Ausrede ein, also wandte ich mich um und ging mir ihr. Wieder hatte ich das Gefühl, sie besäße Macht über mich, denn ich bekam Herzklopfen im Augenblick, da ich sie erkannt hatte.
»Nachdem du damals den Retter für mich gespielt hattest, hielt ich die Mühle nicht mehr für ganz sicher, mit den Raufbolden deines Vaters, die sich da herumtreiben. Deshalb ging ich nach Truro. Ich hätte es hier sehr schwer gehabt, wenn mich nicht eine Freundin aufgenommen hätte, Mrs. Larkin; ihre Freundschaft für mich hatte Schönwetter- und Schlechtwetterperioden, und dies war, Gott sei gelobt, eine ihrer Schönwetterperioden. Leider war es für sie die letzte Gelegenheit, Nächstenliebe zu üben, denn im April stab sie, und ich wohne jetzt in ihrem Haus, ein bißchen nur geduldet – da es nicht als ein gutes Zeichen angesehen wird, daß meine Freundin so plötzlich das Zeitliche segnete. Aber ich werde wenigstens nicht belästigt, zumindest nicht bis jetzt. Und es gibt viele brave Leute in der Gegend, die zu mir kommen und meine Kräuter kaufen.«
Sie erkundigte sich nach dem Leben auf Arwenack, und wie es Mrs. Killigrew ginge; und was mein Vater gesagt habe, als er nach Hause kam. Und warum ich zu Chudleigh Michell, diesem Geizkragen, in die Lehre gekommen sei, der nach ihrer Meinung nicht umsonst mit einer pockennarbigen Haut zur Welt gekommen sei. Als wir bis zu ihrem Hause gekommen waren, das in Wahrheit eine Strohlehmhütte

war, die zur besseren Abstützung zwischen zwei Bäumen errichtet war, fragte sie: »Kommst du herein, Maugan?«
»Ich muß nach Hause gehen. Um fünf Uhr muß ich zurücksein.«
»Willst du einmal wiederkommen und mich besuchen, da wir Nachbarn sind, und beide fremd in der Stadt?«
». . . Mr. Michell nimmt es mit der Arbeitszeit sehr genau.«
»Das glaube ich gern . . .« Sie setzte ihren Korb ab. »Schau, das da hilft gegen Warzen, und, wenn man es mit anderen Zutaten gehörig mischt, verhütet es Frostbeulen, Harnzwang und Koliken . . . Glaubst du noch immer, Maugan, daß ich eine Hexe bin?«
Ich wußte nicht, wohin ich blicken sollte.
»Mein Vater war Apotheker«, sagte sie, »und ich habe Vettern, die heute noch Apotheker sind. Aber mein Vater hat mir mehr beigebracht als ihnen. Es gibt Mittel und Wissenschaften, die nur von Mann zu Frau und von der Frau zum Mann weitergegeben werden können. Diese Dinge lehrte er mich, bevor er starb. Vielleicht ist das eine kleine Art von Zauberei, aber ich denke nicht, daß es Hexerei ist. Ich fühle mich nicht als Hexe. Und ich schaffe es ganz und gar nicht zu fliegen oder mich zu verwandeln. Ich habe versucht, den Moses hier in eine Kröte zu verwandeln, wie man mir in Penryn vorgeworfen hat, aber ich habe es nicht geschafft. Ich kann mir nicht denken, daß du zu Schaden kommen wirst, wenn du mit mir verkehrst. Ich habe noch nie mutwillig jemandem Schaden zugefügt, und dir möchte ich schon gar nicht schaden. Wenn du dich einmal einsam fühlst oder Hilfe brauchst, willst du dann kommen?«
»Ja.«
»Schließlich bin ich in deiner Schuld. Vergiß das nie!«

Vielleicht war ich einsamer gewesen, als ich wußte, denn ich sah sie wieder, ein oder zweimal zufällig, und dann ein paarmal mit Absicht. Insgeheim war ich mir zwar nicht sicher, wessen Absicht es war, meine oder ihre – sowenig wie ich wußte, ob ich sie in Arwenack aus eigenem Entschluß befreit hatte. Aber ich sah in meinen Besuchen bei ihr eine Abwechslung in dem Einerlei von Buchführung und Kopieren. Sie halfen mir, meinen Geist lebendig zu halten.
Sie lieh mir Bücher. Zum Beispiel »Die höchst ergötzliche Geschichte vom Tom-a-Lincoln, Ritter der Roten Rose«; »Die vornehme Abkunft und die tapferen Taten von Robin Hood – in zwölf verschie-

denen Geschichten«. Dies waren Bücher, wie ich sie in Arwenack nie gesehen hatte, wo jede Lektüre unter der Aufsicht von Pastor Merther eine Plackerei war. Sie lieh mir auch »Die köstliche Geschichte von Reinaert dem Fuchs und seinem Sohn Reineke, jedes Kapitel illustriert mit einer merkwürdigen Vignette oder einem Bild, die dem Leser die Phasen der Handlung vors Auge stellen«; und schließlich »Das vollständige Buch des Wissens«, zusammengetragen von Erra Pater, ins Englische übersetzt von W. Lilly, – ein gewichtiger Band mit Informationen über Astronomie, Medizin, Wetter, Geschichte und Kochkunst.

Mit meinen zwei Pence, die ich wöchentlich auszugeben hatte, kaufte ich mir Binsenlichter und las bis spät in die Nacht hinein.

Bei einem meiner Besuche erzählte ich ihr, daß das älteste Kind der Michells sich die Finger am Ofen verbrannt hatte. »Ich werde dir eine Salbe mitgeben. Es ist nur Diaculum und nimmt den Schmerz. Aber wenn man aus einer Wunde den Schmerz zieht, hat man sie schon halb geheilt.« Sie ging an eins der Regale. »Vielleicht möchtest du einmal zusehen, wie ich es mische, damit du die Michells beruhigen kannst, falls sie glauben, ich verwende unheilige Ingredienzen.«

»Ich habe ihnen nie gesagt, daß ich hier herkomme.«

»Würden sie es nicht gern sehen?«

»Ich weiß nicht.«

Aber bald sollte ich es wissen.

»Wo kommt das her?« fragte Mrs. Michell und legte die Hand trichterförmig an das Ohr. »Wie? Foot-was? Footmarker? Ach, von *der*! Untersteh dich, das meiner Emily auf die Finger zu schmieren! Lieber soll sie sich noch einmal verbrennen! Ins Feuer gehört *sie*, wenn christliche Männer und Frauen noch ihre Pflicht kennen! Wirf das aus dem Fenster, Junge ... Nein, wenn ich's mir richtig überlege, lieber ins Feuer! Warte, ich will das Feuer schüren, bis es eine richtige Flamme gibt. Los, wirf es jetzt hinein!«

»Es ist nichts Unrechtes dabei«, sagte ich. »Ich habe selbst gesehen, wie es gemischt wurde. Es sind alles saubere Kräuter, gestoßen und gemischt.«

»Was sagst du: Zauberkräuter? – Sauber? *Sauber!* Was *die* berührt hat, kann nicht rein sein. Sie hat mit dem Teufel gespeist ... Wirf's ins Feuer! Maugan, wenn ich das Mr. Michell erzähle ...«

»Verbrennt es selbst, wenn Ihr wollt«, sagte ich.

»Was murmelst du da? Sprich deutlich. Wenn du Angst hast, werde ich es tun.«

Mrs. Michell nahm die Feuerzange in die Hand, und behutsam packte sie damit die Dose, die ich mitgebracht hatte. Sie ließ sie fallen, sie rollte unter einen Stuhl; aber Mrs. Michell jagte, mit einem Schrei des Ärgers und Erschreckens, hinter der Dose her, bekam sie noch einmal mit der Zange zu packen und warf sie schließlich ins Feuer. Langsam wurde die Dose schwarz in der Glut, bis sie zerbrach und ihr Inhalt in einer Flamme aufging, die ein Farbenspiel war.

»Da hast du's!« schrie Mrs. Michell in Angst und Triumph und fuchtelte mit der Feuerzange vor meinem Gesicht herum, während drei ihrer Kinder durchdringend schrien. »Da! Was habe ich dir gesagt? Was sagst du? Mr. Michell *wird* es erfahren!«

»Nicht, daß wir einen positiven Beweis gegen sie hätten«, erklärte Chudleigh Michell bedachtsam, während er einen Pickel auf seiner Wange betastete, »aber es ist gefährlich, Maugan, mit einer solchen Person zu tun zu haben. Ich sage immer, wer nicht gegen Satan ist, der ist so gut wie für ihn. Bei Hexerei und dergleichen ist es mit halben Maßnahmen nicht getan, und Mrs. Michell macht sich mit Recht Sorgen um unsere Kleinen. Fünf kleine Seelen sind uns in Obhut gegeben, Maugan, und eine sechste ist auf dem Wege. Ich darf kein Risiko eingehen, und ich würde dir dankbar sein, wenn du dich von solchen Personen fernhältst. Ich hatte bisher erst zweimal Veranlassung, dir eine Tracht Prügel zu geben, wegen Unpünktlichkeit und ähnlicher Vefehlungen; aber dies ist Teufelswerk, und da ist es meine Pflicht, die Rute nicht zu schonen, auf daß nicht das Böse in dir Eingang finde. Zieh dein Hemd aus.«

»Armer Maugan«, sagte Mistress Footmarker, als ich es ihr erzählte, »durch mich hast du doch immer Unannehmlichkeiten. Also wollen wir uns nicht wieder treffen.«

»Doch. Wir wollen uns wiedersehen. Aber ich fürchte für Eure Bücher. Ich verstecke sie zwar unter meinem Bett, aber manchmal wandert er noch spät nachts im Hause umher, und da könnte er mich überraschen.«

»Ich frag nicht nach den Büchern, wenn sie dir gefallen, aber sei um deinetwillen vorsichtig! Er hat das grausame Gesicht eines Schwächlings.«

»Ich muß zwei Jahre bei ihm aushalten. Dann bin ich alt genug, um mir in London Arbeit zu suchen.«
»Das wäre vielleicht das beste«, sagte sie nachdenklich. »Das würde vielleicht alles zum Besten wenden.«
Ich zögerte erst, aber dann sprach ich doch – weil ich so viel an sie denken mußte – von Sue. Katherine Footmarker hörte mir aufmerksam zu, während sie das Feuer schürte – es war Torf, der an diesem feuchten Julitag nur glimmte und qualmte. Und dann meinte ich, ich müsse ihr auch von meinem Streit mit Thomas Arundell und meinem Gründen dafür erzählen.
Sie lachte, es klang rauh. »Deshalb also bist zu damals zu mir gekommen. Aber du wirst viel zu tun haben, mein Junge, wenn du jeden umbringen möchtest, der die Wahrheit über deine Geburt sagt.«
»Dasselbe sagte auch mein Vater.«
»So? Nun, dann hat er einmal weise gesprochen.«
»Aber es war nicht, was Thomas über meine Geburt sagte, sondern was er über meine Mutter sagte . . . Kennt Ihr meine Großmutter?«
»Lady Killigrew? Nur aus Erzählungen. Aus Erzählungen: gut.«
»Ich glaube, ich habe es ihr zu verdanken, daß ich nach Truro geschickt wurde. Sie mag mich nicht.«
Katherine Footmarker hob ein Stück Torf mit der Feuerzange auf und wendete es um. »Wenn es eine Hexe in Kerrier gibt . . .«
»Auf die Weise werdet Ihr nie Zug in Euer Feuer bekommen«, sagte ich. »Torf umwenden führt nur zu noch mehr Rauch.«
Sie legte die Feuerzange nieder und richtete sich auf. »Ich weiß nicht, woher das Schlechte bei den Killigrews kommt. Sie haben Witz und Charme, wenigstens die meisten von ihnen, und Mut und ein zuvorkommendes Wesen und zuweilen große Schönheit. Aber da ist auch eine wilde, verschwenderische Ader, wie ein Riß in einer sonst guten Wand, und da ist ein Anflug von Unzuverlässigkeit und Wetterwendischkeit. Weißt du, was manche Leute über das Wappen der Killigrews sagen?«
»Nein.«
»Das der Adler zwei Köpfe hat, damit er jedesmal sehen kann, welcher Weg der günstigere ist.«
Während des ganzen regnerischen Sommers und Herbstes besuchte

ich sie, wann immer ich konnte. Sie war der einzige Mensch, mit dem ich sprechen konnte. Die anderen Lehrlinge in der Stadt waren mir aus dem Wege gegangen, sobald sie meinen Namen erfahren hatten, und einige wenige Versuche von ihnen, mit mir anzubändeln, waren für sie schlecht ausgegangen, so daß sie gelernt hatten, mich in Ruhe zu lassen. Es war ein schlechtes Jahr für jedermann; das Heu hatte der Sturm verweht; die Ernte kam zu spät und faulte schwarz unterm Regen. Die Preise stiegen, und im Hochsommer kostete ein Scheffel Weizen acht Schilling. Bis zum Herbst war es gefählich geworden, sich weit aus der Stadt hinauszuwagen; Banden von Desperados überfielen die Reisenden und führten die Schafe fort. Die Konstabler scheuten sich, gegen sie vorzugehen, weil sie ihre Übermacht fürchteten.

Die Nachricht – nun bestätigt – kam in die Stadt, daß Heinrich VI. von Navarra und Frankreich seine Religion gewechselt habe und katholisch geworden sei, wovon man damals bereits in Arwenack gesprochen hatte. Dies erfordere ein neues Überdenken der europäischen Situation, meinte mein Vater, als er mich endlich einmal besuchte. Heinrich schwor, geschlossene Verträge einzuhalten, und innenpolitisch wirkte sich seine Apostasie zunächst so aus, daß sie sein Volk eher einigte, statt es weiter zu spalten. Aber noch war er nicht Herr in Paris, und wenn er sich erst einmal sicher fühlte – wer wußte, wie er sich dann entscheiden würde?

Mein Vater fand, ich sei eine rechte Bohnenstange geworden, groß, mager und schwächlich, und es sei höchste Zeit, daß ich einmal wieder, für eine Woche oder länger, nach Arwenack käme. Ich hätte in der vorigen Woche eine neue Stiefschwester bekommen, Elizabeth, und ohne alle Aufregung sei die Geburt vonstatten gegangen, nicht wie im vergangenen Jahr, als man die Frau aus der Mühle zu Hilfe gerufen hatte.

Als er sich auf die Heimreise machte, steckte er mir zwei Schilling zu und küßte mich auf die Stirn. Wir waren keine Familie, in der man die Gefühle zur Schau trägt, und ich konnte mich nicht erinnern, wann er das letzte Mal eine solche Geste gemacht hatte.

Etwa eine Woche nach seinem Besuch ging ich mit einem Auftrag von Mr. John Michell in die Powder Street, wo mir eine Menschenmenge begegnete, die die schmale Straße in Richtung High Cross hinaufging. In ihrer Mitte befand sich ein kräftiger, untersetzter Mann;

er war gefesselt und ging zwischen zwei Wachen. Mit ihm waren noch drei andere; alle übrigen waren Zuschauer, die dem Zuge folgten, oder gerade hinzukamen und sich aus Neugier dazwischendrängten.

»Wer ist das?« fragte ich den Lehrling eines Notars.

»Keine Ahnung. Es heißt, ein römischer Priester, den man unten in St. Ives auf frischer Tat ertappt hat. Er wird jetzt vor den Bischof von Exeter gebracht, der sich zufällig im Pfarrhaus aufhält. Man sagt, sie haben ihn mit einem Meßbuch und einem Kreuz angetroffen. Mehr weiß ich auch nicht.«

Der kräftige, untersetzte Mann war Humphrey Petersen, den ich damals mit Sir Anthony Arundell über den Fluß hatte rudern sehen.

Ich sollte mit dem Wagen bis Penryn fahren und von dort aus zu Fuß gehen. Mr. Michell brachte mich mit meinem Bündel persönlich an den Wagen und schärfte mir ein, nicht später als am 1. Januar wieder zurückzusein. Als sich das zweirädrige Fuhrwerk in Bewegung setzte, stand er, die Mütze über ein Ohr gezogen, am Wegrand und sah zu. Einen Pickel am Kinn betastend, folgte er meiner Abfahrt mit einem argwöhnischen Blick, als fürchte er, ich könnte abund davonspringen, sobald wir um die nächste Ecke gekommen waren.

Ich sprang wirklich ab, aber erst nach einer Fahrt von drei Meilen und nachdem wir hinter St. Kea den langen, langsam ansteigenden Weg auf die Höhe zurückgelegt hatten. Als wir oben haltmachten, um den fünf Pferden eine Ruhepause zu gönnen, sagte ich dem Fuhrmann, daß ich nicht weiter mit ihm führe.

Der Weg durch den Wald war vom Regen verschlammt; Krähen und Dohlen flogen im Zickzack über den kahlen Baumkronen; an meinem Wege standen Stechpalmen mit leuchtend roten Beeren, junge Eichen mit welken, braunen Blättern und Farnkrautwedel, die die Farbe von Rost hatten; es raschelte und knisterte oft im Unterholz, aber ich sah auf dem ganzen Weg bis zur Fähre niemanden. Als ich dort ankam, froh, endlich aus dem Dickicht des Waldes herauszukommen, mußte ich erst viermal an die Tür der Hütte klopfen, bevor der Fährmann – er hatte von Natur eine grimmige Miene – herauskam.

In Tolverne hieß man mich willkommen. Selbst das Lächeln Thomas', wie widerwillig auch immer gewährt, war breit genug, seine Zahnstummel zu entblößen. Sue Farnaby wurde abwechselnd rot und blaß. Gertrude, jetzt Arundell, war trotz ihrer Heirat unverändert geblieben. Sie war noch immer das ausgelassene, lachende junge Mädchen.

Natürlich mußte ich über Nacht bleiben. Um mich bis zum Abendessen nicht hungern zu lassen, brachten sie mir etwas zu essen: kalte Wildpastete und ein Ragout mit französischem Senf, und das alles war so verlockend nach dem, was man mir in Truro vorsetzte, daß ich es heißhungrig hinunterschlang. Als ich fertig war, stellte ich fest, daß die Familie den Speisesaal verlassen hatte – bis auf Sue Farnaby und Elizabeth, die, ungeachtet manchem Winks, den Sue ihr gab, unermüdlich plauderte.

Sue war nicht so hübsch, wie ich sie in Erinnerung hatte; ihr Haar war anders frisiert, und sie war noch schlanker geworden. Aber das alles machte nichts, und das war das Seltsame daran: es machte überhaupt nichts aus.

Plötzlich fragte ich sie – und vergaß ganz, daß Elizabeth bei uns war – :»Sue, bist du glücklich hier?«

»Oh ja, selbstverständlich.«

Da wußte ich, daß sie es nicht war.

»Ich war einmal auf der Farm deiner Tante. Sie sagte mir, daß du jetzt in Tolverne lebst.«

»Ich kam hierher nach dem Tode meines Vaters.«

»Das sagte sie mir. Ich war im Mai dort. Aber ich konnte nicht früher kommen. Ich habe so wenig freie Zeit.«

Elizabeth hatte mit ihrem Geplapper aufgehört und hörte uns zu, wobei sie von einem zum andern blickte. »Sue ist sehr glücklich hier«, sagte sie, »abgesehen davon, daß Thomas hin und wieder lästig wird. Aber ich sage ihr, sie soll sich gar nicht um ihn kümmern.«

Es folgte ein verlegenes Schweigen.

»Ich kümmere mich nicht um ihn«, sagte Sue leichthin, «und ich habe ja dich, mein Engel, um über mich zu wachen.«

»Es ist etwas besser geworden, nachdem ich mit Jonathan gesprochen habe. Aber Jonathan müßte etwas energischer auftreten. Schließlich ist er so gut wie der Herr auf Tolverne.«

Wir saßen an jenem Abend zu zwölft bei Tische; es waren einige

Verwandte da, die ich zuvor nie gesehen hatte, und die ich auch bald wieder vergaß. Sir Anthony erschien erst, als das Mahl halb beendet war: plötzlich stand er in der Tür, im Schlafrock, hinter ihm ein Diener, der einen Leuchter hielt. Ich fand ihn in seinem Aussehen nicht sehr verändert, und doch warf seine Gegenwart einen Schatten auf die Gesellschaft, die in Schweigen versank, und die doch, gemessen an ähnlichen Gelegenheiten in Arwenack, auch vorher nicht gerade lebhaft gewesen war.

Als wir uns vom Tisch erhoben, fand ich Thomas neben mir. Ich suchte, ihn abzuschütteln und mich mit Sue zu treffen, aber er forderte mich auf, ihn in ein anderes Zimmer zu begleiten. »Auf eine Minute«, sagte er. Es war das Zimmer einer Frau, wie das Spinnrad verriet.

»Mein lieber Vetter Jack hat dich also geschickt?«

»Jack?«

»Jack Arundell von Trerice. Ich nehme an, er hat dich beauftragt, uns zu bespitzeln.«

»Ich weiß nicht, was du meinst.«

Er sah mich an, mit zornigen kleinen Augen, die rot schimmerten im Licht der einzigen Kerze. Langsam entkrampfte sich sein Gesichtsausdruck. »Also gut dann. Es spielt keine Rolle.«

»Aber es spielt sehr wohl eine Rolle. Wovon sprichst du?«

»Von gar nichts. Vergiß, daß ich etwas gesagt habe.«

»Das kann ich nicht.«

Er sah einen Augenblick aus dem Fenster, dann zog er mit einem Schwung die Vorhänge zu. »Wie du bemerkt haben wirst, trübt sich der Geist meines Vaters.«

»Oh nein! Vielleicht kann man ihn einen Sonderling nennen ...«

»Wenn er heute noch imstande ist, sich um seine Geschäfte zu kümmern, so wird er es morgen nicht mehr sein. Etwas zehrt an der lebendigen Substanz, ein Prozeß von langer Hand. Und kein Wunder.«

»Wie kommst du darauf?«

»Wir sind eine Familie, über der ein Unstern steht, wir sind verdammt. Wenigstens einige von uns. Wir tragen an einem schlimmen Erbe. Die beiden ältesten Brüder meines Großvaters wurden schwachsinnig und mußten entmündigt werden, als sie noch in ihren Zwanzigern waren. Deshalb erbte mein Großvater den Besitz. Mein Vater hatte bisher Glück: er ist bald fünfzig. So mag es vielleicht noch eine Weile so weitergehen.«

»Du siehst die Dinge zu schwarz.«

»Vielleicht. Aber bei meinem Vater hat die Krankheit eine religiöse Wendung genommen, übrigens wie bei meinem Onkel Thomas, der vor dreizehn Jahren eine Wallfahrt nach Rom unternahm und nicht mehr zurückkam. Das ist alles, aber gerade darum von Bedeutung.«

»Deinen Vater bewegen religiöse Fragen; das geht vielen heute so, und deswegen ist man nicht geisteskrank. Ich glaube, dein Vater hängt wieder an der alten Religion.«

»Hängen! Seinetwegen würden wir alle hängen, am Galgen von Launceston, wenn wir ihn nicht in Schach hielten ... Deshalb dachte ich, Jack von Trerice habe dich als Spion auf meinen Vater angesetzt, um ihn überführen zu können, so daß er zum Tode verurteilt wird. Und du, meinte ich, wärest vermutlich gerade der richtige Mann für Jack.«

Die Hände an den Hüften, stand er kampfbereit vor mir; das blonde Haar fiel ihm lockig ins Gesicht. Er begann schon etwas fett zu werden, und sein Kinn war noch so glatt, daß er kaum angefangen haben dürfte, sich zu rasieren. Aber ein Feigling war er nicht.

»Ich kann nicht ein zweites Mal deine Gastfreundschaft mißbrauchen«, sagte ich.

»Was? Ach so, ich verstehe. Damals hast du mich überrascht. Ja, und warum bist du dann gekommen? Um Sue wiederzusehen?«

»Warum glaubst du, daß Jack die Absicht hat, euch zu bespitzeln?«

Draußen schrie eine Eule. Es war eine Nacht ohne Mond, und ich wußte, wie finster es zwischen den Bäumen sein würde.

»Und wenn meinem Vater etwas zustößt«, sagte Thomas, »was wäre dann mit Jonathan? Schau ihn dir an. Auch so einer. Schwächlich und unsicher; auch er wird auf die eine oder andere Weise scheitern ... Und dann bin ich da. Ich kann dir sagen: ich hasse dieses Haus, weil es dumpfig, von der Vegetation erdrückt und unheimlich ist. Wenn es einmal mir gehört, gebe ich es auf und ziehe fort. Ich bin Gott sei Dank nicht wie die andern. Ich ähnele mehr meiner Mutter, die von guten alten Stamm der Godolphins ist. Wenn es nach mir geht, machen wir hier ein Ende mit den Arundells!«

»Aber nach dir wird es nicht gehen«, sagte ich.

»Nein? Nun, dann sag mir, warum, Bastard.«

Aber diesmal wollte ich mich nicht provozieren lassen.
»Dein Bruder ist noch jung, und seine Gesundheit ist nicht schlecht. Er hat gerade geheiratet und wird Kinder haben. Sie werden ihn beerben, nicht du.«
Er lachte verächtlich. »Jonathan . . . ich weiß nicht. Das ist auch so ein ungutes Symptom bei unserer Familie. Mein Großvater hatte drei Brüder und eine Schwester: Keiner von ihnen hat geheiratet. Mein Vater hatte zwei Brüder und eine Schwester: keiner von ihnen ist verheiratet. Du kannst das natürlich als eine Einbildung abtun. Aber ich dann dir verraten, was immer bei ihnen nicht stimmt, mich hat's übersprungen!«
In diesem Augenblick erschien seine Mutter, begleitet von Gertrude und Sue. Die Unterhaltung wurde allgemein, bis es Sue gelang, im Weggehen ein heimliches Wort mit mir zu sprechen. »Komm um elf in den Kräuterschuppen. Aber sei leise, Elizabeth hat einen leichten Schlaf.«

Es war dunkel, aber nicht kalt in dem Kräuterschuppen, in dem es nach Thymian, Rosmarin und Majoran roch. Nur einen schwachen Lichtschein konnte ich durch den Türspalt sehen, aber ein wenig hellte er die Finsternis auf. Endlich hörte ich ihren leichten Schritt. Ich pfiff leise, um mich ihr bemerkbar zu machen, und sie tastete sich zu mir hin. Ich machte ihr neben mir Platz auf der niederen Bank, und einen Augenblick war sie ganz still. Ich empfand in diesem Augenblick eine süße, schmerzliche Freude: über dem Glück unseres Zusammenseins lag wie ein Schatten die Ahnung, es möge auf Monate das letzte sein, lag die Einsicht, daß wir auch jetzt, weil wir zu jung waren, keine Stellung in der Welt und kein Geld hatten, einander so fern wie nur je waren.
Sie machte eine kleine Bewegung, und ich spürte, daß sie zitterte.
»Frierst du?«
Sie schüttelte den Kopf. Ich legte den Arm um sie und fühlte ihr Zittern.
»Halte mich fest, Maugan«, sagte sie.
Ich hielt sie fest, und ein seltsames Entzücken kam über mich. Es war ein Gefühl, als sei ich ihr Vater, ihr Liebhaber und ein Prinz, alles zugleich. Ich fühlte mich stark, und ihre Schwäche erhob mich über mich selbst, daß ich hätte singen mögen.

»Liebe«, sagte ich. »Liebe Sue. Süße Sue. Süße Liebe. Sue, Sue, Sue.« Es war ein Liebeslied, für mich so schön wie das Hohelied Salomos. Ich küßte sie und fand, daß sie weinte.

»Weine nicht, mein Liebes«, sagte ich. »Weine nicht, weine nicht.« Halb kniete ich neben ihr und suchte sie zu trösten.

Nach ein paar Minuten sagte sie: »Verzeih, es tut mir leid. Aber wir hatten uns so lange nicht gesehen. Und nun dachte ich, du würdest wieder fortgehen, und ich hätte vielleicht kein einziges Wort mit dir gesprochen.«

»Das wäre nicht geschehen, denn ich bin nur gekommen, um dich wiederzusehen.«

»Ist das wahr? Aber ich hatte nie mehr von dir gehört, nicht einmal, daß du bei Tante Kate warst, ich dachte, du hättest mich vergessen. Warum hast du nie geschrieben, Maugan?«

»Jede Woche glaubte ich, kommen zu können, und immer wieder wurde nichts daraus. Ich dachte auch, man würde mich hier nicht willkommen heißen, und deshalb ...« Ich verlor den Faden; ihre Gegenwart verwirrte mich, so daß ich nicht zusammenhängend sprechen konnte. »Warum bist du so unglücklich? Du hast Elizabeth und Gertrude ...«

»Ich bin nicht unglücklich. Ich weiß, ich muß von Glück sagen, daß ich hier sein kann. Aber der Gedanke, daß mein eigenes Heim zerstört ist, für immer Vergangenheit geworden, und daß ich von meiner Familie getrennt lebe, daß nichts mehr mein eigen ist ... Und dann das Wiedersehen mit dir. Verzeih, Maugan, ich will dich nicht wieder so betrüben.«

»Und Thomas?«, fragte ich.

»Ja, er kann lästig werden. Aber es bedeutet nichts. Elizabeth hätte es besser nicht erwähnen sollen.«

»Aber ist das nicht der wirkliche Grund, weshalb du dich hier nicht wohl fühlst? ... Sue, antworte mir.«

»Ach, es ist doch so unwichtig. Ich habe andere Dinge ... Laß uns diesen Augenblick nicht verderben.«

Ich faßte sie an der Hand, sie stand auf und trat auf mich zu. Ihre Hand tastete nach meiner Schulter. Ich zog sie an mich und küßte sie, das erste Mal nicht wie ein Knabe, sondern wie ein Mann. An mich geschmiegt, erwiderte sie meine Küsse. In diesem Augenblick fühlte ich mich stark genug, um die Welt zu erobern. Ich küßte sie zärtlich,

tröstend und gleichsam experimentierend. Es stieg mir zu Kopfe wie starker Wein.
An meine Schulter gelehnt, begann sie zu sprechen. »Dreimal ist er in mein Zimmer gekommen. Ich habe ihm natürlich nur die geringsten Freiheiten gestattet und gedroht, um Hilfe zu rufen. Aber es ist so entwürdigend, ich weiß nie, was ich sagen, was ich tun soll . . .«
»Hast du es Lady Arundell erzählt?«
»Nein, ich habe es nicht gewagt. Wenn sie erfährt, daß er sich ernstlich für mich interessiert, würde sie einen Vorwand finden, mich fortzuschicken. Sie hat andere Pläne für ihren Lieblingssohn.«
»Aber kannst du nicht anderswohingehen?«
»Meine Mutter verdient kaum genug, um sich selbst zu erhalten, und drängt mich, hier zu bleiben. Die Mädchen sind nett, Jonathan ist gut; es ist etwas, mit dem ich abfinden kann.«
»Was sagt er zu dir?« Schon begann ich mit einer der bekannten Selbstquälereien der Liebe.
»Er spricht sehr freundlich zu mir, nur seine Augen verraten ihn. Und was das Erniedrigendste ist: ich weiß, daß seine Mutter keine Furcht zu haben braucht. Thomas würde nie ein Mädchen ohne Geld heiraten. Er sieht in mir nur das Mädchen, mit dem er sich gern vergnügen möchte.«
»Sue, wir sind beide . . . ich meine, wir werden beide bald sechzehn Jahre alt werden. Wenn ich nach Hause komme, will ich mit meinem Vater sprechen. Ich werde ihm sagen, daß ich nach London gehen möchte, nicht in eine Lehre, sondern um mir sofort eine Arbeit zu suchen, von der ich irgendwie leben kann. Wenn ich aber nach London komme, habe ich einen Vorteil. Ich habe Verwandte am Hof. Es muß doch möglich sein, auch für dich dort eine Stellung zu finden, so daß wir nicht allzuweit voneinander getrennt sein müssen. Ich will mit ihm reden. Ich verspreche dir, alles zu tun, daß er mir erlaubt, es in London zu versuchen.«
Ich begann sie wieder zu küssen. Ich konnte nicht glauben, daß das, was mir geschah, nicht etwas Einmaliges war, vielmehr sich von Anbeginn der Welt an so und gerade so zutrug. Ich bin nicht völlig närrisch; aber die Süße der ersten Liebe verwirrt Geist und Sinne. Was ich hier gewonnen hatte – es war unschätzbar, ohne Preis, und es wollte gehegt, gepflegt und angebetet werden, es wollte geschmeckt und gekostet werden. Aber vor allem durfte es nicht wieder verloren

werden. Dazu war keine Anstrengung und kein Wagnis zu groß.
»Auch mit sechzehn kann man zusammen durchbrennen«, sagte ich, »und niemand kann uns daran hindern.«
»Nur, daß alle Gesetze des Landes gegen uns sind. Wir können uns nicht einmal verloben ohne die Zustimmung deines Vaters und meiner Mutter. Maugan . . . ich würde gern mit dir fortlaufen, aber ich hätte Angst.«
»Sue, Sue, wir dürfen uns nicht unterkriegen lassen.«
»Dein Vater wird uns sicherlich helfen.«
»Er wird mir vielleicht helfen, nach London zu kommen. Aber ich glaube, wenn ich dich erwähne, wird er zornig werden und das Ganze eine Jugendeselei nennen.«
Auf einmal war die Freude vergangen; wir waren in die Wirklichkeit zurückgekehrt.
»Geh zunächst nach Arwenack und sieh zu, ob du ihn überreden kannst, etwas für uns zu tun«, sagte sie. »Wenn er uns helfen will, mußt du nach London gehen, und ich werde hier abwarten. Wenn ich es hier nicht mehr aushalte, werde ich wieder zu meiner Mutter gehen . . . Aber wenn uns dein Vater nicht helfen will, und wenn du meinst, nun gäbe es keinen anderen Ausweg mehr, dann wollen wir es wagen.«
»Du würdest mit mir fliehen?«
»Ja.«

Wenn ich nicht mehr nach Truro zurückkehren mußte, wollte ich Sue von Arwenack aus sogleich in Tolverne aufsuchen; lehnte aber mein Vater jede Unterstützung unseres Vorhabens ab, wollte ich Sue auf meinem Rückweg nach Truro noch einmal besuchen. Von Truro aus ließe sich dann unser Fluchtplan am leichtesten ins Werk setzen. Dies war jedenfalls unsere Verabredung, bevor wir uns trennten.
Am Morgen der Abreise sah ich noch einmal Sir Anthony. Er war im Schlafrock und roch ein wenig nach Weihrauch, war aber sonst weit entfernt von dem Bild eines hilflosen Wracks, das sein Sohn Thomas von ihm gezeichnet hatte. »Empfiehl mich aufs angelegentlichste deinem Vater, mein Junge. Ich habe ihn seit einem Jahr nicht mehr gesehen, wenn es nicht noch länger her ist. Wir sind Nachbarn und Verwandte, aber ich rühre mich nicht fort von hier, und er macht

keine Besuche, so könnten wir Welten voneinander entfernt wohnen.«
»Ja, Sir.«
»Es gab einmal eine Zeit, in der der Verkehr zwischen beiden Häusern sehr rege war. Dein Großvater war mein Vormund. Wußtest du das?«
»Nein, Sir.«
»Mein Vater starb, als ich zweieinhalb Jahre alt war, er ließ mich mit zwei jüngeren Brüdern zurück. John Killigrew wurde zu meinem Vormund bestellt. Bald darauf heiratete meine Mutter Dick Trevanion von Caerhays. Sie lebte mit ihm in diesem Haus und brachte acht kleine Trevanions zur Welt. Im Lauf der Jahre gingen sie alle fort. Eine raffgierige, wilde Gesellschaft, diese Trevanions, ohne Ehrfurcht vor dem, was Gottes ist. Genauso wie ihre Vettern, die Mohuns.«
»Gewiß, Sir.«
»Gewiß, allerdings. Meine Frau möchte Thomas mit einer Mohun verloben, aber ich sage, nichts Gutes wird aus dieser Verbindung entstehen. Es gibt nur eine Kirche und nur einen Stellvertreter Christi auf Erden. Mit der Ketzerei und Gotteslästerung, die heute in England um sich greifen, kann es kein gutes Ende nehmen, Maugan. Kein gutes Ende.«
Ich schwieg.
Er legte mir die Hand auf die Schulter. »Ich bete zu Gott, dir möge die Gnade zuteil werden, deine Pflicht nach dem Willen Christi zu begreifen.«
»Darum bete ich, Sir.«
»In dieser schwierigen Zeit muß Cornwall, dünn bevölkert und wenig gesegnet mit Reichtümern, wie es ist, trotzdem eine führende Rolle spielen, denn wir ragen wie eine Lanze in die westliche See. Alles, was hier geschieht, ist von größerer Bedeutung als in irgendeinem anderen Teil dieser Insel. So müssen wir denn unsere Seelen erforschen: du, Maugan, ein junger Mensch; ich, ein alternder Mann; und John Killigrew, dein Vater, der über den größten Hafen im Westen wacht.«
»Ja, Sir.«
»Ich denke, ich werde doch eines Tages meine Gewohnheit brechen und ihn aufsuchen. Als Kinder haben wir zusammen gespielt. Ich

habe in der Vergangenheit schwer gesündigt, Maugan, aber das war eine Folge irriger Überzeugungen, niemals geschah es aus Habgier.«
Lady Arundell erschien in der Tür. »Komm, mein Lieber, du wirst dich erkälten, so wie du da stehst. – Maugan, die Diener warten an der Treppe auf dich.«

10

In den ersten Tagen sagte ich Mr. Killigrew nichts. Meine Großmutter war ständig zugegen, und er war überdies in einer Stimmung, die mir kaum Gewährung meiner Wünsche verhieß. Es schien nicht mehr dasselbe Haus wie zur vorigen Weihnacht zu sein. Die Diener trafen einige kleinere Festvorbereitungen, aber wir hatten diesmal keine Gäste, das Haus wurde kaum ausgeschmückt, und es gab keine Pläne für Tanz und Spiel. Meg sagte mir, acht Diener seien im Juni entlassen worden. In der ersten Zeit lungerten sie noch im Hause herum, dankbar für die Unterstützung ihrer glücklicheren Kameraden und für die Reste der Mahlzeiten, aber allmählich hatte sich einer nach dem anderen verzogen: drei arbeiteten in den Steinbrüchen von Penryn, zwei dienten bei den Boscavens, einer in den Zinngruben von Godolphin, und zwei hatten sich – so meinte Meg – den Banden angeschlossen, die im Hochmoor hausten. Jeder der in Arwenack Zurückgebliebenen fürchte – so Meg – das geringste Mißgeschick, da es bekannt war, daß Lady Killigrew noch weitere Entlassungen wünschte.
Aber die bewaffneten Gefolgsleute waren an Zahl nicht weniger geworden, wie ich bemerkte.
Belemus Roscarrock war bei seiner Mutter, aber ich konnte feststellen, wieviel meine Stiefgeschwister in der Zwischenzeit größer geworden waren. John, noch immer derselbe nüchterne, ernste Junge, der nichts von den Killigrews hatte, war um drei Zoll gewachsen, und Odelia wurde schön. Sie legte ihre weichen Arme um meinen Hals und bedeckte mein Gesicht mit Küssen. Auch Meg Levant küßte mich, wenn auch insgeheim, und schuldbewußt stellte ich fest, daß meine Liebe zu Sue mich nicht hinderte, an den Küssen Megs Gefallen zu finden.

Ich hatte alles in allem nur zehn freie Tage, und drei verflogen im Nu. Allmählich wurde mir klar, daß mein einziger Verbündeter in diesem Hause – falls ich überhaupt einen hatte – jemand, auf dessen Rat mein Vater etwas gab, und der vielleicht geneigt war, sich meine Sorgen und Pläne mit Sympathie anzuhören, meine Stiefmutter war.

Am Johannestag, den 27. Dezember, war ein feuchtkaltes, nebliges Wetter; es machte den Hafen in der Morgendämmerung unsichtbar, und der Abend kam eine Stunde früher; ein niedriger drückender Wind strich seufzend über das Haus. Am Nachmittag wanderte ich die Klippen von Helford River entlang, froh, wieder einmal an der See zu sein; zurück ging ich über Rosemerryn. Ich kam zuweilen vom Wege ab, ohne jedoch die Richtung zu verfehlen, da ich das ganze Land von Kindheit an kannte. – Wenn ich Mrs. Killigrew um ihren Beistand bitten wollte, mußte ich sorgfältig proben, was ich ihr zu sagen hatte. Ich mußte ihr mein Problem in möglichst wirkungsvoller Weise nahebringen und sie zunächst nur um ihren Rat bitten. Instinktiv handelte ich nach dem Erfahrungsgrundastz, daß man, wenn man jemanden um Rat bittet, oft von ihnen auch Hilfe erhält.

Unterwegs begegnete ich Harold Tregwin von Gluvias. Tregwin besaß ein kleines Boot, aber es war zu schlecht ausgerüstet, als daß er sich damit sehr weit auf die offene See hinauswagen konnte, und manchmal hatte man den Eindruck, daß er mehr mit Klatsch als mit Fischen handelte.

Heute wußte er zu berichten, daß er in der vergangenen Nacht, als er mit dem Schleppnetz auf Makrelenfang vor Shag Rock kreuzte – unweit von St. Anthony Point –, dicht bei den Felsen beinahe mit einem unbekannten, in voller Fahrt befindlichen Schiff zusammengestoßen wäre. Er hatte herübergerufen, und eine englische Stimme hatte ihm geantwortet, aber er hatte – dessen war er ganz sicher – Männer in Rüstung an Bord gesehen.

Ich erzählte diese Geschichte meinem Vater, als ich nach Hause kam, aber er nahm wenig Notiz davon; wenn er jede Geschichte von tunesischen Piraten und spanischen Galeonen ernst nehmen wolle, sagte er, dann müsse er jeden Tag Alarm geben.

Ich hatte gehofft, Mrs. Killigrew noch vor dem Abendessen sprechen zu können, aber sie mußte sich um ihren zweitjüngsten Sohn, Peter, kümmern, der krank war.

Wir waren an diesem Abend etwa fünfunddreißig Personen bei Tisch. Da ich kein Kind mehr war, brauchte ich nicht bei meinen Geschwistern am Seitentisch zu sitzen, sondern erhielt einen Platz am Haupttisch, nicht weit von meinem Vater.

Man begann von Raleigh zu sprechen. Seine Frau hatte ihm gerade einen Sohn geboren, der nach ihm den Namen Walter tragen sollte. Es gab Freudenkundgebungen, und man erwartete eine große Tauffeier in Sherborne. Sir Walters Gesundheit, so hieß es, sei nicht die beste gewesen, und er habe eine Kur in Bath gemacht. Dennoch sei er das ganze Jahr hindurch im Parlament aktiv gewesen, habe Reden gehalten, an Ausschußsitzungen teilgenommen und dem Geheimen Staatsrat neue Pläne über die Gründung einer zweiten Kolonie in Virginia vorgetragen. Aber er durfte noch nicht wieder bei Hofe erscheinen, nicht die Königin sprechen oder auch nur seine alte Stellung als Hauptmann der Garde wieder bekleiden.

Man sprach auch davon, daß Sir John Burrough wieder hervorgetreten sei, indem er auf der Insel Margarita landete; der spanische Gouverneur sei im Kampf gefallen . . .

Der Krach der Explosion wurde zwar durch die Felsen und durch die Lage des Hauses etwas gedämpft, dennoch konnte es keinen Zweifel über die Natur dieses Geräusches geben. In der nächsten Minute war mein Vater auf den Beinen und brüllte seine Befehle. Verwirrung herrschte im Saal, Männer eilten hinaus, um ihre Waffen anzulegen, Frauen riefen sich gegenseitig, Kinder weinten, und die Hunde bellten.

Zum erstenmal vermißte ich Belemus als Gefährten. Ich wußte, was er getan hätte – er hätte auf eigene Verantwortung unauffällig das Haus verlassen, um zu sehen, was geschehen war, und er wäre mit mir gegangen. Ich tat also, was er getan hätte, aber vielleicht weil ich es allein und auf eigene Faust tat, lief ich in mein Verderben.

Nach der ersten Hast und Verwirrung trat rasch wieder Ruhe ein. Carminow war bereits in der Burg, aber Forster war noch im Speisesaal; er ging sofort zusammen mit vier der älteren Gefolgsleute, die mit Karabinern und Pistolen bewaffnet waren, hinaus. Da die Explosion ebenso einen Angriff auf unser so gut wie unbefestigtes Haus wie auf die Burg bedeuten konnte, besaß mein Vater die Vorsicht, nicht noch mehr Männer aus Arwenack zu entfernen, vielmehr ließ er die beiden Türme mit Wächtern besetzen. Die Frauen und Kinder blieben auf seine Anordnung im Speisesaal; die, die noch nicht da waren, hatten sofort zu erscheinen, und zu ihrem Schutz bestimmte er Jael Job mit den vier besten der noch verbleibenden Männer. Darauf wählte er neben Penruddock und Carpenter zwei weitere Diener aus, die üblicherweise keine Waffen trugen, und rüstete sie mit Piken aus. Die gleiche Anzahl von Männern teilte er Henry Knyvett zu und wies beide Gruppen an, in der Richtung, aus der die Explosion gekommen war, vorzurücken.

So weit war die Organisation der Verteidigung gediehen bis zu dem Augenblick, da ich aus dem Speisesaal verschwand. Ich eilte in mein Schlafzimmer, bewaffnete mich mit einem Dolch und war schon wieder unten und aus dem Hause, mit einem guten Vorsprung vor den beiden Patrouillen.

Irgendwo hinter dem Nebel stand der Mond und verlieh ihm einen Opalschimmer. Meine erste Wahrnehmung, nachdem ich das Haus hinter mit gelassen hatte, war der Geruch von Schießpulver. Ich hatte bei der Explosion sofort an die Geschichte gedacht, die mir Harold Tregwin kurz zuvor erzählte hatte, jetzt aber kam mir der Gedanke, es könne auch jemand versehentlich eine der großen Feldschlagen in der Burg abgefeuert haben – oder, noch wahrscheinlicher, einen Funken in ein Pulverfaß haben fallen lassen.

Ich lief zwischen Bäumen und Sträuchern hindurch auf das Vorgebirge zu. Der Nebel schien eher abziehender Rauch von einem Feuer zu sein, aber als ich die Felsenkante unterhalb der Burg erreicht hatte, befand ich mich offenbar jenseits der raucherfüllten Zone, denn der Nebel wehte hier kühl und rein.

Ich sah zur Burg hinauf. Die beiden Lichter waren da wie in jeder Nacht. Die See war vom Nebel zugedeckt. Ich befand mich ungefähr an derselben Stelle wie vor einem Jahr am gleichen Tage mit Sue – nur waren wir damals noch weiter hinuntergeklettert.

Plötzlich erfolgte eine zweite Explosion unmittelbar unter der Burgmauer, wo sie in Richtung auf Arwenack verlief. Das Aufflammen hatte ich nicht beobachten können, aber als es am Himmel flackerte, wandte ich mich um, und der Krach betäubte mich. Ich sah Gestalten, die sich zwischen der nun wieder in Dunkelheit gehüllten Stelle der Explosion und mir bewegten.

Jemand feuerte eine Muskete ab, aber die Schüsse verhallten, und es herrschte wieder Stille. Bis ein Mann zu rufen begann, und ich das Geräusch von Rudern hörte.

Ich befand mich zwar etwa zwanzig Fuß über dem Wasser, schickte mich aber an, noch höher zu klettern, weil das Geräusch aus großer Nähe kam; sie mußten genau unter mir an die Küste gekommen sein. Ich machte einen raschen Schritt den Felsen hinauf, als ich über mir zwei Gestalten sah, die sich im Nebel aufeinander zu bewegten. Ich griff nach meinem Messer, aber ein Mann faßte mich am Arm und drehte ihn mir herum. Etwas schimmerte vor mir wie ein Schild oder ein Brustharnisch, und dann war mir, als würde mir der Schädel von einem Schlag bis zum Kinn gespalten.

Seekrank und mit abscheulichen Kopfschmerzen erwachte ich im Laderaum eines Schiffes. Eine Strickleiter schwang wie ein Pendel vor mir, und das Schlagwasser schwappte vorwärts und rückwärts mit den Schlingerbewegungen des Schiffs.

Nach einiger Zeit kam ein Mann herunter und brachte mir eine Schüssel mit Milch und Brot, aber meine Übelkeit war zu groß, als daß ich hätte essen können, und so fraßen es die Ratten. Danach mußte ich wieder eingeschlafen sein, denn ich erwachte, als sich ein Mann über mich beugte – brünett, kein Engländer – und die Beule an meinem Kopf betastete. Er nickte mir zu, sagte aber nichts, sondern kletterte die Strickleiter wieder hinauf und verschwand.

Ich überlegte mir gerade, ob ich mir nicht einen Ruck geben und einmal selbst die Leiter versuchen sollte, als die Luke wieder aufging und jemand herunterkam. Es war ein großer Mann, blond, mit schmalem Fuchsgesicht: Captain Richard Burley von der *Neptun*, der an meinem vierzehnten Geburtstag in unserem Hause in Gesellschaft von Captain Elliot und Mr. Love getafelt und gezecht hatte.

Zweites Buch

1

Es war der 25. Februar des Jahres 1594. Die kleine, ärmliche Kavalkade wirkte noch kleiner vor dem Hintergrund des Gebirges, das mit seinen zerklüfteten Gipfeln in den leuchtend blauen Himmel ragte. Ein hochgewachsener Bauer namens Bartolomeo führte zu Fuß die Gruppe an. Er ging mit langen, gleichmäßigen Schritten und gebrauchte seinen Krückstock, als müsse er wie ein Blinder den Weg ertasten. Auf dem fast kahlen Kopf trug er einen breitrandigen schwarzen Hut, der mit einem breiten Riemen unterm Kinn befestigt war, und seinen großen schwarzen Mantel hatte er zum Schutz vor dem Wind fest um sich geschlungen.

Einen solchen Mantel hätte ich gern selbst gehabt. Der Wind blies seit vier Tagen mit unverminderter Heftigkeit. Obwohl uns der Schnee bis über die Knöchel ging und bei jedem Schritt mit einem dünnen kühlen puderigen Flor bis zu den Knien griff, waren die meisten der Berggipfel über uns frei von Schnee. Der Wind hatte sie rein gefegt.

In unserer Prozession fuhren zwei Wagen mit, gezogen von Maultieren mit einem hohen hölzernen, mit Blumen bemalten Kummet und einem armseligen, nur mit Stricken zusammengehaltenen Geschirr, das mit Glöckchen und bunten wollenen Rosetten verziert war. Ich befand mich freilich in keinem der beiden Wagen. Während der zweite Wagen unseren jeweiligen Tagesproviant transportierte, reisten im ersten Captain Richard Burley und Kapitän Juan Rodrigo Alazar, ein portugiesischer Edelmann, den ich auf der gemeinsamen Reise an Bord kennengelernt hatte.

Es war der 25. Februar – mein sechzehnter Geburtstag.

Wir näherten uns Madrid.

Es wollte mir nie gelingen, mich genau an alle Einzelheiten der Seereise zu erinnern. Das Schiff war nicht die *Neptun*, wie ich eine Zeitlang geglaubt hatte, sondern die *Santa Ana*, ein portugiesisches Schiff unter dem Kommando von Kapitän Alazar, mit Richard Burley als Steuermann. Captain Burley erklärte mir, daß die *Neptun* samt ihrer Prise gesunken war, als Captain Elliot mit seiner Mannschaft Arwenack erreichte, und – in der Not frißt der Teufel Fliegen – seit jener Zeit nahm er Arbeit an, wo er sie fand. Ein Bettler, so drückte er sich aus, durfte nicht wählerisch sein. Er war, wie eine alte Frau, um Sprüche und Redensarten nicht verlegen, konnte sich aber keinen Reim darauf machen, warum sie mich entführt hatten.

Alles andere war klar. Spanien zahlte natürlich gut für einen erstklassigen Steuermann, der die Flüsse und Häfen Englands kannte. An die kam man nicht leicht heran. Kapitän Alazar, ein Freibeuter, der einiges Ansehen genoß und überdies seinen spanischen Herren gern einen Dienst erweisen wollte, hatte sie um die Genehmigung gebeten, einen Überfall auf Pendennis Castle zu machen. Die Genehmigung wurde erteilt, und drei Ingenieure und zwölf Faß Schießpulver wurden zur Verfügung gestellt, um die Burg in die Luft zu sprengen.

Dieser Versuch war gescheitert. Wenn ich nach dem Anschein urteilen durfte, den die Dinge in der Nacht meiner Gefangennahme hatten, war dieser Versuch kaum mit Begeisterung oder Energie durchgeführt worden. Burley behauptete, daß sie nicht nur das Fort beschädigt, sondern den Angriff durch die Halbinsel vorgetragen und auch Arwenack beschossen hätten. Aber allein seine Schilderung verriet mir, daß er log. Es stimmte nicht in den Einzelheiten; diese Geschichte war ein fauler Zauber, mit dem er sich das Wohlwollen seiner neuen Herren sichern wollte.

Ich konnte zwar nicht verstehen, was er sich davon versprochen hatte, als er mich mitnahm, um mich in irgendeinem Verlies oder auf einer Galeere umkommen zu lassen. Oder hatte er es aus Groll auf meinen Vater getan? Sobald er von ihm sprach, kam ein böses Funkeln in seinen Blick, aber er wußte doch, daß ich kein legitimer Sohn war, und daß mein Tod meinen Vater kaum vor Gram ins Grab sinken ließe.

In Lissabon hatte man mich zwei und eine halbe Woche ins Gefängnis gesperrt, aber ich hatte eine Zelle für mich gehabt, hatte anständig zu essen bekommen und zur Lektüre englische Bücher. Ka-

pitän Alazar hatte mich im Gefängnis besucht, freilich ohne sich zu irgendwelchen Andeutungen über mein zukünftiges Schicksal verstehen zu können. Dann wurde ich eines Tages freigelassen und mit den anderen Mitgliedern dieser Kavalkade auf den Weg nach Madrid geschickt; Burley war dabei.
Seit zwei Wochen waren wir unterwegs. Zweimal mußten wir die Reise in einem verschneiten Dorf unterbrechen, alle in einer Hütte zusammengepfercht und um ein rauchiges Kohlenbecken hockend. Gestern hatten wir Talavera verlassen, und morgen sollten wir Madrid erreichen.
Bartolomeo ließ anhalten, und wir versammelten uns im Schutz eines großen Felsens, wo uns der Wind nur durch wirbelnden Rückprall von dem gegenüberliegenden Felsen treffen konnte. Wir nahmen ein frugales Mittagsmahl ein, obschon die Sonne bereits ziemlich tief stand. Neben mir saßen Burley und Alazar und aßen schweigend. Als ich fertig war, zog ich einen meiner Schuhe aus und betrachtete die Blase an meiner Ferse.
»In Madrid bekommst du neue Schuhe«, sagte Alazar. »Die da sind aus schlechtem Leder, sie sind nicht sehr haltbar.«
Es war bisher nicht seine Gewohnheit gewesen, mit mir zu sprechen.
»Warum bringt Ihr mich dorthin?« fragte ich.
Ich erwartete eigentlich keine Antwort, denn ich hatte diese Frage schon früher gestellt, aber diesmal sagte Alazar mit einem Achselzucken und einem Seitenblick auf Burley: »Weil du zufällig der lebende Beweis für den Erfolg unseres Angriffs auf den Hafen von Falmouth bist, mein Junge. Dafür hätte natürlich auch ein anderer genügt. Aber da es nun *du* bist, sehen wir in dir eine Ware, die wir auf den günstigsten Markt bringen müssen. Du verstehst?«
»Nein, ich verstehe nicht . . .«
»Wenn ich dich als Galeerensklave verkaufen wollte, bekäme ich ein paar Realen, weniger als für einen Matrosen, da du zu mager und zu jung bist, um dieses Leben lange auszuhalten. Aber es fiel uns ein, daß du vielleicht einen kleinen Wert anderer Art hast. Als der, der du nun einmal bist. Es hängt natürlich ab . . .«
»Wovon?«
»Ein bißchen von dir selbst. Damit du überhaupt Wert bekommst, mußt du ein wenig mitwirken. Möchtest du gern sterben?«
»Nein.«

Kapitän Alazar nahm einen großen Schluck Rotwein. »Nun, wenn du am Leben bleiben willst, mußt du uns ein bißchen helfen.«
»Was heißt das?«
Er setzte den Becher ab. »Spanien und England stehen miteinander im Krieg, nicht wahr? Als Länder, als Nationen. Aber deswegen steht nicht jeder einzelne Bewohner des einen Landes mit jedem einzelnen Bewohner des anderen Landes im Krieg. Darüber entscheidet der Einzelne selbst. Wenn du in deinem Herzen nichts als Feindschaft gegen Spanien empfindest – und es zeigst –, dann wirst du bald genug in einem Gefängnis vermodern, und ich hätte dich lieber gleich der Peitsche des Aufsehers überlassen. Aber wenn du das Leben nimmst, wie es ist – wenn du Spanien und seine Menschen einfach als Menschen siehst, nicht anders als dich selbst, unter denen du leben und arbeiten mußt, dann wirst du für mich wertvoller sein, und du brauchst am Ende nicht ins Gefängnis oder auf die Galeere zu gehen. Aber die Entscheidung liegt ganz bei dir.«
Ich schwieg. Bartolomeo war schon wieder auf den Beinen, denn es blieben uns nur noch wenige Stunden Tageslicht.
»Nun?« fragte Burley gereizt.
»Ich möchte nicht sterben«, sagte ich.
»Gut!«
»Aber ich weiß nicht, was Ihr erwartet. Ich verstehe nicht, was Ihr sagen wollt.«
Burleys Miene verdüsterte sich, aber Kapitän Alazar stand auf und schlug mir auf die Schulter. »Bei uns gibt es ein Sprichwort«, sagte er, »›Wer zu schnell läuft, stolpert über eine Kleinigkeit.‹ Du brauchst nur jeden Tag mit offenem Sinn zu beginnen; warte ab und urteile dann. So gehen wir alle unseren Weg.«

Wir erreichten Madrid am nächsten Tage, kurz vor Einbruch der Dunkelheit, und nahmen Quartier in einem armseligen, überfüllten Gasthaus im Zentrum der Stadt. Zu fünfen, einschließlich Bartolomeos, schliefen wir in einem Zimmer unterm Dach. Bartolomeo hatte noch die Miete für seinen Wagen zu bekommen, und so gab es am nächsten Morgen einen hitzigen und abstoßenden Streit über die Bezahlung. Es folgte eine Auseinandersetzung mit dem Wirt. Nachdem uns Bartolomeo und seine Bauern, noch immer grollend und unzufrieden, verlassen hatten, ging Kapitän Alazar aus. Ich mußte den ganzen Tag auf dem Dachboden bleiben, und Richard Burley leistete mir Gesellschaft. Er sprach nicht viel, sondern lag nur auf einer der Pritschen, stocherte in seinen Zähnen herum, nahm hin und wieder eine Prise Schnupftabak und döste vor sich hin. Zweimal ließ er etwas zu essen heraufbringen. Ein schwarzäugiges, barfüßiges Mädchen mit seidenen Schleifen im Haar brachte es das erstemal, aber Burley blickte es so lüstern an, daß es nur rasch die Speisen absetzte und die Flucht ergriff. Beim zweiten Mal erschien der Wirt selbst.

Von dem kleinen Fenster aus konnte ich nur wenig sehen. Das schräge Dach verbarg mir zum größten Teil die enge Gasse, und ein größeres Gebäude auf der anderen Seite nahm mir die Sicht auf die Stadt. Den ganzen Tag über, mit Ausnahme des Nachmittags, hörte man Klopfen und Hämmern der Handwerker, das Poltern und Rollen der Wagen und Rufe und Gelächter aus dem Wirtshaus.

Eine Stunde nach Sonnenuntergang kam Kapitän Alazar zurück, und die beiden Männer gingen zusammen nach unten. Ich hatte den Eindruck, daß er sich irgendwo um eine Audienz bemüht hatte, aber nicht empfangen worden war.

Er versuchte es am nächsten Tag und auch am übernächsten, und beim drittenmal hatte das lange Antichambrieren offenbar Erfolg gehabt, denn er kehrte heiter und zufrieden zurück, und am nächsten Morgen kaufte er Stoff für mich, um meinen zerlumpten Anzug durch einen neuen ersetzen zu können. Der Laden befand sich an einem schönen Platz in der Nähe des Gasthauses, der auf allen Seiten von Kirchen umgeben war. Die Glocken läuteten, die Menge drängte sich auf dem Platz, ich sah Dominikaner mit schwarzem Mantel und schwarzer Kapuze, Soldaten in voller Rüstung und prachtvoll gekleidete Granden. Bettler kauerten an jeder Ecke, und die Wasserträger läuteten mit ihren Glocken den Kontrapunkt zu den Kirchenglocken. Der Kauf vollzog sich nicht ohne Handeln und Feilschen und Streiten, denn Kapitän Alazar konnte nicht bar zahlen, sondern das Geld nur für den nächsten Tag versprechen. Sobald man mir Maß genommen hatte, wurde ich ins Wirtshaus zurückgebracht; aber schon am Abend wurde der Anzug geliefert – aus blauem Kammgarn mit einem Mantel aus dickem blauem Düffel – und mir anprobiert.

Der nächste Tag war ein Samstag, und die spürbare Spannung zwischen den beiden Männern sagte mir, daß es ein entscheidender Tag für sie beide war.

Um acht Uhr machten wir uns auf den Weg, Alazar, Burley und ich. Wir kamen über zwei kleinere Plätze, an denen sich die Häuser noch in Bau befanden, und gelangten auf einen dritten, mit einer Art türkischem Palast auf der uns gegenüberliegenden Seite, während er zur Linken und Rechten von großen Ställen und Arsenalen begrenzt wurde.

Die Tore des Palastes wurden von Soldaten in voller Rüstung bewacht. Kapitän Alazar mußte uns einen Weg durch die Menge von Schaulustigen und Bittstellern bahnen, bis er auf einen in schwarzen Samt gekleideten Mann zutrat und ihm ein Pergament reichte. Nach einem kurzen Blick darauf reichte es der Mann einer der Wachen weiter.

Nach dem grellen Sonnenschein draußen kam es mir im Palast dunkel vor. Hier und da brannten sogar Fackeln, um die Gänge zu erleuchten. Im Vorbeigehen warf ich hin und wieder einen flüchtigen Blick durch offene Türen, sah Kapellen mit brennenden Kerzen, Soldaten bei einer Mahlzeit, Mönche, die an einem Tisch saßen und schrieben; dann und wann kamen wir durch einen Innenhof oder über eine arkadengeschmückte Galerie, die den Blick bot auf einen Springbrunnen oder auf einen mit Statuen bevölkerten Garten. Die Wache führte uns in ein Vorzimmer, dessen Wände mit Schlachtenbildern behängt waren. Hier wartete bereits ein Dutzend Menschen.

Auch wir ließen uns nieder und warteten. Wir warteten von dreiviertel neun bis viertel eins. Niemand wurde in dieser Zeit hereingerufen, nur die Zahl der Wartenden war gewachsen. Da trat endlich ein livrierter Diener durch die Tür am anderen Ende ein und drängte sich durch die erwartungsvolle Menge bis zu uns. Er wandte sich an Alazar, und wir folgten ihm.

Wir betraten ein zweites Vorzimmer, in dem ein Mann am Schreibtisch saß und schrieb. Er war groß, ein Mann in mittleren Jahren, mit einem Gesicht, das markant, knochig und verschwiegen wie eine geballte Faust war. Zwei junge Pagen mit langem schwarzem Haar standen links und rechts neben ihm.

»Exzellenz, hier ist der junge Mann«, sagte Alazar auf englisch.

Mit Augen, die wie in Wasser getauchte Oliven waren, musterte er mich und meinen Anzug aufs genaueste. »Spricht er Spanisch?«

»Nein, Euer Exzellenz.«
»Wie heißt du?« fragte er mich in einem rauhen, fremdartig klingenden Englisch.
»Maugan Killigrew.«
»Woher kommst du?«
»Aus Arwenack House bei Pendennis Castle in Cornwall.«
»Du bist ein natürlicher Sohn John Killigrews, des Kommandanten der Festung?«
»Ja, Sir.«
»Nenne mir die Namen seiner anderen Kinder.«
»Seiner – meines ...« Einen Augenblick sah ich ihn nur erstaunt an. »Der älteste ist John, jetzt vierzehn Jahre alt. Dann kommt Thomas, der jetzt dreizehn ist, dann Odelia; sie ist – das heißt, sie wird bald – zwölf. Henry ist zehn; er wird im Juni elf. Maria ist vier, Peter fast drei. Elizabeth ist ein paar Monate alt ... Das ist alles.«
»Wie ist der Vorname deiner Mutter?«
»Ich weiß es nicht, Sir. Ich habe niemals erfahren, wer sie war.«
Er machte eine ungeduldige Handbewegung. »Ich meine deine – zweite Mutter. Wie sagt man auf englisch? Stiefmutter.«
»Oh, Dorothy. Ihr Mädchenname war Dorothy Monck.«
Der Spanier rieb sich den Ärmel seines karmesinroten samtenen Wamses. Als er aufstand, sprangen die Pagen hinzu, um den Stuhl zurückzuziehen. Er verließ das Zimmer durch eine kleine Tapetentür. Indessen traten die Pagen auf mich zu und durchsuchten mich in durchaus unpersönlicher Weise auf verborgene Waffen.
»Wer war das?«
»Señor Andres Prada.«
»Was ist er?«
»Stille!«
Señor Prada kam zurück, um mich zu holen. Alazar wollte uns begleiten, aber die Spanier ignorierten hochmütig seinen Versuch.
Wir betraten einen kleinen Raum mit einem hohen Fenster, von dem aus man über die Stadt bis zu den Schneegipfeln sah, die etwa dreißig Meilen weit entfernt waren. Jemand, den ich für einen Sekretär hielt, saß an einem mit Papieren vollgepackten Tisch und schrieb. Als wir stillstanden, war kein Geräusch mehr zu hören außer dem Kratzen seines Federkiels. Er war in Schwarz gekleidet, ein älterer

Mann mit trüben, rot umränderten Augen, einem langgezogenen asketischen Gesicht und einem vorstehenden Unterkiefer, den auch der graue Bart nicht verbarg. Alles in allem sah er von allen Menschen, die ich in den letzten Tagen gesehen hatte, am allerwenigsten spanisch aus.

Ich hatte erwartet, daß er beim Eintritt Señor Pradas aufspringen würde, aber es war umgekehrt: Senor Prada verbeugte sich vor ihm. Ich glaube, er sagte: »Hier ist der junge Mann.« Ein Satz, an den ich mich bald gewöhnt hatte.

Der ältere Mann fragte in einem ausgezeichneten Englisch: »Ihr glaubt, er ist *bona fide*?«

»Ja, Sire.«

»Komm her, mein Junge.«

Vorsichtig ging ich zwei Schritte näher an den Tisch heran.

»Weißt du, wer ich bin?«

»Nein, Sir.«

Der Mann legte den Federkiel nieder und rieb die Knöchel aneinander, als ob er friere. Die Papiere auf seinem Schreibtisch waren detaillierte Listen und statistische Tabellen, häufig mit Anmerkungen versehen. »Er ist gewiß ein Engländer«, sagte er. »Ich kenne den Typ gut . . . Bist du Lutheraner, mein Junge?«

»Bitte?«

»Bist du ein Apostat? . . . Ein Protestant, wie sie sich auch nennen?«

»Ja, Sir.«

In seine müden Augen kam ein Funkeln. »Wenn du hier bleiben willst, muß das geändert werden. Prada, es muß geändert werden.«

»Ja, Sire.«

»Du kommst aus einer westlichen Grafschaft, die ich leider nicht kennengelernt habe, aber die ich immer sehr geschätzt habe. Ihr seid Kelten und verwandt mit den Iren. Ein starkes, aufrechtes, gläubiges Volk, in dem die Treue zur Religion Christi nur schwer stirbt.«

»Auch wir –«, begann ich, hielt dann aber inne.

»Auch wir?«

»Nein, Sir«, sagte ich, da es mir gefährlich schien, zu widersprechen.

»In ganz England seufzen gute und fromme Menschen unter dem Joch«, fuhr er fort. »Aber vielleicht brauchen sie mit Gottes Hilfe nicht mehr lange zu warten.«
Ein breiter Sonnenstrahl erhellte plötzlich das Habsburger Wappen auf dem Teppich zu meinen Füßen. War dies der Mann, von dem Raleigh Weihnachten vor einem Jahr in Arwenack gesprochen hatte, – dieser ruhige, ernste, ältere Mann, der etwas von einem Geistlichen hatte?
»In England herrscht eine große Unruhe«, erklärte er. »Doch, ich weiß das, mein Junge, darüber sind sich alle einig. Religiöse Fehden erschüttern das Land in einem Maße, daß es mancherorts am Rande des Aufruhrs steht. Ihr habt die Pest im Lande und allerlei innere Schwierigkeiten dazu. Es ist das Strafgericht Gottes ...«
»Majestät –«, begann Prada.
»Sage mir etwas anderes, mein Junge, wo ist jetzt Drake? Wir haben seit einigen Jahren nichts mehr von ihm gehört.«
»Soviel ich weiß, lebt er in der Nähe von Plymouth, Sir.«
»Du hast recht. Er inspiziert die Befestigungswerke und arbeitet an Plänen, wie die Wasserversorgung zu verbessern sei. Er steht bei der Königin nicht mehr in Gunst. Er wird alt – wie wir alle alt werden. Wenn er jetzt auf dem Plan erschiene, würde er nicht so gut abschneiden.«
»Ja, Sir.« Ich war überrascht von der Schärfe seines Urteils und die Genauigkeit, mit der er unterrichtet worden war.
»Aber ich habe Informationen erhalten, daß er noch immer das Abenteuer sucht, auch daß ihn die Königin wieder mit freundlicheren Augen sieht. Wußtest du das auch?«
»Nein, Sir.«
»Nun, er soll sich in acht nehmen, wenn er noch einmal vor unseren Küsten erscheint. Diesmald wird er unsere Flotte sehr verändert finden.«
»Majestät«, sagte Prada, »die beiden Männer, die diesen Jungen herbrachten, sitzen im Zimmer nebenan und erwarten eine Belohnung.«
Der König nahm ein Pergamentblatt in die Hand – eine Hand von der Farbe des Pergaments. »Ist es wahr, mein Junge, daß sie, wie es hier steht, Eure Burg beschossen haben?«
»Ja, Sir«, sagte ich nach einem Augenblick. »Ja, wegen der Deto-

nationen hatte ich ja das Haus verlassen. Natürlich weiß ich nicht, welchen Schaden die Explosionen angerichtet haben.«

»Zu gegebener Zeit werden wir darüber unterrichtet werden. Ist Eure Burg gegen eine Invasion gut gerüstet?«

»Ja, Sir.«

»Nach meinen Informationen ist sie es nicht. Wie ich höre, vernachlässigt dein Vater die Verteidung, indem er Pulver und Munition an den Meistbietenden verkauft ... Prada, habt Ihr Verwendung für diesen Jungen?«

»Ich glaube, Sire, er könnte uns von einigem Nutzen sein.«

Der König drehte das Pergamentblatt in seinen schmalen Fingern hin und her. »Gebt diesem Portugiesen eine goldene Kette von gutem Gewicht und anständiger Qualität. Und gewährt ihm eine jährliche Pension von 50 Dukaten ... Dem Engländer gebt 100 Dukaten und einen Posten bei der Marine. Er kann uns noch auf andere Weise nützlich sein.«

»Ja, Sire.«

Der König streckte seine Haud aus, als erwarte er einen Handkuß. Dann zog er sie zurück. In den Mundwinkeln hatte er ein paar Speicheltropfen.

»Wollt Ihr diesen Jungen in Eure Dienste nehmen, Prada?«

»Ja, Sire. Solange er uns von Nutzen sein kann.«

»Dann kümmert Euch um seine Seele. In seinem Alter kann eine regelmäßige Unterweisung noch alles tun, was nötig ist ... Aber alles, was nötig ist, laßt es getan sein ...«

Noch bevor wir den Raum verließen, kratzte der Federkiel wieder über das Papier.

Señor Andres Prada hatte ein kleines Haus an der Ecke des großen Platzes mit den vielen Kirchen, der Puerta del Sol. Ich wurde in die Obhut eines jungen Mannes namens Rodez gegeben, der Englisch sprach, und bekam eine Dachkammer im Hause, die ich aber glücklicherweise allein bewohnen durfte.

Ich lernte viel von Rodez; wir sprachen ausgiebig miteinander, und wenn er bei mir sein Englisch verbesserte, so schnappte ich ein bißchen Spanisch auf. Rodez war übrigens ein Neffe Pradas und tat als Page Dienst bei Hofe.

Prada war einer der beiden Haupt-Sekretäre des Königs, und Rodez hielt es für möglich, daß auch ich bald als Page bei Hofe erschien. Als ich ihn fragte, warum, erklärte er achselzuckend, so sei es nun einmal beschlossen, und warum ich mich dagegenauflehnen wolle? Oder ob ich mich lieber vom Inquisitor auf die Folterbank spannen ließe?

Prada hielt sich meistens im Palast auf, wenn er den König nicht auf einer seiner langen Bußfahrten begleitete, die in das königliche Kloster San Lorenzo del Escorial führte, ein riesiges Mausoleum, das die sterblichen Überreste seines Vaters barg, und das der König auf einem Felsenvorsprung im Gebirge 30 Meilen vor Madrid hatte erbauen lassen. So kam es, daß Prada nur einen kleinen Haushalt führte. Seine Frau war viel jünger als er, groß, schwarzhaarig, herausfordernd in ihrer Art zu sprechen und sich zu kleiden. Es lebten auch zwei Schwestern von Rodez im Hause, Isabella und Mariana, beide Anfang der Zwanzig, die Señora Prada nacheiferten. Ich hatte mir spanische Frauen immer als streng erzogen, ängstlich behütet, zurückhaltend, ja spröde vorgestellt. Nun, diese hier waren es nicht. Zumal Mariana, die jüngere der beiden, sprach und benahm sich in einer Weise, die allen Konventionen Hohn sprach. Selbst Pater Rafael, der Priester, der mit uns lebte, vermochte sie nicht zu bändigen, oder wollte es nicht.

Eines Tages rief er mich in sein Zimmer im zweiten Stock, einen kleinen Raum, halb Zelle, halb Studierzimmer, und begann, mich über meinen religiösen Glauben auszufragen. Aber sein Englisch war zu schlecht, als daß wir weit gekommen wären. Nach zwei Stunden gab er mir ein paar englische Bücher mit, die ich in einer Woche gelesen und durchgearbeitet haben sollte. Aber er schien an seiner Aufgabe nicht sonderlich interessiert zu sein, was das Ganze erleichterte. Bei Tisch aß und trank er so tüchtig wie nur irgendeiner von uns, und seine Kleidung war vom Feinsten.

Nicht so, allerdings, ein anderer Priester, der drei Tage später kam und zum Heiligen Offizium gehörte. Ein Mann mit dem Gesicht eines Geiers, die schmutzigen Hände auf dem Rücken gefaltet, an den nackten grauen Füßen Sandalen aus Lederriemen, ein Mann, der einen Geruch von Verwesung ausströmte und der es fertigbrachte, daß das ganze Haus einschließlich Marianas für die Dauer seines Besuches in Schweigen verfiel. Auch er sprach nur wenig Englisch, aber ich hörte, daß er Rodez über mich verhörte. Seine kleinen Ratten-

augen wurden nicht müde, mich dabei von Kopf bis Fuß zu mustern. Als er wieder gegangen war, fragte ich, was er gesagt habe.
»Daß wir uns gefährlicher Ketzerei schuldig machten«, antwortete Rodez mit einem freundlichen Lächeln, »dadurch daß wir mit einem Lutheraner unter einem Dach lebten, selbst wenn es der König befahl. Du solltest dich also um das Heil deiner Seele kümmern, bevor es andere für dich tun.«
»Und wenn ich es nicht tue, Rodez?«
»Dann wirst du auf ewig in der Hölle brennen, sagt unser Freund.«
»Glaubst du das?«
»Selbstverständlich. Aber was mir mehr Sorgen macht, ist, daß du schon vor der Ewigkeit auf Erden brennen könntest. Hast du schon einmal einen Mann auf dem Scheiterhaufen gesehen? Ein interessanter Anblick. In diesem Frühling rechnet man wieder mit einem Autodafé. Wenn du dann noch bei uns bist, werde ich dich mitnehmen.«

Jeden Morgen weckten mich gegen fünf Uhr die Geräusche, mit denen die Stadt auf dem großen Platz wieder zum Leben erwachte. Das Erste war das Klopp-Klopp der kleinen Eselshufe, wenn die Tiere, vom rauhen *Arrè* der Treiber angetrieben, unten mit ihrer Last vorbeikamen – Reisig, Stroh und Getreide –, die zuweilen mit einem scharrenden, raschelnden Geräusch die Häuserwände streifte. Dann begannen die Kirchenglocken zu läuten.
Die Ziegen, noch an ihre Pflöcke angebunden, antworteten mit Mekkern. Wagen rollten polternd auf den Platz, der bald von Leben und Lärm dröhnte, während die ersten Sonnenstrahlen die Fensterscheiben im Haus gegenüber in Flammen setzten.
Wir standen um sechs Uhr auf und wuschen uns mit dem eisigen Brunnenwasser; um sieben Uhr aßen wir Brot mit Sirup und tranken dampfenden Kaffee aus Schalen. So begann unser Tag.
Eine Woche lang hatte Mariana nicht mit mir gesprochen. Sie war groß und von zartem, frischem Teint; ausgesprochen rundlich von allzuvielen Süßigkeiten, doch rundlich auf reizvolle Weise. Die schwere Brille, die sie in Abständen auf- und absetzte, war eine Konzession an die Mode und bedeutete nicht, daß sie ohne Brille nichts sah – obwohl sie eine Woche lang, was mich betraf, hätte blind sein können. Als ich eines Tages das Zimmer betrat, in dem wir zu essen

pflegten, fand ich sie dort allein, mit gekreuzten Beinen auf dem Teppich sitzend und im Begriff, den Rosenkranz zu beten. Übrigens eine charakteristische Sitzweise der Spanierinnen, wie ich feststellte. Ich schichte mich an, das Zimmer wieder zu verlassen, als sie plötzlich sagte: »Lauf nicht fort, *Pincho!*«
Überrascht, sie meine Sprache sprechen zu hören, blieb ich stehen; ich hatte bisher geglaubt, nur Rodez spreche Englisch.
»Verzeihung. Ich dachte –«
»Daß ich bete?« Sie schwenkte den langen Rosenkranz mit einer heftigen Bewegung, so daß die Perlen klappernd aneinanderstießen. »Das tat ich auch. Stört es dich?«
»Nein.«
»Spanische Mädchen beten oft den Rosenkranz. Wann es uns gerade in den Sinn kommt. Wir beten um Glück, wenn wir *Ombre* spielen. Wir lassen ihn durch unsere Finger gleiten, wenn wir uns langweilen – und sogar, wenn wir umarmt werden.«
»Ich wußte nicht, daß Ihr Englisch sprecht«, sagte ich.
»Du dachtest wohl, daß wir in Madrid Barbaren sind? Wie alt bist du?«
»Sechzehn.«
»*Dios mio!* Und sicher hast du Heimweh? Warum hat man dich hierher gebracht?«
»Das wüßte ich selbst gern.«
»Mein Onkel wird es dir schon sagen, wenn es an der Zeit ist. Er erledigt alles zu seiner Zeit. Gewiß findet er dich brauchbar.«
»Brauchbar wozu? Ich kann es mir nicht vorstellen.«
»Du kannst mich beim Einkaufen begleiten und meinen Korb tragen. Das ist ein Anfang.«
»Wird man mir das erlauben?«
»Wer sollte uns zurückhalten? Du willst doch nicht fliehen?«
»Nein.«
Als wir das Haus verließen, trug ich zwar ihren Korb, aber da sie sowohl ihr schwarzer Sklave als auch ihre Anstandsdame wie üblich begleiteten, schien dies ein bloßer Vorwand zu sein. Es war jetzt sozusagen der Höhepunkt des Vormittags erreicht; an unserer Seite des Platzes standen Reihen von Ständen, in denen man alle möglichen Kleinigkeiten und Modetorheiten kaufen konnte. Prächtig gekleidete Stutzer bewegten sich inmitten von Krüppeln und Bettlern, die

in Schmutz und Armut auf dem holperigen Kopfsteinpflaster kauerten. Dahinter hatten Maler an einer langen Mauer ihre Bilder ausgestellt. Und überall war ein kleiner Laden oder ein Kaffeehaus zu sehen.

Mariana kaufte einen Fächer, ein blaues Halstuch, ein Bündel weißer Kerzen und zwei Schachteln Konfekt. Als wir den Heimweg antreten wollten, trat ein ärmlich gekleideter Mann von etwa fünfzig Jahren auf Mariana zu und sprach sie an. Er trug ein paar Tuchballen, – ein hübscher Mann mit einem höhnischen Lächeln, graubraunem Haar, großem Schnurrbart und einer verkümmerten Hand. Mariana kaufte ihm ein Stück Tuch ab und ging weiter.

»Mein Onkel ist sehr beliebt bei alten Freunden«, erklärte sie. »Ihnen fällt immer ihre gemeinsame Schulzeit ein, wenn sie um etwas zu bitten haben.«

»Wer war das?«

»Ein alter Soldat, der dreimal aus türkischer Gefangenschaft entkam und dreimal wieder gefangengenommen wurde. Jetzt lebt er davon, daß er den blinden Bettlern Balladen schreibt, die sie singen.«

Ein Mann kam vorbei, in brauner Soutane, der auf dem Rücken ein großes Kreuz trug, so schwer, daß er es kaum tragen konnte. Vor dem Gesicht hatte er eine Maske.

»Ein Büßer«, klärte mich Mariana ungeduldig auf. »Sein Beichtvater hat es ihm auferlegt, und da er ein Mann von Stand ist, möchte er nicht erkannt werden. Komm, *Pincho,* für einen Morgen hast du genug gesehen.«

»Warum nennt Ihr mich so?«

»Es ist nur so ein Einfall.«

»Was bedeutet es?«

»Es bedeutet eine Laus.«

Als wir vor der Haustür angelangt waren, öffnete ich sie, um ihr den Vortritt zu lassen. Ihre glänzenden Augen waren auf mich gerichtet, und sie musterte mich von Kopf bis Fuß. Es war ein Gefühl, wie unter einer sprühenden kalten Dusche zu stehen.

»Gefällt dir der Name?«

»Nein.«

»Vielleicht beweist du eines Tages, daß er nicht stimmt.«

»Vielleicht.«

»Hast du schon einmal eine *amencebada* gehabt?«

»Was ist das?«
»Was meinst du?«
»Etwas zu essen?«
Sie lachte. »Wir wollen jetzt hineingehen.«

An diesem Abend kam Señor Andres Prada zurück, und am folgenden Morgen ließ er mich zu sich rufen. Er schlürfte seine Schokolade in dem Studierzimmer über dem Patio und trug einen goldbestickten Morgenrock. In seiner Gesellschaft befanden sich zwei Männer – einer, der noch sehr viel jünger war, mit dunkelrotem Haar und den Augen eines Fanatikers, ein gewisser Pedro Lopez de Soto, wie ich später erfuhr, und ein beleibter, stämmiger Mann namens Estaban de Ibarra, mit dichtem, starrem Haar und einem vorsichtigen Gesichtsausdruck.

»Das ist der junge Killigrew.«

Beide Männer sprachen das Englische nur stockend. Sie begannen, mich zu verhören. Alle ihre Fragen betrafen England und viele meinen Vater.

Einige Fragen aber schienen eigens dazu angelegt, mir eine Falle zu stellen, als wollten sie die Richtigkeit meiner Aussagen insgheim auf die Probe stellen, indem sie sie mit ihren eigenen Informationen verglichen. Sie sprachen von unseren Nachbarn und von Hannibal Vivian: wie oft er in St. Mawes Castle das Kommando führte, und wer an seine Stelle trat, wenn er abwesend war? Dann gingen sie den Flußlauf stromaufwärts durch, zu den Trefusis', den Enys' und den Arundells. Es war faszinierend zu sehen, wieviel diese Männer schon wußten und mit wievielen Einzelheiten. Manchmal aber war ihre Deutung durchaus falsch, und ich hütete mich, sie zu berichtigen.

Nach einiger Zeit brachen sie das Verhör ab und besprachen sich miteinander. Wenn ich auch nicht alles verstand, was sie sagten, so hatten mir doch fünf Wochen aufmerksamen Zuhörens wenigstens eine oberflächliche Kenntnis des Spanischen vermittelt.

Ich wurde entlassen und ging in den Patio hinunter; er war mit grünen und blauen Fliesen ausgelegt, und in seiner Mitte spielte ein kleiner Springbrunnen, Wein und andere Pflanzen rankten sich an den Wänden und am Spalier empor, das fast den Himmel verdeckte. Rodez war da und aß behaglich eine grüne Walnuß, und Pater Rafael saß in einem Schaukelstuhl und las sein Brevier.

Mit einemmal merkte ich, daß mir Hände und Knie zitterten.
»Mariana hat mir erzählt, daß du gestern mit ihr ausgegangen bist«, sagte Rodez.
»Ja, rund um den Platz.«
»Mariana hat eine Schwäche für dich. Sei vorsichtig.«
»Das kann ich mir nicht denken, sonst würde sie mich nicht *el pincho* nennen.«
»Warum nicht?«
Ich dachte noch immer an die drei Männer oben. »*Pincho* bedeutet Laus.«
Rodez lachte. »Das mußt du nicht glauben. *El piojo* heißt die Laus. Das war ein Spaß von Mariana.«
»Was heißt dann *el pincho*?«
»Der Hübsche.«
»Oh«, sagte ich, und einen Augenblick war meine Überraschung größer als meine Furcht. »Und was ist eine *amencebada*?«
»Also jetzt weiß ich, daß sie eine Schwäche für dich hat! Vielleicht sollte ich nicht mehr sagen: ›Sei vorsichtig!‹ weil es am Ende schon zu spät ist!«
»Rodez!« Die Stimme kam von dem Balkon und schnitt das Lachen von Rodez ab, wie ein Messer durch Talg schneidet.
»Onkel?«
»Ich möchte dich sprechen.«
Als Rodez gegangen war, stand ich noch ein paar Minuten vor dem kleinen Teich unter dem Brunnen und sah zu, wie die Goldfische träge hin und herschwammen. Ich hörte, wie eine Seite des Breviers umgeschlagen wurde. Ich war überzeugt, daß Pater Rafael mich so gut im Auge behielt wie sein Brevier, aber ich fühlte mich der Aufgabe nicht gewachsen, jetzt mit ihm zu sprechen.
Señora Prada kam in den Patio und fragte Pater Rafael etwas. Sie sprachen rasch miteinander, aber ich verstand soviel, daß sie ihn fragte, wo Andres sei, und daß er antwortete, er sei oben und zwar mit zwei Besuchern, deren Namen er nannte. Ob er heute abend ins Schloß ginge? Ja, antwortete Pater Rafael, die *Junta de Noche* träte zusammen. Oh, das sei gut, sagte sie darauf. Mehr konnte ich von ihrem Gespräch nicht verstehen; aber gerade weil ich es nicht konnte, hatte ich um so mehr Gelegenheit, die Intimität ihrer Unterhaltung zu bemerken.

Rodez kam wieder herunter, und ich hörte, wie Señor Prada seine Besucher hinausgeleitete.
»Wer waren die beiden?« fragte ich Rodez.
Er zuckte die Achseln. »Zwei, die dieses Land regieren, mein Freund. Wie mein Onkel: hinter den Kulissen.«
»Ja, aber was wollten sie von mir?«
»Wir Spanier pflegen keine Details zu vernachlässigen. Und du bist eins dieser Details.«
»Wovon?«
»Was weiß ich? Deine Informationen sind abgeheftet. Wenn sie einmal gebraucht werden, dann werden sie da sein. Verstehst du?«
»Was ist die *Junta de Noche*?«
»Ein Ausschuß, ein innerer Rat, der unter dem König arbeitet.«
»Gehören auch die beiden dazu?«
»Der junge, Hauptmann de Soto, nicht. Er ist ein Außenstehender, aber immerhin Sekretär des *Adelantado*. Der *Adelantado*, der Gouverneur von Kastilien, ist der ranghöchste Offizier der Krone. Bist du nun zufrieden?«
»Und der andere?«
»Estaban de Ibarra? Er teilt sich mit meinem Onkel in das Amt des Sekretärs der *Junta de Noche*.«
»Eins verstehe ich nicht«, sagte ich. »Ich bin – sechzehn Jahre alt. In England würde sich – zum Beispiel Sir Robert Cecil nicht dafür interessieren, was ich zu sagen hätte, nicht der Earl of Essex, ja nicht einmal sein Sekretär. Ich bin ein Niemand. Was bedeute ich hier?«
»Wenig genug, sei sicher. Aber sei um deiner selbst willen dankbar, daß es etwas ist.«

2

In dieser Nacht träumte ich von Sue Farnaby. Sie weinte und rief immerzu mit tonloser, heiserer Stimme: »Maugan, Maugan!« Ich rief als Antwort: »Sue, Sue, Sue!«, keuchend vor Angst und Anstrengung. Als ich aufwachte, klang ein Geräusch in meinen Ohren nach, ich glaube, ich hatte den Namen Sues laut gerufen. Ich war schweißgebadet und brauchte Minuten, bis ich den Traum abgeschüttelt hatte.

Im Zimmer war es dunkel, aber vom Platz herauf drang ein flackernder Schein, drei zitternde Streifen an der Decke. Ich stand auf und trat ans Gitter. In den Häusern gegenüber war alles dunkel, aber unten auf den Pflastersteinen schimmerte eine Laterne. Gestern war eine alte Mähre, die beim Schleppen einer Kieslast zusammengebrochen war, dort verendet. Man hatte das Tier liegenlassen, und jetzt zerhackten zwei Bettler den Kadaver, um sich zu nehmen, was sie brauchen konnten.

Sues Schrei klang noch in meinen Ohren. Ich durfte in diesem Haus nicht länger bleiben und Zeit und Gelegenheit vorübergehen lassen. Es mußte eine Möglichkeit geben zu entkommen.

Als erstes mußte ich meine spanischen Sprachkenntnisse verbessern, wenigstens soweit, daß ich verstehen und mich verständlich machen konnte. Zweitens mußte ich an etwas Geld kommen, denn in jedem Lande gab es Menschen, die für Gold ihre Dienste liehen oder schwiegen. Drittens mußte ich einen Fluchtweg nach England planen. Und zwar mußte ich mit meinen Plänen jetzt beginnen. Madrid befand sich gerade in der Mitte Spaniens – für jemanden, der fliehen wollte, denkbar ungünstig gelegen; aber ich wollte lieber auf dem Wege sterben, als länger hier in weichlichem Luxus leben, bis meine Kräfte aufgebraucht waren.

Die Bettler unten griffen nach ihrer Laterne und ihren Messern und verschwanden im Schatten der Giebel. Zwei Männer überquerten den Platz; es waren Mönche, die schweigend daherkamen, die Kapuzen auf dem Kopf und die Arme in den Ärmeln verschränkt. Sie betraten ein Gebäude neben dem Findelhaus *La Inclusa*, und das Zuschlagen der Tür hallte über den Platz.

Es war kalt, ich trat vom Fenster zurück und setzte mich aufs Bett. Dann zog ich mir, einer plötzlichen Regung nachgebend, meine Strümpfe an, ging zur Tür und öffnete sie. Das Haus war um den Patio gebaut, und etwas Licht fiel durch das Fenster zur Galerie, als ich den ersten Treppenabsatz hinunterging.

In dieser Nacht wollte ich weiter nichts als mich vergewissern, wie leicht oder wie schwer man aus dem Hause herauskam, wenn einmal der Augenblick da war. Wie sollte ich sonst wissen, welche Tür verriegelt war und ob irgendwo ein Wachtposten stand. Aber als ich den ersten Stock erreicht hatte, in dem sich die beiden großen Schlafzimmer und das Wohnzimmer befanden, hörte ich Flüstern und sah einen

Lichtschein unter der Tür zu dem Schlafzimmer der Pradas. Ich hatte gerade noch Zeit, mich in den Schatten einer schweren kubanischen Mahagonitruhe zu zwängen, als sich schon die Tür öffnete und Pater Rafael herauskam. Eine Frauenhand erschien im Türspalt; er beugte sich über sie und küßte sie, dann entfernte er sich rasch; das einzige Geräusch im Hause war das Schlurfen seiner Sandalen und das Rascheln seiner seidenen Robe. Sofort nach seinem Weggang war das Licht unter der Schlafzimmertür verschwunden; ich war allein, und viel fehlte nicht, daß ich das alles für eine Fortsetzung meines früheren Traums hielt.

Ich beugte mich über die steinerne Balustrade und blickte in den Patio hinunter. Ich hatte die Erfahrung gemacht, daß diese Spanier bei weitem freundlicher waren, als ich sie mir vorgestellt hatte, und ungeachtet aller Gefahren und unausgesprochenen Drohungen, die mich umgaben, hatte es mir auch an gelegentlichen Freundschaftsbeweisen nicht gefehlt. Ich hatte mich sogar gefragt, was denn eigentlich der Katholizismus war, daß er so erbittert bekämpft wurde. Gerade jetzt erinnerte ich mich an die Worte unserer Puritaner daheim.

Ich war im Begriff, den letzten Treppenabsatz hinunterzugehen, als ich jemanden im Patio bemerkte. Es war der Neger Sebastiano, den ich oft als Posten vor der Tür sah. Er hatte vor dem Springbrunnen gekauert, und wenn ich jetzt hinuntergegangen wäre, hätte er mich abgefangen. Mit den Schlüsseln rasselnd ging er zur großen Tür, öffnete sie und ließ Señor Prada herein, dem sein persönlicher Bediener, der eine Laterne trug, folgte. Ich hörte Sprechen: Pradas Stimme klang müde und gereizt. Wollte ich noch länger auf der Galerie bleiben, hieße das, die Entdeckung herausfordern; also lief ich verstohlen wieder die Treppen hinauf, erst die steinerne, dann die knarrende aus Holz – und lag einen Augenblick später in meinem Bett.

In der nächsten Woche beschäftigte ich mich jeden Tag vom Morgen bis zum Abend mit dem Spanischen. Wenn es Rodez zuviel wurde, ging ich zu Mariana.

Mariana hatte herrliche Zähne, und es war nicht schwer, sie zum Lachen zu bringen. Noch immer nannte sie mich *el pincho*, aber ich verzichtete darauf, sie wegen ihrer Übersetzung zur Rede zu stellen; ich wußte, sie würde nur mit einem Achselzucken antworten oder irgendwie den Spieß umdrehen.

Ich ging auch wieder ins Schloß – einmal um Rodez beim Einordnen einiger englischer Bücher zu helfen. Beim zweiten Mal stand ich plötzlich dem schrecklichen Priester gegenüber, der ein Gesicht wie ein Geier hatte, und wurde zwei Stunden lang von ihm in den Grundsätzen des Glaubens unterwiesen – Stunden, in denen mir das Herz im Leibe fror. Wie gern hätte ich die wahre Gelehrsamkeit eines Protestanten besessen. Mir fehlte das Wissen, um seiner bestechenden Argumentation widersprechen zu können, aber instinktiv erkannte ich ihre Sündhaftigkeit und Verruchtheit; ich war aufgezogen in der Verachtung römischer Verderbtheit. In dieser Nacht betete ich um die rechte Führung und um Mut. Bald mußte der Augenblick kommen, in dem ich nicht anders konnte und mich weigerte, mehr von seinen listig verdrehten Argumenten zu hören; denn sie anzuhören, war fast so gotteslästerlich, wie ihnen zu folgen. Aber um aufzustehen und ihm zu sagen, daß er ein Werkzeug Satans war, bedurfte es eines kaltblütigen Muts und eines verzweifelten Glaubens, den man nicht gar so leicht aufbrachte.

Das drittemal wurde ich ins Schloß gerufen, übrigens wieder mit Rodez, um bei der Tafel des Hauptmanns Lopez de Soto aufzuwarten, jenes jungen Fanatikers mit den kupferroten Haaren, der Sekretär des Gouverneurs von Kastilien war. De Soto hatte ein Dutzend Gäste, die alle kürzlich aus Italien gekommen waren. Drei von ihnen waren Priester und fünf Marineoffiziere aus Genua, die zum Gefolge des Prinzen Giovanni Andrea Doria gehörten, der soeben in Madrid eingetroffen war. Die Unterhaltung wurde abwechselnd auf Spanisch und auf Italienisch geführt und drehte sich zum größten Teil um Fragen der Seemacht und um das spanische Flottenbauprogramm und die Aussichten auf einen baldigen Angriff auf England.

Einer der Herren in Zivil ließ mich rufen. »Ich höre, daß Ihr ein Killigrew seid.«

Er hatte ein schmales, sonnengebäuntes Gesicht mit einem wilden Schopf brauner Haare; die blauen, ein klein wenig schielenden Augen hatten einen eigentümlichen Ausdruck; es war ein Gesicht, anders als alle, die ich in letzter Zeit gesehen hatte.

»Ja, Sir.«

»Und ein Gefangener, frisch aus England, wie man mir erzählt. – Bald schlagen die Bäume aus, drüben.«

»Ihr seid Engländer!«

»Nicht nur Engländer, mein Junge. Tanzen sie in Helston immer noch den *Hal-an-tow*-Tanz?«
Überrascht starrte ich ihn an. »Ihr seid aus Cornwall?«
»Ja. Allerdings ist es dreizehn Jahre her, daß ich es nicht mehr gesehen habe. Aber manchmal denke ich noch an die Heckenwege, Primeln und Veilchen im Frühling. Wie geht es Eurem Vater?«
»Ihr kennt ihn?«
»Nur als jungen Mann. Ich bin in Tolverne geboren, ein Stück stromaufwärts von Eurem Haus.«
Das Entzücken und die Erleichterung, einen mir freundlich gesinnten Menschen zu sehen, benahm mir fast den Atem. Die drei Monate, die ich von zu Hause fort war, erschienen mir wie drei Jahre. Als ich seine Hand ergriff, fielen mir die Worte ein, die Thomas Arundell bei meinem letzten Aufenthalt in Tolverne gebrauchte: ›... wie bei meinem Onkel Thomas, der vor dreizehn Jahren eine Wallfahrt nach Rom unternahm und nicht mehr zurückkam ...‹
»Das bedeutet – so viel für mich ...«
»Ach ja, ich weiß, wie das ist. Dabei war ich dreißig, als ich fortging, kein halbwüchsiger Junge mehr, und ich ging aus freier Entscheidung, nicht gezwungen; aber die alte Heimat läßt sich nicht vergessen. Immer wieder habe ich mir geschworen, daß ich sie einmal wiedersehen werde. Aber die böse alte Frau lebt zu lange.«
»Kurz vor Weihnachten habe ich Eure Familie gesehen, Sir. Ich kam von Truro und übernachtete in Tolverne.«
»Ihr meint die Familie meines Bruders? Und wie geht es Sir Anthony? Jetzt, da er der Hölle näherkommt, vermute ich, daß er alle Anstrengungen macht, ihr zu entgehen.«
Ich erzählte ihm von seinem Neffen Jonathan und seiner Heirat und allen Familienneuigkeiten. Obwohl meine Freude über diese Begegnung ein wenig nachließ, als ich mir klarmachte, daß dieser Mann mit dem Feind gemeinsame Sache machte, genügte der bloße Umstand, es mit einem Verwandten zu tun zu haben, daß ich wieder Hoffnung schöpfte.
»Wißt Ihr, was sie hier mit mir vorhaben?« fragte ich ihn.
»Ich? Nein, ich bin eben erst angekommen. Aber es gibt viele Engländer über ganz Italien und Spanien zerstreut. Ich meine, Ihr könnt Mut fassen.«
»Sind es protestantische Engländer?«

Er warf mir einen Blick zu. »Das müßt Ihr ändern. Ich weiß, die Killigrews standen immer auf der Seite der Reformierten Kirche, aber ich kann Euch auch verraten, warum. Wegen der Vorteile, die ihnen das brachte, und nicht aus religiöser Überzeugung. Dreiviertel des Killigrewschen Besitzes hatte der Kirche gehört. Und ich glaube nicht, daß viele Eurer Vorfahren einem Glauben treu geblieben wären, wenn es ihren Interessen widersprochen hätte, und so möchte ich Euch den Rat geben, ihn freiwillig zu wechseln, bevor Euch die Spanier dazu zwingen.«

»Was meintet Ihr eben, Sir, als Ihr sagtet, daß Sir Anthony der Hölle nähergekommen sei?«

»Nun, so wie alle Ketzer, wenn sie älter werden und ihnen die Todesstunde näherrückt. Aber wenn es eine göttliche Gerechtigkeit gibt, wird er der Hölle nicht entgehen, nur weil er in letzter Stunde umkehrt.«

»Das verstehe ich nicht.«

»Ihr seid zu jung, um von der Geschichte gehört zu haben. Da wurde, kurz bevor ich England verließ, ein frommer Priester, Cuthbert Mayne, in Cornwall verhaftet. Er wurde in Launceston gehängt, gestreckt und gevierteilt. Mein Bruder gehörte zu den Geschworenen, die über ihn zu Gericht saßen. Ein Arundell! Was für eine Schande für unseren Namen! Bei Gott, alle Heiligen im Himmel müssen ihr Antlitz abgewandt haben!«

Ich blickte auf ein Bild der heiligen Jungfrau; sie hatte einen sonderbar hellwachen Ausdruck, als lausche sie. Glich sie nicht einer Blüte, die sich eben öffnete?

»Mr. Arundell, könnt Ihr mir helfen?« fragte ich ihn.

»Wobei?«

»Ich möchte nichts zu tun haben mit – mit Religion oder Krieg. Ich möchte nichts als heimkehren.«

Seine Miene verdüsterte sich. »Dann wird es Zeit, daß Ihr erwachsen werdet. Niemand kann heute – und ganz gewiß nicht jemand, der Euren Namen trägt – der größten Frage unserer Epoche ausweichen. Seid Ihr für Christus oder für den Antichrist? Ist diese Frage nicht bedeutend genug, um jede Indifferenz auszuschließen? Ihr könnt Euch nur für eine Antwort entscheiden, und dabei kann ich Euch nicht helfen.«

»Aber hofft Ihr nicht manchmal auch, nach Hause zu kommen?« fragte ich neugierig.

»Ich sagte Euch schon ja, und möglichst bald! Aber nicht als Bittsteller. Ich habe nicht all diese Jahre im Exil gelebt, um wieder unter den eklen Mantel Calvins zu kriechen. Es gibt in England Hunderttausende, die sich morgen erheben würden, wenn der Ruf an sie erginge! Eines Tages wird es so weit sein.«
Rodez wartete bereits ungeduldig an der Tür auf mich.
»Sir, wo habt Ihr in Madrid Quartier genommen?« fragte ich. »Wenn Ihr erlaubt, möchte ich Euch gelegentlich meine Aufwartung machen.«
»Euer Freund weiß, wo ich zu finden bin. Ich werde einige Wochen hier bleiben. Ich habe mich in meinem Exil viel mit Malerei beschäftigt, und in Toledo lebt ein Maler, den ich kennenlernen möchte.«
Als ich mit Rodez den langen Gang durchschritt, fragte er spöttisch: »Ein Verwandter?«
»Ein entfernter. Ich war ihm noch nie begegnet.«
»Davon gibt es in Spanien eine ganze Anzahl – ich meine, Engländer, die ihrem Glauben treu geblieben sind. Aber sie sind hier nicht beliebt. Weil wir nie ganz sicher sind, ob nicht der eine oder andere sich als Spion erweist.«
»Wer ist eigentlich der Hauptmann de Soto?« fragte ich. »Wie kommt es, daß er Gesellschaften in diesem Stil gibt?«
»Ich habe es dir doch gesagt: er ist der Sekretär des Gouverneurs von Kastilien, Don Martin de Padilla.«
»Und was hat der mit Flottenangelegenheiten zu tun?«
»Er ist der oberste Befehlshaber unserer Flotte. Ein kampferprobter alter Haudegen, kein Schwächling wie Medina Sidonia, der 88 das Kommando hatte.«
»Stellt er eine neue Armada zusammen?«
»Sei du nur vorsichtig und frage nicht zuviel«, sagte Rodez, »sonst könnten wir am Ende *dich* für einen Spion halten.«

An jenem Abend war Señor Prada wieder ins Schloß gerufen worden und hatte wissen lassen, daß er nicht so bald wieder zurückkommen würde. Rodez hatte ihn begleitet, und Señora Prada war mit einem Verehrer ins Theater gegangen. Pater Rafael zog sich zeitig in sein Zimmer zurück, und Isabella, die in einen jungen Offizier verliebt war, der nach Valladolid versetzt worden war, zupfte schwermütig die Gitarre im Patio.

So blieb ich mit Mariana allein – und natürlich ihrer Anstandsdame, die mit übergeschlagenen Beinen in einer Ecke saß. Eine Stunde lang beschäftigten wir uns mit unserem Sprachunterricht im Austausch, aber Mariana wurde dessen bald müde, denn sie hatte weniger zu lernen als ich – und weniger Veranlassung. Der wechselseitige Unterricht hatte uns zu Freunden gemacht. Sie erzählte mir von Spanien und von ihrem Leben, und ich von dem meinen und von England und Cornwall. Nur Sue Farnaby erwähnte ich nie, aus begreiflicher Zurückhaltung.

Jetzt aber fragte sie mich plötzlich: »Bist du schon einmal verliebt gewesen, *Pincho*?«

»In gewisser Weise – ja«, sagte ich nach einigem Zögern.

»In was für einer Weise?«

»Also ja . . . ich bin verliebt gewesen.«

»In wen? Erzähl! Ein Mädchen in deinem Alter oder eine Zwanzigjährige oder eine verheiratete Frau?«

»Ihr könnt aber fragen . . .«, sagte ich und lachte verlegen.

»Und dieses Mädchen hast du geliebt?«

»Ich habe es doch gesagt.«

»Aber da gibt es doch Unterschiede, nicht wahr? Du kannst lieben wie Isabella da unten, mit Seufzen und Schmachten, ein hingebungsvoller Verehrer; sehr schön, aber es spielt nur im Herzen und basta. Oder du kannst mit dem Körper lieben, mit den Sinnen – Liebe machen –, du erlebst eine Leidenschaft. Es ist wild und großartig. Das ist das Richtige. Von welcher Art war deine Liebe?«

»Von der ersten.«

»Ach . . . das hätte ich mir denken können.«

Eine Weile schwiegen wir. Dann fragte sie:

»Weißt du, was eine *amencebada* ist?«

»Nein, und das wißt Ihr.«

»In Spanien läßt man Knaben, wenn sie zwölf oder dreizehn geworden sind, von einer Konkubine in den Dingen der Liebe unterweisen. Das ist eine *amencebada.*«

Es war der erste warme Abend, das Gitarrenspiel klang schön und traurig, und es war, als wolle es das leise Plätschern des Springbrunnens begleiten. Mariana stand auf und lehnte sich über die Galerie. Sie rief ihrer Schwester etwas zu, es klang streng, und das Spiel endete jäh. Dann sah sie mich mit glänzenden Augen an.

»*Muy bien.* Und jetzt paß einmal gut auf.«
Ihr schwarzes Haar war in der Mitte gescheitelt; sie trug es im Nakken mit einem Band zusammengehalten und in einen blaßroten Taftschal gewickelt. Jetzt aber löste sie den Schal, und zur gleichen Zeit begann Isabella, wieder zu spielen, aber anders diesmal, voller Leidenschaft – eine seltsame Musik, die ich erst einmal von weitem gehört hatte, vielleicht aus einer erleuchteten Schenke oder von einer Gruppe von Zigeunern um ein Feuer: eine leidenschaftlich tremolierende Musik voller Melancholie und gleitender Halbtöne. Mariana stand am Rand der Galerie, mit geschlossenen Augen und, wie von Qualen verzehrt, eine Hand vors Gesicht gepreßt; und so begann sie zu tanzen.
Sie hatte keine Kastagnetten und trug keine Schuhe mit hohen Absätzen. Sie tanzte auf einer winzigen, fliesenausgelegten Fläche und drehte sich, die Hände erhoben, als hielte sie Kastagnetten in ihnen, und schnalzte mit den Fingern. Sogar in Sandalen brachte sie es fertig, den Rhythmus mit ihren Absätzen zu markieren. Sie schüttelte sich und wiegte sich im Tanz. Sie wand sich wie eine Schlange und bewegte ihre Hüften wie um ein unsichtbares Seil. Ihr Haar wurde zum Haar der Gorgo, wurde lebendig und verwandelte mich zu Stein.
Als die Musik endete, hörte sie auf zu tanzen; sie lehnte sich über das Geländer und blickte zu ihrer Schwester hinunter. Man konnte ihr Gesicht nicht sehen, weil das Haar es verbarg. Ihre Dueña saß in ihrer Ecke und nähte.
»Das habe ich dir zeigen wollen, Maugan. Das ist es, was man unter Liebe versteht. Unzweifelhaft.«
»Es ist etwas anderes.«
»Es ist es – was gemeint ist.«
»Ich weiß nicht . . .«
»*Ya se lo he dicho.*«
»Gut . . .«
Sie nahm den Schal, in den ihr Haar im Nacken gebunden war, und wischte sich Stirn und Gesicht damit ab. Dann begann sie, ihr Haar zu ordnen und das Band zu knüpfen.
Isabella zupfte wieder träge an den Saiten ihrer Laute. Einer der schwarzen Sklaven kam auf einem Botengang an uns vorbei, ohne jedoch uns anzusehen; in Spanien sind die Diener gut geschult. Ma-

riana suchte ihre Bücher zusammen, nahm ihre Goldstickerei, an der sie nur selten arbeitete, und eilte fort. Ich lauschte dem Klappern ihrer Sandalen, als sie die Treppe hinaufging. Ein paar Sekunden darauf erhob sich auch die alte Frau in ihrer Ecke und folgte ihr schweigend.

Ich versuchte zu lesen, vermochte mich aber nicht zu sammeln. Drei Bilder beschäftigten meine Phantasie: Sue, Captain Burley und Mariana. Waren sie nur verschiedene Seiten desselben Würfels? Ich wußte es nicht. Mir erschienen sie so verschieden wie frische Luft, trübes Wasser und Feuer. Jedesmal wenn ich ins Buch sah, sah ich Mariana vor mir. Schließlich entschloß ich mich, zu Bett zu gehen.

Im nächsthöheren Stockwerk mußte ich an mehreren Türen vorbeigehen, bis ich die Holzstiege zum Dachboden erreichte. Eine dieser Türen stand offen und zeigte mir Mariana, die vor dem Spiegel saß und ihr Haar flocht.

Ich trat ein, und sie lachte mich freundlich an.

»Wo ist . . .?« fragte ich flüsternd.

»Tartara? Ins Bett geschickt, wei es sich gehört. Ich dachte mir, daß du kommen würdest.«

»Ich –«

»Warte.« Mariana stand auf und schloß die Tür hinter mir. Dann lehnte sie sich an die Tür, die Hände hinter der Taille verschränkt, und sah mich ruhig, mit spöttischem Lächeln, an. Als ich auf sie zuging, löste sie sich von der Tür, legte ihre Arme um meinen Hals und küßte mich. Ihre Brüste preßten sich gegen mein rauhes Hemd. Sie war so groß wie ich; ihr Mund suchte den meinen.

Ich strich ihr mit den Händen über den Rücken und fühlte durch den Seidenstoff hindurch Wärme und Leben ihres Körpers, dann zog ich die Hände zurück und legte sie um ihre Brüste. Aber während wir uns noch so in wollüstiger Begierde, die meinen freien Willen lähmte, aneinander klammerten, geschah etwas sehr Merkwürdiges. Ich entdeckte in mir den Wunsch, dem zu entkommen, was ich mir doch am meisten gewünscht hatte.

Ich dachte an Sue Farnaby. Ich gehörte ihr und keiner anderer Frau, und ich *begehrte* auch keine andere. Außerdem wollte ich in der Liebe nach meinem eigenen Zeitmaß vorangehen und mich nicht einfach ziehen lassen.

Mit einem Ruck hob ich den Kopf und richtete mich auf. Ich versuchte, mich aus ihrer Umarmung zu lösen.

»Was hast du? Es ist niemand da.«

»Doch, Mariana, da war jemand, glaube mir.« Sie hatte mir selbst den einzig möglichen Vorwand geliefert.

»Niemand wird hier hereinkommen.«

»Nein, Mariana. Aber darum geht es eigentlich nicht. Es – es würde Schande über dich bringen –«

Am Ende konnte ich mich von ihr freimachen und ging zur Tür. Aber ich wagte nicht, mich umzudrehen, denn ich wußte, wenn ich sie noch einmal sah, war ich verloren.

»Maugan!« rief sie.

Ich ging hinaus.

Noch Tage danach fühlte ich mich wie ein Schwimmer, der in sich kreuzende Strömungen geraten war, aus denen er nicht mehr herausfand. Meistens war ich sehr zufrieden mit meinem Verhalten, stolz, Sue Farnaby die Treue gehalten zu haben, die Treue auch einem Ideal von der Liebe, das weit über einer in dunklen Schlafzimmern tastenden Leidenschaft stand. Aber immer wieder kam auch ein Gefühl von Scham, als hätte ich, indem ich mich Mariana versagte, zugleich auch meine neue Männlichkeit verleugnet.

Ich wußte aber auch, daß ich meinen Hoffnungen auf ein Entkommen einen sehr schlechten Dienst erwiesen hatte, als ich Mariana verschmähte. Wenn mir überhaupt jemand hätte helfen können, dann sie, wenn sie meine Geliebte geworden wäre; denn gerade sie war großmütig und unbekümmert genug, die Gefahr, die sie selbst dabei lief, geringzuachten.

Im Lauf der Tage wurden in mir Unzufriedenheit und Selbstkritik größer. Wäre ich nur etwas weniger bedenklich und dafür etwas berechnender gewesen, ich hätte die beste aller Welten gehabt.

Thomas Arundell logierte am Platz vor dem Schloß. Ich besuchte ihn in Begleitung von Rodez. Er bewunderte gerade einige Bilde, die er gekauft hatte, und es schien ihm eine ganze Weile schwerzufallen, sich von den Bildern weg- und uns zuzuwenden.

»Ach, Maugan! Gehst du zum Autodafé in der nächsten Woche?«

»Ich weiß noch nicht.«

»Er wird gehen«, sagte Rodez.

»Als Schauspiel genommen, mag es ja interessant sein«, sagte Mr. Arundell. Es klang kühl. »Aber in Rom gab man derartige Schaustellungen schon vor rund tausend Jahren auf.«
»Sir, dies ist ein feierlicher Glaubensakt und keine gewöhnliche Zirkusnummer mit wilden Tieren«, entgegnete ihm Rodez.
Arundell ging zu der Staffelei in einer Ecke des Raums. »Hier sind Blaus und Grüns, die jeder Analyse spotten; sie müssen wohl aus einer übernatürlichen und wunderbaren Farbenmischung hervorgegangen sein. Solche Farben habe ich in dieser Woche immer wieder auf den Bildern von Dominico Teotocopoli gesehen. Sie sind eine *Offenbarung*. Verstehst du etwas von Malerei?«
»Nein, Sir.«
»Schade. Manche Killigrews haben ein Talent für Kunst. Und die Seeräuberei, natürlich. Eine merkwürdige Familie. Beinahe so merkwürdig wie die Arundells, und wir sind, Gott weiß, ziemlich ungewöhnlich. Hitzig und leidenschaftlich in allem, auch wenn wir unrecht haben. Glaubst du, daß es meinem Bruder mit seiner Rück-Bekehrung ernst ist?«
»Er setzt seine Freiheit dafür aufs Spiel.«
»Tatsächlich? Nun, du scheinst auf machen Gebieten gut informiert zu sein. Kennst du meine Schwester Alice?«
»Nein, Sir.«
»Wie ich höre, lebt sie in völliger Zurückgezogenheit in Tregony; sie hat wie ich nie in ihrem Glauben gewankt. Wir sind eine gespaltene Familie, junger Mann, sie und ich rechtgläubig, Anthony und Henry abtrünnig. Nun, ich freue mich, daß Anthony wenigstens versucht, seine Seele zu retten, wenn auch zu so später Stunde. Anders als Henry, davon bin ich überzeugt. Der ist ein halsstarriger Ketzer, wie er im Buch steht. Alice war mein Liebling – ich wette, sie ist unverheiratet geblieben, wie wir. Es wäre mir lieb, wenn du ihr diesen Brief überbrächtest bei deiner Rückkehr.«
»Meiner Rückkehr –?«
Mr. Arundell warf einen Seitenblick auf Rodez. »Es ist zwar nur ein Gerücht, aber es wird erzählt, daß du vielleicht heimgeschickt wirst.«
»Heimgeschickt?«
»Nun, ich weiß natürlich nichts. Es wurde aber von einem Gefangenenaustausch oder dergleichen gesprochen. Es ist gut möglich, daß auch nichts daraus wird. Aber wenn, dann möchte ich, daß du diesen

Brief mitnimmst, denn ich habe seit fünf Jahren nichts mehr von Alice gehört.«

»Gern«, erwiderte ich, und das Herz hüpfte mir vor Freude im Leibe.

Mr. Arundell fuhr fort zu sprechen. Er sprach gern, und ich blieb fast eine Stunde. Eine Zeitlang war ich ganz in meine Gedanken versunken, aber hin und wieder machte ich verzweifelte Versuche, mich auf das zu konzentrieren, was er sagte, für den Fall, daß er wieder eine Bemerkung fallen ließ, die mich betraf. Aber zumeist sprach er über Malerei, ein Thema, das offenbar seinem Herzen am nächsten stand. Und ich überlegte mir, ob er wirklich einmal nach England käme, wie er es ganz offensichtlich hoffte, und ob es ihm dann, nach so vielen Jahren unter südlicher Sonne, nicht gar zu kalt und grau erscheinen mochte.

Schließlich faßte ich mir ein Herz und unterbrach ihn mit einer Frage.

»Kehre zu deiner wahren Religion zurück, mein Junge«, antwortete er, »das ist das Wichtigste. Und wenn du ein guter Katholik geworden bist, werden dich die Spanier um so lieber entlassen, denn dann senden sie einen Christen nach England und keinen Ketzer. Es ist nur eine Frage der Zeit, wann der Abfall der nördlichen Staaten endet; auf ihrer Seite ist weder Weisheit noch Ehrerbietung – sie kämpfen für den Teufel. Hast du Unterricht bekommen, seitdem du in Madrid bist?«

»Jemand vom heiligen Officium – ich weiß nicht, wie er heißt – hat mir verschiedene Male –«

»Die von heiligen Officium sind durchaus nicht die besten Lehrer. Sie sind – mit Verlaub zu sagen, Señor Rodez – die Gehilfen des spanischen Königs. Wende dich an einen guten Jesuiten, der seine Botschaft unmittelbar von dem Stellvertreter Christi auf Erden in Rom bezieht. Du wirst bei ihm eine andere Kraft der Überzeugung und Trost finden. Frage Señor Prada; er wird jemanden kennen.«

»Wir haben einen Benediktiner im Hause«, bemerkte Rodez verdrossen.

Mr. Arundell nahm ein kleines Gemälde in die Hand. »Sieh es dir gut an, Maugan Killigrew. Es ist von demselben Künstler aus Toledo. Betrachte diese schmale, langgestreckte Christusgestalt. Hast du nicht den Eindruck von einem übernatürlichen Wesen, von einer irdischen Form, die der Heilige Geist ins Überirdische verklärt? Das ist große

Malerei, wie ich sie noch nie gesehen habe. Eines Tages werde ich das Bild in *meinem* Hause in England aufhängen, wenn dort wieder Religion gepredigt werden kann. Möge es bald sein, denn ich werde nicht jünger; mein Vater starb mit neunundzwanzig; man wird nicht alt in unserer Familie.«

Auf dem Heimweg quälte ich Rodez, mir zu erklären, was Thomas Arundell wohl gemeint hatte, aber Rodez behauptete, nichts davon gehört zu haben, daß man mich nach England zurückschicken wolle. Übrigens war er schlechter Laune, denn Arundells freimütige Worte über die Verhältnisse in Spanien hatten ihm mißfallen. Dann fragte ich ihn nach dem Autodafé, und er bestätigte mir, daß es zu Ehren des Thronfolgers und einzigen noch lebenden Sohnes des Königs, des Prinzen Philipp an dessen sechzehntem Geburtstag stattfinden sollte.
Vor der Haustür begegneten wir dem alten Soldaten mit der gelähmten Hand, der neulich Mariana angesprochen hatte, und nun hier wartete. Rodez sagte barsch, Señor Prada sei nicht im Hause und würde es auch so bald nicht sein, wenn er ihn sprechen wolle, so müsse er morgen früh wiederkommen. »Alles schön und gut«, brummte der Soldat. »Aber ich habe meine Stellung verloren, und Not kennt kein Gebot.« Müde schleppte er sich fort.
Obwohl ich erst drei Monate in Spanien war und weniger als zwei davon in Madrid, verstand ich jetzt vollkommen die Sprache; es war plötzlich gekommen, in den letzten vierzehn Tagen, gewiß als das Resultat konzentriertester Anstrengung.
Im Hause war alles in höchster Aufregung. Mariana hatte, als sie in einer ihrer Launen durch die Küche gestürmt war, einen Topf mit kochendem Wasser umgeworfen und sich Füße und Beine verbrüht. Mägde und Diener liefen mit Salben und Riechsalz hin und her, und zwei Apotheker waren zur Stelle.
Ich schlief in dieser Nacht nicht gut. Das Gesinde war Marianas wegen in Alarmzustand; ich hörte bis in den Morgen hinein Schritte auf der Treppe. Aber was mich wirklich wach hielt, war eine neue Hoffnung. Doch auch jetzt noch wagte ich kaum, mich ihr hinzugeben, aus Furcht, es könne eine Falle dahinterstecken, eine List, um meine Widerstandskraft zu schwächen.
In den nächsten Tagen durfte ich Mariana nicht sehen, denn sie hütete das Zimmer, und fast stündlich kamen die Apotheker. Am vier-

ten Morgen nach ihrem Unfall folgte ich Rodez, als er ihr Zimmer betrat, und ihre Blässe und der sichtbare Ausdruck von Schmerz in ihrem Gesicht erschreckten mich. Niemand hatte mir gesagt, ob es sich um leichte oder schwere Verbrennungen handelte, und ich war außerdem überzeugt, daß Mariana in jedem Fall das Haus in Atem gehalten hätte, nun aber sah ich selbst ihr fiebriges, von Krankheit gezeichnetes Gesicht. Ich trat an ihr Bett von der Seite her, an der ihre Anstandsdame mit einer Stickerei saß, während Rodez an der anderen Seite stand. Kaum aber hatte mich Mariana gesehen, als sie sich Rodez zuwandte und angeregt mit ihm all die Unterhaltungen dieser Woche durchsprach, die sie nun missen mußte. Als endlich eine Pause eintrat, sagte ich: »Es tut mir leid, Mariana, daß Ihr diesen Unfall hattet.«

»Wie kommt es, daß die kleine Laus – *el piojo* – in meinem Zimmer ist?« fragte sie Rodez. »Ist sie unter der Tür durchgekrochen?«

»Im vorigen Sommer hat mir jemand gezeigt, wie man eine Heilsalbe für Brandwunden zubereitet. Eine Hexe hat es mir gezeigt«, sagte ich.

»Und natürlich ist die Königin von England damit behandelt worden, als sie sich die Finger an einem Kerzenputzer verbrannte«, spottete sie.

»Nein, in der Anwendung habe ich die Salbe nicht gesehen. Aber es war eine erfahrene, kluge Frau, die es mir beigebracht hat, wie man sie zubereitet.«

»Nun, ich meine, mehr Schaden anrichten, als die Apotheker bereits angerichtet haben, könnte es auch nicht«, sagte Rodez.

»Ich habe geschworen, nie die Zutaten zu verraten. Aber ich glaube auch nicht, daß man sie alle hier bekommt«, sagte ich.

»Gott verzeih mir!« sagte Mariana. »Zaubere soviel du willst, aber nicht bei mir.«

»Ich könnte es doch versuchen«, sagte ich. »Heilt die Brandwunde schon?«

»Heilen! Daß ich nicht lache!« sagte Rodez.

»Sag der kleinen Laus, sie soll gehen«, sagte Mariana. »Sie verursacht mir Kopfschmerzen.«

»Zeigt mir die Wunde«, sagte ich.

»Zeigen?« erstaunte sich Mariana. »Sie ist an meinem *Bein.*«

Wenn ich daran dachte, was ich noch vor ein paar Nächten bei Ker-

zenlicht in diesem Schlafzimmer von ihr gesehen hatte, erschien mir ihre Sittsamkeit ein wenig übertrieben.
»Sie machen einen heißen Breiumschlag nach dem andern, und dabei wird es immer schlimmer«, sagte Rodez. »Mariana, Maugan hat selbst Schwestern zu Hause.«
»Erlaube ihm nicht, daß er mich berührt. Ich könnte es nicht ertragen!« sagte Mariana.
»Ein Kind deines Alters«, sagte sie verächtlich über die Schulter zu mir. »Was hast du mit Hexen zu tun gehabt?«
»Wächst Flachs in diesem Land? Und Sumpfmoos? Und der Indigostrauch? Ich weiß nicht, ob ich die nötigen Ingredienzen hier bekomme.«
Zum erstenmal zeigten sich beide beeindruckt.
»Da steht jeden Morgen ein Dutzend Quacksalber auf dem Platz, und jeder hat sein Wundermittel anzubieten«, sagte Rodez. »Ich weiß nicht, ob sie etwas von dem haben, was du brauchst, oder es dir verkaufen würden. Versuch es morgen. Und du sei kein Dummkopf, Mariana. Wenn Maugan etwas kennt, versuch es doch: viel schlechter als alles andere kann es dir kaum bekommen.«
»Laß es ihn erst einmal mixen«, sagte sie. »Dann werde ich allein meine Entscheidung treffen. Geh jetzt! Ich kann seine Stimme nicht hören, ohne Kopfschmerzen zu bekommen.«

Es war ein Glück, daß ich die Hautverbrennungen damals noch nicht gesehen hatte, sonst hätte ich wohl den Versuch, ihr zu helfen, gescheut. Selbst so noch wundere ich mich über meinen Mut. Aber Jugend ist zuversichtlich und unbekümmert, und etwas von meinem Vertrauen zu Katherine Footmarker gab mir Vertrauen zu mir selbst.
Am nächsten Morgen war ich früh mit Rodez unterwegs. Oft genug konnte ich meiner Sache nicht sicher sein; die Namen waren verschieden, und mir fehlte die Erfahrung, Kräuter nach ihrer Gestalt oder nach ihrem Geruch zu erkennen.
Wir kamen mit einem Dutzend verschiedener Dinge zurück, – darunter Leinöl, Kalkwasser und zerriebene Ulmenrinde. Ich verdünnte, ich streute und ich mischte mit einer Salbe, deren Grundlage eine weiße Seife aus Flandern war. Es wurde ein beißender, unassimilierter Mischmasch, der sich stark unterschied von dem, was mir Katherine Footmarker in einer Dose für das Kind der Michells mitgegeben hatte.

Aber ich verstrich es auf Moos, das ich gekauft hatte, und tat das Ganze auf ein weißes Leinentuch. Damit ging ich in ihr Zimmer.
Sie war an diesem Morgen, nach einer fiebernd verbrachten Nacht, nicht mehr gar so schlecht auf mich zu sprechen und erlaubte mir sogar, mir ihre Hautverbrennungen, so weit wie sie nach oben reichten, was bis zur Wade hieß, anzusehen. Die Bläschen hatten sich schon lange von den Brandwunden gelöst und schwärende, wunde, fast blutige Stellen zurückgelassen. Sie waren noch fleckig verfärbt von den letzten Umschlägen, die ihr einer der Apotheker gemacht hatte, und Katherine Footmarker hätte gewiß gefordert, daß zunächst einmal diese Spuren sorgfältig zu entfernen seien. Aber ein Blick auf Marianas Unterlippe belehrte mich, daß sie mir bei dem geringsten Schmerz, den ich ihr zu denen, die sie schon hatte, noch hinzufügte, jede Berührung verbieten würde. Also schnitt ich meinen Breiumschlag in zwei Teile, legte den einen auf ihren Fuß, den anderen auf ihr Bein. Sie murrte etwas vor sich hin und verbiß sich tapfer die Tränen, die ihr aus den Augen stürzen wollten. Ich wartete auf den großen Ausbruch, aber er kam nicht, so beeilte ich mich denn, um beide Stellen einen leichten Verband anzulegen, damit der Umschlag nicht verrutschte.
Am Abend ließ sie sagen, ich möge für den morgigen Tag einen weiteren Umschlag der gleichen Art vorbereiten. Im Vertrauen erfuhr ich, daß ihr die morgendliche Anwendung einige Erleichterung verschafft hatte, was sie zweifellos darin bestärkte, mir trotz aller Warnungen und Verdächtigungen der Apotheker zu vertrauen.
So ging es drei Tage lang weiter. Jeden Tag eine andere Mixtur; niemals ganz dasselbe wie das letzte Mal; und jeden Tag war die Entzündung ein wenig weiter zurückgegangen.
Auch aus ihrer Stimmung wich das Fiebrig-Erhitzte. »Doktor Blutegel« titulierte sie mich nun, mit jenem ironischen Klang, der sie der Gefahr enthob, ernstgenommen zu werden. Aber es hatte sich im Hause herumgesprochen, daß es ihr besser ging, und Rodez und Isabella kamen mir mit größerer Achtung entgegen. Rückblickend will es mich verwundern, daß ich selbst damals nicht mehr von meinem Erfolg überrascht war. Aber vielleicht bin ich nie von dieser Gabe so überrascht und so dankbar für sie gewesen, wie ich hätte sein müssen.
Jedenfalls humpelte Mariana am Tage vor dem Autodafé schon allein

die Treppe herunter, und ich konnte ihr sagen, daß sie meine Salben nicht mehr brauche.
»Aber die besten Ärzte hören nie mit ihrer Behandlung auf«, sagte sie. »*Siempre sera bien recibido.*«
Rodez ging mit mir allein zum Autodafé. Es lag in seiner Natur, überall zu spät zu kommen, und so waren bereits zwei bis dreitausend Menschen auf der Plaza Mayor, als wir kurz nach Sonnenaufgang dort eintrafen, und auch die Balkons der vierstöckigen Häuser waren von Hunderten von Zuschauern bevölkert. Auf der einen Seite des Platzes befand sich der Balkon, auf dem später der König hinaustreten würde; gegenüber standen auf einem Aufbau zwei Käfige, in denen etwa sechzehn Gefangene untergebracht waren. Dies alles konnte ich deutlich erkennen, nur der Blick auf die Fläche des Platzes war mir verwehrt durch die Köpfe und Schultern der vor mir Stehenden, und die für die Gelegenheit gezimmerten Zuschauertribünen wimmelten von Neugierigen, die an ihren Sitzen wie die Fliegen an einem abgenagten Knochen klebten.
Gegen sieben Uhr nahmen der König und die Königin mit Prinz Philipp und zahlreichem Gefolge ihre Plätze ein, und gegen acht begann die Prozession. Zwischen den Köpfen vor mir hindurchsehend, erkannte ich etwa hundert Köhler mit Musketen und Piken und zwei bis dreihundert Dominikanermönche mit Fahnen und Bannern, angeführt von einem Reiter auf weißem Pferd, der die Standarte des heiligen Officiums trug: rot, mit silbernem Schwert in einem Lorbeerkranz. Ich sah Hellebardiere und Granden und drei Männer, die ein in schwarzen Krepp gehülltes Kruzifix trugen. Kruzifix und Standarte wurden auf dem Altar aufgestellt, und dann begannen, vom Großinquisitor angestimmt, die Gebete.
Nachdem ich so lange auf den Zehenspitzen gestanden hatte, ließ ich mich wieder auf die Fersen fallen, blickte auf die Menge und lauschte dem Murmeln der vielen Stimmen und ihrem Psalmodieren. In der Mitte standen, in dichten Reihen, die Soldaten im Schimmer ihrer Waffen und die Massen der Mönche in strenger Formation. Dies war der lebendige Kern einer Nation, die so viel reicher, volkreicher und durch Kriegstaten berühmter war als die unsere. Sollte England je von ihr erobert werden, dann würde ein Schauspiel wie dieses jede Woche in London stattfinden, und am Brennstoff für den Scheiterhaufen würde es keinen Mangel geben.

Nach einem neuerlichen Umzug begann der Großinquisitor zu predigen. Am frühen Morgen war es kalt auf dem Platz gewesen, aber mit der höher steigenden Sonne wurde es heiß, und bald meinte man, vor Hitze und Gestank zu ersticken. Von meinem Platz aus war es unmöglich zu hören, was da vorn gesagt wurde, und die bis dahin so geduldige Menge begann unruhig zu werden. Man holte Semmeln hervor und aß sie, mit Lauch und Knoblauch gewürzt. Die Inhaber der Verkaufsstände hatten Tische am Fuß der Tribünen aufgestellt und machten ein gutes Geschäft mit dem Verkauf stärkender Liköre und kräftiger Fleischbrühe. Ein Kapuzinermönch sammelte Kupfermünzen, Maravedis, und Geschenke in natura für die Armen.
Mittag war vorüber, als der Großinquisitor endete. Der König erhob sich um zu antworten. Obwohl seine Stimme dünn und eher ausdruckslos war, spürte man eine verhaltene Leidenschaft in ihr; zuweilen entlockte er seinen Zuhörern ein beifälliges Gemurmel, und einmal kam es zu einem dumpfen Gebrüll, als er von der Wiederbekehrung mit Feuer und Schwert sprach. Sobald er geendet hatte, trat er mit Begleitern und Gefolge vom Balkon ins Innere des Schlosses, um zu essen und zu ruhen. Die Zuschauer, die keinen Tribünenplatz hatten, kauerten sich nieder, wo sie sich gerade befanden, und suchten in der heißen Sonne Siesta zu halten. Mönche sangen und psalmodierten, und kleinere Büßer gingen in endloser Prozession um den Platz.
Mit der fortschreitenden Stunde formten die Schatten der Häuser neue geometrische Figuren auf dem menschenüberfüllten Platz. Um fünf Uhr erschien die königliche Gesellschaft wieder auf dem Balkon. Mönche gingen in einer Prozession um den amphitheatralisch angeordneten Platz herum, sie führten Statuen und Bildnisse von Heiligen mit sich und ein Dutzend Särge, auf die Flammen aufgemalt waren. In ihnen ruhten, wie mir Rodez erklärte, die Gebeine der Ketzer, die kürzlich im Gefängnis gestorben waren.
Nun wurden die Gefangenen einer nach dem andern vorgeführt und die Liste ihrer Verbrechen laut verlesen. Ich konnte die Urteile nicht hören, aber eine der vier angeklagten Frauen und fünf der dreizehn Männer wurden zum Tode verurteilt; für die übrigen lautete das Urteil auf Gefängnis, Galeerenhaft oder Auspeitschung. In unserer Nähe brach ein Streit aus. Eine Frau in Begleitung eines Mannes hatte ihre Blicke auf einen anderen geworfen. Messer blitzten auf; die Menge

wogte aufgeregt hin und her; wir wurden mitgerissen und fünf bis sechs Ellen weit von unserem Platz getragen, bis die Bewegung zum Stillstand kam.
Eine Messe wurde zelebriert, als schon die Dunkelheit hereinbrach; darauf begann man wieder zu essen. Schmutz und Abfälle lagen überall umher, und selbst die Kühle, die der Abend brachte, vertrieb nicht die üblen Gerüche. Lederbeutel mit Wein machten die Runde, und ich tat einen kräftigen Zug. Es war eine Szene, die an das Jüngste Gericht gemahnte: rauchende Fackeln, mit dem Großinquisitor auf erhöhtem Sitz. Der König hatte diesmal den Balkon nicht wieder verlassen; offenbar konnte er mit dem Essen warten, bis die Zeremonie vorüber war. Sie hatte schon über zwölf Stunden gedauert.
Ich war müde und wäre gern gegangen; mir taten die Füße vom langen Stehen weh, und die Luft um mich war so verbraucht, daß sie kaum zu atmen war. Aber Rodez brummte etwas vor sich hin. »Was sagst du?« fragte ich.
»Vier von den Verurteilen – die Frau ist dabei – haben erklärt, sie wollten lieber im christlichen Glauben sterben. So bleiben nur zwei, die bei lebendigem Leibe in die Flammen müssen. Nein, das ist eine Prüfung, die nicht nach meinem Geschmack ist, und wenn ich dafür einen Platz im Himmel bekäme. Und wenn man bedenkt, daß die damit ihren Abstieg zur Hölle nur noch gewisser machen . . .«
Die Menge brandete vorwärts, und wir wurden mitgerissen, als die Gefangenen in der Mitte des Platzes an Pfähle gebunden wurden. Reisigbündel und Holzkohle wurden um sie herum von schwarzgekleideten Köhlern und Priestern des heiligen Officiums aufgeschichtet. Die Köpfe der vor mir Stehenden bewegten sich hin und her; jemand hustete und spuckte aus; zwei Frauen vor mir stritten sich über den Preis der Wolle. In langen Reihen bewegten sich die Köhler mit brennenden Fackeln über den Platz, um dem König zu huldigen.
Jetzt führte sie die Fahne mit dem weißen Kreuz zurück zu den sechs Scheiterhaufen. Einer der Gefangenen schrie plötzlich so laut er nur konnte. In der darauf einsetzenden Stille war jedes seiner Worte zu hören, aber es waren Worte einer fremden Sprache: Deutsch oder vielleicht Holländisch. Es sah so aus, als ob ein Priester die Gefangenen beriet; aber der Schreiende wollte von solchem Beistand nichts hören.
»Er hat den Kopf verloren«, sagte Rodez. »Sie werden mit ihm gnädig verfahren müssen.«

Ein Mann versuchte, sich mit seinem kleinen Sohn durch die Menge zu drängen, weiter nach vorn, damit das Kind besser sehen könne. Die meisten machten den beiden Platz, nur eine Frau beklagte sich zornig darüber, daß das Kind auf ihrem Kleid stünde; ein wütender Streit entbrannte. In der Arena legten die Köhler den vier Gefangenen, die widerrufen hatten, den Strick um den Hals; der eine schrie noch immer; ein anderer sprach das Vaterunser in lateinischer Sprache. Der Trichter einer gewaltigen Trompete ragte plötzlich in die Luft, und ein gellender Trompetenstoß erscholl, der die Streitenden neben mir zum Schweigen brachte. Gleichzeitig zogen die Köhler an den Stricken, und Fluchen wie Beten der Gefangenen endete in einem erstickten Husten. Bald waren alle tot.
Ein Seufzen ging durch die Menge; ein Mönch intonierte mit hoher Stimme ein Gebet.
Ein neues Trompetensignal, Fackeln wurden erhoben und gesenkt. Ich wurde vorwärtsgestoßen gegen die Menschen vor mir: alle wollten die beiden lebenden Opfer sehen, wenn die Flammen um ihre Füße züngelten. Übrigens schienen die Mönche des heiligen Offiziums sie noch immer nicht verlassen zu wollen, die sogar Brandwunden in Kauf nahmen, um einen etwaigen Widerruf hören zu können. Einer der Gefangenen trug eine zerfetzte schwarze Pluderhose; als sie Feuer fing, begann er, mit einer hohen, fast pfeifenden Stimme zu schreien – wie einmal ein Pferd, das ungeschickt geschlachtet wurde und dessen Wiehern ich hörte. Der andere gab keinen Laut von sich, aber als die Flammen an ihm hochzüngelten, bedeckte sich seine Haut mit Blasen, die sogleich platzten – wie Blasen in einem Topf mit kochendem Wasser. Das Blut floß aus den offenen Stellen und aus der Nase.
Als das Leben aus ihnen wich, wanden und krümmten sich ihre Körper und preßten sich dabei gegen die Drahtseile, als seien sie Ringer. Die vier, die vor dem Brennen erdrosselt worden waren, hatten die gleiche trotzig verkrümmte Haltung angenommen.
Die Schreie des letzten, in dem noch Leben war, verstummten, und dann war nur noch das Zischen von Blut und Fett zu hören, das in die Flammen floß.
Der Druck ließ langsam nach; man konnte wieder atmen; die Menschen streckten die Glieder und gähnten; man hatte wieder Raum und Zeit, um die Schmerzen an seinen Füßen zu spüren; aber es wurde

neun oder noch später, als die letzten Gebete gesprochen waren und es uns freistand zu gehen. Lärmend, verschwitzt und unsauber wie Leute, die vom Hahnenkampf oder der Bärenhetze kamen, strebten wir vom Platz. An einem der Ausgänge kam es zu einem großen Gedränge; Frauen schrien, und es gab Schlägereien. Rodez und ich waren wie Holzstücke in einer Strömung – eben noch träge dahintreibend, und gleich darauf in eine Menge von Holz eingeklemmt, so daß wir immer nur einen halben Schritt vorwärtskamen. Ich mußte denken, daß es für mich und hundert andere keines Strafgerichts vom heiligen Officium mehr bedurfte, wenn jetzt jemand am anderen Ende des Engpasses uns den Weg versperrte.
Und plötzlich waren wir durch, und auf dem Weg zur Puerta del Sol, umgeben von lachenden, plaudernden, wenn auch sich aneinander stoßenden Menschen.

3

Bei unserer Rückkehr war Andres Prada im Hause. Bei ihm befand sich jener alte Soldat mit der gelähmten Hand, dem es also doch gelungen war, sich einmal ins Haus zu schmuggeln. Auch Pater Rafael war da, und die drei Männer saßen im größten der verschiedenen Wohnzimmer und tranken Wein. Nach der Hitze am Tage war die Nacht empfindlich kalt, aber unter dem Tisch stand ein Brasero, ein Kohlenbecken, das den dreien Füße und Beine angenehm wärmte. Der Soldat trug einen Mantel aus rauhem Düffel, lose um die Schultern gelegt.
»Es ist also vorbei?« wandte sich Señor Prada an uns. »Ich muß gestehen, ich finde diese Zeremonie ziemlich ermüdend. Wie Seine Majestät, die an Gicht und Magengeschwüren leidet, einen so langen Tag aushält, ist mir unverständlich.«
Während dieser Worte setzte ich mich mit Rodez auf Kissen auf dem Fußboden, und ein Diener brachte uns Wein.
»Ich für meinen Teil«, erklärte der alte Soldat, der übrigens Miguel hieß, »habe derlei noch nie bis zum Ende gesehen. Einen Teil einer solchen Zeremonie sah ich einmal in Sevilla, wo zwei englische Soldaten wegen ihrer Häresie den Tod finden sollten. Aber ich meinte

von jeher, daß es eine recht armselige Bekundung christlicher Nächstenliebe ist, einen Menschen langsam dahinschmelzen zu lassen wie eine am falschen Ende angezündete Kerze, und deshalb ging ich fort, bevor sie das Feuer entfachten.«

»Dieser junge Mann ist Engländer«, sagte Prada.

»Tatsächlich? Aber ja, man sieht es ihm an. Ich hatte allerdings in meiner Jugend die gleiche Haarfarbe, blond; und er ist mir auch sonst nicht unähnlich, wie ich damals war – dünn, lebhaft und kräftig, mit hellwachen Augen, in denen es manchmal verdächtig funkelt. Erinnerst du dich noch an mich als jungen Menschen, Andres?«

»Es ist so lange her.«

»Und du warst genau das Gegenteil – brünett, mit schwarzen Augen. Und anfällig für Krankheiten. Dich haben die Jahre vorwärts gebracht, mir haben sie Fesseln angelegt ... Und warum lebt dieser junge Engländer bei dir?«

»Zwei Seeräuber haben ihn hergebracht. Sie hatten ihn gekidnappt, um mit ihm den Beweis für ihren Überfall auf eine englische Küstenstellung erbringen zu können. Und dabei wollte es der Zufall, daß sie den natürlichen Sohn des Mannes erwischten, der der Kommandant dieser wichtigen Festung an der englischen Küste ist ...«

»Vorsicht, Sir«, sagte Rodez, »er versteht jetzt alles, was wir sagen.«

»Er erinnert mich daran, wie ich damals war«, sagte Miguel nachdenklich und zupfte an einem Loch in seinen weiten Hosen, »damals – schwerlich heute, nach einem Leben in Kriegsdiensten und fünf Jahren als Sklave der Türken. Meine Hand bei Lepanto durchschossen, und das Wechselfieber, das an meinen Knochen zehrt ... Dreißig Jahre ehrenvollen Dienstes für mein Land. Für einen solchen Mann ist es nicht die rechte Beschäftigung, mit Stoffen von Tür zu Tür hökern zu müssen oder Knittelverse für Flugblätter zu schreiben. Darum bitte ich ja dich – und durch dich Seine Majestät – um irgendeinen ehrenhaften Staatsdienst –«

»Du hattest mehrere solcher Posten –«

»Bettelposten, Andres, von der entwürdigendsten Art, schlechtbezahlt und oft überhaupt nicht bezahlt, wie du wohl weißt. Von einem Marineproviantmeister erwartet man, daß er von Unterschlagungen lebt, und das tue ich nicht, Andres. Denn ich glaube noch an die Ideale von Vaterlandsliebe und Rechtschaffenheit, mögen sie in unserer Zeit auch noch so sehr zu leeren Worten geworden sein.«

Die Tür ging auf, und Señora Prada kam herein. Aber als sie die Gesellschaft erblickte, schien sie sogleich wieder umkehren und fortgehen zu wollen.
Mit etwas gereizter Geste hielt ihr Mann sie zurück. »Oh, meine Liebe, ich weiß nicht mehr, ob du Miguel de Cervantes schon einmal kennengelernt hast. Wir waren als Studenten befreundet. Ein hervorragender Soldat, der sich auch an Theaterstücken und Gedichten versucht hat –«
Miguel erhob sich und verbeugte sich vor ihr, was sie freilich kaum zur Notiz nahm. »Gnädige Frau, ich kannte Ihren Gatten, wie er sagt, in den Tagen seiner Jugend, und ich bin gekommen, um einen längst überfälligen Besuch zu machen –«
»Aber nein, Sie waren schon öfter hier«, unterbrach ihn die Dame des Hauses. »Sie waren doch der, welcher dreimal aus türkischer Gefangenschaft entfloh und dreimal wieder eingefangen wurde, nicht wahr? Aber das ist schon alt. Andres, es ist heute das zweite Mal, daß ich nach Hause komme und Sebastiano nicht an der Tür steht, um mir aus der Sänfte zu helfen! Ich finde, er sollte dafür morgen früh eine Tracht Prügel bekommen.«
»Ich werde dafür sorgen, meine Liebe«, antwortete Prada spöttisch. »Ich nehme an, das Autodafé war ziemlich strapaziös für dich. Im Zimmer nebenan steht Essen und Wein für dich bereit.«
»Ich gehe noch einmal aus«, sagte sie. »Ich kam nur, um mich umzuziehen. Don Diego wird mich in einer Stunde abholen.«
Sie ging hinaus, und es folgte ein verlegenes Schweigen, so daß ich glaubte, der alte Mann würde aufstehen und sich verabschieden. Aber es war offensichtlich, daß er es gewohnt war, wie ein Mann ohne Bedeutung behandelt zu werden; und vielleicht waren seine Verhältnisse seit langem so desperat, daß er es sich nicht leisten konnte, allzu empfindlich zu sein. Doch als er wieder Platz nahm, sah ich, daß er seine Haltung, seine Würde nicht verloren hatte.
»Ich sage dir, Andres, ich glaube noch an die alten Ideale, wenn sie auch heute nur selten in der Residenz und bei Hofe eine Rolle spielen. Nach dem, was ich gesehen habe, seitdem ich von Andalusien nach Madrid gekommen bin –«
»Du übertreibst; es sind nur Schönheitsfehler«, unterbrach ihn Prada ungeduldig. »Der König könnte nicht heiligenhafter leben –«
»Der König, gewiß, er macht aus seinem Hof ein Kloster. Aber unter

dem Deckmantel der Frömmigkeit finden sich Unmoral und Korruption jeglicher Art. Spanische Damen, einst ein Vorbild für die Welt, führen heute ein liederliches, ja schamloses Leben. Es gibt sogar Priester, die sich ungeachtet ihrer Gelübde bösen Ausschweifungen hingeben.«

»Sie gebrauchen starke Worte, Señor«, bemerkte Pater Rafael ruhig, »Worte, die außerhalb dieses Hauses gefährlich sein könnten. Aber auch in diesem Hause erregen sie Anstoß.«

»Wenn ich schlecht von Eurem Stand sprach, Pater, so wollte ich Euch damit nicht persönlich kränken«, sagte Miguel. »Aber es gibt viele, die dasselbe sagen. Die Staatskasse ist leer, und wenn die Reichtümer Indiens in sie flossen, so flossen sie auch wieder hinaus; in Spanien füllten sie die Taschen derer, die sie verwalten sollten, im Ausland die der Bankiers und Juden. Unter dem alles deckenden Mantel der Kirche verfällt der Staat!«

Er griff nach dem wildledernen Beutel, der den Wein enthielt, goß sich etwas ein und trank. Dann wischte er sich mit der gelähmten Hand über den langen Schnurrbart.

»Und du würdest es schaffen, das alles zu ändern, wenn du an meiner Stelle stündest?« fragte Prada.

»Mißversteh mich nicht, mein Freund, ich habe kein bequemes Heilmittel parat. Aber ich glaube, kein Land kann gedeihen, solange die Korruption so verbreitet und die ärgste Armut vom verschwenderischsten Luxus nur durch eine Straßenbreite getrennt ist. Und ich glaube, kein Land kann einen gerechten Krieg führen, während es innen bis zum Weißbluten ausgepreßt wird – und beherrscht von 22 000 Spitzeln in der Tracht des heiligen Officiums! Und mit Krieg haben wir allenthalben zu rechnen. Die Niederlande bleiben ein Wespennest. Heinrich von Navarra hat Paris durch eine List genommen und unsere Truppen zum Abzug gezwungen. Haben die Herren die Geschichte gehört, wie er auf einem Balkon an der Porte St. Denis stand und unsere vorbeimarschierenden Truppen mit dem Zuruf grüßte: ›Empfehlt mich Eurem Herren, aber kommt nicht zurück!‹? Er wird bald im Krieg mit uns sein, denkt an meine Worte ... Und was England angeht – alle unsere Vorbereitungen für die zweite Armada werden gehemmt durch den Mangel an Geld und Material. Du weißt es, Andres, ohne daß ich es dir sagen müßte ...«

»Ich weiß es, Miguel, ohne daß du es mir sagen müßtest.«

Der kühle Ton Pradas blieb endlich nicht ohne Wirkung auf die Beredsamkeit Miguels. »Richtig, du dürftest besser als jeder von uns Bescheid wissen. . . . Hier waren meine Worte fehl am Platz. Habe ich übrigens nicht neulich Lipez de Soto aus deinem Hause kommen sehen? Wenn ja, dann wirst du alles über unsere Vorbereitungen wissen, soweit sie die Marine betreffen.«
»Du hast recht gesehen – und ich weiß alles. Kapitän de Soto sagt, die Korruption unter den untergeordneten Beamten, wie du einer warst, sei schuld daran, daß die Armada noch nicht segeln kann.«
Das Gesicht des Cervantes färbte sich dunkel wie die Gesichter der brennenden Männer auf dem Scheiterhaufen; eine alte Narbe auf seiner Wange wurde weiß. »Auf viele trifft es zu; ich sagte es gerade selbst. So bestreiten sie ihr Leben. Weil ich meinen guten Namen nicht beflecken wollte, bin ich zum Bettler geworden, der seine alten Freunde um Hilfe bitten muß! Du weißt, daß ich im Gefängnis gesessen habe, aber niemals wegen einer ehrenrührigen Handlung!«
»Gut, ich will dir helfen, wenn ich kann«, sagte Prada. »Aber vielleicht kann ich es nicht.« Er stand auf. »Du mußt mich jetzt entschuldigen.«
»Wann kann ich dich wiedersehen?«
»Ich werde es dich wissen lassen. Hast du keine anderen Freunde?«
»Keinen, der dem Hof so nahesteht. Während Leute wie Lope de Vega in der Gesellschaft paradieren, bin ich – ein Bettler.«
»Dummes Zeug, wir sehen uns wieder, glaube mir. Aber ich bin nicht der König, mußt du wissen.«
Der alte Soldat war unauffällig zur Tür gedrängt worden. Als auch ich mich erhob, hielt mich Señor Prada zurück. »Ich habe mit dir zu sprechen, mein Sohn«, sagte er barsch.
»Jetzt Sir?«
»Ja. Warte hier. Rodez, du kannst schon gehen.«
Pater Rafael nahm seinen Rosenkranz auf und folgte Rodez. Ich blieb allein zurück.

Andres Prada zeigte einen gereizten Gesichtsaudruck, als er sich wieder an den Tisch setzte. Er hob ein Palmenblatt auf und bewegte es wie einen Fächer über dem Brasero, um die Glut anzufachen. Er hustete, als ihm dabei der Rauch in die Kehle kam.

»Was würdest du sagen, mein Junge, wenn ich dir deine Freiheit wiedergäbe?«
Ich starrte ihn an. »Ich würde Euch von ganzem Herzen danken!«
»Es wären allerdings einige Bedingungen daran geknüpft.«
»Was für Bedingungen?«
»Du müßtest eine Botschaft nach England mitnehmen.«
»Mit Freuden –«, dann zögerte ich. »An wen?«
»Spielt das eine Rolle?«
»Ja, Sir. Wenn ich . . .«
Er legte das Palmenblatt nieder. Die Botschaft wäre für deinen Vater bestimmt.«
»Für meinen –«
»Würdest du ihm eine Nachricht überbringen?«
»Mit Vergnügen . . . meinem Vater?«
»Ja. Und zwar mündlich.«
»Wenn – doch, ich glaube ja.«
»Es gibt noch einige andere Bedingungen, im Zusammenhang mit der Botschaft.«
Die Glut im Brasero war wieder erloschen, die Holzkohle so gut wie ausgebrannt. Die nächtliche Kühle schien wie ein Hauch unmittelbar aus den weißgetünchten Wänden zu kommen.
»Wir hatten daran gedacht, dich erst zu Christus zu bekehren, bevor wir dir die Freiheit wiedergeben«, bemerkte Señor Prada trocken. »Der König zeigte zunächst gar keine Neigung, dich deiner Familie zurückzugeben, bevor du deinen Irrtum eingesehen hättest. Ich bewog ihn dazu, diesen Plan aufzugeben.«
»Ich danke Euch, Sir.«
»Ich will ganz offen sein. Ich habe mich nicht aus besonderer Liebe zu dir für dich verwendet. Als dich die Freibeuter herbrachten, taten sie es in der Hoffnung auf eine Belohnung, und sie erhielten sie, weil du uns, frisch aus England gekommen – und aus jenem Teil Englands – einige Informationen geben konntest. Aber da ist nun diese zweite Verwendungsmöglichkeit, die wir für dich sehen. – Bist du hier gut behandelt worden?«
»Ja, Sir.«
»Ernährt, gekleidet und aufgenommen wie ein Gast?«
»Ja, Sir.«

»In Ketten gelegt, geschlagen, nichts zu essen bekommen und auf die Folterbank gespannt?«
»Nein, Sir.«
»Es wurde der Versuch gemacht, dich zur Rückkehr zu der alten Religion zu überreden. Wurde, als er scheiterte, Zwang auf dich ausgeübt?«
»Nein, Sir.«
»Gut, vergiß diese Dinge nicht. Wenn es Gott gefällt, uns im Kriege beizustehen, und wir England besiegen, dann werden wir Milde und Gerechtigkeit walten lassen, so gut wie wir für die strenge Beachtung der göttlichen Gesetze sorgen werden. Merke dir das und sage es deinem Vater.«
»Ist das die Botschaft für meinen Vater?«
»Nicht das allein.« Nachdenklich biß er sich auf den Finger. »Du mußt mir eine Frage beantworten, mein Junge, weil ich nicht viel von eurer kalvinistischen Religion weiß. Ist bei euch noch die Bibel in Gebrauch?«
»Ja . . . in allen unseren Kirchen.«
»So daß dich ein Eid, auf die Bibel geschworen, so bindet wie uns, wenn wir auf eine heilige Reliquie schwören?«
»Ja.«
Er musterte mich eindringlich, wie um ganz sicher zu gehen.
»Dann wollen wir morgen einmal sehen, ob sich ein Weg finden läßt.«
»Was wollt Ihr mich schwören lassen, Señor?«
»Die Botschaft, die du überbringst, geheimzuhalten.«
»Die Botschaft an meinen Vater?«
»Ja, du mußt sie auswendig lernen und ihm allein mitteilen, und danach darf sie nie wieder erwähnt werden.«

In dieser Nacht schlief ich kaum eine Stunde. Das prunkvolle Schauspiel des vergangenen Tages, das schwerfällig und ermüdend in einem blinden Automatismus seinem Ende entgegenging, hatte etwas von einem Alptraum. Als Alptraum erlebte ich es noch einmal. Dann wachte ich plötzlich auf, von Angst erfüllt oder von tollen Hoffnungen, und es folgten lange Minuten völliger Klarheit. Es war die fiebrige Klarheit des Kranken.
Um elf am nächsten Morgen humpelte Mariana die Treppe hinunter zum Patio.

»Wie ich höre, willst du uns verlassen, Maugan?«
»Bis jetzt ist es noch nicht sicher.«
»Vielleicht wirst du wieder zu deinem Mädchen zurückkehren, und dann kannst du ihm sagen – ›*Ay de mi*, diese spanischen Frauen! Ich habe ihnen meine Verachtung gezeigt.‹«
»Wenn ich in England etwas über spanische Frauen sagen werde, dann, daß sie tapfer und schön sind ... und eine, die ich kannte, mehr als alle andern!«
Sie sah überrascht aus. »Wie reizend! Du wirst zum Höfling. Vielleicht stimmt es doch, daß du Verwandte am Hof der Königin hast.«
Ich wartete den ganzen Tag, aber es wurde sechs Uhr abends, bis man mich rief. Rodez erschien, um mir zu sagen, daß wir sofort ins Schloß kommen sollten.
Diesmal gab es kein Zeremoniell der Zulassung, kein Warten in Vorzimmern, in denen es von Bittstellern wimmelte. Wir betraten das Schloß durch eine Seitentür, die von den Pagen benutzt wurde, dann durchquerten wir das Gebäude in seiner ganzen Ausdehung über modrig riechende Korridore, meist unter dem Erdgeschoß gelegen, die aber zuweilen auf grüne Innenhöfe mündeten.
Ich wurde in eine Kapelle geführt, mit barbarisch bunten gotischen Fenstern. Im Hintergrund befand sich ein Schreibtisch, an dem drei Männer saßen: ein Priester, den ich noch nie gesehen hatte – man hatte ihn gewählt, weil er Englisch sprach –; Señor Prada und Don Juan de Idiaquez, den ich erst einmal gesehen hatte, von dem ich aber wußte, daß er nach dem König das wichtigste Mitglied der *Junta de Noche* war. Rodez zog sich nun zurück und ließ mich mit den drei Männern allein. Das durch ein Fenster einfallende Licht warf einen blutigen Streifen quer über den Tisch; in seinem Schein lagen auch die gepflegten Hände Don Juans de Idiaquez.
»Setz dich hier hin, Maugan Killigrew«, sagte Andres Prada. »Pater Vasco wird dir jetzt die Botschaft vorlesen, die du auswendig lernen sollst. Wenn du das getan hast, wird er dir den Eid abnehmen, und dann bist du frei.«

4

Es wurde Juli, bis ich wieder in Cornwall war. Ich reiste zunächst, mit zwei Kurieren, bis Lissabon zurück, wo ich vier Wochen warten mußte. Ein Proviantschiff mit Nachschub für unsere Truppen in der Bretagne nahm mich schließlich an Bord, aber nach drei Tagen auf See gerieten wir in einen gewaltigen Sturm, der uns nach einer Woche zwang, in La Coruña Zuflucht zu suchen. Das Schiff war nur noch ein leckes Wrack. Die Reparaturen nahmen mehrere Wochen in Anspruch, so daß wir nicht vor Anfang Juni in der Bucht von Lorient, vor der Mündung des Blavet, eintrafen. Die Wartezeit, die dort für mich begann, war am allerärgerlichsten: mit nur 200 Seemeilen bis zu Hause. Stürme fegten mit Regenböen über die Bucht, und gewaltige Wellen brachen sich an der Mole, während der Gischt in sprühenden, dampfenden Schaumbällen durch die engen Gassen trieb. Ich hatte etwas Geld mitbekomen, aber es ging zur Neige. Deshalb arbeitete ich drei Wochen in einer Werft und lud Bretter aus.

Schließlich brachte mich ein Mann, den ich kannte, nach Haus – mit all der Heimlichkeit, mit der er von jeher sein Leben und alles, was er tat, umgab, und zu der seine nasale Stimme anscheinend unlösbar gehörte. Ich meine Captain Elliot.

»Ich bringe Euch bis Helford und setze Euch da an Land«, sagte er. »Die *Dolphin* hat Plymouth als Ziel, aber der Umweg ist nicht bedeutend. Ich scheue keine Mühe, wenn es darum geht, einem alten Freund einen Gefallen zu tun, und Euer Vater ist seit langem einer meiner Gönner.«

»Burley hat Euch geschnappt«, sagte William Love und lachte herzlich. »Er hat sich schon mit allerlei befaßt, aber Kinderraub ist etwas ganz Neues und nicht so einträglich, wie er vielleicht geglaubt hat. Einmal wird er eine Schlinge um seinen Hals entdecken, und dann wird er tanzen nach dem Takt eines anderen.«

»Ihn gesehen?« fragte Captain Elliot. »Nein, junger Mann, wir haben Captain Burley seit kurz vor der Zeit, als wir Euch in Arwenack besuchten, nicht mehr gesehen. Erinnert Ihr Euch? Wir kamen spät in der Nacht und trafen Euch vor dem Tor, und Ihr wecktet das Haus, und wir blieben vier oder fünf Tage.«

»Ach ja«, fiel William Love ein, »und im Haus herrschte eine fieberhafte Krankheit unter dem Gesinde, und mancher unserer tapferen

Burschen mußte dran glauben. Ich wollte, wir wären nie gekommen.«

»Wie geht es Euer Gnaden, Eurer Großmutter?« fragte Captain Elliot. »Sicherlich wird sie froh sein, Euch wieder zu Hause zu haben. Ihr habt Glück gehabt, Maugan Killigrew, daß man Euch einfach wieder heimschickte. Viele werden sich fragen: wie hat er das geschafft, was für einen besonderen Dienst hat er erwiesen, um so besonderer Gunst teilhaftig zu werden? Danach wird man Euch fragen, höchstwahrscheinlich, und was wollt Ihr antworten?«

»Die Wahrheit. Daß es sich um einen Gefangenenaustausch handelt.«

»Ach! Aber was für ein Austausch, werden sie fragen. Haben wir einen Spanier entlassen?«

»Ich denke doch.«

»Ich möchte wetten, daß hier auch Richard Burley seine Hände im Spiel hat«, sagte William Love. »Er ist ein schlauer Fuchs und um nützliche Einfälle nicht verlegen. Wir müssen ihn ausfindig machen.«

»Nein«, sagte Captain Elliot.« Burley hat sich mit den Spaniern eingelassen, und das ist Landesverrat. Wie, junger Mann? Wer mit dem Teufel suppt, der muß einen langen Löffel haben . . . Wir wollen nicht mehr an Burley und sein gottloses Leben denken.«

Wir sichteten die *Mamacles* gegen halb fünf an einem regnerischen, stürmischen Sonntagnachmittag. Nach der hochgetürmten Landschaft der Sierras wirkte die dunkle Linie der Küste niedrig und nicht sehr eindrucksvoll, aber mir schnürte die innere Bewegung fast die Kehle zu. Obwohl die Wellen kleine Schaumkronen trugen, die nichts Gutes verhießen, und der Wind tückisch umsprang und links drehte, reffte die *Dolphin* die Segel und hatte es kaum sehr eilig, den Schutz der Küste zu suchen.

»Wir schleichen uns heran, wenn es dunkel wird«, sagte Captain Elliot. »Es hätte keinen Sinn, einen Alarm auszulösen; den ganzen Sommer über war man hier sehr nervös in Erwartung eines spanischen Angriffs.«

Wir gingen nach Einbruch der Dunkelheit vor Anker, oberhalb von Durgan, wo das Wasser noch tief ist. Zwei Mann ruderten mich ans Flußufer. Es regnete noch immer, es war ein Regen von Cornwall, ein englischer Regen, er roch, schmeckte und war anders als Regen in

Madrid oder Lissabon. Ich dankte den beiden und kroch, bis zu den Knien im Wasser, an Land, bog die Zweige eines überhängenden Baums beiseite und blickte mich kaum noch um. Das Geräusch der Dollen und das Plätschern des Wassers waren zeitweilig von dem näheren Geräusch der tropfenden Zweige überdeckt.

Ich begann zu laufen. Von Durgan nach Arwenack sind es ungefähr fünf Meilen durch den Wald, über Heideland und auf schmalen Fußwegen. Ich rannte den ganzen Weg. Als ich plötzlich die Palisadenwand erkannte, warf ich mich in das lange feuchte Gras unter einem Baum und versuchte, wieder zu Atem zu kommen. Das Gras roch so süß wie nie zuvor. Nach einigen Minuten ging ich bis zum Tor und hämmerte mit den Fäusten daran. Nichts rührte sich. Da wußte ich, daß ich die ganze Nacht klopfen könnte, und doch niemand käme. Aber man kann nicht einen Jungen aus dem Hause aussperren, in das er gehört, auch wenn es noch so gut gesichert ist. Ich ging also die Palisaden entlang bis zum Flußufer, ließ mich vorsichtig ins Wasser und schwang mich, indem ich mich an die unteren Stangenenden klammerte, unter dem großen Zaun hindurch ans andere Ufer. Ich kletterte die Böschung hinauf und lief über den Rasen bis zum Arwenack-Haus.

Verblüffung, Bestürzung und Erschrecken malten sich in ihren Mienen, als sie meiner ansichtig wurden. Aber mein Erscheinen hier nach sechs Monaten – das Wasser tropfte von mir ab, auf den Boden der Halle; ich war schmutzig, abgemagert; meine Kleidung war an den Knien und Ellbogen durchgestoßen; um den Mund hatte ich wunde Stellen, meine Füße waren geschwollen und an den Beinen hatte ich blaue Flecken – kurz, dieser Anblick mochte für jeden etwas Erschreckendes haben. Sie hatten mich für tot gehalten, und so dachte wohl mancher hier, einen Geist vor sich zu sehen.

Aber es war das einzige Mal in meinem Leben, soweit ich mich erinnere, daß die Augen meines Vaters aufleuchteten, als er mich sah – diese Augen, in denen es so selten leuchtete. Die Kinder waren schon alle im Bett, aber die größeren wurden geweckt und kamen sich überschlagend heruntergestürmt, sie umringten mich und überschütteten mich aufgeregt mit Fragen. Im Nu war ich von einigen vierzig Leuten umgeben, wobei sich Familienmitglieder und Gesinde mischten, während die Hunde mir die Füße leckten und an mir hochsprangen oder bellten, sich balgten oder über den Binsen das Bein hoben. Nur Mrs. Killigrew fehlte. Sie lag mit ihrem Jüngsten im Bett, der vor einer Woche geboren worden war. Er hieß Simon und war schon getauft, denn er schien entschlossen, sich bald wieder aus dem Staube zu machen.

Nachdem sich der Tumult ein wenig gelegt hatte, vernahm man die Stimme Lady Killigrews. Sie hatte sich nicht von ihrem Stuhl gerührt, als ich auf sie zugetreten war, um sie zu küssen, jetzt aber sah sie an ihrer langen gebogenen Nase herab und meinte, die Begrüßung möchte genügen, nun müsse der Junge aber zu essen bekommen und vor allem sich waschen, denn er stinke nach dem Schlagwasser im Kielraum und sähe ganz so aus, als habe er sich seit Tagen von nichts anderem ernährt. Sie schickte Diener und Mägde an die Arbeit und fuhr fort, mich mit ihren kalten blauen Augen anzusehen, während die anderen mich weiter ausfragten.

Es war eine festliche Heimkehr. Ich fiel über das Essen her, sobald es kam, und schlang es hinunter, hörte aber nicht auf, gleichzeitig zu sprechen, Fragen zu beantworten, zu lachen und – fast – zu weinen, zu scherzen und mich um Erklärungen zu bemühen.

Sie fanden meine Geschichte nicht nur erstaunlich, sie machte auch großen Eindruck auf sie. Selbst meinem Vater imponierte es, daß ich am Hofe empfangen worden war. Aber in allem glücklichen Hin und Her des Gesprächs klang eine fragende Note durch. Ich mußte meine Zunge hüten und bei meinen Erklärungen gut aufpassen auf das, was ich sagte.

Es wurde Mitternacht, bevor jemand ans Zubettgehen dachte und beinahe zwei Uhr, bis ich mich wieder in dem langen schmalen Raum befand, den ich so gut kannte, mit seinem hohen Fenster, von dem aus man die Flußmündung überblickte, mit dem Gefühl von Sicherheit und zugleich Enge, das er gab. Hier war ich wieder in den Armen meiner Mutter, ja im Mutterschoße, vor jedem Angriff sicher, behütet und verteidigt und festgehalten. Hier waren jede Diele, jedes Stück der Täfelung, jedes Knarren des Bettes, Knistern in der Wand, Quietschen der Fensterläden ein vertrautes, freundliches Zeichen, Bestandteil meiner Kindheit, die mir für immer gehörte.

Aber wie glücklich ich auch war, etwas mußte ich meinen Stiefbruder noch fragen, bevor der Schlaf seinem Gespräch ein Ende machte.

»John, hast du einmal die Arundells von Tolverne gesehen?«

»Ich habe nur Thomas gesehen. Er kam den Fluß hinunter, es war im Mai, und er kam allein, Maugan, wie der dick geworden ist! Aber dabei stark. Bei seinem Besuch fiel die Flut, und sein Boot steckte mit einemmal fest im Schlick. Sawna und Penruddock wollten es ins Wasser ziehen, aber der Schlamm war so tief, daß sich das Boot nicht rührte. Da geht Thomas runter und hebt ganz allein das Boot heraus und wirft es ins Wasser. Ich sage dir, heute könntest du ihn nicht noch einmal niederschlagen und ihm die Zähne ausbrechen.«

»Was wollte er?«

»Es hatte etwas mit seinem Vater zu tun, der allmählich etwas schwachsinnig wird, wie Thomas behauptet. Du weißt, Großvater war Sir Anthonys Vormund; es war also wohl eine juristische Angelegenheit.«

»Warum ist dann nicht Jonathan gekommen? Er ist der älteste und das künftige Oberhaupt der Familie.«

»Das weiß ich nicht. Ich glaube, Thomas hat nicht viel Respekt vor seinem Bruder.«

»Ich glaube, Thomas hat vor niemandem viel Respekt«, sagte ich. Kaum hatte ich diese Worte gesprochen, wünschte ich mir, ich hätte sie ungesagt gelassen, denn sie brachten nur ein altes Unbehagen wieder an die Oberfäche.

Am nächsten Morgen verließ mein Vater das Haus zu früher Stunde, um bei der Schafschur zugegen zu sein. Belemus war noch fort, und so war ich, wenn ich Neuigkeiten hören wollte, ganz auf meinen Stiefbruder angewiesen. Es sei wieder einmal ein unnatürlicher Sommer gewesen, berichtete er, man habe das Heu wie immer geschnitten, aber es wollte nicht trocknen, die Schafe starben an der Maul- und Klauenseuche, Hafer und Weizen waren von Wind und Regen flach auf den Boden gedrückt. So war es im ganzen Land, und die Not würde allenthalben groß sein. Allgemein war auch die Furcht vor einer spanischen Invasion. Onkel Simon wollte mit seiner Familie in der nächsten Woche kommen; denn in London herrschte wieder die Pest, obwohl bei weitem nicht so arg wie im letzten Jahr. Odelia hatte im Mai eine eitrige Mandelentzündung gehabt, und Glapthorne in Penryn hatte sie mit der Lanzette aufgestochen. Penn, der Falkenier, war im März gestorben; er hatte sich in den Finger geschnitten, und das Gift hatte sich wie Quecksilber in seinem Körper verbreitet. Stevens nahm jetzt seine Stelle ein. Oliver Gwyther vom ›Three Farthings House‹ machte Annora Job den Hof, und Meg Levant hatte vor drei Monaten Dick Stable geheiratet. Doch, die *Dolphin* habe im April angelegt, aber nach den Unannehmlichkeiten bei dem letzten Besuch waren diesmal nur Captain Elliot und William Love an Land gegangen.

So sprach und sprach er von den alltäglichen Begebenheiten im Leben von Arwenack, geradeso als wäre ich nur in Truro bei meinem Lehrherrn gewesen. Er sprach über ein Leben, wie ich es sechzehn Jahre lang gekannt hatte, und zugleich verbanden sich mit seinem Bericht die vertrauten Geräusche, Gerüche und Bilder. In der Waschküche war ein Mädchen damit beschäftigt, die Krausen meiner Großmutter zu bläuen und zu stärken; ein anderes trug einen mit einem eisernen Reifen umspannten Holzeimer voll Buttermilch; im Hof nahm sich Long Peter eines kranken Hundes an; Pastor Merther führte die kleineren Kinder die Treppe hinauf in den oberen Stock zur Griechisch-Stunde; die Möwen zogen schreiend ihre Kreise, vor einem blaßblauen Himmel mit aufgerissenen Wolken; der Wind blies sanft von der See, und ich war zu Hause, und in ein paar Tagen würden mir die sechs Monate in der Fremde nur noch wie ein Traum erscheinen, der verblaßte.

Aber noch hatte ich mich eines Auftrags zu entledigen, und der bloße Gedanke daran hatte etwas Beklemmendes.

Um elf Uhr kam mein Vater nach Hause, zusammen mit Rosewarne und Job und fünf Hunden, und alle gingen in sein Arbeitszimmer. Ich lungerte draußen herum, und nach zwanzig Minuten kamen die beiden Diener heraus.

Das letzte Mal war ich vor zwei Jahren in diesem Raum gewesen, als die Krankheit im Hause wütete und Paul Knyvett gestorben war; damals hatte sein Vater, Henry Knyvett, alle Kontobücher aufgeschlagen auf dem Tisch liegen lassen.

Mr. Killigrew spitzte einen Federkiel an. Er blickte bei meinem Eintritt kurz auf und bedeutete mir mit einem Kopfnicken, Platz zu nehmen. Er hatte im letzten Jahr zugenommen, und seine einst zarte Gesichtsfarbe war kräftiger getönt, dabei ein klein wenig fleckig. Das dichte blonde Haar hatte seine ursprüngliche Farbe verloren, und an deren Stelle war eine unbestimmbare Schattierung von blassem Strohblond und Braun getreten.

»Also, mein Junge, da wärst du wieder daheim, dank der Gnade unseres Herrn. Oder auch dank der Gnade des Königs Philipp. Ich hatte dich tot geglaubt. Wir alle waren überzeugt, du seist umgekommen. Ich bin sehr überrascht über diese Ehre, die man einem meiner Söhne erwiesen hat.«

»So ehrenvoll war es nicht, Vater. Die ersten drei Wochen verbrachte ich in Lissabon im Gefängnis.«

»Ich nenne es Ehre, daß man dich nicht auf die Galeere geschickt, sondern bei Hofe empfangen und gut behandelt hat, um dich zuguterletzt freizulassen und mit aller Bequemlichkeit heimzuschicken. Die Spanier haben vor dem Namen Killigrew mehr Respekt, als ich glaubte. Weißt du, wer auf unserer Seite im Austausch für dich freigelassen wurde?«

»Niemand, Vater. Das war nur eine Ausrede von mir, um Erklärungen aus dem Wege zu gehen.«

»Was gibt es da zu erklären?«

»Meine Heimkehr.«

Er legte den Federkiel nieder. »Es steckt also etwas dahinter?«

»Ja, Sir, ich habe eine Botschaft zu übermitteln.«

»An wen? Mein Gott, was für eine Verschwörung ist das?«

»Eine Botschaft an Euch, Vater.«

»Was meinst du: an mich? Wer könnte an mich eine Botschaft senden wollen?«

»Der spanische Kriegsrat. Andreas Prada, Don Juan de Idiaquez, Estaban de Ibarra – und andere.«

»Ich hätte nie gedacht, daß ein Sprößling von mir spanische Namen so wie am Schnürchen hersagen kann! Du sagst mir, sie haben dich freigelassen, um *mir* eine Botschaft zu überbringen?«

»Ich mußte diese Mitteilung auswendig lernen und vor ihnen wiederholen. Darauf ließ man mich einen Eid auf die Bibel leisten und schwören, daß ich diese Botschaft Euch allein und sonst niemandem überbringen würde. Das beschwor ich.«

Mr. Killigrew öffnete einen Knopf seines Wamses und kratzte sich. Seine schweren Augenlider senkten sich, als ob das Licht zu grell für ihn sei. Alle Hunde jaulten gleichzeitig.

»Und wo ist diese Botschaft? Hast du sie niedergeschrieben?«

»Nein, Sir. Eine der Bedingungen war, daß ich das nicht tat.« Ich befeuchtete mir die Lippen. »Ich bin beauftragt – meinem Vater, John Killigrew, Esquire, von Arwenack House, Kommandant von Pendennis Castle, die folgende Botschaft von der *Junta de Noche,* dem obersten Kriegsrat Seiner Kaiserlichen Majestät Philipps des Zweiten, zu übermitteln. Übergebt zu einem später noch festzusetzenden Zeitpunkt Pendennis Castle, die Flußmündung, die Bucht und alle Befestigungsanlagen unter Eurem Kommando. Greift nicht zu den Waffen, beruft keine Soldaten ein, gewährt vielmehr den Landestreitkräften jede Unterstützung, sobald Ihr dazu aufgefordert werdet. Zur Belohnung erhaltet Ihr, wenn das Unternehmen erfolgreich verläuft, 10 000 Pfund in Gold, die Erhebung in den Ritterstand und die Übertragung der Ländereien von Godolphin, Erisey und Trelowarren, Enys und Trefusis.«

Ich hatte aufgehört, und Mr. Killigrew hatte sein Gürtelmesser in der Hand, über dessen Schneide er zerstreut mit dem Daumen fuhr, wie um seine Schärfe zu prüfen. Dann stand er auf und trat ans Fenster. Seine untersetzte Gestalt hob sich wie ein Schattenriß ab gegen die rautenförmigen, bleigefaßten Scheiben, über die der Regen rieselte.

»Mein Gott«, sagte er, »daß ich einmal so beleidigt werden würde!«

Ich schwieg und stieß langsam den Atem aus.

»Manchmal meine ich, daß ich in der Achtung meiner Freunde tief gesunken sei. Aber ich habe nicht gewußt, daß mich meine Feinde so geringachten!« Er lachte leichthin. »Dreieinhalb Jahrhunderte haben die Killigrews England und seinen Königen gedient, als Soldaten, als Diplomaten, als Dichter und bei Hofe. Wir kämpften für das Haus Lancaster, wankten nicht in unserer Treue zu den Tudors – ausgenommen, als Maria zu den Papisten überging, und recht ist ihr geschehen, der bösen Sieben! Ich, mein Vater und mein Großvater, wir alle haben uns zum Bettler gemacht im Dienst ihrer Schwester Elizabeth. Und wir halten es mit ihrer reformierten Kirche, jeder von uns – da ist nicht ein Überläufer in fünf Generationen. Aber ein halbes Dutzend gepuderter und gespreizter kastilischer Granden bildet sich ein, ich und meine Loyalität seien zu kaufen, als wäre ich eine Dirne, die sich dem Meistbietenden preisgibt! Kein Wunder, daß sie dich gut behandelten, mein Junge. Hast du ihnen von meinen Schulden erzählt?«

»Nein, Vater. Sie wußten schon Bescheid.«

»Aha, sie haben ihre Spitzel. Wie kam es, daß du darin einwilligtest, mir diese reizende Botschaft zu überbringen? Dachtest du, ich wäre interessiert?«

»Oh nein! Aber ich wollte gern nach Hause zurück.«
Er trat endlich vom Fenster zurück und wandte sich um. »Also gut, es war ein Mittel, um nach Hause zu kommen. Die Erhebung in den Ritterstand, warum nicht gar! Das läge ja nicht so ganz außerhalb meiner Verdienste ... Und in der Geographie scheinen sie auch bewandert zu sein – Godolphin, Erisey und Trelowarren, Enys und Trefusis. Und wieviel Geld? Zehntausend Pfund? Meine Finanzlage war ihnen nicht unbekannt. Aber ihren Mann – den kannten sie nicht. Da versagten sie, mein Junge, sie kannten nicht John Killigrew von Arwenack!«
»Nein, Vater.«
»Das muß Raleigh erfahren. Wir wollen zusammen darüber lachen. Und Cecil. Es wird ihnen zeigen, eine wie hohe Meinung man in Spanien von meiner Stellung und meinem Machtbereich hat.« Er dachte einen Augenblick nach und setzte sich wieder auf seinen Stuhl. »Nein, wir wollen uns das noch einmal überlegen. ... Inzwischen laß kein Wort von alledem verlauten!«
»Darauf habe ich einen Eid geleistet.«
»Denn weißt du, Maugan, ich habe boshafte Feinde, die, wenn sie von diesem Angebot erführen, ein böses Gerede aufbringen möchten. Drum sei auf der Hut und paß auf dich selber auf.« Er lachte, und auch diesmal klang es unbeschwert, aber es hatte einen metallischen Unterton. »Besser, wenn Godolphin nichts davon hört, damit er nicht um seine Güter fürchtet. Und Hannibal Vivian ...«
»Ich bin mit meinem Auftrag noch nicht ganz fertig«, sagte ich. »Dies hier habe ich Euch zu übergeben.«
»Was hast du da – ein Amulett?«
»Nein, es ist ein Siegelring mit dem königlichen spanischen Wappen. Ich soll ihn Euch geben und Euch auftragen, ihn zusammen mit Eurer Antwort zurückzusenden. Es wird der Beweis sein, daß die Antwort von Euch kommt.«
»Sie erwarten also eine Antwort? Und wer soll sie überbringen?«
»Das wollten sie nicht sagen. Ich hatte die größte Angst, daß sie mich dazu ausersehen hatten, in welchem Fall mir meine Reise nicht viel genützt hätte. Aber sie verlangten es nicht von mir. Sie wollten, wenn es so weit ist, einen Boten senden.«
»Wenn es soweit ist ... Daraus möchte ich schließen, daß für dieses Jahr kein Angriff auf England geplant ist. Aber vielleicht ist es auch

nur eine Falle, um uns in Sicherheit zu wiegen, so wie achtundachtzig, als sie absichtlich die Nachricht verbreiteten, sie hätten das Unternehmen aufgegeben, während sie in Wahrheit im gleichen Augenblick unter Segel gingen.«

»Der Angriff kommt«, sagte ich. »Es ist alles darauf ausgerichtet. Sie denken an nichts anderes.«

»Also doch. Wie es Raleigh sagte. Es sei denn, man käme ihnen zuvor. Die Aktionspartei am Hof drängt auf Präventivangriffe auf die spanischen Häfen – so wie Drake sie vor sieben Jahren unternahm. Aber ob sie sich durchsetzen werden, weiß ich nicht. Cecil spielt auf Zeitgewinn und Frieden. Essex schnaubt Feuer und möchte am liebsten mit der ganzen Welt kämpfen. Raleigh erzieht seinen jüngsten Sohn und pflanzt Bäume in Sherborne. Wir werden sehen.«

»Ja, Sir.«

»Die Erhebung in den Ritterstand, ach ja«, sagte mein Vater. »Und Godolphin und Trelowarren, Enys und Trefusis . . .«

Die Kinder von Arwenack wuchsen heran. Ich sah es so recht am nächsten Sonntag, eine Woche nach meiner Rückkehr, als wir alle zusammen zur Kirche gingen. John war bereits so groß wie sein Vater. Der um ein Jahr jüngere Thomas war breitschultrig und gedrungen; er hatte wie sein Vater ein Grübchen im Kinn und ging schlenkernd und o-beinig; er war musikalisch, konnte singen und die Laute schlagen. Dann war da Odelia, mit rötlich-braunem Haar; sie wirkte zart, zerbrechlich, obwohl sie ein Wildfang war; sie war, mit Grübchen im Gesicht, und einem strahlenden, bezaubernden Lächeln, sehr anziehend. Der elfjährige Henry hatte mit seiner Hakennase und sehr schmalen Augen einen finsteren Ausdruck; zuweilen schien er der älteste von allen zu sein. Nach ihm kam Maria, die gerade sechs geworden war; ihr Stupsnäschen und ihre Augen verschwanden fast im Babyspeck, und niemand hätte heute etwas von ihrer künftigen Schönheit vorausahnen können. Der letzte in der Prozession war Peter, noch nicht ganz vier Jahre alt; er weinte, weil der Weg zur Kirche so weit war, aber da seine Mutter nicht dabei war, nahm niemand Notiz von ihm, bis ich ihn auf meine Schultern nahm. Mein Vater sah es voller Mißmut. Vielleicht wußte er, daß Peter oft weinte und damit immer seinen Kopf durchsetzte, und vielleicht sah er voraus, daß Peter mehr oder weniger immer seinen Kopf durchsetzen würde.

Die beiden kleinsten, Elizabeth und Simon, hatten zu Hause bleiben dürfen.
Was hätte mein Vater wohl empfunden, wenn er an jenem Sonntagmorgen, an dem er seinen Sprößlingen voran so rüstig ausschritt, einen Blick in die Zukunft hätte werfen können? Hätte es ihn überrascht und erfreut zu erfahren, daß drei seiner Söhne die Ritterwürde erhalten sollten, die er selbst vergeblich angestrebt hatte, und deren Versagung ihn so verbitterte? Und hätte er erraten, wer? Der steife, nüchterne und förmliche John, für dessen Verlobung er bereits jetzt Pläne schmiedete? Der mürrische, doch künstlerisch begabte Thomas, halb Tatmensch, halb Träumer? Der auf Erwerb gerichtete Henry, der alt vor der Zeit war? Der sehnige Peter, der schlank, behende und lärmend war wie ein Wiesel? Oder Simon, dessen Lebensfaden heut noch so dünn war, der aber später ein Kämpfer werden sollte? Oder der noch ungeborene William?
Aber vielleicht hätte er leichter sein eigenes armseliges Ende voraussehen können.

5

Gleich nach dem Kirchgang erklärte ich meinem Vater, daß ich einen Brief für die Schwester von Thomas Arundell bei mir trüge, und bat ihn um die Erlaubnis, das Schreiben an seine Adressatin abzuliefern. Mr. Killigrew hatte im Augenblick mit einem abgetakelten Schiff aus der Ostsee, das gerade in den Hafen eingeschleppt worden war, alle Hände voll zu tun. Die Hulk hatte Pech, Teer, Holz und Tauwerk geladen, lauter Dinge, die Kriegskonterbande waren und daher zu beschlagnahmen. Mein Vater hatte es also eilig, an Bord zu gehen und zu sehen, ob nicht etwas für uns dabei abfiele, und so kam es, daß er zu meiner Bitte nur ungeduldig nickte.
Mrs. Killigrew, die nach der Geburt ihres elften Kindes zum erstenmal wieder unten erschienen war, bot mir für den Ritt ihr Lieblingspony Copley an. Um sechs war ich an der Fähre, aber der Fährmann, ein schwarzbärtiger Zwerg mit Händen wie Tintenfische, weigerte sich zunächst, das größere Boot zu nehmen. Wir hatten einen Wortwechsel, aber nachdem ich ihm vier Pennies bezahlt hatte, zog er das

Boot vom Ufergelände, und ich führte den zitternden Copley in die Box am Heck des Bootes. Dann mußte ich dem Fährmann rudern helfen, weil die Flut mächtig stieg.
Die Sonne war hinter den Bäumen verschwunden, bevor ich das Strohdach von Tolverne erkannte. Die letzten hundert Schritt des Pfades waren so von Brombeeren überwachsen, daß er in diesem Sommer kaum benutzt worden sein konnte, und Copley wurde nervös bei jedem Knistern und Rascheln im Unterholz, oder wenn in den niedrig hängenden Zweigen über seinem Kopf die Vögel zwitscherten. Obwohl es an diesem Tage nicht geregnet hatte, war der Boden schlammig, und Unkraut und Farngewächse wucherten üppig in all der Feuchtigkeit. Die Kopfsteine auf dem Hof waren glitschig von Schlamm und Schmutz, und gut die Hälfte der Fläche war von einer großen Wasserlache bedeckt. Als ich hinuntersprang, kam Jonathan Arundell aus dem Haus und lief mir entgegen. Als er mich erkannte, blieb er verdutzt stehen. Aber ich hatte mich inzwischen an diese Form des Empfangs gewöhnt.
»Maugan! Aber wir glaubten dich tot! Bist du nicht von Piraten oder Spaniern gefangengenommen?« Er sah an mir vorbei. »Das nenne ich eine glückliche Überraschung. Seit wann bist du wieder zu Hause?«
»Seit einer Woche. Du siehst, ich habe mit meinem Besuch nicht lange gewartet.«
»Nein . . .« Er sah wieder an mir vorbei, während er mir auf die Schulter klopfte. »Das ist einmal eine gute Neugigkeit. Komm, komm herein. Hast du die Fähre benutzt? Hast du niemanden unterwegs gesehen?«
»Nur den Fährmann, der mich so finster wie ein Mörder ansah. Erwartest du jemanden?«
»Ja, meinen Onkel. Und Thomas. Sie müßten vor Einbruch der Dunkelheit hier sein. Aber erzähl, wie bist du gesund wieder nach Hause gekommen?«

Ich antwortete ihm, während er mich ins Haus führte. Das Haus war dunkel und schien unbewohnt zu sein, aber noch im Sprechen hoffte und betete ich, Sue möge plötzlich aus einer Tür heraustreten. Jonathan blieb stehen, um einen Diener zu rufen, der alsbald mit einer brennenden Kerze erschien, an der er andere anzündete. Der Kerzenschein zeigte mir, wie mager Jonathan geworden war und wie krank er aussah. In der von einer Galerie umgebenen Halle standen noch die Reste eines Mahls auf dem Tische. Die Kerzen mischten in das verdämmernde Tageslicht ihr gelbes Flackern, und von den holzgetäfelten Wänden blickten grimassierend die Porträts.

»Ist Sue hier?« unterbrach ich ihn, weil ich einfach nicht länger warten konnte.

»Sue?« Er runzelte die Brauen und fuhr sich mit der Hand über die Stirn.

»Sue Farnaby.«

»Ach so – nein. Sie ist nicht mehr hier. Sie ist im Mai fortgegangen. Maugan, da gibt es so viel zu erzählen, und da du ja hier übernachten mußt, werde ich versuchen, dir alles zu erklären. Wirf deinen Reisesack dort auf den Stuhl und setze dich. Hast du schon gegessen?«

»Nichts seit dem Mittagessen. Aber ich kann bis später warten. Warum ist Sue fortgegangen? Was ist hier nicht in Ordnung?«

»Nichts ist hier in Ordnung, Maugan. Seit zwei Jahren geht es mit uns hier abwärts. Du erinnerst dich noch, wie es um Sir Anthony stand, als du Weihnachten hier warst. Inzwischen ist es immer schlimmer geworden. Thomas schwört, er sei wahnsinnig. Aber das ist nicht wahr. Mein Vater wird hin und her gerissen zwischen Glauben und Gewissen, und sein Ringen ist unser Ringen geworden, so daß wir auch als Familie zerrissen sind: Bruder gegen Bruder, Schwester gegen Schwägerin!«

»Dabei geht es doch um die Religion? Was aber hatte Sue –«

»Als junger Mann war mein Vater ein so zuverlässiger Protestant wie irgendein Killigrew; aber nach all den Jahren hat ihn die alte Religion gepackt wie ein Krebsgeschwür, hat ihn – und uns befallen.« Jonathan zog eine Grimasse. »Ich für mein Teil, Maugan, kann die religiöse Frage nicht so tief empfinden – wenn ich die Wahrheit sagen soll, hege ich keine Feindschaft gegen manche der alten Formen und Glaubenslehren. Für mich haben sie eine Schönheit, die dem neuen Bekenntnis fehlt. . . . Aber aus alledem würde ich keine Frage von Leben und Tod machen. Vielleicht ist das eine Schwäche bei mir; jedenfalls meint Thomas das. Meine ganze Sorge gilt nur einem glücklichem Heim, besonders um Gertrudes willen, meiner Frau, die ganz wie ihr Vater empfindet.« Er zuckte die Achseln. »So ging es denn eine ganze Zeit weiter – ein brodelnder Topf, in dem es nur manchmal aufwallt. Aber als Thomas groß wurde, begann er alles zu hassen, was meinem Vater jetzt zum Lebensinhalt geworden ist. Einen strengeren Protestanten als Thomas hat es nie gegeben. Natürlich hat er die Vernunft auf seiner Seite. Sir Anthony ist unvorsichtig geworden, die Leute reden über ihn, und es kann nicht mehr lange dauern, bis er in Konflikt mit dem Sheriff und seinen Beamten kommt. Thomas hat das Gefühl, auf heißen Kohlen zu sitzen; nach ihm dürfe es einem kranken Mann nicht erlaubt werden, seine Familie ins Unglück zu stürzen. Meine Mutter – aber du wirst selbst sehen, wie sie innerlich zerrissen ist. Nun kam im Januar ein gewisser Godfrey Brett zu uns. Er ist noch immer hier, angeblich als Sekretär meines Vaters. – Ich darf dir das alles doch erzählen, ohne fürchten zu müssen, daß du es an anderer Stelle wiederholst?«

»Selbstverständlich.«

»Dieser Godfrey Brett kam also, und – man muß es zugeben – er ist ein vortrefflicher Mann; auf die kleine Elizabeth übt er großen Einfluß aus, was natürlich ganz im Sinne ihres Vaters ist. So also stehen die Dinge. Gertrude im Zwist mit meiner Schwester, ich mit meinem Bruder, er mit meinem Vater. Ich sage dir, Maugan, eine Familienidylle voller Harmonie!«

»Und warum ist nun Sue Farnaby fortgegangen?« fragte ich.

»Ihre Tante in Malpas war krank, und sie ging zu ihr, um sie zu pflegen. Aber ich glaube, sie war hier nicht glücklich. Wer wäre es?«

»Und ist sie jetzt noch dort?«

»Ich weiß nicht, Maugan. In dieser Woche hat sich die Situation gefährlich zugespitzt. Thomas ist immer widerborstiger geworden, und gestern nun machte er einige Entdeckungen, die ihn zur Weißglut brachten. Er stürmte davon, zu Onkel Francis, mit der Absicht, Sir Anthony bis zu einem gewissen Grade unter Aufsicht stellen zu lassen. Es ist für uns alle eine unmögliche Situation. In einer Weise muß ich zugeben, daß Thomas durchaus im Interesse unserer Familie handelt; aber es kommt nicht ihm zu, es zu tun! Weder unsere Mutter noch ich werden sich rühren; aber Thomas hat für niemanden Liebe oder Respekt – außer für sich selbst. Manchmal denke ich, daß ich lieber mit meinem Vater ins Gefängnis ginge, als mit Thomas zusammen gut zu leben. . . .«

Ein Diener kam herein. »Eine berittene Gesellschaft nähert sich, Sir.«

»Das werden sie sein, nehme ich an. Maugan, bleib bitte hier. Ich gehe nur hinunter, um meinen Onkel zu begrüßen.«

Ich hatte Sir Francis Godolphin nicht mehr gesehen, seit er mit Mr. Trefusis in Arwenack gewesen war. Er kam mit Thomas, der jetzt fast so groß war wie ich, aber noch um die Hälfte breiter, – er, der ein rundes zartes Gesicht mit sanft blickenden Augen gehabt hatte; nur der Mund war schon damals schmal und streng gewesen. Sie waren bei meinem Anblick nicht wenig verwundert, und als dann auch die Damen nach unten kamen, brachen auch sie in Ausrufe der Überraschung und Freude aus. Thomas allerdings – um ihm Gerechtigkeit widerfahren zu lassen – heuchelte keine Freude bei dem Wiedersehen mit mir. Ich glaube, er hatte im Augenblick gar keine Gefühle mir gegenüber, weder freundliche noch unfreundliche; es gab Wichtigeres zu bedenken.
Die Frauen machten alle einen abgehärmten Eindruck. Gertrude erwartete noch immer kein Kind, und vielleicht sollte Thomas mit seinen Prophezeiungen recht behalten. Elizabeth und ihre Mutter hatten entzündete Augen. Lady Arundell begrüßte ihren Bruder mit Zurückhaltung, wenn nicht geradezu kühl, obwohl doch sie die Unannehmlichkeiten der häuslichen Situation am stärksten verspüren mußte. Es wurde jedenfalls klar, daß Sir Francis nicht auf ihre Einladung hier war, sondern auf die seines jungen Neffen. Nachdem mich alle zu meiner Errettung beglückwünscht hatten, trat ein verlegenes Schweigen ein. Es wurde unterbrochen durch die Aufforderung zu speisen, die Sir Francis ablehnte, bis er mit seinem Schwager gesprochen habe.
»Oh – Anthony?« fragte Lady Arundell, als habe sie an ihn überhaupt nicht gedacht. »Er ist oben. Es geht ihm gut, wenn er auch nicht gerade in seiner *aller*besten Laune war, als sich mein – mein *Sohn* gestern auf den Weg machte, um dich zu holen. Ja, es geht ihm nicht schlecht. Du wirst ihn gleich zu sehen bekommen.«
»Thomas hat mir allerlei Unangehmes zu berichten gehabt. Ist es denn wahr, daß sich Godfrey Brett noch immer hier aufhält? Er muß gefangengesetzt werden, Anne. Es ist zu gefährlich geworden, solche Elemente zu beherbergen, wie du doch sicher selber weißt ...«
Er unterbrach sich, als er Tritte auf der Treppe hörte. Sir Anthony erschien in einem langen blauseidenen Hausrock, ihm folgte unmittelbar ein großer, hagerer Mann von ungefähr vierzig Jahren, gekleidet in den korrekten schwarzen Barchent des Sekretärs. Sir Anthony ging jetzt am Stock und offensichtlich nicht ohne Mühe, aber er

lehnte jede Hilfe ab und begrüßte seinen Schwager in ruhiger und beherrschter Haltung.
»Maugan, du bist da? Und ich glaubte schon, wir hätten dich verloren. Nun, ein Glück, daß es nicht so ist. Francis, erlaube Thomas, daß er dir den Mantel abnimmt; du mußt müde sein nach einem so langen Ritt. Ich hoffe, daß bei dir alles in Ordnung ist.« Dann wandte er sich an einen Diener: »Decke den Tisch, Banbury, und bring Wein und zu essen, und Wasser zum Händewaschen.«
Wir unterhielten uns ein paar Minuten, wobei die Fragen, die mir von allen Seiten gestellt wurden, eine erwünschte Ablenkung boten, bis zwei Diener mit einem Waschbecken, einem Krug und Handtüchern zurückkamen. Als erster wusch sich Sir Francis, nach ihm Thomas und ich, während der Tisch gedeckt wurde. Dann setzten wir uns und aßen, indessen die andern, die bereits gegessen hatten, uns plaudernd Gesellschaft leisteten. Godfrey Brett hielt sich höflich neben Sir Anthony; ohne sich an der Unterhaltung zu beteiligen, war er doch auf diskrete Weise stets gegenwärtig.
Erst als ich von meiner Begegnung mit Thomas Arundell in Madrid sprach und erwähnte, daß er mir einen Brief für seine Schwester mitgegeben hatte, zeigte Sir Anthony Zeichen einer gewissen Unruhe.
»Thomas geht es also gut? Wir sind vor vielen Jahren im Zorn voneinander geschieden. Vielleicht würden wir heute über manches eher einer Meinung sein.«
»Gerade über diesen Punkt wollte ich mit dir sprechen, Bruder«, sagte Sir Francis. »Deswegen kam ich. Nach dem Essen sollten wir uns zusammensetzen und die Dinge besprechen.«
»Sprich nur jetzt, wenn es dir recht ist«, sagte Sir Anthony. »Ich habe keine Geheimnisse vor meiner Familie. Maugan Killigrew ist der Enkel meines einstigen Vormunds. Godfrey Brett ist mir ein enger Vertrauter.«
»Allzu eng«, murrte Thomas, doch Godfrey Brett hob nicht einmal die Augen, obwohl er die Bemerkung hatte hören müssen.
»Obwohl Thomas erst achtzehn Jahre alt ist«, sagte Sir Anthony, »möchte er mir die Zügel aus den Händen nehmen – als wüßte er nicht, daß sie, wenn ich sie nicht mehr halten könnte, Jonathan zufielen. Thomas gibt vor zu glauben, daß die Sorgen, die mir zu schaffen machen, mein Urteilsvermögen getrübt hätten. Widersprich mir nicht, mein Junge, ich bin weder blind noch taub, einstweilen.«

»Ich leugne es keineswegs, Vater«, sagte Thomas grimmig. »Deswegen bin ich zu Onkel Francis gegangen.«
Sir Francis Godolphin strich sich über den grauen Bart. »Ich meine, Anthony, daß wir trotz allem, was du gesagt hast, besser allein über diese Dinge sprechen.«
»Aber jedenfalls nicht ohne Brett, soviel kann ich dir sagen.«
Die Diener hatten sich entfernt. Elizabeth atmete mühsam, als sei sie schnell gelaufen.
»Dann sei es so«, willigte Sir Francis geduldig ein. »Aber da es nun in Gegenwart von Brett sein soll, so muß ich dir sagen, daß du dich um deiner Familie willen von ihm trennen mußt.«
»Du maßt dir an, mir vorzuschreiben, wen ich als meinen Sekretär beschäftige?«
»Aber ich bitte dich, Bruder. Du weißt, daß er mehr ist als ein Sekretär.«
Ich sah, wie die Hand Sir Anthonys auf dem Knauf des Stockes, den er noch immer hielt, zu zittern begann. »Was zwischen Brett und mir vorgeht, interessiert niemanden als uns selbst.«
»Da irrst du dich. Das ist in dieser Zeit unmöglich. Der erste Schritt muß jetzt sein, daß du dich und dein Haus von – von seiner Bevormundung befreist.«
»Der erste Schritt wohin? Zur ewigen Verdammnis?«
»Mir fehlt es an Erfahrung in der theologischen Diskussion, aber ich kenne wie du die Gesetze unseres Landes. Wir wissen, was mit Tregian geschah, als man bei ihm einen papistischen Priester entdeckte, dem er Unterschlupf gewährt hatte.«
»Und den ich mitverurteilt habe«, sagte Sir Anthony.
»Um so mehr Grund, daß du dich nun nicht selbst verurteilst.«
»Um so mehr Grund, daß ich es tue – wenn du das ›verurteilen‹ nennst.«
Sir Francis deutete ein Achselzucken an und sah sich in der Tafelrunde um. – Ist dies ein Mann, schien sein Blick zu fragen, der unfähig ist, seine eigenen Angelegenheiten zu ordnen?
»Vater, Ihr habt nicht das Recht, das Erbe Eurer Kinder zu gefährden. Wir haben unser eigenes Leben zu leben. Seht Euch doch an, wie es den Tregians, den Beckets, den Tremaynes und all den anderen geht – zu Bettlern geworden und eingekerkert, ihre Besitzungen beschlagnahmt, alle Aussichten vereitelt. Das mag noch angehen, wenn man

in der Familie die gleiche Gesinnung hat. Wir haben sie nicht.«
»Und ebensowenig teilen wir alle die deine, Thomas!« sagte Elizabeth. Es klang wie ein schriller Aufschrei.
»Ja, ich weiß, ihr habt euch beeinflussen lassen, seid verhext von all diesen Priestern –«
»Ruhe!« befahl Lady Arundell plötzlich. »Ich will nicht, daß meine Kinder so sprechen! Francis – Thomas wurde zu nachsichtig erzogen. Die Folge ist, daß er sich anmaßt, gegen den eigenen Vater aufzutreten. Damit entehrt er sich selbst. Er hatte kein Recht, sich an dich zu wenden. Selbstverständlich bist du uns willkommen, aber . . .«
»Ich glaube, Thomas hat einige gute Gründe für sich«, sagte Sir Francis ruhig. »Ich würde einen Sohn, der sich so benimmt, wie er es getan hat, verleugnen, aber ich bete zu Gott, daß ich ihm nie solchen Grund gegeben hätte. Ist es wahr, Anthony, daß du Ländereien und Pachthöfe verkauft hast, um das Geld den Priestern zu geben, die hier vorsprechen?«
Da war das Wort wieder, diesmal aber nicht von einem zornigen Buben ausgesprochen.
»Das Geld gehört mir, und ich kann damit anfangen, was ich will.«
»Etwas davon muß jedenfalls als Wittum für meine Schwester sichergestellt werden. Sie hat dir ein Vermögen in die Ehe gebracht, das im Jahre eintausend Pfund abwirft.«
»Ich habe es nicht angerührt. Meine Mutter, Margaret Chamond von Launcells, hinterließ jedem ihrer Kinder einen persönlichen Besitz, und den habe ich verkauft.«
Elizabeth saß mir gegenüber. Sie war nicht eigentlich hübsch, aber sie war im letzten Jahr zu einer jungen Frau herangewachsen. Sie trug ein strenges Gewand aus braunem Samt mit einem Wams wie ein Mann, nur daß es längere Spitzen hatte. Ihr schien plötzlich das Mieder zu eng zu werden; sie führte die Hand an den Hals und versuchte, den steifen Kragen zu lockern. Mit einem Ruck riß sie ihn schließlich auf und zog die Kette hervor, die sie um den Hals trug, und an deren Ende ein goldenes Kruzifix hing.
Mit lauter, wie atemloser Stimme betete sie: »Heilige Maria, heilige Jungfrau, heilige Mutter Christi, bitte für mich!« Sie brach in Tränen aus, schob den Stuhl zurück und rannte aus dem Saal.
Sir Anthony und Godfrey Brett hatten sich bei ihren Worten bekreuzigt. Man konnte das Klappern ihrer Schuhe hören, wie sie den stei-

nernen Gang hinunterlief bis zur Treppe. Aber schon kam ein Diener herein und brachte mehr Wein. Wir warteten alle schweigend, bis er wieder hinausgegangen war.
Nachdem sich die Tür hinter ihm geschlossen hatte, begann Thomas zu sprechen, aber diesmal gebot ihm Sir Francis mit einer ungeduldigen Gebärde Schweigen.
»Mein Bruder – denn das bist du durch die nun achtundzwanzig Jahre währende Ehe mit meiner Schwester geworden – mein Bruder, dein Leben ist deine eigene Sache, über die du nach deinem Gutdünken verfügen magst, und ich schätze dich seit langem. Aber es gibt da einen Punkt, bei dem es die Pflicht jedes Engländers ist, dir entgegenzutreten. Es ist ganz besonders meine Pflicht als Vizestatthalter in der Grafschaft. Indem du Jesuitenpriester aus Reims und Douai beherbergt hast, bist du des Verrats am Königreich schuldig geworden. Indem du sie aufnimmst, ihnen Obdach und Geld gibst, dienst du den Interessen Spaniens und rückst die Eroberung unseres Vaterlandes näher in den Bereich des Möglichen – mit allen ihren Folgen. Was auch immer deine Gefühle dabei sein mögen: ich muß diesen Mann verhaften und ihn dem Sheriff in Gewahrsam geben.«
Sir Anthony machte einige krampfhafte Bewegungen, als versuche er aufzustehen, aber alles, was er bewirkte, war, daß er einen Becher umwarf, der über den Tisch rollte und den Rest des roten Weins auf dem Tischtuch verschüttete.
»So, das ist es also. Deswegen besuchst du mich mit nicht weniger als vier persönlichen Bedienten. Und hast du die Absicht, mich auch zu verhaften?«
»Dieser Mann ist dein Sekretär, weiter nichts, du hast es selbst gesagt. Dich muß keine Schuld treffen. Du hast dich in dem.Mann geirrt, das ist alles.«
»Und nachdem ich meinen Irrtum entdeckt habe, soll ich den Mann dann denunzieren? Ach nein, Francis. Der Geist von Cuthbert Mayne, dem ersten Märtyrer in diesem heiligen Krieg, wird dafür sorgen, daß ich das nicht tue. Ich werde mit Brett zusammen in Ketten gehen, ich hoffe, du verstehst mich. Sogar bis auf die Folterbank.«
»Du brauchst niemanden zu denunzieren«, sagte Sir Francis. »Nur schweige, im Interesse deiner Familie.«
Mit zitternden Händen hob Lady Arundell den umgeworfenen Becher auf. Sie vermied es, ihren Mann anzusehen.

»Sir, ich habe einen Vorschlag zu machen«, sagte Godfrey Brett.
Alle Blicke richteten sich plötzlich auf ihn, sein schmales, asketisches Gesicht mit den tiefliegenden Augen und dem Ausdruck unnachgiebiger Härte. Er hielt – auch er – jetzt ein Kruzifix in den Händen.
»Nun?«
»Ich finde, Ihr macht Eure Rechnung ohne mich. Das wäre ein Fehler.«
»In unserer Rechnung steht, daß Ihr bald die Macht verloren haben werdet, zu schaden, zu verführen und den Geist des Aufruhrs zu verbreiten; das ist das Wichtige.«
»Ich habe keineswegs meine Macht verloren, dieser Familie zu schaden, obschon es das letzte ist, was ich tun möchte. Andere sind vor mir über Tolverne gekommen. Mindestens einer wurde abgefangen – Humphry Petersen – und gefoltert. Aber er gab bis zu seinem Ende keine Geheimnisse preis. Es wäre ein Zeichen von geringer Intelligenz anzunehmen, daß ich so tapfer sein könnte.« Sir Francis Godolphin schob einen der Leuchter beiseite, damit er den anderen deutlicher sehen konnte. »Erklärt Euch bitte.«
»Ich habe eine Mission, Sir Francis. Und Ihr habt eine Mission. Wir begegnen uns unglücklicherweise im Hause eines gemeinsamen Freundes. Das zwingt uns beide zur Zurückhaltung. Wenn ich hier oder in der Umgegend verhaftet werde, dann ziehe ich, ob ich will oder nicht, Tolverne und seine Bewohner mit hinein in meine Sache. Sir Anthony würde, wie Ihr gesehen habt, nicht seine Beteiligung leugnen. So würdet Ihr, ohne es zu wollen, nur den Untergang seiner Familie bewirken.«
»Und Euer Vorschlag?«
»Er besteht darin, daß ich morgen früh, ungehindert durch Euch, Tolverne verlasse. Vierundzwanzig Stunden später beginnt Ihr, mich zu suchen. Aber dann werde ich bereits ein gutes Stück von hier entfernt sein; und wenn ich dort verhaftet werden sollte, bestünde nicht die geringste Notwendigkeit mehr, den Namen Arundell zu erwähnen.«
Sir Francis wandte sich an seinen Schwager.
»Du siehst, Anthony, wie dein Sekretär zuerst an die eigene Haut denkt.«
»Das ist nicht wahr«, sagte Godfrey Brett. »Wir sind alle auf die Rolle

des Märtyrers vorbereitet, aber nur für den Fall, daß es keinen anderen Ausweg mehr gibt. Es ist vielmehr unsere Pflicht, das äußerste zu tun, nicht zum Märtyrer zu werden, zumal wenn wir damit andere Rechtgläubige in Mitleidenschaft zögen. Was ich Euch vorschlage, ist ein einfaches Tauschgeschäft.«

»Tauschgeschäft!« empörte sich Thomas. »Glaubt Ihr, wir würden –«

»Ruhe!« schnitt ihm Sir Francis das Wort ab. ». . . Und wie können wir wissen, daß Ihr, wenn Ihr später doch erwischt werdet, nicht Euren Gönner auf der Folter verratet?«

»Das kann ich Euch nicht versprechen«, sagte Brett, »denn niemand kennt seine eigene Standfestigkeit. Aber ich kann Euch das versprechen, daß ich lieber sterben würde. Darum habt Ihr bei diesem Handel viel zu gewinnen. Aber wenn ich hier verhaftet werde, dann seid Ihr bereits verloren.«

»Und wenn Ihr uns entkommt, was Ihr offenbar hofft, dann bleibt wieder ein Spion in England, der gotteslästerliche Irrlehren verbreitet und zum Verrat, ja vielleicht zum Mord anstiftet.«

Brett senkte den Kopf. »Es ist ein Wagnis. Ihr müßt die Vorteile und Nachteile beider Möglichkeiten gegeneinander abwägen.«

»Godfrey, du sollst nicht so sprechen. Ich fürchte mich nicht vor Gefängnis, Fesseln und Schande. Unser Herr Christus hat mehr gelitten, als wir je leiden werden. Es ist eine Ehre, in Seine Fußtapfen zu treten. Wir wollen uns zusammen verhaften lassen.«

Brett streichelte ihm die Hand. Eine Geste, die bei einem Sekretär überraschend war. »Wir dürfen nicht nur an uns selbst denken. Wir haben Rücksicht zu nehmen auf unsere Lieben und auf unsere Sache, auf den größeren Zweck. Nur die Rücksicht auf den größeren Zweck zwingt mich zu diesem Geschäft mit meinen Feinden.«

Sir Francis schenkte sich ein halbes Glas Wein ein. Es war ein erstes Zeichen nachlassender Spannung. »Habt Ihr in Oxford studiert?« fragte er.

Brett neigte den Kopf. »Ja, Sir.«

»So argumentiert Ihr auch. Und scheint mit diesem Laster auch meinen Bruder angesteckt zu haben.« Sir Francis bemühte sich, von Thomas keine Notiz zu nehmen, und sah über ihn hinweg zu Lady Arundell. »Ich überschreite meine Pflichten, wenn ich dem zustimme, Anne«, bekannte er. »Und zweifellos befinden sich Hitzköpfe hier unter uns, die für ein sofortiges Eingreifen sind; aber ich finde, der Vorschlag sollte in Erwägung gezogen werden. Man könnte ihn sich wohl bis morgen früh sorgfältig überlegen.«

6

Als ich erwachte, glaubte ich erst, ich hätte geträumt, daß mir jemand vor der Nase die Tür zugeschlagen hätte. Aber dann hörte ich Stimmen und wie jemand um Hilfe rief.

Ich sprang sofort aus dem Bett, schlüpfte in meine Hosen und war schon durch das Zimmer Thomas' gelaufen, als er sich noch den Schlaf aus den Augen rieb.

Auf dem vorderen Treppenabsatz war Licht. Eine einzige Kerze brannte unten auf dem Platz vor der Halle; die Geländerstäbe warfen ihre Schatten auf die getäfelten Wände. Elizabeth stand unten; sie war völlig angekleidet und beugte sich über einen zerknüllten Mantel. Als ich das Geländer hinunterrutschte, barfuß über das polierte Eichenholz gleitend, erkannte ich, daß die liegende Gestalt vor ihr Sir Anthony war.

Sobald sie mich sah, hörte sie auf zu rufen und gab ihre Versuche auf, ihn wiederaufzurichten. »Maugan! Er ist gestürzt. Ich glaube, er ist – Er fiel aus halber Höhe von der Treppe. Ich war hinter ihm, konnte ihn aber nicht mehr halten . . .«

Sir Anthony atmete noch, aber sein Gesicht war in dem flackernden Schein der Kerze aschgrau und sehr alt. Ich versuchte, ihn bequemer zu legen, als Familienmitglieder und Diener dazukamen, ihn aufhoben und in sein Schlafzimmer zurücktrugen. Dort lag er und schnarchte, während ein wenig Speichel seine Mundwinkel benetzte – und die Worte über ihn hinweg gingen.

Elizabeth berichtete, ihr Vater habe sie geweckt und ihr gesagt, sie solle sich ankleiden und dann nach unten kommen, da er eine Mitteilung habe, die sie für ihn befördern sollte. Aber erst als Thomas bemerkte, daß Godfrey Brett noch nicht geweckt worden sei, und sich dann in seinem Zimmer herausstellte, daß das Bett leer war, brach Elizabeth in Tränen aus und sagte die Wahrheit. Sir Anthony war demnach nicht gefallen, als er die Treppe hinunter-, sondern sie hin-

aufstieg, nachdem er Godfrey sein bestes Pferd gegeben und ihm Lebewohl gesagt hatte.
»Die Ratte ist also fort!« ereiferte sich Thomas. »Bis zum Morgen wird er schon durch halb Cornwall sein. Aber wenn er Hilary genommen hat, können wir vielleicht ihre Spur entdecken; sie hat ihre Besonderheiten. Nun, was habe ich gesagt, Onkel? Aber wenn wir gleich losreiten, können wir ihn noch einholen, bevor er den Wald verläßt.«
»Nein«, sagte Francis, »laß ihn gehen.«
»Aber –«
»Laß ihn gehen. Der Handel, den er uns angeboten hat, gilt noch. Ich hatte allerdings nicht erwartet, daß er noch bei Nacht davonläuft. Ich glaubte, sein Mut hätte bis zum Morgen gereicht.«
»Es war anders«, erklärte Elizabeth und wischte sich mit dem Handrücken über die Augen. »Mein Vater hat ihn gedrängt, sofort aufzubrechen. Godfrey Brett ist gegen seinen eigenen Wunsch fortgegangen.«
In dem Gefühl, hier nichts zu suchen zu haben, entfernte ich mich ein wenig, während die Diskussion weiterging. Ich malte mir aus, wie Godfrey Brett auf Truro zuritt, auf der Suche nach der nächsten Familie, die ihn verstecken würde, und ich zweifelte nicht, daß es deren viele gab.
Inzwischen hatte man einen der Stallknechte, den alten Henry, geholt, der ziemlich hilflos auf den kranken Mann blickte. Er betastete die blaue Stelle seitlich am Halse Sir Anthonys und verkündete weinerlich, er wolle seinen Herrn zur Ader lassen, um ihm ein wenig Erleichterung zu verschaffen.
Jonathans Frau, Gertrude Arundell, stellte sich zu mir, als er begann. Auch sie war in diesem Sommer schlanker geworden. Mit sechzehn war sie eine voll entwickelte junge Frau. Ich bemerkte, wie sie plötzlich zur Tür sah, und für einen Augenblick verschlug es mir den Atem: Godfrey Brett stand dort neben Elizabeth.
Für Sekunden war das einzige Geräusch das Tropfen des Bluts in die Schüssel.
Sir Francis richtete sich auf. »Nun, Sir, hat Euer Pferd zu lahmen angefangen?«
»Ja«, sagte Brett und trat ins Zimmer. »Ja, Sir, das Geräusch eines Sturzes hat es gelähmt, als ich über den Hof zum Stall ging. Daher

hat es den Stall nie verlassen. Ich habe in Sir Anthonys Studierzimmer gewartet, bis mir Miss Elizabeth Bescheid gab. Mein alter Freund scheint todkrank zu sein.«

»Ich glaube, er hatte einen Schlaganfall.«

»Dann wird er mich brauchen.«

»Ihr seid auf eigene Gefahr zurückgekommen.«

»Alles was wir tun, Sir, tun wir auf eigene Gefahr. Das ist das Vorrecht des Menschen und sein Schicksal.« Er trat an das Krankenbett.

Bis zum Morgen hatte sich Sir Anthony ein wenig erholt, doch konnte er nicht sprechen; er lag teilnahmslos in den Kissen, mit trüben, wie blicklosen Augen unter den weißen Brauen. Nur hin und wieder zeigten sie einen Schimmer von Aufnehmen und Verstehen, so wie wenn jemand an ein Fenster tritt und durch die Läden schaut. Lady Arundell und Godfrey Brett verließen ihn keinen Augenblick.

Gegen Abend hatte sich der Kranke soweit erholt, daß er verstand, was man ihm sagte, und deutlich nickte, als Brett ihn fragte, ob er ihm die Letzte Ölung geben solle. Allein Lady Arundell blieb im Krankenzimmer, während Sir Anthony die Sterbesakramente erhielt. Als wir später wieder hineingingen, sahen wir ein wenig Feuchtigkeit auf seinen Augenlidern. Bald darauf versank er in einen Dämmerzustand. Wenn wir an der Tür seines Zimmers vorbeikamen, hörten wir das langsame, mühsame Röcheln eines Sterbenden.

Es dauerte noch die ganze Nacht. Halb und halb hatte ich erwartet, daß Brett diesmal seine Flucht glücklich bewerkstelligte, da er alles, was er hatte tun können, getan hatte. Doch bei Tagesanbruch war er noch immer da.

Es war ein warmer schwüler Tag. Die Bäume waren in den beiden letzten Jahren noch näher an das Haus herangerückt; die Gärten waren vernachlässigt, und über morschen Zweigen und feuchten Farnwedeln schwirrten die Fliegen. Unter dem Blätterdach der Bäume kämpften Fingerhut, Brennesseln und Brombeersträucher um ein wenig Licht und Sonne. Wenn man ein Fenster öffnete, kam nicht frische Luft herein, sondern ein Geruch von dumpfig feuchter Vegetation und ein Summen von Fliegen und Bienen. In der Nacht hatte es wieder geregnet.

Um sieben Uhr wurde die Familie in das Krankenzimmer gerufen. Die Augen Sir Anthonys waren offen, und das Röcheln hatte aufge-

hört. Godfrey Brett stand an seinem Bett und hielt ein Kruzifix so, daß es Sir Anthony sehen konnte. Thomas stand am Fenster, ich sah seinen Schatten am Boden.
Nach einer Weile bewegte der Sterbende ein wenig den Kopf, wie um die Menschen um ihn herum wahrzunehmen. Brett sprach die lateinischen Sterbegebete. Sir Anthony hob die Hand und machte eine Bewegung, die das Kreuzeszeichen sein konnte. Draußen krächzten die Krähen in den hohen Zypressen. Dann kam die Hand allmählich zur Ruhe, und langsam öffnete sich der Mund; wie widerstrebend trennten sich die Lippen, als klebten sie mit Leim aneinander. Der Kopf rollte zur Seite.
Thomas, der am Fenster stand, gab einen merkwürdigen Laut von sich. Ich weiß nicht, ob er Gram ausdrückte – oder die Befriedigung darüber, daß er der Erbschaft um einen Schritt näher gekommen war.

Es lag auf der Hand, Godfrey Brett nun sofort zu verhaften, da Sir Anthony aus der Aufdeckung der Zusammenhänge keine Nachteile mehr erwachsen konnten. Thomas hätte es am liebsten gesehen, wenn es sofort geschähe, aber Sir Francis zögerte noch.
Thomas meinte, sie hätten von einer Untersuchung jetzt nichts zu fürchten; sein Vater war, als er diesen Mann anstellte, geistig umnachtet gewesen; niemand konnte das Gegenteil beweisen; und niemandem sonst konnte man Vorwürfe machen; Brett konnte niemandem schaden. Hörte man auf Thomas, war es jetzt gefährlicher, ihn entwischen zu lassen, denn, wenn er später doch verhaftet wurde, konnte er zwar nicht Sir Anthony belasten, aber Sir Francis Godolphin beschuldigen, daß er seine Einreise ins Königreich begünstigt habe. Welcher hohe Beamte der Königin würde es wagen, solch einem Mann seine Freiheit wiederzugeben? Oder angenommen, Brett käme ungeschoren davon? Könnte ihnen das recht sein? Sir Francis strich sich über den grauen Bart.
Ich weiß nicht, ob der Respekt von dem Entschluß Bretts, bis zum Ende Sir Anthonys bei ihm auszuharren, etwas mit dem Zögern Sir Francis' zu tun hatte. Eigentlich glaube ich immer noch, es war Rücksicht auf das Haus Tolverne. Wenn es zu einer Untersuchung kam, würde auf dem Haus und seinen Bewohnern, auch wenn man ihnen nichts nachweisen konnte, stets ein Schatten ruhen.

Da es für mich keinen Vorwand mehr gab, länger zu bleiben, brach ich auf, bevor die Entscheidung gefallen war. Doch erfuhr ich später, daß Sir Francis mit der ihm eigentümlichen Umsicht einen Ausweg gefunden hatte. Zunächst hielt er Brett vier Tage lang, bis nach der Beisetzung Sir Anthonys, unter Hausarrest, während er gleichzeitig in Truro diskret Erkundigungen einzog. Zwei Tage, nachdem Sir Anthony zur letzten Ruhe in der Kirche von Philley gebettet wurde (wo er noch heute ruht), geschah es, daß ein bretonisches Schiff, auf dem Wege von Truro nach Dieppe, mit einer Fracht von ungefärbtem Wollstoff, in Tolverne Pool die Segel einzog – gerade lange genug, um einen hochgewachsenen schwarz gekleideten Katholiken von einem Ruderboot an Bord zu nehmen, das zufällig seinen Kurs kreuzte. Offenbar war ihm zeitweilig erlaubt, weder Missionar noch Märtyrer zu sein. Soviel ich weiß, nahm Brett es mit Gelassenheit hin, wie er die meisten Ereignisse in seinem gottgeweihten Leben gelassen hinnahm. Es war nicht die Politik der Gegenreformation, ihre Söhne ohne guten Grund zu opfern.

Mrs. Alice Arundell wohnte jetzt in Tregony, und so war es kaum ein Umweg für mich, über die Farm zwischen den Hügeln hinter St. Clement's Point zu reiten. Es regnete und stürmte an diesem ersten August des Jahre 1594. Als ich auf Copley den letzten Grat zu dem Hof hinaufritt, drangen seine Hufe platschend in braunen Schlamm. Über den Bäumen am anderen Ufer des Flusses bei Malpas hing ein Regenschleier. Auf den Feldern, an denen ich vorbeigeritten war, hatte das Korn flach gelegen; die Schafe hatten sich unter tropfenden und schwankenden Bäumen zusammengedrängt, um Schutz vor dem Regen zu suchen; die Kühe hatten die Köpfe hängen lassen, und hier und dort arbeiteten Männer und Frauen in der Nähe von Scheunen, Säcke über den Schultern und um die Beine gewickelt; es regnete, als wolle es nie mehr aufhören.

Am ersten Tor bellte ein Hund so wütend, daß Copley sich bäumte, aber ich besänftigte den Köter, und gemeinsam arbeiteten wir uns auf dem morastigen Weg bis zum Haupttor des Hofs heran. Ich klopfte und wartete. Mein Herz hämmerte zum Zerspringen. Das Wasser troff mir vom Hut, es troff von dem Strohdach über dem Tor, von dem Sattel Copleys und von der schleimigen Schnauze des Köters. Eine Frau kam ans Tor und wischte sich die mehlbestäubten Hände

ab. Genau dasselbe hatte sie getan, als ich das vorige Mal hier vorgesprochen hatte.
«Mrs. Maris? Erinnert Ihr Euch noch an mich? Ich war schon einmal hier, im Mai vorigen Jahres. Ich wollte Sue besuchen. Mein Name ist Maugan Killigrew.«
Ich vergaß, daß ich ihr beim letzten Mal meinen Namen nicht genannt hatte. Doch schien er ihr nichts zu sagen.
»Sue? Sie ist nicht hier. Sie ist in Paul.«
»In Paul? Bei Penzance?«
»Ja.«
Mrs. Maris war plötzlich ganz davon in Anspruch genommen, den Köter nicht ins Haus zu lassen. Er hatte versucht, unbemerkt hineinzuschlüpfen, aber sie sah es und blockierte ihm zuerst mit dem Fuß den Weg und dann mit der Hand. Es gab einen richtigen Kampf. Dann packte sie den Hund am Schwanz, wandte ihn um und drängte ihn wieder hinaus. Er schlich davon, auf dem Weg, den wir gekommen waren, und Mrs. Maris richtete sich schwer atmend auf und und blickte mich an. Sie forderte mich nicht auf, ins Haus zu kommen.
»Warum ist sie nach Paul gegangen?« fragte ich.
»Warum sollte sie nicht? Dort lebt sie jetzt. Sie ist verheiratet. Wußtet Ihr das nicht?«

So lernte ich den Maris-Hof doch noch von innen kennen. Sie war nicht unfreundlich, als sie sah, in welch schlechtem Zustand ich war, nahm mich ins Haus und gab mir ein Glas Buttermilch zu trinken.
Es war in kleiner dürftiger Raum mit niedriger, aus schweren Balken gefügter Decke, so daß man kaum aufrecht stehen konnte, und mit den kleinen überwachsenen Fenstern herrschte an diesem dunklen Tage schon am Mittag eine abendliche Dämmerung.
»Ja«, sagte sie, »es war am letzten Mittwoch. Heute vor einer Woche. Da ist es am Ende kein Wunder, daß es noch nicht jedermann weiß. Die Verlobungszeit war sehr kurz. Die Trauung fand in St. Clement statt, im Tal gleich hier unten. Ihr biegt hinter den alten Ställen ab – die Richard Robartes kürzlich gekauft hat – und geht den Wald entlang ins Tal hinunter. Mein Mann machte als ihr Onkel den Brautvater, da ihre Mutter sich vor kurzem wiederverheiratet hat und die Reise nicht machen konnte. Ich lieh ihr mein Festkleid, das ich noch

aus besseren Zeiten hatte. Die Seide war zwar ein bißchen gelblich geworden, aber es paßte, und es stand ihr gut. Mrs. Glubb, die mit Nadel und Faden geschickt umgehen kann, machte das Häubchen und die Handschuhe. Es war alles sehr hübsch, wie Ihr Euch wohl vorstellen könnt.«

Ich entdeckte Spuren einer verblichenen Vornehmheit in diesem Raum: Pokale auf einer eichenen Anrichte, eine venezianische Spitzendecke, sorgfältig gescheuertes und poliertes Messinggeschirr und zwei Lehnstühle aus Brasilettoholz.

»Ich hatte es sofort kommen sehen, bei seinem ersten Besuch. Und ich sah, daß es für sie eine gute Gelegenheit war. Sie war von jeher ein aufgewecktes Kind, quick wie Quecksilber, spitz wie eine Nadel und eine muntere Gesellschaft. Sie wird eine gute Ehefrau abgeben. Als sie von Tolverne zu uns kam, war sie teilnahmslos und gedrückt; aber als er uns besuchte, änderte sich das alles. Ich sah voraus, was kommen würde und was für Glück sie hatte.«

Ich nippte an meiner Buttermilch, bekam aber kaum einen Schluck herunter.

»Es ist für sie eine gute Partie. Zugegeben, er ist nicht mehr der jüngste, aber da ist Geld, Grund und Boden und Beziehungen. Er ist nicht einer von diesen hilflosen Armen, die sich kümmerlich irgendwie durchschlagen. Und er ist ein gottesfürchtiger Mann, kein Trinker oder Spieler wie so viele. Ich sagte ihr: Kind, du stehst allein da, nachdem sich deine Mutter wieder verheiratet hat, und du hast keine Mitgift und keine Aussicht darauf. Hier hast du die Chance, in ein schönes Haus zu kommen – wenn ich es selbst auch noch nicht gesehen habe – und ein eigenes Reitpferd zu haben; und er sagt, er habe fünf Diener – er kam allerdings immer nur mit einem –; und er hat einen guten alten Namen: Reskymer. Versteht mich recht: niemand hat sie gedrängt. Und wenn mein Mann meinte, sie hielte ihn gar zu lange hin, und was sie sich dabei wohl dächte, und ob sie nicht wüßte, daß manch andere die Gelegenheit beim Schopfe fassen würde, dann sagte ich, laß sie, es gehört zur Frau, nicht gleich ja zu sagen; zu große Eile schadet, wenn sie nicht will, daß ihr Jawort hinterher für eine Selbstverständlichkeit gehalten wird. Nur ein paar Tage Geduld! Und der Mann war ihr ja so gut wie sicher.«

Da war ein großer dunkler feuchter Fleck an zwei der niedrigen Dekkenbalken; der Raum roch nach Schimmel und Moder; und später sollte mich dieser Geruch immer an meine Verzweiflung von damals erinnern.

»Ich glaube, er ist ein Reskymer von Merthen, ein Vetter der Hauptlinie, mit anderen Worten. Reskymers hat es in unserer Kirche immer gegeben. Er sagt, er habe Susanna bei den Arundells vor zwei Jahren das erstemal gesehen. Damals war sie vierzehn, und er seit gut zehn Jahren verwitwet; aber damals war sie für ihn nur ein Kind gewesen. Danach hat er sie noch dreimal gesehn, und beim letztenmal, als er sie zufällig im Mai in Tolverne wiedertraf, war er von ihrer Schönheit geradezu betroffen, so daß er im vorigen Monat seinen Besuch dort wiederholte. Aber da war sie schon fort. Doch er spürte ihr nach und fand sie hier, und so hat es sich also zugetragen. Wenn Ihr die Absicht habt, sie zu besuchen, so müßt Ihr wissen, daß sie im Pfarrhaus von Paul bei Penzance wohnen. Es soll, wie ich höre, ein schönes Haus sein, wie es seiner Stellung und seinem Namen entspricht.«

Aber ich konnte nicht ewig hier sitzen bleiben. Ich mußte wieder in den Regen hinaus, mein Pony besteigen, mußte mich aufraffen und gegen den Wind ankämpfen. . . .

»Ich danke Euch, Madam. Wenn Ihr Susanna einmal schreibt, vergeßt nicht, ihr meine respektvollsten Grüße zu übermitteln.«

Copley empfing mich mit einem Schnauben und einem Schütteln der Zügel. Der Köter schnüffelte an einem Knochen am Rand einer schmutzigen Wasserlache. Ich sah, wie ein Mann hinter einem Paar Ochsen über das Feld ging. Frische Regenböen fuhren über die tropfenden Bäume. Nichts in der Landschaft hatte sich geändert. Nur ich hatte mich geändert. Ich war für immer ein anderer geworden.

Drittes Buch

1

Unsere Erinnerung kennt kein gleiches Maß. An Stelle von Monaten des Glücks oder des Schmerzes steht oft nur eine Lücke, die keine Anstrengung unseres Gedächtnisses wieder füllt. Andererseits erhalten sich, auf Grund einer Auswahl, die nicht wir getroffen haben, einzelne Augenblicke oder Tage hartnäckig in unserer Erinnerung und beweisen eine Lebensdauer, die in keinem Verhältnis zu ihrer Bedeutung steht. So ergeht es jedenfalls mir, wenn ich an die folgenden zwölf Monate zurückdenke. Die Auswahl wird so schwierig wie die Reihenfolge, da das Gedächtnis schon für mich gewählt hat.

Ich weiß nur, daß es in meinem Leben nie eine Zeit tieferen Schmerzes und Grolls gab. Weichere Naturen hätten in meinem Fall vielleicht nur Trauer empfunden, aber ich habe nie Schicksalsschläge einfach hinnehmen können. Der Verlust der ersten Illusion ist immer schmerzlich, aber dies war mehr als eine verlorene Illusion; mein ganzer Glaube ans Leben war erschüttert worden. Mein grenzenloses Vertrauen zu Sue Farnaby und unsere Liebe waren für mich in wenigen Monaten zu dem Mittelpunkt geworden, um den alles andere kreiste. Nachdem er zerstört war, fehlte mir gleichsam das Organ für Liebe und Wohlwollen. Ein Gefangener meiner Verzweiflung, war ich, in meinem Schmerz plump und ungeschickt geworden, immer in Gefahr, alles zu zerbrechen, womit ich in Berührung kam.

So mancher in Arwenack änderte mir gegenüber sein Verhalten in diesem Jahr, und darin konnte sich nur der Wandel spiegeln, der in mir selbst vorgegangen war. Ich stritt mich heftig mit Belemus, als er zurückkam, und wir fochten es im Wald hinterm Hause aus. Ich war grob und unfreundlich zu meinen Stiefgeschwistern. Wäre meine Großmutter da gewesen, hätte man mich gewiß wieder nach Truro

geschickt, aber das feuchte Wetter bekam ihr schlecht, so daß sie fast den ganzen Tag hustend auf ihrem Zimmer zubrachte.
Dafür kam ich mit meinem Vater jetzt, alles in allem, besser aus. Ich war um ein paar Zoll größer als er, noch sehr dünn, aber in den Schultern allmählich breiter werdend. Er setzte mich überall an die Arbeit, im Hause oder auf dem Feld, oder er nahm mich auf einen seiner fragwürdigen Ausritte mit, und die Stimmung, in der ich mich nun für gewöhnlich befand, entlockte ihm nur ein spöttisches Lächeln. Er fragte mich nie, warum ich mich so verändert hatte und weshalb plötzlich alle Welt mein Feind geworden war. Dorothy Killigrew freilich stellte mir Fragen, aber ich gab ihr so ausweichende Antworten, daß sie es alsbald aufgab.
Vielleicht sprach meine augenblickliche Stimmung eine Saite im Wesen meines Vaters an. Ich weiß, daß er jede Frage verbot, als Belemus und ich mit Beulen und Schrammen im Gesicht zu Tische kamen. Was ich damals nicht erkannte, ist mir inzwischen klar geworden: mein Vater war selbst fremd in seiner eigenen Zeit, ohne Vertrauen zu einer Welt, die ihm nur voller Feinde schien. Denn er war noch aufgewachsen in einer Zeit, in der die Verachtung der Gesetze beinahe eine patriotische Pflicht war, als bewaffnete Gefolgsleute das übliche Instrument waren, mit dem die Privilegierten ihre Privilegien durchsetzten, als man sich mittels Gewalt im eigenen Hause hielt und durch Bestechung bei Hofe. Aber die Entwicklung hatte ihn überholt. Er war finanziell übel dran, teils durch eigenes Verschulden, teils durch das seines Vaters, und seine gelegentlichen Versuche herauszukommen, stießen ihn nur um so tiefer in den Sumpf zurück. Um seine Feinde zu ärgern, wandte er Kniffe und Listen an, die ihm noch mehr Feinde machten. Godophin stellte eine größere Macht im Lande dar, aber es fiel ihm nicht ein, mit einem Dutzend bewaffneter Leute als Gefolge auszureiten. Ebenso wenig Sir Reginald Mohun oder Grenville oder Basset oder Boscawen. Ihre einzigen Streitkräfte waren die, die sie für Englands Verteidigung musterten.
Die Zeiten hatten sich geändert, und mein Vater hatte sich mit seiner Lebensweise gefährlich exponiert.
Ich wußte allmählich über alles, was er tat, Bescheid. Die Ausweisung der Farnabys war kein Einzelfall. Wenn er ausritt, um den Pachtzins einzuziehen, ließ er nicht mit sich spaßen, und ich wurde dreimal Zeuge, wie die Pächter ohne Umstand unbarmherzig vor die Tür ge-

setzt wurden. Zweimal hatte ich einen Zusammenstoß mit Gerichtsvollziehern, die Landbesitz von uns zu pfänden suchten. Ich lernte, wie man eine Pistole bei sich trägt – und sie benutzt. Manchmal begleitete uns Belemus, und dann ritten wir zusammen unmittelbar hinter meinem Vater.

Der Vater von Belemus war noch immer im Gefängnis, und seine Ländereien waren von der Krone beschlagnahmt, so daß auch Belemus ein junger Mann ohne rechte Aufsicht und Bindung war. Nach unserer Prügelei war unsere Freundschaft enger geworden, und das drückte sich auch in gemeinsamen Unternehmungen aus.

Gegen Ende dieses Sommers verliebte sich Belemus. Das Mädchen hieß Sibylla und war die Tochter eines gewissen Otho Kendall aus Penryn. In der Stadt waren die Killigrews zwar nie beliebt gewesen, trotzdem machten wir, Belemus und ich, die Schenke von Cox am Hafen und in nächster Nähe vom Haus der Kendalls zu unserem Stammlokal. Auf diese Weise konnte er wenigstens hin und wieder einen kurzen Blick auf Sibylla werfen, wenn sie vorbeikam, und bald entdeckte er eine Mauer, von deren Höhe aus er sich mit Sibylla, wenn sie am Fenster ihres Schlafzimmers stand, flüsternd unterhalten konnte.

Dies alles war nicht ohne Gefahr. Die Arbeiter aus den nahegelegenen Steinbrüchen und die Leute aus der Stadt wußten, wer wir waren, und sahen uns nicht gern in ihrer Stadt. Otho Kendall war von hitzigem Temperament, und sein Vater Sebastian Kendall, ein alter Seemann, einäugig, die Finger voller Ringe, hatte den Ruf, zur Gewalttätigkeit zu neigen, und dieser Ruf war ihm auch im Alter treu geblieben.

Sibylla war schlank und schwarzäugig, vielleicht mehr schön als hübsch und anziehend; sie trug ihr Haar unter der Haube in langen schwarzen Zöpfen. Aber wenn sie die Augen hob, war in ihrem Blick nichts von spröder Zurückhaltung, und Belemus entbrannte in Leidenschaft.

An einem Nachmittag Anfang September sahen wir von der Schenke aus, wie das Mädchen allein das Haus verließ und mit einem Korb in der Hand den Hügel hinaufging. Sie war nur ein paar Schritt weit gekommen, als wir ihr schon folgten. Nach den schweren Regenfällen vom Vormittag war nun die Sonne herausgekommen; es war Ebbe, und die Stadt schien, mit leeren Straßen, in der Wärme zu

schlafen. Nur ein paarmal glaubte ich, daß ein Gesicht hinter einem Fenster, an dem wir vorbeikamen, wie ein Schatten verschwand.
In der St. Gluvias-Kirche am anderen Ufer der engen Bucht wurden die Glocken geläutet; das ging schon den ganzen Nachmittag über – man wußte nicht, geschah es der Übung halber oder nur zum Spaß.
Wir folgten Sibylla, bis sie im ersten Dickicht haltmachte, um Brombeeren zu pflücken, die im Schimmer der Regentropfen leuchteten. Belemus gab mir durch einen leichten Rippenstoß zu verstehen, ich solle zurückbleiben. Dann trat er auf sie zu und sprach sie an.
Belemus war mit achtzehn Jahren ein kräftiger, ansehnlicher junger Mann. Sein Wams aus Büffelleder mit Messingknöpfen zeigte die Breite seiner Schultern. Er hatte sich einen kurzen schwarzen Bart wachsen lassen und einen winzigen Knebelbart, den er sorgfältig stutzte, und der den breiten flachen Mundwinkeln und Backenknochen etwas von ihrer Kantigkeit nahm. Er stolzierte wie ein junger Mann, der seine eigene Kraft noch nicht kennt, verbeugte sich schwungvoll vor dem jungen Mädchen, mit entblößtem Haupt, so daß sein langes Haar im Winde wehte. Sie wandte den Kopf ab und fuhr fort, Brombeeren zu pflücken. Ich konnte nicht hören, was sie miteinander sprachen, weil beide ihre Stimme dämpften, aber mehrmals brach das junge Mädchen in ein aufgeregtes schrilles Gelächter aus.
Die Kirche auf dem Hügel auf der anderen Seite der jetzt schlammbedeckten Bucht war nur ein paar hundert Yard entfernt, und die Glocken klangen und dröhnten immer lauter, als seien auch sie von einer seltsamen Erregung ergriffen.
Schließlich endete das Glockenläuten mit einem letzten dröhnenden Ton, und in der folgenden sonnendurchströmten Stille war neben dem verhallenden Nachklang der einzige Laut das Schreien der Möwen, die sich mit großem Geflatter um die Abfälle zankten, die man in den Schlamm geworfen hatte, damit die nächste Flut sie fortspüle.
Ich sah zurück und bemerkte zwei Gestalten, die auf der engen, mit Kopfsteinen gepflasterten Straße heraufkamen. Der eine von den beiden hinkte und trug über einem Auge eine schwarze Klappe.
»Was ist los?« fragte mich Belemus mit finsterem Blick, als ich auf ihn zukam. »Laß uns allein.«
»Da sind ein paar, die das nicht tun werden.«
»Wer soll das sein, Mann?«
»Es sind der Vater und der Großvater von Miss Sibylla, und sie wer-

den gleich mit dir losgehen. Sie sind für eine Kletterpartie ausgerüstet; sie tragen Stöcke.«

Aus Sibyllas geröteten Wangen wich alle Farbe. »Gott steh uns bei! Belemus, geh! Versteckt euch, du und dein Freund. Los, macht schnell, laßt mich meine Beeren pflücken!« Sie wandte sich brüsk von uns ab und griff aufs Geratewohl in die Beeren; reife und unreife wanderten in ihren Korb.

»Da müßten schon andere kommen als die da, wenn ich Angst kriegen soll«, sagte Belemus und zog sich am Bart. »So ein armseliger alter Knicker und ein lahmer einäugiger Hummerfänger! Wahrhaftig –«

»Los, komm, Mann; so machst du es nur schlimmer für das Mädchen. Komm, solange noch Zeit ist.«

Ich zog ihn am Ärmel, inzwischen aber waren die beiden Männer nahe genug gekommen, um uns zu sehen. Als wir weiter hügelan stiegen, um etwas Abstand zwischen uns und Sibylla zu legen, hörten wir Otho Kendall hinter uns herbrüllen.

»He! Ihr da, dreckige Killigrews, ich hab mit euch zu reden!«

Belemus blieb stehen und tastete nach dem kurzen Messer in seinem Gurt. »Wenn ich ein Killigrew wäre, würde ich schon ein bißchen böse werden«, sagte er.

»Du bist mit gemeint«, sagte ich.

Wir warteten, bis die beiden Alten das Mädchen eingeholt hatten. Wir waren etwa dreißig Schritt weit entfernt. Die schon blasse Sonne glänzte auf den drei goldenen Ringen an den gichtigen Fingern Sebastian Kendalls und auf den Ohrringen, die unter seiner grauen Perücke hin und herschwankten. Er hatte sich sehr anstrengen müssen, um mit seinem Sohn Schritt zu halten.

»Ihr Killigrew-Geschmeiß!« schrie Otho Kendall und spuckte aus. »Laßt meine Tochter in Frieden!«

»Wir haben ihr nichts getan, alter Mann«, sagte Belemus.

»Dreckige Hurenböcke! Bleibt weg von Penryn! Geht auf euren Misthaufen hinter dem Hügel zurück. Kommt ihr noch einmal nachts hierher, dann reißen wir euch die Eingeweide raus.«

»Guter Alter«, sagte Belemus. »Wenn es mir beliebt, in deine räudige kleine Stadt zu kommen, dann wirst weder du noch irgendeiner deiner dreckigen Kumpane mich daran hindern.«

In diesem Augenblick machte Sibylla törichterweise eine Bewegung, und schon drehte sich ihr Vater herum und schlug sie seitlich auf den Kopf. Sie brach plötzlich zusammen – ein wimmerndes elendes Etwas; ihre Haube fiel in der einen, ihr Korb in der anderen Richtung.

»Bravo!« sagte Belemus. »Prügelt nur eure Frauen, das ist ja so üblich bei Gesindel euresgleichen!«

Hier konnte sich der alte Sebastian nicht länger zurückhalten. Den großen Knüppel schwingend und Mordgedanken im Auge, rückte er näher. Otho folgte ihm. Sie hätten uns die Schädel gespalten, bevor wir überhaupt den Kampf mit ihnen aufnehmen konnten, darum wandten wir uns um und stiegen weiter den Hügel hinauf.

Dort machten wir halt. Die acht Glöckner waren aus der Kirche gekommen und hatten uns, während wir und die Kendalls uns gegenseitig Schimpfworte an den Kopf warfen, umzingelt. Es hatten zwar nur zwei von ihnen einen Stock, und die übrigen waren unbewaffnet, aber vier oder fünf von ihnen bückten sich und hoben Steine auf.

»Laßt sie nicht durch, Jungens!« rief Otho ihnen zu. »Heut wollen wir ihnen mal eine gründliche Abreibung geben!«

Ein Stein traf mich an der Schulter. Die beiden Alten hinter uns würden gleich über uns herfallen, bevor wir bis drei zählen konnten. So rannten wir weiter den Hügel hinauf, auf die beiden Männer zu, die uns vor allen anderen den Weg nach Hause versperrten. Wieder traf mich ein Stein, diesmal am Hinterkopf, und ein ganzer Hagel von Steinen ergoß sich über Belemus. Wir gingen nun mit gezogenen Messern auf die beiden Männer vor uns los. Sie wichen uns aus. Als wir an ihnen vorbeikamen, schlug einer von ihnen mit seinem Stock Belemus gegen das Schienbein. Er stolperte, aber ich packte ihn am Arm, und wir waren durch.

Doch so schnell wir auch liefen, sie blieben uns immer auf den Fersen. Bis zu den Palisaden waren es fast noch zwei Meilen, und immer, wenn wir meinten, wir hätten unsere Verfolger abgeschüttelt, traf uns wieder ein Steinhagel.

Als wir endlich das Tor von Arwenack erreicht hatten, und die Schreie und Rufe hinter uns verhallt waren, hatte ich ein Dutzend grüner und blauer Flecke und blutete am Nacken. Belemus lehnte sich, um Atem ringend, ans Tor.

»Die glauben, sie können uns vertreiben, die Schufte.«

»Das haben sie auch geschafft.«

»Aber nicht für lange, mein lieber Maugan, nicht für lange.«
»Wie du meinst«, sagte ich. »Ich kann mir zwar nicht vorstellen, daß sich deine Liebesgeschichte glücklich entwickelt. Aber laß mich wissen, was du vorhast.«

Wir gingen auch weiterhin zweimal in der Woche nach Penryn. Manchmal hatte Belemus Glück und konnte ein Wort mit Sibylla wechseln, meistens aber nicht. Dann aber trafen wir sie eines Tages zufällig an der St. Thomas Bridge, und alles kam in Ordnung. Frohlockend kam er nach Hause, wollte aber zuerst nicht meine Neugier befriedigen. Zwei Tage darauf nahm er sich ein Zimmer in Cox' Wirtshaus und verbrachte dort die Nacht. Da wußte ich nun, daß ›es‹ geschehen war, aber nichts über die näheren Umstände. Erst als wir das nächste Mal zusammen hinuntergingen, zeigte er mir das Fenster seines Zimmers im Wirtshaus. Er sah unmittelbar auf das Fenster Sibyllas. Zwar war da eine hohe Mauer zwischen den beiden Gebäuden, doch wenn man ein Zimmer auf gleicher Höhe mit der Mauer hatte, konnte sie auch als Sprungbrett zum Fenster gegenüber dienen.
Er mietete das Zimmer für drei Wochen und verkaufte zwei seiner Ringe, um die Miete zahlen zu können. Seine Abwesenheit blieb in Arwenack nicht unbemerkt, aber er war achtzehn und, so meinte man, imstande, auf sich selbst zu achten.
Dann kam er eines Tages nicht zurück, um bei der Ernte zu helfen, und da es der erste schöne Tag in der Woche war, wurde mein Vater böse. Als ich mittags in mein Zimmer hinaufging, lag Belemus im Bett.
»Ich hatte etwas Ärger, Maugan«, sagte er, und als er sich bewegte, sah ich, daß das Bett mit Blut durchtränkt war.
Er war auf seinem Heimweg in dem Gehölz über der Stadt von zwei Männern angegriffen worden. Er hatte eine von einem Messerstich rührende Wunde zwischen den Rippen und eine purpurrote Schnittwunde am Kopf davongetragen. Er hatte keinen der beiden erkannt, ja, sie kaum gesehen. Sie hatten ihn liegen lassen, vielleicht in der Annahme, er sei tot, und er war erst wieder zu sich gekommen, als die Sonne schon hoch stand. Dann war er bis zum Three Farthings House gekrochen, von wo aus ihn Paul Gwyther mit seinem Wagen nach Hause gebracht hatte.

Der Blutverlust hatte ihn geschwächt, und das Messer war tief ins Fleisch gedrungen, aber er hatte nicht aus dem Munde geblutet; deshalb glaubte ich nicht, daß seine Wunden tödlich waren.
Es gab in Arwenack für Verletzungen jeder Art eine feststehende Behandlung, aber ich erinnerte mich der Worte Katherine Footmarkers und wandte zunächst eine konzentrierte Salz-Wasser-Lösung an, über die er sich heftig beklagte; dann legte ich ein Pflaster auf und hoffte das beste.
Er bat mich, die Sache vor meinem Vater geheimzuhalten, also erzählte ich beim Mittagessen, Belemus verbringe den Tag bei den Arundells; aber ich glaubte nicht, daß sich die Täuschung lange aufrechterhalten ließe, da zu viele Diener in das Geheimnis eingeweiht waren. Belemus schlief die Nacht in meinem Zimmer; ich lag auf dem Fußboden, während John sich in das Nebenzimmer zwängte. Belemus hatte Fieber, aber all sein Fluchen und Faseln ging doch in eine bestimmte Richtung: er hatte nur den einen Gedanken, daß Sibylla ihn erwartete und er nicht da sein würde.
Am folgenden Tage brachte er es fertig, obwohl er sich noch kaum bewegen konnte, zum Mittagessen herunterzukommen; bei Tisch erzählte er, wie er vom Pferd gefallen sei. Es war klar, daß es mindestens eine Woche dauern würde, ehe er daran denken konnte, Sibylla zu besuchen. Ich bot ihm an, zu ihr zu gehen und ihr zu berichten, was geschehen war.
»Geh, wenn es dunkel geworden ist«, sagte er. »Und nimm Long Peter mit. Niemand nimmt es an Verwegenheit mit ihm auf, wenn es zu einer Wirtshausschlägerei kommt oder man in einen Hinterhalt fällt.«
»Belemus, sag mir: liebst du Sibylla?«
Er sah mich erstaunt an. »Aber selbstverständlich! Ich bete den Boden an, auf den sie den Fuß setzt. Sie ist wie Thisbe, die eine Lichtung im Wald betritt. Sie ist so schön, daß es mir den Atem raubt, wenn ich sie anblicke –«
»Ja, ja, ich verstehe. Und liebst sie dich?«
»Heilige Muttergottes, wie kannst du daran zweifeln? Glaubst du, sie sei eine Hure? Glaubst du, sie hätte sich sonst mir hingegeben?«
»Und wirst du sie heiraten?«
Er versuchte, seinen Knebelbart mit den Zähnen zu packen. »Ich halte es für möglich, Maugan. Ich halte es für wahrscheinlich. Aber

mit meinem Vater im Gefängnis hängt eine ganze Masse von meiner Heirat ab. Ich bin nicht so frei wie du. Aber ich möchte sie gern heiraten. Bestimmt.«

»Sie wird wenig Geld haben, und sie hat keinen Rang. Das muß bedacht werden.«

»Das liegt in der Zukunft, wir sind beide noch jung. Ich liebe sie, und sie liebt mich. Und wenn sie durch mich in Schwierigkeiten kommt, werde ich sie heiraten. Das kannst du mir glauben. Aber du siehst ja immer alles schwarz.«

Ich schlug ihm freundschaftlich auf die unverletzte Schulter. »Jetzt ist alles klar«, sagte ich. »Ich werde ihr Nachricht von dir bringen. Und deine Liebe.«

Die Tage wurden kürzer, so daß es nach dem Abendessen schon dunkel war. Ich wanderte also nach Penryn hinunter, übrigens ohne mich von Long Peter begleiten zu lassen, da ich fürchtete, er könne mir im Wege sein, und ging in das Wirtshaus von Cox. In der Schankstube saßen nur vier Männer, harmlose Fischer, weder servil noch rauflustig. Ich trank einen Schoppen Dünnbier, obwohl es bei Cox ein Spezial-Ale gab, das aber leicht zu Kopfe stieg; und mein heutiger Auftrag verlangte einen klaren Kopf. Nach einer Stunde ließ ich mir das Zimmer zeigen, das mein Vetter Belemus gemietet hatte. Nicht ohne Seitenblicke führte man mich in eine enge Stube, mit einer Balkendecke, die so niedrig war, daß man nicht aufrecht stehen konnte. Die Fensterläden waren bereits geschlossen. Der Hausdiener, der mich hinaufgeführt hatte, stellte die Kerze auf die Truhe neben der Tür, um mich sogleich allein zu lassen.

Nachdem ich den Riegel vor die Tür geschoben hatte, befreite ich mich von Bandelier und Schwert, zog mein ledernes Wams aus und legte alles nebeneinander auf die Pritsche. Die Lage des Zimmers entsprach genau der Schilderung, die Belemus gegeben hatte: gegenüber ein Fenster mit Läden davor, und zwischen den beiden Fenstern eine Mauer, die nicht über die Fensterbank hinausragte.

Um diese Zeit schlief schon fast alles, nur durch eine Ritze in den Fensterläden gegenüber fiel Licht. Unten war alles ruhig und dunkel. Ich setzte die Kerze so auf den Fußboden, daß mein Fenster im Schatten blieb; dann kletterte ich hinaus, stieg auf die Mauer und verlagerte dabei das Gewicht meines Körpers so, daß ich statt mich zu-

rückzulehnen mich nun an die Wand des Hauses gegenüber lehnte. Leise klopfte ich ans Fenster.
Das Licht ging aus. Jetzt war es, von dem schwachen Kerzenschein in meinem Zimmer abgesehen, stockdunkel.
Die Fensterläden öffneten sich, und ich konnte einen Arm sehen. Ich setzte einen Fuß aufs Fensterbrett und ließ mich mit einem Schwung in das Zimmer gleiten. Im gleichen Augenblick fühlte ich mich von zwei Armen gehalten. Auch ich umfaßte Sibylla mit beiden Armen. Sie trug nur ein Nachthemd. Nach einigem vergnüglichen Suchen und Tasten im Dunkeln fand ich ihr Gesicht und küßte es.
Sie schrie auf, aber nicht nur meine Hand auf ihrem Mund, auch ihre Geistesgegenwart ließen sie bald schweigen.
»Hab keine Angst. Ich hatte nicht soviel Zeit, mir einen Bart wachsen zu lassen.«
»*Maugan*! Du bist es! Wo ist Belemus?«
»Zu Bett, mit einer Messerwunde in den Rippen, die ihm bei einem Überfall im Wald beigebracht wurde. Kann man uns hören?«
Sie trat einen Schritt zurück. »Nein, nicht wenn wir flüstern. Du hast mich aber erschreckt! Ist er ernstlich krank?«
»Ernstlich nicht, aber für ein paar Tage wird er nicht gefechtsfähig sein. War es jemand aus eurer Sippe, der ihn überfallen hat?«
»Wie soll ich das wissen? Von seinen Besuchen hier wußte doch niemand etwas –«
»Aber es kann nicht unbekannt geblieben sein, daß Belemus nach wie vor ins Wirtshaus kam, selbst wenn Cox von dem Zimmer nichts verraten hat.«
»Und – warum bist du gekommen?«
»Um Nachricht von Belemus zu bringen. Hast du kein Licht? Es ist stockfinster hier drinnen.«
Sie machte eine Bewegung, und eine Schranktür öffnete sich, und es zeigte sich, daß sie das Binsenlicht nicht ausgelöscht, sondern nur verborgen hatte. Sie sah schön aus in ihrem dünnen Nachthemd und mit ihrem langen schwarzen, auf die Schultern fallenden Haar.
»Gib mir seine Nachricht.« Als sie meinen Blick bemerkte, nahm sie einen Umhang und hüllte sich in ihm ein.
»Du hast die Nachricht schon: Er ist verwundet und kann nicht kommen. Er sendet dir seine herzlichsten Grüße.«

»Und seinen Freund. Hat er dir gesagt, daß du hier hereinklettern und dir Freiheiten herausnehmen sollst?«
»Wie hätte ich dir sonst die Nachricht überbringen können?«
»Indem du sie aufschriebst und durchs Fenster warfst.«
»Kannst du lesen?«
Sie zögerte mit der Antwort. »Ich hätte es erraten, was er schreibt! Du hattest nicht das Recht, mir solchen Schrecken einzujagen. Ich werd's Belemus sagen.«
»Wenn du ihm das sagst, wird er sich noch mehr vorstellen. Er sagt, du bist sehr leidenschaftlich.«
»Wie kann er es wagen, so zu sprechen!«
»Wir sind eng befreundet und haben keine Geheimnisse voreinander. Wir teilen sie.«
»So. Aber einige Dinge könnt ihr nicht teilen, und eins davon bin ich, Maugan Killigrew.«
»Ein Kuß mehr oder weniger – das kostet doch nicht gleich den Kopf.«
Sie musterte mich von oben bis unten, aber ich glaube, das Binsenlicht war so schwach, daß es ihr meine Unsicherheit nicht verriet. Ein Luftzug vom Fenster brachte die Flamme zum Flackern, und ich zog mit einer Hand den Fensterladen zu.
»Laß dir erst mal einen Bart wachsen«, sagte sie. »Dann werde ich es mir noch einmal überlegen. Lieber Gott, du bist ja noch ein halbes Kind!«
Nun wußte ich Bescheid. »So zu sprechen, ist gefährlich«, sagte ich.
»Das verstehe ich nicht.«
»Es wäre leicht, das Gegenteil zu beweisen. Und du könntest nicht gut um Hilfe schreien.«
Sie wich vor mir zurück. »Wenn ich schreie, wird es mir schlecht ergehen, aber nicht so wie dir. Lieber Freund, sie würden dich einfach umbringen. Nein, bleib stehen. Sie könnten dich hören, diese Diele knarrt!«
Ich war ihr gefolgt. »Ich will's dir gestehen, es war gar nicht schwer zu kommen.«
Ein paar Minuten lang unterhielten wir uns flüsternd; ich suchte sie zu überreden, sie weigerte sich, aber jedesmal schwächer. Nach und nach gelang es mir, sie zu berühren und zu küssen, obwohl sie sich noch immer wehrte. Aber meine Lippen streifen über ihr Gesicht, und

ich hielt sie in meinen Armen. Dafür, daß es das erste Mal war, mochte das alles gar nicht so ungeschickt wirken.
»Was bist du doch für ein Schurke«, flüsterte sie. »Ist das deine Freundschaft gegen Belemus?« Aber sie wehrte sich kaum noch in meiner Umklammerung.
Wir ließen uns auf das Bett fallen; es war aus festem Holz und knarrte nicht. Liebkosend fuhr ich mit den Händen über ihren nur vom Nachthemd verhüllten Leib. »Nicht so«, flüsterte sie, »warte, binde mir diesen Knoten auf.«
Ich gehorchte, und sie begann, meine Küsse zu erwidern. Plötzlich fühlte ich ihren Körper in meinen Armen erstarren.
»Was ist los?«
»Horch . . .«
»Ach, das ist nur der Wind –«
»Nein, höre doch . . .«
Die Fensterläden waren nicht ganz fest geschlossen. Irgendwo hustete jemand.
Sie richtete sich im Bett auf und löschte das Binsenlicht, so daß wir nun im Dunkeln lagen.
»Es ist jemand draußen, ein Fischer, der vorbeigeht, es hat nichts zu bedeuten«, versuchte ich, sie zu beruhigen.
»Oh doch, es hat etwas zu bedeuten. Ich fürchte es jedenfalls. Warte . . .«
Sie glitt fort von meiner Seite, stand auf, und ich hörte unter ihrem Schritt eine Diele knarren. Dann sah ich sie als Schatten am Spalt der Fensterläden. Dort blieb sie eine Weile stehen.
Ihr Atem ging rasch, als sie zu mir zurückkam. »Es sind zwei! Lawson, der Küster, und mein Onkel Reynold. Gewiß sind sie bewaffnet!«
»Und wie kommst du darauf, daß sie es auf uns abgesehen haben?«
»Weil ich es jetzt *weiß!* Mein Vater machte gestern Andeutungen, die ich nicht verstand . . . Maugan, sie werden mich halb totprügeln, aber dich werden sie *umbringen*! Ich *weiß* es.«
»Still! Wir müssen ganz ruhig sein. In Ruhe nachdenken. Noch hat man uns nicht entdeckt.« Aber aller zur Schau getragenen Fassung zum Trotz begann ich, Blut zu schwitzen. Ich hatte mein Schwert in meinem Gasthauszimmer gelassen, ein Klappmesser in der Hosentasche war meine einzige Waffe.

Von Sibyllas Fenster aus gesehen, war die abgeschirmte Kerze in meinem Zimmer gegenüber das einzige Licht. Die Fensterläden drehten sich in den Angeln und verrieten gewiß den Weg, den ich genommen hatte. Fast genau unter dem Fenster standen zwei Männer. Ich trat ins Zimmer zurück und setzte mich auf den Rand des Bettes.
»Sie werden es bald satt haben, da unten zu warten, bis es Tag wird.«
»Nein, Maugan, glaube das nicht. »Sie legte mir die Hand aufs Knie. »Sie werden warten und warten. Und wenn der Morgen kommt, wird es für dich nur um so schlimmer sein. Aber ich habe nachgedacht.«
»Und was hast du gedacht?«
»Wenn du aus diesem Zimmer gehst, sind es von der Tür aus nur zehn Stufen bis unten zur Haustür. Sie ist nur oben verriegelt, weil der untere Riegel zerbrochen ist ... Die beiden da unten werden dich abfangen wollen, wenn du aus dem Fenster kommst – wenn sie wissen, daß du hier bist –, aber sie werden niemals glauben, daß du die Frechheit besitzt, durch die Haustür zu gehen. Deshalb dürfte sie unbewacht sein.«
Aber noch zögerte ich, enttäuscht und wütend, doch der Zorn war nur ein Schutzwall vor der Angst. Solange ich noch zornig war, konnte ich mich selbst als den enttäuschten Verführer sehen, noch immer als den tollkühnen Liebhaber, als welcher ich den Abend begonnen hatte – nicht als den von gefährlichen Männern umzingelten Jungen, der für sein Leben fürchten muß.
»Soll ich die Tür aufmachen und nachsehen, ob der Weg frei ist?« frage sie.
»Nein, warte noch eine Weile.«
Aber nachdem auch diese Weile verstrichen war, stimmte ich ihr zu, da ich keinen Ausweg sonst sah. Sie beschrieb mir das kleine Haus und versicherte mir, es gäbe keine Biegungen: ich brauchte nur geradeaus hinunter und hinaus zugehen.
Sie ging zur Tür, ich klappte mein Messer auf und folgte ihr. In einem Augenblick spürte ich ihre sanfte Wärme neben mir, im nächsten war ich draußen auf dem Gang und lauschte in die Stille hinein.
Ich hörte Schnarchen; es war das beruhigende Geräusch eines harmlosen Hauses, in dem alles schläft. Aber da war noch ein anderes Geräusch, näher und gar nicht harmlos, obwohl ich es zuerst nicht be-

nennen konnte. Aber dann erkannte ich es als Atemzüge. Und wer so atmete, der war wach. Und ganz in meiner Nähe.
Und wer so atmete, der mußte auch wissen, daß ich aus dem Zimmer Sibyllas gekommen war, und er mußte auf meinen nächsten Schritt warten, um sich alsdann auf mich zu stürzen.
Ich rührte mich nicht, sondern starrte, mit einem Gefühl der Beklommenheit, in das Dunkel. Einen schwachen Lichtschein gab es immerhin, und ich meinte, den Treppenabsatz zu erkennen. Ich ließ mich plötzlich auf Hände und Knie nieder und kroch auf den Treppenabsatz zu.
Auf einmal gab es ein donnerartiges Getöse über meinem Kopf, als habe jemand mit einer Keule zuschlagen wollen, aber nur die Wand getroffen. Dann fiel eine Gestalt über mich. Eine tastende Hand packte mich am Fuß, und als ich mich frei strampelte, krümmte sich die Gestalt, und Finger griffen nach meinem Gesicht. Ich stach mit dem Messer zu, und da war eine Art von Grunzen zu hören. Ich machte mich frei und halb rannte ich, halb fiel ich die Treppe hinunter.
Unten tastete ich die Tür ab; sie schien nur aus Türangeln zu bestehen. Inzwischen kroch der verwundete Mann die Treppe hinab, so daß ich rasch in den nächsten Raum trat (mehr enthielt das Haus nicht). Hier waren die Fensterläden so morsch, daß sie förmlich auseinanderfielen, und ich sprang in den Hof. Nach dem Dunkel des Hauses erschien mir die Nacht draußen hell. Unter Zuhilfenahme einer Kiste kletterte ich über die Mauer.
Da war ein Heckenweg, der aus der Stadt hinausführte, freilich zunächst auch weg von Arwenack. Nach Luft schnappend wie ein Spürhund am Ende einer Verfolgungsjagd stieg ich den Hügel hinauf; ich sprang von einem Stein zum andern und glitt immer wieder aus, in Schlammpfützen stolpernd.
Oben angelangt, blieb ich gerade so lange stehen, um einmal Atem zu holen und zurückzublicken. Drei Mann kamen hinter mir her. Ich lief also weiter, in Richtung auf die Mühle, in der einst Katherine Footmarker gelebt hatte. Doch noch bevor ich dort ankam, hatten mich meine Verfolger aus dem Auge verloren.

2

Bald nach diesen Ereignissen reiste mein Vater nach London. Seine Liebelei mit Mrs. Margaret Jolly hatte sich günstig entwickelt und war eben dadurch sozusagen eines natürlichen Todes gestorben. Seine Londoner Reise war also eine reine Routine-Angelegenheit. Sie diente dem Besuch von Freunden und seiner Aufwartung bei Hofe. Das sagte er jedenfalls. In Wahrheit wußte jeder, daß er mit Sir George Fermor von Northampton verabredet war, und daß Sir George, ein Militär, eine Tochter namens Jane hatte. Jane war fünfzehn und eine gute Partie; und auch mein Stiefbruder John war jetzt fünfzehn Jahre alt.

Zu der Zeit, als Mr. Killigrew aufbrach, bildeten die Schrammen in meinem Gesicht Schorf, und als er wiederkam, waren sie abgeheilt. Aber nach all diesen Jahren habe ich noch eine weiße Stelle in meinem Gesicht, da wo sich die Fingernägel tief eingegraben haben.

Der Mann, den ich verwundet hatte, war Sibyllas Vater Otho. Es gab viel Getuschel um die Angelegenheit, aber die Gerichte wurden deshalb nicht angerufen. Die Kendalls waren nicht die Leute, die sich an die Justiz wandten. Sie waren zu vorsichtig, einen Prozeß gegen einen der großen Landbesitzer zu riskieren; sie nahmen Rache auf ihre Weise und zu der von ihnen gewählten Zeit.

Sibylla sahen wir nie wieder. Wie man uns erzählte, war sie mit der Rute bis aufs Blut geschlagen worden und darauf zu einer Tante in St. Austell geschickt, wo sie alsbald mit einem Vetter verheiratet wurde. Es war für sie der sicherste Weg, den Skandal zu vertuschen.

Man gab alle Schuld mir, Belemus keine, und allein an mir blieb die Geschichte hängen. Sehr zur Belustigung des Belemus – der zwar einige Tage unter der Trennung von Sibylla litt, bald aber seine gute Laune wiederfand. Sehr tief war diese Liebe nicht bei ihm gegangen.

»Wir machen alle unsere Streiche, mein Junge, und wir amüsieren uns gern«, sagte mein Vater, »und ich wäre der letzte, dich an deinen jugendlichen Vergnügungen hindern zu wollen; aber du hättest dir einen besseren Ort als Penryn dafür aussuchen können – und andere Leute als die Kendalls. Sehr unangenehme Burschen, ohne Ausnahme. Ist noch ein Glück, daß du ihnen entwischt bist.«

Ich brummte etwas vor mich hin.

»Und paß gut auf, sobald du unseren Grund und Boden verläßt! Die

Leute von Penryn haben alle ein sehr gutes Gedächtnis. Gerade im Augenblick käme mir jeder neue Ärger sehr ungelegen, – die haben ihre Kanäle bis nach Westminster und klatschen gern hinter meinem Rücken über mich. – Na, und wie war das Mädchen?«

Ich blickte auf und fand, daß er mich mit einem nachdenklichen, neidischen Blick musterte. Ich spürte, wie ich errötete. »Das Mädchen? Ach, so wie die meisten sind, Vater.«

»Heiliger Strohsack! Hast du denn schon so viele gehabt, daß du sie alle in einen Topf werfen kannst? Du mußt wohl in Spanien recht aktiv gewesen sein.«

»Nein, ich –«

»Schon gut, ich verstehe, es war eine Ausflucht. Ich gebe zu, sie war ein hübsches junges Ding. Ich habe sie damals beim Netzeflicken gesehen, nach den Osterstürmen; jedenfalls glaube ich, daß sie es war. Ich sagte mir, da ist ein guter Fang für einen jungen Fischer, aber ich wäre nie auf den Gedanken gekommen, daß du der Fischer sein würdest. Du hast doch hoffentlich nicht an Heirat gedacht?«

»Nein, Vater.«

»Das möchte ich auch nicht meinen. Du bist zwar nur zur Hälfte ein Killigrew, aber auch ein halber Killigrew sollte nach etwas Besserem Ausschau halten. Bevor du weggingst, sagte mir Mrs. Killigrew einmal, du interessiertest dich für die kleine Farnaby. Ist das wahr?«

»Sie hat sich verheiratet. Mit einem gewissen Reskymer, Pfarrer von Paul.«

»Was, Philipp Reskymer? Der lange Dürre mit dem traurigen gelben Gesicht? Wenn das stimmt, ist er der reinste Kidnapper, denn er muß mindestens fünfzig sein. Und sie hatte es wohl nur auf Sicherheit abgesehen; die Farnabys waren von jeher etwas hilflose und ängstliche Gemüter. Philipp Reskymer hat Geld und Grundbesitz, in kleinstem Maßstab allerdings.«

»Er soll schon einmal verheiratet gewesen sein«, sagte ich, selbstquälerisch das Messer in der eigenen Wunde drehend.

»Oh ja, ich glaube, schon zweimal. Die Blumen, die in *sein* Bett gesetzt werden, welken rasch dahin.«

Mein Vater wartete, bis er die ganze Ernte gesehen hatte: das Korn zu Garben gebunden, getrocknet und eingebracht. In der Woche, als wir mit dem Dreschen begannen, trat er seine Reise an. Thomas Rosewarne ritt mit ihm. So blieben drei zurück, die im Haus Befehle geben konnte: Lady Killigrew, Henry Knyvett und Mrs. Killigrew. Aber Lady Killigrew war noch mit Bronchitis ans Bett gefesselt; Henry Knyvett, der vorübergehend mit seiner Frau ausgesöhnt war, befand sich in Rosemerryn, wenn er nüchtern war – und in Arwenack, wenn er nicht nüchtern war. Mrs. Killigrew schließlich, die einmal nicht an ihrem chronischen Übel litt, war sehr besorgt um das Befinden ihrer beiden Jüngsten, deren Befinden oft zu wünschen ließ.

Also blieb ich. Mr. Killigrew hatte zwar nichts gesagt, aber doch viel durchblicken lassen mit all seinen Vertrauensbeweisen mir gegenüber in den beiden letzten Monaten. Schließlich gehörte Belemus nicht zur Familie, und John, wie nützlich er auch als Figur auf dem Schachbrett der Heiratsmöglichkeiten war, John war noch zu jung, um Autorität zu genießen. Ich aber war bald siebzehn . . .

Die Arbeit des Dreschens machte mir Spaß, und in diesem Jahr kam sie obendrein meiner inneren Unruhe entgegen. Die ganze Zeit über, die wir an der Arbeit waren, regnete es. Die große Scheune, in der wir das Dreschen besorgten, war an einem Ende offen, aber wenn der Wind zu kräftig blies, schlossen wir die Türen und arbeiteten im Halbdunklen weiter.

Wir lachten, machten Späße und erzählten uns Geschichten. Dick Stable hatte immer eine komische Geschichte bereit, aber mir schien, daß seine junge Frau, Meg, nicht so herzlich lachte wie alle andern.

Wenn eine bestimmte Menge Korn gedroschen war, wurde das Stroh weggeharkt; aber der Sturm draußen war noch immer so stark, daß wir ihm nicht das Worfeln überlassen konnten; hätten wir die Türen geöffnet, der Wind hätte uns das Dach abgedeckt. Daher machten wir uns unseren eigenen Wind: mit Gänseflügeln an langen Stangen – und sammelten dann die Weizenkörner in Körben, die wir voll auf den Speicher trugen.

Eine Weile stand ich neben Meg, und mir schien, sie zeige den gleichen Eifer bei der Arbeit wie ich, als wolle sie damit eine Kränkung, einen inneren Schmerz, überwinden. Von der Seite her beobachtete ich ihre Bewegungen, wenn sie ihren Stab schwang; beobachtete ihre schmächtige, doch anmutige Gestalt, die Brüste, die sich jedesmal unter dem groben Hemd aufrichteten, wenn sie ihre sommersprossigen Arme hob; was aber meine Blicke am meisten anzog, war die Schmalheit ihres Leibes und ihrer Taille. Hin und wieder fiel ihr dunkelbraunes Haar in die Stirn, so daß sie es mit einer ungeduldigen Bewegung zurückwarf. Es war heiß in der geschlossenen Scheune, und ich sah auf ihrer Stirn und ihrer Oberlippe Schweißperlen. Alles an ihrem Anblick prägte sich mir ein.

Als wir mit dem Dreschen fertig waren, ließ der Sturm nach. Aber es blieb trübes Wetter, mit Regenschauern und tief über dem Fluß hängenden Wolken. Es begann das herbstliche Schlachten und das Einpökeln von Rindfleisch, um einen Vorrat für die langen Wintermonate zu haben. Wir aßen vom frisch Geschlachteten so viel wir konnten, denn bis zum nächsten Frühjahr würden wir kein frisches Fleisch mehr bekommen.

Ich hatte gerade beim Zerlegen und Einpöklen geholfen und mir danach Hände und Arme draußen am Brunnen gewaschen und war nun auf dem Weg in mein Zimer, als mir auf der Treppe Katherine Footmarker begegnete.

In dem schwachen Licht, das durch die regennassen Fenster drang, glaubte ich zuerst an eine Sinnestäuschung.

»Ja – Maugan Killigrew! ... Du bist also zurückgekommen, mein Junge. Ich freue mich. Wirklich, ich freue mich.« Sie sprach so, als sei von uns beiden ich der Gast.

»Ja. Wie kommt es –«

»Du hast mich nach deiner glücklichen Heimkehr noch nicht besucht.«

»Es ist erst drei Monate her. Was führt Euch hierher?«

Sie lachte leise. »Deine Stiefmutter traut mir ein paar nützliche Kenntnisse und Fähigkeiten zu.«

»Mrs. Killigrew lädt Euch ein?«

»Das erste Mal bat sie mich zu kommen, als deine Schwester Odelia eine Mandelentzündung hatte, aber ich kam nicht, weil dein Vater hier war. Darum sandte ich nur einen Sirup, der deiner Schwester, wie ich hörte, Erleichterung verschaffte. Später kam ich, als Mrs. Killigrew krank war, und noch einmal, wegen des kleinen Peter. Überrascht dich das?«

»Weiß mein Vater, daß Ihr hierher kommt?«

Sie zuckte die Achseln. »Ein paar von euren Leuten sehen es nicht gern, daß ich komme, und mag sein, daß sie es deinem Vater hinterbringen. Aber das geht mich nichts an.«

»Aber Ihr würdet nicht kommen, wenn er hier ist?«

»Ich mag nicht die Art deines Vaters. Ich glaube, das Schicksal der Killigrew steht unter keinem guten Stern, und dein Vater wird es vollenden. Jedesmal wenn ich herkomme, ist mir, als stünde eine geballte Faust über diesem Haus. Es neigt sich, Maugan, das ganze Haus neigt sich, es gleitet in den Abgrund!«
Ihre Gestalt schien der düsteren Prophezeiung zu entsprechen: ein Vogel, der Unglück kündet, flügelschlagend in der Dunkelheit.
»Nimm dich in acht«, sagte sie. »Ich sagte dir damals, daß Blut an deinen Händen sei.«
Töricht sah ich an mir hinunter. Einen Augenblick glaubte ich, sie meinte das Blut von dem Tier, das wir gerade geschlachtet hatten.
»An jeder Hand ist Blut«, fuhr sie fort, »und ich bin gar nicht sicher, daß Otho Kendall keine blutbefleckten Hände hätte. Aber laß dich warnen: tritt nicht in die Fußtapfen deines Vaters. Du hast Besseres zu tun als einer seiner Raufbolde zu werden. Und was die Frauen angeht, so wirst du dein Glück nicht darin finden, daß du jedem Mädchen Gewalt antust, dessen du habhaft werden kannst, so wie es dein Vater getan hat und – so höre ich – wie du es jetzt tust. Sondern nur darin, daß du für einige wenige lebst. Jede Spielerei, die du anfängst und wieder läßt, befleckt und mindert nur deine Fähigkeit zur wahren Liebe. Liebe ist wie Gold. Man soll es im großen und für Großes ausgeben und nicht im kleinen vergeuden.«
Daß sie so in Unkenntnis der Wahrheit sprach, machte mich rasend vor Zorn. »Ich muß mein eigenes Leben leben. Was ich daraus mache, geht allein mich an. Auch ich bin ein Killigrew und ich verdanke alles meinem Vater! Wenn ich ihm einen Dienst erweisen kann, werde ich es tun. Und was die Frauen angeht, so ist das wohl auch meine eigene Angelegenheit ...«
Sie trug einen scharlachroten Beutel in der Hand und ließ ihn spielerisch hin und herpendeln. »Nun, ich sehe, Maugan, daß du dich verändert hast«, sagte sie. »Und es ist noch kein Jahr vergangen ...«
»Kommt nicht wieder in dieses Haus. Wenn Ihr gegen meinen Vater seid, dann seid Ihr gegen uns alle.«
»Das ist nicht wahr, mein Junge. Ich bin nicht gegen deinen Vater. Ich bin überhaupt gegen niemanden. Ich sehe Unheil über dieses Haus kommen, so wie der Regen mit einer Wolke kommt. Das heißt nicht, daß ich es laut willkommen heiße. Ich spreche als Warnerin. Um so

schlimmer, wenn du nicht die Zeit oder die Geduld hast, auf meine Warnung zu hören.«
»Wenn Ihr Euch nur heraushaltet, wird das Unheil nicht so groß sein.«
Sie legte ihre Hand auf meinen Arm; ich versuchte, sie abzuschütteln, aber sie hatte einen festen Griff.
»In Truro waren wir noch Freunde. Wer hat dich so böse gemacht?« Sie musterte mich eindringlicher. »Jetzt erinnere ich mich. Da war ein Mädchen, nach dem du schmachtetest. Hat sie dich enttäuscht?«
Endlich schüttelte ich ihre Hand ab.
»Ich weiß viele Kuren«, sagte sie, »nur keine, die dieses Leiden heilt. Allein die Zeit kann helfen. Aber denk auch daran, daß nicht gleich jeder Mensch ein Dieb ist, weil dich einer beraubt hat.«
»Behaltet Eure guten Ratschläge für Euch!«
Ich sah, daß sie plötzlich zornig wurde.
»Ich soll von Arwenack wegbleiben?« sagte sie. »Der Fluch soll dich treffen, ehe ich das tue. Solange mich deine Stiefmutter holen läßt, werde ich kommen. Ich habe einen Finger in diesem Hause, mein Junge, und weder du noch dein Vater wird ihn ausreißen. Du bist gewarnt!«
Sie eilte an mir vorbei. Beinahe legte ich Hand an sie, aber etwas hielt mich zurück, eine alte Scheu. Ich sah ihr nach, bis sie aus meiner Sicht verschwand. Dann ging ich schwerfällig und polternd die Treppe hinauf.

Ich begann, Meg Levant zu begehren. Es war nicht Liebe und zuerst nicht einmal allein ihr sinnlicher Reiz, sondern einfach Ausfluß meiner tiefen Niedergeschlagenheit und Enttäuschung. Aus Treue zu Sue hatte ich Mariana zurückgewiesen; um das Erlebnis mit Sibylla war ich gekommen, weil mein Besuch in ihrer Kammer entdeckt worden war. Ich hatte nichts gegen Dick Stable; jeder mochte ihn gern; aber ich war nicht in der Stimmung, auf die Gefühle anderer Rücksicht zu nehmen. Wenn er eine hübsche junge Frau kein halbes Jahr seit ihrer Hochzeit mehr glücklich machen konnte, durfte er sich nicht wundern, wenn es ein anderer versuchte.
Mit List änderte ich mein Verhalten gegen Meg. Ich begann, sie mit Respekt zu behandeln, was ihr, wie ich bemerkte, sogleich gefiel. Ich legte keine besondere Eile an den Tag; ich hatte Zeit. Ich richtete es

so ein, daß ich ihr einmal auf der Treppe zur Burg begegnete, als sie von einer Besorgung dort zurückkam, und wir machten uns zusammen auf den Heimweg. Ich hatte ein Buch bei mir, das mir Katherine Footmarker einst geliehen – und ich nie zurückgegeben hatte, »Von der edlen Herkunft und den Heldentaten des Robin Hood«, und unterwegs machte ich den Vorschlag, daß wir uns ein Weilchen auf den Zauntritt setzten und ich ihr das erste der zwölf Abenteuer vorlas. Sie saß die ganze Zeit über, die ich las, sehr ruhig. Eine Woche darauf wiederholte ich das Manöver und schlug ihr danach vor, sich wenn irgend möglich für jeden Mittwoch einen Botengang in die Burg geben zu lassen. Sie möge dann denselben Weg nehmen und sich von mir den Rest vorlesen lassen. Sie sah mich mit einem Blick ihrer braunen Mandelaugen an, sagte aber weder ja noch nein.

Sie kam erst am übernächsten Mittwoch wieder. Es regnete, und wir suchten Schutz in dem aus Granit gebauten Ausguck an der schmalsten Stelle der Landzunge. Als ich mit dem dritten Kapitel fertig war, streckte und reckte sie sich, als erwache sie aus einem Traum.

»Ich wäre gern wie Maid Marion«, sagte sie und zog sich einen Faden aus dem Rock. »Ich möchte ein Mann sein oder mich wie ein Mann anziehen ...«

»Einmal hast du es gatan.«

»Wann?« Sie sah mich fragend an. »Ach, damals – das war doch in einem Stück, ein Scherz. Das ist nicht dasselbe.«

»Meg, was hast du mit den Strümpfen gemacht?«

»Die habe ich noch. Aber ich trug sie letzte Weihnacht und riß mir ein Loch hinein. Ich habe sie ausgebessert, konnte aber keine Wolle in der passenden Farbe finden.«

»Du hast von mir noch kein Hochzeitsgeschenk bekommen. Wenn ich wieder einmal in Truro bin, kaufe ich dir ein Paar neue Strümpfe. Würdest du dich darüber freuen?«

»Ich wohl, aber nicht Dick.«

»Der würde es doch nie erfahren. Er sieht ja doch nicht, was du trägst.«

»Ja, das ist wahr«, stimmte sie kichernd zu.

»Meg, ich kaufe dir zwei Paar, ein Paar rote und ein Paar grüne, unter einer Bedingung.«

»Was für eine Bedingung?«

»Daß ich sie dir anziehen darf.«

Sie wurde puterrot. »Maugan, was fällt dir ein!« Sie stand auf. »Für was hältst du mich eigentlich? Für eine gemeine Dirne? Nun, ich muß sagen, da hast du mich sehr beleidigt. Und ich hatte geglaubt, du hättest dich gebessert –«

»Das habe ich auch.«

»Das hast du nicht!«

»Ich habe mich gebessert, denn ich erlaube mir keine Scherze mit dir, Meg. Ich meine es ernst.«

»Um so schlimmer!«

»Findest du das wirklich? Meg, ich bin sehr von dir eingenommen. Das soll keine Unhöflichkeit sein, sondern ein Kompliment.«

Sie sah auf mich herab, noch immer voller Zorn, das Gesicht gerötet. Aber dann sah sie – wie es bei Meg immer geschah – die komische Seite der Sache und brach in Gelächter aus.

»Du bist schon ein komischer Kauz! Hast du es so in Spanien gemacht?«

»Nein, denn da war keine, die ich so gern gehabt hätte wie dich. Meg, es ist mir ernst. Denk darüber nach.«

»Das werde ich nicht tun«, sagte sie und ließ mich allein.

Am nächsten Tag drehte der Wind auf Südwest. Mancher im Hause sagte schon, seit drei Tagen rufe das Meer. Der Wind wurde zum Sturm, der das Meer aufpeitschte und die an die Felsen brandenden Wogen zu einem Gebirge türmte; er streute Zweige und Äste über unsere Dächer und deckte die Strohdächer von den Scheunen ab. Zwei Fischerboote, die man in Penryn zurückerwartete, kamen nie wieder, und eine Bark zerschellte an den Felsen von Pennance Point, und die ganze Besatzung kam ums Leben. Sobald uns die Nachricht von dem Unglück erreichte, machten sich einige unserer Leute auf den Weg, um zu sehen, ob wir noch Hilfe leisten konnten, aber obwohl die Landspitze vor der ärgsten Wut des Sturms geschützt war, konnte man kaum etwas tun. Die Bucht war voll von Spieren und Tauwerk, die auf den Wogen tanzten – Wogen, gelb von der Kornladung, die das Schiff geführt hatte. Als die Flut fiel, bargen wir einen Toten am Strand, dann zwei, die in einer rot gefärbten Wasserlache, in die das Meer noch mit verebbender Kraft drängte, in einem Auf und Nieder hilflos trieben; und zuletzt fanden wir einen, der so unglücklich unter einen Felsen geklemmt war, daß ihn auch keine Hebelkraft wieder befreit hätte. Ein Dutzend Rundhölzer, eine alte Kiste und eine ansehnliche Menge von Segeltuch lohnten zwar die Bergung, aber sie war sehr mühevoll, denn der Wind war auf Nord umgesprungen, und der Regen fiel unaufhörlich und wurde immer kälter. Als wir endlich durchnäßt, erschöpft und in Erwartung eines gehörigen Schlucks Brandy nach Hause kamen, erfuhren wir, daß ein irischer Zweimaster, der den Namen *Kinsale* führte, im Fal Schutz gesucht habe, nachdem er beide Masten eingebüßt und der Kapitän den Tod gefunden hatte. Der Steuermann, ein gewisser Garvie, war bereits nach Arwenack gekommen, ganz erfüllt von seinen Nöten und Sorgen und ziemlich viel Whisky. Eine behelfsmäßige Instandsetzung des Schiffes würde, wie er berichtete, zehn Tage in Anspruch nehmen, und um sie bezahlen zu können, müsse er vielleicht etwas von der Fracht verkaufen. Das Schiff gehöre zwei Brüdern Ferguson in Dublin, doch bis er dorthin käme, müsse er aus eigener Machtbefugnis handeln.

Als er mit seinem Schicksal hadernd davonging, mit einem roten Halstuch über das breite Gesicht wischend, wandte ich mich an Belemus. »Was ist seine Fracht?«

»Du hast es gehört: ungesüßter Wein, ungebleichte Leinwand, Seide und Parfüms, auf dem Wege von Bordeaux nach Dublin. Er fährt mit einem französichen Kaperbrief, was ich ein bißchen merkwürdig finde. Mir kam der Gedanke, daß er vielleicht ein wenig nebenbei kaperte auf eigene Rechnung.«

»Dieser Gedanke ist auch mir gekommen.«

Belemus blickte auf. »Hast du die Absicht, etwas zu unternehmen?«

»Nicht wegen des Weins.«

Belemus lachte, wie immer, mit weit geöffnetem Mund. »Ich glaube, die Spanier haben dir die Seele ausgewechselt und dich mit der eines anderen Mannes zurückgeschickt. Der Maugan von einst schmachtet noch in irgendeinem Klostergefängnis zu Madrid.«

»Nein, er starb«, sagte ich, ohne freilich etwas über den Zeitpunkt anzudeuten.

Am selben Abend, nach dem Essen, nahmen wir Long Peter, Tom Bewse, den Oberfalkenier, und Dick Stable mit und stiegen in die kleine Pinasse der Familie Killigrew, um nach Penryn zu fahren. Selbst auf dem Fluß gingen die Wellen hoch, trotzdem erreichten wir schon in wenigen Minuten die schützende Bucht von Penryn. Bald hatten wir die *Kinsale* erkannt, ein Schiff von ungefähr achtzig Tonnen. Es befand sich in einem traurigen Zustand, aber soweit wir sehen konnten, war niemand an Bord des Schiffes, das leise knarrend an der Vertäuung zerrte. Dagegen drangen laute Stimmen und Gelächter aus Piper's Taverne über den Kai, und gewiß ging es auch bei Cox, um die Ecke, hoch her.

Eine Ratte schnüffelte zwischen den Netzen am Ende des Piers. Das Licht aus den Hütten spiegelte sich in den Wasserlachen zwischen den unregelmäßigen Granitplatten, aus denen der Hafendamm bestand. Wir legten die Riemen ein und streiften die Seite der *Kinsale*, so leicht, wie eine Katze, wenn sie sich meichelnd an uns schmiegt.

Alles in allem holten wir 16 Rollen ungebleichte Leinwand, 19 Ballen Seide und 12 Kästen mit Parfüm heraus. An mehr kamen wir nicht heran, wenn wir nicht das ganze Schiff auseinander nehmen wollten. Um den Wein auszuladen, fehlte es uns an Raum so gut wie an der Zeit; jedenfalls war die Ladung zu groß, um sie transportieren zu können, falls wir nicht gleich das ganze Schiff stahlen.

So ruderten wir denn nach zwei Stunden langsam und schwer beladen heim.

Ich bestimmte, daß nichts von unserer Beute ins Haus gebracht wurde. Vielmehr ließ ich sie auf dem Rasen vor dem Turm aufstapeln, der zum Hafen hin gewandt war. Dort hatten Long Peter und Tom Bewse Maultiere und Pferde bereitgestellt. Leinwandrollen, Seidenballen und Kästen wurden den Tieren über den Widerrist gehängt, und in den frühen Morgenstunden machte sich eine Karawane auf den Weg nach Truro. Belemus begleitete sie, ich blieb zurück. Ich hatte keine Ahnung, wie die Sache ausgehen würde, und war sehr neugierig darauf, es zu sehen.

3

Drei Tage später ließ mich meine Großmutter kommen.

Ich hatte selten Gelegenheit, ihr Zimmer zu betreten. Es war das schönste im ganzen Hause, und sie hatte sich nach dem Tode meines Großvaters geweigert, es für ihren Sohn, meinen Vater, zu räumen. Immer wieder bewunderte ich die prächtigen Bettvorhänge oder die mit Szenen der Geburt und der Passion Christi durchwirkten Wandteppiche und den türkischen Wollteppich vor dem Bett. Diese Dinge, so hatte sie mir einmal gesagt, hätten zu ihrer Mitgift gehört, aber sie sahen so wenig abgenutzt aus, daß ich es kaum glauben konnte. Was ihre Behauptung dennoch glaubwürdig machte, war die ungemeine Sorgfalt, die sie allen Dingen ihres persönlichen Eigentums angedeihen ließ.

Aber als ich an diesem Novembertag des Jahres 1594 in ihr Zimmer kam, fiel mir zum erstenmal etwas anderes auf: der unangenehme Geruch, der von dieser alten Frau ausging, deren Leben sich dem Ende zuneigte, und ihr geräuschvolles Atmen, das wie ein – unmelodischer – Schwanengesang war.

Aber an ihrer Einstellung zum Leben hatte sich nichts geändert. Sie wußte genau, was sie wollte, und sie wollte alles haben, von dem sie wußte, daß es da war.

»Maugan, ich höre da von einer neuen Räuberei in der Bucht von Penryn.«

»Ja, Madam. Vor zwei oder drei Nächten ist es geschehen. Ein Zweimaster ist eingelaufen, weil er Hilfe brauchte.«

»Weißt du, wer ihn beraubt hat?«

»Ich halte es für besser, Madam, darüber keine Vermutungen anzustellen.«

Lady Killigrew hustete. »Es soll Seide, Leinen und Parfüm gestohlen worden sein. Wo sind die Sachen jetzt?«

»Ich verstehe nicht, Madam.«

»Weiche mir nicht aus, mein Junge. Was hast du mit dem Zeug gemacht?«

Ich blickte rasch zur Tür. »Es ist alles bei – es ist alles in sicheren Händen.«

»Wo?«

»In Truro bei John Michell.«

Es funkelte von Diamanten, wenn sie mit den Bettüchern hantierte, denn sie trug auch im Bett stets ihre Ringe. »Und was hast du hier behalten?«

»Nichts, Madam.«

»Nichts! Wie kannst du es wagen? War es gutes Parfüm? Und gute Seide? Ich –«

»Wer hat es Euch verraten, Madam?«

»Glaubst du, daß ich blind und taub bin?« Sie hielt einen Augenblick inne, um Atem zu schöpfen. »Wer hat dich geheißen, die Sachen so rasch Michell zu schicken?«

»Niemand, Madam. Es war eine Vorsichtsmaßnahme. Was nicht in diesem Hause ist, kann auch nicht mit diesem Haus in Verbindung gebracht werden.«

Sie warf mir einen Blick äußerster Verachtung zu. »Glaubst du etwa, Arwenack könnte durchsucht werden?«

Mir wurde in diesem Augenblick klar, daß meine Großmutter noch mehr als mein Vater – der ja auch an Gewohnheiten und Anschauungen hing, die inzwischen veraltet waren – in einer Welt lebte, die bereits der Vergangenheit angehörte. Auf seinem voller Leichtsinn gegangenen Lebensweg hatten ihn oft genug Gefahren geschreckt; von Zeit zu Zeit hob er den Kopf und sah sich ängstlich um. Doch Lady Killigrew stellte die Unantastbarkeit ihrer gesellschaftlichen Stellung und ihres Namens gar nicht erst in Frage. Was sie sagte, war natürlich auch heute noch wahr: man konnte in Arwenack keine Haussuchung machen. Das war noch nie geschehen. Aber bei offener Herausforderung der Gesetze wuchs die Gefahr. Für mich war die Lösung ganz einfach. Man durfte die Gesetze auch weiterhin übertreten, aber es mußte mit größerer Vorsicht geschehen.

Indessen wurde mir bewußt, daß sie mich jetzt anschrie: »Du hattest nicht das geringste Recht dazu, diesen Transport zu veranlassen. Wer hat dir die Erlaubnis dazu gegeben?«

»Der Steuermann von der *Kinsale* war schon hier und hat Klage geführt«, sagte ich mürrisch. »In Penryn ist alles in Aufruhr. Jetzt wäre jeder Transport unmöglich. Aber er ist auch nicht nötig; die Ware war schon fort, ehe man Alarm geschlagen hat.«

»In Zukunft, Maugan, komm zu mir, bevor du selbständig Entscheidungen triffst. Meine Schwester und ich haben seit jeher die erste Wahl gehabt, wenn Stoffe und Edelsteine eintrafen.«

Sie begann wieder zu husten und konnte diesmal nicht mehr aufhören. Ihr längliches bleiches Gesicht rötete sich von der Anstrengung, die alten Adern an Hals und Schläfen traten dick hervor. Sie richtete sich auf, vom Krampf geschüttelt. Und da der Anfall nicht enden wollte, hörte sie immer mehr auf, die Frau zu sein, die ich mein Leben lang gekannt hatte – groß, mager, herrisch – und wurde zur bloßen Kreatur, die sich, nach Atem ringend, gegen den Erstickungstod wehrte. Die Augen tränten ihr, die vorgeschobene Unterlippe zitterte, und ihr Mund, aus dem ein knurrender Laut drang, stand offen; man sah ihre langen, abgebrochenen Zähne.

Ich klopfte ihr auf den Rücken und brachte ihr etwas Wasser zu trinken. Ich hielt es für unmöglich, daß ein menschlicher Körper, zumal ein alter, lange diese Anspannung ertrug, und glaubte, sie würde sterben.

Aber endlich ließ der Krampf nach, und nichts blieb zurück als das Keuchen eines alten erschöpften Menschen. Sie blickte zu mir auf, und ich fand in ihren Augen mehr Freundlichkeit als vor ihrem Anfall.

»Wenn ich sterbe, mein Junge«, sagte sie, »wenn ich sterbe, dann kannst du das Leichentuch über mich ziehen, so wie es dir gefällt. Aber solange ich noch in diesem Bett liege und solange ich dieses Zimmer und dieses Haus bewohne, bestimme ich, was in diesem Hause geschieht. Dir stehen keine Entscheidungen zu. *Verstanden?*«

»Ja, Madam.«

Sie fuhr sich mit einem seidenen Tuch über das Gesicht. »Ich werde es deinem Vater sagen und verlangen, daß er dich bestraft ... Aber vielleicht ist dir das ganz gleichgültig. Du bist jung. Alles läßt sich ertragen, wenn man jung ist, und nichts, wenn man alt ist.«

»Darf ich jetzt gehen, Madam?«

»*Nichts*, wenn man alt ist, Maugan. *Hörst* du mich?« Sie schrie wieder.

»Ja, ich höre.«

»Aber du verstehst es nicht. Du hörst nicht zu. Warum solltest du es auch versuchen? ... Da sprechen die Leute immer von den Tröstungen des Alters. Die gibt es nicht.« Langsam fuhr sie mit den Fingern über das Bettuch, in das sie mit den Nägeln eine Falte bügelte. »Es gibt sie nicht. Es ist nicht einfach dies, daß man krank und gebrechlich ist, daß man den Mann und alte Freunde verloren hat, es ist nicht die Einsamkeit und die Verachtung der jüngeren Generationen – das allein ist es nicht.« Sie hustete wieder, wurde aber diesmal des Anfalls Herr. »Das Alter nimmt einem nicht nur nacheinander die Dinge, die man schätzt; es nimmt uns den süßen Geschmack des Lebens selbst. Versteh es recht: den süßen Geschmack. Wenn du jung bist, hat jedes Erlebnis seinen Reiz, und alle Früchte wollen gepflückt werden. Aber mit dem Alter verliert eine Frucht nach der andern ihren Wohlgeschmack. Zuerst spielt das noch keine Rolle, denn es gibt immer wieder neue, die man probiert; aber es dauert nicht lange, und auch die neuen schmecken fad und werden faulig wie die andern. Die Blumen welken, sobald man sie gepflückt hat. Hörst du mir zu?«

»Ja, Madam.«

»Du hörst mir zu, wartest aber nur auf den Augenblick, gehen zu können; da ist eine alte Frau, denkst du, mit grauen Haaren, die unsinniges Zeug schwätzt, das mich nichts angeht ... Aber es wird dich etwas angehen. Denk an meine Worte; wenn du lange genug lebst, wird es auch dich angehen. Bete jede Nacht, mein Junge, mit vierzig zu sterben. Man verläßt besser diese Welt, solange der Abschied noch Schmerz bereitet. So können deine letzten Gedanken wenigstens Gedanken des Bedauerns sein.«

»Und die Religion, Großmutter? Schenkt sie Euch nicht ihren Trost?«

»Werde nicht unverschämt ... In etwa einer Woche wird dein Vater zurück sein. Ich werde ihm von deinem Ungehorsam erzählen.« Verstimmt blinzelte sie ins Kerzenlicht. Die Bettvorhänge aus schwerem Goldbrokat waren an der Stelle, wo sie im Schatten der Balkendecke verschwanden, durch ihr Alter fast schwarz geworden; sie bildeten einen Baldachin über ihr, als ob sie in einer Sänfte oder einem königlichen Tragesessel reise. »Es wird für die Killigrews ein bedeutender Tag sein, wenn er zurückkehrt, denn er er wird die zukünftige Herrin von Arwenack mitbringen.«

»Oh ... das wußte ich nicht.«

»Du weißt nicht alles, junger Mann.«

»Ist es also abgemacht?«

»Es wird abgemacht werden.«

»Jane Fermor ... Wann sollen sie heiraten?«

»Noch nicht, aber bald. Noch vor Ablauf eines Jahres. Es wird Zeit, denn ich möchte noch die Erben sehen.«

»Sicher wird sie schön sein«, sagte ich und stand auf, um zu gehen.

»Schön?« Sie sprach das Wort voller Ekel aus. »Zu einer Ehe gehört etwas mehr als zwei Paar nackte Beine. Sie ist sorgfältig ausgewählt worden. Sie wird Geld und Einfluß mitbringen. Darauf kommt es an.«

»Vielleicht wird John anders darüber denken, Großmutter.«

»Was wird sie empfinden, wenn sie in dieses Haus kommt? Ich erinnere mich noch daran, was ich empfand, als sei es erst gestern gewesen. Ich war eine Witwe von dreiundzwanzig Jahren und hatte ein vierjähriges Kind. Wir waren den ganzen Tag über wüstes Heideland geritten, und die Dunkelheit brach herein. Unsere Eskorte von sechs Mann war kaum ausreichend ... Als wir hier ankamen, glaubte ich im Dunkeln, das Haus sei eine Ruine ... Deine Urgroßeltern standen an der Tür, um uns willkommen zu heißen. Ich erinnere mich noch, wie sie gekleidet waren ... Er hatte einen gekräuselten Schnurrbart wie dein Vater, aber er war ein größerer, stärkerer Mann, und er trug eine goldene Kette bis zu den Knien. Sie hatte goldblondes Haar und trug ein Kleid aus gelbbraunem Velvet. Nach den freudlosen Eindrücken unserer Reise war es eine Wohltat zu sehen, wie angenehm sie lebten.«

»Aber das Haus war eine Ruine?«

»O nein. Am Morgen sah ich, daß es noch im Bau war. Dieses Zimmer und überhaupt dieser Flügel waren fertig, aber der Nordflügel war noch nicht über Schulterhöhe hinausgekommen. Und der große Saal sollte erst nach vielen Jahren fertig werden; da war dein Vater schon dreizehn Jahre alt. ...«

Ich war bis zur Tür gegangen. »Ihr habt Eure Erinnerungen, Großmutter, denen Ihr Euch hingeben könnt. Warum solltet Ihr gewünscht haben, sie vorzeitig abreißen zu lassen?«

Es dauerte lange, bevor sie mir antwortete. Ja, sie schien mich vergessen zu haben. Aber als ich auf die Türklinke drückte, sagte sie plötzlich: »Vielleicht wäre es besser, nie geboren worden zu sein. Denn was hat die Mühe eingebracht? Erinnerungen hin, Erinnerungen her, was ist bei alledem herausgekommen?« Sie hob ihre zitternde Hand. »Einige wenige Bedürfnisse befriedigt, ein paar ehrgeizige Wünsche erfüllt, einige Schmerzen durchlitten. ... Es gab Essen und Wein, und die gröbsten Begierden wurden befriedigt. Ein Sprung aus dem Mutterleib, ein Sturz ins Grab ... Dann ist es vorbei, und da gibt es nichts zu zeigen, nichts, was verdiente, gezeigt zu werden, nichts zurückzulassen, nichts, was es verdiente, zurückgelassen zu werden, nur den gemeißelten Stein in der Kirche, mit einer abgedroschenen lateinischen Inschrift, modernde Knochen, und das ist das Ende eines Lebens, das besser nie begonnen hätte!«

Noch als ich die Tür hinter mir geschlossen hatte, hörte ich sie weiterreden.

Wir hatten alle mit einer gewissen Spannung darauf gewartet, Jane Fermor kennenzulernen, das Mädchen, das mein Vater für seinen ältesten Sohn ausgewählt hatte – und ich besonders, denn ohne den Zufall meiner Geburt wäre dieses Mädchen für mich ausgesucht worden. Aber als sie dann kam, war ich auf der Falkenjagd; die ersten Anzeichen ihrer Anwesenheit, die ich bemerkte, waren fremde Pferde im Stall und fremde Diener im großen Saal.

Das Abendessen war so gut wie fertig, und Sir George Fermor kam als erster, in Begleitung meines Vaters, herunter. Sir George war ein aufrechter, etwas hitziger Mann von etwa fünfundvierzig Jahren, mit dem fest zusammengepreßten Mund und den O-Beinen eines Rittmeisters. Man konnte sich bei seinem Anblick gut vorstellen, daß er einen feindlichen Pikenier, ein Wildschwein oder einen unüberspringbaren Zaun mit dem gleichen hochmütigen und unerschrokkenen Blick musterte. Er hatte eine rauhe Stimme, die alles andere wie die Säge eines Zimmermanns übertönte, und sein Schritt klirrte, als trüge er immer Sporen.

Wenige Minuten darauf folgte seine fünfzehnjährige Tochter, sein einziges Kind, in Begleitung von Mrs. Killigrew. Sie trug ein Kleid aus Silberspitze mit Puffärmeln aus weißem Taft und um ihr Haar eine Schnur mit kleinen Perlen. Alles, was sie trug, war teuer, und doch konnte nichts die Tatsache verbergen, daß sie dick war, große Füße und große Hände hatte und einen Gang wie ein Mann. Sie war auch nicht hübsch; sie hatte ein blasses Gesicht mit kleinen Tupfen von rötlichem Ocker auf den Wangen. Ihr Haar war pechschwarz und fiel auf beiden Seiten wie Vorhänge herab, durch die ihre Ohren zum Vorschein kamen. Ihre blauen Augen waren klein, doch strahlend und von magnetischer Anziehungskraft. Ihre Haut war zart. Sie sprach während des Essens nur wenig und schien dem verlegenen jungen Mann neben ihr, der einen Monat jünger als sie war, nur Gleichgültigkeit entgegenzubringen. Aber ich bemerkte, wie ihre Blicke abschätzend über den Saal glitten und alles aufnahmen, die Livree der Diener so gut wie den italienischen Wandteppich, die Qualität des Tafelsilbers, von dem wir aßen, und die Hunde, die wie ein atmender, welliger Teppich vor dem Kamin lagen.

Lady Killigrew hatte es irgendwie fertiggebracht, ihres Leidens Herr zu werden, und saß in ihrem besten Gewand bei Tische. Sie besaß eine unheimliche Fähigkeit, sich zu erholen, und eine ungewöhnliche

Willenskraft. Zusammen mit Mr. Killigrew verwickelte sie Sir George Fermor während des ganzen Essens in ein Gespräch, aber auch sie wurden von der krächzenden Stimme zum Schweigen gebracht. Wenn es ihm gefiel, sie zu erheben – was häufig der Fall war –, konnte keine Stimme daneben bestehen. In der Hauptsache erging er sich in Äußerungen der Selbstzufriedenheit, zuweilen aber geißelte er auch die Faulheit und Schlechtigkeit der Diener. Für die meisten von ihnen waren Prügel das Beste, was man ihnen geben konnte; seine Diener, so berichtete er, wurden regelmäßig verprügelt, ob sie sich etwas zuschulden hatten kommen lassen oder nicht. So lernten sie parieren. Und bei diesen Worten blickte er vielsagend in die Runde, so daß es keinen Zweifel an seiner Meinung geben konnte.
Die Verlobung wurde am nächsten Morgen in Anwesenheit von Pastor Garrock von St. Budock und Pastor Merther feierlich verkündet. Die beiden jungen Leute standen in der Mitte des Saals, flankiert von Mr. Killigrew und Sir George Fermor. Als erster mußte John sprechen, und das ging nicht ohne Stocken und Stottern ab:
»Ich, John Killigrew, verspreche aus freiem Entschluß, dich, Jane Fermor, zu heiraten, wenn Gott will und ich am Leben bleibe, zu dem Zeitpunkt, den unsere Eltern für gut und schicklich befinden, bis zu welchem Tage ich dich als die einzig mir anverlobte Frau ansehen will. Dafür verpfände ich dir mein Wort. Im Namen des Vaters, des Sohnes und des Heiligen Geistes. Amen.«
Nach diesen Worten steckte er einen goldenen Ring an die Rechte des Mädchens. Dann war es an ihr, den Eid zu sprechen – was sie mit tiefer Stimme tat – und gab dann ihrerseits ihm einen Ring. Danach küßten sie sich, und das Verlöbnis wurde mit Rheinwein gefeiert. Mein Vater war in der heitersten Stimmung, und sogar Sir George schien ihm leicht zu ertragen. Jane sah in einem eng geschnürten Mieder mit grünem Wams und spitzenbesetztem rotem Rock so pummelig aus wie zuvor. Nach der Verlobungszeremonie begann sie sich mit den Kindern zu unterhalten, freilich nicht lebhaft und munter, sondern in strengem Ton, fast so grimmig wie ihr Vater, und Odelia und Thomas hörten ihr nur mit offenen Mündern zu. Ich näherte mich der Gruppe und überlegte mir, was ich wohl empfinden würde, wenn ich dieses Mädchen zu heiraten hätte. Plötzlich begegneten sich unsere Blicke.
»Wer bist du, Bursche?« fragte sie mit ihrer tiefen Stimme.

Ich erwiderte ihren Blick, und noch bevor ich eine Antwort fand, sagte die kleine Odelia: »Das ist unser Bruder Maugan.«
»Bruder?« wiederholte sie fragend und musterte mich. »Wenn der nicht älter ist als John, freß ich alle Hunde, die in eurer Halle herumliegen.«
»Ich bin älter«, sagte ich. »Aber Eure Erbschaft ist nichtsdestoweniger gesichert. Mein Vater war zur Zeit meiner Geburt nicht verheiratet.«
»Mein Vater hat, soviel ich weiß, sieben Bankerte, aber sie werden bei uns nicht im Hause gehalten, Bursche.«
»Dies ist ein besonderer Anlaß, Mädchen, aus dem ich aus dem Hundezwinger herausgelassen wurde«, antwortete ich. »Wenn man mich gut behandelt, beiße ich fast nie.«
Ihr Lächeln zeigte sehr weiße, gleichmäßige Zähne und kleine harte Grübchen. »Um so schlimmer . . . Und der da? Noch einer von der Sorte?«
Belemus war zu uns getreten. »Nein, ich bin ein Vetter – und weder illegitim noch sicher.«
Wir sprachen ein paar Minuten miteinander – sie von uns beiden überragt, aber keineswegs aus der Fassung gebracht. Ich hatte noch nie ein fünfzehnjähriges Mädchen kennengelernt, das ihr glich. Sie besaß eine ungewöhnliche Selbstbeherrschung und zeigte in allem Entschlossenheit und Energie.
Mein Vater drängte sie, bis über die Weihnachtstage zu bleiben, doch Sir George mußte ablehnen, und insgeheim atmete mein Vater erleichtert auf. Mit dem Geld, das uns mein Beutezug gegen die *Kinsale* eingebracht hatte, war es ihm möglich gewesen, diese Woche lang seine Gäste mit dem alten Glanz und der alten Verschwendung zu bewirten, aber schwerlich hätte es noch für die zwölf Tage des Weihnachtsfestes gereicht.
Am Tag nach ihrer Abreise betrat ich das Zimmer meines Vaters und fand ihn auch jetzt noch guter Laune. Er hatte eine Landkarte vor sich gehabt, die er nun zusammenrollte. Er tippte mit der Rolle an meine Schulter.
»Nun, Sir Maugan, unsere Sorgen wären wir für ein Weilchen los – vielleicht sogar für immer. Wenigstens brauchen wir das da nicht mehr zu studieren.« Er warf die Karte in eine Ecke und brachte damit die Hunde zum Bellen.

»Was ist das, Sir?«
»Sag mir, was du von unseren Gästen hältst.«
». . . Sind sie reich?«
Er lachte. »Die Hochzeit findet im nächsten Mai hier statt, und sie bringt eine Mitgift von zwölftausend Pfund in Gold mit. In *Gold*, Maugan! Das ist ein Artikel, von dem wir in den letzten zehn Jahren nicht viel gesehen haben. Ich war bereits in Versuchung, meinen Ring und meine Schnupftabaksdose einschmelzen zu lassen, nur um die Farbe des gediegenen Metalls vor meinem Tode noch einmal zu sehen!«
»John werden auch dann noch ein paar Monate bis zu seinem sechzehnten Geburtstag fehlen.«
»Stimmt, und ihr auch. Magst du sie, Maugan? Meinst du, daß sie, wenn ich einmal nicht mehr bin, eine würdige Herrin dieses großen Hauses sein wird?«
Unser Verhältnis war in den letzten Monaten so herzlich und freimütig geworden, wie ich es nie für möglich gehalten hatte. Aber dies war eine etwas heikle Frage.
»Sie wird – ich meine, sie neigt wohl dazu . . .«
»Sprich offen mit mir, ich gebe dir die Erlaubnis.«
»Ich glaube, sie wird ein furchtbarer Drachen sein.«
Er brummte etwas vor sich hin, nun doch nicht zufrieden mit meiner Offenheit, nachdem er sie herausgefordert hatte. »Sie ist noch unerfahren«, sagte er. »Sie wird noch manches hinzulernen. Wenn ihr das Leben erst ein paar harte Schläge versetzt hat, werden sich die Ecken und Kanten bei ihr etwas abschleifen. Allerdings –«, er hielt inne und strich sich glättend über den Schnurrbart, »allerdings glaube ich nicht, daß John jetzt schon Manns genug ist, um sie richtig zu behandeln. Aber Jungen werden nun einmal langsamer erwachsen als Mädchen. Aber am Ende ergibt sich das alles von selbst. Sieh doch nur dich selbst an.«
»Mich?«
»Ja. Vor einem Jahr warst du nur ein Kind – wenn auch oft, zugegeben, ein schwieriges Kind. Jetzt – nun, jetzt bist du ein Mann. *Du* könntest mit ihr fertig werden. Das glaube ich.«
»Und ich glaube, daß ich nicht den Wunsch dazu hätte, Vater.«
»Wir werden bald eine Frau für dich finden, mein Junge. Gott weiß, ich wäre froh, wenn du ein legitimer Sohn wärest; ich würde in we-

niger als einem Jahr nutzbringende Verwendung für dich haben. Noch brauchen wir alle unsere Aktivposten!«

»Vielleicht kann ich Euch auf andere Weise nutzen.«

»Vielleicht. Du hast es auch schon. Aber ein Wort der Warnung wegen dieses irischen Bootes: Ich kann mir jetzt keinen Skandal leisten.«

»Ich werde aufpassen.«

»Es ist mir ernst. Keine neuen Abenteuer, wenn ich fort bin. Ich kann mir nichts leisten, was meinen guten Ruf beim Geheimen Staatsrat schädigen könnte. Meine Schulden zwingen mich zu einem wahren Tanz auf dem Drahtseil, und bis zu der Hochzeit muß ich sehr aufpassen, nicht abzustürzen.«

»Ich werde mich danach richten.«

Er blätterte in den Papieren auf seinem Schreibtisch. »Dich hätte ich gern mit Jane Fermor verheiratet, weißt du?« sagte er mit einem spöttischen Lächeln. »Und dann hätte ich in aller Ruhe dem Sturm zugesehen. Um John habe ich ein bißchen Angst. Aber er wird in seine Rolle hineinwachsen.«

Als ich das Zimer verließ, war ich mit meinen Gedanken noch immer bei der Karte, die er zusammengerollt in die Ecke geworfen hatte. Was für eine Karte war das?

An die Weihnacht jenes Jahres habe ich keine Erinnerungen außer der einen, daß ich Meg Stable zwei Paar Strümpfe kaufte, grün und rot, und daß sie es ablehnte, sie unter den von mir gestellten Bedingungen anzunehmen. Es war ein kalter Januar, der Schwanenteich war zugefroren, und jeder blieb nach Möglichkeit im Hause. Der Aufenthalt daheim wurde freilich zum Alpdruck: mehr denn je stank es nach Hunden und dem Rauch von Holzfeuer. Allmorgendlich waren die Fenster von Dampf beschlagen, so daß man meinte, in einer Welt von Nebel zu leben; und an den Nachmittagen lief das Wasser an Fenstern und Wänden herunter. Jeder trug zwei oder drei Röcke, aber selbst damit war man nicht geschützt vor dem kalten Luftzug, der überall im Hause wehte, sobald man sich aus dem Wärmebereich des Feuers entfernte. Es war eine Zeit für Zank und böse Streiche, in der alte Fehden zwischen den Dienern wieder auflebten und Eifersucht und geile Wünsche sich am zügellosesten offenbarten.

Im Februar ritt ich nach Truro und machte Katherine Footmarker einen Besuch.
Es war merkwürdig, wie weit zurückliegend mir mein Aufenthalt bei Chudleigh Michell erschien. Als ob ein anderer an meiner Stelle ein Jahr bei ihm gedient hätte. Katherine traf ich hinterm Hause an; sie hatte sich einer Viper angenommen, auf die jemand mit einem Stock geschlagen hatte, bis er sie für tot liegen ließ. Ihr Gruß war kühl und unfreundlich, wie ich es anders nicht erwarten konnte, und es dauerte einige Zeit, bis ich auf den Zweck meines Besuches kommen konnte.
»Diese herzlose, böse Frau«, sagte sie. »Warum sollte ich der helfen, selbst wenn ich es könnte?«
»Sie ist meine Großmutter. Und wenn sie sterben muß, dann wünsche ich ihr, daß sie keinen so qualvollen Tod erleiden muß.«
»Kannst du ihre Zunge sehen?« fragte sie. »Schau, sie macht den Mund nicht auf, um sie herausschnellen zu lassen, sondern steckt sie durch einen Schlitz in der Schnauzenspitze. Sie tut alles mit der Zunge: hören, riechen, schmecken.«
Ich hatte mich in respektvoller Entfernung auf einen Baumstumpf gesetzt. »Habt Ihr keine Angst, daß Euch die Schlange sticht?«
»Daß sie mich beißt? Nein. Vögel, Tiere, Reptilien, sie kennen alle ihre Freunde. Was man von dem Menschen nicht immer sagen kann. Zum Beispiel nicht von Maugan Killigrew.«
»In dieser Beziehung bin ich oft ratlos. Zum Beispiel weiß ich nicht, was meine Gefühle für Katherine Footmarker sind.«
»Und was für Gefühle sind es?«
»Ich fühle mich von ihr angezogen und abgestoßen. Da gibt es keinen mittleren Weg, nichts, was dazwischen läge.«
»Du bist wie ein junger Ziegenbock, der zum erstenmal seine Kraft erprobt und mit dem Kopf gegen alles stößt. – Hast du deine Großmutter so gern?«
». . . Nein.«
»Warum bittest du mich dann um Hilfe für sie?«
»Ich habe es mir in den Kopf gesetzt, ihr das Atmen zu erleichtern, wenn ich es kann. Und Ihr helft einer Schlange.«
»Aha. Aber mit dieser armen Schlange habe ich Mitleid, und ich bezweifele, daß sie je in ihrem Leben etwas Böses tat. Aber laß mich einmal nachsehen . . . Bronchitis und Schwindsucht. Das dürfte nicht so einfach sein.«

Sie richtete sich auf, streckte ihren langen Rücken und ging in die Hütte. Kurz darauf erschien sie wieder, mit zwei Flaschen in der Hand, in der sie sie zunächst auch behielt.

»Das hier ist ein einfaches Mittel aus Andorn und Schwarzwurz; es wird tagsüber genommen. Das andere nur nachts. Aber ich sage es dir schon jetzt, es wird sie schläfrig machen – und außerdem kann ich keine Genesung versprechen.«

»Was ist es?«

»Ein Diacodium – ein Mohnsaft. Ich gebe dir beides unter einer Bedingung, nämlich daß sie niemals erfährt, von wem du es bekommen hast. Nenn es eine Laune.«

Ich war einverstanden, aber als ich ihr eine Bezahlung anbot, lachte sie nur. »Wir beide haben ein laufendes Konto, Maugan. Erst bezahlt der eine, dann der andere. Die Zeit, Bilanz zu ziehen, ist noch nicht gekommen.«

Kurz nach Mittag hatte eine kleine frostige Sonne geschienen, jetzt auf dem Heimweg brachen Strahlen durch die Wolken und fielen wie schräge Lanzen über das Moor. Als ich den Wald oberhalb von Penryn erreicht hatte, neigte sich der Tag seinem Ende zu, und es war ein graues, feuchtes Licht. Von der Kirche kam feierliches, langsames Glockengeläut; die Brise trug den Klang zum Hügel hinauf: jemand war gestorben.

Hinter den verfallenen Klostergebäuden holte ich zwei Männer ein, die zu Fuße gingen. Es waren Timothy Carpenter und Dick Stable. Dick hatte eine große Schnittwunde, die quer über den Schädel ging, und spuckte Blut. Timothy war zwar in besserer Verfassung, hinkte aber bei jedem Schritt.

Ich setzte Dick auf mein Pferd und ging zu Fuß neben Timothy. Sie waren in Geschäften für meinen Vater in Penryn gewesen und waren auf ein Glas in Pipers Wirtshaus eingekehrt. Dort hatten sie gehört, daß der alte Sebastian Kendall gestorben war. Im Wirtshaus hatten ein paar Männer aus den Steinbrüchen gesessen, und einer von ihnen hatte gebrüllt, daß ihn in Wahrheit dieser Jungfrauenverführer Maugan Killigrew getötet habe.

Und das hier war das Resultat. Als wir Dick untersuchten, stellte sich heraus, daß er nur deshalb aus dem Munde blutete, weil er ein paar Zähne verloren hatte. Aber die Schnittwunde an seinem Kopf war tief wie ein Krater, und beide Männer waren arg mißhandelt worden.

Ich erzählte die Geschichte meinem Vater und schlug vor, daß ich mit zehn Mann noch in derselben Nacht nach Penryn ging, um denen dort einen Denkzettel zu geben.
Er schüttelte den Kopf.
Als er meine enttäuschte Miene sah, polterte er los: »Ich habe es dir vorher gesagt! Daß ich noch nicht in Ungnade gefallen bin, hat nur zwei Gründe: die Nachsicht der Königin, für die Onkel Henry Sorge trägt; und eine ähnliche Nachsicht seitens des Geheimen Staatsrats, Cecils an erster Stelle. Aber ich bin gewarnt worden. Sie werden keinen Streit dulden. Die Kriegslage ist zu angespannt. Also muß Penryn straffrei ausgehen. Laß sie in Frieden!«
»Erlaube mir, etwas insgeheim zu unternehmen.«
»Das könntest du nicht. Denn nichts bleibt geheim, wo die Killigrews beteiligt sind. Wenn wir diese Hochzeit hinter uns haben, wird alles ein anderes Gesicht bekommen. In dem Augenblick, in dem du aufängt, deine Schulden zurückzuzahlen, drängt dich kein Gläubiger mehr zur Zahlung. Das ist ein trauriges Paradoxon. Geduld! Bald wird es Mai werden.«

4

Früh am nächsten Morgen erschien mein Onkel Simon Killigrew, der bei den Arundells in Trerice übernachtet hatte. Er kam unerwartet und meinem Vater nicht sehr gelegen, denn er wußte, daß er seinen Bruder Simon selten zu sehen bekam, wenn dieser bei Kasse war. Er habe gerade genug hungrige Mäuler zu stopfen, vertraute mir mein Vater an, ohne daß es eines weiteren Essers an seiner Tafel bedurfte, zumal eines von so wählerischem Geschmack.
Aber Simon brachte interessante Neuigkeiten mit. Raleigh hatte endlich ein Patent erlangt, das ihn zu neuen Abenteuern ermächtigte, und hatte, mit unbekanntem Ziel, am vergangenen Donnerstag Plymouth mit fünf Schiffen unter seinem Kommando verlassen. Er wurde begleitet von hundertvierzig das Abenteuer suchenden Gentlemen, darunter John Grenville, Sir Richards jüngerem Sohn, einem Vetter Raleighs, genannt Butshead Gorges und Raleighs Neffen John Gilbert. Wie es hieß, hatten sie sich aufgemacht, El Dorado zu suchen.

Übrigens war bekannt geworden, daß auch Sir Francis Drake und Sir John Hawkins eine Expedition ausrüsteten, die in Westindien Beute suchte.
All das erfüllte mich mit einer großen inneren Unruhe. Ich hätte alles getan, um mit Drake fahren zu können. Die Spanier würden einen tüchtigen Schrecken bekommen, wenn sie erfuhren, daß Drake unterwegs war.

Der Rückzug der englischen Truppen aus der Bretagne, von dem Onkel Simon berichtete, war ein schwerer Schlag für uns im Südwesten Englands. Noch am selben Abend kam nach dem Abendessen Hannibal Vivian in alle Eile vom andern Ufer herüber, und wir besprachen die Lage bis spät in die Nacht hinein. Mein Vater bedauerte es, daß Raleigh, Drake und Hawkins in einem solchen Augenblick nicht zu Hause waren, statt westindischer Beute nachzujagen. Hannibal Vivian, ein hochnäsiger hagerer Mann, hatte mich seit meiner Rückkehr noch nicht gesehen; nun nahm er mich zusammen mit meinem Onkel Simon ins Kreuzfeuer mit seinen Fragen nach allem, was ich in Spanien gesehen und gehört hatte. Um Mitternacht wurde vereinbart, daß ein gemeinschaftlicher Brief, unterzeichnet von meinem Vater und Hannibal Vivian, an den Geheimen Staatsrat abging mit dem dringenden Ersuchen um Geld, neu rekrutierte Truppen und bessere Ausrüstung und Bewaffnung für die Verteidigung von Falmouth Haven.
Am nächsten Tag machte sich die Kopfwunde, die Dick Stable davongetragen hatte, bemerkbar. Sie war ernster, als wir zuerst angenommen hatten. Sobald er aufstehen wollte, packte ihn ein Schwindel; Schüttelfrost überkam ihn, und er mußte sich wieder legen. Ich versuchte, ihm zu helfen, obwohl bei Verletzungen des Gehirns mit Medikamenten wenig zu erreichen ist. Übrigens starb gerade um diese Zeit der Falkonier Corbett, der bei der großen Rauferei im Saal von Arwenack 1592 eine Kopfverletzung erhalten hatte. Dieser Umstand weckte in uns die Sorge, Dick Stable könne das gleiche Schicksal haben.
Lady Killigrew indessen schlief wieder besser, und so unmerklich wie die Flut steigt, kehrte das Leben in sie zurück. Sie schrieb wie früher ihre Briefe und sprach auch davon, ihre Tochter Lady Billingsley in Devon zu besuchen. Ihrer ältesten und unverheiratet geblie-

benen Tochter Mary lag sie damit in den Ohren, mit ihr nach Westminster zu fahren. Es machte ihr auch wieder Spaß, die Dienerschaft mit Entlassungsdrohungen in Angst zu versetzen.
An mir mäkelte sie wie eh und je herum. Aber immer wenn sie eine Flasche ihrer Medizin aufgebraucht hatte, besorgte ich ihr eine neue von Katherine Footmarker, wobei ich meiner Großmutter weismachte, es gäbe in Truro einen neuen Kräuterdoktor. Mrs. Dorothy Killigrew ahnte die Wahrheit; es entstand bald ein geheimes Einverständnis zwischen uns, daß ich, sobald jemand im Hause krank wurde, zu Katherine Footmarker ging und ihr die Symptome beschrieb, um darauf mit den von ihr verordneten Salben, Balsamen und Kräutermedizinen zurückzukehren. Ich lernte dabei etwas über Krankheiten und ihre Heilung.
Als uns mein Onkel Simon verließ, ritt mein Vater mit ihm, begleitet von Stephen Wilky und Thomas Rosewarne. In seiner Abwesenheit hatten Belemus und ich nichts als wilde Streiche im Sinn. Nichts war uns zu waghalsig, und keine moralischen Bedenken raubten uns den Schlaf. Ich versuchte mir einzureden, daß ich dieses neue zügellose Leben genoß; aber statt mich für das Erlebnis bereitzuhalten, jagte ich ihm nach mit der fieberhaften und freudlosen Energie eines Menschen, der das Ende seiner Tage voraussieht und darum begierig ist, sie zu genießen, solange es Zeit ist. Ich versuchte mir einzureden, daß ich Sue Farnaby vergessen hätte – mit soviel Erfolg wie ein Mann, der von dem Messer, das ihm im Leibe steckt, keine Notiz zu nehmen versucht.
Es war der erste Mai, der letzte Tag einer Schönwetterperiode, die einen verfrühten Sommer gebracht hatte. Sobald man vor dem Südwest geschützt war, zum Beispiel in einem Tal oder hinter einem Felsen, war es wärmer als oft im Juli. Im Hafen tanzten kleine weiße Wellen einen Reigen von St. Anthony Point bis zur Schwelle von Arwenack.
Ich war am Morgen mit drei Mann draußen gewesen, um Holzasche über die Wiesen zu streuen, wobei uns der Wind die meiste Arbeit abnahm; statt mittags nach Haus zu gehen, aß ich eine mitgenommene Kaninchenpastete und ging weiter, um nach den Schafen zu sehen, die schon früh auf die Sommerweide, das Moor zwischen Pennance und St. Budock, getrieben worden waren. Auf dem Heimweg hörte ich in der Nähe von Mongleath streitende Stimmen und er-

kannte bald Meg Levant, die sich ebenso zornig wie verängstigt gegen zwei Bettler wehrte, die drohend von ihr Geld forderten, das sie nicht hatte. Es waren kräftige, mit Stöcken bewaffnete Männer, aber ich hatte den Vorteil, kampfbereiter zu sein, und so drehten sie sich nach kurzem Kampf um und flüchteten.

»Also so führst du dich auf«, sagte ich, noch atemlos, »sowie ich dir den Rücken wende!«

Ihr Haar hatte sich gelöst, und der Wind wehte es ihr in Strähnen über das Gesicht.

»Ach Maugan! Dieser Strauchdieb mit seinem Bart . . . Ich war in Menehay und habe mir einen Mondstein geholt, der gegen Schwindel helfen soll. Die alte Sarah Pound hat ihn mir für eine Woche geliehen, damit ich ihn an Dick ausprobieren kann.«

»Hast du ihn noch?«

»Ja, ich hatte Angst, sie könnten ihn mir stehlen. Aber sie hätten sich schon große Freiheiten herausnehmen müssen, um ihn zu finden.«

»Zeig ihn mir.«

»Dann mußt du dich erst umdrehen.«

Ich sah aufs Meer hinaus und hörte hinter mir das Rascheln von Kleidungsstücken.

»Da.«

Ich drehte ihn in der Hand: ein glitzerndes Ding, vielleicht einen Rosenoble wert, doch gewiß ohne jede Heilwirkung. »Aber er ist ja ganz warm!«

»Ich wollte sicher sein, ihn nicht zu verlieren.«

»Davor, daß ich ihn dir wegnehme, hast du also keine Angst?«

»Nein, Maugan.«

Zusammen setzten wir nun den Heimweg fort. Ich machte mir indessen klar, daß mir nichts Besseres hätte geschehen können, als das, was sich eben ereignet hatte. Es mußte all ihren romantischen Instinkten geschmeichelt haben.

Ich sah sie von der Seite an. Ihre Brüste waren hoch, ihr Leib schlank; und ihr etwas derbes, sommersprossiges Gesicht wurde gleichsam geadelt durch ihre schönen, länglichen Augen. Wir setzten uns auf eine Böschung mit dem Blick aufs Meer, während der warme Wind über uns hinstrich. Ich überlegte mir, ob nicht vielleicht Offenheit am ehesten zum Erfolg führen möchte.

»Meg, würdest du mir etwas glauben, wenn ich dir sage, daß es wahr ist?«
»Das hängt davon ab«, meinte sie zögernd.
»Würdest du mir wenigstens glauben, daß ich nicht scherze?«
Stirnrunzelnd strich sie sich das Haar aus dem Gesicht. »Was ist es?«
»Ich habe noch nie etwas mit einer Frau gehabt.«
Ein paar Sekunden lang starrte sie mich an. Dann brach sie in Gelächter aus. »Für wen hältst du mich? Für eins von den Lämmchen da oben? Bäh!«
»Es ist die Wahrheit.«
»Und Sibylla Kendall? Hast du mit ihr im Bett Karten gespielt?«
»Sibylla war das Mädchen von Belemus. In der Nacht, in der ich bei ihr überrascht wurde, lag Belemus verwundet zu Hause, und ich war nur gekommen, um ihr das zu sagen.«
Meg hörte nicht auf zu lachen, doch sah ich etwas wie Interesse in ihren Augen aufleuchten. Ich spielte den Gekränkten.
»So ist das also. Du findest mich zwar nützlich, wenn du von Dieben überfallen wirst, aber schon im nächsten Augenblick nennst du mich einen Lügner, was nicht viel besser ist als ein Dieb. Da, nimm deinen Stein und geh allein nach Hause!«
Ich warf ihr den Stein in den Schoß und ging weiter. Sie rief mir »Maugan!« nach, aber ich beachtete es nicht. Doch schritt ich nicht so schnell aus, wie ich wohl gekonnt hätte, so daß ich sie immer hinter mir hörte. Rechts vom Wege war ein Weißdorndickicht, das ich gut kannte; ich trat ein und ging bis zu der Lichtung in der Mitte. Dort warf ich mich auf den Boden, und bald war Meg bei mir.
»Es tut mir leid, Maugan, ich habe dich nicht kränken wollen. Ehrlich, ich dachte, du machtest einen Scherz. Wirklich. Und ist es so merkwürdig, daß ich das dachte? Du warst gut ein halbes Jahr in Spanien, und außerdem glaubt jeder, daß du der Liebhaber Sibyllas warst! Wenn du sagst, es war nicht so, glaube ich es dir; aber ich hatte immer gemeint, Sybilla sei deine Geliebte, und deswegen deine Worte für einen Scherz gehalten.«
Ich antwortete nicht.
Nach einem Weilchen sagte sie mit einem kleinen Seufzer: »Ich bilde mir ein, hier war ich noch nie. Schau nur die vielen Sternhyazinthen! Und den blühenden Weißdorn! Es ist wie eine Hochzeit.«

Keine fünfzig Schritt von uns entfernt, begann wieder die Heide, hier aber hätte man mitten in einem Wald sein können. Garben von Sternhyazinthen ballten sich zwischen den Bäumen, und der Hagedorn schüttelte seine weißen Blüten wie Schnee über den Boden. Der Wind pfiff durch die Bäume wie durch die Takelage eines Schiffes. Auch hier, in der geschützten Lichtung, wehte der Wind Meg das Haar ins Gesicht; aber es war ein wie gefilterter Wind – er war warm und hatte seine Heftigkeit draußen gelassen. Die Sonne strahlte auf uns herab.

»Maugan, ich glaube dir.«

»Als ich mit Captain Elliot auf der Heimfahrt war, traf ich an Bord auch Justinian Kilter«, sagte ich. »Er erzählte, er habe sich dir gegenüber bei seinem letzten Besuch allerlei Freiheiten herausgenommen.«

»*Wer*? Der Blonde, der hier war, bevor das Fieber ausbrach? Den hab ich seitdem nicht mehr gesehen! Wenn er beim letzten Besuch der *Neptun* wirklich an Bord war, hat er sich jedenfalls nicht in Arwenack gezeigt. Er ist ein gemeiner Lügner!«

»Du hättest ein Muttermal an der linken Brust, sagte er.«

»Das ist eine Unanständigkeit! Aber ich habe kein Muttermal, und das kannst du ihm sagen, wenn du ihn wieder siehst.«

»Muß ich dir das so einfach glauben?«

»Ja!«

»Was das Auge sieht, glaubt das Herz.«

Ein Blütenschauer wehte zwischen uns nieder. »Das ist nun unanständiges Gerede von dir, Maugan Killigrew.«

»Das finde ich nicht.«

»Doch, es ist es.«

»Ist denn Liebe etwas Häßliches?«

»Das habe ich nicht gesagt.«

»Aber unzüchtig?«

Sie pflückte eine blaue Sternhyazinthe und roch an ihr. Ich rückte näher an sie heran und ergriff ihre Hand. Da sie sie mir entzog, nahm ich die andere, in der sie die Blume hielt.

Nicht ganz so sicher ihrer selbst wie sonst, sah Meg mich an.

»Sag mir, wie ist es?«

»Wie was ist?«

»Die Liebe mit einer Frau.«

»Maugan, es gehört sich nicht, so davon zu sprechen – bei hellem Tageslicht, im Freien und in der Sonne.«
»Dann ist es also doch etwas Häßliches?«
Sie zog wieder ihre Hand zurück. »Jetzt machst du aber Spaß«, sagte sie. »Als ob du so unschuldig wärest! Ich bin gewiß nicht das einzige Mädchen, das du geküßt und gestreichelt hast.«
»Das habe ich nie behauptet. Aber da hört doch die Liebe nicht schon auf.«
»Nein, das nicht.«
»Also?«
Sie strich sich mit beiden Händen das Haar aus der Stirn. »Ach, nichts Besonderes. Nichts Aufregendes. Das Beste ist das Küssen und die Zärtlichkeit.«
»Da hört man verschiedene Meinungen.«
»Da haben wir es. Ich gebe dir Antwort, und prompt widersprichst du mir.«
»Meg«, sagte ich. »Vielleicht liegt es daran, daß man den richtigen Menschen liebt. Genau wie beim Küssen. Wenn ich zum Beispiel dich küsse, bereitet mir das einen hohen Genuß. Aber wenn ich – sagen wir, Annora Job küssen würde, die ein hübsches Mädchen ist, genau so hübsch wie du, so wäre das nicht der geringste Genuß für mich. Warum? Ich weiß es nicht. Aber so ist es nun einmal. Und vielleicht ist es mit der Liebe das gleiche –«
»Willst du mir sagen, daß ich Dick nicht liebe?«
»Ich sage gar nichts. Ich weiß es nicht. Vielleicht weißt du es selber nicht. Aber es könnte doch zum Teil wahr sein? Daß du ihn auf die eine Art liebst, und auf die andere vielleicht nicht?«
»Nein, es ist nicht wahr! Wie kannst du dich unterstehen, solche Dinge zu sagen, Maugan? Ich habe nur gesagt . . . ach, es hat keinen Zweck, darüber zu sprechen. Ich gehe jetzt.«
Ich stand gleichzeitig mit ihr auf. Und als sie auf zornigen, sandalenbeschuhten Füßen davonlaufen wollte, packte ich sie am Arm und zog sie herum.
»Meg.«
»Laß mich gehen!«
Ich küßte sie, nicht richtig, denn sie wehrte sich, nur auf eine Augenbraue, ein Ohr, eine Lippe. »Jetzt bist du nicht besser als die Straßenräuber!« sagte sie atemlos.

»Bleib noch ein bißchen«, bat ich sie. »Bitte! Niemand wird uns für eine Stunde vermissen.«
Sie sah mich an, wieder unsicher, aber ich entdeckte in ihrem Blick die Bereitschaft nachzugeben. »Wenn du versprichst, nicht lüstern zu sein.«
»Ich verspreche es.«
Zehn Minuten lagen wir faul in der Sonne. Ich saugte an einem Grashalm und sah zwei Dohlen zu, die im Winde segelten. Die Sonne vergoldete ihre schwarzen Flügel und verwandelte sie. Meg war aufgestanden und pflückte einen Strauß Blumen, dann setzte sie sich zu mir.
»Schade, daß du dein Buch nicht bei dir hast, Maugan. Dann hättest du mir wieder etwas vorlesen können.«
»Nichts ist in Büchern so gut wie in der Wirklichkeit.«
»Wie die Liebe zum Beispiel, nicht wahr?«
»Wie die Liebe, wie du richtig vermutest.«
»Über die du, der sie noch nicht kennengelernt hat, alles weißt.«
»Ich möchte wissen, ob du sie mich lehren willst.«
»Ich werd dich was lehren!«
»Ich habe eine gute Auffassungsgabe.«
»Gute Auffassungsgabe! Ich kann mir denken, es würde nicht viel Zeit vergehen, bis du mein Lehrmeister werden wolltest.«
»Vielleicht könnten wir beide etwas lernen.«
»Maugan, genug davon! Es ist die schiere Sinnlichkeit, immer nur davon zu sprechen.«
»Das kann ich nicht finden. Ich bitte dich um einen Gefallen, das ist alles.«
»Einen Gefallen! Was du nicht sagst!«
»Würde es denn keiner sein?«
Tief Atem holend, mit zusammengepreßten Lippen, starrte sie mich an. Aber sie konnte ihren Ärger über mich nicht aufrecht erhalten und mußte plötzlich lachen. Ich beugte mich zu ihr und küßte ihre Zähne. Sie wich rasch zurück. »Maugan, ich bitte dich, was tust du da? Ich bin verheiratet. Sagt dir das nichts? Denkst du überhaupt nicht an Dick? Hast du keinen –«
»Vielleicht werde ich irgendwann später an ihn denken. Aber nicht jetzt. Sei nicht böse, nicht jetzt. Ich begehre dich, Meg. Ich bitte dich um deine Liebe. Ehrlich und demütig, als um eine große Gunst.«

Sie legte mir die Hand auf den Mund. »Sprich nicht so. Es wäre nicht recht. Und außerdem –« sie sah sich um, »du kannst doch nicht *hier* meinen?«
»Gerade hier. Hier ist es sicherer als in irgendeinem dunklen Winkel in Arwenack. Hier ist kein Mensch im Umkreis einer Meile, und niemand kommt je hierher, denn keiner kennt die Stelle, außer Belemus und mir. Und Belemus ist in Fowey und besucht die Treffrys. Hier im warmen Wind, hier, wo es hell und sauber ist . . . Zeige mir, daß Liebe nichts Häßliches ist.«
Sie erwiderte meinen Blick, und zum erstenmal sah ich Versuchung und Unentschlossenheit in ihren Augen. Jetzt, da sie so nahe daran war nachzugeben, erschütterte es mich beinahe, daß ich soweit gekommen war. Ich wartete mit angehaltenem Atem.
Die Versuchung schwand. »Nein, Maugan, wie kann ich nur daran denken? Nein!«
Sie schickte sich an aufzustehen, aber ich packte sie an den Schultern und zog sie herunter. Sie wehrte sich, bis sie schließlich nachgab. Wir lagen still und sahen uns an, während der Wind durch die Zweige fuhr und die weißen Blüten auf uns herabregneten. Ich begann, ihr Gesicht mit Küssen zu bedecken. Aus dem instinktiven Gefühl, daß sie mich hier, auf dem freien Platz der Lichtung, doch zurückweisen würde, bewog ich sie, halb mit Zärtlichkeit, halb mit Gewalt, mit mir unter den Zweigen einer alten Ulme Zuflucht zu suchen, wo wir Schatten und Geborgenheit fanden. Das junge Farnkraut wurde unter dem Gewicht unserer Körper zerdrückt. Und schließlich, als ich schon wußte, daß ich so gut wie gewonnen hatte, gab es ein abscheuliches Gefummel an ihren Kleidern, das selbst in diesem Augenblick noch einmal Bedenken und Zweifel in ihr hätte wecken können. Sie wandte mir das Gesicht zu und versuchte zu sprechen, aber ich ließ es nicht dazu kommen. »Süße Meg«, sagte ich, »jetzt weiß ich, daß Kilter gelogen hat. Laß mich dich lieben, liebe Meg, weise mich jetzt nicht zurück.«
Sie wies mich nicht zurück. In späteren Jahren sollte ich die Erfahrung machen, daß sich Frauen in der Liebe nicht anders verhalten als im Leben überhaupt; und Meg pflegte auch im täglichen Umgang das, was sie gab, nicht kleinlich zu messen oder nur ungern zu gewähren.

Als mein Vater am folgenden Tag nach Hause kam, war er so düsterer Stimmung, daß er an all und jedem etwas auszusetzen hatte. Ich konnte keine Erklärung dafür finden.
Er stellte mich jetzt ernstlich zur Rede, weil ich an Bord des irischen Schiffes gegangen und in den Laderaum eingedrungen war. Es gehörte, wie sich herausgestellt hatte, Sir Denison Ferguson, der Himmel und Hölle in Bewegung gesetzt hatte, damit eine Kommission zur Untersuchung des Raubüberfalls ernannt würde, und nur mit hartnäckigen Bemühungen hatte Mr. Killigrew die Ernennung dieser Kommission zu verhindern gewußt. Und zwar war ihm das nur dadurch gelungen, daß er selbst die Aufgabe übernommen hatte, gemeinsam mit Mr. Hannibal Vivian Nachforschungen zur Entdeckung der Schuldigen zu führen. Ein heikles und peinliches Unternehmen würde das werden, denn – so hatte er gehört – es gab in Penryn Leute, die bereit waren zu schwören, daß der Überfall das Werk seines Bastard-Sohnes war. Natürlich hatten sie dafür keine Beweise, aber die bloße Beschuldigung würde schon einen schlechten Eindruck machen. Man mußte also die Nachforschungen so führen, daß die Unruhestifter nicht vorgeladen wurden. Ein Bericht müsse bis zum Juli dem Geheimen Staatsrat vorliegen, andernfalls würde er Sir Ferdinando Gorges von Plymouth entsenden, damit er die Untersuchung zu Ende führe. Gorges aber war ein Werkzeug des Grafen von Essex und unbedingt fernzuhalten.
Aber die wahre und eigentliche Ursache seiner Verstimmung offenbarte sich mir später, nämlich als er mir sagte, daß Sir George Fermor die Hochzeit aufgeschoben habe. Sir George sei also zu der Überzeugung gekommen, daß John und Jane noch zu jung für die Ehe waren – sie sollten damit noch ein weiteres halbes Jahr warten. Er wolle sich die Sache im August, wenn Jane sechzehn Jahre alt wurde, noch einmal überlegen.
»Hinter diesem Aufschub steckt etwas, was mir nicht gefällt, irgendein böser Trick. Es war alles für den nächsten Monat vorgesehen, und ich war eigens gekommen, um die Einzelheiten zu besprechen. Ich war wie vom Donner gerührt.«
»Glaubt Ihr, daß es das Geld ist, Sir? Es ist ein gewaltiger Betrag, den er auftreiben muß, und alles in Gold.«
»Ich glaube nicht. Ich habe, bevor ich die Partie vorschlug, die sorgfältigsten Erkundigungen eingezogen. Er ist sehr reich.«

»Oder meint Ihr, er könne von unseren Schulden gehört haben?«
»Darüber habe ich selbst mit ihm gesprochen – natürlich ohne die genaue Höhe zu nennen. Die kennt übrigens niemand, denn meine Gläubiger wohnen weit verstreut und kennen sich nicht untereinander. Das allein bewahrt mich überhaupt vor dem Ruin! ... In jedem Fall werden dadurch unsere Schwierigkeiten in diesem Sommer nicht gerade geringer ... Aber vielleicht sind bis August schon die Spanier gelandet, dann sind wir unsere Schulden los, freilich auch das Leben.«

Die Liebe zu einer Frau ist kein isolierter Akt. Keine Barrieren des Geistes oder des Körpers verhindern seine Auswirkungen auf das alltägliche Leben. Meg und ich lebten im selben Haus, wir aßen in demselben Raum und konnten uns allein durch Zufall drei bis viermal am Tage begegnen. Doch wenn wir auch oft einander nahe waren, so blieb die Gelegenheit zu einem wirklichen Gespräch nur gering; und für alles, was darüber hinausging, fehlte die Möglichkeit zu heimlichem Zusammensein. Der Mai brachte Regen, und an weitere Zusammenkünfte in der Weißdornlichtung war nicht zu denken.
Meg hielt mich zehn Tage lang in Unkenntnis über ihre wahren Gefühle. Mit mehr Erfahrung hätte ich sie wohl erkennen können, aber an der fehlte es mir damals. Zehn Tage lang hielt sie mich auf Abstand. Dann saß ich eines Abends vor dem Kamin im großen Gesellschaftszimmer und las. Meine Großmutter und Mrs. Killigrew waren da; meine Stiefmutter arbeitete an einer Stickerei, und Lady Killigrew studierte einen Brief, den der Wollhändler an diesem Abend gebracht hatte. Das Abendessen lag schon eine Stunde hinter uns, die Dämmerung brach herein. Jemand kam mit einem Leuchter herein, und ich wußte, es war Meg. Ohne aufzublicken, hörte ich, wie sie zur Kredenz ging und dort den Leuchter hinstellte, an den gewohnten Platz, und dann ein paar Sekunden zögerte, bevor sie wieder ging. Ich blickte in den Spiegel an der Wand und sah, daß sie mich ansah. Ich wandte den Kopf, sie senkte den ihren und ging hinaus.
Da war diese alte Kammer am Ende des Nordflügels, in der wir uns Weihnachten vor drei Jahren für das Spiel verkleidet hatten. Früher war sie als Schlafraum für Diener benutzt worden – eine Dachkammer, in der man nicht aufrecht stehen konnte. Aber jetzt, da wir weniger Menschen im Hause waren, blieb die Kammer unbenutzt. Ich

stieg die Treppe hinauf und sah sie mir an. Deutlich erinnerte ich mich an Sue, wie sie, vor einem Spiegel stehend, eine Haarsträhne aus dem Gesicht strich. Sie hatte sich soeben den Korkruß aus dem Gesicht gewischt, und ein Fleck war gerade unter dem Ohr zurückgeblieben, den ich nun abwischte. Jetzt war die Kammer leer, bis auf ein paar alte Säcke und eine Seemannskiste. Beim Bau war hier grünes Holz verwendet worden, und so hatte sich das Holz der Tür geworfen. Das Fenster, das sich im Jahre 1590 nur unter Schwierigkeiten hatte schließen lassen, war seitdem nicht wieder geöffnet worden. Einer der Deckenbalken hing über. Es roch nach Sackleinen, nach Spinnengewebe und Staub. Aber es war ein leerer Raum.

Das Ganze war nicht ohne Gefahr. Wenn meine Großmutter davon erfuhr, würde sie uns beide aus dem Hause werfen, und Meg wollte denn auch zunächst nichts davon hören. Ja, sie lehnte meinen Plan so heftig ab, daß ich es – wäre nicht ihr verräterischer Blick in den Spiegel gewesen – für ganz aussichtslos gehalten hätte, weiter in sie zu dringen. Und dann gab sie plötzlich nach. Verlegenheit, Scheu, Feindseligkeit und Begierde – das alles las ich in ihren Augen, als sie nickte und ›vielleicht‹ sagte – in der Stunde nach dem Abendessen, der langen Dämmerstunde. Ich sollte als erster hinaufgehen. Vielleicht gelang es ihr, sich unten davonzustehlen, aber wohlgemerkt, ich solle nicht auf sie warten, jedenfalls nicht lange.

Ich ging also hinauf. Ich wolle einen Gang vors Haus machen, sagte ich unten, ging aber die Treppe hinauf. Die Mägde spülten Teller und scheuerten Töpfe; ich versuchte ganz ruhig zu gehen, aber die innere Spannung machte mich ungeschickt: es war, als ob ich vier Füße hätte und Stiefel mit genagelten Sohlen. Außer Atem kam ich oben an. Ich legte mich auf den Fußboden und beobachtete eine weiße Wolke, die über den Ausschnitt grauen Himmels zog, den ich wie durch einen Schlitz sah. Ich lag mit klopfendem Herzen, alle Sinne angespannt und wie verzehrt von Begierde. Sie kam, und diesmal gab es kein junges Farnkraut, keinen Wind und keine Sonne hoch am Himmel, und ich legte sie auf ein paar Säcke, und ihr schmaler Körper wurde durch den Kontrast zu all dem Staub und Dreck nur noch wärmer, weicher und lebendiger.

Sogar heute weiß ich nicht genau, wie sehr ich tatsächlich Meg und wie sehr ich die Erinnerung an Sue liebte. Gewiß ist nur, daß die bitteren Gefühle, die ich im Herzen noch gegen Sue und in gewissem

Sinne gegen alle Frauen näherte, sich nicht auch auf Meg erstreckten. Vielleicht war auch ich wie Meg eine romantische Natur, und mein Gefühl hatte das verklärt, was leicht nur die armselige Paarung mit einer Magd hätte sein können. Es kommt immer auf das innere Erlebnis an. Gold und Schlacke liegen nebeneinander; was man findet, liegt bei uns.

In diesen Tagen spürte ich, wie eine Veränderung mit mir vorging, und ich wunderte mich, daß es nicht jeder bemerkte. Ich sah alle Frauen wie mit neuen Augen an. Ich hatte über Nacht mehr Selbstvertrauen und Phantasie. Ich war zufriedener, hatte mein inneres Gleichgewicht wiedergefunden. Wenn auch nicht glücklich, war ich doch so viel weniger unglücklich als zuvor, daß es als Glück gelten mochte. Und ich hatte etwas von meiner Wildheit verloren.

Das Befinden Dick Stables hatte sich während dieser Zeit langsam, doch stetig gebessert, und als er sich eines Tages seine Harfe geben ließ, wußten wir, daß er nun wirklich auf dem Wege der Genesung war.

Dann kam Belemus wieder, und er sah sofort, was die andern nicht bemerkt hatten. »Was ist mit dir los?« fragte er. »Du siehst, wie soll ich sagen, so wach aus. Hast du eine Frau herumgekriegt?«

»Ich weiß nicht, was du sagen willst.«

»Ich gehe jede Wette ein, daß du es ganz genau weißt. Ist es Meg Levant? Ich dachte schon seit einiger Zeit –«

»Du hast gedacht! Womit? In deinem Kopf ist doch nur getrocknetes Blut und Krähendreck. Bloß weil –«

»Immer sachte! Wer so rundheraus leugnet, klagt sich an. Was ist dabei, wenn du mit einem Mädchen angebändelt hast? Ist das ein Grund zum Streit zwischen Freunden? Wenn du mir nichts erzählen willst, gut und schön! In Kürze werde ich es wissen. Gib zu, du kannst nichts vor mir geheimhalten. Aber komm, jetzt will ich dir alles erzählen, was ich erlebt habe. Wer seine Abenteuer mitteilt, erlebt sie noch einmal.«

»Es tut mir leid, Belemus, diesmal irrst du dich.«

Er warf mir einen spöttischen Blick zu. »Ich dachte, du hättest dich geändert«, sagte er und zupfte sich am Bart. »Ich dachte, du hättest deine andere Seele in Madrid gelassen. Aber immer wieder einmal macht sie sich bemerkbar, als mißgönne sie deinem besseren Ich die Freiheit. Wozu soll es gut sein, alles so ernst zu nehmen? Du warst wie der Teufel, nachdem Sue Farnaby einen andern geheiratet hatte. Aber ich sage dir, in der Liebe gibt es nur eine Devise: Umarmung und Flucht. Nimm dir heute früh dein Teil – und morgen fang von neuem an. Das ist die einzige Lösung. Die Liebe ist ein Vergnügen. Verschnüre es dir nicht mit all den langweiligen Bändern, auf denen steht Treue, Wahrhaftigkeit und Ehrgefühl. Damit gibst du ihm zu viel Gewicht: es wird sinken wie Schiff mit zu schwerer Fracht. Und was von der Liebe gilt, das gilt auch vom Leben. Spuck ihm ins Gesicht, bevor es dir ins Gesicht spuckt. Es ist Frühlingszeit für uns, Dummkopf, und wir müssen sie auskosten, solange sie währt. Gichtbrüchig und vom Schlagfluß gelähmt – das werden wir bald genug sein!«

»Du rennst offene Türen ein«, sagte ich. »Auch ich habe keine Zeit zu verlieren. So wenig wie du.«

5

An diesem Tage kreuzte, bei hellem Tageslicht, eine spanische Schaluppe vor der Bucht von Falmouth. Sie hatte Luggersegel an beiden Masten, und trotz ihrer plumpen Bauart erreichte sie eine gute Geschwindigkeit. Nach allem, was wir durch das Fernglas sahen, mußte sie eine Besatzung von mindestens vierzig Mann haben, von der vielleicht die Hälfte Soldaten waren. Sie kam nahe an die Küste heran, aber als unsere halbe Feldschlange aus einer Entfernung von etwa sechshundert Yard – dies ist in etwa der Punkt, bis zu dem Genauigkeit des Ziels noch möglich ist – zweimal gefeuert hatte, drehte sie plötzlich ab und verschwand aus der Reichweite unseres Geschützes. Carminow verfluchte seine Übereilung, denn wenn einer seiner Neunpfünder das Schiff getroffen hätte, mochte es außer Gefecht gesetzt worden sein.

Statt dessen mußten wir zusehen, wie der Spanier ein Fischerboot, das sich ahnungslos der Küste genähert hatte, jagte und einholte. Die Schmacke gehörte nach St. Keverne, wie Foster meinte. Der Spanier enterte sie und nahm die Besatzung von sechs Mann gefangen. Dann setzte die Schaluppe wieder die Segel und entfernte sich mit der leeren Schmacke im Schlepptau.

Mein Vater war eilig vom Hause herübergekommen. Da die Spanier nun so nahe an die Küste herankamen, müsse man Sir Francis Godolphin warnen, sagte er. Also machte ich mich mit Belemus auf den Weg nach Godolphin. Es war ein Weg von zwölf Meilen, und um unser Ziel zu erreichen, ritten wir über ein einsames Hochmoor, von dem aus man in der Ferne die Mount's Bay wie eine glitzernde Schüssel in den schrägen Strahlen der Sonne sah. Da drüben, auf der anderen Seite, ein Stück hinter Penzance stand die Kirche von Paul auf einem Hügel, und dort lebte ein Mädchen, das jetzt Susanna Reskymer hieß . . .

Godolphin war ein um einen quadratischen Hof gebautes Herrenhaus, das auf drei Seiten von Gärten umgeben war. Auf der vierten Seite aber befand sich der Hügel, der jetzt seinen abendlichen Schatten auf das Haus warf, und in und auf dem etwa dreihundert Zinngrubenarbeiter beschäftigt waren; aus diesem Hügel bezog die Familie Godolphin ihren Reichtum und ihre stete Sicherheit. Ich wünschte mir, die Killigrews verfügten über eine ähnliche Einnahmequelle, die, indem sie stetig floß, ihnen auch bei persönlichen Extravaganzen und unabhängig von königlicher Gunst erlaubt hätte, alte Schulden zu bezahlen und für neue eine Sicherheit zu bieten.

Sir Francis empfing uns recht freundlich, und wir übernachteten in einem Hause. Er wußte zu berichten – was wir noch nicht gehört hatten – daß der neue Herr auf Tolverne, Jonathan Arundell, ein kranker Mann war, der mehr das Bett hütete, als daß er sein Gut verwaltete. Als uns Belemus einmal allein ließ, vertraute mir Sir Francis an, was er glaubte, nämlich daß Jonathan noch immer unter dem Eindruck der Ereignisse stand, die vielleicht zum Tod seines Vaters geführt hatten; Jonathan war ein sensibler Mensch, und die Demütigungen und Qualen jener Zeit hatten sich ihm tief eingeprägt. Ich mußte dabei an die Prophezeiungen Thomas' denken und fragte Sir Francis nach ihm.

»Er wird dick und immer lauter. Wenn ein jüngerer Sohn so laut zu hören ist, dann ist es für alle das beste, wenn er frühzeitig aus dem Hause kommt.«

»Ist das auch seine Absicht, Sir?«

»Bis jetzt nicht. Ich berate seine Mutter, aber sie hat sich offenbar eine baldige Heirat für ihn in den Kopf gesetzt – mit Bridget Mohun. Nun, vielleicht zähmt ihn die Ehe.«

Ich stand auf und wollte gehen. Aber er hielt mich zurück. »Bleib noch ein bißchen, Maugan. Da wir gerade von Zähmung sprechen –«
»Ja, Sir?«
»Dieser Belemus ist ein wilder Bursche, und ich höre Gerüchte, daß du ihn noch übertrumpfst.«
»Wir reiten manchmal zusammen aus.«
Sir Francis zog sich an seinem Bart. »Dein Vater führt ein Leben, wie er es jetzt vielleicht führen muß. Die Strömung hat ihn erfaßt, und er muß nun mit ihr schwimmen. Aber es ist doch schade, wenn seine Söhne mit hineingerissen werden.«
»Ist ein Sohn nicht verpflichtet, seinen Vater zu unterstützen?«
»Nicht durch ungesetzliche Handlungen.«
»Das Gesetz hat es schwer, in diese Gegend zu kommen. Manchmal muß man seine Rechte selbst verteidigen.«
»Was ich dir ans Herz legen will, Maugan, ist der Unterschied zwischen Recht und Unrecht. Paß gut auf, denn ein angenehmes Leben und die Schlinge des Henkers sind näher beeinander, als sich mancher klar macht.« Als ich schwieg, fuhr er fort: »Aber es ist nicht der rechte Augenblick für Meinungsverschiedenheiten. Da die Spanier so nahe sind, sollten alle Menschen guten Willens zusammenrücken. Sonst sind sie verloren.«
»Glaubt Ihr, daß es in diesem Sommer zu einer Invasion kommt?«
»Was soll sie daran hindern? Allenfalls die Furcht vor Drake und Hawkins. Die Herrschaft über die Kanäle haben wir bereits verloren. Du, der du in Spanien gewesen bist, glaubst es doch auch? Hatten sie nicht schon im vergangenen Jahr alle Vorbereitungen getroffen?«

Im Juni kam es wiederholt zu blindem Alarm, rund um die Küste, und wenigstens vier Fischerboote verschwanden. Dann erregte ein Ereignis großes Aufsehen: die Besatzung der Schmacke aus St. Keverne, die in der Bucht von Falmouth gefangengenommen worden war, kehrte zurück. Nur einen Mann, einen Kanonier, hatten die Spanier nicht entlassen, die andern aber in ihrem eigenen Boot zurückgeschickt. Sie wurden von Godolphin und Sir Anthony Rowse in Gegenwart weiterer Vizestatthalter verhört.
Die Spanier hatten sie allem Anschein nach nur deshalb entführt, um von ihnen Informationen über die Flotte Drakes zu erhalten, die auf der Reede von Plymouth, so gut wie zur Ausfahrt bereit, ankerte.

Sie hatten gesagt, was sie wußten, aber glücklicherweise wußten sie nichts von dem Operationsziel Drakes. (Die wenigsten wußten es.) Darauf hatte man sie freigelassen, und nun brachten sie ihrerseits nützliche Informationen zurück, vor allem, daß allein in der Blavet-Mündung elf spanische Galeeren und zwanzig Kriegsschiffe lagen.
Ende Juni berichteten zwei Fischer aus Lizard, daß sechzig Segelschiffe auf der Höhe der Manacles gesichtet worden waren. Sie schworen auf Position und Zahl (jene genau, diese ungefähr), aber ob wahr oder nicht – die Flotte löste sich auf im sommerlichen Dunst.
Eines Abends faßte ich mir ein Herz und fragte meinen Vater, ob schon irgend jemand in Arwenack vorgesprochen und von ihm die Antwort auf die Botschaft, die ich ihm überbrachte, gefordert hatte.
Er sah mich an mit seinen vorstehenden, wässerigen Augen. »Und was glaubst du, mein Junge?«
»Ich glaube, Ihr würdet es mir gesagt haben. Aber wenn sie es sich schon angelegen sein ließen, mich wegen dieser Botschaft an Euch freizulassen, müssen sie wohl auch früher oder später jemanden schicken, der die Antwort holt.«
»Nun, dann wird der Bote eine klare Antwort bekommen, an der es nichts zu deuteln gibt.«
»Meint Ihr darum nicht, das Ausbleiben des Boten bedeute, daß die Spanier für diesen Sommer keine Invasion planen?«
»Ich ziehe gar keine Schlüsse daraus. Vielleicht wollten sie ausprobieren, ob du dich herablassen würdest, eine solche Botschaft zu überbringen. Vielleicht hatten sie sich gar nichts gedacht, außer daß sie sich über uns lustig machen wollten.«
Ich wußte, es war ein mit tödlichem Ernst gemachtes Angebot, und der Ausdruck im Gesicht meines Vaters, als er sich eben herabbeugte, um einen der jungen Hunde aufzuheben, verriet mir, daß er sich ebenso wenig einer Täuschung hingab. Früher oder später würde jemand kommen und die Antwort fordern.
Wenn ich nachts wach lag, zumal jetzt in den hellen Nächten Ende Juni, dachte ich zuweilen an den ältlichen Mann im Escorial, den gelehrten Fanatiker mit dem bleichen Gesicht, mit seiner Junta von mächtigen, klugen und ergebenen Männern; und ich dachte an die hin und herwogende Menge in Madrid, wie ich sie besonders beim Autodafé beobachtet hatte, und schließlich an die Kriegsschiffe, die

in Lissabon vor Anker lagen und nur auf den Befehl zur Ausfahrt warteten.

Den ganzen Juni hindurch bis Anfang Juli genoß ich mit Meg Liebesfreuden. Aber unsere Zusammenkünfte waren schwierig zu bewerkstelligen, zuweilen waren sie nur flüchtig, und mit den heller werdenden Nächten und der fortschreitenden Genesung Dicks nahmen die Schwierigkeiten noch zu. Einmal – es war die letzte Juninacht – hatten wir uns gegen Mitternacht draußen, in dem Wald hinter dem Hause, treffen können. Es war nicht dunkel; es war nie dunkel in diesen Nächten, in denen ein hellblauer Widerschein am nördlichen Horizont überging in einen kornblumenblauen Himmel, an dem die Sterne nie hell schienen. Wir lagen und umarmten uns in dem hohen taufeuchten Gras. Dann gingen wir hinüber zur Landspitze, die nach Frankreich sah. Ich hatte nie versucht, Megs Gefühle für Dick zu ergründen, aber ich wußte, daß sie mich jetzt liebte, was auch immer ihre Gefühle am Anfang gewesen waren. Wir sprachen nur wenig. Wenn wir zusammenwaren, gab es nur das Verlangen nacheinander, das auch mit der Befriedigung nicht geringer wurde. Ich glaube, wir dachten beide nicht viel an die Zukunft. Sie war die Frau des Stallknechts; daran ließ sich nichts ändern. Ich war verliebt in sie, weil sie hübsch und liebenswürdig war; weil sie meine erste Frau war, weil ich Liebe brauchte, und weil es in diesem Alter keine andere Lebensform gibt. Vielleicht wollte sie, daß es immer so bliebe; aber falls ich diesen Wunsch hatte, dann wollte ich, daß die *Zeit* stehenbliebe, das hieß: ein ewiger Sommer, in dem ich siebzehn Jahre alt blieb und in dem alles neu, frisch, sanft, geschmeidig und voller Glanz war – jenes Alter, in dem der Knabe und der Dichter die gleiche Vision haben. Aber wenn die Zeit weiterging, wechselten die Ausblicke und Bilder. Und ob früher oder später: ich war bereit, mit der Zeit zu gehen.

Als wir in dieser Nacht auf dem Heimweg über den Palisadenzaun kletterten, stürzte Meg und verstauchte sich den Fuß. Ich hob sie auf und trug sie für den Rest des Weges.

»Wie stark du bist, Maugan«, flüsterte sie, und ich genoß das Bewußtsein meiner Kraft und den Druck ihrer festen Schenkel und das Gefühl ihrer warmen Arme um meinen Hals. Humpelnd und wie Verschwörer kamen wir igendwie ins Haus, flüsternd und kichernd in der Dunkelheit. Als ich auf Zehenspitzen mein Zimmer erreichte, wachte John auf, aber er fragte nicht, woher ich kam; lange lag ich so neben ihm, in einer köstlichen, gesunden und glücklichen Müdigkeit der Glieder und des Geistes, bis mit der Morgendämmerung der Schlaf kam.

Anfang Juli ritt mein Vater nach Godolphin. Angesichts der äußeren Bedrohung vergaß er seine Streitigkeiten und beriet sich mit Sir Francis, zusammen mit Bernard Grenville, dem ältesten Sohn Sir Richards, Jack Arundell von Trerice, Sir Anthony Rowse, Hannibal Vivian und anderen. Ein Ergebnis der Beratungen war, daß Sir Francis einen Brief an Lord Essex richtete, in dem er um die Entsendung von mehr Truppen in das ›West-Land‹, also den Südwesten Englands, bat. »Ich bin noch immer der Meinung«, schrieb er, »daß in dieses ganze Gebiet eine stärkere militärische Besatzung gelegt werden muß, denn die Konzentration spanischer Kräfte ist wie eine Gewitterwolke, die sich in Kürze über einem der Gebiete ihrer Majestät entladen wird.«

Noch bevor eine Antwort auf dieses Schreiben hätte eintreffen können, erschienen in der Woche darauf spanische Galeassen vor der Nordküste der Grafschaft, nicht unweit von St. Eval. Bei dem ruhigen und klaren Wetter kamen sie nahe an diese gefahrenreiche Küste heran und loteten die Tiefe des Wassers, indem sie sich langsam den schwarzen und smaragdgrünen Felsen näherten. Aber man hatte sie vom frühen Morgen an beobachtet, und als sie bis auf Rufweite ans Ufer gekommen waren, stand dort eine von Bernard Grenville und Jack Arundell eilig zusammengebrachte Gruppe schlecht bewaffneter Männer, um einem eventuellen Landeversuch der Spanier Widerstand zu leisten. Darauf drehten die Galeassen ab.

Danach gab es keinen weiteren Alarm mehr. Das Wetter änderte sich, und der Notstand war nicht mehr gegeben. Jetzt begann das Heumachen. Man setzte alles daran, daß die Wiesen gemäht waren, bevor der böige, staubaufwirbelnde Wind in Regen umschlug. Nachdem man das Heu geschnitten und zum Trocknen liegen gelassen, es jeden Tag mit der Heugabel gewendet, schließlich eingesammelt und in Schobern aufgesetzt hatte, gab es zum Abschluß ein übermütiges nächtliches Fest. So gut wie alle Männer und jungen Leute waren in diesen Tagen vom Morgen bis zum Abend draußen bei der Arbeit gewesen, auch die Killigrew-Jungen, soweit sie alt genug waren, um helfen zu können; das Essen hatte man ihnen hinausgebracht. Jetzt am letzten Abend herrschte lärmende, lachende Ausgelassenheit mit allerlei Späßen, zweideutigen Neckereien und den überlieferten Liedern. Man hatte die Mädchen in zwei Karren gesetzt, die nun von halbbetrunkenen Männern im Hof herumgefahren wurden; dem Zug voran ritt Dick Stable auf einem Esel. Er griff wild in die Saiten der Harfe und sang ein Erntelied.

Mein Vater war mit dem Heu zufrieden, nur der Hafer und der Weizen waren zu dünn, was an dem langanhaltenden trockenen Wetter lag, aber auch daran, daß der Boden nicht lang genug hatte ausruhen können. Was wir brauchten, war *Regen*, sagte er, und nicht dieser verdammte Wind.

Am 21. wurde das Wetter wieder schön. Ich erinnere mich gut daran, weil ich an diesem Tag nach Truro ritt, um Medizin für meine Großmutter zu besorgen. Jedesmal, wenn ich Katherine Footmarker besuchte, blieb ich eine oder zwei Stunden, um von ihr etwas Neues über Kräuter, Mixturen und ihre Anwendung zu erfahren; nur bei der Zubereitung des Diacodiums ließ sie mich nie zusehen. Sie war sonst mit ihren Geheimnissen so großzügig, daß ich nach einem besonderen Grund suchte, warum sie es diesmal nicht war. Vielleicht fand sie, so mußte ich denken, eine Befriedigung darin, der Frau, die sie haßte, die Medizin zu schenken, die ihr so sehr half. So blieb ihr Lady Killigrew zu Dank verpflichtet, wenn auch ohne es zu wissen. So blieb aber auch die Möglichkeit, ihr die Medizin jederzeit wieder zu entziehen.

Im Morgengrauen des 22. erschienen drei mühelos als spanisch zu identifizierende Schaluppen in der Bucht von Falmouth. Aber sie kamen nicht in Schußweite unserer Geschütze, und nach einem spannungsreichen Morgen entfernten sie sich wieder und verschwanden in südwestlicher Richtung. Gemäß der vor zwei Wochen getroffenen Vereinbarung sandte mein Vater Belemus mit der Nachricht zu Jack Arundell und mich zu Sir Francis.

Auf Godolphin war alles ruhig. Lady Godolphin hatte ein Anfall ihres Steinleidens ans Bett gefesselt. Man hatte ihr dafür in London Steinbrechwurzel verschrieben, die in Hasenblut einzuweichen war, und sie hielt das für ein heilkräftiges Mittel. Meine Großtante Margaret war vor einigen Jahren gestorben, und ich kannte die zweite Frau von Sir Francis nicht gut genug, um ihre Kur in Zweifel zu ziehen. Ebensowenig wußte ich, was für Mittel Katherine Footmarker verordnete; ich erinnerte mich nur, daß dabei eine auf längere Zeit einzuhaltende

Diät mit Ziegenmilch eine Rolle spielte. Sir Francis hatte übrigens noch keine Antwort von Essex erhalten.
Die Familie pflegte auf Godolphin das Essen ohne ihre Diener einzunehmen, die danach in einem anderen Raum aßen. Wenn Sir Francis mit seinen Briefen und Papieren zu tun hatte, aß er allein und war dabei sehr genügsam. Mein Vater fand es eine Knauserei, so knapp zu essen, wenn man so reich war. An jenem Abend nun hatten wir ein einsames Mahl. Lady Godolphin war auf ihrem Zimmer; seine Tochter war seit langem verheiratet, und auch seine Söhne waren alle fort – einer als Soldat in Irland, ein anderer als Kommandant auf den Scilly-Inseln und der dritte in Westminster.
Am nächsten Morgen wollte mir Sir Francis, bevor ich mich auf den Heimweg machte, die Zinngießerei von Godolphin Hill zeigen; deshalb gingen wir früh zu Bett. Ich schlief traumlos, bis mich kurz nach sechs Uhr ein donnerndes Klopfen an der Tür weckte. Ich glaubte, ich hätte die Zeit verschlafen, und zog die Bettvorhänge zurück, als ein Diener eintrat.
»Bitte um Vergebung, Sir. Die besten Empfehlungen von Sir Francis, und die Spanier sind gelandet!«
»Was? Ist das wahr? Wo? Wieviel?«
»Man spricht von etwa tausend bei der ersten Landung. Sie kamen mit dem Morgengrauen und besetzten das Dorf Mousehole. Die Nachricht traf vor fünf Minuten ein.«
Ich griff hastig nach meinen Kleidern. Aber jeder Knopf und jeder Knoten nahm doppelt soviel Zeit in Anspruch wie an jedem gewöhnlichen Tag. Mousehole ... Ich war noch nie dagewesen, aber ich wußte, es war ein Fischerdorf, das hufeisenförmig um einen kleinen Hafen gebaut war. Und genau darüber, auf dem Hügel über dem Dorf lag das Zwillingsdorf Paul.
Wir waren hier nicht weiter als zehn Meilen von Mousehole entfernt. Ein Ritt im Galopp von einer Stunde, wenn es ein gutes Pferd war ...
Ich stürzte nach unten und fand Sir Francis im Begriff, sein Wams zu schließen, während ihm ein Diener das Schwert anlegte.
»Maugan! Hast du gut geschlafen? Hast du gehört, was geschehen ist? Nun ist es also endlich soweit. Ich habe einen Auftrag für dich.«
»Ja, Sir.«
»Reite los und sage deinem Vater, was geschehen ist. Er soll in seinem ganzen Bezirk Alarm geben lassen und seine Soldaten für sofor-

tigen Einsatz zusammenziehen. Außerdem wäre ich ihm dankbar, wenn –«

»Sir«, sagte ich, »ich bitte Euch, mich von diesem Auftrag zu entbinden.« Er sah mir unter seinen dichten Brauen hervor gerade in die Augen. »Laßt einen Eurer Diener die Nachricht überbringen. Es wird nicht darauf ankommen, wer der Bote ist. Aber ich möchte in der anderen Richtung reiten.«

Sir Francis blickte auf sein Schwert hinab und zog es am Griff einen Zoll weit hinaus, um sich zu vergewissern, daß es locker in der Scheide steckte. Sein Gesicht war bleich und kündete von einer inneren Spannung, die er nicht Wort werden ließ. »Das ist die Richtung, in der ich reite«, sagte er.

»Ja, Sir, das nahm ich an.«

»Es ist wichtiger, daß das Land in Alarmzustand versetzt wird, als daß der Invasion sofort Widerstand geboten wird«, sagte er.

»Wieviel Soldaten habt Ihr sofort zur Verfügung, Sir?«

»Soldaten? Nicht einen. So wenig wie ein Familienmitglied im waffenfähigen Alter hier im Hause. Ich werde acht von meinen besten Leuten mitnehmen. Außerdem habe ich meinem nächsten Nachbarn, St. Aubyn in Clowance, Nachricht gegeben; und es werden noch mehr zu uns stoßen, sobald sie die Nachricht hören.«

»Was für Waffen haben Eure Leute?«

»Waffen? Ein paar Schußwaffen. Und einen Haufen von Äxten.«

»Ich werde von größerem Nutzen sein, wenn ich Euch begleite, Sir, als wenn ich herumreite und Alarm schlage. Ein Schwert mehr wird nicht unwillkommen sein, und wenn Ihr Pistolen habt – ich kann schießen.«

In diesem Augenblick erschien Lady Godolphin. »Geh nicht, Francis«, bat sie. »Warte, bis im ganzen Land Alarm gegeben ist. Was vermagst du gegen die besten Soldaten Europas?«

»Sie durch zahlenmäßige Übermacht zu besiegen.«

»Du hast keine zahlenmäßige Übermacht. Und was geschieht, wenn die Invasion auf die ganze Küste übergreift – es kann doch im Lauf des Tages zu weiteren Landungen kommen – und vielleicht ist ihr Plan, das ganze westliche Cornwall zu besetzen – wer bewacht dann unser Haus?«

Sir Francis legte die behandschuhte Hand auf den Arm seiner Frau. »Ich bin mit meiner Entscheidung auch nicht glücklicher als du,

meine Liebe. Aber bedenke, daß wir fünf Meilen von der nächsten Küste entfernt sind, und daß die Grubenarbeiter mit ihren Spitzhakken und Schaufeln am Ende ein lebender Schutzwall sein werden.«
»O Francis, sei nur vorsichtig! Du bist nicht mehr so jung, daß du jeden Angriff führen mußt.«
»Ich bin nicht so alt, daß ich zu Hause bleiben könnte.« Er küßte sie. »Hab keine Angst, bis ich wiederkomme. Ich bringe dir einen spanischen Helm als Kochtopf mit. Maugan, komm!«

Mit Sir Francis und mir waren ein Freisasse namens Rame und acht Diener. In dem Weiler Relubbas holten wir John St. Aubyn ein, der bis dahin nur im Schritt geritten war; er hatte vier Diener bei sich, und kurz darauf begegnete uns Thomas Chiverton, der beim ersten Alarm seinen Besitz verlassen hatte, aber nun in unserer Gegenwart wieder Mut schöpfte. Später, als wir um die Mount's Bay herum ritten, stießen keine weiteren Verstärkungen zu uns.
Es war ein prächtiger Morgen. Nur ein schmaler weißer Nebelstreifen verbarg zum Teil die See. Als wir an Market Jew vorbeiritten, begegneten uns die ersten Flüchtlinge: angsterfüllte Frauen mit kleinen Kindern, humpelnde alte Männer, aber auch junge Männer, die es ebenso eilig hatten fortzukommen. Diesen redete Sir Francis streng ins Gewissen, mit dem Erfolg, daß ein paar von ihnen umkehrten. Aber die Mehrzahl drängte, ohne sich aufhalten zu lassen, an uns vorüber. Die Spanier, berichteten sie, plünderten und brannten alles nieder und ließen Frauen und Kinder über die Klinge springen. Das furchtbare Schicksal Antwerpens war noch in aller Gedächtnis – dort hatten sie in einer Nacht siebentausend niedergemetzelt.
Überall am Ufer der Bucht stieg Rauch auf. Ich sprang vom Pferd und packte einen der Fliehenden am Arm. »In welcher Richtung rücken die Spanier vor? Sind sie auf dem Weg hierher?«
»Ja, Master, sie kommen auf diesem Weg und auf jedem Weg. Es sind Tausende gelandet! Sie sind mit einem Dutzend großer Schiffe gekommen. Bei Tagesanbruch war kein Wind, und da ruderten sie im Schutz des Nebels an Land. Sie standen plötzlich vor uns, bevor wir begriffen, was geschehen war.«
»Gehen sie landeinwärts auf Paul zu?«
»Sie sind auf allen Wegen, Master.« Mit einer Bewegung schüttelte er meinen Griff ab.

Ich holte die andern ein, als sie auf dem bergab nach Penzance führenden Weg haltgemacht hatten, um mit einer Gruppe von einem Dutzend Menschen zu sprechen, die angeführt wurde von einem Constable Veysey. Der Konstabler war offenbar ein Mann, der einen klaren Kopf bewahrt hatte. Er erklärte, die Spanier hätten zunächst nur ein paar hundert Mann gelandet und dann mit Piken und Büchsen bewaffnete ausgewählte Truppen in einem sich langsam ausdehnenden Halbkreis nach vorn geschoben. Doch hinter dieser Abschirmung drang eine zweite Streitmacht vor, die nun, wie es schien, tatsächlich brennend und plündernd durchs Land zog. Die Gruppe des Konstablers hatte ihn, Veysey, zu ihrem Führer gewählt, da es an Offizieren oder Edelleuten fehlte, die das Kommando hätten übernehmen können, und bald während man noch Nachrichten austauschte, schwoll die Zahl der Männer auf rund fünfzig an.

Sir Francis wollte die Verteidigung um den Marktplatz herum organisieren, aber ein Dutzend der Gefolgsleute Veyseys äußerte laut seine Ablehnung. Es waren nämlich alles Männer aus Mousehole, und sie wußten, daß alles, was sie auf der Welt besaßen, vernichtet wurde. Sie waren geflohen, um ihr Leben zu retten, aber jetzt, da sie Verstärkung erhalten hatten, wollten sie umkehren und kämpfen.

Von Rechts wegen hätte Sir Francis das Kommando übernehmen müssen, aber auch ihn beeinflußte die allgemeine Stimmung und das kühne Auftreten Veyseys. Ich hatte meine eigenen Zwecke im Auge, als ich näher an Sir Francis heranritt.

»Sie kämpfen um ihr Zuhause, Sir. Wenn man sie drei Stunden auf dem Marktplatz auf einen feindlichen Angriff warten läßt, kann es geschehen, daß ihr Eifer soweit abkühlt, daß sie überhaupt keinen Widerstand mehr leisten mögen.«

»Was meint Ihr, St. Aubyn?«

»Man könnte das eine so gut wie das andere versuchen. Aber ich sehe auch nicht recht, wie wir eine Armee aufhalten wollen.«

Den Ausschlag gab die Ankunft von weiteren dreißig Mann, die wenigstens zur Hälfte mit alten Büchsen ausgerüstet waren, und die darauf brannten, mit dem Feind in Berührung zu kommen. Es war, wie wenn in einem von Zweigen verstopften Strom plötzlich frisches Wasser floß: auf einmal gab alles nach, und wir setzten uns in der Richtung auf Mousehole in Bewegung.

Wir waren eine recht uneinheitliche Schar, sechzig bis siebzig Mann zu Fuß und in ihrer Mitte eine Anzahl von Berittenen, die sich in ihrer Mehrzahl um Sir Francis gruppierten; aber ein paar – ich gehörte zu ihnen – hielten sich mehr an Veysey, der den Weg kannte und uns führte.

Es war ein seltsamer Marsch. Wir durchquerten das Weideland längs der Küste, und der Nebel, unberechenbar wie stets, hatte sich plötzlich in einer großen Wolke aufs Meer gesenkt, so daß wir keine fünfzig Yard über das Ufer hinaussehen konnten. Wie immer bei Nebel schien die Welt stiller geworden, und das um so mehr, als uns hier keine Flüchtlinge oder Versprengte begegneten. Das Gras dämpfte unsere Schritte; siebzig Mann schlurften durch die Halme, und zwanzig Pferde zertrampelten die Grasnarbe; es war kein Geräusch zu vernehmen außer dem Knarren von Leder, dem leisen Klirren von Zaumzeug oder, zuweilen, einer Pike, dem Rasseln einer Muskete.

Als wir einmal, um Zeit zu sparen, eine Ecke abschnitten und über den steinigen Strand gingen, klang das Getöse von ausgleitenden und klappernden Hufen auf den Kieseln wie ein plötzlicher Hagelschauer. Aber sobald wir die andere Seite erreichten, umgab uns wieder Stille.

Der Nebelvorhang hob sich über dem Meer, und wir konnten etwas von der Invasionsflotte sehen.

Da waren vier lange schwarze Galeassen, mit den starren, kahlen Masten, die Ruder wie die Fühler eines Seetiers ausgestreckt. Am Fockmast hing eine rot und gelbe Flagge. Kleine Boote brachten die Soldaten ans Ufer.

Ein beißender Brandgeruch lag in der Luft. Wir waren noch zwei Meilen von Mousehole entfernt, aber zwischen uns und unserem Ziel stand das kleine Fischerdorf Newlyn in Flammen. Eins der Fährboote – das nächste von uns aus – landete seine Fracht in einer Entfernung von einer viertel Meile. Nachdem die Soldaten an Land gesprungen waren, stellten sie sich in einer Reihe auf. Die blasse Sonne schimmerte auf ihren Brustharnischen.

Veysey eilte auf Godolphin zu. »Sir, uns ist der Weg versperrt. Wenn wir überhaupt weitergehen wollen, wäre es das beste, über die Hügel zu gehen und um Newlyn einen Kreis zu schlagen.«

»Nein«, sagte Sir Francis. »Wir wollen hier den Widerstand organisieren. Wir werden sie vielleicht für eine Weile aufhalten.«

Während er sprach, war plötzlich über dem Bug der ersten Galeasse eine Rauchwolke zu sehen. Es folgte der Knall einer Kanone, und eine Kugel schwirrte über unsere Köpfe hinweg. Man hatte uns also gesehen – und begrüßt.

So wie zuvor alle dem gleichen Impuls gefolgt und weitergegangen waren, so wollte jetzt niemand mehr vorwärts. Diese Galeassen waren mit je zwanzig bis dreißig Geschützen bestückt, und wenn sie alle auf uns abgefeuert würden, dann war es bald um uns geschehen. Eine marschierende Truppe ist eine gute Zielscheibe für die Schiffsartillerie.

Das mußte wohl jedem von uns zur selben Zeit klargeworden sein, denn die jetzt einsetzende Rückzugsbewegung war allgemein. Die Edelleute taten ihr Bestes, sie aufzuhalten, indem sie Godolphins Befehl laut wiederholten. Aber gerade im unrechten Moment schwirrte eine zweite Kugel über uns hinweg und das war ein zwingenderes Argument als jedes andere, das wir hätten haben können. Alles wich zurück.

Aber zugleich begannen sich auch zwei der Galeeren in Bewegung zu setzen; fünfzehn Ruder auf jeder Seite trieben den langen Schiffsrumpf durch das Wasser, und mehr denn je sahen die Schiffe wie Seeungeheuer aus, die Beute suchten.

Und die Beute waren wir. Übrigens gebrauchten sie ihre schweren Waffen nicht länger gegen uns. Mit der Aussicht auf eine Seeschlacht mit Drake und Hawkins in den kommenden Tagen mochten sie meinen, ihre Munition sparen zu müssen, aber sie sandten uns dafür das Feuer ihrer Handfeuerwaffen nach, und die größere Drohung hatten sie noch immer in Reserve.

Godolphin und alle, die wie er beritten waren, konnten im Augenblick nicht mehr tun, als mit den zurückweichenden Männern Schritt halten. Gerade bevor wir um den Vorsprung der Bucht bogen, blieb ich stehen, um mich noch einmal umzusehen; was ich sah, war, daß spanische Soldaten in zwei Reihen in einem Abstand von ungefähr fünfzig Schritt langsam vorrückten. Drüben weiter rechts verrieten aufschimmernde Rüstungen, wo ein Erkundungstrupp den Hügel emporkletterte, von dem aus er jeden Hinterhalt entdecken und Penzance überblicken konnte.

In diesem Augenblick wurde der Konstabler Veysey neben mir vom Pferd geschossen und rollte ins Gras. Das gab seinen Leuten den Rest;

sie liefen auf und davon, in allen Richtungen, nur fort vom Feind. Sir Francis fluchte und zog sein Schwert; von seinem sich aufbäumenden Pferd herab schrie er die Flüchtenden an, aber außer den wenigen, die mit ihm gekommen waren, liefen alle davon.

Veysey war bewußtlos, aber nicht tot, und wir konnten auch keine Verwundung an ihm finden; wir wälzten ihn auf die andere Seite und sahen, daß sein ledernes Wams am Rücken an drei Stellen zerrissen war vom Aufprall von Kugeln, die jedoch ihre Durchschlagskraft schon verloren hatten. Wir banden ihn am Sattel fest und verfolgten weiter die Flüchtenden.

Aber als wir auf dem Marktplatz anlangten, war niemand von ihnen mehr zu sehen. Nur ein paar Nachzügler, die für den Vormarsch zu spät gekommen waren, hatten sich auf dem Platz versammelt. Ihre Bewaffnung bestand freilich nur aus Piken und Spitzhacken, von ein paar Männern abgesehen, die mit Pfeil und Bogen ausgerüstet waren.

Mittlerweile war es zehn Uhr geworden, und die Sonne schien heiß von einem wolkenlosen Himmel herab, wenn auch der Nebel noch immer den Horizont verdeckte. Für Hilfe war nur noch Zeit, wenn sie von den Kommandanten der nächstgelegenen Posten kam. Von Pendennis Castle war nichts zu erwarten, weil man dort das eigene Aufgebot bereithalten mußte für den Fall eines Angriffs auf den Hafen.

Sir Francis musterte die Häuser, von denen die meisten jetzt leer waren, bis auf die wenigen, aus denen Frauen oder alte Leute ängstlich durch die halbgeschlossenen Fensterläden lugten.

»So sind wir vorbereitet«, bemerkte er, zu St. Aubyn gewandt, voller Bitterkeit. »Kaum besser – wenn überhaupt – als zur Zeit der ersten Armada. Wenn sie genügend Truppen haben, können sie die Halbinsel abschneiden und bei Einbruch der Dunkelheit ganz Penwith in ihrer Gewalt haben.«

»Wir können nichts unternehmen, um sie aufzuhalten«, sagte St. Aubyn. »Nichts, bis Hilfe kommt.«

Eine alte Frau kam aus einem der Häuser und schob einen Karren vor sich her. Sie hatte all ihren persönlichen Besitz darauf geladen; Zinngerät, eine kattunbezogene Steppdecke, einen Leuchter, eine Messingwärmpfanne. Sie sah uns kaum mit einem Blick an, als sie, mit unerschütterlicher Ruhe ihren Karren vor sich her schiebend, die Stadt verließ.

Einer der Diener Godolphins meldete sich. »Mit Verlaub, Sir«, begann er, »die Spanier rücken jetzt vor. Sie sind am Fuß des Hügels dort, höchstens eine Meile von hier.«
»In welcher Stärke?«
»Ich glaube, es sind drei bis vierhundert. Sie haben ein Banner entfaltet, und mehr als die Hälfte trug den Kettenpanzer.«
Sir Francis warf einen Blick auf Chiverton und auf St. Aubyn. Dann steckte er sein Schwert wieder in die Scheide.
»Wir müssen die Stadt preisgeben. Parker und Crinnis, achtet darauf, daß niemand hierbleibt. Wir werden indessen in langsamen Etappen weitergehen und auf dem höheren Weg, der über Gulval führt, bleiben. So können wir den Feind im Auge behalten –«
»In diesem Fall, Sir, bitte ich Euch, mich zu entschuldigen«, sagte ich. Als er überrascht aufblickte, fuhr ich fort: »Ich habe in Paul eine Freundin, und ich weiß nicht, in welcher Gefahr sie schwebt. Ich muß nach ihr sehen.«
»Maugan, es muß dir doch klar sein, daß der Weg dahin abgeschnitten ist.«
»Nicht, wenn man landeinwärts geht und einen Umweg macht. Es muß eine Möglichkeit geben, von Norden oder Westen her in das Dorf zu kommen.«
»Wenn die Spanier Penwith einnehmen, bist du ihr Gefangener. Und diesmal wirst du vielleicht nicht wieder so leicht freikommen.«
»Das Wagnis muß ich in Kauf nehmen.«
Sir Francis riß sein Pferd herum. »Ich weiß nicht, was dein Vater zu mir sagen wird, aber ich kann dich nicht zurückhalten, wenn du nun einmal gehen willst.«
»Danke, Sir.«
Als die Spanier nun Penzance von zwei Seiten her einschlossen, zogen sich Godolphin und seine kleine Gruppe widerstrebend aus der Stadt zurück, wobei sie einen der noch freien Ausgänge benutzten. Ich entfernte mich in der vierten Richtung, genau nach Norden, bis ich von der Stadt aus nicht mehr zu sehen war. Dann wandte ich mich nach Westen.

6

Die Lerchen sangen. Hoch oben im blaßblauen Himmel flatterten sie und gaben flügelschlagend ihre unerhörten Botschaften aus, ohne auf mich oder mein schweißbedecktes Pferd zu achten. Als ich das erstemal haltmachte, um meinem Pferd nach dem langen anstrengenden Anstieg eine Atempause zu gönnen, war Penzance noch zu sehen, und ich erkannte schwarzen Rauch, der sich kräuselnd von den Hütten vor der Stadt aufstieg. Beim zweitenmal versperrte mir der Vorsprung des Berges den Blick ins Tal.

Penwith ist eine seltsame, geheimnisvolle Landschaft, in der man unvermutet auf Felsen stößt, die unter einer grauen Flechte verborgen liegen. In der ersten Stunde begegnete ich einem einzigen Menschen, einem zerlumpten Mann, der am Boden hockte und eine Hasenfalle aufstellte. Ich fragte ihn nach dem Weg, und seine Antwort verriet mir durch den Akzent, daß seine Muttersprache das Kornische war und er englisch nur widerwillig sprach. Ich erzählte ihm nichts von der Landung der Spanier; vielleicht war es unrecht, aber ich war überzeugt, daß er mich auch im besten Fall nur sehr vage verstanden hätte. Seine Lebensweise näherte ihn dem Hasen an, dem er die Falle stellte.

Von dieser Höhe aus war es schwer, Entfernungen richtig zu schätzen, aber als ich in das erste wildverwachsene Tal kam, mit Nußbäumen und Zwergeichen, stieg ich ab und führte mein Pferd am Zaum, da ich so die Gefahr für geringer hielt, unvermutet auf den Feind zu stoßen. Ich hatte seit gestern nichts gegessen und getrunken und hielt deshalb an dem ersten Wasserlauf, damit wir beide trinken konnten; nur Nahrung gab es nicht, es sei denn Wild aller Art, das ich aber nicht erlegen oder mit Fallen fangen konnte.

Das Tal führte zur Küste hinab und mündete in eine einsame Bucht. Hier war das Meer smaragd- und türkisfarben, und die terrakottabraunen Felsen waren so rechtwinklig geformt, als seien sie das Werk eines Bildhauers. Wir waren zu weit nach Westen abgekommen, und ich führte mein Pferd den Hügel hinauf, der zwischen dieser und der nächsten Bucht lag. Sobald wir oben angelangt waren, wehte uns zwischen den Bäumen der scharfe Brandgeruch entgegen.

Ich band das Pferd an einen Baum und ging zu Fuß weiter. Ich brauchte nicht weit zu gehen. Es war ein ausgefahrener Fahrweg, der über ein Feld führte, und der frische Geruch von junger Gerste war

überlagert vom Rauch- und Brandgeruch. Schwarze Stäubchen schwebten in der Sonne, und Stückchen verbranntes Papier oder Stoffetzen hingen hier und da in den Bäumen.
Am Ende des Feldes war eine zerbrochene eiserne Gittertür halb angelehnt; hinter ihr verbreiterte sich der Weg, zu dessen beiden Seiten je eine Hütte stand. Diese Hütten waren ausgebrannt; zwar standen noch die Wände aus Strohlehm, aber Dächer und Fenster waren verschwunden. Da war kein Zeichen von Leben, nur das verendende Feuer, von dem ein dünnes Rauchwölkchen aufstieg.
Aber da mußte noch ein größeres Gebäude in Brand stehen. An zwei Hühnern vorbei, die unbekümmert in das büschelige Gras pickten, bog ich um die Ecke und stand auf einmal vor dem, was bis vor kurzem die Kirche von Paul gewesen war. Der Turm war eingestürzt und hatte die Altarwand mitgerissen; die Fenster waren zerbrochen, und aus dem Innern drangen noch immer Flammen und eine schwarze Rauchsäule.
Vorsichtig ging ich um das Gebäude herum. Es war niemand da; nur die Toten in ihren Gräbern waren als Zeugen hier.
Als einmal eine Brise die Rauchwolke, die die Sonne verdunkelte, fortschob, sah ich, daß auf der gegenüberliegenden Seite des Kirchhofs ebenfalls ein Gebäude brannte – ein ansehnliches, rechtwinklig gebautes Haus. Ich setzte über die Gräber und kam an ein Friedhofstor – keuchend, aber nicht weil ich gerannt war. Eine verkohlte Tür lag auf den Stufen vorm Haus, und die aus dem Innern dringende Hitze machte es unmöglich hineinzugehen. Ich lief um das Haus herum. Die Küche und die Vorratskammer, die aus Stein gebaut waren, hatten den Flammen widerstanden. Selbst das hölzerne Gerippe des Dachs war nur verkohlt. Ich riß die Tür auf.
»Sue! . . . Sue!«
Mein Ruf hallte in der Stille wider. Über einem Stuhl hing ein Arbeitskittel, und daneben lag eine Sense. Auf dem Tisch stand noch eine Schüssel mit kalter Suppe und dem Löffel darin. Ich versuchte, die nächste Tür aufzustoßen. Sie widerstand, bis die obere Türangel brach und sie nachgab. Dahinter lag ein Saal, der jedoch durch einen herabgefallenen Balken blockiert war. Die Bewegung der Tür hatte ein paar verkohlte Stücke der Füllung gelockert, so daß sie zu Boden fielen, mit der Folge, daß die Flammen wieder aufloderten und mir ein Wirbel von Rauch über das Gesicht strich.

»Sue! Sue!«
Irgendwo draußen heulte ein Hund.
Wieder zurück durch die Küche und dann in den Hof! Die Ställe waren leer; der Hund mußte weiter draußen sein. Ein Gehölz zog sich bis an den Hof heran, und die beiden nächsten Bäume waren von der Hitze versengt. Ich bahnte mir einen Weg durch ein Dickicht von Brombeersträuchern, bis ich zu dem nächsten Haus gelangte, das nicht in Brand gesteckt worden war. Ein Hund saß neben einer leblosen Gestalt, die vor der Tür lag.
Es war ein Mann, wie ich mit Erleichterung sah, ein Landarbeiter. Er lag auf dem Rücken; eine klaffende Wunde im Hals, starrte er mit aufgerissenen Augen in den Himmel. Mit einer Hand umklammerte er noch die Heugabel.
Ich tätschelte den Hund und versuchte ihn zu trösten. Dann kehrte ich zum Pfarrhaus zurück und sah mich draußen in dem Rauch um. Von hier aus konnte ich sehen, wohin die Spanier bei ihrer Suche nach Wertsachen die Einrichtung des Hauses geschleppt hatten. Aber wie das Haus selbst, hatten sie auch diese Dinge in Brand gesteckt. Es war nichts übriggeblieben außer einem Gardinenfetzen, dem Griff einer Wärmpfanne und den verkohlten Seiten eines Buches.
Das Dorf Paul bestand aus ein paar rauchenden Hütten, einer Schenke, in der das Bier aus einem umgestürzten Faß sickerte, umhergestreuten Federn auf der Straße, einem zerbrochenen Schemel neben einem Zinnbottich, einem toten Pferd.
Der Weg bergab nach Mousehole ist sehr steil, und ich kletterte auf einen Zaun, um durch Rauch und Nebel hindurch einen Blick auf das Dorf zu gewinnen.
Der Hafen war leer bis auf vier Fischerboote, die jetzt bei Flut vor Anker schwojten. Alle Häuser am Hafen waren ausgebrannt, drei oder vier weiter hügelan standen noch in Flammen. Nirgends ein Zeichen von Leben. Mit gezogenem Schwert stieg ich hinunter.
Es sah so aus, als sei der Haupttrupp der Spanier die Küste entlang weitergezogen, in Richtung auf Penzance. Soweit die Sicht reichte – und das war jetzt ungefähr eine Meile – waren keine Kriegsschiffe festzustellen.
Den nächsten Toten sah ich, als ich bis zu den ersten Häusern gekommen war. Er lag, wie der andere, ausgestreckt auf der Straße. Dann hörte ich Stimmen.

Zwischen den Häusern befand sich ein enger Durchgang, angefüllt mit glühenden, verkohlten Überresten. Dort kroch ich hinein und spürte, wie in einen Kamin gezwängt, die Hitze durch meine Stiefel. Drei spanische Offiziere!
Der Anblick dieser Spanier, die in voller Rüstung über die Straße einer eroberten englischen Stadt spazierten, brachte mir wie nichts sonst – nicht die Flucht der Einwohner, nicht die brennenden Dörfer, nicht die Galeassen und nicht einmal die beiden Toten – die Wirklichkeit der Invasion unseres Landes zu Bewußtsein. Zur Zeit der ersten Armada hatte kein Spanier englischen Boden betreten, es sei denn als Gefangener oder schiffbrüchiger Matrose, der um Hilfe bat.
Aber jetzt war es geschehen. Die zweite Armada hatte ihre Soldaten gelandet, fast ohne Widerstand zu finden. Gewiß, es würde noch zu erbitterten Kämpfen kommen, vielleicht wieder zu einer so entscheidenden Seeschlacht, wie es die bei Gravelines gewesen war. Drake würde die Herausforderung annehmen, mit all der Leidenschaft und dem strategischen Talent, das man an ihm kannte. Und war auch Raleigh fort, würde doch Essex oder ein anderer eine Armee gegen den Eindringling ins Feld führen. Aber von jetzt an würde ein langer und erbitterter Krieg einem neuen Höhepunkt zustreben.
Als die drei bis zur Hafenmauer gekommen waren, geschah etwas Seltsames. Hinter der Mauer hervor kam ein Mann, in einem fadenscheinigen geschnürten Wams zu blauen Samthosen und mit einem gewaltigen Degen mit schwarzem Korb. Ich erwartete, daß die drei über ihn herfallen würden, statt dessen sprachen sie einen Augenblick miteinander, und dann gingen sie alle vier zusammen fort. Jetzt sah ich das Gesicht des andern. Es war Captain Richard Burley.
Ich ging wieder den Berg hinauf.
Vor der letzten Hütte lag ein Laib Brot auf der Straße, ich hob es auf und aß es zur Hälfte. In der Kirche brannte das Feuer noch mit solcher Wut, daß man nicht hineingehen konnte. Ich setzte mich auf eine Gruft und überlegte, was zu tun war. Aber man konnte nur weitersuchen.
Das tat ich in den nächsten zwei Stunden, indem ich rund um das Dorf eine Art von Netz zu ziehen suchte. Ich stellte fest, daß die Spanier landeinwärts nicht mehr als eine Meile über Paul hinaus vorgedrungen waren. Vier Häuser waren offenbar von ihren Bewohnern in

aller Eile verlassen worden, aber der Feind hatte sie nicht in Brand gesteckt.
Gegen fünf Uhr stand ich wieder vor der Kirche. Am vernünftigsten wäre es wohl gewesen, jetzt die Suche aufzugeben und mich Sir Francis wieder anzuschließen, wenn ich einen Weg durch die Invasionsarmee fände. Da geschah es, daß der Bastardhund, der, neben seinem toten Herrn hockend, klagend, mit Unterbrechungen, geheult hatte, plötzlich zornig zu bellen begann. Ich ging durch das versengte Gehölz und bahnte mir wieder den Weg durch das Brombeergestrüpp.
»Kusch dich, Schnaufer!« hörte ich einen Mann sagen. »Ruhig, mein Junge. Nun sei mal vernünftig, so ist es gut. Braver Hund . . . Laß mich ihn einmal anfassen . . .«
Ein Mann in der schwarzen Tracht des Geistlichen kniete über dem Toten und streckte ihm die gekrümmten Glieder gerade. Zwei Männer in derber Kleidung, mit der Pike in der Hand, warteten in der Nähe. Neben ihnen stand Mrs. Susanna Reskymer, so wie sie in meiner Erinnerung immer ausgesehen hatte, eher groß und dünn, mit graugrünen Augen, über der Stirn und den Ohren kurz geschnittenem Haar und einem Teint von durchsichtiger Blässe. Vielleicht vertiefte der Anblick, der sich ihr bot, noch ihre Blässe; sie biß sich auf die Unterlippe, und ihr Stirn furchte sich vor Grauen.
»Sue . . .«, sagte ich, noch bevor ich überlegen konnte, und sofort hoben die beiden Diener drohend ihre Piken.
Auch der Mann in Schwarz blickte auf, und dann sah mich Sue. Hatte sie der Anblick eines erschlagenen Nachbarn erbleichen lassen, so wich, als sie meiner ansichtig wurde, jeder Blutstropfen aus ihrem Gesicht.
»Maugan . . .«
Stolpernd trat ich aus dem Gebüsch. »Ich wollte nachsehen . . . Bist du unversehrt? Ich habe dich seit heute morgen gesucht.«
»Wir haben uns im Steinbruch versteckt. Da gibt es eine Höhle . . .«
»Ich hatte die Kirche brennen sehen.«
»Ja, sie ist vollkommen zerstört.«
»Ist das da drüben Euer Haus?«
»Ja, es ist auch dahin.«
»Ich hatte gefürchtet . . .«
»Wir sind gerade noch rechtzeitig herausgekommen.«
Der dünne Mann stand mir gegenüber.

»Mein Mann«, sagte Sue. »Mr. Reskymer. Und Mr. Maugan Killigrew – aus Arwenack.«
Jemand streckte mir die Hand entgegen. Ich mußte mit meinem Schwert in der Hand den Händedruck erwidern.
»Dies ist für uns eine tragische Zeit«, sagte er. »Habt Ihr etwas von den Spaniern gesehen?«
»Ich sah ein paar heute mittag in Mousehole. Seitdem keinen mehr.«
»Ihr seid unten in Mousehole gewesen?«
»Nicht bis ganz unten.«
»Gab es viele Tote oder Verwundete?«
»Ich habe nur einen Toten gesehen.«
»Und, Gott sei's geklagt, diesen hier, unseren getreuen Pieton. Wir hatten ihn zu überreden versucht, mit uns zu kommen. Aber er wollte nichts davon wissen. Nun ist er wohl gestorben, wie er es sich wünschte – bei der Verteidigung seines Heims.«
Grauhaarig, das Gesicht voller Falten, und mit den schmalen Schultern des Gelehrten, sah Philip Reskymer um keinen Tag jünger aus, als er mit seinen fünfzig Jahren war. Aber sein Blick war wach, aufrichtig und durchdringend. Das war also der Mann, den sie gewählt hatte und dem sie, in der Vertraulichkeit der Ehe, all das gegeben hatte, was sie einst mir versprochen hatte. Dieser alte Mann besaß sie. Sie war sein Eigentum; sie lebte und schlief mit ihm; sein Hauch traf sie; er küßte und liebkoste sie. Sah sie auch unverändert aus, war sie innerlich doch von Grund auf verändert. Sie war Mrs. Reskymer.
Ich hörte mich Erklärungen geben, warum ich hier sei und was ich seit dem Morgen getan hatte, warum ich sie gesucht hätte, und daß ich nun, da ich sie gefunden hatte, hoffte, sie würden mir erlauben, sie an einen sichereren Ort zu bringen.
»Ihr seid sehr freundlich, Mr. Killigrew«, antwortete Philip Reskymer, »aber wo ist Sicherheit? Wir wissen es nicht, aber wo unsere Pflicht liegt, das wissen wir, und die meine ist es, hier bei meiner zerstörten Kirche zu bleiben, bereit, meinen Pfarrkindern zu helfen, wenn sie mich brauchen. Bei Einbruch der Dunkelheit, nehme ich an, werden sie allmählich zurückkommen.«
»Und Eure Frau?«
»Das ist allerdings etwas anderes. Ich hätte sie gern aus alledem heraus, wenn ich nur einen Weg dazu sähe.«

»Ich glaube, daß niemand hier sicher ist«, sagte ich. »Wenn die Spanier Penwith besetzen wollen, besteht unsere einzige Sicherheit darin, daß wir uns ostwärts wenden, bevor der Weg abgeriegelt ist. Zwischen St. Ives und Penzance ist die Halbinsel von Penwith nur ein paar Meilen breit. Wenn die Spanier diese Linie halten – ich hatte heute nachmittag Gelegenheit, ein Gespräch zwischen drei spanischen Offizieren zu belauschen – haben sie einen Brückenkopf in England, aus dem sie nicht so leicht wieder zu vertreiben sind.«
Sue hatte, seitdem sie meinen Namen gerufen, nicht mehr gesprochen.
»Ihr sprecht Spanisch, Sir?« fragte Reskymer.
»Ich war ein halbes Jahr in spanischer Gefangenschaft.«
»Wurdet Ihr schlecht behandelt?«
»Nicht schlecht. Aber ich bin keine Frau.«
Er zuckte zusammen. »Wüßte ich nur einen Ausweg! Was schlagt Ihr vor?«
»Daß wir alle sobald wie möglich aufbrechen. Habt Ihr Pferde?«
»Zwei sind in der Höhle. Aber mein Platz ist hier.«
»Kann es Eurer Gemeinde nutzen, wenn Ihr erschlagen werdet und Euer Weib geschändet wird?«
»Wenn Ihr Soldat seid, verlaßt Ihr dann Euer Regiment, um Eure Familie zu schützen? Ebensowenig kann ich meinen Platz verlassen.«
»Dann laßt Eure Frau mit diesen beiden Männern gehen. Wir haben noch ein paar Stunden Tageslicht. In der Zeit können sie ein paar Meilen weit kommen und dann bei Einbruch der Dunkelheit versuchen, durch das Netz zu schlüpfen.«
Jetzt sprach Sue zum erstenmal. »Ich kann dich nicht verlassen, Philip.« Ihre Worte waren wie Gift für mich.
»O doch, du kannst es, wenn ich die Überzeugung haben darf, daß du dann in größerer Sicherheit bist. Aber ist das auch der Fall?« Reskymer beugte sich über den Toten und schloß ihm die weit aufgerissenen Augen, wobei ihn der Hund argwöhnisch beobachtete. »Der arme John Pieton muß begraben werden. Und er wird nicht der einzige bleiben. Susanna, ich weiß nicht, wie ich mich entschließen soll.«
Einer der Diener trat vor und trug mit Mr. Reskymer den Toten in seine Hütte. Sue stand von dem Stein auf, auf dem sie gesessen hatte, und ging mit dem zweiten Diener durch den hinteren Eingang ins

Haus. Dort war eine Dienerin in der Küche dabei, etwas zu kochen. Es war uns allen schwach vor Hunger, und in zwanzig Minuten saßen wir um den Tisch und aßen das Zusammengeschmorte mit etwas Brot.
Philip Reskymer trug ein weißes Band um den Hals wie die Puritaner. Er hatte sehnige Hände, an denen die Adern hervortraten, Hände, die ein eigenes Leben zu haben schienen wie empfindliche Antennen. Er aß wenig und erzählte von ihren Erlebnissen seit dem frühen Morgen. Ich beobachtete ihn, während er sprach, und ich fand, daß er, selbst wenn man sein Alter in Betracht zog, nicht eben eine glänzende Erscheinung war. Ich begriff nicht, was Sue in ihm gesehen hatte, es sei denn die Zuflucht vor der Armut. Mir schauderte bei dem Gedanken, daß diese Hände mit den dicken Adern ihren Körper berührten. Ich hätte sie töten können und zugleich über sie weinen.
Einer der Diener kam mit einer alten Frau zurück, die sich den ganzen Tag in den Büschen oberhalb von Mousehole versteckt hatte. Sie konnte nichts von Wichtigkeit mitteilen, da sie vor Angst halb wahnsinnig war. Reskymer führte sie in das von den Flammen verschonte Haus, und Sue nahm sich ihrer an.
»Ich mache mir Sorgen um die alte Mrs. Lavelis«, sagte Reskymer. »Arthur Lavelis ist fort, und die drei Bedienten sind noch neu und nicht sehr zuverlässig.«
»Soll ich nach Trewoofe gehen und mich um sie kümmern?« fragte Sue.
»Es ist zu gefährlich.«
»Es ist auch zu gefährlich, hier zu warten«, sagte ich. »Ich bitte Euch fortzugehen, solange noch Zeit dazu ist.«
»Wie kann ich das?« fragte Reskymer. »Schon haben wir Betty Coswarth hier, für die wir sorgen müssen. Es werden noch mehr kommen. Wenn uns die Spanier finden –«
»Und Sue?«
Er nahm seiner Frau die Schüssel mit heißer Milch ab und brachte sie der alten Frau. »Ich glaube, er hat recht, Susanna. Ich kann dich nicht dieser Gefahr aussetzen –«
»Aber ich bin ihr doch schon ausgesetzt, und niemand kann sagen, daß ich anderswo sicherer wäre.«
»Und doch spricht alles für diese Annahme«, sagte ich.
Sue stand jetzt mit dem Rücken zu ihrem Mann. In ihren Augen

glänzten Tränen. »Es tut mir leid, Maugan, aber das hier ist mein Zuhause.«

Voller Wut, beleidigt und unglücklich, hätte ich am liebsten kehrtgemacht und Sue ihrem geliebten Mann und ihrem Schicksal überlassen, aber ich konnte nicht den ersten Schritt tun. So erwiderte ich nur ihren Blick, im Gefühl meiner Niederlage.

»Dein Zuhause liegt in Asche«, sagte ich. »Und ich habe auch verbrannte Menschen gesehen. Aber selbstverständlich: wie es dir beliebt.« Diese Worte bedeuteten kaum etwas; ich mußte nur irgend etwas sagen, damit sich der Druck in meiner Kehle löste.

Als Sue einen zweiten Flüchtling zu versorgen hatte – eine junge Frau mit einem Kind – begleitete ich Philip Reskymer zu den Ruinen seiner Kirche. Wir versuchten hineinzugehen, doch die Hitze war noch zu groß; überdies glimmten und schwelten noch einige Dachbalken, die jeden Augenblick herabzustürzen drohten. Selbst die großen steinernen Pfeiler waren geborsten.

»Dies ist die erste Kirche in England, die von einer spanischen Fackel in Brand gesetzt wurde«, sagte er. »Ich fürchte, es wird nicht die letzte sein. Stimmt es, Mr. Killigrew, daß Ihr in Madrid ein Autodafé gesehen habt?«

»Ja. Auch Menschen können brennen.«

»Die Toleranz ist eine seltene Tugend.«

»Wir verbrennen unsere Gefangenen nicht.«

»In letzter Zeit nicht. Wir spannen sie nur auf die Folterbank.«

»Ich denke, ich sehe doch einmal nach, ob mit Mrs. Lavelis alles in Ordnung ist«, sagte Sue, die uns nachgekommen war. »Zu Pferd sind es dreißig Minuten, und da sie halb blind ist –«

»Dann nimm Tamblyn mit. Er hat einen starken Arm und ein unerschrockenes Herz.«

»Wenn Eure Frau Mrs. Lavelis besuchen will«, sagte ich, »wird es mir ein Vergnügen sein, sie anstelle Eures Dieners zu begleiten.«

»Nein, danke, Maugan«, sagte Sue.

»Aber warum geht ihr nicht alle drei?« fragte Philip Reskymer.

»Wenn die Spanier in großer Stärke erscheinen, wird niemand von uns mit dem Leben davonkommen. Aber wenn sie einzeln ausschwärmen, dann sind Tamblyn und der junge Mr. Killigrew der beste Schutz, den du haben kannst. Ihr habt ein Pferd, Mr. Killigrew?«

»Hier in der Nähe.«

In einer halben Stunde brachen wir auf.
Zuerst ritten wir zu dritt nebeneinander, aber als der Weg enger wurde, ritt Tamblyn hinter uns. Aber er war noch zu dicht hinter uns, als daß wir uns ungestört hätten unterhalten können. Die Sonne war in einem blutroten Dunst untergegangen, der wie eine Erinnerung an den eben vergangenen Tag und ein böses Omen für den morgigen war. Wir langten schließlich vor einem steinernen, massiv gebauten Haus an, das schmale, durch Mittelpfosten abgeteilte Fenster und eine mit Eisen beschlagene Tür hatte, und das glücklicherweise keine Spuren eines Brandes zeigte. Wir läuteten mehrmals, ohne daß jemand öffnete, dann schlugen wir an die Tür, und am Ende drückten wir einfach auf die Klinke und traten ein.
Wir standen in einer Halle mit einem schönen Stichbalkendach. Sie war vollgestopft mit schweren Möbeln, und in der Dunkelheit stieß ich gegen einen Tisch.
»Wer ist da?« fragte eine zittrige Stimme.
»Mrs. Lavelis?« fragte Sue. »Wo seid Ihr?«
»Wer ist da? Antwortet sofort!«
»Suzanna Reskymer mit zwei Freunden. Wir wollten nur sehen, ob Euch etwas fehlt.«
»Ja, Gesellschaft. Auf dem großen Tisch findet Ihr Zunder. Zündet eine Kerze an!«
Schließlich wurde es Licht – flackernd, fast verlöschend und dann langsam immer heller werdend. Auf den breiten Stufen der Treppenflucht saß eine beleibte alte Dame mit einer Muskete quer über die Knie gelegt.
»Ihr seid also Wirklichkeit«, sagte sie. »Mir waren schon Zweifel gekommen.«

Gleich auf den ersten Schrecken hin waren die Diener geflohen und hatten es der Vierundachtzigjährigen überlassen, dem Feind allein entgegenzutreten. Da hatte sie denn den ganzen Tag auf der Treppe gesessen, die Büchse in der Hand, allein gelassen trotz ihrer schwachen Augen.
Wir setzten sie auf einen bequemen Stuhl und bereiteten ihr etwas zu essen. Als eine Reaktion darauf war sie plötzlich schwach und hinfällig, so daß wir sie über Nacht nicht allein lassen konnten. Doch Sue machte sich Sorgen um ihren Mann und bat mich, ihm Bescheid

zu sagen. Aber ich erwiderte ihr, meine erste Pflicht sei die, welche ich ihr gegenüber hätte. Tamblyn solle gehen.
Sue half der alten Dame die Treppe hinauf und brachte sie zu Bett. Mrs. Lavelis sagte ihr, das Schlafzimmer neben dem ihren stünde ihr zur Verfügung; wenn Sue davon Gebrauch machen wolle, würde sie ruhiger schlafen können; die beiden Männer mochten in dem Zimmer neben der Halle schlafen. Noch bevor wir die Tür schlossen, atmete Mrs. Lavelis bereits tief und ruhig.
Gegen Abend sandte Sue Tamblyn zu ihrem Mann, um ihm zu sagen, daß sie heute nacht nicht mehr zurückkommen würde. Nach Erledigung dieses Auftrags sollte Tamblyn so rasch wie möglich hierher zurückkommen.
Nachdem er gegangen war, stand sie mit dem Rücken zur Haustür und sah mich mit zornig glänzenden Augen an.
Ich beugte mich über den Tisch und zündete noch zwei Kerzen an.
»Ich bin wirklich«, sagte ich, »kein Gespenst. Wenn du auch zuerst vielleicht nicht ganz sicher warst . . .«
»Ach, Maugan, ich *freue* mich. Nur, daß es *so* kommen mußte!«
»Es war deine Entscheidung.«
Langsam kam sie an den Tisch, auf dem noch die Reste des Abendessens standen. »Konnte ich es wissen?«
»Du dachtest, ich sei tot, nicht wahr?«
»Ja.«
»Wärest du meine Witwe gewesen, würde man deine Eile unschicklich gefunden haben.«
Sie errötete. »Es ist eine lange Geschichte.«
»Es wird eine lange Nacht werden.«
Sie begann, die Tranchierbretter, Messer und Gabeln abzuräumen.
»Laß das«, sagte ich.
Sie hielt inne. »Was soll ich dir denn sagen? Was gibt es da zu sagen? Und wenn ich's noch so sehr versuchte – ich könnte dich doch nie überzeugen, daß ich damals glaubte, das Richtige zu tun.«
»Oh, Sue –«
Sie preßte die Hände vors Gesicht. Ich stand auf, aber sie wehrte mich ab: »Nein, berühre mich nicht.«
»Sue, warum hast du das getan?«
Sie trat an eins der langen schmalen Fenster und spähte hinaus, auf den dunkelnden Fahrweg.

»Ist es ungefährlich, daß wir Licht haben. Könnte es nicht die Spanier anziehen?«
»Heute nacht werden sie sich nicht mit uns beschäftigen. Außerdem wird das Licht Tamblyn bei seiner Rückkehr helfen.«
»Ja, es wird Tamblyn helfen, seinen Weg hierher zu finden.« Plötzlich sprach sie mit erstickter Stimme. »Warum ich Philip Reskymer heiratete? Das will ich dir sagen. Weil ich ein Schwächling und Feigling bin ... Alle sagten mir, du seiest tot. Verstehst du? Du solltest tot sein, und ich konnte nicht einmal öffentlich *trauern*. Man glaubte, daß du mir nichts bedeutetest. Nur Elizabeth Arundell hatte es erraten ...« Sie wandte sich ab. »Ich konnte nicht länger in Tolverne bleiben, nicht in alle Ewigkeit die ständige Gesellschafterin Elizabeths in diesem traurigen und düsteren Haus sein. Ich sah ein Leben ohne Sinn und Erfüllung vor mir. Philip Reskymer kam zweimal, um Lady Arundell zu besuchen. Sie ist eine Verwandte von ihm. Ich merkte, daß ihm meine Gegenwart angenehm war, aber das war auch alles. Als ich fortging, dachte ich, daß ich ihn nie wiedersehen würde. Ich wollte überhaupt niemanden wiedersehen, ich wollte nur fort ...«
»Aber du hast dann deine Meinung geändert.«
»Er entdeckte mich bei meiner Tante und hielt um meine Hand an. Er tat es so, daß ich nicht rundheraus nein sagen konnte. In einer Woche wollte er wiederkommen und sich meine Antwort holen. In diesen Tagen des Wartens erfuhr ich, wie schwach ich wirklich bin.«
In ihren Augen standen Tränen. »Philip ist ein so gütiger Mann, und das war mein Verderben. Güte und Freundlichkeit brauchte ich vor allem und so etwas wie Trost. Verstehst du das? Philip bat mich, ihm bei seiner Arbeit zu helfen, sein Kamerad, sein Helfer, sein Freund zu sein. Das sagte mir zu, denn es versprach, meinem Leben einen Sinn zu geben ... Er erzählte mir von seiner Arbeit, es klang, wie wenn ein Heiliger sprach. Es gibt wenige Menschen wie ihn.«
»Außerdem war er reich.«
Sie hielt inne, dann nickte sie, und die Tränen stürzten ihr aus den Augen. »Ja. Das spielte eine Rolle. Ich will es nicht abstreiten. Er hatte ein Haus und Diener, die *mich* bedienen würden. Für dich ist das nichts Neues, Maugan, aber für mich war es etwas Neues. Solange ich mich überhaupt erinnern kann, waren wir in Geldschwierigkeiten. Mein Vater nahm es zwar sehr genau mit Manieren und feiner Lebensart – ich wurde erzogen, mich wie eine Dame zu benehmen –,

aber wie sah es hinter der Fassade aus! Zum Mittag gab es nur Wurzelgemüse und Möhren. Und diese endlose Plackerei auf den Feldern! Und das hatte schon wieder begonnen, als ich bei meiner Tante wohnte. Wie konnte ich wissen, ob es nicht mein ganzes Leben so weitergehen würde, wenn ich sein Angebot ausschlug?«

»Hast du nie in den Spiegel gesehen?«

»Gewiß, ich hätte nicht schlechter abgeschnitten als andere Mädchen, *wenn* ich Eltern mit eigenem Grund und Boden gehabt hätte, die mir eine Mitgift hätten geben können. Aber wer nimmt schon ein mittelloses Mädchen? Fast alle Heiraten sind eine Frage des Geldes ... Und begreifst du es nicht? Philip trat nicht an deine Stelle; er nahm einen anderen Platz ein, den vielleicht einst mein Vater innehatte – oder der noch nie zuvor ausgefüllt war. Kannst du das verstehen?«

»Liebst du ihn?«

Sie antwortete mit einer raschen ungeduldigen Gebärde und holte ihr Taschentuch hervor, um sich die Augen zu trocknen. »Was ist Liebe? Mindestens zweier- oder dreierlei. Ich liebe ihn nicht, wie ich – wie ich ... Aber ich liebe ihn in dem Sinne, daß er jemand ist, der meinen Respekt, meine Bewunderung, meine Hilfe und meine Dienste verdient. Bis jetzt habe ich meine Befriedigung, ja, ein neues Leben darin gefunden, daß ich ihm half, daß ich ihm bei seiner Arbeit beiseite stand.«

»Ist dir nie in den Sinn gekommen, daß ich noch leben könnte?«

»Das erste, was ich hörte, war, daß du tot warst. Erst später erfuhr ich die Einzelheiten deines Verschwindens. Aber da konnte ich mich schon zu keiner Hoffnung mehr aufraffen. Auch das ist eine Schwäche, ich weiß. Es ist mein Fehler, immer alles schwarz zu sehen. Aber so oft in meinem Leben habe ich vergebens gehofft und gebetet.«

»Weiß dein Mann über uns Bescheid?«

»Nein. Er glaubt, daß ich von Natur melancholisch bin – was vielleicht auch zutrifft, aber nicht in dem Maße, wie er es meint.«

»Und was sollen wir jetzt tun?«

»Was ist da zu tun? Ich bin verheiratet.«

»Wenn wir ihm die Wahrheit sagten – würde er uns nicht verstehen?«

»Maugan, ich könnte es nicht. Ich bin in diese Ehe in gutem Glauben gegangen – genau wie er.«

»Liebst du mich noch?«
Sie näherte sich einer Kerze, und die Flamme flackerte in dem Luftzug, den die Bewegung ihres Körpers verursachte. Ich mußte denken, daß ich wie diese Kerze war – ebenso empfindlich auf sie reagierend, ebenso unfähig, in ihrer Nähe standhaft zu bleiben.
»Ich muß einmal nachsehen, ob mich nicht Mrs. Lavelis braucht.«
»Sie schläft.«
»Alte Leute haben einen leichten Schlaf, sie wechseln immer zwischen Schlaf und Wachen. Komm mit. Von ihrem Schlafzimmer aus sieht man über die Felder. Es kann nicht schaden, noch einmal hinauszusehen, bevor es ganz dunkel wird.«

7

Tamblyn kam gegen elf Uhr abends zurück. Seinem Herren gehe es gut, berichtete er – es seien noch mehrere Einwohner zurückgekehrt, doch keiner habe sich nach Mousehole hinuntergewagt.
Sue schlief in dem Fremdenzimmer neben dem Schlafzimmer von Mrs. Lavelis. Ich wechselte mich mit Tamblyn in der Wache ab, für die wir in einer kleinen Turmstube Posten bezogen, wo man einen ungehinderten Blick nach Süden und Osten hatte. Tamblyn übernahm die erste Wache, von zwölf bis drei Uhr früh, während der ich in einem der Betten in dem Raum neben der Halle schlief. Trotz allem schlief ich gleich ein, und als ich um drei Uhr geweckt wurde, war mir, als würde ich aus einer tiefen Grube herausgezerrt.
Ich ging hinauf und wickelte mich in die Wolldecke ein, die noch von Tamblyn warm war. Ich setzte mich auf den Stuhl, der so stand, daß ich die Aussicht aus beiden Fenstern hatte. Die Sterne waren verschwunden. Im Schutze einer solchen Nacht konnte die spanische Armee unbemerkt herankommen.
Während ich nun da saß, Mrs. Lavelis' Muskete in der Hand, begann ich, über Sue nachzudenken.
Das Herz war mir schwer und der Kopf voll von allerlei phantastischen Gedanken. Eine volle Stunde saß ich so und dachte über sie nach, indes der Schlaf wie Sand in meinen Augen war und ich die Herrschaft über meinen Willen verlor. Es war der tiefste Punkt der

Nacht, an dem zu den Sterbenden der Tod kommt und die Lebenden ihre dunkelsten Gedanken haben.

Es muß gegen vier Uhr gewesen sein, als ich allmählich wieder aufwachte. Ich brauchte nicht mehr mit schweren Lidern oder Gliedern zu kämpfen, aber wenn ich auch wach war, so war ich nicht aus meinen Träumereien erwacht.

Ich dachte an Sue.

Ich stand auf und sah aus den Fenstern. In den Bäumen säuselte ein schwacher Wind. Ich ging die Treppe hinunter und öffnete die Tür zur Kammer neben der Halle. Ich hörte Tamblyns tiefe regelmäßige Atemzüge.

Dann ging ich wieder nach oben, kam an Mrs. Lavelis' Tür vorbei und lauschte. Kein Laut war zu vernehmen. Ich ging weiter, bis zu der Tür, hinter der Sue schlief, und öffnete sie behutsam. Auch hier kein Laut, und erst, als ich mich ihrem Bett näherte, hörte ich ihre ruhigen Atemzüge.

Sie schlief bei zurückgezogenen Bettvorhängen und erwachte in dem Augenblick, in dem ich ihre Hand berührte.

»Wer ist da?«

»Maugan. Ich wollte nur sehen, ob bei dir alles in Ordnung ist.«

»Ist etwas geschehen? Wie spät ist es?«

»Fast vier Uhr. Nein, es ist alles ruhig.«

»Dann . . .«

»Ich wollte bei dir sein.«

»Maugan, das darfst du nicht.«

»Warum? Habe ich nicht das Recht dazu?«

»Vielleicht unter uns, aber –«

»Es ist ja nur unter uns.«

»Es kann nicht sein, mein Liebes.«

»So nennst du mich und weist mich zurück?«

»Es tut mir leid, ich hätte es nicht sagen dürfen. Es ist der Schreck, plötzlich so aus dem Schlaf gerissen zu werden. Du entlockst mir Worte durch Überrumpelung.«

»Liebe ist das einzige Wort, das ich dir entlockt habe . . .«

Eine Weile saß ich neben ihr, ohne zu sprechen. Da meine Augen an das Dunkel gewöhnt waren, konnte ich das Oval ihres Gesichtes und den Umriß ihrer Schultern sehen. Sie hatte sich im Bett aufgerichtet, nun aber wieder zurückgelegt; nur den Kopf hielt sie hoch. Ich griff

nach ihrer Hand; sie war warm und ein wenig feucht. Ich drehte sie um und küßte die Innenfläche.
Ihre Hand krampfte sich zusammen, suchte sich mir zu entziehen, wenngleich ohne Heftigkeit.
»Wem hast du zuerst Liebe geschworen?« fragte ich.
»Dir.«
»Ich habe mich durch diesen Schwur gebunden gefühlt, er galt mir als Verlöbnis. Seinetwegen verzichtete ich auf alle andern.«
»Ich glaubte, du seiest *tot*! Ich habe es dir doch erklärt, Maugan!«
»Wenn eine Frau einen Mann heiratet, darauf, da sie ihn irrtümlich für tot hält, eine zweite Ehe eingeht – mit wem ist sie dann rechtmäßig verheiratet?«
»Ich weiß. Aber wir waren nicht verheiratet. Es war –«
»Es war ein Verlöbnis, nicht wahr?«
»Ja. Ja, aber –«
»Eine Verlobung ist genau so bindend wie eine Eheschließung. Da kannst du jeden fragen.«
»O nein, nicht nach dem heutigen Gesetz.«
»Kannst du noch grausamer sein?«
Sie setzte sich wieder aufrecht. »Maugan, was kann ich dir denn sagen? Als ich dich gestern sah, dachte ich, das Herz wollte mir stillstehen. Seitdem habe ich mir die größte Mühe gegeben!«
»Du hast dir die größte Mühe gegeben, deine wahren Gefühle zu unterdrücken. Du sagst, du seiest schwach. Ich glaube vielmehr, daß ich der Schwache bin. Du bist viel zu stark ...«
Wir sahen uns in die Augen, und ich legte meine Hand auf ihren Nacken. Ich zog sie an mich. Sie widerstrebte und stieß mit der Hand gegen meine Brust, aber es war der Widerstand eines Menschen, dessen Krankheit weit fortgeschritten ist oder dessen Kraft schon zu lange auf die Probe gestellt wurde. Es war, als habe sie sich den Tag über innerlich verzehrt und nun keine Kraftreserven mehr.

Ich glaube, ohne meine Erlebnisse mit Meg hätte ich es in dieser Nacht nicht gewagt, Sues Zimmer zu betreten. Dabei wäre die Erklärung, daß uns die Vertrautheit mit einer Frau die Zuversicht bei der nächsten schenkt, eine Binsenwahrheit, mit der man der Sache nicht ganz gerecht würde. Denn ich ging nicht von einem leichtsinnigen Geschöpf zu einem anderen, sondern von einer einfachen, romanti-

schen Küchenmagd, bei der ich alles gelernt hatte, was ich wußte, zu dem Mädchen, das meine Frau hätte sein sollen.
Der erste Schein des Morgens drang durch den Spalt der Bettvorhänge und zeigte mir das bleiche Gesicht Sues, an meinen Arm geschmiegt, das wie das Gesicht einer Ertrunkenen war. Ihr Haar lag wie Seetang über dem Kissen.
»Aber ich begreife nicht . . .«, sagte ich.
Ihre Augenlider zuckten, aber sie öffnete sie nicht.
»Wie lange bist du schon verheiratet?« fragte ich. »Wenn –«
»Es ist keine Ehe dieser Art«, antwortete sie beinahe mürrisch. »Ich hatte versucht, es dir zu erklären.«
»Ja, was ist es denn dann für eine Ehe, in Gottes Namen –?«
»Bevor wir heirateten, erklärte mir Philip unumwunden, daß er von mir nur Kameradschaft erwarte. Er hält eine körperliche Beziehung zwischen einem Mann von fünfzig und einer Siebzehnjährigen für unnatürlich und unrecht. Ich glaube, er liebt mich. Ich weiß es – und im vollen Sinne des Wortes; aber als ein Mann von Grundsätzen hat er nie versucht, seine Worte Lügen zu strafen, nachdem unsere Freundschaft enger geworden ist. Darum hast du mich so vorgefunden.«
Ich zog sie näher an mich heran. Sie war schmächtiger als Meg, ihr Körper weniger gerundet, ihre Knochen zart und doch deutlicher zu spüren. Ich war in sie verliebt und von ihr entzückt, mehr als sich sagen läßt. Stumm lagen wir eine Zeitlang nebeneinander.
Endlich sagte sie: »Es wird hell.«
Ich streckte die Hand aus und zog die Bettvorhänge enger zusammen.
»Maugan, du mußt jetzt gehen.«
Ich schloß ihr den Mund auf die einzig mögliche Weise, und auf diese Weise hörte auch unsere Vernunft auf zu funktionieren. Ich wußte, daß gerade das Morgengrauen der für einen Überraschungsangriff der Spanier günstigste Zeitpunkt war. Und ich wußte, daß Tamblyn aufstehen und, wenn er mich nicht im Turmzimmer fand, Alarm schlagen könnte. Auch war es möglich, daß Philip Reskymer am frühen Morgen herüberkam. Aber das alles lag wie hinter einem dichten Nebel; nichts war mehr von Bedeutung.
Doch der Schlitz in den Vorhängen mochte noch so eng sein, das Tageslicht stahl sich hindurch und hatte plötzlich unsere dunkle Fe-

stung in Besitz genommen, so daß die Vorhänge nicht länger ein Schutzwall gegen die Außenwelt waren.
Sie richtete sich im Sitzen auf. »Mir ist so, ich hätte etwas gehört.«
»Es ist nur der Wind.«
Sie lauschte mit angespannter Aufmerksamkeit. Schließlich gab sie dem Druck meiner Hand auf ihren Arm nach und ließ sich wieder fallen. Sie versuchte, sich das Haar aus der Stirn zu streichen. Ein Vogel piepte unter dem Dach; es war ein Alarmruf, als ob sich eine Katze an ihn heranpirschte. Und über uns war ein Kratzen auf dem Dach, von einer Krähe oder Dohle, die auf dem Stroh hüpfte. In der Ferne brüllte eine Kuh.
»Wir müssen Pläne machen«, sagte ich.
»Wie kannst du Pläne machen, um das Schicksal zu besiegen?«
»Vielleicht nicht besiegen, aber es umgehen. Sue, du kannst dieses unnatürliche Leben nicht für immer weiterführen. Wenn wir diese Invasion lebend überstehen, müssen wir einen Weg finden, dich von dieser unmöglichen Bindung zu befreien. Sie würde auf die Dauer Reskymers Leben so gut wie dein und mein Leben vergiften und verfälschen.«
»In jedem Fall dürfen wir nur langsam und vorsichtig vorgehen.«
»Aber wenn er dich wirklich so liebt, wie du sagst, wird er nicht mehr sehr lange seinen Grundsätzen treu bleiben können. Schau dich an, welcher Mann könnte es?«
»Er sieht mich nicht so.«
»Aber er wird es eines Tages. Habt ihr getrennte Schlafzimmer?«
»Natürlich.«
»Mit einer Verbindungstür?«
»Maugan, quäl dich nicht selbst! Glaube mir, daß nichts . . .« Sie unterbrach sich.
»Was hast du?«
»Horch!«
Ich horchte hinaus.
Draußen wieherte ein Pferd, und Metall klirrte.
Ich sprang aus dem Bett und begann, in mein Hemd, mein Wams, meine Pluderhosen und meine Schuhe zu schlüpfen. Halb angekleidet humpelte ich ans Fenster. Es war heller Tag. Ein paar Berittene sprengten um das Haus herum zur Tür. Ich griff nach der Muskete und lud sie, ohne recht hinzusehen, mit Schießpulver.

»Wer ist es?« fragte Sue im Flüsterton.
»Männer, die ich nicht kenne. Zieh dich an, aber warte hier.«
Ihr Zimmer führte auf einen Treppenabsatz, von dem aus man in die Halle hinuntersehen konnte. Hier oben war es noch dunkel, aber durch die offene Haustür fiel Licht. Drei Männer hatten bereits die Halle betreten.
»Halt!« rief ich hinunter.
Sie standen, ohne sich zu rühren, aber es kamen noch zwei Männer hinein, die sogleich ihre Büchsen hoben.
»Halt!« rief der vorderste zu mir herauf. »Wer zum Teufel ruft da? Die Stimme kenne ich nicht.«
»Was habt Ihr hier zu suchen?«
»Da dies mein Haus ist, habe ich wohl mehr Recht, Euch das zu fragen.«
Ich senkte meine Muskete. »Euer Haus?«
»Das war es, als ich fortging.«

Arthur Lavelis war auf dem Rückweg von Exeter gewesen, als er von der spanischen Landung hörte. Er war die Nacht durchgeritten und hatte unterwegs noch ein Dutzend Reiter um sich gesammelt, so daß ihre Zahl im Hof von Trewoofe jetzt zwanzig betrug. Während ihres Ritts hatte sie das Gerücht erreicht, daß eine zweite Armada, doppelt so stark wie die erste, vor unsere Küste erschienen sei und zu Tausenden Truppen landete, und der Feind ganz Penwith mit Feuer und Schwert verheert habe.
Aber als er sich seiner Heimat näherte, traf er mit Godolphin zusammen, der ihn offiziell über die Lage aufklärte. Godolphin hatte in der letzten Nacht im hügeligen Gelände oberhalb von Market Jew biwakiert. Vier- bis fünfhundert Mann, so berichtete Lavelis, hätten sich mittlerweile unter seiner Standarte gesammelt, ja, es kämen stündlich immer mehr dazu, und mit der Zahl wachse der Mut. Dennoch bildeten sie eine undisziplinierte Truppe, die kaum einem planmäßigen Angriff standgehalten hätte. Lavelis aber war, an den noch rauchenden Trümmern von Penzance vorbei, nach Hause gekommen, ohne mit dem Feind in Berührung gekommen zu sein. Es blieb abzuwarten, gab er zu bedenken, was der neue Tag bringen würde.
Indessen war Sue auf dem Treppenabsatz erschienen, vollkommen ruhig und selbstbeherrscht, und Tamblyn war, sich die Augen rei-

bend, in die Halle gekommen. Die alte Mrs. Lavelis schlief friedlich weiter, so daß man sie nicht stören wollte.

Wir setzten uns sofort an den Frühstückstisch. Wenn er je seine drei entlaufenen Diener wiederfände, wollte er sie aufhängen, erklärte Lavelis. Er war ein Junggeselle von vierzig Jahren – mit Knebelbart und von lautem, prahlerischem Wesen – der kennerisch abschätzende Blicke auf Sue warf und, bei kaltem Hammelbraten mit Aspik, Kriegsrat hielt. In seiner Gesellschaft befand sich ein aktiver Soldat, Captain Poor, der von Liskeard kam und die Nacht hindurch geritten war. Gleich nach dem Frühstück wollte er zurückreiten und mit Godolphin Verbindung aufnehmen. Er würde damit gleichzeitig einen wichtigen Kundschafterdienst leisten und die Hauptmacht des Widerstands verstärken. Er schlug vor, den jetzt in Trewoofe befindlichen Trupp zu teilen: zehn sollten bleiben, zum Schutz der Frauen und des Hauses, die jüngeren und tatkräftigeren aber sollten ihm folgen.

Das hieß, daß ich mich von Sue trennen mußte. Ich konnte keine besonderen Rechte geltend machen, mich um Sue zu kümmern; ihr Mann war in der Nähe, und wenn ich irgendeine Entschuldigung vorbrachte, mußte ich als Feigling erscheinen.

Bevor wir aufbrachen, versuchte ich, mit Sue noch einmal unter vier Augen zu sprechen, aber sie war zumeist in Gesellschaft von Mrs. Lavelis und ging einem Gespräch mit mir aus dem Wege. Ich glaube, sie war aus dem Rausch der vergangenen nächtlichen Stunden noch nicht erwacht und suchte noch, ihr inneres Gleichgewicht wiederzufinden. Mir selbst ging es nicht anders. Zwar sehnte ich mich danach, mit ihr zu sprechen, aber wäre es dazu gekommen, hätte ich es wohl überflüssig gefunden. Was geschehen war, war geschehen, und nichts würde mehr so sein, wie es gewesen war; doch damit war noch nichts gelöst, im Gegenteil, die Schwierigkeiten waren größer geworden. Man brauchte Zeit, um sich mit ihnen vertraut zu machen.

Im Augenblick des Aufbruchs ging ich im Angesicht der alten Dame auf Sue zu: »Ich muß gehen, Sue. Wenn dies vorbei ist – es wird bald vorbei sein – komme ich zurück. In jedem Fall, wenn ich am Leben bleibe, komme ich zurück. Vergiß es diesmal nicht.«

Sie sah mich von der Seite an. »Ich werde daran denken.«

Wir ritten los; Lavelis kam mit uns. Das Wetter war umgeschlagen, es war ein grauer Tag mit tief herabhängendem Himmel und einem steifen Südost, der von der See her wehte. Eine Landung mit kleinen Booten würde nicht mehr so leicht sein wie am Tag zuvor.

Als wir um einen jähen Felsenvorsprung bogen, lag plötzlich die ganze Mount's Bay vor unseren Augen. Die Stadt Penzance lag in Trümmern. Man sah die stehengebliebenen Häuserwände ohne Dächer, entdeckte aber nirgendwo ein Zeichen von Leben – weder Engländer noch Spanier. Der Gipfel der hohen Felseninsel St. Michael's Mount war verhüllt von Nebel und Regen; gegenüber der Insel, auf der grünen Ebene von Marazion, lagen etwa fünfhundert Mann, zerstreut in ungleichen Gruppen, und hier und da war ein Zelt oder ein Rollwagen zu sehen. Nah an der Felseninsel lagen vier spanische Galeassen vor Anker. Im übrigen war die See bis zum niedrigen Horizont leer.

»Es ist schwer zu sagen, ob die Schlacht schon vorüber ist oder noch gar nicht begonnen hat«, erklärte Captain Poor. »Aber jedenfalls wollen wir hinuntergehen und entweder sie oder uns selbst begraben.«

Aber ich hatte die spanische Disziplin zu gut kennengelernt, um zu glauben, daß man eine von ihnen an Land gesetzte Armee in einer derartig nachlässigen Aufstellung finden könnte wie diese versprengten Gruppen auf dem Anger von Marazion. Das war Godolphins buntgemischter Haufe.

Wir fanden Sir Francis diesmal in besserer Stimmung. Man hatte eine übertriebene Vorstellung von den spanischen Streitkräften gehabt, und jedenfalls war dies noch keine Invasion in großem Stil. Tatsächlich war die einzige Landung gestern von den vier Galeassen dort drüben erfolgt, obwohl noch mehr Schiffe vor der Küste gesichtet worden waren. Gestern hatten die Spanier Penzance niedergebrannt und danach einer Messe beigewohnt, die von drei Priestern auf dem Hügel über der Stadt zelebriert worden war. Aber bei Einbruch der Dunkelheit hatte sich die Masse der Streitkräfte, vielleicht aus Furcht vor einem nächtlichen Gegenangriff, auf den Galeassen in Sicherheit gebracht. Dort befand sie sich noch immer. Niemand konnte sagen, ob die Spanier irgendwo an der Küste Besatzungen zurückgelassen hatten, aber Godolphin wollte auf keinen Mann verzichten, um es in Erfahrung zu bringen. Er hielt es für die beste Taktik, seine Leute zusammenzuhalten und die Galeassen zu beobachten, um ihnen, wenn nötig, zu folgen und eine Wiederholung der gestrigen Ereignisse zu verhindern.

Unter uns waren ein paar Seeleute, die sich auf das Wetter verstanden. Die Galeassen, sagten sie, seien so beweglich, wie man es mit Rudern war, aber bei dem steten Seewind würden sie es schwer haben loszukommen. Wenn er noch zunahm, würden sie aus der Bucht nicht herauskommen, und es brauchten nur ein paar englische Schiffe windwärts von ihnen aufzutauchen, und sie säßen in der Falle. Aber natürlich wußte niemand, ob nicht überlegene spanische Kräfte hinter dem Horizont lauerten; wenn plötzlich Drake erschien und die Galeassen angriff, konnte es gut geschehen, daß er selbst in eine Falle geriet.
Unterdessen galt es zu warten. Wir lagerten im Gras und fanden uns, so gut es ging, mit dem dünnen Regen ab, den uns der Wind ins Gesicht trieb, und mit dem Fehlen von Nahrung und Obdach. Zwanzig Frauen, die zu uns gestoßen waren, erhielten den Auftrag, das Land abzusuchen nach Brot und dem Nötigsten, das uns fehlte. Am Abend wurden einige Schafe und Hühner geschlachtet und am Spieß geröstet, auch an Bier fehlte es nicht, um das feuchte Wetter besser zu ertragen.
Um sieben Uhr – es regnete noch immer, und der Südost wehte mit stetiger Kraft – begann die den Verband führende Galeasse sich in Bewegung zu setzen. Ihre Ruder tauchten ins Wasser, und sie wandte den Bug gegen die Küste westlich von uns, auf die Einbuchtung von Penzance. Sofort wurde das ohnehin fast beendete Mahl abgebrochen, man rief sich gegenseitig, schulterte Büchsen, Musketen und Piken, oder gürtete sich mit dem Schwert. Die Galeasse glitt durch das Wasser, gefolgt von ihren drei kleineren Trabanten, und die buntscheckige Bande Godolphins begleitete sie am Ufer.
Kurz vor der Einbuchtung von Penzance nahm die erste Galeasse Kurs auf das Ufer. Die Pinassen wurden herabgelassen. In diesem Augenblick gaben Captain Poor und Sir Francis Godolphin, jeder an seinem Flügel, Befehl, das Feuer zu eröffnen. Alsbald hörte man ein stoßweises Geknatter von Büchsenfeuer, worauf einige der Männer an Bord der führenden Galeasse von der Reling zurücktraten und eine geschütztere Stelle aufsuchten. Von der Galeasse aus antwortete man mit Handfeuerwaffen. Wir konnten eine Beratung am Heck beobachten. Wenn die Galeassen ihre Geschütze abfeuerten, konnten sie selbstverständlich das Ufer während der ersten Landungswelle von Verteidigern räumen. Es hing alles davon ab, ob sie meinten, das Pulver und die Munition erübrigen zu können.

Gleichzeitig setzten ein halbes Dutzend Leute, die mit modernen Musketen ausgerüstet waren, das Feuer vom Ufer aus fort, während ein paar andere Soldaten, mit langen Bogen bewaffnet, auf eine vorspringende Felsspitze hinunterkletterten und dort mit den Musketieren um die Wette ihre Pfeile abschossen.
Der Wind wehte indessen immer stärker und kleine Wellen brachen sich entlang der ganzen Küste. Im Vorderschiff der ersten Galeasse brach plötzlich ein Mann zusammen und fiel mitten unter seinen Kameraden nieder. Einer der Bogenschützen hatte sein Zeil getroffen. Fünf Minuten später begannen die Schiffe sich außer Schußweite zu entfernen.
Freudenrufe wurden lauf und pflanzten sich von Gruppe zu Gruppe unter den Verteidigern fort.
»Das beste für sie wäre, wenn sie abzögen«, sagte der Mann neben mir. »Es kommt ein Sturm auf.«
Aber sobald die vier Schiffe außer Schußweite waren, gingen sie wieder achteraus in einer Linie vor Anker. Sie gaben nicht auf.
Wir stellten Wachen am Strand auf, und die Masse der Truppe wurde auf die grasbewachsenen Böschungen zurückgenommen. Bei Einbruch der Dunkelheit wurden zwei Feuer am Strand angemacht, die Licht spenden und ein Zeichen der Zuversicht sein sollten. Ich saß, an einen feuchten, moosigen Felsblock gelehnt, und fiel in einen leichten Schlaf. Ich träumte von Sue und von nichts sonst – von keinen Spaniern, keinem Krieg und von keinen brennenden Kirchen. Ich begehrte sie mit solcher Leidenschaft, daß ich davon immer wieder erwachte. Ich fuhr auf und schüttelte mich, wie um mich von meinen Phantasien zu befreien. Ich weiß nicht, was für eine Alchimie es in einem Mann bewirkt, daß ihn nur *eine* Frau glücklich machen kann, und keine andere, nur ihr Gesicht, ihr Mund, ihre Hände und ihr Körper. Schönheit ist eine ihrer Ingredienzen, aber nicht die wichtigste.
Mitten in der Nacht stand ich auf und ging zu dem Zelt, in dem Sir Francis Godolphin noch aufsaß und einen Eilbericht schreib. Nach zwei schlaflosen Nächten sah man ihm seine Jahre an. Ich bot ihm an, die Depesche für ihn zu schreiben; er willigte ein und diktierte mir den Rest, bequem zurückgelehnt auf seinem Stuhl. Es war der schlichte Bericht über seine eigenen Maßnahmen wie über die Bewegungen des Feindes, bestimmt für den Geheimen Staatsrat in West-

minster. Er ergänzte ihn durch eine ruhige Abschätzung zukünftiger Entwicklungen. Während des Schreibens wurde mir klar, warum der Staatsrat dem Ratschlag des Sir Francis Godolphin größeren Wert beimaß als dem von Mr. John Killigrew.
Wir waren fertig, und er hatte den Bericht schon gesiegelt, als wir lautes Rufen in der Ferne hörten und einer der Diener des Sir Francis mit der Nachricht kam, daß endlich Verstärkungen aus Plymouth eingetroffen waren.
Darauf trat ein hochgewachsener, kraftvoller junger Mann ins Zelt: Sir Nicholas Clifford. Er bringe, wie er sagte, zweihundert Reiter mit, unter dem Kommando zweier erfahrener Hauptleute – und die Versicherung Drakes, daß ein Teil seiner Flotte bei Tagesanbruch vor der Küste der Halbinsel Lizard sein würde. Nun kam es nur noch darauf an, alle Aktionen aufeinander abzustimmen, um für jede Komplikation und jeden Notfall gewappnet zu sein, die der neue Tag bringen mochte.
Captain Poor wurde geweckt, und mit den beiden neuangekommenen Hauptleuten wurde er zum Kriegsrat im Zelt hinzugezogen. Da ich bereits bei ihrer Ankunft zugegen gewesen war, beanstandeten sie meine Anwesenheit nicht.
Der Plan Nicholas Cliffords ging von einer Strategie der Stärke aus, im Gegensatz zu dem Plan Sir Francis', der auf einer Strategie der Schwäche beruhte. Wenn die feindliche Streitmacht nur aus vier Galeassen bestand, sollte man sie zur Landung verlocken, statt sie zu verhindern. Am Mittwoch hatten die Spanier zum letztenmal frisches Trinkwasser an Bord genommen, vielleicht hatten sie inzwischen ihren Vorrat erschöpft. Unser gesamtes Lager sollte noch in dieser Nacht verlegt werden.
Um drei Uhr waren wir noch unterwegs, um fünf Uhr hatten wir unsere neuen Stellungen bezogen. Etwa dreißig Mann, die mit Piken und Bogen bewaffnet waren, beobachteten den Strand, an dem die Spanier gestern eine Landung versucht hatten, aber die anderen siebenhundert, einschließlich der nachts zu uns gestoßenen Reiter, befanden sich außer Sicht in den Tälern von Gulval und Ludgvan. Wenn der Feind landen wollte, so konnte er es jetzt so gut wie ungehindert tun. Wenn er sich aber in das grüne Land hinter dem Strand vorwagen sollte, so würde er von allen Seiten angegriffen werden.
Clifford rechnete damit, daß Drakes Flotte um Mittag oder kurz dar-

auf in Mount's Bay erscheinen würde. Das hieß noch sieben Stunden warten.

Von einem hochgelegenen Punkt auf den Hügeln aus beobachteten wir, wie aus den vier schwarzen Flecken vor der Küste wieder die uns nun schon so vertrauten Kriegsschiffe wurden. Was am Himmel leuchtete, war mehr als nur der junge Morgen. Denn dies sollte ein Tag besseren Gelingens werden.

Eine Zeitlang bemerkten wir keine Bewegung dort drüben, aber dann setzte die längste Galeasse ein oder zwei Segel bei, wie um sie gegen den Wind auszuprobieren. Sie wurden bald wieder eingezogen. Nur durch die Kraft ihrer Ruderer konnten diese vier Kriegsschiffe die Mount's Bay wieder verlassen, und wenn der Aufseher seine Sklaven nicht fast zu Tode peitschte, würden sie nie mehr die offene See gewinnen.

Inzwischen war es heller Tag, und argwöhnisch beobachtete ich den Himmel. Auf dieser Halbinsel, auf der die Küste überall nahe ist, kommt es leicht zu einem jähen Wetterumschlag. Der Wind, der seit sechsundzwanzig Stunden von Südosten kam, wehte zwar noch immer stark, doch ohne die alte Stetigkeit; er flaute ab, sprang wieder auf; er wurde böig. Durch die aufgebrochene Wolkendecke strahlte die Sonne vom blauen Himmel, bis sie von neuem eine Wolke überzog. Der Horizont, der seit Beginn der Invasion nebelig gewesen war, zeigte jetzt einen scharfen Rand. Ein völlig überraschender Angriff auf den Gegner war nicht mehr möglich, aber wenn der Wind nur hielt, waren die Spanier noch immer in der Falle.

Um neun Uhr ritten wir – Clifford, Lavelis und außer mir noch drei Mann – ins Tal hinab, bis etwa eine halbe Meile vor dem Strand. Wir hatten an einer geschützten Stelle haltgemacht, an der kein Wind zu spüren war. Cliffort hatte das Fernglas vor den Augen; er wandte jetzt seine Aufmerksamkeit von den Schiffen fort zum Horizont, aber ich sah ihm an, daß er außer den Galeassen keine anderen Schiffe entdeckt hatte. Und in diesem Augenblick fühlte ich plötzlich den Wind im Nacken.

Die andern mußten es ein paar Minuten später ebenfalls bemerkt haben, denn alle blickten auf, und dann gab Clifford seinem Pferd die Sporen und sprengte aus dem Schutz der Bäume. Der Südost hatte vollkommen aufgehört, statt dessen sprang eine Brise auf, die von Nordwesten kam.

Fluchend galoppierten wir zum Strand hinunter, und Clifford ritt in seinem Ärger fast sein Pferd zuschanden. Als wir den Strand erreicht hatten, setzten bereits drei der Galeassen die Segel. Die vierte, das Flaggschiff, legte die Ruder aus und nahm Kurs auf die Küste.
»Großer Gott!« entfuhr es Lavelis. »Jetzt sagt mir nur noch, daß wir noch eine Chance haben!«
Das Schiff kam bis auf Schußweite nahe. Männer wurden im Vorderschiff sichtbar, und ein paar unserer Leute legten schon auf sie an, als Clifford warnend die Hand erhob.
»Um Himmelswillen, schreckt sie mir doch nicht ab!«
Doch das Schiff drehte um und entfaltete seine Segel, und im gleichen Augenblick sprangen etwa ein Dutzend Männer vom Vorderschiff und begannen, auf das Ufer zuzuschwimmen. Clifford lehnte es noch immer ab, den Befehl zum Feuern zu geben, und als der erste Mann torkelnd und mit lauten Rufen den Fuß aufs Trockene setzte, war die Galeasse bei der auffrischenden Brise schon weit auf die offene See zu gekommen. Die Stimmen aber, die vom Ufer her riefen, waren gut englische Stimmen, und sie baten uns, ja nicht zu feuern. Der spanische Kapitän hatte beschlossen, sich einiger seiner Gefangenen zu entledigen; es waren Seeleute und andere, die er auf seiner Kreuzfahrt gefangengenommen hatte, die ihm aber jetzt nicht mehr nützlich sein konnten.
Ihre Freude über die unvermutete Freilassung war unser einziger Lohn. Um elf Uhr waren alle vier spanischen Schiffe mit dem Rumpf tief im Wasser am Horizont zu sehen. Erst nach einer Stunde tauchte in der Ferne das erste Segel der Flotte Drakes auf.

8

Die Landungen hatten im ganzen Land eine alarmierende Wirkung. Mein Vater empfing wöchentlich Briefe vom Geheimen Staatsrat, die ihm die Ausbildung und eine bessere Ausrüstung seiner Rekruten ans Herz legten. Drake und Hawkins erreichte der Befehl der Königin, daß ihr neues Unternehmen zu warten hatte, bis die Gefahr einer Invasion vorüber war.
Mein Vater antwortete gemeinsam mit Hannibal Vivian dem Gehei-

men Staatsrat, daß, was immer sie mit ihrem Aufgebot anfingen, eine solche Truppe ohne Munition nur von geringem Nutzen sei, und Hannibal Vivian scheute sich nicht, um eine neue Feldschlange, vier halbe Feldschlangen und drei Falkonetten zu bitten. Er erhielt sie nicht, aber Anfang August traf eine Lieferung neuer Musketen mit Zündpulver und Kugeln ein, die mit Umsicht ausgeteilt wurden. Schließlich gab es einen großen Appell auf einem der Felder über Arwenack, bei dem etwa zweihundertfünfzig Mann erschienen, die ausgehobene männliche Jugend aus fünf Kirchspielen. Eine buntscheckige Gesellschaft, von der ein Viertel unbewaffnet war und der Rest nicht besser als die, die bei Penzance auf die Spanier getroffen waren. Mein Vater war voll verhaltener Wut. Er hatte einen Wortwechsel mit Hannibal Vivian und explodierte schließlich wie ein Pulverfaß, als sich vier Bürger aus Penryn bei ihm beschwerten, daß seine Rekrutierungen ihre Gemeinde jeglichen Schutzes beraubten.

Am Abend dieses Tages sprach Meg mit mir. »Ich habe dich kaum gesehen, seitdem du wieder hier bist, Maugan«, sagte sie. »Nimmt dich der Krieg so sehr in Anspruch?«

»Zur Genüge.«

»Ich glaube, morgen ginge es vielleicht. Dick wird bis Mitternacht fort sein. Wenn du Lust hast . . .«

»Morgen geht es nicht, Meg. Ich muß den ganzen Tag über bei meinem Vater sein.«

Sie sah mich forschend an. »Bist du mich leid geworden? Sag mir die Wahrheit.«

»Nein, natürlich nicht. Vielleicht paßt es am Samstag. Geht es bei dir am Samstag?«

»Ich glaube, Dick wird da sein, aber ich will mal sehen.«

Es kam so, daß ich ihr aus dem Wege ging, bis zu der Sturmnacht eine Woche später, als es uns bald das Dach über dem Kopfe wegriß, oben in unserer alten Kammer, und das kleine Fenster in seinem Rahmen klirrte.

Als es vorbei war, sagte sie: »Neulich fragte ich dich, ob du mich leid geworden wärest. Ich hätte besser gefragt, ob du mich haßt.«

»Ich dich hassen? Aber, liebe Meg, wie könnte ich dich je hassen!«

»Was soll dann diese Art Liebe bedeuten? Das ist keine Liebe voller Zärtlichkeit, sondern mit heimlichem Zorn.« Sie weinte.

Ich zog sie zärtlich an mich und gab mir Mühe, selbst nicht zu weinen, denn all die Lust, die ich bei ihr empfunden hatte, war wie zu Asche verbrannt, weil ich zwischen dem letzten und dem heutigen Zusammensein das Mädchen, das ich liebte, ›erkannt‹ hatte. Ich hatte versucht, die Veränderung in meinen Gefühlen Meg zu verbergen, indem ich diese Gefühle zu größerer Intensität zwang, aber der Erfolg war nur gewesen, sie um so deutlicher spüren zu lassen, daß ich bei ihr keinen Genuß mehr fand.

Wir blieben lange dort oben, gefährlich lange, und ich tröstete sie und redete auf sie ein, mit der verzweifelten Heuchelei eines Menschen, der einen anderen, an dem ihm gelegen ist, nicht kränken will, und am Ende glaubte sie halb und halb, daß sich nichts geändert habe. Vielleicht wäre es freundlicher gewesen, wenn ich ihr die Wahrheit gesagt und es zu einem klaren Bruch hätte kommen lassen; statt dessen wandte ich alle Listen eines professionellen Verführers an, um ihren Stolz und ihre Liebe zu schonen. Schließlich fehlte nicht viel, daß ich es selbst geglaubt hätte.

Doch am Tag darauf setzte ich mich aufs Pferd und ritt zurück nach Paul.

»Du hättest nicht kommen dürfen, Maugan. Und woher hast du gewußt, wo du mich finden würdest?«

»Du konntest nicht in deinem ausgebrannten Hause sein. Mein nächster Weg führte also nach Trewoofe. Wo ist dein Mann jetzt?«

»Im Dorf. Dort haben die meisten ihr Heim verloren; ein paar finden allerdings Aufnahme bei den Keigwins, deren Haus nicht abgebrannt ist. Du weißt: Jenkin Keigwin wurde getötet, aber seine Frau und seine Söhne sind am Leben geblieben. Alle anderen Dorfbewohner sind jetzt in Zelten oder in Hütten weiter draußen untergebracht.«

»Und Arthur Lavelis?«

»Er ist die meiste Zeit unterwegs, um Hilfe zu spenden.«

»Aber du kannst doch bleiben und mit mir sprechen?«

»Nur ein paar Minuten.«

»Warum bist du so abweisend?«

»Nur weil ich Angst habe.«

»Vor mir?«

»Vor dem, was du jetzt von mir fordern wirst.«

Wir gingen ein paar Schritte über den Rasen. Am Ende stand eine

Taxushecke, die uns vor Blicken aus dem Haus abschirmen würde. Noch bevor wir sie erreichten, blieb Sue stehen.
»Maugan, was willst du fordern?«
»Dich.«
Es war ein Tag voller Sonne und Wind, und ihre Augen waren in dem hellen Licht grün wie Katzenaugen. »Du weißt, daß das nicht sein kann.«
»Auch nicht nach dem, was vor zwei Wochen geschehen ist?«
»Das war – das war etwas, wogegen sich keiner von uns wehren konnte! Es kam über uns, bevor wir wußten, was geschah. Aber jetzt wissen wir es.«
»Das einzige, was ich weiß, ist, daß ich dich immer mehr liebe.«
»Aber ich kann nicht mein Gelübde brechen.«
»Du hast es schon getan.«
»Ich sagte dir doch – das war etwas, was sich unserem Willen entzog – tief in der Nacht.« Als sie bemerkte, daß ich sprechen wollte, kam sie mir hastig zuvor: »Also was schlägst du vor?«
»Wir könnten zusammen fortgehen. Dazu warst du vor zwei Jahren bereit.«
»Aber damals war ich noch nicht verheiratet. Jetzt können wir uns nicht heiraten. Wir könnten zusammenleben, aber damit würdest du auch jede Aussicht verlieren, die du auf Förderung haben magst, zu Hause und bei Hofe.«
»Ich kann meinen Weg allein machen. Das haben andere auch geschafft. Ich bin ein Bastard; meine Kinder würden es ebenso sein.«
»Und ich, Maugan? Ich habe gelobt, Philip Reskymers Ehefrau zu sein.«
Ich zog sie hinter die Taxushecke, aber sie wollte sich nicht von mir umarmen lassen. In ihren angespannten Muskeln war eine erstaunliche Kraft.
»Warte, Maugan«, sagte sie. »Bitte, warte!«
»Worauf?«
»Daß uns die Zeit zu Hilfe kommt.«
»Meinst du, wie sollen warten, bis dein Mann stirbt?«
Sie zuckte zusammen. »Nein . . . Oder ja . . . Ich weiß nicht. Ich weiß nur, daß ich ihn jetzt nicht im Stich lassen kann.«
»Wie du es mit mir getan hast.«
»Ich glaubte doch, du seiest tot! Er ist es nicht. Er arbeitet achtzehn

Stunden am Tage, um den Leuten hier zu helfen. Er arbeitet den ganzen Tag, und die Arbeit zu den Aufregungen der Landung und des Überfalls, das alles zusammen hat ihn krank gemacht. Nicht ernstlich krank, aber elend und selbst hilfsbedürftig.«
Ich ließ ihre Hand los und setzte mich auf die steinerne Brüstung.
»Sue, ich kann nicht leben ohne dich. Wenn ich nicht krank am Leibe bin, dann bin ich doch krank an der Seele. Jede Nacht liege ich wach und denke an dich. Bevor ich dich wiedersah, führte ich ein Leben, das mich dem Anschein nach befriedigte. Es war zwar nur noch Schein, aber selbst das ist jetzt vorbei.«
Eine Weile blieben wir dort und waren so still, daß eine Amsel auf dem Steinweg auf uns zu hüpfte und uns mit einem Auge wie einem dicken Knopf beobachtete. Erst als Sue eine Bewegung machte, flatterte die Amsel mit aufgeregtem Zwitschern davon.
»Ich weiß nicht, was ich dir antworten soll, Maugan. Noch nicht. In einem oder in zwei Jahren –«
»Und was soll sich bis dahin geändert haben?«
»Das er mich nicht mehr so braucht. Und du wirst dann gewiß irgendeinen Beruf haben . . .«
Ich legte meine Arme um sie. »Hat unsere eine Nacht so wenig für dich bedeutet, daß du ihre Wiederholung auf Jahre hinaus aufschieben kannst?«
»Aber das ist die einzige Möglichkeit. Verstehst du das nicht?«
Ich begann, sie zu küssen. Zuerst schien sie der Versuchung zu erliegen, schien der Druck ihrer gegen mich gestemmten Hände nachzulassen, aber plötzlich stieß sie mich von sich.
»Nein, Maugan. Nicht *jetzt*!«
»Wenn du ihn schon nicht verlassen willst«, sagte ich, »dann wollen wir wenigstens ein Liebespaar sein. Ich kann mit dem Pferd herüberkommen. Es wird nicht leicht sein, aber es läßt sich einrichten. Du sagst, er ist oft unterwegs –«
Sie tappte den Weg zur Mauer zurück und setzte sich. »Und wenn ich ein Kind bekomme?« fragte sie, nachdem sie tief Atem geholt hatte.
»Dann wird es für dich Zeit, ihn zu verlassen, dann wird es Zeit, daß jeder von unserer Liebe erfährt . . . Schüttele nicht den Kopf, Sue! Bitte, nicht! Bitte!«
»Aber ich muß es doch.«
»Warum? Sag mir, warum?«

Sie blieb die Antwort schuldig. Dann und wann sprühte uns mit dem Wind der Regen ins Gesicht.
»Alles, wovon wir reden – es ist so unwirklich«, sagte ich. »Dieses ›Jetzt ist es der falsche Augenblick‹ und ›Dann wird es der rechte sein‹ ... Wenn wir uns lieben und du ihn nicht liebst, sind alles andere überflüssige Worte ... Sieh mich an, Sue, und sag mir, ob es denn nicht wahr ist!«
Aber sie sah mich nicht an. Ich kniete vor ihr und streichelte ihre Hand. Die Spitzen ihres Ärmels fielen über unsere beiden Hände und bedeckten sie.
»Liebst du ihn?« fragte ich sie.
»Nein! Ich habe es dir doch gesagt.«
»Und doch willst du bei ihm bleiben?«
»Vorläufig. Geh für ein paar Monate oder ein Jahr fort, Maugan. Vergiß mich für ein Jahr. Denke daran, etwas zu werden und dir einen Platz in der Gesellschaft zu schaffen. Und du weißt, ich bin dir ganz sicher – viel sicherer hier, als ich es in Tolverne war.«
»Wie kann ich das wissen? Wenn er dich liebt, wird er es nicht fertigbringen, sich für immer von dir fernzuhalten. Wenn du es für deine Pflicht hältst, jetzt bei ihm zu bleiben, wirst du es dann vielleicht für deine Pflicht halten, dich seinem Wille zu fügen!«
»Er wird mich niemals bedrängen.«
»Er drängt dich auch jetzt nicht, bei ihm zu bleiben. Du glaubst dich aber dazu verpflichtet.«
»Ach, Lieber, das ist doch etwas ganz anderes.« Sie hob die Hand, als wolle sie mein Gesicht streicheln, aber jetzt machte mich der Zorn blind.
»Habt ihr hier, in diesem Hause, jetzt während des Notstands auch getrennte Schlafzimmer?«
Zögernd gab sie zu: »Nein, keine getrennten Schlafzimmer, aber getrennte Betten. Er schläft jede Nacht –«
»Also kann er jede Nacht zusehen, wie du dich entkleidest, dein Haar löst; er sieht dich halbnackt – und wie lange kann das so weitergehen?«
»Maugan!« Sie stand auf. »So ist es nicht. Du quälst dich ohne Grund. Bis unser eigenes Haus wieder aufgebaut ist, und nur so lange, bleibt es bei dem gemeinsamen Zimmer. Nichts von dem, was du dir denkst, geschieht.«

»Sag was du willst – ich glaube nicht, daß ein Mann und eine Frau wochenlang im selben Zimmer schlafen, ohne daß es zwischen ihnen zu Vertraulichkeiten kommt. Sue, es ist nur eine Frage der Zeit. Es ist genau umgekehrt: Die Zeit arbeitet nicht für uns, sondern gegen uns. Sie steht auf *seiner* Seite. Ich flehe dich an, komm noch heute mit mir. Laß uns fortgehen, so wie wir gehen und stehen. Ganz gleich, wohin. Wichtig ist nur, daß wir zusammen sind. Einmal hast du mir das zugesagt. Du versprachst es mir, bevor du ihn kennenlerntest. Mein Anspruch auf dich ist der ältere.«

Sie stand auf und schloß mir den Mund mit ihren Fingern. Ich schlug ihre Hand weg, halb wahnsinnig vor Verzweiflung. Ihr Gesicht wurde sehr weiß.

»Bitte, Maugan, laß uns nicht so auseinandergehen.«

»Wir müssen aber so auseinandergehen – oder gar nicht!«

Sie schüttelte den Kopf, in ihrem Entschluß plötzlich bestärkt. »Ich will nicht mit dir fortgehen. Nicht jetzt. Ich glaube, daß meine Gründe richtig sind. Gott verzeihe mir, daß ich dich unglücklich mache. Komm wieder in sechs Monaten oder einem Jahr.«

»Ich glaube, es wäre besser, wenn ich nie wieder käme«, sagte ich.

Der August war stürmisch und regnerisch von Anfang bis Ende. Cecils Späher berichteten – so erzählten meine Onkel – daß sich diesmal keine große Armada zum Angriff auf England anschickte, so daß die Königin, wenn auch widerstrebend, Drake und Hawkins die Erlaubnis gab zu segeln; doch mußte sie sich verpflichten, bis zum Mai des nächsten Jahren zurückzusein.

Dieser Fessel ledig, fanden sich die beiden aber durch eine aufgepeitschte See und widrige Winde am Aufbruch gehindert, bis ihnen endlich am 19. August eine kurze Windstille die Abreise ermöglichte.

Ganz Plymouth war auf der Straße, um die beiden großen Männer zu ehren; die Kirchenglocken läuteten, die Schiffskapellen spielten und die Flaggen flatterten in der Brise. Wir warteten in Falmouth darauf, einen Blick auf sie zu erhaschen, aber sie hielten sich der Küste fern. Harold Tregwin aber schwor, er habe ihre Segel in der Abendsonne schimmern sehen, als er vor der Landspitze von St. Anthony seine Angelschnüre auswarf.

An diesem Tage kam mein Vater von einem Zusammenstoß mit dem

Gesetz heim; zwei Gerichtsdiener hatten versucht, ihn vor Gericht zu laden, als er in Truro war; er hatte mit der Reitpeitsche um sich geschlagen und hatte sich gerade noch im letzten Augenblick auf sein Pferd schwingen können. Einer der beiden Gerichtsdiener sollte verletzt worden sein.

»Ihr dürftet«, sagte ich, »nicht mehr ohne jemanden von der Familie ausgehen, der Befehle geben – und die Schuld leichter auf sich nehmen kann als Ihr. Diese Geschichte wird sich überall herumsprechen.«

»Ich kann mich nicht den ganzen Tag hinter meinem Palisadenzaun verstecken. Wenn sie sich noch einmal an mich heranwagen, soll es ihnen schlimmer ergehen.«

Er wandte sich zur Seite, um einem der Hunde, der schnarchte, einen Tritt zu geben.

»Ich hatte übrigens in dieser Woche wieder eine Nachricht von Sir George Fermor. Er hat es für richtig gehalten, die Hochzeit seiner Tochter mit John um weitere sechs Monate zu verschieben. Wenn er damit, wie ich leider vermuten muß, sechs Monate nach dem Ende des ersten Aufschubs meint, so bedeutet das: keine Heirat vor Mai nächsten Jahres!«

»Wie gern würde ich Euch helfen!«

»Da ist nicht viel zu helfen, wenn wir nicht gerade die Steine vom Haus und das Holz von der Pier verkaufen wollen. Ich besitze noch einige Güter, zu denen auch Rosemerryn gehört, auf dem mein Stiefbruder sitzt und sich zu Tode säuft, aber alle diese Rittergüter sind bis übers Dach verpfändet. Wollte ich sie verkaufen, würde ich weiter nichts tun als die Schulden bezahlen, die ich auf sie gemacht habe, und vielleicht den Gegenwert von ein paar Ballen Stoff übrigbehalten. Ich hoffe, daß Fermor dafür in der Hölle braten muß!«

»Könnt Ihr für John keine andere Partie finden? Es muß doch noch mehr reiche Männer geben.«

»Aber wenige, die eine solche Mitgift geben. Wir würden vielleicht Grundbesitz dazubekommen, doch darauf Geld aufzunehmen, dauert seine Zeit. Aber mit Gold in der Hand, bin ich in einer viel stärkeren Position. Nicht etwa, daß ich es meinen Gläubigern, wie hungrigen Wölfen rohes Fleisch, in den Rachen werden würde, so wie es mein Vater mit der Mitgift deiner Stiefmutter getan hat. In drei Jahren hatte er alle Schulden bezahlt, zehntausend Pfund, und uns blieb nichts als genügend Kredit, um neue Schulden zu machen! Aber so will ich es nicht halten. Das Geld soll tropfenweise zugemessen werden, ein bißchen dem, ein bißchen jenem. Wenn meine Gläubiger nur einmal etwas von meinem Gold gesehen haben, werden sie in Zukunft mit kleinen Abzahlungen zufrieden sein. Aber ich muß es bald haben, oder wir gehen alle zugrunde!«

»Wie steht es mit Thomas? Er ist jetzt fünfzehn.«

»Ich sprach mit deinen Onkeln darüber, als ich im Mai bei ihnen war. Aber für einen jüngeren Sohn sind die Aussichten nicht sehr gut. Was hat er außer einem berühmten Namen zu bieten? Das wird vielleicht in ein paar Jahren anders geworden sein, wenn er durch unsere Beziehungen bei Hofe persönliche Aussichten haben sollte. Aber wir können einen Jungen in diesem Alter nicht mit Nutzen verheiraten, wenn er nicht der älteste Sohn und Erbe ist.«

»Noch weniger, wenn er ein Bastard ist, der rein gar nichts zu erwarten hat.«

Mr. Killigrew trat vor den alten quadratischen Spiegel und begann behutsam seinen Schnurrbart mit einer kleinen Handarbeitsschere zu stutzen.

»Nun ja, das ist wahr, gesellschaftlich bist du mir nicht von großem Nutzen, aber du stehst mir zur Seite. Das ist ein Nutzen anderer Art.«

»Ich würde sehr gern selbständig meinen Weg machen.«

»Bei Chudleigh Michell hast du dich nicht sehr wohl gefühlt. Was für Möglichkeiten gäbe es noch?«

»Könnte ich nicht bei einem meiner Onkel in Westminster oder London eine Beschäftigung finden? Ihr habt mir Euren Namen gegeben. Das dürfte etwas wert sein. Außerdem kann ich arbeiten, ich bin nicht unbegabt.«

Mein Vater legte die Schere fort und betupfte seinen Bart mit etwas Pomade. »Deine Idee hat etwas für sich, zumal zu diesem Zeitpunkt. Ich habe getan, was ich konnte, um die Aufregung wegen des irischen Schiffs aus der Welt zu schaffen. Aber niemand war von meinen Erklärungen befriedigt, und man droht mir immer noch mit Ferdinando Gorges. Wenn er herkommt, wäre es nützlich, wenn du weit fort bist. Denn diese Schwätzer aus Penryn können sehr viel weniger Schaden anrichten, wenn das Objekt ihres Geschwätzes nicht aufzufinden ist.«

»Ich würde gern bald fortgehen, Sir.«

Er wandte sich mir zu. »Warum, wo drückt dich der Schuh? Hast du etwas Neues ausgeheckt?«

»Nein, Sir, ich versichere es Euch.«

»Gnade dir Gott, wenn es anders ist, denn ich kann nicht noch mehr Streiche dulden.«

Den Nachmittag verbrachte ich, indem ich mit Belemus hinter dem Schwanenteich Wildenten schoß. Wieder zu Hause, vertrieb ich mir in einer der Scheunen die Zeit; ich half, die Wolle in Ballen abzupakken, bereit für den Weber, und hoffte, so Meg auszuweichen. Ich war der letzte in der Scheune geblieben, und plötzlich stand Dick Stable in der Tür und wartete auf mich. Ich grüßte ihn beiläufig, erhielt aber keine Antwort, bis er plötzlich zu sprechen anfing, abgerissen und stammelnd, so daß ich nur hier und da einen ganzen Satz verstand.

Jemand hatte eine Bemerkung fallen lassen, oder vielleicht war er auch von selbst mißtrauisch geworden; dies war also die Folge. Halb drohte er mir, halb flehte er mich an. Dick hatte noch nie in seinem Leben mit irgend jemandem Streit gehabt, und außerdem war er sich des Standesunterschiedes zwischen uns deutlich bewußt. Seine Bereitschaft zu lachen, die man immer in seiner Stimme spürte, war auch jetzt da, aber es war das Lachen eines Kindes, das man gekränkt hat: manchmal den Tränen nahe und manchmal der Wut. Seine Stimme und sein Benehmen ließen auf Nachgiebigkeit schließen, aber seine Worte klagten an.

Plötzlich erfüllte mich ein grimmiger Zorn über die hoffnungslose Unzulänglichkeit und Verkehrheit alles Menschlichen. Ich stand auf und stieg über die Wollballen, und Dick machte plötzlich eine Bewegung, als ob er glaube, er sollte geschlagen werden.

»Was für ein altes Weib hat dir ihre üblen Gedanken ins Ohr geträufelt?« fragte ich. »Ich dachte, du hättest dich von dem Schlag auf deinen Schädel inzwischen erholt.«

Er lachte nervös. »Ach nein, die Geschichte ist überall zu hören, für jeden, der sie hören will. Vielleicht ist sie, wie immer, zuletzt zu dem gekommen, den sie am meisten betrifft. Wenn Ihr –«

Ich legte meine Hand auf seine Schulter und drehte ihn um. Wieder hob er die Hände wie zur Verteidigung. »Hör zu, Tölpel. Du warst krank, nicht bei Sinnen, wochen- und monatelang. Meg war selbst halb wahnsinnig vor Sorge. Wir dachten, du würdest vielleicht zehn, fünfzehn Jahre lang auf deinem Hocker sitzen und Stöcke schnitzen.

Wer konnte es wissen? Wir versuchten alles. Ich ging sogar zu der Hexe Footmarker in Truro und Meg zu der alten Sarah Pound, von der sie sich ihren Mondstein auslieh – er lag eine Woche unter deiner Matratze. Tun das eine Ehefrau und ein Freund, die miteinander Unzucht treiben, während du ohne Besinnung bist?«
»Gut, aber –«
»Laß mich ausreden. Ich habe Meg oft gesehen, ich gebe es zu. Das tat ich auch, bevor du sie geheiratet hast. Wir waren, bevor ich fünfzehn war, gewohnt, uns zu küssen und ein bißchen vertraulich miteinander zu sein. Aber das ist etwas anderes, als was du dir jetzt, bei deiner verdorbenen Phantasie, vorstellst. Du ahnst gar nicht, was für eine prachtvolle Frau du in Meg hast! Nein, du weißt es nicht. Ich sage es dir. Sie hat sich so große Sorgen um dich gemacht, und sie war so glücklich, als es dir allmählich besser ging! Während deiner Krankheit habe ich sie oft gesehen, zugegeben; wir waren, wie schon gesagt, viel zusammen, weil wir auf Mittel und Wege sannen, wie du wieder gesund werden könntest. Sie war manchmal in so tiefer Sorge, daß sie Trost und Zuspruch brauchte. Und wenn ich versucht habe, sie zu trösten, mußt du nicht deswegen auf schmutzige Gedanken kommen.«
»Ich habe gehört, daß man Euch gesehen hat, wie Ihr Euch in eine der Dachkammern geschlichen habt –«
»Nun hör mal zu! Ich *schleiche mich nicht* irgendwohin. Wenn ich wohin gehe, dann tue ich es in aller Offenheit. Zeig mir den Mann oder die Frau, die dir das erzählt hat!«
»Nein, ich gebe nichts darauf, was die Leute sagen. Aber es war die allgemeine Annahme –«
»Gut, es war die allgemeine Annahme. Und die allgemeine Annahme war falsch. Verstehst du mich?«
Er blinzelte verlegen, dann aber sah er mir gerade in die Augen. »Ja, ich verstehe, Master Maugan. Ich möchte Euch nicht beleidigen. Wenn es so ist, dann habe ich alles mißverstanden und bitte Euch um Verzeihung. Aber Meg selbst ist verändert, und ich denke, daß sie mich vielleicht nicht mehr liebt.«
Ich legte den Arm um seine Schulter – und haßte mich dafür. »Hör mir noch einmal zu, Dick, und diesmal sehr aufmerksam. Ich kenne Meg länger als du, und ich sage dir, sie hat dich sehr, sehr lieb. Aber sie ist ein romantisches Mädchen, wie es heute keines mehr gibt, und

die Liebe ist nun für sie etwas Ernsthaftes und Romantisches, über das man nicht lachen oder spotten darf. Hüte dich davor zu lachen. Unterdrücke deinen Wunsch danach. Nimm sie ernst, laß dich von ihrer Liebe, laß dich von ihr rühren. Sie ist ein hübsches, anmutiges Mädchen, Dick, jung und temperamentvoll. Ich habe sie dir nicht geraubt, aber vielleicht tut es einmal ein anderer, wenn du nicht achtgibst, Wirb um sie. Das ist schließlich keine so lästige Aufgabe. Und auch nicht schwer. Und glaube nur nicht, du würdest lächerlich, wenn du ihr ein bißchen den Hof machtest. Denke an den Lohn. Ihre Liebe. Ihre Hingabe.«

Er nickte mit dem Kopf. Vielleicht verstand er von drei Worten eins, aber doch, ich betete zu Gott darum, ihren Sinn im großen und ganzen. Wir gingen zusammen nach Hause, Liebhaber und Hahnrei, wie zwei alte Freunde.

In derselben Nacht gingen zwei Schiffe in Falmouth Haven vor Anker. Nach ihrer Bauart und ihren Merkmalen mußten es englische Schiffe sein. Mein Vater hielt es für wahrscheinlich, daß sie zur Flotte Drakes und Hawkins' gehörten. Zweifellos waren sie durch widrige Winde beschädigt und von den anderen Schiffen abgetrieben worden und suchten deshalb hier Zuflucht. Trotzdem beobachteten wir sie die Nacht über genau, denn es konnte ja eine List dahinterstecken: spanische Piraten in englischer Verkleidung. Bald darauf wurde es Morgen. Es war einer jener leuchtenden Morgen, an denen das blaue Licht über dem Fluß so etwas wie einen zweiten, magischen Himmel schafft. Jetzt konnten wir genauer das hohe Heck des größeren der beiden Schiffe beobachten.

Als eine kleine Pinasse herabgelassen wurde und den Herrn des Schiffes an Land brachte, erkannten wir Raleigh. Er war von seiner Expedition nach El Dorado zurückgekommen.

9

Er war spindeldürr, sein prächtiger Samtanzug hing schlotterig an ihm, und seine Haut war von der Tropensonne indianisch braun gebrannt. Bei alledem war er wohlauf und voller Tatendrang. Das gleiche galt für seine Mannschaft, soweit sie noch vorhanden war. Sie brachten keine Krankheiten mit, sondern nur wunderbare Erzählungen und Berichte.

Viele waren ums Leben gekommen, die meisten im Kampf, darunter John Grenville, der zweite Sohn Sir Richards, Captain Calfield, der rangälteste Marineoffizier des Verbands und Captain Thynne, Kommandant einer Bark. Es hießt, daß etwa achtzig von den hundertvierzig Edelleuten übriggeblieben waren, die freiwillig an der Expedition teilgenommen hatten, und die Mannschaften sollten ein Drittel verloren haben. Genau wußte man es nicht, da in Falmouth nur die Hälfte des Verbandes eingetroffen war.

Aber ihre schlimmsten Verluste lagen sechs Wochen zurück; sie hatten günstige Winde für ihre Heimfahrt gehabt und waren glücklich, wieder zurückzusein. Das erste, was Sir Walter in Arwenack tat, war, daß er seiner Frau einen Brief schrieb, in dem er ihr seine glückliche Rückkehr meldete und den er durch Kuriere befördern ließ. Er wollte mit seinen Leuten zwei Tage bei uns bleiben, um ihnen eine Erholungspause zu gönnen, dann selbst nach Sherborne reiten und die Schiffe von den Kapitänen nach Portsmouth bringen lassen.

Mein Vater hieß ihn und seine Herren willkommen. Auch die Mannschaften waren ihm willkommen, soweit sie unter seinem Dache Platz zum Schlafen fanden. Die übrigen mußten an Bord bleiben, wenn sie nicht Unterkunft fanden in dem einzigen Hause in unserer Nähe, dem Three Farthings House an der Mündung der Penryn-Bucht.

Mein Vater wartete gespannt auf Berichte über Prisen, die sie gemacht hätten – sicher dachte er an eine Beute, wie es damals die *Madre de Dios* gewesen war, und träumte davon, als erster Nutzen aus ihr zu ziehen – aber in diesem Punkte mußte ihn Raleigh enttäuschen. Nein, sie hatten keine Prisen gemacht; sie hatten keinen großen Seesieg errungen; nur auf dem Rückweg hatten sie drei spanische Niederlassungen überfallen und zerstört, und dort hatten sie fast alle ihre Verluste erlitten. Aber das alles verblaßte gegenüber der Bedeutung ihres kühnen – und beinahe von Erfolg gekrönten – Unternehmens, El Dorado zu entdecken.

Im großen Salon saß, gleich am ersten Abend, nach dem Essen, eine ausgewählte Gesellschaft und hörte in andächtiger Stille seinen Bericht darüber. Zu seinen Begleitern gehörte ein bebrillter junger

Mann mit kurzgeschnittenem Haar, ein gewisser Laurence Keymis, dem Sir Walter großes Vertrauen entgegenbrachte, ferner John Gilbert, Raleighs Neffe sowie sein Vetter Butshead Gorges.

Nach ihrem Aufbruch von England im Februar hatten sie Trinidad in sechs Wochen erreicht. Bei einem Angriff auf Port of Spain nahmen sie den Gouverneur der Insel, Don Antonio de Berrio, gefangen. Sie hatten ihn wie einen Gast von Rang behandelt und von ihm weitere Informationen über Dorado, beziehungsweise die Stadt Manao, erhalten, die etwa vier- oder fünfhundert Meilen stromaufwärts am Orinoco lag. Darauf ließ Raleigh Berrio als Gefangenen an Bord zurück sowie eine ausreichende Besatzung zur Bewachung seiner vier Schiffe, um sich selbst zusammen mit hundert Freiwilligen auf fünf kleinen Booten einzuschiffen. Er hatte mit ihnen bei Sturm eine See überquert, so breit wie die Straße von Calais, und einen Weg gesucht in diesem Labyrinth von breiten, große Wassermassen wälzenden Strömen und schmalen trügerischen Flußläufen, die zusammen das hundert Quadratmeilen weite Orinocodelta ausmachten.

Unter Mühen waren sie stromaufwärts weiter vorgedrungen, wobei sie, wo sie nur konnten, Freundschaft mit den Indianern schlossen, die das nach der Grausamkeit der Spanier sehr zu schätzen wußten. Oft verfehlten sie den Weg oder liefen auf Strand und hatten nach Stunden die Hoffnung aufgegeben, ihre Booote je wieder flott zu bekommen; sie litten unter dem Mangel an Nahrung und Wasser, und sie konnten bei Nacht nicht an Land gehen, weil die Ufer von dichtem Dickicht bewachsen waren, und so mußten sie an Bord schlafen ohne Schutz vor der Feuchtigkeit der Nacht, und tagelang ruderten sie gegen eine heftige Strömung, bedroht von Schlangen und Krokodilen – denen einer aus der Mannschaft zum Opfer fiel –, bis sie den Caroni erreichten, einen der größeren Nebenflüsse des Orinoco. Dort hatten sie ein Märchenland gefunden, mit grünem Gras, rauschenden Wasserfällen, fruchtbaren Ebenen, prächtigen Vögeln und köstlichen Früchten, und Indianer hatten ihnen von Gold und Silber gesprochen, das sie in der Stadt Mano finden würden, die nur noch hundert Meilen weiter stromaufwärts lag.

Indessen hatte die Regenzeit begonnen, und die großen Ströme waren angeschwollen. Alle Versuche, gegen die Strömung zu rudern, scheiterten sogar mit acht Rudern auf jeder Seite. Zehnmal am Tage von Regenstürmen gepeitscht und zerlumpt nach einem Monat dieser abenteuerlichen Reise, die sie bereits dreihundert Meilen von der Sicherheit ihrer Schiffe fortgeführt hatte, begannen die Männer, den Mut zu verlieren. Es war nicht das erstemal, aber diesmal gab ihnen Raleigh nach. In dem Dorf Morequito hatte er an dem Häuptling Topiawari einen Freund gewonnen. Topiawari hatte ihm versprochen, wenn er, Raleigh, im nächsten Jahr mit einer größeren Streitmacht zurückkommen könne, würden sich die Indianer mit ihm verbünden, um die Spanier aus dem Lande zu treiben, worauf sie Königin *Ezrabeta* als ihre rechtmäßige Herrscherin anerkennen wollten. Da Raleigh von einer Goldmine im Innern, jenseits des Nebenflusses Cumana hörte, sandte er Laurence Keymis zu ihrer Erkundung aus; Keymis kehrte zurück, ohne die Mine gesehen zu haben, doch nicht ohne Proben des edlen Metalls.

Sie traten den Rückweg zur Flußmündung an. Von Sturm und Flut bedroht, suchten sie Zuflucht auf Inseln, fanden neue Freunde unter den Häuptlingen der Indianerstämme, machten einen Tag hier, den andern dort Rast, um ihre Sachen zu trocknen und Informationen über die Spanier zu sammeln, die irgendwo in der Nähe waren. Im Delta angelangt, wurden sie in ihren kleinen Booten wie Zweige von der Flut ergriffen und innerhalb eines Tages die letzten hundert Meilen bis zur See mitgerissen. Auch die dreißig Meilen bis zu ihren Schiffen vor Trinidad legten sie bei heftigem Sturm zurück; beladen mit Kostbarkeiten und Andenken aller Art trafen sie dort ein, mit Geschenken von den Indianern, als da waren goldene Götzenbilder, Edelsteine wie der Hyazinth, Magneteisen und Halsbänder.

Dann nahmen sie Kurs auf die Heimat.

Hätten sie ihn strikt eingehalten, würden ihre Verluste nur ein paar Mann betragen haben. Aber Sir Walter hatte Verpflichtungen gegenüber denen, die seine Expedition mitfinanziert hatten, den Cecils, Howards und anderen, und bisher hatte seine Unternehmung keine große Beute gebracht. Darum nun die teuer bezahlten Überfälle auf Cumana, Santa Martha und Rio de la Hacha. Nach der Miene Sir Walters zu urteilen, als ihn mein Vater nach Einzelheiten fragte, hatten diese Überfälle wenig Gewinn gebracht, alles in allem genommen. Und John Grenville war gefallen, was Sir Walter am meisten bedrückte.

Raleighs Pläne jetzt? Eine Audienz bei der Königin, um sie um ihre Unterstützung zu bitten für die Ausrüstung einer wesentlich größeren Expedition im nächsten Frühling. Alles sprach dafür, nach Sir Walter. Da war die Gelegenheit, die Fahne Englands in dem begehrenswertesten Teil Südamerikas aufzupflanzen und ein Gegengewicht gegen die Macht Spaniens zu schaffen, indem man Engländer in einem Lande ansiedelte, in dem sie nur ihr Glück machen konnten. Allerdings war er selbst, wie er erklärte, bereits zum Bettler geworden, als er die erste Expedition finanzierte. Er konnte also keine zweite und noch größere ausrüsten.

Es mußte eine Sache des Staates werden.

»Eines Tages wird Guayana ein englisches Land werden«, erklärte er, »und nicht weniger schön und wertvoll als Virginia. Das glaube ich. Und es könnte einmal das für England werden, was Peru für Spanien ist.«

Mein Vater benützte seine Anwesenheit, ihn zu bitten, er möge doch versuchen, weitere Nachforschungen wegen des Raubüberfalls auf das irische Schiff zu unterbinden. Ich weiß nicht, was die beiden miteinander sprachen, aber als mich Sir Walter das nächste Mal sah, blickte er mich mit neuem Interesse, freilich auch mit Mißbilligung an.

Auch am zweiten Tag nahm der Austausch von Nachrichten seinen Fortgang, denn Sir Walter wußte von dem, was inzwischen in England geschehen war, so wenig wie wir von seinen Abenteuern.

Die beiden Barken sollten mit der Flut am Morgen segeln, während Sir Walter zur gleichen Zeit auf dem Landweg aufbrechen würde. Er hatte die traurige Pflicht, unterwegs in Stowe haltzumachen und Lady Mary Grenville mitzuteilen, daß ihr jüngerer Sohn in der Schlacht gefallen war.

Am Abend vor dem Aufbruch spazierte er nach dem Essen mit Laurence Keymis über den grünen Rasen, auf dem man bis zur Hauptmole von Arwenack gelangte. Es war ein schöner, windstiller Abend, und der Rauch, der aus ihren Pfeifen aufstieg, schwankte nur wenig. Ein Dutzend Möwen stolzierten vorsichtig über das Mauerwerk hinter dem Rasen und suchten, ein paar Brocken zu erhaschen, wurden aber immer wieder daran gehindert durch die beiden gemessen einherschreitenden Männer, die, sobald sie sich weit genug entfernt hatten, wieder umkehrten und zurückkamen. Hinter dieser Szene lag die breite Flußmündung, die an diesem Abend die Farbe alter Seide zeigte, mit den beiden Barken, die dort ruhig vor Anker lagen, und,

am anderen Ufer, dem gedrungenen Fort und der lieblichen Bucht von St. Mawes.
Ich war verzweifelt, und dies war die einzige Gelegenheit. Also trat ich auf die beiden Männer zu.
»Sir, kann ich Euch sprechen?«
Offensichtlich unangenehm berührt, hielt Sir Walter mitten im Satz inne. »Ihr tut es ja bereits.«
»Sir, ich erlaube mir die Frage, ob ich, wenn Ihr im nächsten Jahr wieder nach Guayana geht, mit Euch kommen darf.«
»In welcher Eigenschaft?«
»In jeder, in der ich Euch nützlich sein kann.«
»Seid Ihr Seemann?«
»Ich habe nur Erfahrung mit kleinen Booten. Aber ich könnte rasch dazulernen.«
»Was mißfällt Euch an Eurem Zuhause?«
»Das ist es nicht eigentlich, Sir. Ich bin siebzehn und ein unehelicher Sohn. Da wird es Zeit, daß ich versuche, mich allein durchzuschlagen.«
»Und Ihr glaubt, Ihr könntet mit mir Euer Glück machen?«
»Ich würde hoffen, mich nützlich zu machen, Sir. Das ist die Hauptsache.«
»Könnt Ihr schießen?«
»Ja, Sir.«
»Lesen und schreiben?«
»Ja, Sir.«
»Kochen und Eure Sachen selbst ausbessern und waschen?«
»Das alles ein bißchen.«
»Habt Ihr schon einmal im Feuer gestanden?«
»Nein, Sir. Außer einem einzigen Mal, bei der Landung der Spanier neulich, und das war wenig.«
»In Eurem Alter hatte ich schon die erbitterten Schlachten bei Jarnac und bei Moncontour erlebt.«
»Bei Gott, es ist wahr«, stimmte ihm Keymis bei. »Ich hatte mir nicht klargemacht, daß du damals so jung warst, Walter.«
»Ich wollte, ich wäre noch einmal so jung und befreit von allen Verkrustungen des Lebens ... Warum glaubt Ihr, Killigrew, daß ich Burschen wie Euch nötig habe?«
»Ich glaube es nicht, Sir, aber ich hoffe es.«

»Was bei den meisten Menschen dasselbe ist. Nun hört einmal zu! Es gibt zwei Arten von Menschen, die es nach Abenteuern in fremden Ländern gelüstet. Die der einen Art denken nur an das, was sie kriegen, stehlen oder vernichten können. Seid Ihr von dieser Art?«
»Ich glaube nicht.«
»Obgleich der Verdacht besteht, daß Ihr unaufgefordert Eure Finger in den Laderaum eines irischen Schiffes gesteckt und das Beste der Fracht herausgeholt habt? Was ist daran Wahres?«
»Ich glaube, man hat das alles stark übertrieben, Sir.«
Sir Walter steckte sich das Mundstück seiner langen Pfeife in den Mund und sog den Rauch ein. »Ich sehe, Ihr habt das Mundwerk der Killigrews. Und der Abenteurer von der anderen Art geht als Freund der Eingeborenen und als Siedler hinaus, der sich ein Heim schaffen, heiraten und eine Familie gründen will, der bereit ist, das Land zu bestellen und nicht durch Mord und Plünderung zu Wohlstand zu gelangen, sondern durch die Früchte des Landes, das er selbst bewirtschaftet. Seid Ihr von dieser Art?«
»Ich glaube, ja. Ich hoffe es.«
»Schon das zweite Mal gebraucht Ihr das Wort Hoffen, ein Wort, dem ich mißtraue, denn es zeigt einen Mangel an persönlichem Verantwortungsgefühl. Wenn ich im nächsten Jahr wieder hinausgehe, werde ich zweihundert Freiwillige auswählen, wie ich es schon einmal in Virginia tat, und jedem ein Stück Land zuteilen – vielleicht fünfhundert Morgen für jeden. Dafür wird aber jeder einen Beitrag zu den Reisekosten leisten müssen. Habt Ihr genug Geld dafür?«
Ich blickte auf die Bucht hinaus. »Nein, Sir.«
»Auch nicht dank dem Erlös aus Eurem Raubüberfall?«
»Ich habe keinen Raubüberfall zugegeben, Sir, und ich habe kein Geld, weder aus dieser, noch aus einer anderen Quelle.« Ich wußte, daß er mich jetzt verspottete.
»Nun, dann sind die Aussichten gering, daß Ihr ein Siedler werdet. Und als Seeleute brauche ich ausgebildete Männer.«
Die Möwen nutzten den Umstand, daß wir uns nicht von der Stelle rührten.
Keymis sagte: »Der Junge kann schreiben. Vielleicht könnten wir ihn als Schreiber gebrauchen.«
»Er sieht nicht wie ein Schreiber aus. Eher wie ein Pirat, würde ich sagen. Die Killigrews sind alle entweder Piraten oder heimliche Dich-

ter, und diese Generation hat sich fürs erstere entschieden. Ich werde über Euer Begehren nachdenken, junger Mann. Erinnert mich noch einmal daran im nächsten Jahr, wenn ich Leute rekrutiere.«

»Danke, Sir.« Abgestoßen von seinem scharfen und arroganten Ton wandte ich mich ab. Es blieb mir nur noch wenig Hoffnung. Wenn Sir Walter im nächsten Jahr seine Leute aussuchte, würde er das in Chatham oder Portsmouth tun.

Ich blieb noch draußen, als sie schon ins Haus gegangen waren, noch lange, nachdem das Tageslicht vergangen und die schimmernde Seide der Bucht verblichen und fadenscheinig geworden war. Ich fühlte mich allein und verloren, ohne Zukunft und ohne Hoffnung. Vor zwei Tagen hatte ich wieder einmal einen Streit mit Meg gehabt, die mir vorgeworfen hatte, ich liebe sie nicht mehr. Ich hatte ihr von meinem Gespräch mit Dick berichtet und es zugleich als einen Vorwand benutzt; aber während noch vor ein paar Monaten die Entdeckung, daß Dick Verdacht geschöpft hatte, ihr Angst gemacht hätte, war sie jetzt bereit, dieses Wagnis gelassen, ja fast gleichgültig auf sich zu nehmen.

Was ich auch anstellte, ich konnte mir Sue nicht aus dem Kopfe schlagen, und darum war ich ein schlechter Gesellschafter für jeden. Belemus hatte vielleicht etwas von meinem Zustand begriffen, denn er hatte mich am Tag zuvor auf ein von Raleigh mitgebrachtes Gedichtbuch aufmerksam gemacht und mir darin einen Vers gezeigt: »Niemand kann, so sage ich/Lieben und weise sein zur gleichen Zeit.« Aber ich suchte nicht die Weisheit, sondern nur die Befreiung vom Schmerz ...

Langsam ging ich ins Haus zurück. Da es an diesen Tagen noch lange hell blieb, brannte nur eine einzige Kerze in dem großen Saal. Wie von weither hörte ich Lachen und Stimmen aus der Küche. Durch den Spalt unter der Tür zum Gesellschaftszimmer drang ein Lichtschein, auch aus dem Privatkontor meines Vaters schimmerte Licht. Ich aber saß auf dem Hocker vor dem großen leeren Kamin und fütterte ein halbes Dutzend Hunde, die mir ins Haus gefolgt waren.

Bald darauf öffnete sich die Tür zum Zimmer meines Vaters, und Sir Walter und Laurence Keymis traten heraus. Sie waren im Gespräch mit einander und sahen mich nicht, als sie vorbeikamen, sondern gingen die Treppe hinauf in ihre Zimmer. Keymis trug eine Kerze und Raleigh ein Buch, eine Feder und ein Tintenfaß aus Horn.

Ich ging in die Küche. Für gewöhnlich lagen um diese Zeit die meisten Diener und Mägde schon im Bett, heute aber waren noch mindestens ein Dutzend auf und tranken mit den Seeleuten Raleighs Bier und scherzten und lachten. Als ich eintrat, wurde es plötzlich einen Augenblick still, und um sie in ihrer Ausgelassenheit nicht zu stören, ging ich weiter. In der Kammer vor dem Saal war Kate Penruddock damit beschäftigt, die Regale mit Wermutkraut zu bestreuen. Hier wurde das Bettzeug für Gäste aufbewahrt, und als man es für Raleigh und seine Offiziere herausgeholt hatte, stellte sich heraus, daß es von Flöhen bevölkert war. Nicht daß sich irgend jemand, wie Kate versicherte, an ein paar Flöhen stieße, aber es würde doch nicht sehr schmeichelhaft für das Haus sein, wenn so bedeutende Gäste während ihres Aufenthalts hier über Gebühr von Flöhen geplagt würden.
Dann stand ich wieder im Saal und sah plötzlich vor mir Thomas Rosewarne.
»Oh, Mr. Maugan, ich habe Euch gesucht. Euer Vater möchte Euch in seinem Zimmer sprechen.«
Ich ging auf die Tür zu und klopfte an und überlegte mir dabei, ob vielleicht irgendeine kleine Missetat von mir aufgekommen war. Aber ich hätte mir nicht denken können, worin sie bestehen sollte. Nach meinem Abschied von Sue hatte ich nicht einmal den Anreiz zu irgendwelchen Abenteuern mehr verspürt.
»Ich habe eine Neuigkeit für dich, mein Junge«, empfing mich mein Vater. »Raleigh möchte, daß du ihn morgen begleitest. Er hat dir die Stelle eines Sekretärs in seinem Hause angeboten.«

Viertes Buch

1

Die Umgebung, in welche Walter Raleigh mich brachte, ließ mich nicht nur meiner kalten und fruchtlosen Leidenschaft für Sue entrinnen – das ganze Leben dort war ebenso verschieden von dem in Arwenack wie das im Prada-Haus in Madrid. In Arwenack kamen und gingen in einem fort wichtige Leute, und eine dünne Schicht Kultur war über die nackten Erfordernisse des Lebens gebreitet wie linnenes Tuch über einen Speisetisch. In Sherborne war das Materielle nicht weniger gegenwärtig und nicht weniger dringlich, doch hier war Kultur ein eigenes, unabhängiges Etwas, das Vorrang hatte. Türen des Geistes wurden aufgestoßen, durch die der Blick auf neues Land fiel, ebenso erregend und unerforscht wie Guayana oder die Kolonie Virginien.

Hier gab es Bücher, die alle Themen behandelten, von Astrologie bis zu Kriegsfeldzügen, von Botanik bis zu griechischer Geschichte, von Chemie und Alchemie bis zu Poesie und Philosophie.

Auch waren die Bücher nicht an den Wänden eines einzigen Raumes aneinandergereiht, sondern man fand sie im ganzen Hause; aufgeschlagen lagen sie auf Tischen und Bänken, wo sie gerade jemand hingelegt hatte, um sie jederzeit wieder zur Hand nehmen zu können. Überall gab es Globen und Karten, Musikinstrumente, Bilder und Büsten, alte Pergamente und bunte Wandteppiche, Truhen und Tische aus fremdartigem, würzig riechendem Holz.

Das Haus der Raleighs war neuerbaut, und sie hatten es eben erst bezogen. Es war nicht wie Arwenack ein niedriger Bau, sondern reckte sich hoch in den Himmel, gestützt von schlanken Türmen an den vier Ecken. Die Geschosse waren nicht sehr groß, doch da es fünf waren, war das Haus geräumiger, als es auf den ersten Blick wirkte. Im Keller befand sich die Küche, darüber ein schöner blauer Speiseraum, durch dessen hohe, mit steinernen Mittelpfosten versehene Fenster man über den von einer Mauer umgebenen Garten hin zu den Ställen blickte. Zwei der Türme waren zu diesem Raum hin offen, die anderen dienten als Treppenhäuser.

Im nächsten Stock war der grüne Salon mit dem Raleighschen Wappen – einem Schild mit vier Rauten – an der Decke und über dem großen Kamin. Dahinter lagen Raleighs Studierzimmer und ein Damensalon mit einer Toilette. Darüber wiederum befand sich das Schlafzimmer der Raleighs, wo jedoch die Türme abgetrennte Räume bildeten, und dahinter lagen zwei Gästezimmer; in dem einen waren der kleine Wat und seine Amme untergebracht. Im dritten Stock waren die großen Gästezimmer und über ihnen ein Speicher, in dem die zum Hause gehörenden Dienstboten wohnten und schliefen.

Die Räumlichkeiten reichten gerade aus, denn es hielten sich immer Fremde im Haus auf, hauptsächlich Männer, die Sir Walter besuchten, um mit ihm über irgendwelche Probleme zu diskutieren – mathematische, theologische, parlamentarische oder koloniale. Sie pflegten bis spät in die Nacht beisammen zu sitzen, und ihre Gespräche reichten oft weit über den ursprünglich gesteckten Rahmen hinaus. Vielleicht ein Dutzend dieser Männer kam regelmäßig, und diese lernte ich gut kennen; manche blieben gleich ein paar Wochen und wurden zu einem Teil des Haushalts und seines geistigen Lebens. Zu diesen engen Freunden gehörten George Chapman, ein Dichter, Thomas Hariot, ein Astronom, Matthew Royden, ein Freidenker, der Earl of Northumberland, ein Alchemist, Dr. Dee, der Astrologe der Königin, und natürlich Laurence Keymis, Oxfordmann und Mathematiker, der Raleigh von allen am nächsten stand.

Lady Raleigh war eine große blondhaarige, blauäugige Frau von etwa dreißig Jahren mit einem schlanken Hals und einem feinen Lächeln. Obgleich viele schöne Frauen ins Haus kamen, bemerkte ich nie, daß Sir Walter eine von ihnen mit jenem Interesse ansah, das eine auch nur oberflächliche Zuneigung verrät. Lady Raleigh war für ihn die ideale Hausfrau, welche die Ungelegenheiten, die seine Gastfreundschaft für sie mit sich brachte, gelassen und ruhig auf sich nahm. Manchmal saß sie mit leicht gesenktem Kopf inmitten einer stürmischen Debatte, ohne daran teilzunehmen, durch ihr Dabeisein jedoch verhindernd, daß sie zu offenem Streit ausartete; manchmal erhob sie sich, um ihren häuslichen Pflichten nachzugehen oder nach dem kleinen Wat zu sehen, und während ihrer Abwesenheit verlor das Gespräch an Witz und Geist.

Sie waren beide vernarrt in ihren Sohn, einen lebhaften fröhlichen Knaben von fast zwei Jahren. In der Tat hätte man meinen mögen, ihr Leben sei idyllisch. Daß sie einander liebten war offensichtlich. Um ihren herrlichen 450 Morgen großen Besitz voller Wild und schöner Bäume mußte sie jeder Liebhaber ländlichen Lebens beneiden. Raleigh züchtete Pferde und zog sie zum Teil groß; seine Falken waren die besten in Dorset; er pflanzte Bäume und Sträucher und überwachte voller Umsicht und Energie die Bestellung und Kultivierung seines Landes. Und er hatte ein offenes Haus, in dem nicht die Aristokratie und die gepuderten Galane von Westminster verkehrten, sondern Englands hervorragendste Künstler und Gelehrte.

Ein Idyll, doch eins, an dem ein Wurm nagte. Sir Walter wurde noch immer nicht von der Königin empfangen, er durfte sein Amt als Captain ihrer Garde nicht ausüben; er hatte keine Macht im Lande. Und Sir Walter erfüllte, wie ich bald bemerkte, außer seinem blendenden Intellekt und seiner hochfliegenden Phantasie ein brennender Ehrgeiz, die Gunst der Königin wiederzuerlangen.

Während der ersten Monate meines Aufenthalts bei ihm empfand er neuen Groll darüber, wie seine Abenteuer in Guayana aufgenommen wurden. Die Königin war nicht beeindruckt und wollte ihn weiterhin nicht sehen. Cecil war kühl und abweisend und fragte, welchen Gewinn Sir Walter für das investierte Geld vorzuweisen habe. Howard war, wie es einem Seemann gebührte, offen und meinte, es sei töricht von Raleigh gewesen, nach legendären Goldminen zu suchen, da doch auf hoher See Gold nur darauf warte, von einem kühnen Mann in Besitz genommen zu werden.

Doch es sollte noch schlimmer kommen. Ein Gerücht verbreitete sich – niemand wußte, woher es kam, doch Keymis war der Meinung, die Bacons hätten es ausgestreut –, daß Sir Walter, in seiner Jugend ein Mann der Tat, doch als Höfling der Königin viel zu lange verbunden, es vorgezogen habe, nicht persönlich solch eine Expedition mit all ihren Strapazen und Gefahren zu unternehmen; er habe gar nicht daran teilgenommen, sondern den Sommer bei seinen Verwandten, den Killigrews in Cornwall, verbracht und sei erst wieder in Falmouth zu den Schiffen gestoßen, als sie zurückkehrten.

Ich entsinne mich des Abends, da Sir Walter aus Westminster heimkam und diese Geschichte seiner Frau und Carew Raleigh und Laurence Keymis und Arthur Throgmorton, Lady Raleighs Bruder, erzählte. Sir Walter war ein Mann von großer Beherrschung; ärgerte er sich, so wurde er blaß, das war alles. Doch weder Keymis noch Throgmorton – ein großer Anhänger seines Schwagers – hielten mit ihrem Unmut zurück. Carew Raleigh, Sir Walters älterer Bruder, war von ruhigerem, abgeklärterem Wesen.

»Welch alberne Geschichte«, sagte er, »– sie kann so leicht widerlegt werden. Verleumdung ist nur gefährlich, wenn man ihr nicht entgegentreten kann. Es gibt hundert Männer, die beschwören können, wo Walter den Sommer verbracht hat.«

»Meine hundert Männer sind in Portsmouth und Weymouth und über das ganze westliche Land verstreut. Schaden wird mir diese Verleumdung jedoch in Westminster und Greenwich. Die Männer von Einfluß, die dort für mich eintreten können, sind Verwandte und Freunde, auf deren Wort man nicht viel geben wird.«

»Es überrascht mich, daß Robert Cecil dich nicht in Schutz nimmt«, sagte Lady Raleigh. »Ich schrieb ihm, sobald ich von deiner Heimkehr erfuhr. Und niemand steht der Königin näher.«

»Ach, Cecil«, sagte Arthur Throgmorten verächtlich. »Du baust zu sehr auf seinen guten Willen. Er ist nur um sich selbst besorgt – seine Freunde kümmern ihn nicht.«

»Du tust ihm unrecht«, sagte Raleigh scharf. »Robert Cecil ist unser Freund und wird es stets sein. Doch er ist in einer heiklen Lage, denn die Königin favorisiert Essex. Er könnte Ihrer Majestät nur empfehlen, die Sache zu überprüfen – beweisen kann er nicht, wo ich mich aufgehalten habe, denn er hat in dieser Hinsicht nur mein Wort.«

»Und dein Wort genügt nicht!« rief Keymis entrüstet. »Das ist es, was ich so unbegreiflich finde. Sie schrecken nicht einmal davor zurück, die ganze Reise in Zweifel zu ziehen, indem sie behaupten, wir hätten Topiawaris Sohn an der Barbarenküste aufgelesen!«

»Du hast doch Aufzeichnungen gemacht und Tagebücher geführt«, sagte Lady Raleigh. »Warum schickst du sie nicht der Königin oder Cecil und bittest darum, daß sie überprüft werden? Es ist unmöglich, solche Papiere zu fälschen. Sie sind abgegriffen und mit den Spuren der Reise beschmutzt.«

Raleigh klopfte seine Pfeife aus. »Bei Gott, Bess, ich glaube, das ist eine gute Idee! Doch ich habe eine noch bessere: Die Geschichte sollte aufgeschrieben und veröffentlicht werden, nicht in Form eines Tagebuchs, sondern als nüchterner Bericht über alles, was wir sahen und erlebten. Sollten sie zu glauben vorgeben, ich könnte all die Wunder dieser Reise aus meiner Phantasie heraufbeschwören, so würden sie sich lächerlich machen!«

»Dies kann jedoch nur von Erfolg sein, wenn der Bericht in die Hände der Königin gelangt«, murmelte sein Bruder. »Es wird eifersüchtige Hände geben, die dies verhindern werden.«

»Sie wird ihn lesen!« sagte Sir Walter. Er erhob sich plötzlich und ging auf seinen langen Beinen in dem hohen, grünen, von Kerzen erhellten Raum auf und nieder. Wieder schien er größer als er war, und die Flammen warfen zuckende Schatten auf sein Gesicht. »Das Wesentliche ist nicht, wie man ihr den Bericht übermittelt, sondern daß es schnell geschieht. Wenn ich im nächsten Frühjahr wieder zu einer großen Expedition aufbrechen will, muß es noch vor Ende des Jahres geschehen.«

»Ich werde dir helfen, Walter«, sagte Keymis. »Man muß eine gute Karte zeichnen und alle wissenschaftlichen Daten zusammenstellen. Ist John Shelbury frei?«

»Nein, er ist geschäftlich für mich in Islington und kommt erst in zwei Wochen zurück. Wenn –«

»Kann dieser Bursche schreiben?«

Sir Walter musterte mich kühl. »Deshalb habe ich ihn mitgebracht.«

»Und ist, was er schreibt, lesbar?«

»Du hast es bereits ohne Schwierigkeiten in Briefen gelesen.«

»Versucht es mit mir«, sagte ich.

»Das werden wir.« Sir Walter blieb hinter seiner Frau stehen und legte liebevoll eine Hand auf ihre Schulter. »Noch heute abend.«

»Heute abend?« sagte Lady Raleigh. »Nicht doch! Du hast einen anstrengenden Tag hinter dir. Das Abendessen wartet.«

»Ich werde nur eine Kleinigkeit auf meinem Zimmer essen. Und Laurence und dieser Bursche ebenfalls. Wir dürfen keine Zeit vergeuden.«

Normalerweise schlief ich nicht im Hause, sondern in der kleinen normannischen Burg jenseits des Flusses, wo Walter Raleigh anfangs gewohnt hatte, als ihm der Besitz vor vier Jahren verliehen worden war und wo jetzt Dienstboten untergebracht waren. Doch während der Wochen, in denen der Bericht über die Reise geschrieben wurde, schlief ich auf einer Couch im Vorraum von Sir Walters Studierzimmer, und diese Couch sah ich nur allzu selten.

In gewöhnlichen Zeiten ging Sir Walter gegen Mitternacht schlafen und stand um 5 Uhr morgens auf, um dann den ganzen Tag mit ungeheurer Energie tätig zu sein. Doch dies waren keine gewöhnlichen Zeiten, und während er den Bericht über seine Erlebnisse in Guayana schrieb, war seine Ausdauer grenzenlos, und er verlangte uns das gleiche ab wie sich selbst. Stunde um Stunde saß ich mit schmerzenden Gliedern und brennenden Augen und schrieb oder machte Notizen oder spitzte seine Feder oder stand neben ihm und wartete auf neue Instruktionen.

Obgleich wir mit fieberhafter Begeisterung bei der Sache waren, mußten die meisten Seiten zweimal oder noch öfter geschrieben werden. Ich entsinne mich eines schönen Tages Ende Oktober, an dem wir von sechs bis zwölf arbeiteten und dann eine Pause einlegten, um zu Mittag zu essen und ein wenig zu ruhen. Ich hatte einige persönliche Dinge, die ich brauchte, in der Burg, und so lief ich in der Nachmittagshitze hinüber, um sie zu holen.

Durch das schmale Tal zwischen den beiden Häusern lief ein kleiner Fluß. Am oberen Ende, inmitten einer Gruppe von Bäumen, hatte Sir Walter ihn eingedämmt und einen Teich geschaffen, in dem die Familie Raleigh und ihre Gäste – und manchmal zu festgesetzten Zeiten die Dienstboten – badeten. Am unteren Ende wurde der Fluß von einer alten Steinbrücke überspannt, die zu der nach London führenden Straße auf der anderen Seite der das Anwesen umgebenden Mauer führte. Dort befand sich auf einem Hügel eine große von einer uralten Eiche überschattete Steinbank, auf der Raleigh zuweilen saß – so auch an diesem Nachmittag. Er winkte mir, und ich sah, daß er ein Tintenfaß und einige Blätter Papier bei sich hatte.

»Dies ist ein guter Aussichtspunkt«, sagte er, als ich zu ihm hinaufstieg. »Von hier kann ich auf den Fluß blicken und auf die plätschernden Forellen. Oder ich kann über Englands Vergangenheit nachsinnen oder den Blick auf mein Haus richten, das, wie ich hoffe, in Englands Zukunft eine Rolle spielen wird. Was die Gegenwart betrifft«, er schaute über die Mauer, »so zieht sie von Zeit zu Zeit zu Pferde oder in einer Kutsche vorbei, und wenn ich mag, so kann ich sie grüßen, eh sie entschwindet! Dies alles begünstigt das Nachdenken und die Meditation.«

»Habt Ihr wieder etwas geschrieben, Sir?« fragte ich und blickte auf die Seiten in seiner Hand.
»Ich habe eine oder zwei Seiten noch einmal überarbeitet. In der Mittagspause gewinnt man neue Einsichten.«
Ich setzte mich auf die Mauer und las die Seite, die er mir gab. Es war die Beschreibung eines Tages, an dem sie fast die Grenzen ihrer Ausdauer erreicht hatten.
»Als wir auf dem Gipfel des ersten den Fluß säumenden Berges ankamen, bot sich uns ein wundervoller Anblick: Wir konnten etwa zwanzig Meilen weit den in drei Teilen dahinströmenden Fluß sehen und zehn oder zwölf Wasserfälle, von denen einer den anderen in Kirchturmhöhe überragte, und das Wasser stürzte mit solcher Gewalt herab, daß es beim Aufprall alles übersprühte wie ein großer Regenschauer; an manchen Stellen hielten wir es zuerst für Rauch, der über einer großen Stadt aufstieg. Ich hatte große Lust, an dieser Stelle umzukehren, da ich sehr schlecht zu Fuß bin, doch die andern waren alle so begierig, sich dem seltsam donnernden Wasser weiter zu nähern, daß sie mich Stück um Stück mitzogen, bis wir in das nächste Tal kamen, wo sich uns das gleiche Bild bot. Ich habe nie ein schöneres Land und reizvollere Ausblicke gesehen: da und dort erhoben sich Hügel über die Täler, durch welche sich der Fluß wand, auf den angrenzenden Ebenen wuchsen keine Sträucher, nur üppiges grünes Gras, auf dem harten Sandboden konnte man sich leicht zu Pferde oder zu Fuß fortbewegen, Wild überquerte die Pfade, und am Abend sangen auf allen Bäumen die Vögel tausenderlei Melodien; weiße, rote und rosafarbene Kraniche und Reiher standen am Flußufer, eine frische östliche Brise wehte, und jeder Stein, den man aufhob, schien durch seine Färbung Gold oder Silber zu verheißen.«
Einen Moment fühlte ich mich in die von ihm geschilderte Landschaft versetzt.
»Würdest du das bitte abschreiben?«
»Jawohl, Sir.«
Er muß ein leichtes Zögern bemerkt haben, denn er sagte scharf: »Hast du irgendeinen Vorschlag zu machen?«
»Oh, nein, Sir . . . Außer vielleicht . . . wenn ich mir die Bemerkung erlauben darf: war die letzte Zeile, so wie Ihr sie zuerst schriebt, nicht besser als diese?«
»Wie? Lies sie mir vor.«

»Die erste Fassung, Sir, endete so: ›... und jeden Stein, auf den wir traten, umgaben Gras und unbekannte Blumen.‹ Paßt das nicht besser zu dem Ganzen als: ›... und jeder Stein, den man aufhob, schien durch seine Färbung Gold oder Silber zu verheißen?‹«

»Du bist nicht so lange auf der Welt wie ich.«

»Nein, Sir. Soll ich dies jetzt abschreiben?«

»Gleich. Bleib sitzen.«

Ich wartete.

»Es mag sein, daß die sanften Kadenzen des ersten Schlusses stilistisch besser sind. Doch du mußt dir angewöhnen, darauf zu achten, daß manchmal anderes den Vorrang hat. Dieser Bericht soll überzeugend wirken, und so muß man die Vorzüge seltener Blumen gegen die Verheißung von Profit abwägen, den Wert eines wohlklingenden Satzes gegen das verlockende Klirren von Münzen, und in solch einem Fall ist das erstere von geringerer Bedeutung.« Er nahm mir das Blatt aus der Hand und las es noch einmal durch. »Nein, ich finde, daß an dem neuen Schluß nichts auszusetzen ist. Er hat eine andere Art von Stil. Er hebt den Schluß, statt ihn fallen zu lassen. Ich möchte, daß es so stehenbleibt.«

»Sehr wohl, Sir.«

»Etwas, das mir an dir nicht gefällt, Killigrew, ist deine Art, einen Irrtum nicht einzugestehen. Bei einem Sekretär ist das ein schwerer Fehler.«

»Jawohl, Sir.«

»Selbst wenn du, obwohl man dich eines Besseren zu belehren sucht, bei deiner Meinung bleibst, so solltest du das insgeheim tun und es nicht durch deine Miene zu verstehen geben.«

»Ich bitte um Verzeihung, Sir.«

»Hast du deinem Vater viel zu schaffen gemacht?«

»Ich glaube nicht.«

»Mir gegenüber klagte er darüber. Und hin und wieder habe ich auch hier bemerkt, daß sich in dir der Rebell regt. Hier gibt es keine Schiffe zu entern, Junge. Hast du dir schon ein Mädchen gesucht?«

»Nein, Sir.«

»Hattest du eins in Cornwall?«

Ich zögerte und fragte mich, ob man ihm etwas erzählt hatte. »Ich hatte eins, doch ich verlor es, Sir.«

»Ist es gestorben?«

»Es hat einen anderen Mann geheiratet.«

Sir Walter wandte den Kopf ab und blickte über die Mauer auf die Straße, doch es fuhr nur ein von zwei Ochsen gezogener Karren vorbei, auf dem vorgebeugt, in den Händen die Peitsche wie einen Bogen, ein alter Mann mit weißen Haaren saß.

»Man ist nie zu jung, um ein Rebell zu sein, doch es ist schlecht, sich zu früh zuviel aus Weibern zu machen. Mit siebzehn sollte man sie als einen netten Zeitvertreib oder als Mittel zum Vorwärtskommen betrachten.«

»Ihr habt recht, Sir, ich bin ungebildet.«

Er sah mich prüfend an. »Es würde überzeugender wirken, Junge, wenn du das mit größerer Demut zugäbest. Die Art, wie du es sagst, läßt vermuten, daß du deine Unwissenheit für besser hältst als meine Erfahrung.«

Ich wußte nichts zu sagen, und so schwieg ich.

»Nicht daß ich etwa stets überlegt genug gewesen bin, das Beste anzustreben«, sagte er. »Sonst säße ich nicht hier und wäre auf Feder und Papier angewiesen, um umständlich über etwas Rechenschaft abzulegen, was sich bei einer einzigen Audienz leicht erklären ließe.«

Ich hob das Blatt auf, das er fallengelassen hatte.

»Dieses Tagebuch, Maugan, ist eigentlich ein Brief an die Königin, bei der ich meiner Heirat wegen bis heute in Ungunst stehe. Sie war meine große Liebe und wird es immer bleiben – in ihrer Eigenschaft als Königin. Da ich ihr jahrelang sehr nahestand, habe ich nicht nur ihre hervorragenden Qualitäten kennengelernt, sondern auch ihre Schwächen. Und mir sind wenige Frauen mit einer größeren Schwäche für die Farbe Gold begegnet. Nimm jetzt diese Blätter und fertige eine gute Abschrift an. Ich habe für arrogante Sekretäre nichts übrig.«

Als das Manuskript fertig war, brachte er es nach London, um einen Drucker zu suchen, der es noch vor Neujahr setzen würde. Er wohnte in diesen Monaten mit Keymis und Carew Raleigh oft im Durham-Haus, nahm mich aber meistens nicht mit. Nur einmal durfte ich ihn begleiten und drei Tage bleiben. Da sah ich, welchen Aufwand er immer noch in London trieb.

Als ich am zweiten Tag ein paar Stunden frei hatte, ging ich mit einem im Hause wohnenden Diener in eine Vorstellung des Blackfriar's Theatre. Ich sah ein griechisches Stück, das *Ödipus* hieß und von einem jungen Manne handelte, der blutschänderische Beziehungen zu seiner Mutter unterhielt und seinen Vater ermordete, ohne zu wissen, wer sie waren. Dies machte einen starken Eindruck auf mich. Zum Teil vielleicht, weil es das erste Theaterstück war, das ich in meinem Leben sah, doch vor allem war es das Thema, welches mich tief aufwühlte. Es war, als lege die Geschichte ein Wissen in mir frei, das ich mir nie eingestanden hatte, welches aber schon immer in mir gewesen war.

Elizabeth Raleigh blieb diesen ganzen Winter über in Sherborne, und so war ich viel mit ihr zusammen. Sir Walter war eine höchst komplizierte Persönlichkeit, schwierig, launenhaft, unberechenbar mit ungeheuren Energien und ebensolchen Depressionen; seine Frau erfüllte eine unerschütterliche Ruhe, welche diese explosiven Kräfte dämpfte. Erst als er fort war, entdeckte ich, wieviel Anstrengung sie das kostete; sie war gereizt und erschöpft und bedrückt – und zählte dabei die Tage bis zu seiner Rückkehr.

Bevor ich Cornwall verließ, hatte es Mrs. Killigrew große Sorge bereitet, daß Raleigh mein Seelenheil anvertraut werden sollte. Sir Walter, so sagte sie, wäre mehr als einmal fast wegen seines Atheismus der Prozeß gemacht worden; vor noch gar nicht langer Zeit war eine Kommission zusammengetreten, um zu entscheiden, was für Beweise dafür vorlägen. Ich fragte mich, ob Mrs. Killigrew wohl noch denken würde, daß meine Seele in Gefahr sei, wenn sie mich gesehen hätte, wie ich mit Lady Raleigh an Winternachmittagen auf der Terrasse unter dem Hause wandelte, mit dem kleinen Wat auf einer der von Zweigen überwölbten Alleen Ball spielte oder Lady Raleigh bei ihrer mangelhaften Orthographie half, wenn sie einen schwierigen Brief schrieb, wie ich mit Hardwicke, einem ihrer Vettern, Forellen angelte oder George Chapman lauschte, wenn er bei Tische seine zutiefst christlichen Anschauungen vortrug.

Das Bemerkenswerte in diesem Hause, das es von allen anderen, die ich kannte, unterschied, war, daß *kein* Dogma ohne gründliche Untersuchung seiner Vorzüge akzeptiert wurde. Royden, dem Freidenker, oder Hariot, dem Mathematiker, war es gänzlich unbenommen, ihre Ansichten zu äußern und der Kritik auszusetzen. Keine Meinung war sakrosankt.

Dieser Thomas Hariot war nach Sir Walter die bedeutendste Persönlichkeit im Haus und von noch größerer geistiger Statur. Aus Lancashire stammend, doch in Oxford geboren, war er, obgleich acht Jahre jünger als Sir Walter, einst dessen Mathematiklehrer gewesen und später Verwalter des neuen Sherborne-Gutes. Nun war er, obwohl er nicht mehr im Hause lebte, immer noch Raleighs persönlicher Berater.

Ich fand, daß es eher berechtigt war, ihn der Blasphemie zu zeihen als Sir Walter, denn bei einer abendlichen Diskussion hörte ich ihn das ganze Alte Testament verwerfen und ernste Zweifel an der göttlichen Inspiration des Neuen äußern. Auch, sagte er, glaube er weder an die Schöpfungsgeschichte noch an irgendwelche der biblischen Wunder. Naturgesetze, so meinte er, könnten nicht durch geistige Kräfte aufgehoben werden – und wenn es einen Gott gebe, so könne es nicht im göttlichen Interesse liegen, sie aufzuheben.

Vor kurzem hatte er die Gönnerschaft des Earl von Northumberland akzeptiert und hielt sich nun teils in Sherborne, teils in Isleworth auf, wo er nach den vor dreihundert Jahren durch Roger Bacon aufgestellten Prinzipien ein Teleskop baute. Er hoffte, daß dieses Teleskop nach seiner Fertigstellung die Sonne und den Mond und die Sterne auf das Fünfzigfache vergrößern würde. Er war ein begeisterter Anhänger der atheistischen Theorie, daß die Erde sich um die Sonne drehe und bemühte sich oft – zum Glück vergeblich, wie ich fand –, Sir Walter davon zu überzeugen.

Laut Keymis, der selbst Mathematiker war, stellte Hariot die ganze algebraische Wissenschaft auf den Kopf. Keymis versuchte mir einige seiner neuen Methoden zu erklären. Gleichungen existierten schon lange, seien aber zum größten Teil umständlich und untauglich. Durch irgendeine Zauberei, die ich nicht begriff, brachte Hariot alle Symbole auf eine Seite und setzte sie gleich Null. Obwohl ich nicht recht verstand, wie dies geschah, ahnte ich doch, welches Tor es öffnete und welch riesige unerforschte Gedankenwelt dahinterlag.

So brillant sein Geist war, neigte Hariot zu Unpäßlichkeit und Müdigkeit. Keymis meinte, es sei töricht von ihm, nicht mehr seiner Ideen und Theorien zu veröffentlichen – denn sonst würden sie weniger bedeutende Männer aufgreifen und den Ruhm einheimsen –, doch Hariot nahm nicht die Mühe auf sich. Ideen entstammten dem Hirn und benötigten nur geistige Energie – die er im Überfluß besaß.

Solche Ideen schriftlich niederzulegen, erfordere Arbeit am Schreibpult und körperliche Kraft.
Ebenso wie Hariot war Sir Walter häufig unpäßlich und müde. Neben seiner großen Energie, dem unermüdlichen Fleiß, mit dem er sich seinen Vorhaben widmete, seiner Begeisterung für neue Ideen oder Pläne erfüllte ihn ein Hang zur Hypochondrie. Etwa einmal im Monat bekam er Bauchschmerzen oder ernste Verdauungsbeschwerden oder Gicht im Rücken, die ihn niederwarfen, und wenn es vorbei war, verfiel er ein oder zwei Tage in tiefe Melancholie, aus der ihn nicht einmal seine Frau oder sein Sohn herausreißen konnten. Er wollte nie einen Arzt sehen, sondern behandelte sich selbst mit Aufgüssen von Rinden oder Kräutern, welche er von seinen Reisen mitgebracht hatte.
Selbst wenn er bei guter Gesundheit war, liebte er es, mit selbsthergestellten Arzneien und Gebräuen an sich herumzuexperimentieren; teils aus wissenschaftlichem Interesse, teils wohl auch aus einer morbiden Neugier hinsichtlich der Kraft und Schwäche seines eigenen Körpers. Allen in seiner Umgebung, die nicht imstande waren, sich zu weigern, darunter auch mir, verabreichte er von Zeit zu Zeit seine Arzneien; und ich glaube, seine plötzliche Entdeckung, daß ich etwas von der Anwendung von Kräutern verstand, war es, welche die Mauer, die meine Jugend und seine hohe Position zwischen uns bildeten, ein wenig durchlässig machte.
Die Proben fremdartiger Medizinen und Lösungen, die er aus Westindien mitgebracht hatte, füllten einen halben Raum, und während Katherine Footmarker sich damit zufriedengegeben hätte, aus ihnen eine Salbe zu machen, um eine Verbrennung zu kurieren, bereitete es ihm großes Vergnügen, die Ingredienzen in einem Tiegel zu erhitzen, um zu sehen, ob sie explodierten. Häufig zerbrach er Röhren und Flaschen, und die Mixturen rannen auf den Fußboden. Manchmal lachte er darüber wie ein Junge. Es war seltsam, ihn so zu sehen, denn zumeist lagen Schatten auf seinem Gesicht.
Nach seiner Rückkehr aus Cornwall, war er ganz damit beschäftigt, einen eindringlichen Bericht über die Unzulänglichkeiten der Verteidigungsanlagen im Südwesten des Landes zu fassen. Auch schrieb er ständig dem Staatsrat über Kriegsangelegenheiten und bombardierte ihn mit Ideen und Vorschlägen und Warnungen. Seiner Ansicht nach war der Angriff stets die beste Verteidigung, und er meinte, wenn ein Angriff auf England verhindert werden solle, so sei eine Wieder-

aufnahme des aktiven Krieges die beste Möglichkeit dazu. Er erbot sich sogar, auf eigene Kosten ein Schiff zu entsenden, um so weit wie möglich den gegenwärtigen Stand der spanischen Vorbereitungen zu erkunden. Doch in den meisten Fällen schien der Staatsrat nichts auf seine Vorschläge zu geben.

Ich entsinne mich einer Nacht gegen Ende des Jahres, in der er abwesend war und Lady Raleigh sich Sorgen um ihn machte. Am frühen Morgen kehrte er zurück und erzählte, daß er und der königliche Statthalter von Dorset mit einer Gruppe von Bediensteten den ganzen gestrigen Tag einen Jesuitenpriester gejagt hätten. In der Nacht hätten sie ihn gefangen, und jetzt sei er dort, wo er keinen Schaden mehr anrichten könne.

Den ganzen Tag war Sir Walter ruhelos, und in der folgenden Nacht war er wieder abwesend. Als er zurückkam, berichtete er, daß man ihm erlaubt hatte, den Priester in seiner Zelle zu besuchen und daß er die ganze Nacht mit ihm über Religion diskutiert habe.

Ich hörte ihn zu Keymis sagen: »Solche Leute müssen zermalmt werden – sie würden England verraten und die Königin ermorden –, doch ich fand seine Ansichten höchst interessant ... Woher stammt nur die Selbstsicherheit dieser Männer, ihr krankhafter Glaube an ihre Unfehlbarkeit? Jeder ist leidenschaftlich von einem Dogma überzeugt, das keinen Kompromiß gestattet, jeder glaubt an denselben Gott, ist aber bereit, anderen um einer Auslegung wegen jegliches Unrecht zuzufügen! So etwas empört mich. Ich halte Intoleranz für eine der Kardinalsünden!«

Hariot saß am Tische, sagte aber nichts; ein stiller dicker Mann mit einem freundlichen schwammigen Gesicht, der die Augen zusammenkniff, als seien sie das Licht nicht gewohnt; doch am Abend kam es zu einer großen Debatte, zuerst beim Abendbrot und später im grünen Salon.

Man begann mit einer Diskussion über die Natur der Seele und alle Arten des Geistes, und die Argumente flogen rasch hin und her wie ein Ball zwischen Tennisspielern. Raleigh behauptete, es gebe drei verschiedene Seelen, die animalische, die vernunftbegabte und die spirituelle. Die Seele des Tieres erfasse nur, was seine Augen wahrnähmen; der Mensch käme Gott näher, indem er, wenn auch nur dunkel, die Realität hinter der materiellen Welt wahrnehme. Christus, sagte er, sei in seinem Wesen Gott gleich und seine Vergeistigung gehe so weit über die des Menschen hinaus wie die des Menschen gegenüber dem Tier. Nur durch Christus könne der Mensch ein wenig von der Weisheit und den Absichten Gottes erahnen, denn Gott sei Seinem Wesen nach rein und ewig und deshalb nie ganz zu erfassen.

»Woher wollen wir wissen, was wir erfassen können und was nicht, Walter?« sagte Hariot plötzlich mit seiner sanften Stimme. »Wer setzt dem menschlichen Verstand Grenzen außer der Mensch selbst? Durch sein Gefühl der Unwürdigkeit, durch von Kirche und Staat gesetzte Verbote, durch seinen eigenen Mangel an Verstand? Wir stehen noch am Anfang der Erkenntnis. Wenn es einen Gott gibt, dann stimmen wir als Skeptiker alle darin überein, daß er transzendent ist, über dem Universum, jenseits menschlicher Erfahrung. Aber er muß nicht unbedingt jenseits unserer Erkenntnis stehen.«

»Ich leugne nicht den Wert der Erkenntnis, zu der wir vielleicht gelangen können, Tom«, sagte Sir Walter. »Aber ich gräme mich nicht über ihre Begrenztheit. Ich glaube nicht, daß wir je das Unendliche erfassen, das Bodenlose ausloten, unsere Auffassung vom Wesen der Zeit dem Anfang und Ende des Universums werden anpassen können. Wir sind an die Erde gebunden, aus Erde geschaffen, und wir leben auf ihr. Der Himmel ist hoch und fern. Göttliche Gnade kann uns nur durch Offenbarung zuteil werden.«

»Aber wie definierst du göttliche Gnade, Walter?« fragte der Earl of Northumberland, ein magerer junger Mann mit scharfen braunen Augen wie eine Drossel. »Ich stimme darin mit dir überein, Tom, obgleich wir nur selten in philosophischen Dingen der gleichen Ansicht sind. Wo endet menschliches Streben und beginnt göttliche Gnade? Wenn wir durch Beobachtung von Tychos großem Stern die Wiederkunft Christi vorhersagen können, so gelangen wir zu keiner Erkenntnis jenseits der normalen Grenzen unserer Fähigkeiten; wenn wir durch Betrachtung des Wasserzeichens der Fische den übermäßigen Regen, der in den letzten drei Jahren auf dieses Land gefallen ist, berechnen und voraussagen können, so ist das nicht –«

»Ja«, sagte Sir Walter, »wir gelangen zu einer Erkenntnis jenseits der normalen Grenzen unserer Fähigkeiten und täuschen uns oft und werden uns immer wieder täuschen. Es hat keine Wiederkunft Christi gegeben – bis jetzt. Wenn Er kommt, so wird uns das meiner Ansicht nicht das Studium des Himmels ankündigen. Gott steht über der Natur. Wir mögen an seine Existenz glauben oder sie leugnen, doch durch eine noch so eingehende Ausdeutung der Fakten oder eine noch so angestrengte Bemühung unseres Verstandes werden wir ihm nicht näherkommen.«

Thomas Hariot stopfte seine Pfeife. »Wir tasten alle herum, Freunde, Henry am meisten. Für ihn sind das Horoskop und das Teleskop ebenbürtige Diener der Philosophie und gleich vertrauenswürdig. Dies ist eine verbreitete Meinung, der sogar Johann Kepler leider anzuhängen scheint. Ich teile sie nicht. Ich glaube nicht, daß unserem Wissen und unserem Tun Grenzen gesetzt sind. Die Fähigkeit der Menschen zur Erkenntnis hängt von ihrem Empfindungsvermögen für das Materielle ab. Da Wissen aufgespeichert werden kann, sollte jeder Pionier seine Entdeckungen hinter sich lassen wie eine Leiter, die zum nächsten Geschoß führt und warten, bis sich ihm die nächste zur Ersteigung bietet. In der Welt der Wissenschaft sollte keine Prophezeiung, die doch nur Vermutungen erlaubt, statthaft sein, sondern nur Spekulation, die der Überprüfung zugänglich ist. Das ist wahre Wissenschaft, und das ist die wahre Bestimmung des Menschen.«

»Ich glaube nicht«, sagte Sir Walter, »daß etwas, das auf intellektuellem Stolz beruht, die wahre Bestimmung des Menschen sein kann.«

»Ach, es ist doch kein *persönlicher* Stolz. Wir Menschen als einzelne sind unbedeutend und vergänglich – nur einige von uns tragen die Ziegel der Erkenntnis eine oder zwei Sprossen höher. Wenn es etwas wie Stolz gibt, dann den Stolz der Spezies, daß wir in diesem großen Universum, in dem Gott immer ferner scheint, nichts für uns verlangen, als unserer Vernunft und unserer Stellung würdig zu sein, Sterblichkeit ist uns sicher; Unsterblichkeit ist ein Geschenk Gottes.«

Gegen Ende des Jahres ehelichte Lord Northumberland Lady Perrot, die Witwe von Sir Thomas Perrot. Lady Perrot war eine geborene Lady Dorothy Devereux und die Schwester des Earl of Essex. Sogleich nach ihrer Heirat brachte Northumberland sie ins Haus und sorgte dafür, daß sie und Sir Walter sich versöhnten.

Sir Walter war zwar schnell gekränkt und noch schneller bereit, Kränkungen zuzufügen, doch nicht nachtragend, und so hatte er nichts dagegen, sich mit der neuen Countess of Northumberland anzufreunden. Allein, Henry Percy angelte nach einem größeren Fisch. In Wahrheit wünschte er eine Versöhnung zwischen Raleigh und seinem neuen Schwager. Es gebe nichts mehr, so meinte er, was die beiden großen Männer trenne, als alte Erinnerungen. Robert Cecil, so hörte ich ihn sagen, habe Essex in letzter Zeit verschiedene Niederlagen zugefügt; seine Stellung bei der Königin sei nicht mehr so sicher wie vor einem Jahr; und vor allem sei er für eine offensive Politik gegenüber Spanien – genau wie Raleigh. Cecil sei für Verhandlungen und Frieden. Wenn sie sich zusammentäten, würden sie stärker sein als er. Überdies wünsche doch Sir Walter nichts so sehr wie die Gunst der Königin wiederzuerlangen. Falls ihm dies mit seinem demnächst erscheinenden Buch nicht gelingen sollte, könnte Essex' Freundschaft ihm vielleicht dabei helfen.

»Das einzige Hindernis«, sagte Northumberland, seinen Pokal zwischen den Fingern drehend, »ist die starke Ähnlichkeit zwischen dir und Robert – für so gering du sie auch halten magst, Walter. Ihr seid beide stolz, beide jähzornig und gegenüber denen, die weniger fähig als ihr seid, voll Ungeduld. Ihr verfügt beide über die Energie dreier Männer. Und unter eurer Arroganz verbirgt sich bei beiden von euch ein warmes Herz. Wenn ihr euch nur einmal aussprechen würdet, so könntet ihr, glaube ich, die besten Freunde werden.«

Sir Walter sagte: »Nun, ich für meinen Teil hege ihm gegenüber keinen Groll. Gewiß ist er seit der Zeit unserer Streitigkeiten gereift und besonnener geworden. Ich würde mit Freuden im Hause irgendeines Freundes mit ihm sprechen. Doch es fällt mir schwer, ein solches Treffen vorzuschlagen, da es mir soviel mehr einbringen würde als ihm.«

»Dessen sollten wir nicht allzu sicher sein«, erwiderte Northumberland. »Auf jeden Fall denke ich, daß jetzt eine günstige Zeit ist, an ihn heranzutreten. Und ich kann es direkt tun, ohne daß Anthony Bacon oder einer seiner Freunde davon erfährt. Er ist ein wahrhaft großmütiger Mann, Walter, doch von schlechten Ratgebern umgeben.«

»Ich wüßte mir nichts Schöneres zu wünschen«, sagte Lady Raleigh, ihren Gatten ansehend. »Lord Essex war mein Freund, bevor wir heirateten, und er hat mir in der Not beigestanden, als andere mich im Stich ließen. Doch eines gefällt mir nicht – daß diese Versöhnung sich gegen Robert Cecil richten soll, der gleichfalls unser Freund ist. Ich möchte nicht, daß er das Gefühl hat, wir wenden uns gegen ihn. Es würde meinem Loyalitätsempfinden zuwider sein.«

»Ach, mit Loyalität ist es bei Cecil nicht weit her!« sagte Carew Raleigh.
Sir Walter schritt, wie gewohnt, im Zimmer auf und nieder. »Ich glaube nicht, daß sie sich gegen irgend jemand richten müßte, Bess. Auf jeden Fall ist Henrys Vorschlag gut, und wir sollten ihn befolgen. Und da ich in so kurzer Zeit einsehen mußte, wie sehr ich mich bezüglich seiner Frau getäuscht habe, kann ich nicht glauben, daß einem ihrer Brüder etwas anderes als die höchste Wertschätzung gebührte. Ich bin bereit, mich jederzeit und an jedem Ort mit ihm zu treffen.«
»Ich hoffe, es wird sich bald ermöglichen lassen«, sagte Lady Northumberland. Und an Lady Raleigh gewandt, fügte sie hinzu: »Wir haben einen weiten Weg hinter uns. Wir wollen ihn in Freundschaft weitergehen. Ich denke, daß dies auch der Wunsch meines Bruders ist.«

Um die Jahreswende trafen sie sich in London zu einer Unterredung – wo, weiß ich nicht. Das Erscheinen von Sir Walters Buch hatte sich verzögert, doch man übermittelte Essex ein Korrekturexemplar, und er erklärte, er sei sehr davon beeindruckt. Das Treffen verlief zufriedenstellend, und Sir Walter kehrte voller Enthusiasmus nach Sherborne zurück. Er war überzeugt, daß die Freundschaft mit Essex sein gutes Einvernehmen mit Cecil nicht stören werde. Warum, so fragte er, sollten sie nicht alle drei auf gutem Fuße stehen? Sie hätten nichts zu verlieren als Feindschaft und längst überholte Zwistigkeiten. Darauf hörte ich Carew Raleigh murmeln: »Essex und Cecil ins selbe Bett legen? Das ist, als legte man einen Pfau zu einer Schlange.«
Essex, so berichtete Raleigh, habe ihm gesagt, daß er im nächsten Sommer etwas Großes plane – zusammen mit Howard, dem Lord Admiral, was einige Schlüsse über die Art des Vorhabens zuließe –, doch es sei ihm nicht gestattet, mehr zu verraten. Möglicherweise werde man Raleigh, falls er in Guayana nicht zu sehr in Anspruch genommen sei, auffordern, eine größere Rolle dabei zu spielen. Sir Walter schien dies sehr verlockend, ließ es doch vermuten, daß die dringlichen Eingaben, welche er den ganzen Winter über an den Staatsrat gerichtet hatte, nun doch ihre Wirkung taten. Und es würde bei der Königin stärker ins Gewicht fallen, wenn er sich in ihrer Nähe Ruhm erwarb als viertausend Meilen weit entfernt. Indessen hatte Sir Walter Essex eingeladen, ihn in Sherborne zu besuchen; bis dahin würde das Buch erschienen und seine Wirkung bekannt sein. Nichts-

destoweniger stürzte er sich mit seiner gewohnten fieberhaften Ungeduld sofort in die Vorbereitungen für eine neue Expedition nach Guayana. Wenngleich es eine viel kleinere sein sollte als im letzten Sommer, so mußte sie doch unternommen werden, um seine Versprechungen gegenüber den Eingeborenen zu erfüllen und ihr Interesse an England aufrechtzuerhalten.

Aus meiner eingehenden Kenntnis der Vorgänge dürfte der Leser bereits geschlossen haben, daß ich den ganzen Winter über mehr wie ein Mitglied der Familie denn als ein Dienstbote behandelt wurde, weit mehr wie ein Vetter denn als ein Sekretär. Ich speiste an der gleichen Tafel und nahm häufig an ihren privaten Gesprächen teil. Dies geschah so selbstverständlich und natürlich, daß sie mich ganz für sich gewannen.

Während meines Aufenthalts in Sherborne sah ich kein Mädchen an, obgleich eines oder zwei sich für mich zu interessieren schienen, doch ich befreundete mich mit Victor Hardwicke, einem Verwandten Lady Raleighs, welcher stellvertretender Gutsverwalter war. Wenn Sir Walter fort war, liehen wir uns zwei seiner Pferde und ritten zusammen aus; er war vierundzwanzig und von gänzlich anderer Art als der liederliche Belemus; ein ernster junger Mann mit einem Lungenleiden, der viel hustete und Laute spielte und Gedichte schrieb und in eine verheiratete Frau in Cerne Abbas verliebt war, die junge Frau des Kleiderhändlers, bei dem Sir Walter seine Handschuhe und Wämser kaufte.

Er erzählte mir, daß Sir Walter trotz seines großen Erlöses aus dem Wein- und Tuchgeschäft seine Expeditionen nach Guayana Schulden in Höhe von 30 000 Pfund eingebracht hätten. Überdies habe er 40 000 Pfund bei seinem Versuch, die Kolonie in Virginien zu gründen, verloren, und diese Summe sei ihm nie erstattet worden.

»Die Kaperung der *Madre de Dios* vor zwei Jahren hätte ihn zu einem reichen Mann gemacht, doch er gab seinen ganzen Gewinn – 80 000 Pfund oder mehr – der Königin, um sich seine Freiheit zu erkaufen. Deshalb ist er in finanziellen Schwierigkeiten.«

»Gleich anderen«, sagte ich, an meinen Vater denkend.

»Ja, aber da er ihre Gunst verloren hat, bietet sich ihm wenig Gelegenheit, seine Verluste wettzumachen. Aus diesem Grund muß er sich mit Essex zusammentun. Das ist seine große Chance. Wenn die Königin nicht einlenkt, muß Guayana warten.«

Wenigstens, so dachte ich, hat mein Vater einen heiratsfähigen Sohn ...

Während dieser ganzen Zeit ließen Drake und Hawkins nichts von sich hören. Dann erreichte uns im neuen Jahr die Nachricht, daß sie Havanna eingenommen hatten. Dies verscheuchte alle Befürchtungen Sir Walters um sie. Das Genie der alten Seebären hatte über die neue spanische Seemacht gesiegt, denn Havanna war der Schlüssel zu Westindien.

In dieser Stimmung ging er die Treppe des Herrenhauses hinunter, um den Earl of Essex willkommen zu heißen, als dieser mit seiner Kutsche eintraf. Ich sah von einem Fenster aus zu.

Als die beiden zusammen die Treppe hinaufgingen standen sie einander an Stattlichkeit und Würde nicht viel nach. Sie waren beide groß, doch Essex, der vierzehn Jahre jünger war, überragte seinen Gastgeber um vielleicht zwei Zoll; er trug einen braunen Bart, hatte das Kinn aber glatt rasiert, und war dunkelhaarig, starkknochig, schlankhüftig, vital; man bemerkte selbst von weitem, welch faszinierende Persönlichkeit er war.

Sonst sah ich wenig von diesem Treffen, denn die sechs speisten alleine: die Raleighs, Carew, Essex und die Northumberlands. Um zehn Uhr fuhr die Kutsche fort. Trotz aller gegenteiligen Versicherungen war eine solche Begegnung zwischen den beiden größten Konkurrenten um die Gunst der Königin voll Bedeutung für alle, die England regierten, und sollte deshalb so geheim wie möglich bleiben. Ich fragte mich, ob wohl Sir Robert Cecil davon erfahren würde.

In den nächsten Tagen war Sir Walter still und nachdenklich – nicht deprimiert und aufgeregt –, und ich schloß daraus, daß das Treffen nur von mäßigem Erfolg gewesen war. In Wirklichkeit rang er, was ich damals nicht wußte, um eine große Entscheidung. Essex hatte ihm ein Kommando bei dem Unternehmen angeboten, welches er und Lord Admiral Howard planten.

Die einzige Bemerkung, die Sir Walter in meiner Gegenwart machte, lautete: »Ich wünschte, solche Macht, wie man sie ihnen gewährt, würde man Francis Drake zugestanden haben. Wenn er mit seiner kümmerlichen Streitmacht Havanna eroberte, so hätte er mit dem, was Essex zur Verfügung steht, den Krieg gewonnen.«

In jenem Monat erschien bei Robert Robinson ein Buch mit dem Titel

Die Entdeckung des großen, reichen und schönen Landes Guayana mit einer Schilderung der goldenen Stadt Manoa (welche die Spanier El Dorado nennen). Vollbracht im Jahre 1595 von Sir Walter Raleigh, Ritter, Captain in Ihrer Majestät Garde, Gouverneur des Zinngrubengebiets und Ihrer Hoheit Generalleutnant der Grafschaft Cornwall.

Es hätte keine bessere Aufnahme finden können. In vier Wochen wurden ebensoviele Auflagen verkauft. In Deutschland, Holland, Frankreich und Italien sollten Ausgaben erscheinen. In England wurde viel darüber gesprochen. Cecil, dem das Buch gewidmet war, lobte es höflich. Doch all dies erfüllte Sir Walter weder mit Freude noch Befriedigung. Tag um Tag verbrachte er in größter Spannung, denn die eine Person, die ihm wichtig war, ließ nichts von sich hören. Vielleicht hatte sie es noch nicht gelesen, doch vielleicht, so vermutete er, wurde es ihr auch absichtlich vorenthalten. Er suchte Cecil auf, ihn um seine Hilfe zu bitten. Cecil war höflich, doch kühl: sein Vater sei unpäßlich, und er könne Burghley House nicht verlassen, es sei denn in dringlichen Amtsgeschäften. Essex – ja, sagte Sir Walter, selbst Essex sei großmütiger als Cecil. Er empfahl es eindringlich dem Staatsrat und versprach, dafür zu sorgen, daß die Königin ein Exemplar erhielt. Doch auch dies führte zu keiner Reaktion.

Es gab auch Gelächter über das Buch, wie man bald in Sherborne erfuhr. Vor allem die Bacons taten sich mit spöttischen Kommentaren hervor. Menschen ohne Köpfe? Amazonen, welche sich nur für einen Monat im Jahr mit Männern vermählten und wenn sie männliche Kinder gebaren, diese den Vätern zurückbrachten, während sie weibliche zu Kriegerinnen gleich ihnen selbst erzogen? Sir Walter treibe wieder einmal sein übliches Spiel. Er würde seine Seele verkaufen, habe sie vielleicht bereits verkauft, um Vorteil daraus zu schlagen. Ein hübsches Märchen, dieser Bericht über eine angebliche Reise in ein fernes Land.

Eines Abends beim Essen sagte Thomas Hariot zu ihm: »Ich wünschte, du hättest mir das Manuskript in einer früheren Fassung gezeigt, Walter. Es gefällt mir nicht, daß diese Behauptungen in das gedruckte Buch gelangen durften, daß du, ein Verfechter des Skeptizismus, deinen Landsleuten offenbar zumutest, solche Wunder zu glauben.

»Meine Landsleute, Tom, sind ebenso töricht wie du. Lies das Buch noch einmal. Ich weise ausdrücklich darauf hin, daß dies *Geschichten* sind, die ich von den Indianern gehört habe. Ob sie wahr sind oder nicht, ist eine andere Sache; doch oft haben solche Legenden einen wahren Kern. Weitere Besuche werden Gelegenheit bieten, sie zu beweisen oder zu widerlegen.«

»Dann wäre es am besten gewesen, du hättest daran nicht den mindesten Zweifel gelassen ... Aber diese an Bäumen wachsenden Austern. Hast du sie gesehen?«

»Wenn Laurence hier wäre, so würde er es bestätigen. Frag ihn, wenn er zurückkommt.«

Laurence Keymis war seit drei Wochen in Portsmouth. Sir Walter war es gelungen, ein gutes und seetüchtiges Schiff auszurüsten, mit dem zumindest Keymis fahren sollte. Wenn Sir Walter ihn begleitete, so konnte er sich an dem großen Unternehmen, welches Essex und Howard planten, nicht beteiligen. Ihm blieb nicht mehr viel Zeit, sich zu entscheiden.

»Mir ist das eine Unternehmen ebensowenig willkommen wie das andere«, sagte Lady Raleigh an dem Abend, als Keymis zurückkam. »Jedes bedeutet für mich Trennung von dir und Alleinsein und für dich Gefahr und Strapazen. Hier sind wir glücklich. Warum läßt du nicht jüngere Männer die Unbill solcher Abenteuer auf sich nehmen?«

»Oh, jüngere Männer«, sagte Sir Walter nervös. »Ja, da hast du recht. Aber, bei Gott, ein Mann von vierundvierzig hat doch immer noch etwas zu geben. Und vielleicht weniger zu verlieren – obwohl ich das bezweifle. Jedes Jahr finde ich, daß ich mich von mehr trennen muß. Du verstehst dich darauf, einen zu umgarnen, Bess.«

»Nicht gut genug«. Ihr Blick folgte ihm, als er sich erhob, zum Kamin trat und düster ins Feuer starrte.

»Laurence«, sagte er nach einer Weile, »ich habe mich entschieden. Du mußt alleine segeln.«

Keymis' Augengläser funkelten im Schein des Feuers. »Wie du meinst.«

»Wenn mein Unternehmen mit Essex erfolgreich ist, so wird es mir vielleicht möglich sein, nächstes Jahr eine stattliche Flotte nach Guayana zu schicken. Du mußt als mein Bote fahren, Laurence. Sage ihnen, ich werde bald bei ihnen sein!«

2

Einen Tag, nachdem Sir Walter seine Entscheidung getroffen hatte, sagte er schroff zu mir: »Nun, Killigrew, du siehst, wie der Wind für dich weht. Für dich gibt es drei Möglichkeiten. Erstens, du kannst heimfahren; zweitens, du kannst hierbleiben; drittens, du kannst Keymis begleiten. Sag mir binnen einer Woche, was du möchtest.«
»Wenn ich bei Euch bleibe, Sir«, sagte ich, »habt Ihr dann Verwendung für mich bei Eurem Unternehmen?«
Er lächelte leise. »Es ist noch zu früh, um dir das versprechen zu können, doch ich halte es für möglich. Schlimmstenfalls könnte ich dich als meinen persönlichen Diener mitnehmen.«
»Diese Aufgabe würde ich mit Freuden erfüllen.«
»Es könnte zu erbitterten Kämpfen kommen. Mehr kann ich dir nicht sagen.«
»Das schreckt mich nicht.«
Er senkte den Kopf. »Dann hast du dich bereits entschlossen. Du tätest gut daran, die Sache zu überschlafen.«
»Nein, Sir, ich habe mich entschlossen.«

Irgendwann in jener Woche erhielt ich den ersten Brief von Belemus. Er lautete:
»Lieber Maugan,
hier steht es, wie üblich, schlecht. In einer Welt ständigen Regens und Windes sitzen wir wohlgenährt im Warmen und überlassen es unseren Knechten, sich ins Halbdunkel und den Schlamm des Winters hinauszuwagen, doch oft frage ich mich, wie lange wohl noch das Dach über unseren Köpfen halten wird.
Dein Vater ist zu Beginn des Jahres nach Westminster gereist, doch ich habe erfahren, daß sich gleich bei seiner Ankunft in London einige seiner Gläubiger auf ihn stürzten und ihn ins Schuldgefängnis stekken ließen. Dort befand er sich zwei Wochen, doch seinem letzten Brief entnehme ich, daß ein Freund bei Hofe ihn auslöste, und wenn ihm sonst nichts Schlimmes widerfahren ist, dürfte er sich jetzt auf der Heimfahrt befinden. Deine Großmutter, die gute Lady K., segelte sogleich, als sie von der schlimmen Lage Deines Vaters erfuhr, mit ihrer Zofe im Schlepptau nach London. Sie wirkte so schwächlich, daß zu befürchten stand, die erste steife Brise werde sie zum Sinken

bringen, doch offenbar bedürfte es dazu einer Sturmflut. Vermutlich dürften sie einander verpaßt haben oder miteinander kollidiert sein. Johns Heirat mit der kleinen wie ein Schlot rauchenden Jane rückt nicht näher, sondern scheint gleich einer Fata Morgana immer weiter zu entschwinden, je mehr wir uns ihr nähern.

Ein anderer alter Freund von Dir, Captain Elliot, ist letzten Monat in den Hafen eingelaufen und an Land gekommen. Für einen Piraten ist er wohlinformiert; er brachte uns die Nachricht, daß König Philipp an Gicht und Magengeschwüren und schwerem Tertianfieber leidet. Ich hoffe sehr, dies ist keine Übertreibung. Sein alter Kumpan Love war bei ihm, und von ihm erfuhr ich, auf welche Weise sie in letzter Zeit Geld verdienen: Sie haben in Hampshire den Kriegsgewinnlern, welche unsere Schiffe mit Waffen ausrüsten, Kanonen und Pulver gestohlen; sodann brachten sie sie nach Spanien und verkauften sie mit gutem Profit an die Spanier. Wenn also eine weitere Armada ausläuft, so dürfte sie zum Teil mit englischen Kanonen und Munition ausgestattet sein. Hübsch, nicht wahr?

Dein Vater hatte kaum das Haus verlassen, als niemand anderer auftauchte als Deine Freundin, die Hexe aus Truro, und überall Prophezeiungen und kleine Spinnen verstreute. Ich wünsche der Footmarker nichts Schlechtes, doch die Freundschaft, die sich zwischen ihr und Mrs. Killigrew entwickelt hat, gefällt mir gar nicht. Die Footmarker meint, es liegt ein Verhängnis auf dem Hause, und deiner armen Stiefmutter, die bis über ihre rosa Ohren in Schulden steckt, kann man es nicht verübeln, wenn sie glaubt, es ist etwas Wahres daran. Es ist keine förderliche Freundschaft . . .«

Am letzten Tage des Januar stach Laurence Keymis in See. Am Abend, bevor er nach Portsmouth fuhr, fand in Sherborne eine Feier statt, doch Sir Walter war nicht in der rechten Stimmung dafür und ging früh zu Bett. Er befahl mir, ihm einige Bücher hinaufzubringen, und als ich sie holte, gab mir Laurence Keymis ein Blatt Papier und bat mich, es ihm zusammen mit den Büchern zu geben. Das Blatt war offen, und es stand ein kurzes Abschiedsgedicht darauf.

»Leg's auf das oberste Buch, Killigrew, damit er's sieht.«

»Ja, Mr. Keymis.«

Er nahm seine Augengläser ab und putzte sie. Wenn er dies tat, runzelte er immer die Stirn, als ärgere er sich, doch an jenem Abend be-

merkte ich, daß er voll Wehmut war und Tränen in den Augen hatte.
»Ich hoffe«, sagte er plötzlich, »dir ist klar, welche Ehre es ist, einem solchen Manne zu dienen.«
Ich murmelte etwas, und er setzte seine Augengläser wieder auf und schlang sie um die Ohren.
»Solche Männer wie er werden nur einmal in einem Jahrhundert geboren. Krieger, die zugleich Denker sind; Gelehrte mit dem Mut zu kämpfen. In Friedenszeiten verdorren sie, werden sie von minderwertigeren Männern, welche ihr Genie und ihre Überlegenheit fürchten, niedergehalten. Von ihren Mitmenschen und Monarchen werden sie ins Dunkel verbannt, voll Neid und Mißgunst verfolgt oder ignoriert und verhöhnt. Nur in der Not und in Zeiten großen Unheils bedarf man ihrer. Schau deinen Herrn an! Ein Mann voller Fehler – ich, der ich ihn so gut kenne, würde keine von ihnen leugnen –, doch zugleich ein Mann der voller Talente und Ideen steckt wie ein Köcher voller Pfeile, jeder spitz und gerade. Ein geborener Führer, der größte lebende Stratege, ein Poet, ein Philosoph, ein Essayist, ein Redner, ein begabter Musiker, ein Soldat, ein Forscher, der Begründer neuer englischer Reiche jenseits der Meere. Der Masse haßt ihn, die Führer des Landes ignorieren ihn, die Königin hat ihn vom Hofe verbannt. Doch wir, die wir ihn kennen – wir, die wir ihn kennen, Killigrew, wollen ihm mit allen unseren Kräften dienen!«
Als ich die Wendeltreppe hinaufstieg, dachte ich bei mir, daß Laurence Keymis wohl nie so offen zu mir gesprochen hätte, wäre er nicht voll des Weines gewesen.

Anfang Februar, nach Keymis' Abreise, fuhr Sir Walter wieder nach London und speiste in Gesellschaft von Lord Admiral Howard, Lord Thomas Howard, dem Earl of Essex, Sir Francis Vere, Sir Conyers Clifford und unserem Vetter Sir George Carew. Es muß ein seltsames Mahl gewesen sein, denn ich wußte, daß Sir Walter mit Lord Thomas Howard bitter verfeindet war und Sir Francis Vere nur selten persönlich sah. Gleichwohl wurde er für die Zeit der Expedition zum Konteradmiral ernannt. Die Königin lehnte es nach wie vor ab, ihn zu empfangen, doch ihre Zustimmung zu seiner Ernennung bewies, daß er nicht mehr so tief in Ungnade bei ihr stand.
Man hatte Sir Walter damit beauftragt, zusammen mit seinem Stell-

vertreter, einem grauhaarigen Seemann namens Robert Crosse, welcher Francis Drakes liebster Kapitän war, für die in der Themse bereitliegenden Schiffe die Mannschaften zu rekrutieren. Es waren zum größten Teil Transport- und Proviantschiffe, welche von Gravesend bis Greenwich verstreut lagen, und einige befanden sich in schlechtem Zustand und bedurften eingehender Reparaturen.

Im März erhielt Cecil die Bestätigung, daß Drake Havanna erobert hatte, und gab seinen Widerstand gegen die Expedition auf, doch er warnte den Staatsrat, daß von anderer Seite ein ernstliches Hindernis drohe. König Heinrich von Frankreich war bankrott und des Krieges müde. Um weiterkämpfen zu können, brauchte er Unterstützung, und zwar, wie er sagte, eine englische Armee.

Was noch schlimmer war – er wußte, daß sie existierte. Sie war etwa 10 000 Mann stark und bereitete sich darauf vor, zwecks Teilnahme an einem der größten Unternehmen aller Zeiten auf britischen Kriegsschiffen England zu verlassen – doch nicht um den Franzosen beizustehen, sondern um irgendein geheimes Vorhaben in weiterer Ferne zu unterstützen; vielleicht, um Irland zu verteidigen oder Blavet anzugreifen. Obgleich Heinrich den Absichten der Engländer soviel Mißtrauen entgegenbrachte, daß er ihnen nicht den Hafen von Calais zur Verfügung stellen mochte, in dem er eine starke Garnison unterhielt, wünschte er ihre Truppen zu diesem kritischen Zeitpunkt in seinem Lande. Indessen schien er einem unheilvollen Friedensvertrag mit Spanien geneigter. Die einzige Möglichkeit, einen solchen Vertrag zu verhindern, bestand offenbar darin, seine Forderungen zu erfüllen.

Sir Walter war in fieberhafter Erregung, denn die ganze Expedition schien nun in Frage gestellt. Am sechzehnten März, einem Samstag, sollte Sir Robert Cecil, wie ich erfuhr, der Königin die Vollmacht zur Unterzeichnung vorlegen, welche der Flotte die Befugnis gab, Englands Küste zu verlassen. Die Königin, sagte Sir Walter beim Dinner, sei zwar die begabteste und exzellenteste Frau, die er je gekannt habe, doch sie neige zu Unentschlossenheit. Von ihrer Entscheidung hänge möglicherweise die Zukunft der Welt ab.

Wenn Sir Walter daheim war, pflegte er sich zumeist von seiner anstrengenden Tätigkeit in London durch andersgeartete Betätigungen des Körpers oder Geistes zu erholen, doch diesmal war er schlapp und müde. Einer seiner Krankheitsanfälle schien zu drohen. Es regnete den ganzen Sonntagmorgen, und nach dem Gottesdienst zog er sich in sein Studierzimmer zurück und ließ Bescheid sagen, daß er dort ein leichtes Mittagsmahl einnehmen wolle. Arthur Throgmorton und Carew Raleigh widmeten sich den ganzen Nachmittag dem Puffspiel, was sie nie in Sir Walters Gegenwart taten. Einstmals hatte er es selbst mit Begeisterung gespielt, doch seit sein Freund Christopher Marlowe bei einem Duell, zu dem eine Auseinandersetzung am Brett geführt hatte, getötet worden war, wollte er nichts mehr davon wissen.

Wir anderen verbrachten die Zeit im Stall und bewunderten einen von Sir Walter gekauften Wallach und eine Fuchstute, welche letzte Woche gefohlt hatte. Der kleine Wat trottete, da sein Vater sich nicht um ihn kümmerte, mit uns. Lady Raleigh blieb im Hause und half Mrs. Hull, ihrer Näherin, ein Mieder mit grauem Kaninchenfell zu säumen.

Raleighs Depression machte mich ruhelos, und mich befiel wieder die gleiche Malaise wie im letzten August. Ich fühlte mich, wo immer ich mich befand, wie ein Tier in einem Käfig – und der Käfig war die Liebe und das Verlangen, das ich für Sue Reskymer empfand. Irgendwo in der Welt mußte es doch eine Möglichkeit zu entrinnen für mich geben. Vor dem Abendessen machte ich einen Spaziergang mit Victor Hardwicke, doch ich ging so schnell, daß ihm die Luft ausging und er mich bat anzuhalten.

»Man möchte meinen, der Teufel ist hinter dir her, mein Freund. Vergiß nicht mein Alter und meine Gebrechlichkeit!«

Ich starrte ihn düster an. »Wenn du nicht einmal eine Meile durch einen Park wandern kannst, dann scheinst du nicht in der rechten Verfassung für eine Seeschlacht, Victor.«

»Ach was.« Er hustete. »Wer mußte je auf einem Schlachtschiff eine Meile weit laufen? Das ist das Schöne daran im Vergleich zur Infanterie. Man wird in die Schlacht transportiert. Etwas, das ich bei weitem dem Marschieren vorziehe.«

»Vielleicht wird diesmal auch marschiert. De Veres Leute begleiten uns nicht nur wegen der Annehmlichkeiten einer Seereise.«

»Nun, dann sollen sie an Land kämpfen. Ich soll das Tagebuch über die Reise führen. Beim Schreiben wird mir wohl kaum die Luft ausgehen! Cousine Bess wäre es gar nicht recht, wenn ich etwas anderes täte!«

»Wem? Lady Raleigh? Sie will nicht, daß du mitkommst?«

»Nein, sie ist abergläubisch und schwankt ständig hin und her. Ihrer Meinung nach kann Sir Walter nichts Falsches tun, doch sie glaubt ihn vom Unglück verfolgt. Sie sagt, bei jeder Reise verliert er einen prächtigen Jungen. Letztes Mal war es John Grenville. Wer wird es diesmal sein? Sie will nicht, daß ich es bin.«

»Du bist doch kein prächtiger Junge«, sagte ich.

»Eben! Sag ihr, daß mir keine Gefahr droht.« Er hängte sich bei mir ein. »Laß uns in erträglichem Tempo zurückgehen.«

Es gab ein eher karges Abendessen. Sir Walter kam herunter, doch seine Anwesenheit erfüllte uns mit bedrückter Stimmung. Nach dem Essen sagte er, wenn er nichts Gegenteiliges erfahre, so werde er morgen an die Themse zurückkehren und weiter Leute für die Schiffe anwerben. Es sei, meinte er verdrossen, eine Aufgabe, als schaufle man Sand mit den Fingern; es fänden sich keine Männer mit genügend Mut; sobald er eine Besatzung zusammengebracht habe, entschlüpften sie seinem Griff und liefen fort.

Er wollte eben hinauf in sein Studierzimmer gehen, als Bell, einer der Diener, einen durchnäßten Reiter mit einer Botschaft von Essex hereinführte. Sie bestand aus nur vier Worten: »Ihre Majestät hat unterzeichnet.«

In der melancholischen Stimmung, die mich immer noch erfüllte – als hätte mein Herr mich mit einem Fieber angesteckt –, beobachtete ich den Jubel und lauschte den Trinksprüchen, ohne mich daran zu beteiligen. Man trank viel Wein, und alle waren fröhlich. Victor Hardwicke holte seine Laute, und man sang Lieder. Es war, als sei der Sieg bereits errungen. Doch es war nur ein Teilsieg – über die Unentschlossenheit der Königin. Worin das Unternehmen immer bestehen mochte, ich kannte die Spanier gut genug, um zu wissen, daß es kaum einen leichten Sieg geben würde. Auch Sir Walter muß dies klar gewesen sein, denn er warnte ständig seine Landsleute davor, die Stärke und Tapferkeit und Entschlossenheit des Feindes zu unterschätzen. Doch an diesem Abend war er wie verwandelt und schien über die Nachricht glücklich wie ein unbesonnener Junge.

Er dachte nicht mehr daran, sich in sein Studierzimmer zurückzuziehen. Statt dessen ließ er Karten holen und sah lächelnd zu, wie die andern sich darüber beugten und spekulierten, was wohl das Ziel der Flotte sein werde. Zuerst, sagte er, würden sie Drake und Hawkins

bei ihrer triumphalen Rückkehr schützen und sodann weitersegeln, um sich selbst mit Ruhm zu bedecken.
»Es ist doch klar, Vetter«, sagte Victor Hardwicke, »daß du ganz genau weißt, wohin wir segeln und es nicht sagen willst.«
»Ich bin nur Konteradmiral. Lord Admiral Howard wird das erste Geschwader befehligen, der Earl of Essex das zweite, Lord Thomas Howard das dritte. Sie werden gemeinsam entscheiden, welche Aktionen die Flotte unternimmt und wovon und wann die Besatzungen und Offiziere in Kenntnis gesetzt werden.«
»Welches wird dein Flaggschiff sein?« fragte Arthur Throgmorton.
»Die *Warspite.* Unser neuestes.«
»Und die *Ark Royal*?«
»Das des Lord Admiral.«
Fragen und Antworten flogen hin und her. Victor nahm wieder seine Laute und lächelte mich an. Der Schein der Kerzen fiel auf sein schmales, hohlwangiges Gesicht. Leicht begann er die Saiten zu zupfen.

> Wär' Liebe mein, was läge mir an Mut?
> Denn Lieb' ist warm, doch kalt die Tapferkeit.
> Wär' Liebe mein –

»Victor«, sagte Sir Walter. »Kennst du das Lied ›Nicht weinen sollst du – lächle, Liebchen mein‹, das letzten Sommer alle sangen? Komm, gib mir deine Laute. Es geht so . . .«
Er nahm das Instrument und spielte darauf fast ebensogut wie der junge Mann. Carew Raleigh, der gefühlloseste und zynischste von allen, stimmte den Refrain an und sang mit schöner klarer Stimme, und bald fielen wir andern alle ein. Ich bemerkte, wie Lady Raleigh, ihren kleinen Kopf leicht zur Seite geneigt und die Lippen bewegend, ihren Mann, ihren Bruder, ihren Schwager, ihren Vetter ansah, doch kein Laut kam aus ihrem Mund. Dann blickte sie plötzlich zur Türe. Sir Walter brach mitten in einem Akkord ab.
Bell stand mit einem anderen Kurier da, noch nasser und schmutziger als der erste.
Ich glaube, uns alle durchzuckte der Gedanke, die Königin habe es sich nun doch noch anders überlegt und die erste Order widerrufen. Sir Walter riß die Botschaft, welche viel länger war, auf. Während er sie las, merkte man ihm an, daß es unerfreuliche Nachrichten waren, doch er sagte nichts.

»Was gibt's, Walter?« fragte Carew Raleigh. »Neues von Essex?«
»Nein ... nein, von John ... Sir John Gilbert, meinem Stiefbruder. Er schreibt aus Plymouth. Ein Wachboot, schreibt er, ist soeben eingelaufen und hat Nachricht von Drake und Hawkins gebracht. »Die –«, er hielt inne und räusperte sich. »Die Meldung, daß sie Havanna erobert haben, war falsch. Sie sind bei allen ihren Unternehmen vernichtend geschlagen worden. Und Drake ist tot.«

3

Im April liefen die Überreste von Drakes Flotte in Falmouth ein. Bei dieser unheilvollen Expedition war auch der große Hawkins gefallen, und die überlebenden Offiziere und Männer – nur vierhundert – waren völlig erschöpft und entkräftet. (Mein Vater sagte verbittert, nach Niederlagen liefen die Verlierer immer in seinen Hafen ein – wie die Überlebenden von Sir Humphrey Gilberts letzter Reise im Jahre 83 –; nach einem Sieg hingegen segelten sie nach Plymouth oder Dartmouth und diese Städte bekämen die Beute.)
Gleichfalls im April kam es zu einem anderen sehr folgenschweren Ereignis. Die Spanier änderten in der Picardie plötzlich ihre Angriffsrichtung und umzingelten und eroberten Calais, wobei sie die ganze Besatzung niedermetzelten. Durch diese schweren Schläge nahm der Krieg eine Wende. Man hatte von Drakes Eingreifen mehr erhofft, als man je eingestand; nun war er tot, und die Spanier hatten einen Hafen vor unserem Haustor, etwas, das der Armada im Jahre 88 gefehlt hatte.
Zweimal fuhr ich in jenem Monat mit Raleigh nach London. Durch Antreibung und Ermunterung wurden die Besatzungen der Schiffe bei der Stange gehalten, obwohl niemand wußte, ob die Expedition je stattfinden würde. Anfang Mai segelte ich mit Captain Crosse auf der *Swiftsure* nach Plymouth, wo sich die Flotte versammelte. Sir Walter sollte mit ihrem Hauptteil in Kürze folgen. Die Bucht von Plymouth wimmelte von Kriegsschiffen. Einen Tag vor uns war Lord Admiral Howard mit der *Ark Royal*, der *Lion* und sechs anderen Schlachtschiffen eingetroffen. Lord Thomas Howard, sein Verwandter, wurde später in der Woche mit der *Mere Honour* und einem Geschwader er-

wartet; der Earl of Essex war als erster mit der *Due Repulse* eingelaufen und residierte auf ihr mit großem Prunk. Es hieß, daß er den Proviant für die ganze Flotte aus seiner eigenen Tasche bezahlte, um die für die Reise bestimmten Vorräte nicht angreifen zu müssen.
Kaum waren wir eingetroffen, da schickte Raleigh Captain Crosse auf dem Landwege eine Botschaft des Inhalts, daß er frühestens in zwei Wochen mit der Nachhut in Plymouth sein könne. Die Hälfte der Proviantschiffe sei noch nicht bereit, und die Vorräte könnten nicht rechtzeitig verladen werden. Er werde jedoch, das verspreche er, am sechzehnten mit allen ihm unterstehenden Schiffen von Gravesend lossegeln, und wenn er die Kapitäne hängen und durch Schiffsjungen ersetzen müsse.
»Den Kommandeuren wird das gar nicht recht sein«, sagte Crosse. »Man murrt bereits, daß er sich nicht genügend beeilt. Wenn sie untereinander zu streiten aufhören und sehen, daß Sir Walter, der große Sonderling, noch nicht eingetroffen ist, werden sie ihn zum Sündenbock für ihre Schwierigkeiten machen.«
In demselben Postsack befand sich ein Brief meines Vaters, welcher nach meiner Abreise in Sherborne angekommen war.
»Mein Sohn Maugan,
hiermit möchte ich Dir mitteilen, daß Deine Großmutter vermutlich von uns gegangen sein dürfte, wenn dieser Brief dich erreicht. Sie ist Anfang des Jahres nach London gereist und wurde, als sie letzten Monat zu uns zurückkehrte, von Herzkrämpfen befallen. Ihr Zustand hat sich seither ständig verschlimmert, und ich glaube nicht, daß sie einen weiteren Anfall überleben wird. Sie ist eine edle Frau gewesen und wird gewiß im Jenseits ihren Platz unter den Seligen finden.
Ich hoffe, Deine Tätigkeit ist für Dich von Vorteil. Sie bietet, sollte man meinen, einem jungen Mann wie Dir exzellente Möglichkeiten.
Wir haben durch die Maul- und Klauenseuche acht Schafe verloren, und ich fürchte, auf unserem Hause ruht ein böser Blick. Trudy, die braune Stute, hat die Dasselplage. Wir haben dieses Jahr auf den Feldern um die Burg Hafer gesät. Gebe Gott, daß er gedeiht, denn wir sind schlimm dran.

Dein Dich liebender
Vater«.

Ich hatte in Sherborne einen kleinen monatlichen Lohn bekommen,

der für ein Pferd ausreichte. Ich fragte Captain Crosse, und er sagte: »Ich brauche dich hier nicht. Es sollte genügen, wenn du bis zum achtzehnten zurück bist.«
Der Nachmittag des zehnten, an dem ich in Arwenack eintraf, war sonnig und warm; nachdem ich ein paar Monate fortgewesen war, verschlug mir die Schönheit des Landes und der Bucht den Atem; die Kastanienbäume an der Zufahrt blühten und reckten ihre Kerzen in einen makellos blauen Himmel. Ein Einmaster mit gelben Segeln trieb in die Bucht hinaus, Möwen kreischten klagend, und das Meer war ein glänzender Spiegel, in der Ferne mit Dunst beschlagen.
Der erste Mensch, den ich sah, war meine Großmutter; sie saß in einem Sessel auf dem Rasen vor dem Schloß.

Mein Vater sagte:
»Ja, es geht ihr besser, aber für wie lange wohl ... Ich bin sicher, nicht Mangel an Atem ist an ihrer Krankheit schuld, sondern Mangel an Geld. Sie wollte für ihre Heimfahrt von London eine Kutsche leihen, doch Onkel Henry war in Holland, und William lehnte ab, und so war sie gezwungen, eine zu mieten zu versuchen, was ihre – und meine – großen Schulden ihr fast unmöglich machten. Für einen Mann und fünf Pferde forderte man 6 Shilling pro Tag von ihr – so steigen ständig die Preise –, und sie wollte sie bei einem gewissen Foster für ein Vierteljahr mieten – deine Großmutter neigte nie zur Sparsamkeit –, doch Foster verlangte eine Sicherheit für ihre Rückkehr und es kostete sie größte Mühe, Mr. Atkinson dazu zu bringen, für sie zu bürgen – deine Großmutter sagt, sie weinte Zornestränen. Sie ärgerte sich so sehr, daß sie, bevor sie noch Basingstoke erreichte, den ersten ihrer vielen Anfälle erlitt.«
Mein Vater zog die Schultern hoch, als fröstele ihn. Das Jahr war nicht gut für ihn gewesen. In seinem fleischiger gewordenen Gesicht wirkten seine Augen kleiner, kleine vorstehende blaue Steine mit rötlichen Rändern. Sein schönes Haar hatte die Farbe verloren; es sah aus wie von einem Dreschboden aufgesammelt.
»Hast du Nachricht von den Fermors, Vater?«
»O ja, in dieser Hinsicht bin ich weitergekommen. Als ich aus dem Gefängnis entlassen wurde, suchte ich Sir George auf und sprach ganz offen mit ihm. Entweder werde ein Datum festgesetzt, sagte ich, oder er müsse sich anderswo nach einem Vater für seine Enkelkinder

umsehen. So entschied er sich für den nächsten Oktober. Der achte wird der Tag sein, so Gott will. Als ich dies hörte, blieb ich, entschlossen, es zu keiner weiteren Verzögerung kommen zu lassen, in Easton Neston, bis der Heiratsvertrag aufgesetzt und unterzeichnet war.«

Und Lady Killigrew sagte: »Offenbar hat man dir in Sherborne keine Manieren beigebracht, denn sonst wärest du, da du doch weißt, daß ich todkrank bin, sogleich nach deiner Ankunft zu mir gekommen. Wie sieht es dort aus? Hast du Aussicht, es zu etwas zu bringen? Wen hast du kennengelernt? Trägt Lady Raleigh diese neumodischen französischen Hauben? ... Deine Stiefmutter ist, wie du bemerken wirst, wieder schwanger. Man sollte meinen, wir haben bereits genug Mäuler zu füttern. Du darfst dir von diesem Hause keine Hilfe mehr erhoffen, Junge; ich hätte nie gedacht, daß wir einmal in solch eine Lage kommen würden. Eine Wolverstone in finanzieller Not! Wie haben sich die Zeiten doch zum Schlechten gewendet ... Die Königin lebt schon zu lange: die Regierung ist tyrannisch und knausrig geworden – doch weiß Gott, wer nach ihr kommen wird – hoffentlich nicht diese dünnschenklige törichte Stuart – wenn ja, so wäre ich von Herzen froh, wenn ich vor ihr stürbe.«

... »So seid Ihr also zu einem Besuch heimgekommen, Master Maugan«, sagte Meg. »Ich dachte schon, Ihr seid für immer davon gerannt. Habt keine Angst vor mir; ich habe nie etwas verlangt, was nicht freiwillig gegeben wurde. Im Gegenteil, meistens war es umgekehrt, wie Ihr gewiß nicht vergessen habt. Habt Ihr in eurer neuen Heimat ein nettes Mädchen gefunden, das nur auf Euren Wink wartet und Euch nicht behelligt, wenn Ihr nicht wollt?«

... »Manchmal wünsche ich, ich könnte Geistlicher werden«, sagte John Killigrew, als er im Schlafgemach am Abend seine Schuhe auszog. »Hast du nie daran gedacht, Maugan? Nun, für dich mag es wohl nicht das rechte sein, doch mir wäre es nicht zuwider. Mir liegt wenig daran, hier das gleiche Leben zu führen wie mein Vater – es ist kein gottesfürchtiges Leben, und ich mag ihm nicht nacheifern. Ich glaube, ich wäre glücklicher, wenn du mein leiblicher Bruder wärst und an meiner Statt der Erbe ...«

... Und Belemus sagte: »Die *Dolphin* war letzte Woche hier, mit deinen alten Freunden an Bord. Sie wären fast erwischt worden.«

»Erwischt?«

»Ja, von Jonas mit der *Crane*. Elliot hatte gerade noch Zeit, seinen Anker zu lichten und sich von der Flut flußaufwärts treiben zu lassen.«
Die *Crane* war ein neuer Typ Schiff von etwa 180 Tonnen: ein niedriggebauter schneller Dreimaster, bestückt mit zwei Achtzehnpfündern und vierzehn kleineren Kanonen, so daß es allen Schiffen, ausgenommen die größten, gewachsen war. Es war der Schrecken der Elliots und der Burleys.
Ich pfiff durch die Zähne.
Belemus fuhr fort: »Übrigens, zieht es dich immer noch zu der kleinen Mrs. Reskymer? Ich habe nämlich gehört, ihr Mann ist krank . . .«
. . . Den ganzen gestrigen Tag hatte ich dem Verlangen, nach Paul zu gehen, widerstanden. Ich wußte, es konnte nur enttäuschend für mich enden, doch nun, da es einen Vorwand gab, mußte ich gehen.
Als ich zur Kirche kam, war Philip Reskymer nicht daheim, und nur Sue war da und ein schwarzbrauiger bärtiger Mann, der sie um einen Fuß überragte. Sie errötete, als sie mich erblickte.
»Kennt ihr einander? Das ist Maugan Killigrew, Mr. Arundell, der Sohn Mr. John Killigrews von Arwenack. Mr. Henry Arundell von Truthall, Maugan.«
»Einstmals von Tolverne, Sir?«
»Einstmals von Tolverne.« Mr. Arundell stieß Luft zwischen seinen dicken Lippen hervor, welche im Kontrast zu seinem schwarzen Bart unanständig rot wirkten. »Ich habe von dir gehört, Junge. Man sagte mir, du hast meinen Bruder in Spanien gesehen.«
Wir schlenderten langsam um die hämmernden Maurer herum, und ich berichtete ihm von der Begegnung. So kannte ich sie nun alle: Sir Anthony mit seinem weißen schütteren Haar, der für einen verlorenen Glauben gestorben war; den schmalgesichtigen, blauäugigen, leicht schielenden Thomas Arundell, ein Künstler und Emigrant aus Leidenschaft; Alice, welcher ich seinen Brief überbracht, mager und ausgezehrt und an einen geschnitzten Sessel gefesselt, von dem sie über ihren Rasen blickte; und nun Henry, dick wie ein König, haarig wie eine Fußmatte. Ich wußte jetzt, an wen er mich erinnerte: an seinen Neffen Thomas, welcher in dem von Bäumen umgebenen Haus am Fluß darauf wartete, das Erbe seines kranken Bruders Jonathan anzutreten.

Doch durch diese Gedanken zog sich gleich einem roten Faden durch einen dunklen Stoff das Bewußtsein der Nähe von Susanna Reskymer, und ich beobachtete verstohlen, was sie trug, wie sie sich bewegte und wie sie sprach.

Mr. Henry Arundell, ein guter Freund der Reskymers, war aus dem gleichen Grund gekommen wie ich, und als wir uns nach ihm erkundigten, erwiderte Sue: »Nein, es geht ihm nicht gut, aber ich glaube nicht, daß seine Krankheit gefährlich wäre, wenn ich ihn überreden könnte, sich mehr Ruhe zu gönnen. Heute ist er in Angelegenheiten, die mit diesem Bau zusammenhängen, in St. Ives. Er wollte nicht, daß es jemand anderes für ihn erledigt. Ich erwarte ihn jeden Moment. Möchtest du mit uns essen, Maugan?«

»Danke, gern.«

Zu meiner Erleichterung mochte Mr. Arundell nicht warten; schnaufend und wichtigtuerisch sagte er, er habe geschäftlich bei den St. Aubyns zu tun und müsse gehen; Philip und Susanna müßten ihn baldigst besuchen und über Nacht bleiben.

Als er, gefolgt von seinen zwei berittenen Dienern weggefahren war, senkte sich Schweigen zwischen uns nieder. Ich konnte kaum an mein Glück glauben, allein mit ihr zu sein, aber ich wußte es nicht zu nutzen. Vor elf Monaten hatte ich mit ihr geschlafen. Wir hatten uns im Zorn getrennt und einander seither nicht geschrieben. Diese Trennung war eine Schranke, die ich nicht übersteigen konnte.

Wir gingen zurück zur Kirche, die langsam wieder in die Höhe wuchs.

»Wo wohnt ihr jetzt?«

»In dem Landhaus, das John Pieton gemietet hatte – der Mann, der ums Leben kam. Es ist ganz günstig für uns, in der Nähe der Baustelle zu sein ... Du warst bei Raleigh, Maugan?«

»Ich bin es immer noch. Ich bin nur für eine Woche gekommen, weil meine Großmutter krank ist. Dann erfuhr ich, daß Mr. Reskymer ebenfalls krank ist ...«

»Er ist kränker, als er zugeben will, doch er wünscht, daß ich seinen Freunden nichts davon sage. Er leidet an Blutarmut. Doch er hat eine seltene, aus seinem Glauben erwachsende innere Kraft, die ihn, wie ich glaube, noch lange aufrechthalten wird.«

Zwei breitschultrige Männer setzten einen riesigen Stein am Fuß einer Säule ein. Wir blieben stehen und sahen ihnen zu. Bis jetzt hat-

ten wir so förmlich miteinander gesprochen, als sei Henry Arundell noch da.
»Und wie geht es dir?« fragte sie.
Ich erzählte ihr von meinem Leben in Sherborne. »Ich gehe mit Raleigh noch in diesem Monat auf eine See-Expedition.«
»Ich habe Gerüchte darüber gehört. Wohin?«
»Das wissen wir nicht. Es ist eine kleine Armada mit Soldaten an Bord.«
Sie runzelte die Stirne. Wir gingen langsam zur Ruine des Pfarrhauses. »Es gefällt mir gar nicht, Maugan, daß du dich in solche Gefahr begibst. Denk an Drake und Hawkins und so viele andere. Es droht nicht nur Gefahr im Kampf, so groß diese auch sein mag, sondern auch von Fieber und anderen Krankheiten.«
»Wo Gefahr ist, kann man im allgemeinen auch hoffen, es zu etwas zu bringen.«
Sie blickte auf; die Augen hinter ihren Wimpern schimmerten grün in der untergehenden Sonne. »Zu etwas bringen könntest du es auch hier. Ich bin froh, daß du heute gekommen bist. Ich fragte mich, ob du Henry Arundell schon kanntest. Verstehst du ...«
»Was du meinst? Nein.«
»... Möglicherweise könnte Philip dir helfen. Es könnte leicht sein.«
Man hatte mit dem Wiederaufbau des Reskymer-Hauses noch nicht begonnen, doch die Küche war in Benützung, und in den Stallungen standen Pferde. Eine Magd kam herausgelaufen, um Sue wegen des Abendessens zu fragen, und sie antwortete ruhig, ganz Herrin des Hauses und der Situation. Die Umstände hatten sie verändert und ihr größere Gelassenheit und Sicherheit verliehen.
Sie sagte: »Henry Arundells Verwalter starb letzten Monat. Er sucht einen neuen, einen erfahrenen Mann, der imstande ist, den Besitz so gut wie alleine zu verwalten. Er sprach davon, daß es schwierig sei, einen geeigneten Mann zu finden. Ich weiß, du bist sehr jung für solch eine Stellung, aber möglicherweise würde er dich nehmen.«
Ich glaube, ich hätte mich glücklich schätzen sollen, daß sie so um meine Sicherheit besorgt war, doch der Unmut des abgewiesenen Liebhabers ließ mich den Vorschlag als demütigend empfinden. »Derzeit bin ich nicht in der Lage, mich bei ihm zu bewerben.«
»Es bestünde nur derzeit, da er einen braucht, die Möglichkeit. Philip

war mit ihm in Cambridge, und wenn er sich für dich verwendet, könntest du den Posten vielleicht bekommen. Es wäre eine große Chance für dich, mit besten Aussichten.«

»Und meine Aussichten bei Raleigh?«

»Nach allem, was du mir erzähltest, bist du bei ihm nur als Schreiber beschäftigt. Henry Arundell ist Junggeselle und schon in vorgerücktem Alter. Er sucht jemanden, der jung und energisch und zuverlässig ist. Wer weiß, vielleicht könntest du bei ihm dein Glück machen.«

»Du bist immer noch darum besorgt, daß ich mein Glück mache?«

»Du kennst die Gründe.«

»Sag sie mir.«

»Vielleicht denkst du, ich habe das Recht verwirkt, mich für dein Leben und dein Vorwärtskommen zu interessieren.«

»... Das nicht. Aber ich finde, ich muß selbst zusehen, wie ich vorwärtskomme.«

Sie bückte sich und wischte etwas Gras von ihrem Schuh. »Henry Arundell hat auch gute Beziehungen zu den Howards. Sie sind mit ihm verwandt und haben großen Einfluß bei Hofe – anders als Raleigh, von dem viele glauben, daß er nie mehr Einfluß und Macht erlangen wird.«

Ich schwieg, und wir gingen durch das Gehölz weiter zu dem Landhaus.

Sie sagte: »Zufällig stand mein Vater einmal bei einem Howard, welcher einem Zweig der Familie in Devonshire angehörte, in Diensten. Es war, bevor er heiratete. Er pflegte oft davon zu sprechen und zu sagen, was für eine mächtige Familie sie sind und was für Beziehungen sie haben.«

Man hatte das Gehölz sauber gerodet und all die Brombeersträucher entfernt.

Sue fuhr fort: »Ich habe bezüglich dieser Marineexpedition ein ungutes Gefühl, Maugan. Ich wünschte, du würdest nicht daran teilnehmen, sondern hier in deiner Heimat bleiben.«

»Und in deiner Nähe«, sagte ich schroff.

Der Wind blies eine Haarsträhne über ihre Augen, als sie sich aufrichtete. Sie wandte sich ab und schien zu erschaudern.

»Meine Ehe kann nicht mehr lange dauern, Maugan; das steht außer Zweifel.«

Ich trat neben sie. Fast wünschte ich, ich wäre nicht gekommen.

»Sue, wenn deine Ehe zuende gehen sollte, dann mußt du alles noch einmal überdenken. Für ihre Dauer hast du dir selbst Beschränkungen auferlegt, die ich dich zu brechen bat, was du jedoch nicht wolltest.«

»Ja, aber das braucht uns doch nicht daran zu hindern, einander nahe zu sein. Truthall ist gar nicht weit von hier –«

»Es ist *zu* nahe. Außerdem kann und will ich Raleigh nicht um eines Arundells oder Howards willen verlassen. Ich empfinde nicht immer Bewunderung für ihn, doch in seiner Gesellschaft zu sein ist wie in einer anderen Luft zu leben. Klarer kann ich es nicht ausdrükken ...«

»Oh, du hast dich klar genug ausgedrückt!«

»Ja, aber verstehe mich nicht falsch. Du bist Philip Reskymers Frau. Solltest du einmal Philip Reskymers Witwe werden, so wäre dies eine neue Situation.« Ich legte meine Hand auf ihre Schulter. »Bis dahin gehe ich meiner eigenen Wege, und im Augenblick führt mein Weg zu dieser Reise.«

»Die du nicht machen solltest.«

»Die ich machen werde. Sie könnte mir großen Gewinn bringen.«

»Maugan, du könntest hier vielleicht noch größeren Gewinn erlangen.«

»Es gibt nur noch einen größeren, und der ist für mich unerreichbar. Ist er es nicht mehr, so gib mir Nachricht.«

»Du bist jeder Vernunft unzugänglich.«

»Mit Vernunft läßt sich zwischen uns nichts lösen, Sue.«

Ich blieb doch nicht zum Abendessen, denn ich hätte es nicht ertragen, Philip Reskymer wiederzusehen. Einem Menschen den Tod zu wünschen, sich über seine Krankheit zu freuen, ist eine vermaledeite Sache. Ich ritt im Finstern heim. Es war ein Fehler gewesen, hierherzukommen.

4

Am Freitag, dem einundzwanzigsten, um neun Uhr morgens traf Sir Walter an Bord seines Flaggschiffs, welchem die Versorgungsschiffe folgten, in Plymouth ein. Ich begab mich sogleich auf die *Warspite*, wo man mir zusammen mit Victor Hardwicke eine winzige Kajüte zuwies, doch ich sah Sir Walter in den nächsten zehn Tagen nur wenig, da er sich mehr auf anderen Schiffen denn auf seinem eigenen aufhielt. Als Sir Walter am ersten Abend an Bord der *Due Repulse* speiste, brach ein großer Streit aus, bei welchem es um irgendwelche Fragen des Vorranges zwischen ihm und Sir Francis Vere, dem Befehlshaber der Landstreitkräfte ging. Victor sagte, er glaube, Sir Walter, dem an Einigkeit zwischen den Kommandeuren liege, sei bereit gewesen, die Sache gütlich beizulegen, doch sein Schwager habe nicht nachgegeben, und wenn Essex nicht interveniert hätte, so wäre es zu einem Duell gekommen. Jedenfalls wurde Arthur Throgmorton, obgleich Oberstleutnant, aus der Armee entlassen und unter Bewachung gestellt. Das schien kein gutes Omen für den Erfolg der Expedition zu sein.

Noch weniger war es die Tatsache, daß der Lord Admiral und Lord Essex einander fast in die Haare gerieten. Nur meines Herrn neues Einvernehmen mit Essex blieb ungestört.

Am einunddreißigsten erhielten schließlich die Landkompanien die Order, sich an Bord der Schiffe zu begeben, und die Einschiffung war gegen Mitternacht beendet. Ich habe selten eine exzellentere Truppe gesehen; fast alle waren erfahrene Soldaten, gut gekleidet und gut bewaffnet, über 6000 Mann stark, wenngleich etwas knapp an Pferden: die Armee hatte etwa 200 und der Landadel ungefähr ebensoviele.

In der Nacht liefen drei Viertel der großen Flotte aus dem Catwater in den Spund aus. Am Dienstag um vier Uhr morgens feuerte auf der *Ark Royal* eine Kanone zum Zeichen, daß die Flotte zum Aufbruch bereit war. Um sechs kehrte Sir Walter mit einem Ruderboot von einer letzten Besprechung zurück und berichtete, daß man auf Essex' großmütige Intervention Arthur Throgmorton freigelassen und ihm gestattet habe, sich zu seiner Kompanie zu begeben.

Es war ein schöner, sonniger Morgen, und von Nordwesten wehte eine frische belebende Brise. Nach Gebet und Frühstück hißte Lord Admiral Howard seine karmesinrote Flagge, setzte die Segel und lief mit seinem Geschwader aus; ihm folgte der Earl of Essex, auf dessen Schiff die größte Flagge flatterte, rotbraun auf weißem Grund. Das ganze Land war schwarz von winzigen Menschen, die uns nachblickten und winkten. Als nächste kam die holländische Flotte und dann Lord Thomas Howard mit seiner blauen Flagge. Erst nach Mittag waren auch wir, die wir die Nachhut bildeten, ausgelaufen.

Außerhalb des Hafens frischte der Wind stark auf, und soweit das Auge reichte, war das Meer vor uns mit schwankenden und schlingernden Schiffen übersät. Es war eine gute Möglichkeit, Manövrieren zu üben, bevor die Flotte richtig in See stach. Wir lavierten und kreuzten den ganzen Tag zwischen Rame Head und Fowey, zumeist in ziemlichem Durcheinander, doch gegen Abend war die Ordnung einigermaßen hergestellt.
Die Nacht verbrachten wir auf der Höhe von Blackbeetle Point nahe der Einfahrt zu Fowey Haven, und den ganzen nächsten Morgen kreuzten wir, die Befehle des Lord Admiral befolgend; als dann gegen vier Uhr Nachmittag der Wind drehte, lief die ganze Flotte wieder in den Plymouth Sound ein und ankerte, bis hinüber nach Cawsand eine Reihe bildend. Um acht wurde an Bord der *Ark Royal* eine Beratung einberufen, und Sir Walter, dessen bleiches Gesicht sein Haar und seinen Bart noch schwärzer als sonst erscheinen ließ, befahl mir, ihn zu begleiten.
Es war ein richtiger Kriegsrat, und die meiste Zeit stand ich mit Ordonnanzen, Sekretären und anderen, welche der Anweisungen der hohen Herren harrten, an Deck. Gegen Ende zu ließ sich jedoch Sir Walter einige Papiere von mir bringen, auf denen er seine Ansichten über die Feuerkraft im Verhältnis zu den Küstenbatterien niedergelegt hatte, ein Thema, über das er gewöhnlich mit den anderen uneins war.
Als ich in den Versammlungsraum kam, sprach Essex gerade, rot im Gesicht, als errege ihn die Diskussion. »Laßt uns nicht vergessen, Mylords, daß dies eine heilige Sache ist, ein Unternehmen, das nicht nur auf Gewinn gerichtet ist, sondern auf die Erhaltung unseres Landes und unserer Religion. Um alle an diesen Zweck zu erinnern, werden wir dreimal täglich Gottesdienste abhalten . . .«
Darauf sprach Sir Walter. Ich entsinne mich keines einzigen Wortes, das er sagte, nur des Klangs seiner Stimme. Er sprach in einem Ton, wie ich ihn bisher nur ein oder zweimal bei ihm gehört hatte. Er war allzu ehrerbietig, voller Schmeichelei und übertriebener Liebenswürdigkeit. Jemand, der ihn gut kannte wie ich, merkte deutlich, daß er unaufrichtig war und nur auf Wirkung bedacht. Auf dem Ehrenplatz neben Essex saß der alte Lord Admiral, weißbärtig, hakennasig, ein juwelenbesetztes Käppchen auf seinem schütteren Haar. Auf Essex' anderer Seite sah ich Lord Thomas Howard, den dritthöchsten Kom-

mandeur; ein Mann in den Dreißigern mit einem Seemannsgesicht, von Wind und Sonne gezeichnet, arrogant und mager, der Sir Walter gespannt betrachtete, während er sprach. Dies waren die ersten zwei Howards, welche ich zu Gesicht bekam, und nach dem, was Sue gesagt hatte, starrte ich sie interessiert an. Als ob Lord Thomas Howard es spürte, hob er den Kopf und musterte mich prüfend; dann wandte er sich ab und nahm eine Prise Schnupftabak. Gleich darauf war ich wieder draußen im Freien und atmete frischere Luft.

Am nächsten Morgen – es war der 3. Juni – stach die Flotte richtig in See; Lord Admiral Howard setzte sich um zehn Uhr an die Spitze seines Geschwaders, und wir selbst lichteten kurz vor vier Uhr nachmittags die Anker. Indessen war wieder Nordwestwind aufgekommen, welcher während der nächsten Tage ununterbrochen wehte.

Am Freitag ließ Sir Walter mich in seine Kabine holen. Sein Schreibpult war mit aus den Regalen gezogenen Büchern übersät, und er stellte Berechnungen über das optimale Verhältnis zwischen Länge und Gewicht der Galeone an. Aus dem Verhalten der *Warspite* in der kurzen Zeit, die er auf ihr segelte, hatte er den Schluß gezogen, daß sie für ihre Breite zu kurz war, denn sie war nur zweieinhalb mal so lang wie ihr Mast, nach Sir Walters Meinung ein baulicher Mangel; überdies war sie für ein Schiff von 648 Tonnen zu stark bestückt: sechsunddreißig Kanonen, zwanzig davon schwere Feldschlangen, würden sie bei schwerem Seegang vermutlich krängen lassen. Über diese Dinge schrieb und sprach er nahezu zwei Stunden; dann legte er mit erschöpfter Miene seinen Federkiel hin und läutete die Glocke, um sich einen Becher der Arznei gegen Seekrankheit bringen zu lassen, die er mitgenommen hatte. Ich trank gleichfalls einen Becher, obwohl ich mehr Vertrauen dazu gehabt haben würde, wenn Katherine Footmarker sie gemischt hätte.

Er war guter und zugänglicher Stimmung, und so fragte ich ihn, welches unser Ziel sei.

Er sagte: »Unsere Kapitäne, mit Ausnahme jener, die an der Beratung teilgenommen haben, segeln immer noch mit versiegelter Order. Falls irgendwelche Schiffe von uns getrennt werden, so sollen sie sich vor Kap St. Vincent einfinden.«

»Also geht's nicht nach Irland oder Blavet.«

»Nein, nicht nach Irland oder Blavet.«

»Ich habe sagen hören, Sir, daß die spanische Flotte in zwei Häfen versammelt ist: in Ferrol und Cadiz.«
Eine Woge packte das Schiff, und es neigte sich nach achtern.
»Du bist nicht schlecht informiert, wohl noch von deinen spanischen Abenteuern her. Doch sie berechtigen dich nicht zu Kentnissen, die anderen noch nicht enthüllt sind.«
»Nein, Sir. Es ist nur eine Vermutung von mir.«
»Du solltest deine Vermutungen gut hinter Schloß und Riegel halten ... Bei Gott, ist mir übel! Es wäre demütigend, in solch einer Situation zu versagen.«
»Gewiß geht es vielen andern ebenso.«
»Zweifelsohne wünschen die meisten der dreihundert grünen Jungen mit ihren goldenen Litzen, sie wären bald an Land. Doch bei ihnen ist das etwas anderes. Die Anführer sollten über körperliche Schwäche erhaben sein ...« Er trank einen Schluck von seiner Arznei, und die ganze Kabine neigte sich währenddessen knarrend zur Seite. »Schiffe stinken so scheußlich nach schmutzigem Wasser und stickiger Luft, daß es kaum zu ertragen ist. Hinzu kommen die Hitze und der Gestank der direkt unter uns befindlichen Kombüse. Auf Handelsschiffen liegt die Kombüse manchmal unter dem Vorderdeck ... Doch meinen Lord Admiral bekümmert das wohl kaum, denn er ist ein geborener Seemann.«
»Ist Lord Thomas Howard auch ein Seemann?« fragte ich.
»Oh, ein sehr guter – doch kein Kämpfer. Er befehligte ein Geschwader vor den Azoren, als mein Vetter Richard Grenville allein gegen die spanische Flotte kämpfte. Howard entfernte sich mit seinem Geschwader und überließ Grenville seinem Geschick. Man nahm ihn in Schutz, weil ihm der Gegner überlegen war. Ich habe offen meine Meinung über sein Verhalten geäußert, und es sollte ein Duell zwischen uns stattfinden, doch die Königin hat es verhindert.«
Der Wind frischte auf, und man zog das Besansegel ein, das dicht über uns war, denn Sir Walters Kabine befand sich vier Stock hoch auf dem Poopdeck.
»Ich wäre glücklicher in einer Welt, in der es keine Howards gibt«, sagte er düster. »Öl und Wasser mischen sich nicht. Doch Lord Thomas ist seinem Onkel Lord Henry Howard noch bei weitem vorzuziehen. Solltest du ihm einmal begegnen, so empfehle ich dir, ihn eingehend zu betrachten.«

»Ich finde, Sir, bei der Konferenz am Mittwoch sprach keiner offen und ehrlich.«

Zum Glück schien er die Bemerkung nicht als gegen sich gerichtet zu betrachten.

»Zwischen dem Earl of Essex und dem Lord Admiral spielen Eifersucht und Fragen des Vorranges eine große Rolle . . . Doch das sollte ich ihnen nicht zum Vorwurf machen. Als ich in Plymouth eintraf, beanspruchte Francis Vere eine ihm nicht zukommende Position, und es fielen harte Worte zwischen uns, bevor die Sache beigelegt wurde.«

Das Schiff schlingerte, und die Kabine schien sich in einem Halbkreis zu drehen.

»Ich weiß, was du denkst, Jung-Killigrew: wenn die Anführer sich bemühen, sich nicht von der Seekrankheit unterkriegen zu lassen, dann sollten sie um so mehr über lächerlichen Nichtigkeiten und kleinen Eifersüchteleien stehen. Nun ich kann dir sagen, sie tun es nicht. Größe ist eine Sache des Hirns und Marks; sie hat in keiner Weise mit Tugend zu tun, welche eine Sache der Seele ist. In der Tat, wenn ich in mein eigenes Herz schaue, welches das einzige ist, in das einen Blick zu werfen mir je vergönnt sein wird, so scheint es mir, daß eben jene Kondition, auf der die vortrefflichen Talente beruhen, zugleich an einem Mangel an Geduld und Demut und Großmut gegenüber Rivalen und Mitmenschen schuld ist. Überträgt man mir ein Kommando, so will ich es uneingeschränkt und mag nicht vor einem dummdreisten Gecken katzbuckeln, welcher nur durch die Zufälligkeit der Herkunft in seine Position gelangt ist. Nimmt ein Mann mit gleichem Talent eine gleiche Position ein, so erkenne ich ihn nur widerwillig an – wie im Falle de Veres –, und er empfindet für mich dasselbe. Setze nie das Große mit dem Guten gleich, Killigrew, oder du wirst schlimme Enttäuschungen erleiden.«

»Ich muß gestehen, daß ich um den Erfolg einer Expedition bange, bei der alle Anführer miteinander auf Kriegsfuß stehen.«

»*Alle* Anführer stehen stets miteinander auf Kriegsfuß, wenn es mehr als einen Anführer gibt. Das ist der schwache Punkt so vieler Unternehmungen. Doch verliere nicht den Mut: manche sind dennoch erfolgreich. Und diese könnte es sein; wir sind eine imposante Streitmacht. Achtzehn Galeonen der Königin, zwölf große Schiffe der Stadt London, achtzehn Holländer, viele Transport- und Proviantschiffe, welche imstande sind, selbständig zu kämpfen. Wahrscheinlich werden wir auf See auf die Spanier stoßen; wenn nicht, so werden wir mit unseren Pinassen und schnellen Booten während unseres Vorstoßes alle ihre kleinen Schiffe einfangen, so daß keins umkehren und uns mit der Nachricht von unserem Kommen vorauseilen kann. Auf diese Gelegenheit, meinen Vetter Grenville und die Männer, die mit ihm starben, zu rächen, habe ich fünf Jahre lang gewartet.«

Während der nächsten Tage war ich viel mit Sir Walter zusammen. Da er an sein Schiff gefesselt war, hatten seine rastlosen Energien kein Ventil. Sobald seine Unpäßlichkeit sich gebessert hatte, war er dauernd unterwegs, inspizierte die Geschütze, sprach mit den Kanonieren und berechnete mit Captain Oakes unseren Kurs. Die *Warspite* war ein schönes neues Schiff, doch Sir Walter fand, daß sie bereits nach dem schmutzigen Wasser stank, welches in ihrem Rumpf schwappte.

Ein Seemann zu sein, wäre nicht nach meinem Geschmack gewesen, denn man konnte zwischen den nur fünf Fuß hohen Decks nicht aufrecht gehen, und von den Männern, die auf den Decks Seite an Seite schliefen, hatte jeder nur etwa fünfzehn Zoll Platz. Auch gab es dort unten nur wenig Licht und Luft, denn wenn die See nicht ganz ruhig war, mußten die Schießlöcher geschlossen gehalten werden, und es gab nur wenig Möglichkeit, sich richtig auszuruhen oder zu säubern.

Um gelegentlich vorbeisegelnden Schiffen nicht aufzufallen, fuhr unsere Flotte tagsüber in weit auseinandergezogener Formation und rückte erst bei Einbruch der Nacht zusammen. Dann wurden Trompeten geblasen, und fröhliche Rufe schallten von einem Schiff zum andern.

Tage vergingen, ohne daß wir Land oder ein fremdes Segel sahen. Als sich am Freitag der Sturm legte und schönes Wetter herrschte, berief Lord Admiral Howard eine Konferenz auf seinem Flaggschiff ein, zu der sich Sir Walter mit einer Prahm begab. Diesmal nahm er Victor Hardwicke mit, und ich blieb zurück und dachte an Sue und träumte von Schlacht und Beute. Als die Konferenz um drei Uhr nachmittags zuende war und sie zurückkehrten, flüsterte mir Victor Hardwicke bei erster Gelegenheit ein Wort ins Ohr. Es lautet »Cadiz«.

Am nächsten Tage wurden drei flämische Schiffe, zwei aus Amsterdam und eins aus Middleburgh, gesichtet und nach kurzem Kampf gekapert. Die gefangengenommenen Kapitäne brachte man an Bord der *Warspite*. Sir Christopher Blunt, welcher an ihrer Aufbringung beteiligt gewesen war, wollte sie an Bord der *Lioness* bringen lassen, wurde jedoch von Sir Walter brüsk zurückgewiesen. Der Kapitän des Schiffes aus Middleburgh, das vor drei Tagen mit einer Ladung Salz und Wein aus Cadiz ausgelaufen war, wurde von Sir Walter in seiner Kabine mit größerer Höflichkeit behandelt, als er sie soeben gegenüber seinem Kollegen bewiesen hatte, und erwies sich als überaus gesprächig. Der Hafen von Cadiz, sagte er, sei voller Schiffe, darunter zwanzig mächtige Galeonen des andalusischen Geschwaders, vier große Apostelgaleonen der ersten Armada, zwei ältere portugiesische Galeonen und drei der neuen Fregatten, welche kürzlich aus der siegreichen Schlacht gegen Drake bei Puerto Rico zurückgekehrt seien – außerdem etwa vierzig Schiffe der Schatzflotte, die Güter für Neuspanien luden. Die Spanier ahnten nichts davon, daß eine englische Streitmacht sich näherte – man sei allgemein der Ansicht, nach Drakes Tod und dem Fall von Calais würden wir alle unsere Anstrengungen auf die Verteidigung richten.

Man unterrichtete sofort die anderen Admirale von diesen wichtigen Neuigkeiten, und indessen wurden drei weitere Schiffe aufgebracht und ihre Ladung zum Teil gekapert. Die Sonne, die am Abend hinter uns unterging, war blutrot.

Wir eilten jetzt der spanischen Küste entgegen, und am nächsten Morgen gegen sechs Uhr sichteten wir die Burlings, die vor Vigo liegenden Inseln – das erste Land, das wir seit der Küste Cornwalls erblickten.

Eines Abends hatte mein Herr Sir John Wingfield, einen großen düsteren Soldaten, und den Earl of Sussex zum Essen geladen, und als sie gegangen waren, stand er eine Weile neben mir an Deck und starrte ihrem sich entfernenden Boot nach.

»Die Tage werden immer kürzer, je weiter wir nach Süden kommen«, sagte er. »Ich finde, wenn die niedrigeren Breitengrade einen Nachteil haben, dann diesen. Hast du schon Heimweh nach England, Killigrew? Sicher denkst du doch oft an die englischen Juninächte, in denen die Sonne kaum unterzugehen scheint; sie verharrt in einer blauen Wolke unter dem Horizont und strahlt ihr Licht aus, bis es wieder an der Zeit ist, aufzugehen. Die tropischen Nächte haben eine

Härte, der ich wenig Reiz abgewinnen kann. Vielleicht tragen alle Engländer, wo sie auch sein mögen, in ihren Herzen eine Sehnsucht nach weichen Sommerwolken und blütenduftendem Wind und klaren Mittsommernächten.«

»Wie mag es wohl Mr. Keymis in Guayana ergehen?«

»Das wüßte ich auch gerne. *Das* ist ein reiches und liebliches Land, in dem ich mit Freuden Engländer siedeln sehen würde ... Doch vielleicht ist am glücklichsten ein Mensch, der sich nie aus seiner Heimat fortbegibt – oder der sehr oft reist und sie bei seiner Rückkehr um so mehr schätzt.«

Wir stiegen zu seiner Kabine hinauf. Er forderte mich auf einzutreten und schenkte uns zwei Becher Kanarienwein ein. Die See war an diesem Abend ruhig und das Ächzen und Schwanken des Schiffes, nun, da man es gewöhnt war, nicht unangenehm. Durch die Heckfenster konnte man die Lichter auf dem Wasser sehen; die Sterne darüber schienen wie Spiegelungen von ihnen.

»Für die Verteidigung von Cadiz verantwortlich ist Medina Sidonia«, sagte Raleigh. »Ich frage mich, ob er sich wohl als fähiger erweisen wird denn als Kommandeur der Armada von '88. ... Nun, wir werden es bald wissen ...«

»Wann ist der Angriff geplant?«

»Wenn dieses Wetter anhält, werden wir morgen Kap St. Vincent umsegeln und am Donnerstag vor Cadiz sein. Ich hoffe, der Angriff wird am Freitagmorgen beginnen, doch da soviel Vorsicht obwaltet, kann man nicht sicher sein.«

»Ist Lord Essex so vorsichtig?«

»Oh, keineswegs; er ist ungestümer als ich. Doch solange wir auf See sind, hat Lord Admiral Howard das letzte Wort; und ich weiß, daß es der ausdrückliche Wunsch der Königin ist, daß Lord Essex sich nicht in Gefahr begibt. Deshalb trägt der Lord Admiral eine doppelte und schwierige Verantwortung: einen Sieg zu erringen, ohne seine Schiffe zu verlieren, und zugleich dafür zu sorgen, daß sein Stellvertreter kein persönliches Risiko eingeht.«

Eine der Laternen war verlöscht, und bei anderen war das Glas mit Rauch beschlagen, so daß Halbdunkel in der Kabine herrschte. Auf dem Tisch neben meinem Becher lagen Sir Walters Pfeife und ein kleiner guayanischer Götze aus Kupfer und Gold, den er zumeist in seiner Tasche trug und welchen er Wingfield gezeigt hatte.

Plötzlich sagte er: »Es gab eine Zeit, und sie liegt noch gar nicht lange zurück, da die Königin um *meine* Sicherheit besorgt war, da sie mich jedes Mal, bevor ich zu einem Unternehmen auszog, zu sich rufen ließ. Es gab Zeiten, da ich ihr in allen Dingen beistand und sie dieses eigensinnigen Bürschchens nicht achtete. Ich gestehe, es gab Zeiten, an die ich mit Freude und Bedauern zurückdenke ... Zeiten, der – Freundschaft mit der Königin, in denen ich ihr eng verbunden war wie nur wenige andere Männer ... Sie ist eine der großartigsten Frauen, welche je gelebt haben – und zugleich eine der stolzesten.«

Ich schwieg.

»Diese skandalösen Gerüchte über das Verhältnis einer Frau von zweiundsechzig und einem Jungen von neunundzwanzig; diese gemeinsamen Abende – es steckt nichts dahinter. Ich kenne die Königin. Ich kenne sie gut ... Gewiß, sie gestattet Freiheiten, ja gar Intimitätten – ich weiß es –, doch nie die letzte Intimität. Nie würde sie das tun, denn sie ist Englands Gemahlin ...«

Er trat an eins der Rautenfenster und beugte sich vor, um hinauszublicken. Der grüne und goldene Satin seines Umhangs hing herab wie eine Fahne.

»Der Hof ist ein Pfuhl der Bosheit und Intrige. Bruder steht gegen Bruder, ein Freund versucht den andern auszustechen. Doch sie schwebt über alledem, gestützt und beschützt von der Bewunderung und dem Vertrauen von fünf Millionen Menschen. Niemals wird sie entthront werden – außer durch ...« Er verstummte.

»Außer durch?«

»Außer durch Ihn, dessen Ratschluß unerforschlich ist. Sie wird diesen September dreiundsechzig. Ihr Vater starb mit siebenundfünfzig, ihr Großvater wurde dreiundfünfzig. Möge der Herr sie noch viele Jahre am Leben erhalten.«

»Amen.«

»Weißt du« – er wandte sich vom Fenster ab – »die gegen sie gerichteten Intrigen werden immer unverschämter. Bevor ich auf diese Reise ging, traten zwei Herren an mich heran – ihre Namen will ich nicht nennen. Sie suchten meine Ansichten zu erkunden und wen ich unterstützen würde, im Falle die Königin sterben sollte. Ich sagte, Gott sei Dank lebt Ihre Majestät noch, und solange noch ein Hauch Atem in ihr ist, will ich niemandes anderen Diener sein. Sie lebt, sagte ich, und ist bester Gesundheit und strahlt so hell, daß alle Rivalen krank neben ihr wirken! Und, bei Gott, das tun sie in der Tat ... Jakob von Schottland, Arabella Stuart, Lord Beauchamp – auch die Infantin, die genannt wird, und Heinrich von Navarra! Pfui Teufel, ein England ohne Monarch wäre mir lieber, als mit einem von ihnen als Herrscher!«

Sein Schatten huschte über den Tisch, als er zum Bücherschrank ging und zornig zwischen den Büchern zu wühlen begann. Nach einer Weile dachte ich, er habe mich vergessen, und so stellte ich leise meinen Becher hin und ging zur Tür.

Ohne sich umzuwenden, sagte er scharf: »Der Hof ist verderbt, Maugan, doch trotz all seiner Verderbtheit würde ich zu ihm zurückkehren. Eines Tages wirst du mit mir gehen.«

»Vielen Dank, Sir.«

»Du hast doch Großonkel bei Hofe in sichererer Position, als ich sie je hatte ... Es wundert mich, daß sie dich nie holten. Wenn Klein-Wat im rechten Alter ist, werde ich alles daransetzen, ihn bei Hofe unterzubringen, und ich lebe nur für diesen Tag.«

»Trotz der Verderbtheit.«

»Jawohl, trotzdem. Ich diene der Königin, wenn sie mich will. Doch so schlecht dies scheinen mag, was mich vor allem bei Hofe anzieht, ist der Geschmack der Macht; war man einmal im Zentrum des Rades, so ist das Leben an seinem Rande leer und reizlos. Wenn dieses Unternehmen erfolgreich ist, werde ich meinen alten Platz wieder einnehmen und mir vielleicht einen besseren erringen. Möge Gott uns in der Schlacht beistehen! ...«

Am Dienstag umfuhren wir Kap St. Vincent, wobei wir uns dicht am Land hielten, um die leichten östlichen Winde, die dort wehten, möglichst gut zu nützen. In der Bucht von Lagos flaute der Wind fast ganz ab, und wir hatten größte Mühe voranzukommen. Sir Walter suchte fast den ganzen Nachmittag mit seinem Fernglas die Küste nach einem Lebenszeichen ab, denn unser Geschwader war ihr am nächsten, doch er entdeckte keins.

Indessen hatte man uns, ohne daß wir es wußten, längst gesehen. Am späten Vormittag hatten zwei Familien, welche in Höhlen in den Klippen lebten, ihre Männer mit der Nachricht nach Albufiera geschickt. Beamte aus diesem Dorfe begaben sich auf die Klippe und zählten achtzig Schiffe, die sich langsam südwärts auf Faro zu bewegten. Auf Eseln und Maultieren schickten sie Kuriere auf den holprigen Pfaden nach Faro und Cadiz, nach Lagos und Portimao, zum Herzog Medina Sidonia in Castilnova, nach Sevilla und Xeres und in alle Städte Andalusiens.

In der Zwischenzeit krochen wir Kap Santa Maria entgegen, der letzten Landspitze vor der Bucht von Cadiz.

Am Mittwoch war das Meer glatt wie Glas; winzige weiße Wolken sammelten sich um die Sonne und wurden von der Hitze aufgesogen. Das Wasser auf der *Warspite* war inzwischen faulig geworden, das Bier schmeckte salzig und widerlich, ein großer Teil der Butter war verdorben, und drei Zentner Käse mußten über Bord geworfen werden. Mehr als dreißig Männer litten an Fieber und Magenbeschwerden. Morgens und abends braute sich ein dichter Nebel zusammen, und zuweilen tauchte ganz in unserer Nähe ein anderes Schiff auf, der Rumpf unsichtbar und die großen Segel in der unbewegten Luft schlaff herabhängend. Verzerrte Laute drangen von weither zu uns. Auf einem Transporter, der zwei Achtelmeilen entfernt sein mochte, hörten wir einen Soldaten Laute spielen. Nach Einbruch der Dunkelheit wurde aus Sicherheitsgründen ein Befehl erlassen, welcher Musizieren und Singen verbot; sogar Rufen, ausgenommen das Erteilen von Kommandos, wurde untersagt.

Wie richtig dieser Erlaß war, erwies sich am Freitag, als der Nebel sich plötzlich hob und mitten unter uns, zwischen der *Swiftsure* und der *Alcedo,* ein fremdes Schiff entdeckt wurde. Seine Besatzung hatte uns ebenfalls nicht bemerkt, und es versuchte sogleich zu verschwinden. Zwei Schüsse hielten es jedoch auf, und sein Kapitän wurde auf die *Swiftsure* und später auf die *Ark Royal* gebracht. Es war ein irisches Schiff aus Waterford, das Cadiz erst vor einem Tag verlassen hatte, und der Kapitän bestätigte uns, daß die Flotte immer noch im Hafen lag.

Doch er wußte noch etwas Wichtiges – daß eine Gruppe von zehn Handelsschiffen mit dem Bestimmungsort Lissabon zugleich mit ihm Cadiz verlassen hatte. Raleigh kam in zwiespältiger Stimmung von der folgenden Konferenz zurück; man hatte ihn beauftragt, mit der *Warspite,* der *Mary Rose,* der *Quittance,* der *Lioness,* der *Truelove* und zwölf kleineren Schiffen in Richtung Küste zu segeln und zu versuchen, sie abzufangen. Es war nicht schwer zu erraten, wie es in

ihm aussah. Hier war eine Gelegenheit, reiche Beute zu machen, die möglicherweise ebensogut war wie eine sich später bietende; doch da inzwischen wieder Wind aufgekommen war, hatten wir soeben Kap Santa Maria umsegelt und würden bei Einbruch der Nacht vor Cadiz sein. Vielleicht würde morgen in der Dämmerung der Angriff stattfinden, und in diesem Falle würde er ihn versäumen.
Allein, ihm blieb nichts anderes übrig, als zu gehorchen. Den ganzen Tag kreuzten wir, von stoßweisen östlichen Winden getrieben, welche die großen Segel blähten und dann wieder hängen ließen, auf die Küste zu, in Richtung auf Huelva und den langen sandigen Strand der Playa de Castilla. Die Sicht betrug nicht mehr als eine Meile, die Besatzungen befanden sich in Alarmbereitschaft, um jederzeit zum Einsatz bereit zu sein, und die vorherrschenden Geräusche während des restlichen Tages und der folgenden Nacht waren das Knarren von Holz, das Plätschern des Wassers, das an den Bug schlug, das Klatschen eines Segels, wenn eine Bö es füllte und das leise Flüstern des Windes in den Wanten.
Als der Samstagmorgen heraufdämmerte, wehte der Wind ein wenig beständiger. Gegen neun Uhr, als wir fast an der Mündung des Guadalquivir gewesen sein müssen, signalisierte die *Lioness*, daß sie an ihrer Backbordseite vierzehn Schiffe gesichtet hatte, und wir setzten alle Segel, um die Jagd aufzunehmen.
Wir wußten, daß wir nahe an Land waren, doch die Küste war nicht zu sehen. Gegen Mittag sahen wir etwa zwei Meilen vor uns eine stattliche Galeone mit fünf Decks, welche ein ideales Ziel für die *Warspite* geboten hätte, wenn es uns gelungen wäre, in Schußweite zu kommen. Doch gleich darauf verschwand sie wieder in dem Dunst, und nur die *Lioness*, die wir dann und wann kurz vor uns auftauchen sahen, meldete, daß sie die Beute in Sicht behielt.
Gegen drei Uhr kamen Sir George Carew von der *Mary Rose* und Captain Gyfford von der *Quittance* zu uns an Bord, und Gyfford sagte, er kenne diese Küste und halte es für seine Pflicht darauf hinzuweisen, daß wir unsere Schiffe in Gefahr brächten, wenn wir so dicht an Land segelten. Sir Walter erwiderte, es könne wohl kaum etwas geschehen, wenn wir den vorausfahrenden Portugiesen folgten, doch man merkte, daß Gyffords Worte ihn beunruhigten. Als Kommandeur dieses Geschwaders würde man ihn für jeden Verlust oder Schaden zur Verantwortung ziehen. Er sah ein, daß das Unter-

nehmen bei dem Nebel zu riskant war und blies nach einer Weile die Jagd ab.
Just als die beiden Offiziere sich mit Sir Walters Bark entfernten, lichtete sich der Nebel kurz, und in kaum drei Meilen Entfernung waren drei fremde Schiffe zu sehen. Das eine war die Galeone, die andern ebenfalls recht große Schiffe. Wir starrten sie an, doch bevor Raleigh einen Befehl erteilten konnte, senkte sich der Nebel wieder und hüllte sie ein. Sir Walter drehte fluchend an seinem Fernglas, doch sie tauchten kein zweites Mal auf. Der Nebel wurde jede Minute dichter. Sir George Carew traf Anstalten, die *Warspite* zu verlassen, doch Sir Walter bat ihn zu bleiben und auf bessere Sicht zu warten.
Als sie nicht besser wurde, sagte Carew: »Wenn ich jetzt nicht aufbreche, muß ich bis zum Morgen bleiben, Walter. Die *Mary Rose* ist außer Sicht, und ich werde ohnedies Glück brauchen, sie zu finden.«
»Was hindert dich, zu bleiben«, sagte Raleigh. »Vielleicht hebt sich der Nebel bei Sonnenuntergang. Was glaubt Ihr, Gyfford?«
»Ich bezweifle, daß wir heute noch etwas sehen werden, Sir. Wenn diese Nebel einmal kommen, dann bleiben sie am Fuße Spaniens kleben; ich glaube, es hat etwas mit der Meerenge und der Nähe Afrikas zu tun. Wenn er noch dicker wird, so wird sich niemand von der Stelle wagen, und deshalb werden wir am Morgen nicht schlechter dran sein.«
»Dessen bin ich nicht so sicher. Furcht ist ein starker Ansporn. Sie haben uns gewiß ebenso gesehen wie wir sie.«
Unser nächster Nachbar war Gyffords *Quittance*, ein Schwestershiff der *Crane*, welche Belemus in Falmouth Haven besucht hatte; sie lag kaum eine Kabellänge achtern, war jedoch in dem brodelnden Nebel nur dann und wann kurz zu sehen.
»Ich bin dagegen, aufzugeben«, sagte Sir Walter scharf. »Geht auf Eure Schiffe, wenn Ihr sie noch finden könnt. Wir warten hier, bis es finster ist. Wenn es bis dahin nicht besser wird, so bin ich entschlossen, zu der Galeone zu fahren. Sie wird als letzte riskieren, auf die Felsen aufzulaufen.«
»Wieso sollte das bei Nacht weniger gefährlich sein?« fragte Gyfford.
»Ich werde mit ein paar Männern in meinem Beiboot zu ihr fahren. Bei Nacht kann man die Lichter sehen.«
Sir George sah ihn an. »Das gefällt mir gar nicht. Es ist unsinnig,

wenn der Admiral seine Schiffe schont und sich selbst in Gefahr begibt.«

»Euer Beiboot faßt höchstens ein Dutzend Männer. Man wird Euch niedermetzeln, Sir«, sagte Gyfford.

»Das werde ich zu verhüten suchen. Ihr, Captain Gyfford, müßt bis zum Einbruch der Dunkelheit in Sichtweite der *Warspite* bleiben. Wir werden Euch unseren Aufbruch signalisieren und an dem Beiboot eine doppelte Laterne befestigen. Ihr werdet uns folgen. Die *Quittance* hat nur wenig Tiefgang, und es ist unwahrscheinlich, daß sie auf die Felsen auflaufen wird, wenn sie sich dicht hinter unserem Licht hält. Auf gleiche Weise wird die *Lioness* der *Quittance* folgen und dieser die *Truelove*. Die *Warspite* wird mit der *Mary Rose* und der übrigen Flotte hier liegenbleiben. So bringen wir keine Galeone in Gefahr. Drei leichtere Schiffe reichen für unser Vorhaben völlig aus.«

Meine Freundschaft mit Victor Hardwicke war immer enger geworden, doch wegen dieses Unternehmens hätten wir uns fast geprügelt. Schließlich wies Sir Walter uns gereizt darauf hin, daß dies kein Kinderspiel sei, und sagte, wir sollten beide mitkommen.

Es war eine kleine Gruppe. Außer uns bestand sie aus einem Bootsmann namens Warnett, Kanonier Johns und vier Mann von der Besatzung. Captain Oakes tat sein Möglichstes, die Sache zu verhindern, doch Sir Walter hörte nicht auf seine Einwände.

Als wir aufbrachen, wehte eine leichte Brise von Südost. Wir mußten uns bezüglich unserer Richtung auf sie verlassen und konnten nur hoffen, daß sie nicht umschlug, denn dann wären wir vom Kurs abgekommen.

Aus Besorgnis, die uns folgenden Schiffe zu verlieren, fuhren wir langsam. Wir konnten die *Quittance* nicht sehen, nur ihr Licht, das wie hinter einem Vorhang blinzelte. Vor uns war es stockfinster.

Und es blieb finster. Wir schätzten, daß unser Kurs ziemlich genau nach Norden führte, die Küste entlang. Sir Walter saß am Bug des winzigen Bootes, gehüllt in seinen samtenen Umhang; er sprach wenig, und wir folgten seinem Beispiel und starrten stumm ins Dunkel. Das Meer war ruhig, und nur ein wenig kabbelig, wie durch Untiefen aufgewühlt. Wir wußten, daß hinter uns die *Quittance* und die andern die Tiefe loteten. Ein oder zwei Mal flatterten Möwen über uns hinweg.

Es wurde kalt, der Nebel immer dichter. Das Licht hinter uns verschwand, und wir refften unser Segel. Gegen vier öffnete Victor eine Tasche, die er mitgenommen hatte, und verteilte Brote und Ale. Plötzlich erblickten wir vor uns ein Licht, und Essen und Trinken waren vergessen.

Kanonier Jones gab dem Schiff hinter uns das vereinbarte Signal, doch bei dem dichten Nebel war es unwahrscheinlich, daß man es gesehen hatte. Das Licht vor uns blinkte und schwankte, und dann wurden zwei daraus. Warnett legte das Ruder um. Rasch näherten wir uns, doch dann schienen die Ausgucke auf den anderen Schiffen uns zu sehen, denn wir hörten ferne Schreie und beide Lichter gingen aus.

»Halten Sie weiter diesen Kurs.«

Victor umklammerte nervös die Scheide seines Degens.

»Mit diesem Licht bieten wir ein ideales Ziel.«

Dann schwiegen alle einige Minuten. Es schien, daß wir zwischen den Schiffen, die wir gesichtet hatten, hindurchfuhren. Sir Walter bedeutete Warnett, das Segel einzuziehen. Langsam trieben wir dahin und begannen auf den leichten Wellen zu schwanken. Hinter uns flackerte trüb das Licht der *Quittance* auf und verschwand.

Der Nebel wurde dünner, und mit unseren ans Dunkel gewohnten Augen erblickten wir leewärts ein Schiff. Aus der grauen Wüstenei des Wassers ragte hoch sein Aufbau.

Im gleichen Augenblick wurde ein Schuß auf uns abgefeuert. Er kam aus einer leichten Kanone, und die Kugel schlug keine zwanzig Yards vor uns klatschend ins Wasser. Zugleich drehte das Schiff ab und begann im Nebel zu verschwinden.

Warnett legte das Ruder um und folgte ihm, und wir zogen rasch das Segel hoch. Victor winkte ins Dunkel hinter uns, doch dort war nichts zu sehen.

»Wir haben die *Quittance* verloren.«

»Horcht!« sagte Raleigh.

Wir lauschten schweigend.

»Ich höre die Brandung«, sagte er.

»Ja«, erwiderte ein Matrose. »Dort drüben.«

Wir lauschten wieder. Eine oder zwei Minuten herrschte Stille, dann drang aus dem Dunkel ein seltsames Geräusch, als krache ein Baum auf den Boden, als werde eine Ladung Schiefer ausgekippt.

Warnett sagte: »Sie ist aufgelaufen, Sir.« Ohne daß Sir Walter ihm Anweisung dazu erteilte, befahl er den Matrosen, das Segel einzuziehen.
»Wir haben die *Quittance* verloren«, wiederholte Victor.
In der Finsternis vor uns hörten wir jetzt deutlich die Brandung. Und dann die Rufe und Schreie von Männern.
»Kehren wir um«, sagte Sir Walter, »damit wir nicht selbst auflaufen.«

Bis zur Dämmerung blieben wir in der Nähe, blind und frierend. Als es endlich tagte, sahen wir durch den sich hebenden Nebel eine dunkel aufragende Küste und ein Schiff, welches nahe der Öffnung einer Bucht auf den Felsen festsaß. Sowie die Sonne durch den Nebel brach, erblickten wir, weit draußen liegend, die *Quittance.* Captain Gyfford sagte uns, er sei uns gefolgt, bis das Lot nur noch einen Faden unter seinem Kiel anzeigte. Die *Lioness* und die *Truelove* hatten den Kontakt verloren und waren nirgendwo zu sehen. Im Norden machten wir drei dunkle Schatten aus, doch es waren andere Schiffe der portugiesischen Flotte. Bis man uns an Bord geholt hatte, waren sie verschwunden.
Auf dem Deck der *Quittance* wurde rasch ein Kriegsrat abgehalten. Wenn wir sie verfolgten, würden wir sie vielleicht einholen, doch die *Quittance* allein würde es kaum mit drei oder mehr bewaffneten Handelsschiffen aufnehmen; und eine Jagd, die sich über einen ganzen Tag erstreckte, würde die übrige Flotte lahmlegen und es ihr unmöglich machen, sich am Hauptangriff zu beteiligen. Sir Walter beschloß, zur *Warspite* und den anderen zurückzukehren.
Gegen neun Uhr erreichten wir sie, und das ganze Geschwader schwenkte nach Süden. Diesen Tag und die Nacht kamen wir nur langsam voran. Am nächsten Morgen um sechs sichteten wir Cadiz; gleich einer weißen Geisterstadt schwamm es auf einem Teich blauen Nebels. Als wir uns näherten, verdichteten sich die weißen Kuppeln und Türme, und aus dem Fels und der See ragten die hohen maurischen Bastionen empor. Wir sahen, daß der Angriff auf den großen Hafen soeben begonnen hatte.

5

Die Stadt Cadiz liegt auf einem langen, dünnen Landstreifen gleich der Zunge im Munde eines Hundes. Sie hängt ein wenig aus dem Mund heraus, als keuche er in der Sonne.
Vor dieser Zunge war unsere Flotte versammelt: um die hundert verschiedenster Schiffe von Galeonen bis zu Karavellen, Schiff hinter Schiff, ein unvergeßlicher Anblick. Zwischen denen der ersten Reihe lagen Transporter, aus denen Soldaten in voller Rüstung in Boote stiegen, um am Strand an der Spitze der Zunge, gegenüber der Festung San Sebastian, zu landen. In dem seichten Wasser hinter der Festung lagen sechs spanische Galeonen, bereit, die Landung zu verhindern.
Während die Sonne höherstieg, kam von Südwest ein frischer Wind auf, und mir schien, Raleigh traute nicht recht seinen Augen, als er den Anblick sah, der ihm sich bot.
»Dieser – dieser Wahsinn!« rief er wütend Carew zu, der von der *Mary Rose* wieder zu ihm an Bord gekommen war. »Wenn der Angriff um vier begonnen hätte, bevor es dämmerte, hätten wir Aussicht auf Erfolg gehabt. Doch dies ist kein Überraschungsangriff. Man hat sie gewarnt, sie sind bereit! ... Ergötzt es sie, die Truppen in den sicheren Tod zu schicken?«
Carew schien über seinen Ausbruch erstaunt und blickte stirnrunzelnd zur Küste. »Es wird einen harten Kampf geben, doch ohne Zweifel werden wir siegen.«
»Es ist doch Irrsinn, einen Frontalangriff von der See her auf eine wohlbefestigte Küste zu unternehmen ... Bei Gott, ich wette, Essex und die Howards haben sich entzweit, und es handelt sich um eine Sache des Prestiges!«
»Das würde mich nicht überraschen«, murmelte Carew.
»Nein, mich auch nicht. Aber wenn wir eingreifen, können wir dieses Blutopfer vielleicht verhindern –«
»Eingreifen? Unsinn! Dazu ist es zu spät. Niemand wird auf uns hören. Essex ist der beste von allen, doch er ist störrisch wie ein Maultier –«
»Nun, dann muß das Maultier angetrieben werden. Ich fahre sogleich zu ihm, und du kommst mit ... Da! Sieh dir das an! Was hab ich dir gesagt!«

Eines der mit Soldaten besetzten Boote, welches den Schutz der *Due Repulse* verlassen hatte, wurde von der Brandung gepackt und kenterte. Viele der Männer in ihren schweren Rüstungen versanken wie Steine. Andere klammerten sich verzweifelt an den nach oben gekehrten Kiel oder zappelten einen Moment, bevor sie für immer verschwanden. Ein Dutzend oder mehr schwammen zum nächsten Boot und versuchten hineinzuklettern. Es kam von seinem Kurs ab, wurde breitseits von den Wellen ergriffen und kenterte ebenfalls.

Ich rannte Raleigh nach, doch Victor und Sir George kamen mir zuvor, und das Boot legte ab, bevor ich hineinspringen konnte. So war ich nicht Zeuge dessen, was geschah, und Victor erzählte mir erst danach davon.

»Er kletterte an Bord der *Due Repulse* und stellte Essex vor allen seinen Offizieren zur Rede. Walter kann wahrhaftig aussehen wie der Teufel, wenn er wütend ist. Er fragte ihn, warum man plötzlich den Plan geändert habe, während er fort gewesen sei – der Erfolg der ganzen Expedition werde dadurch gefährdet. Essex erwiderte zornig, daß allein der Lord Admiral schuld sei; er habe darauf bestanden, daß die Stadt zuerst genommen werden müsse, bevor er riskiere, mit seinen Schiffen in die schmalen Gewässer des Hafens einzulaufen. Walter sagte, Drake hätte dergleichen gewiß als Feigheit bezeichnet. Ja, erwiderte Essex, doch Drake sei tot und niemand seines Formats führe hier das Kommando. Daraufhin fuhren sie zu streiten fort, doch allmählich wurde ihr Ton freundlicher, und schließlich erteilte Essex den Befehl, das Landungsmanöver einzustellen. – Dann stürzte Walter hinaus und begab sich zum Lord Admiral. Ich begleitete ihn nicht, sondern blieb im Boot. Nach vierzig Minuten kam er wieder, und wir ruderten zur *Due Repulse* zurück. Irgendwie gelang es ihm, ihn umzustimmen. Wir greifen von der See her an, wie anfangs geplant.«

»Aber wir sind nicht nahe genug heran.«

»Nein. Wir haben die Flut versäumt, und die nächste ist erst eine Stunde vor Einbruch der Nacht. Walter hat sich jedoch gegen einen nächtlichen Angriff ausgesprochen.«

»Dann findet der Angriff erst morgen früh statt?«

»Ja, morgen früh.«

»In welcher Formation?«

»Das habe ich vergessen. Ich weiß nur, daß wir anführen.«

Ich schlief unruhig. Während der Nacht fand von Zeit zu Zeit ein Feuerwechsel zwischen den spanischen Galeonen in der Hafeneinfahrt und den vordersten englischen Schiffen, vor allem der *Mary Rose* statt, die sich auf Carews Drängen hin ihnen und den Küstenbatterien am weitesten genähert hatte. Die ganze Nacht schoben sich die englischen Schiffe hin und her wie Menschen vor Beginn eines Rennens, denn jeder Kapitän bemühte sich, für den morgendlichen Angriff die beste Position einzunehmen.

Ein dutzendmal erwachte ich, starrte zu den Sternen hinauf und wartete, daß sie verblaßten. Sowie der Himmel sich ganz leicht blau färbte, sprang ich auf und schnallte, bevor noch Victor erwachte, meinen Brustharnisch um. Als wir aufs Deck traten, lichtete die *Warspite* eben den Anker. Alles geschah lautlos, ohne Fanfare oder Kommandorufe, und wir stahlen uns davon wie zu einem amourösen Stelldichein. Doch auf den stillen Schiffen um uns wurden wir beobachtet, und nach nur drei Minuten glitt uns das erste nach. Die Segel auf Carews *Mary Rose* wurden herabgelassen, und er setzte sich dicht hinter uns, gefolgt von Robert Southwell mit der *Lion*. Dahinter kamen Clifford mit der *Dreadnought*, Crosse mit der *Swiftsure* und Lord Thomas Howard mit der *Nonpareil*.

Während der Nacht hatte sich die spanische Flotte, welche anfangs gegenüber der Festung St. Philip – der nordöstlichen Bastion der Stadt Cadiz – versammelt gewesen war, eine Meile oder mehr zurückgezogen und zog sich immer noch zurück. Bald würde sie die schmale Einfahrt zum inneren Hafen erreichen. Hinter ihr wich die kostbare Schatzflotte in Richtung auf den Port Royal zurück, hinter dem es kein weiteres Entweichen mehr gab.

Um die spanischen Galeonen zu erreichen, mußten die englischen Schiffe also zuerst durch die Barriere des Feuers der Küstenbatterien von Fort St. Philip und Cadiz. Als die Sonne aufging, flaute der Wind nahezu ab, so daß wir, obgleich alle Segel gesetzt waren, nur langsam mit der Flut vorantrieben.

Das erste Schiff, welches konzentriertes Feuer auf sich zog, war nicht das unsere, sondern die kleinere *Rainbow* unter Sir Francis Vere, die wegen ihres geringeren Tiefganges in den seichteren Gewässern nahe der Küste besser manövrieren konnte und sich beeilte, als erste das Gefecht zu eröffnen. Als Sir Walter dies sah, biß er wütend in seinen Handschuh und forderte Captain Oakes schroff auf, die Beisegel zu setzen, da wir sonst bei dem Angriff ins Hintertreffen geraten würden.

Es war jetzt klar, daß die Spanier sich an der schmalsten Stelle der Hafeneinfahrt, zwischen Puntal und Matagorda, zum Kampf stellen würden. Das Wasser schien dort etwa sechs oder sieben Kabellängen breit, doch die eigentliche Fahrtrinne war sehr schmal. Die vier großen Galeonen *San Andrea, San Felipe, San Thomas* und *San Mateo* legten sich dort Bug an Heck, um uns die Durchfahrt zu versperren. Dahinter lagen die zwei großen portugiesischen Galeonen und die drei mächtigen bewaffneten italienischen Handelsschiffe und hinter diesen eine Gruppe kleinerer Schiffe. Drei Fregatten bezogen links von uns Position, während mehrere Galeeren sich im Schutz von Fort St. Philip gleichfalls zurückzogen und die *Rainbow* beschossen.

Sir Walter hätte nicht an seinem Handschuh zu kauen brauchen. Die Segel der *Rainbow* waren in Fetzen zerschossen, und sobald die majestätische *Warspite* in den Bereich der Galeeren und Küstenbatterien geriet, konzentrierten sie ihr Feuer auf uns. Dies war Raleigh nur recht. Er stand in seinem purpurnen Umhang auf dem hohen Poopdeck und starrte zur Küste hinüber. Plötzlich rief er die Signalbläser zu sich. Die Kugeln schlugen kurz vor uns ein und ließen das Wasser hoch aufspritzen.

»Wir dürfen unser Pulver nicht vergeuden; als wollen wir stattdessen Luft verwenden. Blast jedes Mal, wenn sie feuern, einen Tusch.«

Die vier Trompeter standen in einer Reihe neben ihm auf dem Poopdeck, und jedes Mal, wenn die Küstenbatterien feuerten, bliesen sie hinein. Die Matrosen und Kanoniere, denen es nicht gepaßt hatte, daß wir das Feuer nicht erwiderten, wurden dadurch ermutigt und brachen nach jedem Tusch in Jubelrufe aus. Trotzdem zuckten sie zusammen und duckten sich bei jeder Salve der spanischen Kanonen, denn jeden Moment konnten wir in ihre Reichweite geraten.

Indessen waren drei Galeeren, welche mit ihrem geringeren Tiefgang beweglicher waren, aus dem Schutz der Küste hervorgekrochen und richteten ihre Geschütze auf uns. Eine Kugel zerriß die Takelage über unseren Köpfen; ein Dutzend schlug in das eisenharte Eichenholz der Schiffsseiten; eine landete zwischen zweien unserer größten Kanonen und schlitterte auf der andern Seite des Decks ins Meer.

»Wir müssen uns vor diesen Wespen vorsehen«, sagte Sir Walter. »Gebt Ihnen eine Kostprobe, Mr. Johns.«
Sogleich luden die Kanoniere ihre Geschütze und warteten auf den Befehl, zu feuern. Er kam, das Schiff erzitterte und die krachenden Explosionen schmerzten in den Ohren.
Die Kugeln schlugen auf einer der Galeeren ein. Sie schossen zurück und trafen weniger genau; nur ein paar Splitter flogen von der Fockrahe. Wir feuerten wieder, und eine schwere Zweiunddreißigpfundkugel traf die eine Galeere mittschiffs. Sie drehten ab.
Inmitten des Jubelgeschreis unserer Männer hörte ich Captain Oakes rufen: »In fünf Minuten werden wir in Schußweite der *San Felipe* sein, Sir. Wir haben einen größeren Tiefgang als sie. Ich weiß nicht, wie seicht das Wasser hier ist.«
»Behalten Sie den Kurs bei. Sie war die erste, die die *Revenge* kaperte.«
»Haben wir Erlaubnis, sie zu kapern?«
»Nein, leider nicht. Es wurde ausdrücklich der Befehl erteilt, kein Schiff der Königin in Gefahr zu bringen. Aber wir werden sie unter Beschuß nehmen.«
Rechts von uns hatte Essex' Schiff, die *Due Repulse*, die *Rainbow* überholt und beschoß aus allen Rohren die Küstenbatterien. Die Schiffe hinter uns fuhren nicht mehr in einer Reihe, sondern hatten sich auseinandergefächert, so daß die *Warspite* der Spitze eines Speeres glich, die *Nonpareil* und die *Lion* an Steuerbord und die *Mary Rose* und die *Dreadnought* an Backbord.
Die *San Felipe* feuerte. Flammen und Rauch quollen auf ihren Decks hoch, als zwanzig Kanonen hintereinander über den schmalen Wasserstreifen schossen. Ein halbes Dutzend Feldschlangenkugeln traf uns über der Wasserlinie, die größeren Kugeln schlugen vor uns ins Meer. Wir waren jetzt etwa 500 Yards entfernt.
»Wir sind in Gefahr aufzulaufen, Sir!« rief Oakes. »Wir sollten lieber ankern und auf die Flut warten.«
Ein halbes Dutzend Kugeln flog über unsere Köpfe. Auch die Fregatten schossen jetzt, und die *Mary Rose* erwiderte ihr Feuer.
»Wenn wir auf Grund laufen, Sir, werden wir unsere Position verlieren und können am Kampf nicht mehr teilnehmen!«
»Herrgott, eine Kabellänge *müssen* wir noch weiter! Sie sind höher gebaut als wir – warum sollten wir mehr Tiefgang haben?«

Unsere Buggeschütze traten in Aktion. Wieder kam eine Salve von der *San Felipe*; diesmal traf uns mehr als die Hälfte der Kugeln.
»Sehr gut«, sagte Raleigh. »Wenn es sein muß, ankert jetzt.«
Captain Oakes schrie sofort Befehle, die Männer auf den Decks begannen die Segel hochzuziehen, Ketten rasselten. Die anderen Schlachtschiffe beeilten sich, unserem Beispiel zu folgen; ihnen schien ebenso wenig daran zu liegen, sich auf ein mörderisches Gefecht mit kleinen Waffen einzulassen, ohne daß letztendlich eine Kaperung als Lohn winkte.
Raleigh schien das Drama der Schlacht als solches zu genießen. Während die Männer die Kanonen abfeuerten und eilends wieder luden und die Matrosen geduckt über die Decks rannten, um Schutz zu suchen, stand er mit Captain Oakes – dem, wie ich bemerkte, gar nicht behaglich zumute schien – auf dem hohen Poop und beobachtete den Verlauf der Schlacht. Manchmal wandte er sich von den krachenden Kanonen der *San Felipe* ab und ließ seinen Blick über das Meer und die Küste streifen, um sich zu vergewissern, daß kein anderes englisches Schiff in das seichtere Wasser in der Nähe des Landes vorbeischlüpfte.
Der Kanal war an dieser Stelle so schmal, daß die *Warspite* weiterhin bei dem Angriff auf die großen Galeonen an der Spitze blieb, während backbord und steuerbord die uns begleitenden vier Schlachtschiffe sich dicht aneinanderdrängten und mit den anderen Galeonen Feuer austauschten und von den leichteren Geschützen der Fregatten und acht Galeeren des Feindes beschossen wurden.
Es waren noch keine Sturmboote mit englischen Soldaten zu sehen, doch rechts von uns entwickelte sich eine neue Situation. Die restlichen Galeeren vor Puntal hatten der *Rainbow* und der *Due Repulse* nahezu eine Stunde standgehalten und sich ihrer erwehrt, doch als die *Vanguard* und ein halbes Dutzend Londoner Schiffe eintrafen, gaben sie auf, und die letzten Galeeren flüchteten in den Schutz der Apostelgaleonen. Die *Rainbow* und die *Due Repulse* verfolgten sie und gerieten in den Bereich der Hauptschlacht. Die *Rainbow* hatte deutlich die Absicht, die Apostelgaleonen zu umfahren und so die Leitung des Angriffs zu übernehmen; die *Due Repulse* kam direkt auf uns zu.
»Jetzt bin ich's satt«, sagte Raleigh. »Laß uns sehen, was Essex zu sagen hat«, sagte er zu mir, und ich folgte ihm mit Freuden. Die Bewegung half, die Gedanken in Schach zu halten, sich zu entspannen,

denn alle meine Muskeln waren verkrampft, meine Hände schweißnaß vor Angst.
Rasch kletterte Sir Walter mit wehendem Umhang die Strickleiter zu seinem Beiboot hinunter. Vier Männer saßen an den Rudern. Als ich ins Boot sprang, fiel eine schwere Kanonenkugel ins Meer, und das aufspritzende Wasser durchnäßte uns.
Die *Due Repulse* ragte riesengroß auf, als wir uns ihr näherten. Zum Glück blähte kein Wind ihre Segel, und sie trieb nur langsam dahin. Sir Walter ergriff eine herabhängende Leiter, als wir vorbeifuhren und stieg schnell hinauf. Ich erwischte die Leiter nicht mehr, konnte aber ein Tau umklammern, mit dem ich beim Hinaufklettern an den Rumpf des Schiffes schlug.
Als ich an Deck kam, waren bereits erregte Worte gefallen: Essex hatte meinen Herrn gerügt, weil er so weit vom Feind geankert hatte, und Raleigh erwiderte in scharfem Ton: »Ich bin Soldat, Mylord, und mir paßt das ebensowenig wie Euch, doch da es mir verboten ist, zu entern, wollte ich meine Männer keinem endlosen Beschuß mit Handfeuerwaffen aus der Nähe aussetzen, während wir auf die Sturmboote warten. Wo bleiben die Sturmboote? Hat mir der Lord Admiral nur leere Versprechungen gemacht?«
Der Earl of Essex trug weißen Satin unter seiner Rüstung. »Die Enterkommandos sollten eintreffen, sobald die Hauptgeschütze vernichtet sind. Das sind sie bis jetzt nicht.«
»Nein, aber wenn es so weitergeht, wird die *Warspite* bald leckgeschossen und versenkt sein. Ich erbitte Eurer Lordschaft Erlaubnis, zu entern, wenn die Sturmboote nicht innerhalb zwanzig Minuten da sind. Es ist besser ein Schiff der Königin auf diese Weise zu opfern als auf die andere.«
Essex starrte durch die Takelage auf die Schlacht, der wir uns näherten. »Die Erlaubnis kann ich Euch nicht geben, Sir Walter, doch ich will Euch nicht davon abhalten. Im Gegenteil, ich werde Euch mit Freuden beistehen, wenn es soweit ist.«
Raleigh lachte ohne Spott; seine Spannung schien sich plötzlich zu lösen. »Das wäre mir eine große Ehre. Erlaubt, daß ich mich wieder in die Schlacht begebe.«
Während wir wieder die Leiter hinunterkletterten, eröffneten die Kanonen der *Due Repulse* das Feuer auf eine der Fregatten. Unser winziges Boot entfernte sich schaukelnd von dem Schlachtschiff, und un-

sere vier starken Ruderer brachten uns zurück zur *Warspite.* Während wir fort waren, hatte eine Kanonenkugel das Poopdeck, wo wir uns aufgehalten, getroffen und dem Matrosen, welcher dort stand, um die Befehle des Kapitäns an den Steuermann zu übermitteln, ein Bein abgerissen. Außerdem hatte Lord Thomas Howard, als er Sir Walters Abwesenheit bemerkte, befohlen, den Anker der *Nonpareil* zu lichten, und sich vor die *Warspite* auf den Ehrenplatz geschoben.
Bevor noch Sir Walter, der vor Wut kochte, Oakes wegen seiner Nachlässigkeit zur Rede stellen konnte, glitt die *Due Repulse,* sich von der Flut treiben lassend, zwischen die Reihe unserer Schiffe. Sie verfehlte knapp die *Mary Rose,* welche in ein Feuergefecht mit der *San Andrea* verwickelt war, konnte ihren Kurs nicht rechtzeitig korrigieren und krachte gegen die Backbordseite der *Dreadnought.* Dies hinderte beide Schiffe zehn Minuten lang, sich am Beschuß des Feindes zu beteiligen.
Von rechts näherte sich jetzt rasch die *Rainbow* mit Sir Francis Vere. Sir Walter befahl Oakes, die Anker zu lichten und sich um jeden Preis vor die *Nonpareil* zu setzen.
Als wir näher auf den Feind zuglitten, zertrümmerte eine schwere Kanonenkugel den Fockmast über dem Hauptdeck, und die Segel fielen auf die Buggeschütze und setzten sie außer Gefecht.
Uns von der Flut treiben lassend, holten wir die *Nonpareil* ein; dann warfen wir zur hämischen Genugtuung meines Herren nur den Buganker aus, so daß wir herumschwenkten, den Spaniern unsere Breitseite zuwandten und unsere übrige Flotte vom Feinde nahezu abschnitten. Die *Rainbow* hatte sich neben die *Nonpareil* geschoben und ein Tau auf ihr Deck ausgeworfen, um sich in Gefechtsposition zu drehen. Ein Hagel von Kugeln prasselte auf die *Warspite,* tötete mehrere Männer und zerstörte einige Kanonen.
Sir Walter blickte zurück. Einige kleine, zum holländischen Geschwader gehörige Schiffe rückten vor, doch von den Sturmbooten war nichts zu sehen. Victor machte seinen Vetter darauf aufmerksam, daß die *Rainbow* ein weiteres Tau ausgeworfen hatte, diesmal auf die *Warspite* und sich mit seiner Hilfe vor sie zu schieben versuchte.
Sir Walter schrie mit hoher wütender Stimme: »Kappt das Tau!« Es wurde durchgehackt, und die *Rainbow* trieb davon.
Wir drei waren es, die das feindliche Feuer mit stärkster Wucht traf: die *Warspite,* die *Nonpareil* und die *Rainbow.* Die Flagge der Königin

war zerfetzt, Männer lagen stöhnend auf unseren Decks, die Hälfte unserer Kanonen war zerstört, andere feuerten durch die herabgefallenen Segel. Beißender Rauch verhüllte die Sonne.

Noch größere Schäden als wir hatte die *San Felipe* erlitten. Nur zwei ihrer Halbkanonen feuerten noch, in ihrem Rumpf klafften große Löcher, und ihre Oberdecks waren von Männern leergefegt.

»Lichtet den Anker!« rief Raleigh. »Werft eine Warpleine auf sie!«

Er stieg auf die Reling und gab Essex und Vere das vereinbarte Zeichen, indem er seinen Degen schwenkte. Jubelrufe übertönten das Donnern der Kanonen. Die beiden andern Schiffe glitten mit der *Warspite* vor, um den Feind zu rammen.

Ein lauter Krach ertönte; Raleigh stand nicht mehr, sondern lag, seinen purpurnen Umhang ausgebreitet, auf dem Deck. Auch Victor war gestürzt, erhob sich aber auf die Knie.

Ich lief zu Sir Walter. Er war bei Bewußtsein, doch an seinem einen Bein rann Blut herab.

»Bleibt liegen!« schrie ich.

»Aus dem Weg!« Er versuchte aufzustehen.

»Laßt mich sehen.«

»Das hat Zeit. Bereitmachen zum Entern!«

»Wir müssen das Blut stillen –«

»Laß mich, verdammt!« Er sprang auf. »Aus dem Weg! Los, entert sie!«

Als die Spanier, welche schwere Verluste erlitten hatten, uns vorrükken sahen, gaben sie auf. Die *San Felipe* war die erste, welche ihren Anker schießen ließ, die andern folgten. Sie setzten auf den übriggebliebenen Masten ein paar zerrissene Segel, und die vier großen Galeonen trieben in den Hafen.

Jetzt zeigte sich, daß Oakes' Besorgnis um die *Warspite* nicht unbegründet gewesen war, denn nach zwei Minuten liefen die *San Felipe* und die *San Mateo* auf Grund. In einem verzweifelten Versuch, dem gleichen Geschick zu entgehen, kollidierte die *San Andrea* mit der *San Tomaso*, und sie liefen gleichfalls auf. Die Kanonen stellten das Feuer ein, und die Matrosen verließen ihre Posten; die Decks waren mit Toten und Verwundeten übersät. Auf der *San Felipe* schlitterten Teile von Geschützen über die Decks, und einige stürzten aus ihren Pforten ins Wasser; mit ihnen fielen Männer, andere sprangen.

Raleigh rief, sein verletztes Bein umklammernd: »Enterkommandos vorwärts!«
Ich riß einem neben mir liegenden toten Matrosen das Hemd vom Leib, lief zu Sir Walter und verband sein Bein oberhalb des Knies, wo die Wunde war. Er brachte es kaum über sich, stillzuhalten. Hinter uns setzte die *Nonpareil* kleine Boote aus, einige beladen mit Soldaten, einige, um die zappelnden Männer im Wasser aufzunehmen.
Auf dem Mittschiff der *San Felipe* schossen Flammen hoch; entweder hatte ein zufälliger Funke das Feuer ausgelöst, oder der spanische Admiral hatte beschlossen, sein Schiff nicht in unsere Hände fallen zu lassen. Als ich einen Stock durch den Knoten des Verbandes gesteckt hatte und ihn festzerrte, brannte das eine Deck lichterloh.
Aus Furcht vor einer Explosion verließ jetzt die gesamte Besatzung das Schiff; Männer sprangen scharenweise ins Wasser, teils verwundet, teils brennend; einige versuchten an Strickleitern herabzuklettern; Dutzende sprangen ins Wasser und brachen sich auf der kaum bedeckten Sandbank Arme und Beine.
Die *San Tomaso* brannte ebenfalls, und auf ihr gab es die gleichen Schreckensszenen; die anderen zwei Galeonen leisteten noch Widerstand, doch auch auf ihnen flüchtete der Großteil der Besatzung. Viele der Boote, welche die Engländer zu ihrer Enterung ausgesetzt hatten, eilten ihnen zu Hilfe.
Matrosen von der *Rainbow* und unserem Schiff stürzten auf die *San Andrea*, um sie unversehrt zu kapern, doch bis jetzt war es keinem gelungen, an Bord der *San Felipe* zu gelangen. Im gleichen Augenblick schoß eine Pinasse von der *Nonpareil* durch eine Lücke im Gewimmel, und man warf ein Tau an Bord. Männer kletterten hinauf, das Feuer zu löschen, doch auf dem Hauptgeschützdeck des Flaggschiffs ereignete sich die befürchtete Explosion, und einer der Maste stürzte, gleich einer Fackel brennend, mitten auf die Pinasse und tötete fünf Männer. In wenigen Sekunden stand die Pinasse selbst in Flammen und sank; Männer sprangen ins Wasser und schwammen neben ihren spanischen Feinden zum nächsten Boot.
Jetzt tauchte eine Gruppe holländischer Sturmboote auf, stieß in den Kanal, und die Männer auf ihnen begannen mit Pistolen, Beilen und Messern die im Wasser schwimmenden und zappelnden spanischen Soldaten und Matrosen niederzumetzeln. Zuviele Grausamkeiten in den Niederlanden, zuviele Erinnerungen an Leiden und Massaker

und die Ermordung hilfloser Verwandter in Antwerpen und anderswo, trugen jetzt bittere Frucht.
Es sah so aus, als würden die *San Andrea* und die *San Tomaso* in unsere Hände fallen, ohne gleichfalls ein Raub der Flammen zu werden; Enterkommandos schwärmten bereits über ihre Decks. Sir Francis Vere hatte sich zu Essex begeben, welcher auf dem obersten Deck der *Due Repulse* stand; sie berieten über einen Angriff auf die Stadt. Soldaten wurden in Sturmboote und Transporter verladen. Der Admiral und der General stiegen in Essex' Beiboot, um sie zu begleiten. Die *Warspite* erhielt kein Signal, sie zu unterstützen oder an dem Angriff teilzunehmen, doch Raleigh befahl den zwei Regimentern an Bord der *Warspite*, sich der Landungsflotte anzuschließen; dann sank er in den Sessel, den Bell ihm gebracht hatte.
»Die Schatzschiffe . . . Stoßt jetzt vor und kapert sie . . . Nichts kann uns aufhalten – nur ein paar Fregatten – wir müssen jetzt zuschlagen.«
»Sie können nicht fort, Sir«, sagte Captain Oakes, »– es sei denn, durch diesen schmalen Kanal, den wir beherrschen.«
»Und die Kanäle hinter Carraca? Sind sie tief genug?«
»Ach, bei weitem nicht. Kein Schiff mit solchem Tiefgang könnte es wagen.«
»Sie rücken vor!« rief Victor, auf die Transporter deutend. »Horcht!«
Die Landungsflottille verließ die Schiffe und ruderte aufs Ufer zu. Voraus fuhr Essex' Boot mit flatternder Flagge; ein Dutzend Offiziere in Rüstung begleitete ihn. Sir Francis Vere, der Kommandeur der Landtruppen, stand an seiner Seite. Dahinter kamen drei Reihen Boote in ordentlicher Formation. Tiefe Stille herrschte, keine Jubelrufe, keine Trompeten, keine Schüsse, nichts als das dumpfe Geräusch der Trommeln. Die Männer ruderten im gleichen Takt, und in Abständen von einer Minute verstummten die Trommeln, und die Ruderer hielten inne; mit einem anschwellenden Wirbel begannen sie dann wieder. In den Booten waren gewiß nicht weniger als 2000 Männer.
Plötzlich sagte Raleigh: »Victor, begib dich sofort zu Lord Essex. Bitte ihn, er möge mir die Erlaubnis erteilen, die Schatzflotte zu erobern, während die Armee Cadiz angreift . . . Nimm Maugan mit«.
»Und was ist mit Euch?« fragte ich. »Eure Verletzung . . .«

»Die ist nicht gefährlich. Der Wundarzt wird sie versorgen. Geht. Ich möchte schnell Antwort.«
Das Wasser, durch das wir ruderten, war mit brennenden Trümmern übersät; Fetzen und Balken und Tote trieben vorüber; ein Hut mit durchtränkter Feder, blutbefleckteś Segeltuch.
Die Armee war uns voraus; sie hielt auf eine sandige Bucht unterhalb von Fort Puntal, doch von dem Fort kam kein Beschuß. Als wir die letzte Reihe der Transporter erreichten, war Essex bereits an Land gesprungen, und neben ihm stand sein Standartenträger; die Regimenter verließen die Schiffe und formierten sich schnell am Strand zu Reihen. Wir mußten einen weiten Bogen um die Transporter machen, und als wir ans Ufer stießen, war der größte Teil der Truppen gelandet.
Wir liefen zu Essex, um den sich eine Gruppe Offiziere geschart hatte, und es dauerte mehrere Minuten, bis er uns bemerkte.
Victor salutierte. »Eure Lordschaft, Sir Walter Raleigh läßt sich respektvollst empfehlen und erbittet die Erlaubnis, eine Streitmacht zur Eroberung der Schatzflotte zu entsenden, solange sie noch unverteidigt ist.«
Essex' Gesicht war gerötet, seine Augen funkelten triumphierend. »Wir wissen noch nicht, wieviele Soldaten wir brauchen werden, um die Stadt zu erobern. Daran müssen wir zuerst denken.«
»Mylord«, sagte ein Captain, »ich schlage vor, trotzdem eine Truppe zu entsenden. Die Einnahme der Stadt kann Tage dauern.«
»Mag sein, Monson. Doch eine Aufsplitterung könnte eine Niederlage an beiden Fronten zur Folge haben.«
»Laßt Raleigh sein Vorhaben durchführen, Sir. Er und Crosse und zwei andere Schiffe könnten den Widerstand brechen und Soldaten an Bord zurücklassen.«
Essex blickte auf die Reihen der Soldaten, die mit ihren Brustharnischen und Helmen dastanden und auf den nächsten Befehl warteten. »Wo ist der Lord Admiral? Er müßte mit dem Rest der Truppen bald hier sein. Ich kann keine Erlaubnis erteilen, die gegen die ursprünglichen Instruktionen verstößt.«
Sir Francis Vere sagte: »Ich habe ihn mit seiner Pinasse gesehen. Er dürfte bei Lord Thomas Howard sein.«
»Ausgezeichnet. Monson und Ashley sucht ihn auf. Tragt ihm des Konteradmirals – und meine – Bitte vor, daß eine hinreichend starke

Streitmacht zur Eroberung der Flotte abgestellt wird. Und sagt dem Lord Admiral, daß wir dringendst seine Verstärkungen erwarten.«

»Dürfen wir bei Euch bleiben, Mylord?« fragte Victor.

»Was? Ja, ja. Monson, schickt einen Mann mit dieser Botschaft zu *Warspite*. Aber vergeßt nicht, ich erteile Raleigh keine Genehmigung. Das ist Sache des Lord Admiral.«

Befehle ertönten, und die Soldaten begannen, angeführt vom Earl of Essex, auf die Stadt Cadiz vorzurücken. Es war ein beschwerlicher Marsch. Die Sonne stand noch hoch am Himmel, und es war glühendheiß; die Sanddünen, die wir erklommen, gaben unter jedem Schritt nach; unsere Rüstung wurde unerträglich, unsere Muskeln bleischwer; wir waren schweißüberströmt, und die Männer taumelten und brachen in der Hitze fast zusammen.

Doch wir erreichten unbehelligt den Kamm der letzten Düne. Rechts vor uns, etwa eine halbe Meile entfernt, lagen die Mauern von Cadiz. Vor ihnen war mit wehenden Fahnen ein Regiment des Feindes versammelt, flankiert von Reitern und davor Infanterie postiert, bestimmt, unseren Angriff abzuschlagen.

Wir begannen vorzurücken, zuerst über den heißen, weichen Sand, dann quer über die Küstenstraße auf die Stadt. Ein Bataillon von zweihundert Mann unter Sir John Wingfield wurde vorausgeschickt, während wir Halt machten und warteten. Anscheinend hatte Wingfield den Auftrag, die vorgeschobene Infanterie zurückzudrängen und so den umfassenden Angriff vorzubereiten, doch er überschritt seinen Befehl und stieß mitten hindurch bis zur Hauptstreitmacht des Feindes vor. Dann wurde ihm bewußt, daß er einen Fehler begangen hatte und in Gefahr war, umzingelt zu werden, und er zog sich hastig und undiszipliniert zurück.

Die Spanier, durch ihren Erfolg über Gebühr ermutigt, unternahmen einen heftigen Gegenangriff und trieben Wingfields ungeordneten Haufen vor sich her. Doch nach einer Weile ertönte ein Trompetensignal, und Wingfields zweihundert Männer sammelten sich wieder und formierten sich mit erstaunlicher Disziplin zu einer Reihe, und ein anderes Bataillon unter Sir Matthew Morgan attackierte die nunmehr entblößten Flanken des Feindes. Sodann erteilte Vere dem Rest seiner Armee den Befehl zum Vorstoß.

Es war eine der ältesten Kriegslisten der Welt, doch nichtsdestoweniger erfolgreich. Die Reihen der Spanier lösten sich auf, und sie flüch-

teten, Reiter und Infanteristen, auf die Stadttore zu. Dort ergriff sie eine wahre Panik, denn die erste Welle von Männern, die sie erreichten, drängte hindurch und schloß dann, als sie uns so dicht hinter ihrer Kavallerie erblickten, die Tore, so daß etwa vier- oder fünfhundert ihrer eigenen Leute draußen blieben. Diese ließen ihre Ausrüstung und ihre Pferde im Stich und kletterten in Scharen Seile, welche man ihnen herabließ, hinauf. Dann wurden die Tore jedoch wieder geöffnet, um die Flut hindurchzulassen, und, kurz bevor der erste Engländer sie erreichte, geschlossen.
Keuchend und benommen von der Hitze machte die Gruppe der anführenden Offiziere innerhalb Musketenreichweite vor den Toren Halt.
»Fast wär es uns gelungen, Vere!« rief Essex. »Noch eine Minute und wir hätten sie gehabt. Mein Gott, ich hatte gar nicht die Absicht, die Stadt schon jetzt anzugreifen ...«
»Hier wäre ein Versuch aussichtslos«, sagte Sir Francis. »Aber ich wette, sie ist nicht überall so stark bewacht. Am besten, wir nehmen beide ein Bataillon, Mylord, und Ihr greift von rechts an und ich von links. Diese Befestigungen sind teils neu, teils alt. Sie haben sicher ihre schwachen Stellen.«
»Es wäre herrlich, die Stadt einzunehmen, bevor Howard kommt«, murmelte Essex.
»Nehmt Euch in acht, Mylord. Die Königin wird nicht erfreut sein, wenn wir ohne Euch zurückkehren.«
Sie trennten sich, und wir schlossen uns dem von Essex geführten Bataillon an. Etwa zwanzig Offiziere in schimmernden Rüstungen umgaben ihn, doch er überragte sie alle, impulsiv, leidenschaftlich, arrogant.
Die Befestigungen von Cadiz bestanden aus einem tiefen Graben, hinter dem eine hohe Mauer mit Verteidigungstürmen aufragte. Als wir um den Graben vorrückten, beschoß uns die Besatzung.
Nach fünf Minuten hielt Essex an. Ein Teil der Stadtmauer war hier eingestürzt, und die Trümmer überbrückten den Graben, so daß man über sie hinwegklettern konnte. Doch die Spanier kannten diese schwache Stelle und bewachten sie mit einer Reihe Musketiere, und darüber erhob sich einer der Verteidigungstürme.
Essex sagte: »Ich glaube, eine bessere Möglichkeit wird sich kaum bieten, meine Herren. Folgen Sie mir, wenn ich den Befehl gebe.«

»Nein, Sir!« rief Captain Savage. »Mit Verlaub, dies ist keine Stelle, wo Eure Lordschaft die Führung übernehmen sollten. Als Euer Kapitänleutnant erbitte ich die Vergünstigung.«
Essex zögerte, und die Offiziere versammelten sich um ihn. »Sei's drum. Savage – und Ihr, Evans – und Ihr, Bagnal – nehmt jeder fünf Männer. Doch wir werden euch auf den Fersen folgen. Wartet. Musketiere, legt an!«
Um uns schlugen bereits Schüsse von dem Turm ein. Achtzehn Soldaten formierten sich zu drei Gruppen. Dann gaben die Musketiere drei Salven auf die Verteidiger ab. Savage rief ein Kommando, und die Männer stürmten vor, zuerst in den Graben, um dann hastig die Trümmer zur Stadtmauer hinaufzuklettern. Zwei Männer fielen, doch die andern erklommen die Mauer. Savage tötete einen Mann an der Brustwehr und bot mit erhobenem Degen dem Feuer der Verteidiger Trotz.
Die Stelle war nicht günstig; zwar hatten wir die Spanier von diesem Teil der Mauer vertrieben, doch zu unserer Rechten ragte der Turm auf, und ein Stück weiter, in Musketenreichweite, stand ein zweiter Turm, den man von jenseits der Mauer nicht hatte sehen können. Auf die Straße konnte man nur gelangen, wenn man von der Mauer sprang, und diese war an die zwanzig Fuß hoch.
Zwei weitere unserer Männer waren verwundet worden. Captain Bagnal, einer von Veres Veteranen, stellte jetzt die Musketiere in zwei Reihen auf, so daß eine durch die andere feuern konnte, und befahl, den Turm unter Beschuß zu nehmen. Sie taten es mit solcher Akkuratheit, daß die Männer auf dem Turm zu feuern aufhörten.
»Dieser Sprung behagt mir gar nicht«, sagte Essex. »Mit dieser Rüstung kann man sich leicht ein Bein brechen.«
»Ich will's versuchen«, sagte ich und begann meinen Brustharnisch abzuschnallen, doch Lieutenant Evans setzte sich auf den Rand der Mauer, warf seinen Degen hinunter, glitt hinab und fiel auf die Straße. Einen Moment, nachdem er mit seiner Rüstung klirrend aufgeschlagen war, lag er still, doch bevor zwei Spanier ihn ergreifen konnte, erhob er sich auf die Knie und griff nach seinem Degen. Ein zweiter englischer Offizier folgte ihm mit einem lauten Schrei, dann drei weitere. Ich rutschte, mit Brustharnisch und allem, über den Rand und schlug hart auf den Boden auf.
Als zwei Dutzend hinabgesprungen waren, war kein Feind mehr auf

der Straße zu sehen. Von dem anderen Turm fielen noch vereinzelte Schüsse; Essex zögerte noch auf der Mauer, obgleich sich nur einer der Männer, die gesprungen waren, in Schmerzen wand. Victor landete fast in meinen Armen und sank zu Boden.
Da hörte ich in einiger Entfernung Jubelrufe, die unverkennbar englisch klangen. Essex hob den Kopf und gab sein Vorhaben, zu springen, auf. Vere und seine Veteranen hatten das Tor gestürmt.

6

Die Straßen waren eng wie Schlitze, und die Spanier kämpften um jedes Haus. Auf manche der flachen Dächer hatten Frauen Felsbrokken geschleppt, die sie hinunterwarfen, als wir vorrückten. Es war ein mörderischer Kampf, teils mit Musketen, doch öfter noch mit blanken Händen.
Wir waren anfangs etwa sechzig, angeführt von Essex, doch binnen kurzem trennten uns die schmalen Straßen gleich Wasser, das durch eine Honigwabe sickert; wir alle strebten der Stadtmitte zu, doch auf verschiedenen Wegen und die einen schneller als die andern.
Victor und ich begleiteten Captain Samuel Bagnal und Captain Carey und sechs andere. In den Straßen zu unserer Linken war Sir John Wingfield mit einem Dutzend Männern verschwunden. Rechts von uns war Evans. Ein Stück weiter hatten drei spanische Pikaniere einen Obstkarren umgekippt; dahinter standen acht mit Knüppeln und Äxten bewaffnete Zivilisten. Wir hatten in unserer Gruppe nur einen Musketier, und als er seine Waffe hob, wurde sie ihm von einem großen irdenen Topf, welchen jemand aus einem Fenster warf, aus der Hand geschlagen.
Bagnal bückte sich und hob eine der großen Orangen auf, die in der Gosse lagen. Er biß hinein, spuckte die Schale aus und schluckte einen Mundvoll Saft und süßes Fruchtfleisch. Dann lief er zu der Barriere und zerrte am Ende des Karrens, um ihn herumzureißen. Ein Pikanier stieß zu und verletzte Bagnal an der Schulter. Bagnal bohrte dem Mann seinen Degen durch den Hals und setzte sich rittlings auf den umgekippten Karren. Drei andere Soldaten und ich folgten ihm. Die Zivilisten rannten nicht davon, sondern griffen an, als wir hinauf-

kletterten; einem Soldaten spalteten sie Helm und Kopf. Ich stieß einem Zivilisten meinen Degen in den Leib und spürte, wie die Spitze einen Knochen traf. Der Mann verdrehte seine Augen und brach zusammen, mich mit sich zerrend. In einem Gewirr von Armen und Beinen zog ich den Degen heraus; wir waren über die Barriere. Carey trieb zwei Männer zurück, und die übrigen flohen.
Bagnal wischte das Blut am Ärmel seines Wamses ab und schritt, den Degen in der Hand, zum Ende der Gasse. Drei Männer griffen ihn an. Einer stach ihn wieder in die Seite, doch Carey und Victor eilten ihm zu Hilfe und töteten die drei Männer. Einer unserer Männer wurde aus einem Fenster durch den Kopf geschossen.
Bagnal winkte mir, und wir liefen, gefolgt von den drei andern, die Straße hinab. Bei den Bäumen gabelte sie sich nach rechts und links. Zu unserer Linken war Wingfield in ein heftiges Gefecht verwickelt. Wir wandten uns nach links und kamen in einen winzigen Patio mit Markisen vor den Fenstern, einem Brunnen mit rosa Geranien in der Mitte, zwei angebundenen Maultieren und einem kläffenden Hund. Die Hitze war unerträglich, und nicht einmal Schatten brachte Erleichterung.
Der Patio war leer, und der Kampflärm schien wie aus einer anderen Welt hereinzudringen. Victor stieß zu uns, und mit ihm zwei Musketiere, welche von ihren Gefährten getrennt worden waren.
»Das Pulver wird uns bald ausgehen, Sir«, sagte der eine zu Bagnal.
»Dann schlagt mit euren Musketen drein«, erwiderte er und ging zu der Türe auf der andern Seite des Patio.
Plötzlich fiel ein Schuß und traf ihn wiederum in die Schulter. Türen sprangen auf, und ein Dutzend Spanier stürzte sich wütend auf uns; die Musketiere konnten nur einmal ihre Gewehre abfeuern, dann entwickelte sich ein Handgemenge.
Ich tötete einen zweiten Mann. Meine Seite schmerzte, und an meinen Händen war Blut. Bagnal und die zwei Musketiere wälzten sich auf dem Boden. Da erschien plötzlich Captain Carey mit zwei Männern und kämpfte sich, um sich hauend wie ein Verrückter, zwischen den zurückweichenden Spaniern durch.
Zwei von unserer ersten Gruppe waren tot und alle anderen außer Victor verwundet. Ich wußte nicht, wieso Blut an meiner Hüfte war, denn ich hatte nicht gespürt, daß ein Stich mich traf.
Bagnal erhob sich wieder, obgleich er nun fünfmal verwundet war

und von Blut troff. Er und Carey und ein Pikanier stürzten durch die Türe, welche in eine andere Gasse führte. Neben den Häusern stand eine Kirche mit niedrigem Turm. Der Pikanier hob – wohl in der Absicht, zu plündern – seine Pike, um die Türe der Kirche zu zerschmettern, doch Carey schlug sie beiseite, und wir liefen weiter.
Wir befanden uns nahe des Hauptplatzes der Stadt. Ein paar Frauen warfen von einem Hausdach Ziegel auf uns. Ein kleiner Jude in einem schwarzen Mantel stand händeringend in einem Tor; er war herausgekommen, um seine Fensterläden zu schließen, und zwischen zwei Feuer geraten. Eine spanische Kugel traf ihn, und sein Käppchen rollte vor meine Füße.
Angeführt von Bagnal, stürmten wir auf die Verteidiger zu und metzelten sie mit Dolchen und Messern nieder. Essex und eine Gruppe von zehn Offizieren erschienen zu unserer Linken, und die Verteidiger flohen, ihre Toten zurücklassend. Bagnal stürzte ihnen nach.
Plötzlich kamen wir auf die von Kirchen und öffentlichen Gebäuden gesäumte Plaza; sie war von Platanen und Palmen beschattet, und in der Mitte standen einige verlassene Buden. Da sich kein Widerstand regte, machten wir eine Pause. Es sah aus, als hätten wir den größten Teil der Stadt bereits genommen; nur die Besatzung der Zitadelle und des Forts würden sich wohl noch einige Zeit zur Wehr setzen.
Bagnals Gesicht war blutüberströmt, doch er schien kaum geschwächt. Als Essex ihn erblickte, zog er seinen Degen. »Kniet nieder, Captain.«
Bagnal sah ihn erstaunt an.
»Ihr sollt der erste sein, der an diesem Triumphtag auf spanischem Boden zum Ritter geschlagen wird. Nur wenige haben sich um unsere Nation so verdient gemacht. Sir John Wingfield und viele andere sind tot, doch dies ist ein großer Sieg.«
Victor legte seinen Arm um mich. »Hast du starke Schmerzen, Junge?«
»Nicht so schlimm.«
»Ich hoffe nicht, denn es würde mir den ganzen Tag verderben, wenn du zusammenbrächst.«
»Ich werde mir alle Mühe geben, mich auf den Beinen zu halten. Ich möchte plündern, Victor.«
Der Platz füllte sich mit Engländern. Unter ihnen war eine Gruppe, die Wingfields Leiche trug, welcher am Rande der Plaza gefallen war.

Dann sah ich, daß Captain Ashley und Captain Monson zurückgekehrt waren und mit Essex sprachen. Mühsam erhob ich mich von der Steinmauer. Ich kam zu spät und hörte nicht, was sie Essex ausrichteten, und so zupfte ich Monson am Ärmel. Er sah mich stirnrunzelnd an, dann erkannte er mich.
Mürrisch sagte er: »Der Lord Admiral hat befohlen, die Kaperung der Flotte bis morgen zu verschieben. Alle Streitkräfte sollen sich auf die Eroberung von Cadiz konzentrieren.«
»Habt Ihr das dem Konteradmiral ausgerichtet?«
»Ja, und er hat es übel aufgenommen. Ausnahmsweise bin ich einmal mit deinem Herrn einer Meinung.«
»Wo ist der Lord Admiral, Sir?«
»Er landet eben mit der zweiten Division. Sicher wird Sir Walter auch vor Ende der Nacht an Land sein.«
Auf dem Platz begannen wieder Schüsse zu fallen. Einige der Gebäude um die Plaza waren mit spanischen Soldaten besetzt, die uns zu vertreiben suchten.
Am Ende der Plaza stand neben einer Kirche das Rathaus. Eine Gruppe Soldaten, unter ihnen Bagnal und Carey, rückten zum Angriff darauf vor. Ich sah, daß sie am Tor auf Widerstand stießen, ihn überwanden und eindrangen.
Victor sagte: »Laß mich deine Verletzung untersuchen.«
»Nein, nicht nötig.« Ich dachte an meine letzte Begegnung mit Sue. »Ich will *plündern*, Victor.«
Als wir zum Rathaus kamen, war das Erdgeschoß bereits freigekämpft. Überall lagen zertrümmerte Möbel und Bilder, Bücher und Pergamente, dazwischen ein paar Verwundete. Als wir zu der breiten Mitteltreppe kamen, sahen wir, daß die ganze erste Flucht mit Toten übersät war, und die meisten waren Engländer. Die Stufen waren schlüpfrig von Blut, das Geländer war zerbrochen, und oben lag ein riesiger Franziskanerpater, eine Pike umklammernd, welche aus seinem Bauche ragte; er war tot wie die andern. Der einzige Überlebende war ein englischer Soldat, der eine tiefe Wunde an seinem Bein verband.
»Er stand auf der Treppe«, sagte er, auf den Pater deutend. »Mit einer großen Axt in den Händen. Neun von uns hat er getötet, bevor wir ihn niederstachen. Neun gute Männer. Hol ihn der Teufel, den verdammten Pfaffen!«

Wir stiegen über die aufeinanderliegenden Leichen. Man hörte, daß in diesem Stockwerk noch gekämpft wurde. Ich hielt Victor, der weiter vordringen wollte, zurück.
»Hier werden wir nichts finden, das nicht zertrümmert ist. Nebenan ist eine Kirche.«
»Essex hat jegliche Profanierung verboten.«
»Was er nicht weiß, macht ihn nicht heiß. Schau aus diesem Fenster. Im Vergleich zu der Stadtmauer ist es nur ein kleiner Sprung, und ich wette, jene Türe führt in die Kirche.«
Victor zögerte, und so sagte ich: »Laß mich nachsehen. Ich werde dir berichten, was ich gefunden habe.«
»Nein . . . wenn du gehst, komme ich mit.«

Die Kirche war finster wie die Kirchen, welche ich in Madrid gesehen hatte. Die Sonne stand schon tief und warf nur ein paar bunte Strahlen hoch oben durch das Schiff; hätten auf dem Hochaltar und vor der Muttergottes in der Seitenkapelle keine Kerzen gebrannt, so würden wir uns nicht zurechtgefunden haben.
Die Kirche war leer; es roch nach Weihrauch und Blumen. Ich kannte die Anordnungen: keine Entweihung von Kirchen, keine Belästigung von Frauen, Einhaltung strengster Disziplin während der Einnahme der Stadt. Die Strafe für einen Verstoß war, zumindest für gemeine Soldaten, der Tod. Doch der Tod war binnen weniger Stunden für mich zu etwas Banalem geworden.
Ich ging hinauf zum Hochaltar und nahm das Kreuz herab. Es war zu schwer, um es fortzutragen und überdies nur aus irgendeinem vergoldeten gewöhnlichen Metall, doch es waren Edelsteine daran, und so stellte ich es auf den Boden und begann sie mit der Spitze meines Dolches herauszustemmen. Nach einigem Zögern verschwand Victor im Finstern hinter dem Altar, und ich hörte, wie er auf etwas einhieb, doch er schien nicht mit ganzem Herzen dabei.
Ich nahm acht Juwelen; fünf waren große Halbedelsteine, doch die andern drei Rubine. Neben dem Altar standen vier silberne Kerzenhalter und hinter diesen zwei Engel, welche juwelenbesetzte Kränze hielten, die ich ihnen abnahm. Nachdem ich die Kerzenhalter heruntergehoben hatte, ließ ich sie auf den Altarstufen stehen, denn sie waren zu schwer zum Tragen.
Da ich vier der Kerzen ausgeblasen hatte, war es nun noch finsterer

in der Kirche. Draußen hörte man Schüsse und Lärm. Ich fühlte mich wie in einem dunklen Teich, an dessen Rand der Hader der Welt brandete.
Ich ging hinüber zu der kleinen Kapelle, denn zuweilen sind diese ebenso reich geschmückt wie die Hauptaltäre. Hier brannten an die zwanzig Kerzen, einige hoch und schlank, andere alt und triefend. Zu Füßen der Muttergottes lagen schlichte Blumensträuße, und an einem ihrer ausgestreckten Finger hing ein Ring. Sie blickte stumpf und ausdruckslos, die wächsernen Lippen zu einem leisen mitleidvollen Lächeln erstarrt, das jedoch jeglicher Klugheit mangelte.
In jenem Moment war mir, als schwänden mir infolge meines Blutverlusts die Sinne, denn ich schien plötzlich nicht nur eine Muttergottes zu sehen, sondern an ein Dutzend; sie blickten aus dem Dunkel hinter ihr, mit starren Mienen und ohne jedes Lächeln. Doch während die erste Muttergottes quer durch die Kapelle auf die glänzenden Marmorsäulen schaute, starrten all die andern Augen mich an.
Dann sah ich, was es war. Sie hatten hier Zuflucht gesucht, in der Hoffnung, nicht entdeckt zu werden. Zum Großteil waren es Damen hohen Standes in prächtigen Kleidern und Mantillas aus Spitze, und einige trugen Schmuck; doch auch einige Arbeiterinnen hatten sich zu ihnen gesellt. Ansonsten hätten solche Frauen nie in einer Gruppe zusammengestanden, eng und wie Schutz suchend aneinandergedrängt, doch die Furcht vor Vergewaltigung und Mord war stärker als der Stolz auf Stand und Herkunft.
Ich nahm den Ring vom Finger der Muttergottes, konnte mich jedoch nicht überwinden, die Juwelen an dem Kinde anzurühren. Mein Blick fiel auf zwei kleine, feinziselierte goldene Kreuze, welche ich einsteckte. Keine der Frauen rührte sich.
In stockendem Spanisch sagte ich: »Meine Damen, wir kommen als Eroberer, doch werden wir Euch nichts Böses tun. Der Earl of Essex ist unser Kommandeur, und ihm gehorchen wir. Es drohen stets Gefahren, wenn eine Stadt erobert wird, und deshalb tut ihr gut daran, Euch hier zu verbergen. Doch ungleich Euren Männern führen wir nicht Krieg gegen Frauen und Kinder.«
Ich wandte mich ab und ging zurück zum Hauptaltar. Alles war still, und nichts rührte sich, doch als ich durch das leere Kirchenschiff ging, erfüllte mich das unbehagliche Gefühl, man könnte mich in den Rücken schießen.

Auf der Seite des Altars, hinter der Reihe Heiliger, befand sich ein schöner bemalter Wandschirm, auf dem einige Juwelen glitzerten, und ich stieg hinauf, um nachzusehen, ob sie echt waren. Sie waren jedoch nur aus gefärbtem Glas. Da hörte ich aus dem Dunkel hinter dem Altar einen Hilfeschrei: »Maugan!«

Ich rannte los, stolperte über einige Stühle, tastete mich hinter dem Altar entlang. »Wo bist du?«

Keine Antwort, nur ein Geräusch, als ob Menschen miteinander rangen. Als ich weiterlief, sah ich hinter einer halboffenen Türe einen Lichtschein: dahinter war eine runde, von Kerzen erhellte Bibliothek, in der zwei Mönche mit Victor rangen. Während ich auf sie zustürzte, stach ihn der eine an der Stelle, wo seine Rüstung endete, tief in die Schulter.

Ich hieb mein Schwert dem Mönch auf den Nacken, und sein Kopf baumelte hin und her; er war tot, bevor er zu Boden stürzte. Auch Victor stürzte. Der andere Mönch durchbohrte ihn, während er niedersank und hob dann seinen Dolch, meinen Degenstreich abzuwehren. Blut quoll aus seiner Hand. Er holte mit der anderen Hand aus und traf mich mit einem zweiten Messer unterm Arm. Ich hieb zu, und er sackte nieder.

Der Raum verschwamm vor meinen Augen. Die Kerzen flackerten. Nicht stürzen, dachte ich, nicht in Ohnmacht fallen. Der zweite Mönch starb; nur seine Hand öffnete und schloß sich. Victor lag stöhnend auf dem Boden. Ich mußte ihn hier fortschaffen, zurück aufs Schiff. Schöne Bücher, bunt illustrierte Handschriften: auf sie war er aus gewesen; die Mönche hatten ihn überrascht. Gab es noch mehr von ihnen? Wenn ein weiterer erschien, so konnte er uns leicht den Rest geben.

Wie ein Betrunkener blickte ich mich mühsam um. Nur eine andere Türe, und sie war geschlossen. Sonst niemand in dem Raum. Ich sank auf meine Knie.

»Victor ...«

Mit trüben Augen blickte er mich an. »Verschwinde, Maugan ... Ich ... ich liege gut hier.«

»Nein, laß mich sehen.«

Mit zitternden Fingern mühte ich mich, seinen Brustharnisch zu lösen; er stöhnte laut; inbrünstig hoffte ich, der Dolch war nicht in seine Lunge gedrungen. Ich streifte den Harnisch ab, zerrte am Tuche seines Hemdes; es war mit Schweiß getränkt, und unter ihm quoll Blut. Ich riß seinen Ärmel auf. Das Messer stak abwärts gerichtet in seinem Schulterblatt. Die Wunde konnte tödlich sein. Kein Blut war auf seinen Lippen. Ich rollte den Ärmel zusammen, preßte ihn fest auf die Wunde, band ihn mit einem Stück des andern Ärmels fest. »Kathy«, murmelte er in einem fort, »Kathy«. Dann sah er mich plötzlich an und sagte: »Zieh nur mit einem Schiffe in den Krieg. Nicht zu Fuß.« Er lächelte. Dann sank sein Kopf auf die Brust.

Ich sah mehr Blut innerhalb des Harnischs und riß sein Hemd auf. Der Dolch des zweiten Mönches war von der Rüstung abgeglitten, doch über dem Hüftknochen eingedrungen.

Auf dem einzigen nicht umgekippten Tisch standen ein silbernes Tablett mit Wein und ein Kelch. Ich kroch hin, trank ein wenig und brachte ihn Victor, doch er konnte nicht schlucken, und der rote Wein rann auf sein Hemd.

Ich mochte meinen Harnisch nicht abnehmen, solange noch die Möglichkeit weiteren Kampfes drohte. Der Wein wärmte und belebte mich, gab mir ein wenig Kraft; ich trank noch ein paar Schlucke. Dann mühte ich mich, Victor hochzuheben. Doch aufrecht zu stehen, war das einzige, dessen ich fähig war. Nie würde es mir gelingen, Victor auf meine Schulter zu heben. Ich begann ihn zur Türe zu zerren.

Die große steinern–dunkle Kirche, kalt und still. Die Sonne untergegangen und kein Zwielicht mehr. Nur die Kerzen in der Kapelle und die wenigen, die auf dem Hochaltar noch brannten. Ich schleppte Victor durch den runden dunklen Gang hinter dem Altar ins Kirchenschiff und ruhte einen Moment aus. Er atmete noch, doch nur ganz schwach. Laß ihn hier liegen und sterben, dachte ich; bring dich selbst in Sicherheit.

Ich zerrte ihn durch das große Kirchenschiff. Ich weiß nicht, ob die Frauen uns sahen; sie rührten sich nicht. Draußen wurde noch geschossen, doch weiter weg. »Das Tier ist seinem Wesen nach nicht gut«, hatte Katherine Footmarker gesagt, »aber es tötet nur um der Nahrung willen. Der Mensch tötet aus Vergnügen oder aus einem bösen Motiv, Prinzip genannt.« »Ich kann den Gedanken nicht ertragen, alt zu werden«, hatte Sue gesagt. »Bald werden wir alt sein.«

Endlich war ich an dem großen Tor; ich lehnte Victor dagegen und tastete nach der kleinen Türe, welche sich darin befinden mußte. Riegel. Ich schob sie zurück, zerrte an der Türe. Draußen war es finster, doch Fackeln brannten hell. Eine breite Treppe führte zum Platz hinab. An seinem Ende stand ein Haus in Flammen. Überall waren Soldaten. Am Fuße der Treppe kampierten zwei Pelotons englischer Soldaten. Andere trieben Maultiere zusammen und trugen Fässer aus einem Haus.

Ich packte Victor und schleppte ihn die Treppe hinunter. In dem flakkernden Fackelschein war sein Gesicht aschgrau. In einer Ecke des Platzes lagen etwa zwei Dutzend Verwundete; ein Arzt und sein Gehilfe versorgten sie. Ich taumelte die Treppe hinab und ging zu ihnen, doch Soldaten, welche einen Sturmbock trugen, drängten mich beiseite, und ich sank auf einen steinernen Brunnenrand. Es wimmelte von Menschen. Die Offiziere taten ihr möglichstes, die Ordnung aufrechtzuerhalten, doch da und dort kam es zu Plünderungen, und ich hörte einen Soldaten sagen, die Holländer liefen Amok.

Aus einem Faß, das ein Matrose in den Armen hielt, tranken ein paar Männer Wein. Ich zupfte einen am Ärmel und fragte ihn, wo Essex sei, und er deutete den Berg hinauf zur Zitadelle. Ich begann in diese Richtung zu gehen, doch dann hielt ich inne, denn mir wurde klar, daß ich, wenn ich diesen Platz verließ, in die engen Gassen geraten würde, in denen Gedränge und Wirrwarr gewiß noch weit schlimmer war. Am besten, ich ging zurück zu Victor.

Von der sich drängenden Menge einmal hierhin, einmal dorthin gestoßen, taumelte ich weiter; dann sah ich einen Mann zu Pferde, begleitet von zwei Dienern. Er kam soeben aus einer der Gassen und trieb sein Pferd über den Platz.

»Sir Walter!«

Bell hörte mich und machte seinen Herrn auf mich aufmerksam. Raleighs Gesicht war weiß vor Kummer.

»Killigrew, du lebst noch? Wo ist Victor?«

»Er ist schwer verwundet und liegt auf der Kirchentreppe.«

»Laß uns nach ihm sehen. Bist du auch verletzt?«

»Nicht schlimm. Aber Victor ... Wenn wir nur eine Tragbahre auftreiben und ihn aufs Schiff bringen könnten.«

»Durch diese verdammten Gassen würde man eine Tragbahre nicht einmal bringen, wenn die Stadt leer wäre.«

Mit Bells und Myers Hilfe erreichten wir die Kirchentreppe. Victor lag reglos da. Sie trugen ihn herunter.

»Er atmet, Sir«, sagte Myers. »Aber er scheint dem Ende nahe.«
»Legt ihn aufs Pferd. Wir bringen ihn zum Schiff.«
»Aber Euer eigenes Bein . . .«
»Ist steif wie ein Stock. Vielleicht wird es beweglicher, wenn ich es benütze.«
Mühsam bahnten wir uns den Weg aus der Mitte der Stadt. Ich fühlte mich wie in einem Traum und schwankte dahin gleich einem Schlafwandler; Sir Walter hatte starke Schmerzen und mußte alle sechs oder sieben Schritte rasten; Victor lag auf dem Sattel wie ein Sack. Männer eilten die Gassen auf und nieder und rempelten uns an; einige waren mit Beute beladen und schleppten Ballen aus Seide und Samt zu den Schiffen, andere stritten und prügelten sich in den Läden und Häusern; Verwundete lagen auf dem Boden.
Sir Walter sagte: »Ich ging an Land, um den Lord Admiral nochmals zu drängen, die Flotte sofort zu erobern. Er ist unnachgiebig . . . Man könne sie jederzeit kapern, meint er.«
Die englischen Offiziere setzten alles daran, ihre Leute unter Kontrolle zu bekommen, und zum größten Teil waren die Soldaten, obgleich betrunken, gutgelaunt und willfährig.
»Ich begab mich in die Stadt, um mir die Lage anzusehen – zusammen mit allen Kapitänen, außer Crosse, der auf der *Swiftsure* geblieben ist. Vere hat einen Teil seiner Armee zur Brücke von Suazo geschickt, um sie bewachen zu lassen und einen überraschenden Gegenangriff abzuwehren. Es ist nur gut, daß wenigstens einige von uns Disziplin bewahren.«
Auf einem schmiedeeisernen Balkon über unseren Köpfen wurden gekämpft. Zwei Spanier hatten sich auf ihn zurückgezogen und flehten ihre Angreifer um Gnade an. Sie gewährten sie ihnen nicht, sondern schnitten ihnen die Kehlen durch, und vom Rande des Balkons troff Blut, als käme es von den dunkelroten Geranien, die darauf wuchsen.
»Holländer . . . Ich mag ihre Grausamkeit nicht, doch wer kann sie ihnen verargen?«
Wir kamen auf einen kleinen Platz. Zwei englische Soldaten stritten um eine Frau und zerrten an ihren Armen, doch ein Offizier eilte mit gezücktem Degen herbei. Die Soldaten ließen sie widerwillig los, und sie flüchtete ins nächste Haus. Von einem Dach, auf dem gekämpft wurde, fiel ein Toter dumpf aufschlagend auf das Pflaster; unser

Pferd scheute zurück und trat mich fast; Bell riß es am Zügel, und wir gingen weiter.
Durchs Stadttor zog eine neue Kompanie englischer Soldaten. Sie marschierten in guter Ordnung und achteten nicht des Feuers, welches in einem Hause neben dem Tor wütete, oder der Schüsse, die immer noch von einem nahen Turm fielen. Neben dem Tor lag ein Haufen von etwa zwanzig Toten mit grotesk verrenkten Gliedern. Im flackernden Fackellicht starrten uns einige Gesichter an, Masken ohne Blut und Hoffnung; es mochten Spanier oder Kameraden von uns sein; der Tod hatte sie nicht nur ihrer Menschlichkeit, sondern auch ihrer Nationalität beraubt. Es war eine klare Nacht, und da und dort auf den Hügeln um die Stadt schimmerten Lichter. Wir hielten an und legten Victor auf den Boden; ich befeuchtete seine Lippen und säuberte sein Gesicht. Bell und Myers brachen einige Äste ab, banden sie zu einer primitiven Bahre zusammen und legten Victor darauf. Raleigh konnte nur mit Mühe sein Pferd besteigen. Wir trotteten durch den weichen, nachgiebigen Sand um die Mauer herum, die uns vom Hafen trennte. Die zwei großen Galeonen brannten noch, doch das Feuer loderte jetzt in ihrem Innern; man sah es durch die Rippen ihrer Rümpfe. Das halbe Dutzend kleinerer Schiffe, das gebrannt hatte, war gesunken und das Feuer erloschen. Dahinter ragten unsere eigenen Schiffe auf wie eine Reihe eng aneinandergebauter Forts; das Gewirr ihrer Maste umzäunte den Horizont.
Wir erreichten das Wasser. Ein paar Ruderboote und Barken lagen am schlammigen Ufer. Wachen waren aufgestellt worden. Man legte Victor in ein Boot und half Sir Walter von seinem Pferd. Als ich meinen Fuß in das Boot setzte, rutschte ich in dem Schlamm fast aus; Bell packte meinen Arm. Schmerz pochte jetzt in meiner Wunde. Er war immer dagewesen, doch eine nebensächliche Empfindung, solange Dringlicheres anstand.
Als wir ablegten, kam eine uns wütend anschreiende Frau das Ufer entlanggelaufen. Wir steuerten zwischen Toten hindurch; teils schwammen sie, teils steckten sie im Schlamm. Glosendes Holz trieb vorbei, zerbrochene Balken, verkohltes Segeltuch, Weinfässer; da und dort hörte man noch Stöhnen und Schreie. Das Wasser war schwarz, als sei es auch vom Feuer verkohlt.
Auf der *Warspite* brannten Lichter; jemand spielte auf einer Laute, und einige Stimmen sangen, doch der Mann an der Leiter stand

stramm, als sie sahen, wer dem Boot entstieg. Wir trugen Victor in die lange Kabine hinter dem Hauptmast und schickten nach Doktor Wood. Bell schnallte endlich meinen Harnisch ab. Als er mein Hemd aufschnitt, begann wieder Blut hervorzuquellen.

Mit düsterer Miene trat Raleigh ein. »Nun?«

»Es steht schlecht um ihn«, sagte Wood, von Victor aufblickend. »Ich kann wenig tun.«

»Und dieser Bursche?«

Wood trat zu mir und betastete meine Wunden. Dann sah er meinen Arm an, dessen Muskel ein Messer durchstoßen hatte. »Nicht so schlimm. Aber die andere Wunde ist tiefer. Möglicherweise ist das Bauchfell verletzt. Verbinden Sie ihn fest, so daß die Ränder der Wunde geschlossen sind. Wenn er morgen noch am Leben ist, wird er's vielleicht überstehen.«

»Was ist mit Victor?« fragte ich und versuchte mich aufzusetzen.

»Bitte, liegt still«, sagte Bell, der eine rauhe Baumwollbinde um meine Hüfte wickelte.

»Katherine Footmarker hat manchmal eine Arznei gebraut –«

»Ich habe meine eigene Arznei«, sagte Sir Walter, »aber ich fürchte, wir werden sie ihm nicht einflößen können ...«

In einer Ecke stöhnte ein Offizier, der ein Bein verloren hatte.

»Legt Euch auf die Seite, Sir«, sagte Bell, und ich gehorchte. Der Diener ging auf eine rauhe, doch geschickte Weise mit mir um, die darauf schließen ließ, daß ich nicht der erste war, den er versorgte. Wie ich so abgewandt von der Kabine auf der Schulter lag, konnte ich durch das runde Fenster über den Hafen blicken – nicht auf die Stadt, doch auf die dunklen Berge. Just außerhalb meines Blickwinkels war ein flackernder Lichtschein, und ich rückte ein Stückchen weiter, um zu sehen, was es war.

»Sir«, rief ich Raleigh zu, »dort ist ein neues Feuer.«

Er trat sogleich zu mir und starrte durch das Fenster. In der Ferne schossen Flammen empor.

»Um Gotteswillen«, sagte er. »Die Spanier haben selbst die *Flota* in Brand gesteckt. Jetzt können wir nichts mehr tun.«

7

Cadiz wurde besetzt, und Fort und Zitadelle kapitulierten. Keine Frau wurde belästigt, keine Kirche niedergebrannt. Die reichsten und vornehmsten Gefangenen wurden in Gewahrsam gehalten, um ein Lösegeld für sie auszuhandeln; die übrigen ließ man frei.

Doch die *Flota* war verloren. Mit selbstmörderischem Stolz hatten die Spanier alle im Schlamm des inneren Hafens festsitzenden Schiffe angezündet und die gesamte große Schatzflotte geopfert. Ich lag da und sah sie brennen – drei Tage lang. Die Generale hielten ständig Konferenzen in der Stadt; die Diskussion ging vor allem darum, ob der Hafen ständig besetzt gehalten oder evakuiert werden sollte, ob wir statt dessen Kap St. Vincent erobern und dann die spanische Küste blockieren sollten, wie Drake es einst getan. Doch ich glaube, nur Raleigh war von Beginn an klar, daß die größte Beute uns entgangen war. Essex und die Howards dachten nur an die große Waffentat, welche wir vollbracht hatten, indem wir diesen ersten Hafen Spaniens eroberten, einen reicheren Hafen als London, und an den Ruhm und die Ehre, die uns dies eingebracht hatte. Sir Walter – vielleicht, weil er einst ein armer Mann gewesen war, oder vielleicht, weil er in seinem Wesen sehr der Königin ähnelte – dachte mehr an all die Schätze Westindiens, welche ein Raub der Flammen geworden waren, und konnte sich die Gefühle vorstellen, die die Königin erfüllen würden.

Eines Nachmittags, als er kurz aufs Schiff kam, um einige Dokumente zu holen, setzte er sich zu mir und blickte auf Victor, welcher noch am Leben und zuweilen bei Bewußtsein war.

»In der Stadt ist noch viel zu plündern, und viel wurde schon in Beschlag genommen – zumindest die Hälfte davon ist Privatbesitz. Doch es wird England bei weitem nicht solche Reichtümer einbringen wie es diese vierzig schönen Schiffe getan hätten. Man sagt, ihr Wert betrug zwölf Millionen Dukaten. Spanien hat uns um die Früchte des Sieges und sich selbst an den Rand des Bankrotts gebracht. Die meisten der Kaufleute werden sich von den Verlusten nie mehr erholen –«

»Waren sie es nicht, welche die Schiffe in Brand steckten?«

»Oh nein, bei Gott, sie würden mit uns verhandelt haben, wie Howard erwartete. Es waren die königlichen Offiziere, welche jegliche

Einigung als entehrend betrachten. Hätten wir früher etwas unternommen . . .«
»Ihr habt Euer Bestes getan.«
»Das Beste ist nicht genug, wenn – wenn es nicht zum Erfolg führt. Jetzt halten Essex und die Howards in der Stadt königlichen Staat. Morgen findet ein Diner zur Feier des Sieges statt . . .«
»Habt Ihr Nachricht von den Galeeren, Sir?«
»Admiral Portocarrero, der das Geschwader kommandiert, hat sich mit ihnen in das schmale Gewässer an der Suazo-Brücke zurückgezogen und sie mit irgendwelchen technischen Behelfen durch die Untiefen und den Schlamm gezogen. Als das Wasser tiefer wurde, hat man sie wieder flott gemacht, und sie sind bei San Petri ins Meer zurückgekehrt. Man nimmt an, daß sie nordwärts in Richtung Faro gefahren sind.«
Sir Walter fächelte sich. In der Mittagszeit herrschte in dem Hafen drückende Hitze, und der Gestank der Toten, die im Schlamm lagen, machte es unmöglich, die Fenster zu öffnen. Victor stöhnte und versuchte, sich umzudrehen.
Sir Walter sagte: »Anthony Ashley wird mit einer Depesche an die Königin nach England geschickt, in der sie gebeten wird, Erlaubnis für die dauernde Besetzung der Stadt zu erteilen. Er wird mit Crosse auf der *Swiftsure* segeln, und ein Dutzend anderer Schiffe mit einem Teil der Beute und dem Großteil der Kranken und Verwundeten wird sie begleiten. Ich werde euch beide mit diesem Konvoi heimschicken.«
»Bitte nicht! . . . Vielleicht Victor, denn er ist ernstlich krank. Ich werde in einer Woche sicher wieder auf den Beinen sein.«
»Dr. Wood ist anderer Meinung. Mit deinem Fieber bist du nicht imstande, den weiteren Feldzug mitzumachen.«
»Was ist mit Eurer Verwundung, Sir?«
»Ich fürchte, mein Bein wird nie mehr recht in Ordnung kommen. Der Muskel wurde zu schwer verletzt. Sag, Killigrew . . .« Er brach ab.
»Ja?«
»Hast du in jener ersten Nacht irgendwelche Beute gemacht?«
Er sah mich mit zusammengekniffenen Augen an. »Ein paar Juwelen. Falls sie noch in meinen Taschen sind.«
»Das sind sie gewiß; nur Bell hat dich versorgt. Und Victor?«

»Ich glaube nicht. Er wollte einige Bücher an sich nehmen, doch zwei Mönche attackierten ihn.«
»Das sieht ihm ähnlich. Ich rate dir, paß gut auf deine Beute auf. Alle andern tun's, soweit sie sie verstecken können. Es ist kein schönes Schauspiel.«
»Wenn ich heimfahre«, sagte ich, »dann, um mich um Victor zu kümmern. Nachdem er die schlimmsten Kämpfe ohne einen Kratzer überstanden hatte, wurde er verwundet, als er sich von mir zum Plündern verleiten ließ.«
»Ach«, seufzte er und stand auf. »Mach dir deshalb keine Gewissensbisse. Wenn ich an alle dächte, die ich aus irgendeinem Grunde in den Tod führte, würde ich keinen Schlaf mehr finden.«

Drei Tage später stach die *Swiftsure* in See. Vierzehn andere Schiffe, beladen mit Pferden, Beute und Verwundeten, begleiteten sie. Victor und ich hätten auf der *Swiftsure* reisen sollen, doch im letzten Moment nahmen Sir Gelly Meyricke, welcher der Königin eine private Depesche des Earl of Essex überbringen sollte, und der Earl of Essex, der an Masern erkrankt war, unsere Plätze ein, und wir wurden auf ein anderes Schiff, die *Peter of Anchusen* verlegt.
Wir verließen eine Stadt, die noch immer in völliger Unterwerfung gehalten wurde – von einem Generalskomitee, welches bisher zu keinerlei Entscheidung gekommen war, was es mit ihr anfangen sollte. Sir Walter kam an Bord, uns zu verabschieden. Er war der Melancholie nahe; die Erregung der Schlacht, die ihn verwandelt hatte, war in den aufreibenden Debatten des Komitees längst gewichen.
»Ich für mein Teil glaube«, sagte er, »daß wir hier Zeit vergeuden. Unsere Matrosen plagt die Hitze, unser Proviant verdirbt, unsere Armee verschwendet in nutzlosen Scharmützeln ihre Kräfte. Die weitere Besetzung der Stadt bürdet uns unerträgliche Lasten auf. Wir haben erreicht, weshalb wir kamen. Durch unser Bleiben vertrödeln wir den Sieg.«
Er rauchte seine Pfeife, wohl eher, um die Fliegen fernzuhalten als zum Genuß. Victor lag halb aufgerichtet auf seine Kissen gestützt; er konnte jetzt leichte Nahrung zu sich nehmen. Als er erfuhr, was man mit uns plante, hatte er heftig protestiert, sich aber schließlich widerwillig in sein Schicksal gefügt.
»Ich glaube, Vetter Walter, du kannst es kaum erwarten, daß wir in

See stechen, damit du uns in Sicherheit weißt. Könnte ich nur meine Beine ein wenig besser gebrauchen, so würde ich, sobald du uns den Rücken kehrst, von Bord springen und an Land schwimmen . . . Maugans solltest du dir nicht so sicher sein!«

Raleigh sah mich mürrisch an. »Wir müssen uns alle der Disziplin fügen, und er hat den Befehl erhalten, dich heimzubringen. Das wird er tun.«

»Das werde ich tun«, erwiderte ich.

Als wir mit der Ebbe ausliefen, sah Cadiz in der flimmernden Hitze unwirklich aus. An einem messingfarbenen Himmel drängten sich kleine Wolken gleich einer Herde Schafe. Von der brennenden Flotte im Port Royal-Kanal stieg noch immer Rauch empor. Unsere Schiffe sammelten sich im Haupthafen und hißten in der heißen Brise ihre Flaggen. Die Standarte der Königin wehte auf der Zitadelle, Essex' auf Fort San Felipe. Außerhalb des Hafens kreuzte ein halbes Dutzend Fregatten, um uns vor überraschenden Angriffen zu schützen.

»Nun«, sagte ich zu Victor, »wir haben nicht die Welt erobert, doch wir sind noch am Leben und könen es wiederum versuchen. Als ich dich vor einer Woche sah, hätte ich das nicht für möglich gehalten.«

»Der Blutverlust hat mir nicht geschadet. Und seit wir England verließen, habe ich nicht gehustet. Ich glaube, für mich war es keine üble Kur.«

»Hör mich an«, sagte ich. »Deine Mühen haben dir keinerlei Gewinn gebracht. Ich habe einen kleinen Schatz, der für zwei reicht. Wenn wir nach England kommen, werden wir die Juwelen verkaufen und uns den Erlös teilen.«

»Wir werden nichts teilen. Du hattest Glück, ich nicht, das ist alles. Ich hätte nur gern diese Bücher gehabt.«

»Doch ohne mich wärst du nie in diese verfluchte Kirche gegangen, sondern hättest sicher anderswo geplündert und wärest nicht verletzt worden.«

»Du hast mich ja nicht gezwungen, mit dir zu gehen. Und du hast mich auf deinem Rücken herausgetragen. Stimmt's?«

Wir zankten freundschaftlich, bis es an der Zeit war, sich hinzulegen und die heißesten Stunden des Tages schlafend zu verbringen. Als wir erwachten, war die Stadt ein dunkler Fleck am fernen Küstenstreif. Die *Peter of Anchusen* war ein schnelles Schiff mit einer vierzigköpfigen Besatzung, welches ein schwarzbärtiger Captain Smith befehligte; es hatte über sechzig Verwundete und Kranke an Bord, sowie verschiedene andere, welche Beute und Pferde hüteten, insgesamt also an die hundertzwanzig Mann, davon ein Drittel Flamen. Außer uns gab es nur acht verwundete Offiziere, und wir teilten unsere Kabine mit einem Leutnant Fraser, der ein Bein verloren hatte, und einem Major George, der auf einem Auge erblindet und durch einen brennenden Balken stark entstellt war. Ebenso wie die mächtige, doch schwerfällige *Swiftsure* hatten wir zwei Fregatten als Geleitschutz, und jedes Schiff war zudem mit Kanonen bestückt; deshalb schien die Gefahr, daß man uns während der Heimfahrt angreifen würde, gering.

Der Wind, der uns aus dem Hafen und von der Küste fortgetrieben hatte, flaute bei Sonnenuntergang ab. Ich verließ Victor, setzte mich eine oder zwei Stunden in die kühle Abendluft an Deck und plauderte mit Major George, welcher ein Veteran der niederländischen Kriege und seiner Verletzungen wegen in keiner Weise niedergeschlagen war. Während die Sterne immer heller wurden, bis sie am Himmel strahlten, erzählte George mir von den blutigen Gefechten bei Zutphen und Gertruydenberg. Unten in der Kabine hörte ich Victor, zum ersten Male seit seiner Verwundung, die Laute spielen:

»Nicht weinen sollst du – lächle, Liebchen mein;
Im Alter deiner harrt genug der Pein.«

Um uns waren die Lichter der anderen Schiffe, so nahe, daß wir an Bord sehen konnten – die *Maybird*, ein sehr kleines Kriegsschiff, das Sir Ferdinando Gorges von Plymouth gehörte, und dahinter, gleich einem Schäferhund inmitten seiner Herde, die hohen Decks der *Swiftsure*, kommandiert von Captain Robert Crosse, jetzt Sir Robert, nachdem Essex ihn nach den Feierlichkeiten des letzten Sonntags zum Ritter geschlagen. (Das einzige von allem, hatte Sir Walter gesagt, das Drake gefallen hätte.)

Später in der Nacht kam Seegang auf, doch kein Wind, und am Morgen war unsere Flotte ein wenig auseinandergetrieben. Den nächsten Tag krochen wir langsam west-nord-west durch den großen Golf, das Land immer noch in Sichtweite. In der zweiten Nacht war es dunstig, doch es wehte ein leichter Wind der uns vorantrieb; der dritte Tag brachte wiederum völlige Windstille.

In der Morgendämmerung war die See glatt wie gestreckte Seide und ihre Grenze vom Himmel kaum getrennt. Gleich einem blankpolierten roten Knopf stieg die Sonne auf, und schließlich glänzte sie so hell, daß man sie nicht mehr ansehen konnte. In der Nacht war das Land zurückgewichen. Die Segel aller Schiffe hingen schlaff wie nasse Wäsche.

In dieser Nacht waren wir noch weiter auseinandergetrieben, und das einzige Schiff innerhalb Rufweite war die *Maybird*. Die *Swiftsure* befand sich über eine Meile weit backbords, in ihrer Nähe zwei Transporter, dahinter die Fregatten und der Rest der Flotte. Ich erwachte sonst nicht so früh, doch die aufgehende Sonne schien mir mitten ins Gesicht, und so stand ich sogleich auf, hüllte mich in einen Umhang und ging an Deck, ein wenig frische Luft zu schöpfen.

Wie häufig in der Morgendämmerung herrschte tiefe Stille, und die wenigen Matrosen an Deck störten sie nicht. Wie ich dort stand, erfüllte mich tiefes Wohlbehagen. Die Stille und Weite beruhigte meine Seele; sie sehnte sich nach dem Unerreichbaren, doch ohne Ehrgeiz oder Bedauern, und es war, als erwachten meine Sinne zu neuem Leben. Ich war in der Schlacht gewesen und verwundet, doch meine Wunden heilten, ich war jung und kehrte heim.

Der erste Offizier, ein gewisser Lumsden, stand mit einem flämischen Matrosen am Steuer. Ich ging zu ihnen. Auf unserem Hauptmast saßen drei Möwen, doch auch sie störten die Stille mit keinem Schrei.

Ich fragte Lumsden: »Glaubt Ihr, daß wir heute Kap St. Vincent umsegeln werden?«

Er gähnte. »Wenn dieses Wetter anhält, sicher nicht, Sir. Ich glaube, daß wir während der Nacht keine zehn Meilen zurückgelegt haben.«

Der Mann hoch oben im Ausguck rief etwas auf Flämisch.

»Was hat er gesagt?« fragte Lumsden den Steuermann.

»Er hat landwärts drei Schiffe gesichtet. Er glaubt, es sind Spanier.«

»Nun, bei dieser Windstille können wir einander nicht viel antun«, sagte Lumsden.

Ich starrte zum Land hinüber, konnte jedoch nichts sehen. Die See war noch immer seidenglatt. Eine der Möwen erhob sich von der Rahe und segelte kreisend zu einigen in der Nähe schwimmenden Abfällen, sah jedoch, ohne zu landen, daß es nichts Freßbares war und flog zu ihrem Platz zurück.

Plötzlich stand der schwarzbärtige Captain Smith neben uns. »Was

für spanische Schiffe?« fragte er den Steuermann. »Fragt ihn – und in welche Richtung sie fahren.«
Der Matrose rief dem Mann im Ausguck etwas zu. Er schwieg einen Moment; anscheinend war er sich nicht sicher. Dann antwortete er.
»Es sind fünf oder sechs«, sagte der Steuermann. »Sie halten Ost-Nord-Ost-Kurs.«
Smith beschattete die Augen vor der aufgehenden Sonne. »Ich glaube, dort seh ich etwas ... Gruyt, fragt den Mann, was für Schiffe es sind ... Nein, ich klettere selbst hinauf.«
Rasch stieg er nach oben, doch er kam nicht weit, da rief der Mann im Ausguck wieder etwas. Es war nur ein Wort, und wir alle konnten es verstehen.
»Galeeren . . .«

Sie näherten sich schnell. Zuerst wirkten sie wie ein Teil des Landes, dann wie Inseln, und bald waren ihre Umrisse deutlich zu erkennen. Ich fragte mich, wie viele englische Gefangene wohl an den glänzenden Rudern schwitzten.
Alle englischen Schiffe hatten sie indessen gesichtet. Die *Swiftsure* feuerte mit ihren Buggeschützen; um den Feind abzuwehren oder um ihrer Herde das Signal zu geben, sich um sie zu scharen, wußten wir nicht. Jedenfalls war es uns unmöglich, uns von der Stelle zu rühren. Unbeweglich gleich Bäumen, waren wir weder imstande, den Kampf aufzunehmen, noch zu fliehen.
Smith schickte ein halbes Dutzend seiner Männer aus, die übrige Besatzung zu alarmieren. Major George kam an Deck, die nicht verbundene Seite seines Gesichts voller Stoppeln.
»Portocarrero verfolgte mit seiner Flucht also einen Zweck. Was glaubt Ihr, worauf er aus ist?«
»Auf uns«, sagte Captain Smith.
Er schien recht zu haben. Wir und die *Maybird* waren den andern weit voraus, und offenbar hatte er es auf uns abgesehen. Die *Swiftsure* feuerte unablässig weiter; sie war das einzige Schiff des Konvois mit Kanonen von genügend Reichweite, doch die Galeeren hielten weiter auf uns zu. Bald waren die ersten von ihnen auf zwei Meilen heran.
Die *Peter of Anchusen* war bestückt mit zwei Fünfpfündern mit einer Reichweite von 1500 Schritten und drei kleinen Hinterladern von

sehr geringer Reichweite. Die *Maybird*, obgleich soviel kleiner, trug etwa das gleiche an Geschützen. Auf beiden Schiffen herrschte jetzt große Betriebsamkeit; Matrosen und jene der Verwundeten, die sich verteidigen konnten, liefen herum, luden Musketen, zogen Dolche. Sobald ich mir sicher war, daß die anführende Galeere direkt auf uns zufuhr, ging ich nach unten. Leutnant Fraser, dem seine Verletzung noch starke Schmerzen bereitete, lag auf seiner Koje und nahm keine Notiz von dem Alarm. Victor saß auf einem Stuhl und lud eine alte Pistole, die ihm jemand gegeben hatte.

»Würdest du mich bitte näher an das Fenster rücken, Maugan«, sagte er.

Ich schob seinen Stuhl vor. »Victor, du bleibst am besten hier sitzen, bis wir den Angriff abgeschlagen haben. Ich werde oben darauf achten, daß niemand herunter kommt.«

»Machen wir uns doch nichts vor, Maugan. Gib zu, daß wir nicht mehr Chancen haben als eine Gans unter Füchsen. Bete um Wind.«

»Das will ich tun.« Ich schlüpfte mühsam in meinen Brustharnisch und klopfte ihm auf die Schulter. »Viel Glück und schieße gut!«

Ich stieg die Treppe hinauf aufs Deck. Plötzlich war ich des Kämpfens und Tötens schrecklich müde und fürchtete Verwundung und Tod. Ich betete, daß irgendein Wunder geschehen möge: dieser plötzliche Angriff während der Heimfahrt, ein Angriff auf Verwundete und Kranke, nahm mir allen Mut.

Die erste Galeere war nur noch eine Meile weit entfernt. Ich wandte mich um und sah, daß der Kapitän der *Maybird* in einem verzweifelten Versuch zu flüchten, seine zwei Beiboote zu Wasser gelassen hatte; sie waren mit Matrosen bemannt, die mit aller Kraft ruderten, um das kleine Kriegsschiff in den schützenden Bereich der Kanonen der *Swiftsure* zu ziehen.

Lumsden lief an mir vorbei, gefolgt von Major George; beide schleppten Pulverfässer. Georges war zerbrochen, und Pulver rieselte heraus. Ich packte ihn am Arm.

»Vorsicht!«

Er verzog die Seite seines Mundes, die nicht verbunden war, zu einem grimmigen Grinsen. »Eine kleine Überraschung für sie. Wir werden sie an Bord gebührend willkommen heißen –«

»Aber die Verwundeten unter Deck –«

»Wollt Ihr, daß sie den Spaniern in die Hände fallen?«

Unsere Geschütze krachten, dann die der *Maybird*. Die Kugeln schlugen ins Wasser. Die führende Galeere hatte ihr Tempo verlangsamt, damit zwei ihrer Schwestern sie einholen konnten; dann rückten sie in einer Reihe weiter vor, ohne zu schießen, doch mit ihren schmalen Bugs boten sie kein gutes Ziel. Die *Swiftsure* feuerte wieder, traf aber weit daneben. Langsam glitt die *Maybird*, gezogen von den beiden Booten, von uns fort. Als die Galeeren näherkamen, machten die beiden äußeren einen Bogen, um von beiden Seiten auf uns vorzurücken. Das gab unseren Geschützen genug zu tun. Ich bemerkte, daß in der Ferne eine der englischen Fregatten die Taktik der *Maybird* übernommen hatte und auf uns zuzurudern suchte. Ich blickte zur Sonne auf. Sie strahlte glühend von einem bleifarbenen Himmel. Wind. Wo blieb der Wind? Nur Wind konnte uns retten.

Jetzt eröffneten die Bugkanonen der Galeeren das Feuer, und zwei oder drei Kugeln trafen uns und richteten leichten Schaden an. Ich schätze, daß auf unserem Schiff siebzig Männer warteten; sie hockten hinter der Reling, lagen auf dem Achterdeck, oben in den Gefechtsmarsen.

Plötzlich begannen unsere Kanonen zu donnern; eine Kugel pflügte eine Gruppe Spanier um; dann schwenkte die erste Galeere auf uns zu, ihre Ruder wurden eingezogen, und sie rammte unsere Seite. Enterhaken wurden ausgeworfen und sofort weggestoßen, wieder ausgeworfen; die zweite Galeere fuhr gegen unser Ruder; das ganz Schiff drehte sich, und gleich darauf stürmte der Feind an Bord.

Es folgte ein blutiger Kampf, welcher den bei der Einnahme von Cadiz übertraf. Es war kein Platz für irgendein Manöver; wir konnten uns kaum einen Zoll vor und zurück bewegen. Auf dem Achterdeck über den Hauptkabinen kämpften an meiner Seite Captain Smith, Major George, Lumsden und zwölf andere. Eine Gruppe Spanier in Rüstungen sprangen auf dieses Deck und kämpften mit einem Ingrimm, als wollten sie die Niederlage von Cadiz rächen. Über unseren Köpfen schossen Männer und wurden beschossen und dann von hinaufkletternden Spaniern in ein Handgemenge verwickelt.

Ich stand Schulter an Schulter mit Major George, und wir schlugen die erste Woge von Männern ab. Die ganze Zeit, während er zustieß und tötete, grinste er gleich einem Wolf. Lumsden war der erste, der fiel, von einem Spanier in den Hals gestochen; dann fällte eine

Musketenkugel den Matrosen neben mir, und es gelang mir den Mann, der Lumsden getötet hatte, zu verwunden. Vier andere starben, und das Deck war schlüpfrig von Blut. Zwei Spanier attackierten Captain Smith, und sein schwarzer Bart färbte sich rot, bevor er zwischen den stampfenden Füßen verschwand. Major George, der das Ende nahen sah, ergriff eine Arkebuse, die er neben den Mast gelegt, feuerte sie auf eine Pyramide Pulver ab und löste eine Explosion aus, die den Verband auf seinem Gesicht versengte. Knatternd lief das Feuer die Zündschnur entlang. Ein Dutzend englischer Matrosen sprang ins Meer, doch bevor ihnen weitere folgen konnten, zerriß eine ungeheure Explosion die ganze Mitte unseres Schiffes. Eine Fontäne von Toten und Balken und brennenden Segeln schoß zum Himmel empor.

Ich lag neben dem toten Captain Smith. Unter seinem schwarzen Bart sickerte noch Blut hervor. Etwas Schweres lag auf meinen Beinen. Männer brüllten und fluchten in drei Sprachen. Major George stand wie durch ein Wunder noch aufrecht; sein rechter Arm hing schlaff herab, den linken hob er zum Zeichen der Kapitulation. Drei spanische Offiziere, die eben an Bord stiegen, kamen gerade zurecht, sie entgegenzunehmen und zu verhindern, daß er erstochen wurde. Ich hob den Kopf. Das Achterdeck sah aus wie ein Schlachtfeld, zwanzig Tote lagen darauf und halb so viele schwer Verwundete, doch es war nicht geneigt; obgleich die große Explosion das Herz der *Peter of Anchusen* zerrissen hatte, begann sie noch nicht zu sinken.

Ein spanischer Matrose beugte sich mit seinem Dolch über mich; Blut troff davon auf meine Wange, bis ein Offizier ihn wegrief. Ich kroch unter einem auf mir liegenden Toten hervor, stützte mich auf Captain Jones' Schulter, um mich aufzusetzen; dann erhob ich mich und trat neben George.

Die ganze Mitte des Schiffes war ein Wirrwarr aus Trümmern und zerfetzten Leichen, die Hälfte davon Spanier, die getötet worden waren, als sie durch die Luken drängten. Um uns lagen die drei Galeeren und weiterer Kampf war aussichtslos. Die andern drei Galeeren verfolgten die kleine *Maybird,* doch ich sah, wie Wind ihre Segel bauschte, und dahinter glitt der Rest unserer Flotte davon. Doch für uns war der Wind zu spät gekommen.

Wir wurden nach unten gebracht. Victor und Leutnant Fraser waren

unverletzt. Man pferchte zwanzig Engländer in die Kabine, davon einige schwer verwundet, und schlug die Türe zu. Wir drängten zu den beiden Fenstern, hielten Ausschau nach Rauch und Flammen und fragten uns, ob man uns lebendigen Leibes auf dem Schiff verbrennen lassen wollte. Plötzlich spürten wir, wie es sich in Bewegung setzte, doch es war nicht die Bewegung eines Schiffes, das Segel trieben. Ein leichter Ruck sagte uns, daß eine der Galeeren uns ins Schlepptau genommen hatte.
Als die *Peter of Anchusen* herumschwang, erblickten wir die *Maybird*. Der Wind füllte stoßweise ihre Segel, und sie entfernte sich. Soviel wir sehen konnten, wurde sie nur noch von einer der Galeeren verfolgt.
Über uns hörten wir rasche Schritte und spanische Rufe; ein älterer Mann neben der Türe lag im Sterben; wir schleppten ihn zum Fenster, damit er mehr Luft bekam. Major George hatte an der rechten Hand zwei Finger verloren; ich versuchte sie zu verbinden.
So verbrachten wir in der schwülen Hitze der kleinen Kabine den restlichen Vormittag. Obwohl wir jetzt gleichfalls segelten, wurden wir zusätzlich geschleppt, um schneller voranzukommen. Das bedeutete, daß die Engländer uns verfolgten. Die *Maybird* war, wie Victor, welcher aus dem andern Fenster blickte, meldete, schließlich entkommen, doch er konnte kein anderes Schiff mehr sehen außer einer Galeere, welche, eine Kabellänge entfernt, neben uns herglitt. Nach dem Stand der Sonne segelten wir West-Nord-West. Ich warf einen Blick auf die uns begleitende Galeere und sah das regelmäßige Heben und Eintauchen ihrer Ruder. Die Zukunft schien mir ohne jede Hoffnung. Ein grauenhaftes Mißgeschick, daß man uns auf der Heimfahrt nach solch einem glanzvollen Sieg gekapert hatte; ein Gedanke, der unerträglich war.
Am Nachmittag frischte der Wind auf, und die Galeeren ließen sich allein von ihren Segeln weitertreiben. Gegen Abend wechselten wir auf Nordkurs, und bald näherten wir uns dem Land.
Ein zweiter Mann starb, und die beiden Toten wurden an die Schott gelegt. Niemand hatte uns bis jetzt Wasser gebracht, und die Verwundeten lechzten danach.
Als es dunkel geworden war, konnten wir nicht weit entfernt die Lichter eines Dorfes sehen; wir waren in einen Fluß oder eine schmale Bucht eingelaufen. Wir wurden langsamer, dann stoppten

wir; die Ankerketten rasselten, und vom Ufer her hörten wir Rufe.
Endlich wurde die Türe aufgerissen, und wir blinzelten in Fackellicht. Man führte uns zum Verhör.

Ich trat mit Major George in den Raum. An einem Tisch saßen drei Offiziere. Der mittlere, glatthäutig und dunkel wie ein Maure, war, wie ich später erfuhr, Admiral Don Juan Portocarrero persönlich. Er blickte grimmig und verdrossen drein.
»Bitte sagt uns Euren Namen, Euren Rang und Eure Nationalität«, sagte der Mann zu seiner Linken. Er sprach ein Englisch mit so starkem gutturalem Akzent, daß man gut aufpassen mußte, um ihn zu verstehen.
»George. Major unter Sir Francis Vere, Engländer.«
Portocarrero fächelte sein Gesicht. Insekten schwirrten um die flakkernden Kerzen. Es roch nach Essen; wir hatten seit gestern nichts in den Magen bekommen.
»Habt Ihr eine Frau?«
»Ja.«
»Kinder?«
»Zwei Söhne.«
»Habt Ihr reiche Verwandte oder Freunde?«
»Nein.«
Das Verhör dauerte vielleicht drei Minuten; dann übersetzte der Englisch sprechende Offizier, was er erfahren hatte. Die drei berieten sich leise.
Portocarrero sagte etwas auf Spanisch, das ich verstand. »Wird ausgetauscht.«
Als man George wegführte, wandte er sich um und sah mich mit seinem blutunterlaufenen Auge an. »Lebt wohl. Wenn Ihr vor mir in England seid, trinkt einen Humpen gutes Bier auf mein Wohl.«
Ich fragte mich, was wohl mit Victor geschehen war.
»Sagt uns Euren Namen, Euren Rang, Eure Nationalität.«
»Killigrew, Sekretär, Engländer.«
»Seid Ihr verheiratet?«
»Nein.«
»Wer ist Euer Vater?«
»John Killigrew.«

»Wo seid ihr zu Hause?«
»In Cornwall.«
»Habt Ihr reiche Verwandte?«
»Nein.«
In dem Stall unter dem Raum hörte ich Pferde. Der Mann zu Portocarreros Rechten hatte eine Narbe, die sich von seiner Lippe bis zum Auge zog und seinem Gesicht einen starren Ausdruck verlieh. Portocarrero, der, seit ich meinen Namen nannte, seinen Blick nicht von mir gewandt hatte, begann mich durch den andern Offizier zu befragen.
»Wie lautet Euer Vorname?«
»Maugan.«
»Seid Ihr schon einmal in Spanien gewesen?«
Ich zögerte einen Moment. »Ja.«
»Zu welchem Behuf?«
»Ich wurde mit Gewalt hierhergebracht.«
»Wann war das?«
»Vor zwei und einem halben Jahr.«
»Hat man Euch ausgetauscht oder seid ihr geflohen?«
»Ich wurde . . . ausgetauscht – im Sommer '94.«
Sie sprachen leise miteinander.
»Wenn Ihr Sir Walter Raleighs Sekretär seid – warum schickt man Euch dann zurück nach England?«
»Ich wurde verwundet.«
»Aber nicht schwer. Ihr seid von allen am leichtesten verwundet.«
»Ich sollte Mr. Hardwicke begleiten, einen Vetter Sir Walter Raleighs.«
»Und wo sind die Botschaften, die Ihr bei Euch habt?«
»Ich habe keine.«
»Ihr sollt doch sicher einen Bericht überbringen.«
»Nein. Sir Anthony Ashley auf der *Swiftsure* hat den offiziellen Bericht.«
»Und Ihr habt keinen inoffiziellen?«
»Nein, Sir.«
Sie sprachen wieder miteinander, dann winkte Portocarrero den Posten. »Zur weiteren Überprüfung in Haft.«

8

Die Zelle war vierundzwanzig Fuß lang und halb so breit und hatte zwei hohe vergitterte Fenster, durch welche man nur blicken konnte, wenn man einem anderen auf die Schultern stieg. Der Boden war aus festgetretener Erde, die Mauern aus Stein, fast wie Granit.

Wir waren unser zehn; außer mir Major George – trotz seines Abschiedsgrußes wieder mit mir vereint –, Victor, Leutnant Fraser, ein Leutnant Harris und fünf andere. Unsere Wärter behandelten uns nicht schlecht und gewährten uns sogar oft kleine Vergünstigungen; auch die Verpflegung – gedörrter Kabeljau, Maisbrot, Mehl und Reis – war anfangs ausreichend. Alles, was uns fehlte, war ärztliche Versorgung, deren wir alle in größerem oder geringerem Maße bedurft hätten, zumal die Luft pestilenzisch und die Hitze unerträglich waren. Und dabei waren wir die Herren von Stand; wieviele von den Matrosen und verwundeten Soldaten überlebt hatten, wußte ich nicht.

Manchmal ging mir die Frage durch den Sinn, ob all dies, die Gefangennahme und das Leid, welches ihr folgte, eine Strafe für die Entweihung des Altares in Cadiz war. Trotz der Einflüsse, unter denen ich gestanden, hatte ich nie ganz dem Gefühl entrinnen können, daß es auf dieser Welt letzten Endes eine göttliche Gerechtigkeit gab; es war mir geblieben gleich einer Narbe aus der Kindheit.

Der erste Mann in unserer Zelle starb nach zwei Wochen. Er hatte bei der Explosion eine zweite Verwundung davongetragen, die brandig geworden war. Der Gestank in der Zelle bei dem heißen Wetter machte uns anderen das Leben unerträglich. Victors Genesung machte nur geringe Fortschritte, doch er war fröhlich, und dank seiner Laute, die zu behalten man ihm gestattet hatte, überstanden wir so manche schlimme Stunde. Meine Wunde blieb offen und eiterte, und nachts hatte ich häufig Fieber. Major George, ein Mann mit eisernen Nerven, säuberte die Stümpfe, die von seinen zwei verlorenen Fingern geblieben waren, und sie heilten. Dann begann er, sich des Nachts an einem der Fenstergitter zu schaffen zu machen. Es war eine erschöpfende, aufreibende Arbeit, doch der Mann war von einem Geiste erfüllt, welcher die andern zwang, ihm zu helfen.

Zu meiner Überraschung war es mir gelungen, die Männer, welche mich durchsuchten, zu täuschen, indem ich die Juwelen, die ich bei mir hatte, Victor zusteckte und sie, bevor er an die Reihe kam, wieder

an mich nahm. Die beiden portugiesischen Soldaten litten an dem allgemein verbreiteten Fieber und zeigten wenig Interesse für uns.
Wir waren so gut wie ohne Nachrichten von der Außenwelt, bis ich mich mit einem der Wärter anfreundete, einem fröhlichen Burschen namens Cabeças, der offen mit mir sprach, als er feststellte, daß ich leidlich Spanisch konnte.
Er war Portugiese, und wir befanden uns im Süden Portugals, einem Lande, das seit einem Jahrzehnt unter spanischer Herrschaft stand. Obwohl äußerlich ein Teil des spanischen Reiches und ihm verbündet, herrschte in dem Lande eine Atmosphäre der Unterjochung; der Militärgouverneur und seine Offiziere waren Spanier, die Soldaten Portugiesen.
Cabeças erzählte mir, daß ein Versuch unternommen worden war, uns gegen Spanier, welche die Engländer in Cadiz gefangengenommen hatten, auszutauschen; doch Lord Admiral Howard traute Portocarrero nicht und lehnte das Angebot ab. Cadiz war schließlich evakuiert worden, und südlich von Faro landete eine Streitmacht zum Angriff auf die Stadt. Die Spanier konzentrierten ihre Verteidigung auf Lagos, vierzig Meilen westlich des Ortes, wo wir im Gefängnis schmachteten. Unsere Truppen waren über Land marschiert und hatten, auf nur geringen Widerstand stoßend, Faro erobert und in Brand gesteckt; wären sie noch die paar Meilen weiter vorgestoßen, so hätten unsere Kameraden uns befreit, doch sie nützten ihren Erfolg nicht, sondern schifften sich wieder ein und segelten fort. Seither hatte sie niemand gesehen, und man nahm an, daß sie sich auf der Rückfahrt nach England befanden.
Eines Tages ersuchte ich um die Erlaubnis, einen Brief nach Hause zu schreiben und die Zahlung eines Lösegeldes zu erbitten, damit ich freigelassen wurde, und man gab mir Papier und eine Feder und Tinte. Ich hatte keinerlei Hoffnung, daß man die Summe aufbringen würde, doch wenn der Brief sein Ziel erreichte, so würde er ihnen wenigstens sagen, daß ich am Leben war, und Sue würde davon erfahren und wissen, daß Aussicht auf meine Rückkehr bestand.
Da sich die Gelegenheit bot, schrieb ich auch an Mariana de Prada und teilte ihr mit, daß ich mich wieder in Gefangenschaft befand. Da Victor so schwach war, schien jeglicher Versuch der Mühe wert.
So ging das Leben eine Weile weiter. Neun Männer hausten während des Höhepunkts des spanischen Sommers in einer kleinen Zelle. Nur

wenige beklagten sich; jeder bemühte sich, sein Leid stumm zu erdulden. Alles, so dachten wir, muß einmal ein Ende nehmen. Wir hofften auf Lösegeld oder Austausch, und uns tröstete der Gedanke, daß das Wetter bald kühler werden würde. Victor brachte einem jungen Mann das Lautespielen bei, und oft hörten wir das Lied:

Nicht weinen sollst du – lächle, Liebchen mein;
Im Alter deiner harrt genug der Pein.

Ich unterrichtete einen Leutnant Mabe in Latein. Ein Mann besserte mit zwei alten Holzstäben, die er als Stricknadeln benützte, seine Wollweste aus. Major George arbeitete am Fenster.

Mitte August wurde plötzlich das Essen fast ungenießbar: der Fisch war ranzig, das Brot voller Würmer, das Wasser faul. Drei Männer erkrankten an der Ruhr. Ich beschwerte mich bei Cabeças; er zuckte die Achseln und sagte, er könne nichts tun. Ich bat ihn um eine Unterredung mit Don Juan Portocarrero; wiederum zuckte er die Achseln und sagte, Portocarrero habe Lagos verlassen, und wir unterstünden jetzt Manuel Buarcos, dem Militärgouverneur der Stadt – er war, wie ich vermutete, der Mann mit der Narbe bei unserem ersten Verhör. Ich bat, ihn sprechen zu dürfen. Cabeças pfiff durch die Zähne und meinte, lieber nicht, er sei ein unbarmherziger Geselle; ich solle ihn lieber in Ruhe lassen, sonst würde sich unsere Lage noch verschlimmern.

Zwei Tage später starb Leutnant Fraser. Ich glaube, seit er sein Bein verloren, hatte er keine Freude mehr am Leben, was ihm nicht zu verargen war. Major George und ich schrieben nun einen offiziellen Brief an Buarcos und baten um eine Unterredung. Er lehnte ab. Leutnant Harris' Zustand verschlimmerte sich; er litt an Skorbut, und sein Zahnfleisch war so angeschwollen, daß er nichts mehr essen konnte. Wieder bedrängten wir Cabeças, doch er sagte, er würde sein Leben aufs Spiel setzen, wenn er unsere Botschaft überbrächte. Als wir fragten, wann Portocarrero zurückkehren würde, sagte er, man habe den Admiral zusammen mit vielen anderen wegen der Niederlage von Cadiz vor ein Kriegsgericht gestellt.

Ende August bekam Victor die Ruhr, und es ging schnell mit ihm bergab. Ich gab Cabeças einen kleinen Rubin und brachte ihn dazu, ein paar Lebensmittel hereinzuschmuggeln. Meine eigene Wunde eiterte immer noch stark, und ich hatte kein Tuch, sie zu verbinden. Leutnant Harris starb. Major George, der weiterhin an der Gitter-

stange arbeitete, sagte grimmig, nun hätten wir anderen wenigstens mehr Platz und eine größere Chance, doch nur noch drei von uns waren kräftig genug, ihm bei der Arbeit zu helfen, und bald bedurfte er selbst der Hilfe und überließ es uns allein, an dem Mörtel um die Stange zu kratzen und zu hacken. Wir kamen recht gut voran, und jeden Morgen, bevor es dämmerte, wurde die Lücke im Stein mit befeuchtetem Brot gefüllt, doch die Stange reichte tiefer in die Mauer hinein, als wir gedacht hatten, und schließlich stießen wir auf einen Stein, der nicht nachgab. Wir durften keinen Lärm machen, denn die Zellenfenster gingen auf eine Gasse hinaus, in der sich die Wärter in ihrer freien Zeit viel aufhielten.
Victor spielte nun nicht mehr auf seiner Laute. Häufig befielen ihn Koliken, nach denen er völlig entkräftet war. Manchmal umklammerte er mit den Händen seinen Bauch und wälzte langsam den Kopf hin und her. Ich tat für ihn, was ich konnte, und benetzte dann und wann sein Gesicht mit Wasser, obwohl wir nicht genug davon hatten und es schnell warm und faul wurde. Ich gab Cabeças noch einen Rubin und bat ihn, einen Absud von Mohnsamen zu kaufen, den ich Victor einflößte, was ihm half. Seine Schmerzen ließen nach, und sein Fieber sank. Cabeças, der ein gutmütiger Bursche war, brachte einen Amulettstein seiner Mutter, der gut gegen alle Darmkrankheiten sein sollte. Er verpflichtete uns, strengstes Stillschweigen darüber zu bewahren; wenn es bekannt wurde, würde es ihm schlecht ergehen.
Der September kam, brachte aber keine Abkühlung. Ich schrieb nochmals an Manuel Buarcos und bat um die Gunst einer Unterredung. Nach einer Woche gewährte er sie.
Eines Abends führte man Major George und mich zum Offiziersquartier auf der anderen Seite des Platzes. Buarcos empfing uns in dem gleichen Raum im ersten Stock, in dem wir seinerzeit verhört worden waren, doch diesmal sprach er, abgesehen von unserem Bewacher, mit uns allein.
Da George nur einige Worte Spanisch konnte, ich es hingegen inzwischen fließend sprach, mußte ich das Wort ergreifen. Buarcos lungerte schwitzend und in der Nase bohrend hinter dem Tisch. An jenem Abend sah die Narbe aus wie ein Schuhband, das fest über seine feuchte Haut gespannt war.
Ich schilderte ihm die Bedingungen, unter denen wir lebten und sagte, wenn man nichts täte, sie erträglicher zu machen, würden wir

alle bald sterben. Wir alle, sagte ich, würden in Gewahrsam gehalten, weil man sich ein Lösegeld für uns erhoffte; selbst dem Ärmsten von uns messe man einen gewissen Wert bei. Doch einer der ersten, der sterben werde, sei Victor Hardwicke, ein naher Verwandter des großen Sir Walter Raleigh. Für ihn sei ein besonders hohes Lösegeld zu erwarten, das im Falle seines Todes verlorengehen würde. Die Regierung und der Hof würden es ihm gewiß sehr verübeln, wenn es ihnen infolge der Behandlung, die er uns angedeihen lasse, entgehen werde.

Buarcos wartete, bis ich ausgesprochen hatte. Dann sagte er desinteressiert, nach seiner Meinung werde ein Krieg nicht um Gold geführt, sondern sei eine blutige Sache. Wäre es nach ihm gegangen, als man uns hierherbrachte, so hätte er uns alle zusammen auf einen großen Pfahl aufgespießt und den Krähen zum Fraß überlassen. Portocarrero und seinesgleichen seien Schwächlinge und erhielten jetzt den gerechten Lohn. Ob er sich klar genug ausgedrückt habe?

Vielleicht hätte ich aufgeben sollen, doch ich kämpfte nicht nur um Victors Leben, sondern auch um das meine. So schluckte ich und begann von neuem. Ich sagte, es werde in Spanien allgemein anerkannt – selbst wir im Gefängnis hätten davon gehört –, welche Rücksicht die Engländer in Cadiz gegenüber den Kranken und Verwundeten hatten walten lassen. Krieg möge eine blutige Sache sein, könne aber dennoch mit Würde geführt werden. Ob wir als Gefangene nicht um eine anständige Behandlung bitten dürften? Wenn kein Arzt zur Verfügung stünde, so könne man uns doch vielleicht die Erlaubnis erteilen, in der Stadt Arzneien zu kaufen. Und vielleicht könnte man den am schwersten Erkrankten etwas Milch und Eier geben, von denen für sie möglicherweise das Leben abhänge.

Buarcos gähnte. »Killigrew, Ihr verderbt mir den Appetit. Allein Euer Gestank ist insultierend. Wißt Ihr, daß bei der Kaperung Eueres elenden Schiffes über vierzig meiner Landsleute starben? Fast dreißig von ihnen wurden durch eine Explosion getötet, welche heimtückisch im Augenblick der Kapitulation ausgelöst wurde. Weitere zwanzig wurden schwer verletzt und verstümmelt. Warum sollte ich mich um Euer Befinden sorgen? Ich hoffe zuversichtlich, daß man Euch in Madrid bald vergessen wird. Dann kann man Euresgleichen zum Spaß umbringen. Dieses Lagos ist ein langweiliger Ort, und es gibt zu wenig Spaß.«

Unten in dem Stall hörte man die Pferde. Der Tisch war bereits zum Abendessen gedeckt; Silber auf schönem weißem Leinen; eine braune manikürte Hand spielte mit dem Salzstreuer.
Ich sagte: »Wenn so ein spanischer Edelmann spricht, kehre ich mit Freuden in meine Zelle zurück.«
Als ich mich abwandte, rief Buarcos den Posten etwas zu, und sie ergriffen mich, rissen mich zu ihm herum, und er starrte mich eine Weile, in seiner Nase bohrend, an.
»Killigrew, man weiß, daß hier Gefangene sind, doch auf einen mehr oder weniger kommt es nicht an. Nächste Woche ist Matthäustag; dann werde ich Euch aus Eurer Zelle holen und langsam über einem Feuer rösten. So werdet Ihr Gelegenheit haben, außer an eure schlechte Kost auch noch an etwas anderes zu denken. Vergeßt nicht, in acht Tagen werdet Ihr frei sein! Ihr könnt Euch drauf verlassen – auf das Wort eines spanischen Edelmanns!«
Dann warf man mich und George hinaus, und Buarcos rief uns nach: »Und bis dahin bekommt ihr nur noch halb soviel Essen und Wasser wie bis jetzt. Ihr habt noch viel zu gut gelebt!«
Schweigend trotteten wir zurück. Schließlich sagte George: »Wir sollten diesen Mann umbringen.«
»Ich kann meine Zunge nicht im Zaum halten! Mein Gott, ich mag gar nicht daran denken, daß wir nun noch weniger Wasser bekommen sollen! Es ist bei diesem Wetter wenig genug, um sich aufrechtzuerhalten! . . . So sind wir nun noch schlimmer dran als vorher!« Ich war so wütend, daß ich kaum schlucken konnte. Der Zorn pochte in meinen Ohren.
»Wir sollten diesen Mann umbringen«, wiederholte Major George.

Am Sonntag starb Mabe, und wir waren nur noch sechs. An jenem Abend gelang es Major George, den Stein zu entfernen, der seine Bemühungen, die Gitterstange zu lockern, gehindert hatte. Jetzt konnte er wieder weiterarbeiten. Doch ich fühlte mich zu krank und elend, ihm zu helfen. Ich saß den ganzen Tag bei Victor, der kaum noch bei Bewußtsein war. Sein Gesicht war ausgezehrt, und das Tageslicht ließ sein blondes Haar grau erscheinen, so daß er wie sechzig aussah. Einmal entdeckte ich Blut an meiner Hand, und just an der Stelle, über die Katherine Footmarker an jenem Tag auf der Lichtung bei der Mühle über Penryn mit ihrem langen Finger gestrichen hatte. Ich allein, so dachte ich, bin an all diesem Elend schuld. Victor wäre nicht in die Kirche gegangen, und wir wären nicht verwundet worden; man würde uns nicht heimgeschickt haben, und wir wären nicht in Gefangenschaft geraten. Ich hatte in der Tat in meinem Leben ein Dutzend Männer getötet, doch es war nicht das Blut meiner Feinde gewesen, welches Katherine Footmarker gesehen hatte; es war das Blut meiner Freunde ...

Am Montag und Dienstag erholte sich Victor mit der ihm eigenen Zähigkeit und war imstande, ein wenig von der kostbaren Milch zu trinken, die ich Cabeças mit einem weiteren Stein abgekauft hatte. Am nächsten Freitag war Matthäustag, doch mein Zorn und meine Reue waren so stark, daß sie jeden Gedanken an die Zukunft verdrängten. Ich widmete mich ganz Victors Pflege, und nur im fahlen Licht der Morgendämmerung stieg die Erinnerung an das *Autodafé*, das ich in Madrid gesehen, in mir auf.

Am Mittwoch ging mit Victor eine große Wandlung vor sich. Er schien keine Schmerzen mehr zu leiden, und nur das Atmen fiel ihm schwer, als sitze ein Batzen Schleim in seiner Kehle. Sein Gesicht entspannte sich, und er sah auf einmal wieder so jung aus, wie er war; selbst sein Haar und sein einen Monat alter Bart wurden glatt und seidig und wirkten nicht mehr schmutzig und zerzaust.

Gegen zwei Uhr nachmittags starb er.

Am Abend schafften sie seine Leiche fort und ließen die Zellentüre ein paar Minuten offen, um die Luft durchstreichen zu lassen.

Nun waren wir nur noch unser fünf: Crocker, George, Stevens, Fletcher und ich. George arbeitete eifrig an dem Fenster; Crocker ging ihm zur Hand; Fletcher und Stevens waren zu krank, um ihm zu helfen; ich saß da und strich über die Laute.

Sie war als einziges von ihm übrig, und ihre Saiten waren stumm. Gleich dem verfallenen Körper, den man eben hinausgetragen, war sie ein bloßes Ding, das kein belebender Geist mehr mit Empfinden und Sinn erfüllte.

Und wo war dieser belebende Geist? Nie würde er wiederkehren.

Ich glaubte Victors Stimme zu hören, wie sie vor drei Monaten gesagt hatte: »Sie ist abergläubisch. Sie sagt, auf jeder Reise verliert er einen prächtigen Jungen. Letztes Mal war es John Grenville. Wer wird es diesmal sein?«

Irgendwo blökte ein Schaf, und ein Maultier begann zu wiehern. Auf dem Platz war heute Markt gewesen, und ein paar Bauern waren noch dabei aufzuräumen. Man hörte, wie irdene Töpfe aneinanderschlugen, und manchmal das Klappern eines Karrens. Plötzlich vernahm ich ein anderes, viel näheres Geräusch – das Klirren von Metall –, doch ich achtete nicht darauf, bis Major George rief:
»Killigrew! Wir sind durch! Killigrew! Beim heiligen Jesus, wir sind durch!«
»Hoffentlich bin ich es nicht«, hatte Victor gesagt. »Du bist doch kein prächtiger Junge«, sagte ich. »Da hast du recht«, sagte er. »Mir droht keine Gefahr. Sag ihr das.«
»Killigrew!« rief George. »Hörst du mich? Wir sind durch!«
Ich stand auf. »Ja, ich höre.«
»Killigrew!«
»Es ist zu spät.«
George glitt von Crockers Schultern und trat zu mir. Die eine Seite seines Gesichts glich einem gespaltenen Baum, das Auge war ein blinder Schlitz.
»Es ist nie zu spät, von hier zu fliehen, Mann. Denkt daran, was Euch am Freitag droht.«
»Es ist zu spät!« rief ich zornig. »Victor ist tot ... Und diese beiden ...« Ich deutete auf Fletcher und Stevens. »Sie können sich kaum auf den Beinen halten.«
Crocker kam zu uns. »Nun? Brechen wir heute nacht aus? Seid Ihr dabei, Killigrew? Sagt ja oder nein. In einer Stunde wird der Mond verschwunden sein. Wir sollten es heute nacht noch wagen. Wer weiß, was morgen sein wird.«
»Ja«, sagte George, »wir sollten nicht zögern.« Er klopfte mir auf die Schulter. »Kommt, Killigrew, Ihr könnt Eurem Freund nicht mehr helfen. Er würde Euch gewiß nicht aufhalten wollen.«
Tränen liefen über meine Wangen. »Wißt Ihr noch, George«, fragte ich, »was Ihr sagtet, als wir von dem Gespräch mit Buarcos zurückkehrten?«
»Ja ... Ich sagte, wir sollten diesen Mann umbringen.«
»Ich komme mit Euch«, sagte ich.

Um elf Uhr brachen wir auf. George, der Initiator der Flucht, stieg als erster hinaus, dann ich, dann Crocker, der Kräftigste von uns dreien.

Fletcher und Stevens mußten wir zurücklassen; sie mitzunehmen, hätte den Versuch von vornherein vereitelt. Sie wünschten uns Gottes Beistand und alles Gute für unseren Weg durch Feindesland. Fletcher war gerade lange genug imstande, sich aufrecht zu halten, daß Crocker auf seine Schultern steigen konnte; dann waren wir draußen.

Das Wachhaus befand sich neben dem Gefängnis, von ihm getrennt durch einen kleinen Hof, vermutlich dazu bestimmt, die Gefangenen zu drillen. Hinter dem Wachhaus an der Ecke des Hofes stand das Haus, in dem man uns verhört hatte.

Die Marktstände waren alle fortgeräumt, die Bauern verschwunden. Ein Wind wehte durch die Stadt, ein trockener, heißer Wind voll Staub.

Er aß um zehn in dem Raum im ersten Stock zu Abend – das wußte ich, weil letzte Woche, als wir herauskamen, sein Diener das Tablett hinaufgetragen hatte. Auf der Uhr des Rathauses war es elf. Vermutlich saß er jetzt bei einem Glas Wein.

In einer Stadt in einem besetzten, doch friedlichen Land fern jedem Feind schien es unwahrscheinlich, daß ein Posten vor seiner Türe stand, doch wir durften kein Risiko eingehen. Wir stiegen durch ein Fenster in einen breiten Gang. Er war leer und finster, doch auf der Treppe brannte eine Kerze, und aus der Küche und dem Vorraum, in dem wir damals gewartet hatten, drang Licht. Major George ergriff eine Pike, welche neben der Türe lehnte.

Ich lugte durch den Türspalt in die Küche. Ein Topf brodelte auf dem Feuer, schmutziges Geschirr lag auf dem Tisch, umschwärmt von Fliegen und Moskitos. Kein Mensch war zu sehen. Ich hörte draußen Stimmen und erblickte durch die gegenüberliegende Türe drei Männer – den Koch und zwei Diener; sie hockten in dem kühlen Hof und würfelten.

Auf dem Tisch lag, noch beschmiert mit dem Fett eines Lamms, mit dem man es zerteilt, ein langes Messer, das man im Lauf der Jahre so oft geschliffen hatte, daß es dünn wie ein Stilett war. George stand in der Tür, doch ich winkte ihn zurück, als ich das Messer nahm. Kapitän Buarcos Zimmer befand sich nicht über der Küche, sondern überm Stall und war von der Küche durch den breiten Gang getrennt. Wir konnten uns nicht auf einem offenen Hof auf ein Gemenge mit den drei Dienstboten einlassen.

Über der Tür waren zwei Glocken. Ich schnitt mit dem Messer die Stricke durch, mit denen sie betätigt wurden und schloß die Tür hinter mir.
Wir gingen die Treppe hinauf. Durch den Spalt seiner Tür fiel Licht. Ich entsinne mich, daß ich in diesem Moment Lorbeerblätter, Essig und Quitten roch, das Knarren von Georges Stiefeln auf der Treppe hörte, das schwere Atmen Crockers. Eine große Totenkopfmotte flog gegen den Türspalt. Wir ließen sie hinein.

Vielleicht ist die Bereitschaft eines kranken Körpers, auf Unvorhergesehenes zu reagieren, verringert; man verfolgt sein Ziel, ohne alle Möglichkeiten zu bedenken. Seit wir vor einer Stunde diesen Plan gefaßt hatten, waren wir unbesonnenerweise der Meinung gewesen, Buarcos speise immer allein. An diesem Abend saß mit ihm ein magerer, schmalgesichtiger, junger Offizier am Tisch, den wir zuweilen gesehen hatten, ein junger Mann mit langem Haar und einem unnatürlichen Gang.
Ein Luftzug fuhr durchs Zimmer; die Kerzen flackerten und tropften, und Schatten huschten über die gelb getünchten Wände. Buarcos stieß seinen Becher um, als er aufspringen wollte – sein Degengehenk lag vier Schritte weit weg auf einem Stuhl.
»Halt!« sagte George, seine Pike senkend. »Nur ein Wort und . . .«
Edler Muskateller tropfte auf den Boden. Der junge Offizier packte seinen Degen, als George sich auf ihn stürzte. Im gleichen Moment stieß Buarcos den Tisch um und faßte nach dem Glockenstrang. Ich rannte zu ihm. Er riß an dem Strang und schrie und ergriff seinen Degen, doch bevor er ihn ziehen konnte, war ich über ihm. Wir umklammerten einander und stürzten zu Boden. Er versuchte seine Fingernägel in meine Augen zu krallen, während ich das Messer tief in seinen Bauch stieß. Dann schlitzte ich ihn auf. Blut spritzte zwei Fuß hoch; er erhob sich auf die Knie, und seine Eingeweide quollen hervor, als er wieder niedersank.
Zitternd stand ich auf. George hatte den jungen Mann mit der Pike durchbohrt und getötet. In zwei Minuten war alles vorbei. Zitternd stand ich da. Eine der umgekippten Kerzen hatte das Tischtuch in Brand gesetzt; sie flackerte und zischte, als Crocker sie ausschlug. Es war fast finster in dem Zimmer; nur eine Kerze brannte auf dem Kaminsims. Crocker stand an der Türe und lauschte.

George legte seine Hand auf meine Schulter. »Ihr habt ihn aufgeschlitzt wie eine reife Melone. Wir haben hier nichts mehr verloren.«

Ich konnte meine Füße nicht bewegen; es war, als sei ich am Boden festgewachsen.

»Laßt uns gehen«, sagte Crocker. »Man hat keinen Alarm geschlagen.«

George kniete nieder und hob den Weinschlauch auf. Da er einen engen Hals hatte, war nicht der ganze Wein verschüttet. Er schenkte ein wenig in einen der Becher ein und gab ihn mir zu trinken.

»Verschwinden wir«, sagte Crocker. »Sonst finden sie uns noch.«

Verzweifelt suchte ich mich zusammenzureißen. Ich spürte keinerlei Entsetzen darüber, daß ich Buarcos getötet hatte; es war die Befreiung von meinem tiefen Groll, die mich lähmte.

»Unten sind Pferde«, sagte George. »Glaubt Ihr, wir können sie nehmen?«

»Nein«, sagte ich. »Sie sind zu wertvoll, um nicht eingesperrt zu sein.«

George tat selbst einen tüchtigen Zug von dem Wein und reichte den Becher Crocker, der den Rest hinunterkippte.

»Gehen wir«, sagte er.

Wir hörten ein ängstliches Wiehern.

Das Blut der beiden Männer tropfte indessen wohl durch die Fußbodenbretter. George nahm Buarcos Schwert und schnallte es sich um.

»Vielleicht«, sagte ich, »können wir uns am Rand der Stadt Maultiere beschaffen.«

»Kommt«, sagte George. »Ich helfe Euch die Treppe hinunter.«

Wir gingen zur Treppe; ich schwankte, und George legte seinen Arm um mich; Crocker war bereits am Fuß der Treppe; ich taumelte hinunter. Die Küchentüre war noch zu. Die Pferde wieherten und stampften.

Wir stiegen durch das offene Fenster. Draußen schien es jetzt noch dunkler. Ein paar Leute gingen über den Platz: eine ganze Familie, spät noch unterwegs; der Vater trug einen schwarzen Hut, sein Mantel bauschte sich im Wind, die Mutter war in ihren Schal gehüllt; fünf Kinder trotteten hinter ihnen drein. Sie achteten nicht auf uns.

Wir verließen die Stadt.

9

Major George schlug vor, wir sollten uns nach Süden durchschlagen. Er meinte, die Spanier würden gewiß annehmen, wir würden uns nach Norden wenden und uns deshalb in dieser Richtung verfolgen. Im Süden lagen die Meerenge von Gibraltar und das Sultanat Marokko; Ahmed der Goldene stand mit England auf gutem Fuß. Es war ein weiter Weg, doch kurz im Vergleich zu jedem Weg nach Norden.

In Lagos bot sich keine Gelegenheit, Maultiere zu stehlen, doch fünf Meilen südlich, an der Straße nach Faro, konnten wir uns im Stalle eines alten Hauses, in dem ein halbes Dutzend stand, drei aneignen, ohne daß jemand etwas merkte. Ich kann mich nicht recht entsinnen, wie wir es schafften, diese ersten fünf Meilen hinter uns zu bringen, denn wir waren schon, bevor wir aufbrachen, zutiefst erschöpft; doch die Angst vor dem Bevorstehenden und die lockende Freiheit sind wohl der denkbar größte Ansporn.

Obgleich ich von uns dreien der Schwächste war, hielt ich mit den anderen Schritt, ohne daß man mir helfen mußte. Wir ritten noch ein paar Meilen auf den Maultieren, bis es dämmerte, und verbargen uns dann in einem Dickicht aus Ginster und Büschen, welches mich an Cornwall erinnerte. Wir lagen dort den ganzen heißen Vormittag, und erst in der ersten Stunde der Siesta zogen wir weiter – in ein Dorf namens Lagoa.

Dort hatten wir das Glück, eine Scheune zu finden, wo wir Lauch und Linsen und ein paar Weintrauben stehlen konnten. Ein kläffender Hund weckte die Dorfbewohner, und wir flüchteten in die Berge und blickten auf die Bauern nieder, die herumliefen wie auf einem aufgestörten Ameisenhaufen.

Es war eine klägliche Mahlzeit für Männer, die so lange größte Entbehrungen gelitten hatten, und als wir am Nachmittag im Schatten einer kümmerlichen Eiche lagen, peinigten mich Visionen von dem Essen, welches wir unangerührt auf Buarcos Tisch gelassen. Wir hatten uns zu sehr beeilt; fünf Minuten würden genügt haben, das Essen in einen Sack zu stopfen und mitzunehmen; wir hätten uns zwei Tage davon ernähren können. Der Gedanke daran bereitete mir Magenschmerzen.

Sowie die Sonne unterging, brachen wir wieder auf, zogen jedoch landeinwärts, fort von der Küstenstraße. Wir wußten nicht, ob die Entscheidung richtig war, und wir konnten nur hoffen, uns nicht zu verirren. Es war ein rauhes, ödes Land ohne jedes Zeichen menschlichen Lebens.

Bei Tagesanbruch ritten wir einen langen Hang hinab zu einem riesigen Flußbett, ausgetrocknet und mit Felsblöcken und verfaulten Baumstämmen übersät. In der Mitte stießen wir auf ein dünnes Rinnsal und ließen dankbar unsere Maultiere trinken und füllten unsere Wasserschläuche. Bevor es hell wurde, konnten wir uns in die Büsche auf der anderen Seite schlagen.

Dort lagen wir und diskutierten, ob wir, falls wir weit genug kamen, der Gefangennahme zu entgehen, in Portugal bleiben und in ein oder zwei Wochen zur Küste ziehen sollten. Vielleicht konnten wir einen Fischer, wenn wir ihm entsprechende Belohnung versprachen, dazu überreden, uns nach England zu bringen. George meinte, es sei gewiß von Vorteil, daß wir uns in einem Lande befanden, welches Spanien gewaltsam annektiert hatten. Viele Portugiesen waren Überlebende der Massaker, die vor etwa fünfzehn Jahren stattgefunden hatten und bei denen angeblich so viele Tote ins Meer geworfen wurden, daß die Fischer nicht wieder hinausfahren wollten, bevor der Erzbischof die Gewässer feierlich purifiziert hatte. Mir persönlich war es gleich, was wir taten, und ich erhoffte mir wenig davon, und während wir so sprachen, wurde mir bewußt, daß der Schmerz, den ich verspürte, gar kein Hunger war.

Ich sagte nichts davon, doch als die andern sich gegen Mittag auf Nahrungsuche begaben, war ich nicht imstande, sie zu begleiten und ließ sie alleine ziehen. Sie hatten Glück und kamen mit einem winzigen Huhn zurück. Wir kochten es und aßen es mit den Fingern; es war das erste frische Fleisch seit unserer Gefangennahme, doch es schmeckte mir nicht. Sie sahen mich mitleidsvoll an, als ich mich übergab. Als es dunkel wurde, zogen wir wieder weiter und ritten, bis der Himmel sich hell zu färben begann. Dann konnte ich nicht mehr und wälzte mich vor Schmerzen im Staub.

Daß mich zu diesem Zeitpunkt die Ruhr befiel, welcher wir allein entgangen waren, schien der härteste Schicksalsschlag. Da ich die anderen beobachtet hatte, wußte ich, daß dies erst der Beginn der Attacke war. Es würde immer schlimmer werden, und schließlich würde es mich niederstrecken, und ich würde vielleicht das Bewußtsein verlie-

ren. In fünf oder sechs Tagen würde ich sterben oder gesund werden. Doch fünf oder sechs Tage waren zu lang, um unter den gegenwärtigen Bedingungen zu überleben.
Wir ritten zwei Stunden weiter, bis es so heiß wurde, daß wir Zuflucht in einem Dickicht am Nordhang eines Berges suchen mußten. Wir hatten gestern kein Wasser gefunden, und die Maultiere waren dem Verdursten nahe. Das Problem in diesem trockenen Lande war, daß sich an Stellen, wo es Quellen gab, auch Weiler oder Dörfer befanden. Ein weiteres Flußbett würden wir kaum finden.
Ich bemühte mich, George und Crocker zu überreden, ohne mich weiterzuziehen. Es wäre das Vernünftigste gewesen. Doch sie lehnten ab, wie ich es wohl auch getan haben würde.
Sie legten mich an eine Stelle, wo ich vor den glühenden Sonnenstrahlen geschützt war, stellten das letzte Wasser neben mich und trennten sich; Crocker ging aufs Meer zu, Major George landeinwärts. Bei Einbruch der Dunkelheit wollten sie wieder zurück sein, ganz gleich, ob sie Nahrung fanden oder nicht.

Zuweilen läßt eine Krankheit sich im Zaume halten, solange andere um einen sind und Entscheidungen getroffen werden müssen. Sind die andern fort und die Entscheidungen getroffen, dann bricht die Schranke zusammen. So bekam ich innerhalb einer Stunde hohes Fieber, und der Schmerz drohte meinen Bauch zu zerreißen.
Ich glaubte, wieder in der großen Halle in Arwenack zu sein, doch es war keine schöne Heimkehr. Ein riesiges Holzfeuer prasselte im Kamin, und ich konnte der Hitze nicht entrinnen. Der Raum war voller Dominikanermönche in den langen schwarzen Roben der Inquisition. Sie starrten in das Feuer und auf den Stapel Holzklötze, die darauf warteten, verbrannt zu werden. Plötzlich streifte der Mönch neben mir seine Kapuze zurück, öffnete seine Robe, und darunter kam ein weißes wollenes Kleid zum Vorschein. Es war Katherine Footmarker. Sie lächelte mich an; ihre Zähne waren bis auf kleine Stummel abgefeilt, und ihre Augen glühten, als brenne in ihnen ein eigenes kleines Feuer.
»Nun, Maugan, sagte sie, »bist du also wieder da. Dies ist nun ein katholisches Land, und du mußt zu Kreuze kriechen oder sterben.« »Die Spanier haben es erobert?« fragte ich. »Ja. Sie zerren die Frauen an den Haaren durch die Straßen.« »Aber wo ist meine Familie? Wo

sind die Killigrews?« »Sie wollten nicht zu Kreuze kriechen, Maugan, und so sind sie dort, dort, dort, wohin alle Ketzer kommen ...«
Ich blickte auf das Feuer und sah, daß hinter ihm ein Haufen Schädel lag und daß die Klötze auf dem Rost in Wahrheit ein Stapel menschlicher Glieder waren. In der Hoffnung, doch noch einen von ihnen zu retten, wollte ich zum Kamin stürzen, doch die Mönche hielten mich zurück und scharten sich um mich und redeten auf Spanisch und in andern fremden Sprachen auf mich ein. Ich schrie und heulte und fluchte, doch nichts half. Dann trat einer der Mönche mit einem glühenden Knochen zu mir und bohrte ihn in meinen Bauch.

Die alte Frau, die mich fand, holte ihre Freunde, hielt sie jedoch davon ab, meine Kehle durchzuschneiden. Statt dessen ließ sie mich in ihre Hütte tragen und auf ihren Strohsack legen. Ohne der Warnungen, daß ich die Pest habe, zu achten, wusch sie mich und verband die schwärende Wunde an meiner Hüfte. Dann hockte sie sich nieder und wartete, ob ich genas oder starb.
Es dauerte etwa achtundvierzig Stunden, bis ich ihr rundes, mißtrauisch forschendes Gesicht von den Gesichten des Fiebers und des Wahnes unterscheiden konnte. Sie flößte mir mit einem dicken hölzernen Löffel Linsensuppe ein. Allmählich schwanden die Trugbilder, und ich wußte, wo ich war und daß die Krankheit abflaute.
Die Hütte, in der ich lag, stand ein wenig abseits von dem Weiler auf dem Hange eines Berges. Sie schien zum Teil in den Fels hineingebaut, denn das Dach war aus natürlichem Stein. Lange Zeit beobachtete ich, wie an der Decke eine Spinne einen merkwürdigen Krieg mit einer Kolonie Ameisen führte. Und ich beobachtete die Fliegen, wie sie ihre Beine und Köpfe rieben, um die anderen Insekten herumsummten, bevorzugt durch die Fähigkeit, fliegen zu können. Manchmal plumste eine träge Biene gegen die Wand.
Lange Zeit lag ich so und kam langsam wieder zu Kräften. Ich dachte nur wenig und begnügte mich in meiner tiefen Schwäche damit, die Zeit verstreichen zu lassen und durchs Fenster zuzusehen, wie der Tag kam, aufglühte und wieder in Finsternis sank. Die Frau, deren Name Carla war, kam und ging während des Tages und arbeitete in dem alten Olivenhain neben der Hütte, der ihr Lebensunterhalt bot. Einmal am Tag schien sie hinunter in den Weiler zu gehen, um Wasser zu holen; manchmal erschienen am Abend neugierige Nachbarn,

um mich anzustarren und mir Fragen zu stellen, doch sie vertrieb sie stets.
Sie hatte graues, unter einem schwarzen Kopftuch straff geknotetes Haar und Wangen wie eine Zwiebel; gerötete schlaffe Haut und tiefliegende, schwarze ausdruckslose Augen. Anfangs verstand ich ihr bäuerliches Portugiesisch nicht, doch nach einer Weile konnten wir uns mit einfachen Worten und Sätzen verständigen.
Eines Tages war ich imstande, mich aufzusetzen, und am nächsten konnte ich zur Türe der Hütte gehen und hinausschauen. Ich konnte nur Vermutungen darüber anstellen, wie es George und Crocker ergangen sein mochte. Allmählich begann ich meine eigene Lage zu bedenken, und Angst und Sorge erfüllten mich. Obgleich wohl nur wenige Beziehungen zwischen diesen Bauern und den Spaniern bestanden, würden sicher früher oder später Gerüchte zu ihnen dringen. Je früher ich mich davonmachte, desto besser. Aber wohin sollte ich mich wenden? Die Maultiere waren verschwunden, die wenigen kostbaren Steine, die ich noch gehabt, ebenfalls; ich konnte nur hoffen, daß Carla sie hatte. Das Beste, was ich mir im Augenblick wünschen konnte, war ein stilles kleines Dorf wie dieses, in dem ich langsam Kräfte sammeln konnte. Doch ich wünschte, es wäre viel, viel weiter von Lagos entfernt.
Carla hatte mich nie gefragt, wer ich sei und wieso ich alleine und krank auf dem kahlen Berghang gelegen hatte. Doch sie schien nicht neugierig. Ich war für sie jemand, der in ihr Leben getreten war, und sie hatte mich gepflegt, wie sie das mit einem kranken Tier getan haben würde.
Ich sagte ihr, daß ich bald fort müsse, daß ich ihr nicht länger zur Last fallen wolle, doch sie schüttelte heftig den Kopf; ich sei noch nicht kräftig genug, vielleicht in einer Woche, es habe keine Eile. Ich fragte sie, in was für einer Gegend wir uns befänden. Mit einem Maultier, sagte sie, seien es zwei Tage bis Faro. Sie war noch nie dortgewesen, doch sie hatte gehört, daß es vor kurzem von den Engländern niedergebrannt worden war und daß das Leben noch nicht wieder seinen normalen Gang ging. Weiter östlich, vielleicht drei Tagesritte, sei ein großer Fluß, der Portugal von Spanien trenne. Dazwischen, glaube sie, liege Land gleich diesem; ihr Neffe habe ihr dies einmal gesagt.
Um diese Zeit schlug endlich das Wetter um; eines Morgens war der Himmel schwarzblau, und ein Gewitter ging nieder. Den ganzen Tag

trommelte der Regen auf das Dach und die Bäume und die rissige Erde. Der Berghang verwandelte sich in von Rinnsalen durchzogenen gelben Schlamm; auf den staubtrockenen Wänden der Hütte schlug sich Wasser nieder, die Olivenbäume bogen sich unter der Last. Dann ließ der Sturm nach, und am nächsten Tag war der Himmel strahlendblau. Zum ersten Male fühlte ich mich wieder richtig kräftig und imstande, mich auf den Weg zu machen.

Ich fragte Carla, ob sie mir einen Bauernmantel und eine feste Hose besorgen könne, und sie sagte, sie wolle es versuchen. Sie brachte mir einen Wasserschlauch, eine Gürteltasche mit etwas Nahrung, ein Paar Schuhe, einen kräftigen Stock und ein Messer; mehr als ich erwartet hatte. Ich bedankte mich für ihre Hilfe, doch sie zuckte nur geringschätzig die Achseln und lächelte höflich. Ich sagte, daß ich am nächsten Tage aufbrechen wolle, doch sie meinte, die Omen seien nicht günstig. In zwei Tagen sei Neumond, und dann wäre eine bessere Zeit.

Den Tag davor verbrachte ich im Freien und hackte und sägte für sie Holz und stapelte es für den Winter auf. Von der Hütte konnte man das darunterliegende Dorf sehen und über das flache Tal auf den gegenüberliegenden Berghang blicken. Während meiner Genesung hatte ich mir angewöhnt, jeden Abend vor die Türe der Hütte zu treten und zuzusehen, wie die Sonne unterging; während sie all die Berge und Täler in rotes Licht tauchte, begannen Schatten in die Spalten und Klüfte in dem Fels zu kriechen. Das Licht wurde heller, als der Himmel es aufsaugte, das Land purpurn und dann grau. Einen Moment strahlte alles in letzter Pracht, bevor das Dunkel wie ein Meer hereinbrach und es finster wurde.

Als ich an jenem Abend an der Türe stand, sah ich, wie fünf Männer zu Pferde den zinnfarbenen Weg an dem gegenüberliegenden Berg herabkamen. Ich rief sofort Carla, welche kam und hinüberstarrte, doch dann sagte sie, es sei kein Grund zur Aufregung; es zögen öfter Männer auf dem Weg nach Westen über diesen Weg; sie besuchten nur selten das Dorf und nie ihre Hütte. Mein Abendessen sei fertig, es werde kalt.

So setzte ich mich, nachdem sie um eine Ecke des Bergs gebogen waren, neben sie,nahm die Schüssel Suppe in die Hände und schlürfte sie. Noch zweimal ging ich zur Türe; das erste Mal waren sie weiter unten im Tal, das zweite Mal verschwunden.

Sie hatte mir an jenem Tag einen alten Mantel und ein graues Hemd aus dem Dorf gebracht, abgetragen aber noch brauchbar; damit mußte ich mir behelfen. Ich dankte ihr; sie grinste und zuckte die Achseln und schlürfte ihre Suppe. Die Nacht brach herein, und sie schürte das Feuer, daß es hell aufloderte.

Ich fragte sie, ob sie mir, wenn ich morgen aufbräche, ein wenig Brot mitgeben könne, ein paar Oliven, Wasser und vielleicht einen Schlauch mit Wein. Sie sagte, sie habe alles bereitgelegt.

Nach dem Essen murmelte sie ihr Abendgebet. Als sie fertig war, nahm ich mein Messer und kroch auf Händen und Füßen zur Türe. Es war eine stille Nacht, die Sterne funkelten, zwei Lichter brannten im Dorf, ein Vogel sang. Sie trat neben mich und packte mich am Ärmel. Ich riß mich los und schlüpfte aus der Hütte. Nichts. Dann das Klappern von Hufen.

Schatten tauchten auf, dann Männer. Die alte Frau stellte sich mir in den Weg. Als ich das Messer hob, wurde es mir aus der Hand geschlagen. Man schleppte mich in die Hütte.

Es waren ein Offizier, zwei Soldaten und ein Bauer. Während sie mich fesselten, sprach die Alte in weinerlichem Ton mit ihnen. Vielleicht wäre es besser gewesen, ich hätte sie nicht verstanden, denn sie stritt mit ihnen und sagte, sie habe ihren Neffen bis zur spanischen Grenze geschickt, sie, eine alte Witwe ohne Geld, die kaum genug zu essen habe. Ob sie denn keinen Anspruch auf eine gerechte Belohnung habe?

10

Der Kerker in Sevilla war ganz anders als jener in Lagos. Er bestand aus drei unterirdischen, finsteren Zellen am Ende eines langen, niedrigen Ganges, und das Gitterfenster meiner Zelle ging auf einen anderen höhergelegenen Quergang hinaus. Die beiden anderen Zellen waren leer.

Es war sehr still. Das einzige, was ich dann und wann hörte, waren laute Schritte auf dem harten Steinboden des oberen Ganges und das ferne Läuten der Gefängnisglocke.

Eine Weile machte es mir nichts aus, alleine zu sein. Ich hatte viel zum Nachdenken, meist Unangenehmes, doch einem unruhigen Geist bot es genügend Nahrung. Die Wärter mochten mir nichts sagen. Für einen jungen Menschen ist es schwer, geduldig auf sein Ende zu warten, doch im Laufe der Zeit wurde die Einsamkeit zu einer weiteren, nicht weniger bedrohlichen Gefahr.

Mit einem hölzernen Löffel, der mir jeden Tag gebracht und jeden Tag weggenommen wurde, markierte ich die Tage, indem ich Striche in die Wand über meiner Pritsche kratzte. Es war mir nicht möglich, das Datum zu erfahren, an dem meine Gefangenschaft begonnen hatte, doch es schien mir wichtig, den Überblick über die Zeit nicht zu verlieren.

Meine Bitte um eine Feder und Papier wurde abgelehnt. Ich bat um Bücher oder irgend etwas, womit ich mich beschäftigen konnte. Man brachte mir nichts. Die Wärter sagten, der Kommandant des Gefängnisses habe keine Instruktionen. Ich fragte mich, an welchem Festtag meine Hinrichtung wohl stattfinden sollte. Doch es schien sicher, daß man mir zuvor eine Art Prozeß machen würde. Die Spanier pflegen sich strikt an die Förmlichkeiten des Gesetzes zu halten – wie übrigens sogar die Inquisition –, und in diesem Falle war das Gesetz auf ihrer Seite.

Um mir irgendeine Beschäftigung zu verschaffen, begann ich eine Stange des Gitterfensters zu bearbeiten, welches auf den oberen Gang hinausging. Zu diesem Zweck hatte ich zwei rostige Nägel aus der Pritsche gezogen, mit denen ich nur wenig vorankam. Doch im Gedenken an die Ausdauer Major Georges machte ich weiter.

Aus zehn Kratzern wurden zwanzig. Ich gab mir alle Mühe, die Wärter in ein Gespräch zu ziehen, wenn sie mir das Essen brachten, konnte sie jedoch durch nichts zum Bleiben bewegen. Wahrscheinlich war es ihnen ausdrücklich verboten. Stumm brachten sie die Schüsseln mit dem widerlichen Brei, stumm trugen sie sie hinaus.

Aus zwanzig Kratzern wurden dreißig. Gleich einer Kette hing die Zeit um meinen Hals. Ich rezitierte die »Colloquia« des Erasmus sowie Ovid und Juvenal, soweit ich mich ihrer entsinnen konnte. Ich dichtete und sang kleine Lieder, doch am nächsten Tag fiel es mir schwer, mich ihrer zu erinnern. Ich bemühte mich, mir Victors Lieder ins Gedächtnis zu rufen:

»Mein Schatz in seiner schmucken Tracht
Ist Weide meinen Augen«

und

»Nicht weinen sollst du – lächle, Liebchen mein;
Im Alter deiner harrt genug der Pein«

Manchmal pochte ich an die Tür und verlangte, hinausgelassen zu werden. In meinem Kopfe schrieb ich Briefe an alle möglichen Leute und führte ein Tagebuch über die Eroberung von Cadiz. In der Zelle, in der es anfangs drückend schwül gewesen, wurde es kalt. Die Wand, an der ich die Tage markierte, wurde feucht, und Wasser rann an ihr herab; ich fürchtete, es könnte die Kratzer auslöschen, und so zog ich sie nach jeder Mahlzeit nach.

Aus dreißig Kratzern wurden vierzig, und nach meiner Schätzung mußte jetzt Dezember sein. Die Ruhr verschonte mich, doch meine Wunde wollte nicht heilen. Victors sind geheilt, dachte ich; der Tod ist die beste Arznei; vielleicht war er glücklicher zu schätzen denn ich.

An dem Zellenfenster kam ich nur wenig voran. Vielleicht hatte ich nicht Georges unbeirrbare Beharrlichkeit; oder es lag daran, daß ich wußte, ich würde durch das Fenster nur in einen anderen Teil des Gefängnisses gelangen.

Als eines Tages der ältere der beiden Wärter mittags das Geschirr holte, ließ er beim Hinausgehen einen Brief auf die Pritsche fallen. Ich nahm ihn und starrte ihn ungläubig an, denn er war in der Schrift meines Vaters an mich adressiert. Meine Hände zitterten. Das konnte nur irgendeine List sein. Doch was versprachen sie sich davon? Ich betastete und wendete ihn und wog ihn in der Hand.

»Mastr. Maugan Kyllygrewe, Espana. Durch Boten.« Das war alles, was daraufstand. Als ich ihn nochmals umdrehte, fiel das Siegel ab.

23. November 1596

»Mein Sohn Maugan,

vor einer Woche erreichte mich Dein Brief. Es bestürzt uns zu erfahren, daß Du Dich wiederum in Gefangenschaft befindest. Wir erhielten bereits im August aus Westminster Nachricht davon. Die Spanier forderten Lösegeld für alle Gefangenen von Stand, so auch für Dich; deshalb wissen wir seither, daß Du am Leben bist.

Leider bin ich nicht in der Lage, etwas für Deine Freilassung zu tun; das ist hart, doch Gott ist mein Zeuge, daß es mir im Moment ebenso schwer fiele, einen Toten zum Leben zu erwecken, wie 100 Pfund in Gold aufzubringen.

Der Ruin in seiner grausamsten Form starrt mir ins Gesicht. Wenn Du dies empfängst, werde ich höchstwahrscheinlich im Schuldgefängnis sitzen, und erbarmungslose Gläubiger werden das Heim meiner Ahnen geplündert haben. Dies ist der Lohn, welchen ich für über zwanzigjährige Dienste bei Hofe und für unsere Königin empfange. Dafür, daß ich zur Verteidigung Englands meine schmale Börse leerte, wurden mir als Dank nur Verleumdung und Verachtung zuteil. Ich bin für die Belange meines Landes weit gereist und habe viel Mühsal auf mich genommen, doch nunmehr achten nicht einmal meine Verwandten im Schlafgemach der Königin meiner Hilferufe.
Gewiß hast du erwartet, daß die Verehelichung Johns mit Jane Fermor eine Erleichterung unserer Lage zur Folge haben wird. Doch mittels übler Kniffe hat man uns darum gebracht. O ja, sie wurden, wie geplant, am 8. Oktober getraut. Sir George erschien mit einer Schar feiner Freunde, fünfzehn an der Zahl, ein Haufen fröhlicher Gesellen mit harten Visagen und mit Stimmen wie Predigern auf einem lärmerfüllten Platz. Sie veranstalteten eine Schlemmerei und Sauferei, für welche meine letzten hundert Pfund draufgingen. Die kleine Jane brachte zwei Dienstboten mit, die hier Quartier nahmen – keine Zofen, wie du sicher denken wirst, sondern männliche Diener, Armeeveteranen mit Dolchen in den Gürteln – das widerlichste Paar, das je einem Weiberschoß entsprungen ist. Sie trugen eine schwere Kiste – die Mitgift; sie schien so schwer, daß sie sie kaum schleppen konnten.
Nun, die Trauung wurde vollzogen, teils von Merther, teils von Garrock, teils von einem Lakai von Kleriker, den sie mitgebracht hatten: es dauerte mir alles gar zu lange; mir wäre es am liebsten gewesen, sie wären nur unters Kirchentor getreten und hätten die Sache schnell hinter sich gebracht. Als es vorbei war, machten sich die fröhlichen Gesellen über meinen Wein her, das junge Paar wurde mit allerlei widerlichen Zoten in sein Schlafgemach geleitet, und es wurde immer später: die meisten lagen indessen auf dem Boden und sahen nichts mehr als die Tischbeine. Doch Sir George zechte mit und tat nichts dergleichen. Gegen drei Uhr morgens schlug ich ihm schließlich vor, in meine Kammer zu gehen und das Geld zu zählen und zu prüfen.
Vielleicht, Maugan, kannst Du Dir denken, was ich an jenem Tage fühlte: die Sauferei und das Gejohle und Zotenreißen; und all die Zeit konnte ich meine Gedanken auf nichts richten als auf meine finan-

zielle Lage. Und so ging die Sache denn endlich aus. Ich und Rosewarne und Sir George und sein krummbeiniger Advokat, welcher den Vertrag aufgesetzt, gingen in meine Kammer; und nach einer kleinen Vorrede trugen die beiden Diener die Kiste herein. Und die Kiste ward geöffnet, und in ihr lag ein winziger Beutel Gold.

Ich blickte in die Kiste, und beim gnädigen Herrn Jesus, sie war ansonsten leer; so sagte ich: Was soll das bedeuten? Worauf Sir George sagte: Dies ist meiner Tochter jährliche Apanage gemäß den Bedingungen des Heiratskontrakts. Und ich sagte: Aber was ist mit der Mitgift – wo ist sie? Und er sagte: Oh, die ist gemäß den Bedingungen des Kontraktes noch nicht fällig. Nicht fällig? sagte ich. Es wurde doch vereinbart, daß sie bei Eheschließung ausgezahlt wird – so wie jede Mitgift. Darauf sagte er: Diese nicht. Sie ist erst zahlbar, wenn Euer Sohn mündig wird.

Beim allmächtigen Gott – kannst Du Dir die Szene ausmalen, die nun folgte, Maugan? Natürlich wurde ich zornig, und harte Worte wurden ausgetauscht. Doch dann sagte Sir George zu seinem Advokaten: Zeigt Mr. Killigrew den Kontrakt. Und Rosewarne und ich beugten uns über das Pergament, und wir sahen, was mir unseligerweise in Easton Neston, als der Kontrakt unterzeichnet wurde, entgangen war. Da Rosewarne, welcher mir ansonsten in rechtlichen Dingen stets zur Seite steht, nicht bei mir war, hatte ich gänzlich unwissentlich dieses üble Schelmenstück zugelassen und die Einfügung dieser sieben Worte zugelassen. Wenn ihr Gatte sein einundzwanzigstes Jahr erreicht.

Ich habe nicht die Zeit, all die Beschimpfungen niederzuschreiben, mit denen Sir George und ich einander bedachten. Ich glaube, seit seiner Schulzeit hatte ihn niemand so heruntergeputzt. Doch es nützte alles nichts. Er sagte mir, er habe nie die Absicht gehabt, zuzulassen, daß die Mitgift seiner Tochter zur Begleichung meiner Schulden benützt würde; er wüßte, daß ich meinen Sohn dazu überreden würde, und sie werde mit der Apanage von 200 Pfund, welche er ihr die nächsten vier Jahre schicken würde, wenigstens nicht in Not geraten.

Auf diese Weise ist, wie Du siehst, jegliche Aussicht, ich könnte das Lösegeld für Deine Freilassung bezahlen, entschwunden. Ich vertraue darauf, daß du das Glück haben wirst, in nicht allzu ferner Zeit ausgetauscht zu werden. Es wurden viel mehr Spanier als Engländer gefangengenommen, und so darfst Du darauf hoffen.

Für mich hingegen gibt es nur wenig Hoffnung. Ich glaube nicht, daß ich Jane dazu bewegen kann, ihren Vater um wesentliche Hilfe zu bitten, denn sie ist ein hartes kleines Ding mit einer Seele und einem Willen wie Granit. Seit ihr Vater sie verlassen, hat sie ihren Charakter bereits verschiedentlich bewiesen, und da ich glaube, daß die Rettung nur von ihrem guten Willen abhängt, habe ich gute Miene dazu gemacht. Ihre zwei Kreaturen folgen ihr auf Schritt und Tritt – sie gleichen eher Leibwächtern als Dienern. Ich hoffe und bete nur, Sir George wird nicht zulassen, daß das Haus, dessen Herrin seine Tochter eines Tages sein wird, ruiniert oder verkauft wird, weil es an ein paar tausend Pfund fehlt. Aber das würde *mir* nicht helfen. Er würde ohne jegliche Skrupel zulassen, daß man mich ins Gefängnis wirft; ja, er hat mir das sogar gesagt. Daß ich seiner Tochter Schwiegervater und ein Mann aus uraltem Geschlecht und von großer Distinguiertheit bin, rührt ihn nicht im mindesten.
Mrs. Killigrew ist wieder schwanger, und die Gefahr, in der ich mich befinde, bereitet ihr großen Kummer. Noch mehr Deiner Großmutter, deren Zustand sich verschlechtert hat; ihre nächtlichen Anfälle werden immer schlimmer. Thomas fiel letzten Monat von einem Baum und brach sich ein Bein; wir ließen Glapthorne kommen. Ich hoffe, er hat es gut eingerichtet, denn für einen jungen Mann mit einem Hinkebein ist es schwer, in dieser Welt voranzukommen. Es sind uns viele Schafe an der Leberfäule eingegangen, und wahrscheinlich werden wir nächstes Jahr eine noch schlechtere Ernte haben denn je zuvor. Gott helfe uns.
Ich schicke diesen Brief durch Captain Elliot, der mir versprach, für seine Zustellung Sorge zu tragen. Ich habe Zweifel, daß er dich erreichen wird, obgleich ich weiß, daß er ebensoviel in spanische Häfen einläuft wie in englische. Ich bete, daß der Allmächtige Dich in Deiner Gefangenschaft mit Mut und Kraft erfüllen und für Dich alles zum Guten wenden möge.

Dein Dich liebender Vater
J. Killigrew.«

Während der nächsten Woche las ich diesen Brief jeden Tag zehnmal. Schließlich konnte ich ihn auswendig, und selbst nach so vielen Jahren kann ich ihn Wort für Wort aufsagen. Es war ein Lichtstrahl von zu Hause, eine Rettungsleine, an die ich mich in meiner völligen

Isolierung klammerte. Enthielt er auch keinen Trost – das Wesentliche war die Verbindung, die greifbare Bestätigung, daß ich noch am Leben und in Kontakt mit der Außenwelt war. Mir war fast, als hätte ich mit meinem Vater gesprochen – jeder Satz schien von ihm zu kommen, war wie ein Atemhauch von daheim. Ich sah alles vor mir und wußte, daß es alles gab und weiter geben würde, und dieses Wissen hielt mich aufrecht.

Trotzdem gab ich im Januar meine Arbeit am Fenstergitter auf. Der Stein war so hart, daß ich nicht weiterkam; ich mußte mich geschlagen geben.

Seit einiger Zeit sprach ich jetzt häufig mit mir selbst; es schien, als hätte ich eine Art Gefährten, welchem ich all die unerträglichen Gedanken und Fürchte anvertrauen und mich auf diese Weise von ihnen befreien konnte. Eines Nachts verlor ich die Beherrschung und riß das Stroh aus meiner Pritsche und zerfetzte die rauhe Flanelldecke. Ich brüllte wie ein Tier und glaubte den Verstand zu verlieren. Ich preßte meine blutenden Hände vors Gesicht und weinte, und plötzlich verlor ich das Bewußtsein oder schlief ein, das Gesicht an den Steinboden gepreßt.

Dies geschah in sechs oder sieben Nächten. Zu jener Zeit wurde es um sechs Uhr abends dunkel, und ich wußte, mir standen mindestens zwölf Stunden tiefster Finsternis und Stille bevor, bis sich wieder ein schwacher Lichtschimmer zeigen würde. Dann betete ich laut: um Kraft, um Geduld, um Errettung; um Sue und meinen Vater und Mrs. Killigrew und die Raleighs; und während ich dies tat, erfüllte mich ein Gefühl der Ruhe und eine leise Hoffnung. Vielleicht war der Krieg bald vorüber; ich war noch am Leben; ich würde schlafen und morgen würde ein neuer Tag sein. Doch dieses Gefühl hielt nicht über die Mitte der Nacht hinaus an; dann, nachdem ich vielleicht sechs Stunden geschlafen hatte, erwachte ich in schrecklicher Panik. Ich war blind und taub und glaubte in einer Welt unsagbaren Grauens zu ersticken. Man hatte mich vergessen; der Kommandant hatte keine Instruktionen empfangen; bald würde auch er das Interesse verlieren, die Wärter würden nicht mehr durch den schmalen Gang zu den drei Zellen kommen, und man würde die Türe nie mehr öffnen. Ich war allein, in alle Ewigkeit allein.

Jeden Tag bedrängte ich die Wärter; ich verlangte eine Unterredung mit dem Kommandanten; ich mußte wissen, was meiner harrte. Selbst der Tod auf einem Bratrost erschien weniger entsetzlich als lebendig begraben zu sterben.

Eines Tages fand ich mich nach dem Mittagsmahl auf dem Fußboden sitzend, und mir wurde bewußt, daß ich seit einiger Zeit die Tage nicht mehr markierte. Ich hatte keine Ahnung, wie viele vergangen waren, seit ich das letzte Mal einen Strich in die Wand gekratzt – zwei oder zehn oder zwanzig. Es war nicht mehr von Bedeutung. Nichts mehr war von Bedeutung. Ich brachte gerade noch die Kraft auf zu essen, was man vor mich hinstellte. Meine Wärter waren sicherlich erleichtert, daß ich sie nicht mehr belästigte. Ich sprach nicht mehr mit mir selbst, außer zuweilen leise murmelnd. Ich dachte nicht mehr nach.

Dann geschah etwas, wovon ich mir zu allerletzt eine Erleichterung erhofft hätte. Ich wurde krank. Ein Arzt wurde geholt. Er ließ mich zur Ader und gab mir ein Klistier. Drei Tage später wurde ich in eine Zelle mit drei anderen Männern verlegt, wo ich eine Woche blieb.

Der Körper eines jungen Menschen nimmt den Kampf auf, selbst wenn er selbst die Kraft dazu verloren zu haben glaubt. Nach ein paar Tagen konnte ich gehen. Am Sonntag, welcher am Läuten der Kirchenglocken zu erkennen war, kamen zwei Wärter, welche mich durch einen langen schmalen Gang und in einen Raum mit Wandteppichen und Tischen und Sesseln führten. Zwei Männer saßen darin und unterhielten sich. Den einen hatte ich schon einmal gesehen, doch ich war so müde, daß mir sein Name nicht einfiel: ein junger Mann mit kupferrotem Haar und funkelnden, wachen Augen. Der andere war ein Fremder. Die Wärter entfernten sich.

»Setzt Euch, Killigrew«, sagte der jüngere Mann in hartem Englisch. »Aber Ihr sprecht ja jetzt Spanisch, nicht?«

Ich setzte mich und starrte ihn an.

»Seid Ihr wirklich Maugan Killigrew, den ich in Madrid kennenlernte? Ihr habt Euch verändert. Ihr seid viel älter.«

Ich war viel älter. Der andere Mann trug einen Anzug aus schwarzem Samt, der sich im Laufe der Jahre leicht grün gefärbt hatte. Draußen auf dem Hof schien die Sonne.

»Ihr habt an Señorita Prada geschrieben. Sie berichtete ihrem Onkel davon, und die Botschaft wurde weitergeleitet. Das hat Euch das Leben gerettet, als Ihr in Portugal neuerlich gefangen wurdet. Sonst hätte man Euch auf der Stelle exekutiert.«

Jetzt fiel mir sein Name ein; er hieß de Soto.
»Ich bin sehr beschäftigt – sonst hätte ich Euch schon früher aufgesucht. Nun, redet doch! Habt Ihr die Sprache verloren?«
Ich schluckte und sah ihn an. Ich fuhr mit den Fingern durch meinen Bart und blinzelte; das Licht war zu grell für mich.
Der andere Mann sagte: »Er wurde in sehr strenger Haft gehalten, Kapitän. Nach dem, was in Lagos geschah, hatte ich keine andere Wahl.« Er sprach mit dem gutturalen Akzent eines Südspaniers.
De Soto sagte: »Ihr scheint ihm den Verstand geraubt zu haben. Nun, Killigrew, ich kann Euch im Moment wenig sagen. Seiner Majestät harren viele Entscheidungen politischer Natur. Bis diese getroffen sind, müßt Ihr in Haft bleiben. Ich kann Euch zwei Möglichkeiten bieten: Eine Rückkehr in die Zelle, in welcher Ihr den Winter verbrachtet oder einen weniger unangenehmen Hausarrest. Letzterer kann Euch nur gewährt werden, wenn Ihr schwört, nicht zu fliehen. Wenn Ihr wollt, könnt Ihr es Euch vierundzwanzig Stunden überlegen.«
Ja, es war Pedro Lopez de Soto, Sekretär des höchsten spanischen Admirals.
Ich kämpfte nicht lange mit mir. »Nein!«
»Nein was?« fragte de Soto.
»Ich brauche nichts zu überlegen. Ich bin bereit, zu schwören.«
»Ausgezeichnet. Dann könnt Ihr im Haus von Kapitän Caldes als Gärtnergehilfe arbeiten – vorläufig. Mehr kann ich Euch nicht versprechen.«
Ich befeuchtete meine Lippen.
»Es ist Euch gewiß klar, Killigrew, daß man Euch für Eure Flucht aus Lagos noch zur Rechenschaft ziehen wird. Doch die tückischen Mörder von Kapitän Buarcos und Leutnant Claudio hat bereits die gerechte Strafe ereilt, und die Sache ist damit erledigt.«
»Die gerechte Strafe . . . Aber ich – ich habe –«
»Sagt nichts zu diesem Zeitpunkt, was Eurer Sache schaden könnte. Die Leichen der zwei englischen Soldaten, welche den Mord begingen, wurden auf der Sierra Pelada gefunden, nördlich von Huelva. Am Skelett des einen hing Kapitän Buarcos Degen. Ihre Schuld ist erwiesen. Und dabei wollen wir es für den Moment bewenden lassen.«
Ich starrte ihn an. Drei Jahre später traf ich Major George in London.

Er und Crocker hatten mit zwei Bauern, die sie ihrer Maultiere wegen töteten, die Kleider gewechselt und schließlich die Biscaya erreicht, von wo sie ein Fischerboot nach Hause brachte. Doch im Augenblick war ich überzeugt, meine zwei letzten Freunde verloren zu haben.

»Ich möchte Euch noch einen guten Rat geben, junger Mann. Hört Ihr?«

»Ja.«

»Ändert Eure Religion«, sagte Kapitän de Soto. »Bekehrt Euch zur alten Religion Christi. Tut Ihr das nicht, so kann Euch möglicherweise niemand retten.«

Die Bäume schlugen aus. Der lange Winter war vorbei, und fast von einem Tag zum andern brachen im Garten die Blüten auf. Noch wehten kalte Winde, lag Schnee auf den niedrigen Bergen hinter der Stadt, doch die Sonne erfüllte mich mit neuem Leben. Die purpurne Wunde an meiner Hüfte heilte, und meine letzte Steifheit schwand. Ich war neunzehn Jahre alt.

Ich führte das Leben eines Dienstboten, doch nach der langen Einzelhaft des Winters empfand ich es als angenehm und geisterfrischend. Ich schrieb wiederum meinem Vater und einen Dankesbrief an Mariana – und schließlich einen langen Brief an Sue.

In Kapitän Caldes' Haus gab es fünf Dienstboten; zwei davon waren Neger, doch sie zeigten keinerlei Feindseligkeit und nur sehr wenig Neugier. Für mich waren sie menschliche Gefährten, und diese brauchte ich am meisten. Der einzige Hausgenosse, welcher mir gegenüber Groll und Mißtrauen hegte, war Pater Lorenzo, ein Dominikaner, und ihn mußte ich auf irgendeine Weise gewinnen. Anfangs dachte ich nicht ernstlich daran, de Sotos Rat zu befolgen, doch welches Motiv auch dahinter stecken mochte, er war gut. Falls Pater Lorenzo sich bei der Inquisition beschwerte, würde mich wohl niemand in Madrid retten können.

Die Zeit verging, und seine Feindseligkeit schwand nicht. Ich überlegte alles mit Bedacht. Den Gedanken, einem katholischen Mönch heroisch Trotz zu bieten, verwarf ich; die Schrecknisse des Kerkers von Sevilla hatten mich von derlei Ideen kuriert. So kam ich eines Tages zu dem Schluß, daß es das Beste war zu versuchen, Zeit zu gewinnen.

Er war mürrisch und gab sein Mißtrauen nicht auf, doch nachdem er mich scharf verhört und erfahren hatte, daß aus Madrid bereits eine entsprechende Instruktion gekommen war, erklärte er sich bereit, mir einige Bücher zu leihen und mich bei der Lektüre anzuleiten.
Dies war durchaus nicht uninteressant, sondern im Gegenteil ein Stimulanz für mein verkümmertes Gehirn; doch bald wurde ich gewahr, daß ich auf einem schmalen Grat wandelte, denn der Mönch war kein Mann von Geist und betrachtete alle Fragen als ketzerisch, es sei denn, sie entsprangen reiner Ignoranz. Eine Diskussion mit Godfrey Brett wäre weitaus anregender gewesen.
Der März kam und der April, doch keinerlei Erklärung für diese Behandlung. Es hatte den Anschein gehabt, als wollte de Soto mich von der Ermordung Buarcos' entlasten; diese neue, angenehmere Art der Gefangenschaft glich eher der Zeit in Madrid. Alle schienen auf Instruktionen zu warten.
Von dem Sevilla außerhalb der Mauern des Hauses sah ich nichts, denn das Haus war ans Gefängnis angebaut und ein Teil davon. Zuweilen erwachte ich nachts mit der erdrückenden Angst, ich sei wieder in der Einzelzelle. Dann brachten mir die Atemzüge des Negers auf der Pritsche neben mir Trost und Erlösung.
Ende April wurde Pater Lorenzo ungeduldig. Ich hatte die Bücher gelesen und wußte keine Fragen mehr – zumindest keine, die mich nicht in Gefahr gebracht hätten. Es schien keine Möglichkeit mehr zu geben, die Sache hinauszuschieben. Eines Tages fragte er mich, ob ich bereit sei, die wahre, von Christus gegründete Religion anzunehmen.
Ich versprach, ihm nächste Woche die Antwort zu geben. Ich befand mich in einem argen Dilemma, in welches ich mich zum Teil selbst hineinmanövriert hatte. Als ketzerischer Engländer, soeben aus dem Gefängnis entlassen und auf Entscheidungen aus Madrid wartend, würde man mich im Hause eben geduldet haben, wenn ich mich fügsam und möglichst unauffällig verhielt. Doch nun hatte ein Priester mich in seinem Glauben unterwiesen, und dabei konnte er es nicht bewenden lassen. Ich mußte entweder Katholik werden oder seine Lehre ablehnen. Im letzteren Falle würde er unvermeidlich der Inquisition Bericht erstatten.
War ich bereit, für meinen Glauben zu sterben, so wie vor zwei Jahren in Madrid? Viel hatte sich seither geändert.

Eines Morgens, als ich einige Nelken pflanzte, kam Kapitän Caldes mit einem jüngeren Vetter, Enrico Caldes, in den Garten. Sie sahen mich nicht. Enrico Caldes, ein gutaussehender Mann von Ende Zwanzig mit offenem Gesicht, schimpfte heftig auf das Heilige Offizium.

»Sowie du in ihre Hände gerätst, John, bist du unrettbar verloren. Niemand wagt zu fragen, was aus dir geworden ist, niemand wagt dir zu schreiben oder um Gnade für dich zu bitten. Jegliche Intervention käme der Unterzeichnung des eigenen Todesurteils gleich. Was diesen armen Teufel betrifft –«

»Ich weiß. Ich weiß alles –«

»Ja, aber du weißt nicht, daß Felipe freigelassen wurde –«

»Freigelassen! Mein Gott, welch ein Glück für ihn!«

»Hör mich doch an. Wie du weißt, wurde er mitten in der Nacht verhaftet. Er sagte mir, daß man keine Anklage gegen ihn erhob. Irgend jemand hat falsche Beschuldigungen gegen ihn vorgebracht; er wird nie erfahren, wer. Sechs Wochen lag er in einem gräßlichen Verlies – *sechs* Wochen –; immer wieder beteuerte er seine Unschuld, fragte, was für ein Verbrechen er begangen haben sollte, verlangte eine gerechte Verhandlung seines Falles – und währenddessen wurde all sein Hab und Gut beschlagnahmt und seine Familie in Armut gestürzt. Schließlich, als er zum zehnten Male forderte, ihm den Grund seiner Verhaftung mitzuteilen, wurde er aus seiner Zelle geholt und vor seine Richter gebracht . . .

Es waren ihrer drei. Sie sagten nichts, als er hereinkam. Sie warteten, bis er sprach, und als er sprach, fragten sie ihn, wer er sei, als wüßten sie nicht seinen Namen, als dränge er sich ihnen auf. Was er von ihnen wolle, fragten sie. Und als er fragte, wegen welchen Vergehens man ihn so behandle, sagten sie, *er* solle gestehen, welcher Vergehen er sich schuldig fühle. Als er erwiderte, er fühle sich in keiner Weise schuldig, befahlen sie, ihn wieder in seine Zelle zu bringen. Er wußte, was dies bedeutet hätte – mindestens sechs weitere Wochen im Kerker –, und so blieb er und erklärte sich bereit, seine Sünden zu gestehen. Sie saßen schweigend da und hörten sich an, wie er einige geringfügige Verstöße stammelte, die er sich ihnen zuliebe ausgedacht: daß er an einem Freitagabend Kerzen angezündet, daß er am Sabbath seine Wäsche gewechselt und dergleichen. Doch damit gaben sie sich nicht zufrieden. Sechs Stunden nahmen sie ihn ins Verhör und versprachen ihm – hörst du? – versprachen ihm Pardon, wenn er gestehe. So hat er denn wissend, daß es keine andere Möglichkeit gab, sich zu Verbrechen bekannt, die er nie beging!«

»Nun, es ist die einzige Möglichkeit – das weißt du doch. Sobald man einmal angeklagt ist ... Seine Strafen werden sicherlich nicht leicht sein –«

»Leicht! ... An drei Sonntagen soll er nackt unter Geißelhieben vom Stadttor nach San Clemente getrieben werden. Er mußte geloben, für immer dem Genuß von Fleisch, Eiern, Käse und Wein zu entsagen. Man zwang ihn, obwohl er erst dreiunddreißig ist, ein Keuschheitsgelübde abzulegen. Er muß jeden Tag seines Lebens die Messe hören. Und ein Jahr lang muß er jeden Monat an einem Tag zur Buße barfüßig von seinem Hause zu seinem Priester in San Clemente gehen. So weit ist es mit uns gekommen –«

»Pst, sprich nicht so laut. Lorenzo ist ausgegangen, doch man weiß nicht, wer –«

»Du hast recht. Jeder in diesem Hause kann sein Zuträger sein. Kinder werden ermuntert, ihren Vater, Frauen ihre Männer zu verraten; niemand ist sicher ...«

»Jawohl, so ist es. Ich bin darüber ebensowenig glücklich wie du.«

»Es gibt jetzt eine neue Art von Folterung, die man in Toledo praktiziert; man nennt sie *Tormento di Toca*. Ein Tuch wird dem Opfer vor Mund und Nase gebunden, so daß es kaum atmen kann, und dann ...«

An jenem Abend lag ich lange wach. War Heinrich von Navarra nicht Katholik geworden, um sein Königreich zu erhalten und zu stärken; konnte man mir verübeln, wenn ich das gleiche tat, um mein Leben zu erhalten?

In jener Woche sagte ich, ich sei bereit, und Pater Lorenzo ging mit mir zur Kirche von San Pedro, wo mich zwei andere Priester vier Stunden lang verhörten.

Zuerst mußte ich auf Lateinisch das Vaterunser und das Glaubensbekenntnis und das *Salve Regina* aufsagen. Sodann wurde ich eingehend in Dingen der neuen Religion geprüft. Wer meine Eltern seien und wie sie mich aufgezogen hätten? Welche Einstellung zum römisch-katholischen Glauben man mir beigebracht habe? Was man mich früher über die Messe gelehrt und was ich nun glaube? Was meine Meinung über die heilige Beichte sei? Über die Mönchs- und

Nonnenorden, welche ich in Spanien gesehen? Über die Fürbitte der Heiligen? Über das Fegefeuer? Über das Essen von Fleisch an Fastentragen? Über die Errettung der Seele? So ging es den ganzen sonnigen Frühlingsmorgen. Mittags brachte man mir ein Glas Wasser, und dann wurde das Verhör fortgesetzt.

Schließlich forderte man mich auf, einen feierlichen Eid abzulegen, und dies hätte ich beinahe verweigert, doch schließlich traute ich mich nicht.

»Ich, Maugan Killigrew, gesund an Leib und Seele, erkläre am 29. April im Jahre unseres Herrn 1597 feierlich und ohne Nötigung, daß die Kirche von England keine Kirche ist, sondern des Teufels Synagoge, und daß weder sie noch ihr Glaube Erlösung bringen kann; und daß ich, Maugan Killigrew, mich zum katholischen Glauben der römischen Kirche bekenne und gestehe, daß besagte neue Religion meines Landes von Übel ist und daß sie und alle ihre Ansichten und Zeremonien die Seele in Verdammnis stürzen; und ich verachte und verabscheue sie und sage mich von ihr und besagter Religion los und anerkenne, daß der wahre Glaube jener der römisch-katholischen Kirche ist, in welchem ich unterwiesen wurde, und in dem zu leben und zu sterben und von dem niemals abtrünnig zu werden ich gelobe. Ich bitte in tiefer Demut und Unterwerfung, in Gehorsam und Gottesfurcht durch diese meine Bekehrung in die heilige Katholische Kirche aufgenommen zu werden. Im Namen des Vaters . . .«

Am folgenden Morgen nahm ich zusammen mit den anderen Dienstboten das Sakrament im alten Glauben.

Der Mai kam und mit ihm die erste Hitze. Wir wässerten den Garten jeden Morgen, doch die glühende Sonne saugte die Feuchtigkeit binnen einer Stunde auf. Die Pflanzen verdorrten, der leiseste Wind wirbelte Staub auf. Wir standen um vier statt um fünf auf und hielten in der nachmittäglichen Hitze drei Stunden Siesta. Seit ich den alten Glauben angenommen, gewährte man mir größere Freiheit, und ich durfte im Hause umhergehen. Von den oberen Fenstern konnte man über die Stadt blicken, und an jenen ersten heißen Tagen wurden die Kuppeln und maurischen Türme und Bögen zu einer flimmernden, unwirklichen Fata Morgana, zu einer Phantasiestadt am Rande eines Flusses, die nur in dem regenbogenfarbenen Gischt eines Wasserfalls existierte.

De Soto ließ sich nicht mehr blicken, und Kapitän Caldes sah ich kaum, doch eines Abends kam Enrico Caldes mit einem anderen Marinekapitän in den Garten. Als ich den Garten verließ, hörte ich den Gast sagen, er komme aus Brest, und so stahl ich mich, als es finster wurde, wieder hinaus.

Die beiden sprachen über England. Ein Spion war soeben vom Hofe mit den neuesten Nachrichten nach Brest gekommen. Raleigh stand wieder in der Gunst der Königin; man nahm an, daß er bald wieder seinen alten Posten als Captain der Garde übernehmen würde. Er und Essex und Cecil arbeiteten jetzt in bestem Einvernehmen zusammen. Sie stimmten darin überein, dies bedeute, daß Cecils Friedenspartei unterlegen war und daß er sich mit den Befürwortern eines verstärkten Krieges verbündet hatte. Ein neuer Angriff auf Spanien sei deshalb wahrscheinlich. Jetzt hinge so gut wie alles von der Armada ab, die gegenwärtig bei Ferrol zum Kampfe rüste. England müsse unbedingt in diesem Jahr besiegt werden.

Der Marinekapitän war überzeugt, daß beide Länder in diesem sich so lange hinziehenden Krieg der Erschöpfung nahe waren und daß jenes, das in diesem Jahr am härtesten zuschlüge, ihn gewinnen werde. Die Bedingungen für eine Armada seien jetzt weitaus günstiger als im Jahre '88; es gelte nur, sie vorzubereiten und zur rechten Zeit auszuschicken. Er selbst kehre nächste Woche mit beträchtlichen Verstärkungen nach Brest zurück.

Er hatte unter dem Adelantado bei Lepanto gekämpft und hegte große Bewunderung für ihn; ein vorsichtiger, doch entschlossener Soldat, sagte er. Diesmal werde es gewiß ganz anders ausgehen als das letzte Mal.

In diesem Augenblick läutete die Gefängnisglocke, und ich wich in den Schatten zurück und schlich zum Haus.

Am zwanzigsten Mai fiel endlich eine meine Zukunft betreffende Entscheidung.

Kapitän Caldes sagte: »Euer Eid, nicht zu fliehen, gilt immer noch, Killigrew. Ihr habt geschworen, diese Stadt weder zu Fuß noch auf irgendeine andere Weise zu verlassen. Werdet Ihr Euch daran halten?«

Ich versprach es.

»Dann könnt Ihr innerhalb der Stadtgrenzen gehen, wohin Ihr

wünscht. Ich habe Euch ein eigenes Zimmer in diesem Hause herrichten lassen, in dem Ihr wohnen werdet, bis Ihr nach Cadiz geht.«
Ich starrte ihn an und fragte mich, ob der Frieden gekommen war.
»Man wird Euch genügend Geld geben, daß Ihr leben und Euch neue Kleider kaufen könnt. Mein Vetter wird sich um Euch kümmern. Sagt ihm bitte, was Ihr braucht.«
Ich muß wohl ebenso dumm dreingeblickt haben, als man mich damals zuerst vor diesen Mann brachte. »Vielen Dank ... Ich möchte gern zu einem Barbier ... Und etwas Seife würde ich brauchen.«
Freundlich lächelnd stand Enrico Caldes auf. »Kommt, Killigrew, ich zeige Euch die Stadt.«

Er zeigte mir die Stadt.
Wir gingen zu einem Stierkampf; ein wildes, lärmendes Schauspiel, dem die ersten Aristokraten der Stadt beiwohnten, aufgeführt unter einem strahlenden Himmel, der die Farbe unpolierten Stahls hatte; wir sahen die große Kathedrale Santa Maria de la Sede, wo die Chorknaben vor dem Hochaltar einen feierlichen Tanz mit Kastagnetten vorführten; man zeigte uns das Jesuitenkolleg; wir nahmen am heiligen Abendmahl in der San Pedro-Kirche teil; wir gingen an der Stadtmauer spazieren, und am Abend saßen wir in einem Garten, in dem Gitarristen traurige spanische Weisen spielten.
Aus einem Gefangenen war ich zu einem Gast geworden. Ich war ganz verblüfft über Enrico Caldes Freundlichkeit und Höflichkeit. Ich versuchte ihn zum Reden zu bringen, konnte aber nichts aus ihm herausbekommen.
Am zweiten Juni sagte Enrico: »Könnt Ihr Euch bereitmachen, morgen nach Cadiz zu reisen?«
»Heißt das, daß ich nach England zurückgeschickt werden soll?«
»Das weiß ich nicht, mein Freund. Aber bald werden wir es ja wissen.«
Wir brachen um sechs Uhr morgens auf und erreichten Cadiz am nächsten Abend. Selbst im rasch schwindenden Licht konnte man sehen, daß ein großer Teil der Stadt zerstört war.
Wir stiegen in einem Gasthaus am Rande der Stadt ab und frühstückten um sieben Uhr frische Flundern und gewürztes Hammelfleisch und tranken dazu Bier. Um acht gingen wir zu Fuß zum Fort St. Philip. Man führte uns in einen Raum, dessen Fenster auf die Bucht gin-

gen. In dem Raum waren drei Männer: Andres Prada, Marianas Onkel, Don Juan de Idiaquez, jener hohe Würdenträger und Mitglied der *Junta de Noche*, in dessen Anwesenheit man mich in Madrid mit der Botschaft an meinen Vater beauftragt hatte, und Captain Elliot.

In diesem Augenblick wußte ich, wer die Entscheidung getroffen hatte, welche die Haltung der Spanier mir gegenüber so drastisch änderte, und wie die Entscheidung lautete.

Als ich den Ring an Captain Elliots Hand sah, wußte ich sofort, daß es jener mit dem spanischen Königswappen war, den man meinem Vater mit der Aufforderung geschickt hatte, ihn dem Überbringer seiner Antwort zu geben.

11

Eine Woche später segelte ich nach El Ferrol.

Ich hörte einmal, wie Zweckdienlichkeit die Kunst genannt wurde, das Kluge zu tun, ohne Rücksicht darauf, was richtig und gerecht ist. Es ist ein Wort, das Idealisten nicht gern hören. Mein Idealismus war längst geschwunden.

Oder vielleicht hing das Ganze irgendwie mit dem zweiköpfigen Adler der Killigrews zusammen, der in beide Richtungen blickt.

Jedenfalls stellte ich fest, daß man den Übertritt zum Katholizismus nicht als leere Geste vollziehen und es dabei belassen kann. Die Priester in der San Pedro-Kirche waren zu tief in mich gedrungen. Es war unmöglich, mit diesen würdigen, geduldigen, verständnisvollen Priestern über geringe Sünden mit verstecktem Grinsen zu sprechen; es war unmöglich, das Gefühl zu unterdrücken, daß ich, indem ich ihnen die grundlegende Lüge vorenthielt, gewissermaßen auch Gott anlog.

Die Täuschung war auf der materiellen Ebene ebensowenig schmackhaft. Der Empfang, den die drei Männer in Fort St. Philip mir bereiteten, war infolge meiner Religionsänderung überaus freundlich. Mir standen drei Möglichkeiten offen. Erstens, mich von meinem Vater und seinem Verrat loszusagen. Zweitens, ihn mit Erstaunen und Verständnislosigkeit und leisem Widerwillen zu akzeptieren. Drittens, ihn zu begrüßen, als hätte ich ihn halb erwartet und seine und ihre

Pläne auf jede nur mögliche Weise zu fördern. Das erste hätte meinen Übertritt zur katholischen Religion sinnlos gemacht und mich wahrscheinlich wieder in den Kerker gebracht. Das zweite war ein Kompromiß, der vielleicht mein Leben gerettet, doch sonst nichts genützt hätte. Das dritte war eine Heuchelei, die mir wahrscheinlich Freiheit innerhalb Spaniens und vielleicht später eine Gelegenheit zur Flucht bringen würde.

In jener Nacht erwachte ich oft schwitzend – manchmal meinetwegen und manchmal der Sache wegen, die mein Vater, um sich vor dem Schuldgefängnis zu retten, zu tun bereit war.

Ich konnte mir das Ganze gut vorstellen: Wie Mr. Killigrew verzweifelt in seinem Studierzimmer saß, nachdem er sich zu etwas überwunden hatte, was er so selten tat: seine Schulden zusammenzuzählen. Bisher hatte es noch stets ein Haus gegeben, das er verkaufen oder auf das er eine Hypothek aufnehmen konnte, oder irgendeinen reichen Bekannten, an den er sich um Hilfe wenden konnte. Stets hatte er noch auf etwas zählen können: daß Elliot oder Burley ihm etwas liehen oder daß ein alter Schuldschein im letzten Moment verlängert werden würde; bisher war es noch immer so gewesen, und währenddessen wäre es ein Jammer gewesen, sich so ein gutes Wetter zur Falkenjagd entgehen zu lassen ... Doch heute nicht. Ein Schuldgefängnis ist kein angenehmer Ort; mein Vater wußte es aus Erfahrung.

Doch da war Captain Elliot. »Zehntausend Pfund, Mr. Killigrew. Von wo könnt Ihr sie sonst erhoffen. Vom Staatsrat nicht, und auch nicht von der Königin. Von ihr habt Ihr nicht einmal die Ritterwürde erhalten, die allen älteren Söhnen verliehen wurde, als die das nötige Alter erreichten. Alle sind gegen Euch, Mr. Killigrew: Godolphin, Trefusis, Trelawny, Mohun – sie werden die ersten sein, die Euch einen Fußtritt versetzen. Doch es gibt eine Möglichkeit, eine ganz einfache, durch die Ihr über sie triumphieren könnt, durch die ihr die Ritterwürde erlangen könnt und obendrein den Besitz von Godolphin, Trelowarren, Erisey, Enys und Trefusis. Ihr braucht nicht etwa eine Armee aufzustellen, eine Revolte anzuführen, in den Krieg zu ziehen. Nein, nein. Ihr braucht nichts weiter zu tun, als Euch eines oder zweier Euer Gefolgsleute, die in einer kritischen Lage Schwierigkeiten bereiten könnten, zu entledigen und dann braucht Ihr nur zu warten, bis die Schiffe vor Eurer Küste erscheinen. Ist das nicht ein wenig besser als das Schuldgefängnis, in das Ihr ansonsten kommen würdet? Und was bedeutet Euch der Krieg schon? Dies ist Eure große Chance, Ruhm und Reichtum zu erringen. Überlegt es Euch, Mr. Killigrew. Doch überlegt nicht zu lange. Ich breche morgen mit der Flut auf . . .«

Es war ein seltsames Treffen, dort im Waffenraum der Burg St. Philip. Die Antwort meines Vaters in der Hand horchten sie Mr. Killigrews Sohn aus. Er hatte bereits zu verstehen gegeben, daß seine Gesinnung die gleiche war wie seines Vaters. Er war schon zuvor in Spanien gewesen, er beherrschte die Sprache, er hatte die erste Botschaft überbracht, er war vor kurzem Katholik geworden: alles deutete darauf hin, und Mr. Killigrews Sohn besaß die Geistesgegenwart – oder die Gemeinheit – zu verstehen, worauf ihre Gedanken hinausliefen und ihnen zu folgen.

Es war auch noch auf andere Weise ein seltsames Treffen, denn obgleich man mich am Ende gründlich geprüft und vieles angedeutet hatte, war dennoch alles geheim und unklar geblieben. Ich merkte, daß Enrico Caldes sich über den Zweck des Treffens nicht ganz klar war; er wußte viel mehr als ich über die sich versammelnde Flotte, doch er wußte nichts von dem Angebot an meinen Vater.

Enrico Caldes segelte mit mir nach Ferrol. Captain Elliot war bereits unterwegs nach Cartagena, und Don Juan de Idiaquez kehrte nach Madrid zurück. Prada hatte noch Geschäfte in Cadiz zu erledigen; bevor ich abreiste, ließ er mich zu sich rufen.

»Señor«, sagte ich, »ich habe Euch – und Mariana – zu danken, daß Ihr Euch um mich gekümmert habt, als ich nach meiner Flucht im letzten Herbst wieder gefangen wurde.«

Sein walnußbraunes Gesicht verzog sich zu einem Lächeln. »Eure Flucht ist eine Sache, die wir vergessen haben – aus Staatsräson . . . Ich möchte Euch noch ein paar letzte Worte sagen, Killigrew, nun, da wir allein sind.«

Ich wartete.

»Wenn wir England angreifen, sind wir uns der Unterstützung vieler Leute auf allen Gebieten sicher. Doch die Eures Vaters wird, wie ich Euch wohl nicht zu sagen brauche, für unsere Sache von ganz besonderem Wert sein. Ich glaube jedoch, daß er sich nicht nur des Goldes wegen auf unsere Seite geschlagen hat. Und ich hoffe, auch Ihr habt es nicht nur getan, um Euer Leben zu retten.«

»Nein.«
»Also werdet, wenn die Zeit kommt, auch Ihr uns helfen. Ihr sprecht unsere Sprache. An Euch werden wir unseren guten Willen gegenüber jenen Eurer Landsleute beweisen, die nicht gegen uns sind. Wenn alles vorbei ist, werdet Ihr Eure Unterstützung nicht zu bereuen haben.«
Ich befeuchtete meine Lippen.
Er fuhr fort: »Doch es gibt eine große Gefahr. Die wichtigste Voraussetzung für einen militärischen Erfolg ist die Überraschung. Die Tatsache, daß wir unsere Armada versammeln, läßt sich vor den englischen Spionen nicht verbergen. Was jedoch verborgen werden kann, ist ihr Ziel.«
»Ich verstehe.«
»Bis jetzt wissen in Spanien nur fünf Personen, darunter der König, das Ziel dieser Flotte. Nicht einmal den obersten Admirälen ist es bis jetzt bekannt. Es ist Euch sicher klar, daß man, wenn dieses Geheimnis durchsickert, sogleich in England Vorbereitungen für unseren Empfang treffen würde.«
»Ja.«
»Als Euer Vater auf unsere Aufforderung positiv reagierte, hatten wir anfangs die Absicht, Euch in Gefangenschaft zu behalten. Ihr könnt uns jedoch nützlich sein. Aber Ihr seid Euch gewiß bewußt, daß es für Euren Vater das Todesurteil bedeuten würde, wenn die Information, in deren Besitz Ihr seid, in England bekannt wird.«
»Dessen bin ich mir bewußt.«
»Liebt Ihr Euren Vater?«
»Ja.«
»Das dachte ich mir. Dann genügt es wohl, wenn ich Euch darauf hinweise, daß ein ein einziges unbedachtes Wort von Euch Euren Vater das Leben kosten würde.«
Ich nickte.
»Dann lebt wohl. Ich hoffe, wir werden uns eines Tages wiedersehen.«

Ich hatte vor zwei Jahren, als uns der Sturm am Auslaufen hinderte, eine Woche in La Coruña verbracht, war aber nie nach El Ferrol gekommen, welches zwölf Meilen auf dem Seeweg und vielleicht vierzig auf dem Landweg entfernt ist. Jetzt liefen wir durch einen langen, gut bewachten und schmalen Kanal ein und sahen die Stadt und die Schiffswerft hinter dem Felsrücken, der sie vor dem Meer verbirgt. Es war ein gänzlich natürlicher Hafen, weit besser geschützt als Cadiz, und man konnte verstehen, warum die englischen Admiräle zögerten, ihn anzugreifen.

Vierundachtzig Schiffe lagen darin, als wir eintrafen, etwa ein Viertel davon Galeonen, die jedoch, wie man deutlich sehen konnte, noch nicht zum Auslaufen bereit waren. Die *San Pedro*, die *San Pablo* und die *San Juan* gehörten zu der »Apostelflotte«, von welcher wir vier Schiffe bei Cadiz zerstört hatten. Die *San Pablo* mit ihren 1200 Tonnen war die größte Galeone.

Ich teilte mit Enrico Caldes und zwei anderen Männern ein Zimmer in einer Herberge in der Mitte der Stadt, in der Offiziere der Flotte Quartier bezogen hatten. Auf meinen Wunsch hin gestattete man mir, in der kleinen Stadt umherzuwandern, doch außer den Schiffen, die zur Überholung in der Werft lagen, gab es nichts Interessantes zu sehen. Im letzten Herbst war eine große Flotte mit dem Ziel England ausgelaufen, jedoch durch schlechtes Wetter, welches großen Schaden anrichtete, zurückgetrieben worden.

Eines Nachts traf Kapitän Lopez de Soto mit der *Espíritū Santo* ein, einer kleineren Galeone, welche er innerhalb der Armada befehligen sollte, und am nächsten Morgen ließ er mich zu sich rufen.

In einem Morgenmantel aus grüner Seide saß er in seiner Kabine, auf deren Tisch die Reste seines Frühstücks standen, und ein Diener kämmte sein kupferrotes Haar. Er schickte den Diener hinaus.

»Nun, Killigrew, seid Ihr gut untergebracht? Kümmert sich Caldes um Euch?« Er wartete nicht auf meine Antwort. »Seine Exzellenz Don Martin de Padilla ist in Madrid, und ich vertrete ihn während seiner Abwesenheit.«

»Jawohl, Sir.«

»Caldes ist speziell für Euch verantwortlich, doch Ihr untersteht beide meiner Aufsicht. Soviel ich gehört habe, werdet Ihr mit uns segeln, wenn es soweit ist.«

»Jawohl, Sir.«

»Zweifellos hat man Euch Aufgaben zugedacht, über die man Euch später informieren wird . . .«

Er wartete. Seine Stimme hatte einen leicht fragenden Unterton, auf den ich jedoch nicht reagierte.

»Alle Anweisungen werden zu gegebener Zeit erteilt«, fuhr er fort. »Wie Ihr seht, gibt es hier noch viel zu tun. Ich denke, vor August werden wir nicht auslaufen.«
»Sir«, sagte ich, »ich bin ein guter Schreiber und beherrsche beide Sprachen. Ganz gleich, welche Pflichten mir später zugedacht sind – kann man mir bis dahin nicht irgendetwas zu tun geben? Ich würde gerne Euch oder einem anderen Offizier meine Dienste zur Verfügung stellen.«
»Ich werde darüber nachdenken.«
Als ich zur Türe ging, sagte er: »Killigrew.«
»Ja?«
»Ihr habt England mit einer großen Flotte verlassen, welche ein großes Vorhaben hatte – die Zerstörung von Cadiz.«
»Ja.«
»Ist es nicht eine seltsame Fügung des Schicksals, daß Ihr mit einer anderen, noch größeren Flotte zurückkehrt, deren Vorhaben noch größer ist?«
Ich sagte: »Möge ihr der gleiche Erfolg beschieden sein.«
Ich glaube, dies war keine kluge Bemerkung, denn ich bemerkte ein Funkeln in seinen Augen; mir war der doppelte Sinn erst bewußt geworden, während ich sprach. Doch dies ist das Risiko der Heuchelei; man muß bei jedem Worte seine Zunge hüten.

Einen Monat lang arbeitete ich als Untersekretär in der Marineintendantur neben der Werft. Die Arbeitszeit war von sieben bis zwölf und von drei bis acht; doch manchmal hätte ich, wenn alles besser organisiert gewesen wäre, alles, was ich tat, in zwei Stunden am Tag erledigen können. Zwanzig Schreiber, ebenso viele Sekretäre und ein Dutzend höherer Beamter waren mit der Indienststellung der Flotte beschäftigt, doch Verzögerungen und Systemlosigkeit machten viele ihrer Bemühungen zunichte.
Überdies war El Ferrol, obgleich gegen einen Angriff von außen so hervorragend gesichert, zur Ausrüstung einer großen Armada schlecht geeignet. Es lag von den Zentren der spanischen Macht zu weit entfernt. Die Straße nach Madrid führte über Gebirge und war stellenweise in miserablem Zustand; der Weg über See war weit. Man hatte wenig unternommen, um die kleine Stadt für ein so großes Unternehmen vorzubereiten. Die Soldaten hausten in Zelten auf dem

kahlen Berghang, und ein zu großer Teil der Matrosen war bereits auf den Schiffen untergebracht; sie verbrauchten Vorräte und viele erkrankten bereits im Hafen. Die Straßen waren nicht gepflastert, so daß alle Fahrzeuge Staubwolken aufwirbelten, und viele waren infolge der tiefen Furchen unbenützbar. Gräben waren mit Abfällen gefüllt, die von Fliegen wimmelten. An nahezu jeder Ecke standen Feldküchen mit großen Kesseln an Dreifüßen zur Verpflegung der Schiffsarbeiter und Matrosen und Schreiber. Über allem und jedem lag feiner weißer Staub. Er bedeckte die Welt mit einer dünnen Schicht; die Hände waren rauh davon, er knirschte zwischen den Zähnen, das Haar war damit wie gepudert. Er lag auf dem Essen und dem Wein und auf Büchern und Stühlen und Betten.
Während jenes Monats sah ich viele der spanischen Admiräle und Kapitäne, welche die Flotte befehligen würden: Don Diego Brochero, der bei der Expedition als Vizeadmiral fungieren sollte, ein lebhafter, heftiger Mann; Bertendona, der die große Schlacht mit der *Revenge* geführt hatte, bei der Sir Richard Grenville fiel; Oliste, Urquiola und Villaviciosa – alles Männer mit großer seemännischer Erfahrung, von denen man keinen seiner Herkunft wegen mit einem Kommando betraut hatte. Die Spanier machten, wie Raleigh oft gesagt hatte, einen Fehler kein zweites Mal.
Der Adelantado selbst war ein großer, ernster Mann von etwa fünfzig Jahren mit einer Neigung zur Pedanterie, der Schlamperei haßte, doch es war Brochero, der seine Leidenschaft und sein Feuer auf alle übertrug. Jedesmal, wenn er durch die Intendantur ging, war es, als wehe ein erfrischender Wind hindurch. Er war für die Disziplin verantwortlich, und es verging kein Tag, an dem nicht am Galgen am Kai ein Toter baumelte: Soldaten, die desertiert waren, Matrosen, die sich der Insubordination schuldig gemacht hatten, Werftarbeiter, die man beim Stehlen ertappt hatte.
Während ich mich allmählich eingewöhnte, bekam ich allerlei von den Meinungen und Ansichten zu hören, die in der Stadt herrschten. Die ausländischen Kapitäne drängten sich nicht danach, in See zu stechen. Die Schlacht im Kanal vor neun Jahren war noch nicht vergessen und der vernichtende Sturm im vergangenen Jahr in zu frischer Erinnerung; ein Sieg der Spanier würde ihnen nicht viel einbringen; ihre Länder lebten in einer unsicheren Allianz mit Spanien oder waren von ihm unterworfen. Sie hätten gern einen Sieg des ka-

tholischen Glaubens gesehen, es aber vorgezogen, wenn andere die führende Rolle gespielt hätten.
Sodann gab es die Fanatiker wie de Soto, die nur Vergeltung im Sinne hatten, die ständig unter der Niederlage des Jahres '88 und der Plünderung von Cadiz im vergangenen Jahr litten und es nicht erwarten konnten, mit einer neuen Armada England anzugreifen. Zu ihnen gehörten die meisten führenden Männer. Doch Seine Exzellenz Don Martin de Padilla, Conte de Gadea, steuerte einen Kurs der Mitte. Dieser nüchterne Mann, auf dessen Schultern die Last des ganzen Unternehmens lag, ließ sich nicht aus der Ruhe bringen. Er unterschätzte England und die bevorstehenden Gefahren nicht. Deshalb trug er dafür Sorge, daß die Vorbereitungen bis ins letzte Detail getroffen wurden. Erst wenn die Zeit reif war, im August oder gar erst im September, würde er die Befehle ausgeben und die große Armada würde in See stechen.
In jenem ersten Monat wuchs sie immer mehr an. Drei weitere Apostel-Galeonen liefen ein: die *San Bartolomeo*, die kleineren *San Marcos* und *San Lucar*; die *Almirante* aus Ivella; von allen die größte; die *Misericordia*, das portugiesische Flaggschiff; zehn deutsche und flämische Schiffe und ein Dutzend anderer Galeonen verschiedener Größe. Die Flotte war bereits stärker als die englische, die Cadiz eingenommen hatte; und in der nächsten Woche trafen 3000 weitere Infanteristen und 500 Kavalleristen ein, sowie Feldartillerie und Maultiere und Ochsen und große Mengen Munition und Proviant. In dieser Hinsicht befand sich der Adelantado in einem Dilemma. So große Streitkräfte, wie er sie jetzt besaß, verbrauchten allmählich ihre Vorräte, und während er auf noch größere wartete, würden sie langsam immer weniger werden.
In jener Woche – es war die letzte im August, und die sommerliche Hitze erreichte ihren Höhepunkt – wurden mehrere wichtigen Konferenzen abgehalten, bei denen es zu Meinungsverschiedenheiten kam. Die letzte verließ de Soto in rasender Wut. Am gleichen Tag wurde vor La Coruña eine englische Flotte gesichtet.

Die Bestürzung, die sich in El Ferrol ausbreitete, bewies, welchen Eindruck die Eroberung von Cadiz im letzten Jahr gemacht hatte. Befehle und Gegenbefehle wurden erlassen, Schiffe bemannt, Geschütze montiert, Regimenter versammelt. Eine Gruppe von Sturmbooten wurde mit der Order hinausgeschickt, sich aufzufächern und einen drohenden Angriff zu melden. Am zweiten Morgen zählte ich von einem hohen Felsen aus zwanzig Schiffe. Ich stand in der heißen Morgensonne, sprach leise mit Enrico Caldes und betete stumm zu meinem protestantischen Gott.

Er hörte mich nicht. Die Sturmboote meldeten zwanzig Schiffe: fünf königliche Galeonen, darunter die *Due Repulse* und die *Hope*, dreizehn andere große Schiffe und zwei Sturmboote. Die *Due Repulse* war bei Cadiz Essex' Flaggschiff gewesen, doch die Spanier sagten, sie trage nicht seinen Stander. Die Flotte segelte zwischen El Ferrol und den westlich von La Coruña gelegenen Sisargas-Inseln vor und zurück, als wollte sie die Spanier hervorlocken. Ein halbes Dutzend kleiner Schiffe war bereits gekapert worden, als sie unerwartet um Kap San Adrien bogen.

Der Adelantado hatte in jener Woche vom König die Anordnung erhalten, seine Armada zum sofortigen Auslaufen bereitzumachen; darauf hatte erwidert, daß sie bei weitem noch nicht vollständig sei – Proviant, weitere militärische Verstärkungen und Schiffe, die man ihm versprochen haben, stünden noch aus; vor allem die zweiunddreißig Schiffe des Geschwaders von Sevilla unter Admiral Don Marcos de Arumburu, einem anderen Teilnehmer der Schlacht gegen Grenville, mit den Divisionen der andalusischen Garde an Bord; außerdem sei Prinz Andrea Doria von Italien mit einer Flotte von Galeeren und einer starken Truppe italienischer Infanterie unterwegs; es wäre Wahnsinn, ohne sie auszulaufen, hatte der Adelantado eingewandt.

Doch nun, da eine englische Flotte direkt vor seiner Türe erschienen war, würde er vielleicht seinen Sinn ändern. Brochero drängte auf einen sofortigen Angriff, ebenso die meisten Kapitäne. Doch Bertendona war dagegen und schließlich auch Don Martin. Seiner Ansicht nach war die englische Flotte nicht groß genug. In diesem Stadium den Hafen zu verlassen, vielleicht zehn Schiffe bei der Zerstörung von zwanzig englischen zu verlieren, den Engländern seine Stärke zu zeigen und wertvolle Munition und Proviant zu vergeuden, wäre ein großer Fehler ...

So warteten wir nahezu eine Woche in großer Spannung. Ein oder zwei Mal täglich meldeten die Ausgucks das Auftauchen der englischen Flotte vor der Betanzos-Bucht. Dann verschwand sie wieder, und der

Alarm wurde abgeblasen. Am sechsten Tag erschien sie nicht. Sie war abgezogen. Die Vorbereitungen in El Ferrol nahmen ihren Fortgang.
In der ersten Augustwoche begab sich Kapitän de Soto nach Madrid, und ich wurde auf die Galeone *San Bartolomeo* versetzt, zu der man mich jeden Tag mit einem Ruderboot brachte. Fünfzig Iren führten auf ihr Umbauten und Reparaturen durch. Keiner von ihnen sprach Spanisch; man hatte sie auf einer Schaluppe aus Cork gebracht, und meine Aufgabe war es, die Anweisungen des Aufsehers zu übersetzen. In der selben Woche wurde Kapitän Pedro de Zubiaur mit sieben Galeassen, zwei Versorgungsschiffen und 2000 Infanteristen nach Blavet geschickt, wo er auf die Ankunft der Armada warten sollte. Dadurch wurden die Versorgungsprobleme in El Ferrol etwas verringert. Ebenfalls in dieser Woche traf ein spanischer Spion, ein Engländer namens Pennell, an Bord eines dänischen Schiffes in La Coruña ein und meldete sich beim Marinerat in El Ferrol. Er sprach nur wenig Spanisch, und so zog man mich als Dolmetsch bei. Vier andere Männer nahmen an dieser Besprechung teil: Don Martin, sein Beichtvater Pater Sicilia, Admiral Brochero und General de Guavara.
Pennell war vor einer Woche in Plymouth gewesen und wußte über die dortigen Vorgänge genau Bescheid. Die englische Flotte, die fünf Tage lang vor der Betanzos-Bucht kreuzte, hatte Lord Thomas Howard befehligt; sie war Teil einer viel größeren Expedition gewesen, die durch einen schrecklichen Sturm vor Ushant zerstreut worden war. Sir Walter Raleigh war mit seinem schwer beschädigten Geschwader nach Plymouth zurückgekehrt. Der Earl of Essex, dessen Flaggschiff *Mere Honour* fast gesunken war, war mit etwa dreißig oder vierzig anderen ebenfalls schwer in Mitleidenschaft gezogenen Schiffen seiner Flotte in Falmouth eingelaufen. Auch der holländische Admiral hatte aufgegeben. Nur Howards Geschwader war dem ärgsten Sturm entgangen und zu dem vereinbarten Treffpunkt gesegelt. Dort war er, wie wir gesehen hatten, auf die anderen wartend hin und her gesegelt und hatte die spanische Flotte herauszufordern versucht. Jetzt war er wieder in Plymouth, und seine Schiffe wurden zusammen mit den anderen überholt.
Ob die Engländer für dieses Jahr noch eine weitere Expedition planten? Bestimmt, erwiderte Pennell, wenn die Königin ihre Erlaubnis nicht zurückziehe. Welche Absichten hätten sie, falls sie kämen? Sie planten, El Ferrol anzugreifen, möglicherweise mit Feuerschiffen, und

dann zu den Azoren zu segeln und dort die Schatzflotte zu erwarten und zu kapern. Daß die Spanier sich nicht zum Kampfe stellten, sagte Pennell, habe den Eindruck erweckt, daß sie noch längst nicht bereit seien und in diesem Sommer nicht mehr auslaufen würden.
Pennell war ein ruhiger, beherrschter Mann, der sein Leben lang zur See gefahren war und offenbar einmal ein Schiff kommandiert hatte. Doch jetzt zitterten seine Hände, und man merkte, daß nur der Whisky, den er trank, ihn aufrechthielt. Bestürzt hörte ich, daß er den Namen Killigrew nannte. Ein oder zwei Mal war ich versucht, eine Antwort zu verfälschen, denn Pennells Information schien echt zu sein, doch ich kam zu dem Schluß, daß das Risiko zu groß sei. Das war gut so, denn als ich Pater Sicilia das nächste Mal sah, sprach er in einem recht passablen Englisch mit dem irischen Priester, welcher die Freiwilligen begleitet hatte ...

De Soto kehrte befriedigt von seinem Besuch in Madrid zurück. Bald darauf verbreitete sich die Nachricht, daß die Armada noch mindestens zwei weitere Wochen nicht auslaufen würde. Es schien seltsam, daß er über diese Verzögerung froh war.
Das Wetter, das seit einiger Zeit unbeständig war, wurde jetzt windig und regnerisch. Schiffe, die aus der Biskaya einliefen, meldeten Sturm und eine für Anfang August ungewöhnliche Kälte.
Als man mich eines Tages zur *San Bartolomeo* ruderte, kamen wir an einer Pinasse vorbei, die frisch gestrichen wurde. An Bord wurden einige Umbauten vorgenommen und ihr Name *Cabagua* übermalt. Als wir sie auf der Rückfahrt wieder passierten, malte man den Namen *Mark of Gloucester* darauf. Ich fragte einen der spanischen Matrosen, welcher achselzuckend sagte: »Sie ist im Frühjahr gekapert worden. Es ist ein englisches Schiff, Señor.«
»Aber warum gibt man ihr wieder ihren englischen Namen?«
»Ich weiß nicht, Señor.«
»Es ist doch auch eine englische Takelage, mit der sie ausgerüstet wird, nicht wahr?«
»Ja, gewiß, Señor.«

Der Hafen und die Docks von El Ferrol glichen jetzt einem Wald von Masten. Einhundertfünfzig große Schiffe waren darin versammelt, außerdem viele kleine. Wegen des schlechten Wetters liefen schutz-

suchende Küstenschiffe und Fischerboote ein, und es kam zu Kollisionen und Schäden. Ein Pulverschiff sank an seinem Ankerplatz, und eine portugiesische Galeone lief oberhalb der Stadt auf Grund. Sowohl auf den Schiffen wie an Land war Fieber ausgebrochen. Ich entging ihm, doch Enrico Caldes erkrankte schwer, und bis Mitte August starben etwa hundert Männer. Immer noch desertierten viele Soldaten und Matrosen, und selbst die strengsten Maßnahmen, die Admiral Brochero verhängte, hielt sie nicht davon ab. Ich dachte daran, welche Schwierigkeiten die Anwerbung von Besatzungen auf der Themse bereitet hatte. Viele der Konferenzen, zu denen die ausländischen Kapitäne eingeladen wurden und bei denen es nicht um wichtige strategische Dinge, sondern um gewöhnliche Versorgungsfragen ging, endeten fruchtlos und mit Streit.
Die Spanier hatten den Engländern gegenüber einen Vorteil: einen Oberkommandierenden, welcher absolute Autorität besaß, doch aus den Geschehnissen, die ich verfolgte, ging deutlich hervor, daß Brochero, der stets auf Aktivität drängte, sich mit Seiner Exzellenz Don Martin in den Haaren lag, und von de Soto, Antonio de Urquiola und einigen anderen einflußreichen Kapitänen unterstützt wurde.
Ein paar Tage, nachdem ich die *Mark of Gloucester* zum ersten Mal gesehen hatte, erblickte ich Pennell auf ihr, und am Abend unterdrückte ich meine Abneigung, trank mit ihm einen Becher Branntwein und brachte ihn zum Reden.
»Was?« sagte er. »Die *Mark of Gloucester?* Nun, mein Freund, ich bin ihnen eben nützlich gewesen. Ihr versteht? Ich habe sie mit den neusten Informationen versorgt, und als Belohnung haben sie mir ein eigenes Schiff gegeben. Im Vergleich zu dem Schiff, das ich in meiner besten Zeit kommandierte, ist es freilich nur klein und schlecht ausgerüstet, doch ich werde mir damit meinen Lebensunterhalt verdienen, indem ich von einem Hafen zum andern fahre.«
»Sie werden Euch freilassen?« fragte ich.
»Freilassen? Ich war nie ihr Gefangener, mein Freund. Sie *schenken* mir dieses Schiff als Lohn für die Dienste, die ich ihnen geleistet habe.«
»Und die Besatzung?«
»Die Besatzung? Oh, das ist kein Problem, mein Freund. Ich brauche nicht mehr als zehn Mann. Ich habe bereits einen irischen Obermaat, zwei flämische Matrosen und einen Dänen und einen Franzosen.«

»Und sie sind bereit, Euch diese Leute zu überlassen?«
»Warum nicht? Auf ein Dutzend mehr oder weniger kommt es doch nicht an.«
Ich beobachtete ihn, während er trank. Was wäre wohl, wenn ich zu ihm sagte: Nehmt mich mit? Ob er mich an die Spanier verraten würde?
Am folgenden Tage wurde ich von der *San Bartolomeo* wieder in die Intendantur versetzt, wo ich Kapitän de Soto traf.
»Nun, Killigrew, Ihr seid also dem Fieber entgangen. Schaut Euch um, wie viele Leute es hier hinweggerafft hat! Ich möchte, daß Ihr diesen Requisitionsschein abschreibt – dreimal. In einer Stunde müßt Ihr damit fertig sein. Kommt dann an Bord der *San Pablo* – dort habe ich Arbeit für Euch.«
An jenem Abend aß ich mit einigen niedrigeren Offizieren auf der Galeone und lauschte ihrer angeregten Unterhaltung. Es waren gutaussehende, freundliche Burschen. Sie waren über die neuerliche Verzögerung empört. Sie wollten endlich segeln und den Feind in seinen heimischen Gewässern zum Kampfe stellen. Stolz und tapfer wie sie waren, empfanden sie es als demütigend und unerträglich zu warten, bis, wie einer von ihnen sagte, »die Engländer an ihre Haustüre klopften«.
»Ganz so ist es nicht«, sagte ein älterer Leutnant. »Kriege gewinnt man nicht durch Gesten, sondern durch gute Vorbereitung, durch Strategie und erst zuletzt durch Kämpfen.«
»Hört euch Rodrigo an!« sagte ein anderer. »Dies wird kein Scharmützel wie vor neun Jahren! Wir werden die englischen Flotten stellen und schlagen, bevor wir ihre Küste auch nur zu Gesicht bekommen. Es heißt, sie werden diese Woche in See stechen.«
»Trotzdem bezweifle ich, daß wir ihnen begegnen werden.«
Sie drängten ihn, mehr zu sagen, doch er blickte in meine Richtung, und so stand ich auf.
»Ihr könnt sicher offener sprechen, wenn ich gehe?«
»Nein, nein. Ich weiß, daß Ihr auf unserer Seite steht. Ich kann nur sagen, daß man sich, soviel ich gehört habe, bemühen wird, die englische Flotte von unserer Küste fortzulocken, damit wir nach England segeln können, ohne vorher in eine Schlacht verwickelt zu werden. Und ich bin überzeugt, daß dies das Beste wäre. Wir würden sie in einer offenen Schlacht nicht ohne schwere Verluste auf beiden Seiten

schlagen, und wenn es sich vermeiden läßt, habe ich keine Lust, mit zerfetzten Segeln und durchlöcherten Rümpfen in die nördlichen Gewässer einzulaufen. So groß auch der Sieg sein mag, der endgültige Sieger könnte das Wetter sein. So war es letztes Mal.«

Darauf schwiegen die andern. Ich überdachte das Ganze; es erklärte de Sotos Bestreben, zu warten.

Am nächsten Tag arbeitete ich wieder an Bord der *San Pablo*, auf die de Soto vorübergehend versetzt worden war.

»Sir«, sagte ich, »wie ich sehe, unternimmt man Bemühungen, die englische Flotte fortzulocken, wenn sie in diese Gewässer einläuft. Könnte ich nicht auf irgendeine Weise helfen? Ich kenne meine Landsleute und ihre Gepflogenheiten.«

De Soto las den Brief zu Ende, den sein Schreiber geschrieben hatte und nahm das Wachs, um ihn zu versiegeln.

»Wer hat Euch das erzählt? Captain Pennell in seinem Dusel?«

»Nein. Aber die *Mark of Gloucester* hat sicher nicht umsonst wieder ihren alten Namen erhalten.«

De Soto drückte das Marinesiegel auf das Wachs. »Ich soll Euch also den Grund erklären?«

»Ich hoffte, helfen zu können.«

»Ihr könnt nicht helfen. Vielleicht wird es andere Aufgaben für Euch geben – wer weiß? Ich kann's Euch nicht sagen, denn man hat mich nicht darüber informiert.«

In diesem Augenblick kam der Schreiber zurück, ging jedoch gleich wieder hinaus.

»Doch da Ihr diese Beobachtung gemacht habt, kann es wohl nicht schaden, wenn Ihr den Rest erfahrt. Wenn sich das Wetter bessert, werden wir eine Gruppe kleinerer Schiffe hinausschicken, welche die Engländer erwarten sollen. Es werden ausländische Schiffe sein, bemannt mit Engländern, Iren und Flamen, und einige werden sicherlich gekapert werden. Sie werden alle berichten, daß der Adelantado mit seiner Flotte zu den Azoren gesegelt ist, um die von Westindien kommende neue Schatzflotte zu schützen. Man hofft, daß Eure Admiräle ihn ›verfolgen‹ werden.«

»Aber, Señor, wenn Euch dies gelingt – was wird dann die Engländer davon abhalten, die Gelegenheit zu ergreifen und statt dessen Cadiz oder Lissabon anzugreifen?«

»Zweierlei, Killigrew. Erstens, daß Erfolge auf See und Gier nach Gold

Euren englischen Admirälen stets am wichtigsten gewesen sind. Zweitens: Die Räumung von Cadiz, nachdem sie es im letzten Jahr besetzt hatten, beweist, daß die territoriale Eroberung Spaniens weit über ihre Kräfte geht oder daß sie nicht daran interessiert sind ... Deshalb glauben wir, daß sie nach den Azoren segeln und England ungeschützt lassen werden.«

12

Zuerst hielt ich es für unwahrscheinlich, daß dem spanischen Manöver Erfolg beschieden sein könnte: Raleigh oder Essex würden bestimmt in den Hafen von El Ferrol hineinsegeln, um sich selbst zu überzeugen, wo sich die spanische Flotte befand. Erst als die List gelungen war, begann ich, an sie zu glauben.

Eines Tages traf ich auf der Straße Richard Burley. Ich erschrak, denn obgleich er mich freundlich und offenbar ohne Erstaunen begrüßte, schien die Nähe dieses Mannes in meinem Leben immer ein böses Omen zu bedeuten. Er erzählte mir, daß er am 18. August Cawsand bei Plymouth verlassen habe und daß die englische Flotte zu dieser Zeit zum Auslaufen bereit gewesen sei und nur auf ein Umschlagen des Wetters gewartet habe.

Bald danach lief die *Mark of Gloucester* mit Captain Pennell und einer bunt zusammengewürfelten Besatzung aus. Sie hatte eine für Weymouth bestimmte Ladung Wein und Salz aus Oporto und La Coruña. Zugleich mit ihr verließen andere kleine Schiffe den Hafen.

In jener Woche gab man mir ein in Englisch verfaßtes Flugblatt zu lesen und bat mich, es sorgfältig nach Druckfehlern durchzusehen. Es war an das englische Volk gerichtet und versprach allen, die den katholischen Glauben annahmen, Gnade und Förderung, drohte aber allen Protestanten mit dem Schwert. Als ich in derselben Woche einen Raum der Intendantur betrat, fand ich darin englische Flaggen aufgestapelt ... sie sollten an die ganze Flotte verteilt werden.

Ich hatte zu dieser Zeit keine Ahnung, daß die englische Flotte unter Essex' Oberbefehl sich keine hundert Meilen von der spanischen Küste befand. Bis jetzt war sie gut vorangekommen, doch jetzt geriet sie in einen weiteren großen Sturm jenes tückischen Sommers. Die zwei bei Cadiz eroberten und in England umgebauten spanischen Galeonen machte der Sturm völlig manövrierunfähig, und sie mußten Häfen an der Biskaya anlaufen. Der Mast von Sir Walters *Warspite* wurde schwer beschädigt, und Lord Essex' *Due Repulse* trug ein gefährliches Leck davon. Die restliche Flotte wurde zerstreut, und Raleigh, der die anderen Schiffe an dem vereinbarten Punkt nicht traf und mit seinem beschädigten Schiff nur vor dem Wind laufen konnte, begab sich nach Süden zu dem zweiten Treffpunkt vor Lissabon. Nahe Finisterre kaperte eine Fregatte seines Geschwaders eines der mit den falschen Nachrichten von Ferrol ausgesandten Schiffe.

In El Ferrol legte de Soto sein Mißtrauen mir gegenüber immer mehr ab. Ich war fähig, diskret und stets willig. So erfuhr ich von vielen Entscheidungen, sobald sie getroffen wurden.

Es wurde beschlossen, die Vorräte auf allen Schiffen von zehn auf fünf Wochen zu kürzen. Für eine Eroberungsexpedition schien dies ausreichend, doch alle waren sich der Gefahren dieser Maßnahme bewußt.

Jeden Tag berichteten Sturmboote, welche zwischen Kap Finisterre und Kap Ortegal patrouillierten, was sie gesehen hatten, und bald erfuhren wir, daß vor Finisterre eine große englische Flotte gesichtet worden war. (Es war die englische Hauptflotte unter Essex, die sich nach dem Sturm sammelte.)

Eine Zeitlang wußten wir nicht, ob die Köderschiffe mit ihren falschen Berichten Erfolg gehabt hatten. Dann meldeten drei verschiedene Sturmboote, daß sie Essex und die übrige Flotte vor Muros auf Südkurs gesichtet hatten.

Sie waren fort und der Weg frei. Es war der 9. September.

Sofort begann die Einschiffung. Man brachte letzte Vorräte an Bord, schickte Botschaften an den König, brachte Truppen und Ausrüstung und Munition, Maultiere und Pferde und Vieh mit Fähren auf die Transporter und Galeonen. Zu meiner Enttäuschung wurde ich mit Enrico Caldes an Bord der *San Bartolomeo* beordert. Auf ihr fuhren die fünfzig irischen Freiwilligen, und ich wurde als Dolmetsch gebraucht. Eine weitere Kompanie von hundert irischen Soldaten unter ihrem eigenen Captain befördert die *San Juan Bautista*.

Kapitän der *San Bartolomeo* war Ferdinando Quesada, ein magerer, asketischer Mann mit großem Privatvermögen, der zwei Pagen hatte, welche abends musizierten. Kommandeur der an Bord befindlichen

Soldaten war Diego Bonifaz, der im Range Quesada gleichstand und absolute Befehlsgewalt über seine Leute hatte, als reisten die Angehörigen von Armee und Marine nur zufällig zusammen.
Richard Burley machte die Reise an Bord der *San Mateo*, einer von der neuen Schiffswerft in Quenteria soeben gelieferten Galeone, welche die bei Cadiz zerstörte gleichen Namens ersetzte. Captain Elliot schloß sich der Flotte mit der *Dolphin* als unabhängiger Kommandeur mit eigener Besatzung an.
Die Einschiffung dauerte zwei Tage; am Morgen des zwölften setzte die erste Galeone ihre Segel und lief aus der langen, schmalen Fahrrinne des Hafens aus.
Der Befehl lautete, sich in der Betanzos-Bucht zu sammeln und auf günstigen Wind zu warten. Es dauerte dreißig Stunden, bis sich die große Flotte fünfzehn Meilen von Ferrol an der westlichen Seite des felsigen Kaps versammelt hatte. Das Wetter war immer noch stürmisch, und ein böiger, tückischer Wind wehte, als ich am Morgen der ersten Inspektion an Deck ging. Die Schiffe ankerten in sechs Reihen, deren jede aus zehn Galeonen und vierzehn anderen Schiffen bestand. Insgesamt waren es 144 große Kriegsschiffe. Hinzu kamen weitere sechzig Karavellen, Sturmboote, Versorgungsboote und Fregatten. Auf diesen Schiffen befanden sich 5000 Seeleute, zahlreiche Feldgeschütze, Maultiere, Pferde, Ochsen und über 10 000 Soldaten.
Der Adelantado führte seine Inspektion auf einer geschmückten Barke durch, die von vierundzwanzig ausgesuchten Matrosen gerudert wurde. Am Großmast der *San Pablo*, der neben uns liegenden Galeone, flatterte der Wimpel des Adelantado, eine breite, schwalbenschwanzförmige grüne Flagge, so lang, daß ihre Enden ins Wasser tauchten, wenn der Wind nachließ. Die ganze Flotte war mit Fahnen und Standarten geschmückt. Die in Reihen angetretenen Männer jubelten, Kanonen wurden abgefeuert, die Galeonen schaukelten in der Dünung, der Wind rüttelte an den Masten und Takelagen, und die Barke des Adelantado schwankte und schlingerte; an den Rudern glänzte Salzwasser, und am Bug sprühte feiner Gischt auf.
Wie immer in der ersten Nacht auf See schlief ich unruhig. Eine spanische Galeone ist ein weit komfortableres Schiff als ein englisches Schlachtschiff; es gibt für die Leute mehr Bequemlichkeit und mehr Platz zwischen den Decks. Noch wußte niemand an Bord unser Ziel in England. Ich hörte, wie die Offiziere beim Essen Spekulationen

darüber anstellten, doch Falmouth wurde nicht erwähnt. Einige dachten an die Isle of Wight, einige an Schottland, einige an Milford Haven; andere meinten, wir würden schnurstracks die Themse hinaufsegeln und London erobern.
Am nächsten Morgen erfuhren wir, daß wir noch einige Tage auf Admiral Arumburu und das Geschwader aus Sevilla warten würden.
Wir warteten bis zum achtzehnten. Statt der großen Sevilla-Flotte, begleitet von Prinz Andrea Dorias Galeeren, erschien eine einzelne Fregatte. Sie meldete, daß vor erst zehn Tagen eine englische Flotte unter Sir Walter Raleigh vor der Tajomündung aufgetaucht sei, welche offenbar die Absicht hatte, Lissabon zu erobern. Man hatte deshalb Admiral de Arumburu angewiesen, für den Fall eines solchen Angriffs vor Lissabon zu patrouillieren. Auch Dorias Galeeren waren instruiert worden, die englische Attacke abzuwarten. Überdies drohte Gefahr von den Türken, mit denen Elizabeth angeblich über ein Bündnis verhandelte.
Ich konnte mir de Sotos Wut vorstellen. Die ideale Gelegenheit, gegen ein von seiner Flotte entblößtes England einen mächtigen Angriff zu führen, verstrich ungenützt, weil es an Mut und dem Geist eines einzigen zielstrebigen Mannes mangelte. Philipp II. war es gewiß nicht, der zauderte; doch während seiner kürzlichen Erkrankung war seine Autorität untergraben worden, und Schwäche und Unentschlossenheit hatten sich breitgemacht.
An Bord der *San Pablo* fanden viele Konferenzen statt. An der letzten nahm Kapitän Quesada teil, und als er zurückkehrte, berichtete er, daß die Flotte ohne die Verstärkung aus Sevilla segeln werde. Am Morgen des zwanzigsten würde sie die Anker lichten, immer noch ebenso stark wie die Armada des Jahres '88 und mächtiger als jede andere Flotte der Welt. Man werde keine weitere Zeit vergeuden – nur einen Tag, um frisches Wasser und Proviant zu laden und die Kranken an Land zu bringen.
Der neunzehnte war ein schöner Tag. Die westlichen Winde waren abgeflaut, und eine Zeit ruhigen Herbstwetters schien bevorzustehen, genau passend für die Expedition. An jenem Abend lud Kapitän Quesada zwei italienische Kapitäne, einen portugiesischen und einen biskayanischen ein, mit ihm und Kapitän Bonifaz zu speisen. Der Franzose und der eine Italiener sprachen nicht Spanisch, und so befahl man mir, an dem Essen teilzunehmen.

Den ganzen Tag war ich unruhig gewesen, erfüllt von einem Gefühl der Machtlosigkeit und Niedergeschlagenheit. Obwohl ich so gut wie alles über die spanischen Pläne wußte, hatte ich dennoch nicht das mindeste tun können, sie zu vereiteln. Man mußte sich vorstellen, welche Zerstörungen nur vier Galeassen vor zwei Sommern angerichtet hatten und diese mit zweihundert multiplizieren, um einen Begriff von den Folgen dieser Invasion zu haben. Was würde geschehen, wenn diese große Invasionsstreitmacht, ohne auf Widerstand zu stoßen, bei Falmouth landete? In einer Nacht würde sie halb Cornwall besetzen. Plymouth, nunmehr ungeschützt durch Drake und Hawkins, würde in zwei oder drei Tagen fallen. Da die englische Flotte weit weg war, würde bald der Kanal ohne Kampf in spanischen Händen sein. Mit Fähren konnten sie ungehindert Truppen von der Bretagne übersetzen. Wenn Essex und Raleigh mit ihrer Flotte zurückkehrten, würden sie einer Invasionsstreitmacht gegenüberstehen, die fest Fuß gefaßt hatte, von besetzten englischen Häfen aus operierte und leichter als die englische Flotte ihren Proviant und ihre Munition ergänzen konnte.
Eine Weile sprach man während des Abendessens von Musik: der eine Italiener spielte Viola und Kornett, und er und Quesada bestritten allein die Konversation. Doch plötzlich sagte mir der andere Italiener, daß er Quesada eine Frage stellen wolle. Ob der spanische Marinekommandeur wisse, daß französisch-protestantische Streitkräfte in Katalonien eingefallen seien? Wenn ja, inwiefern würde dies ihre eigenen Pläne beeinflussen?
Quesada, aus angenehmeren Gedanken herausgerissen, runzelte die Stirne und sagte: Ja, die französischen Protestanten hätten in den östlichen Pyrenäen einige Vorstöße gemacht, doch würde man sie rasch zurückschlagen; auf die spanischen Pläne habe das keinen Einfluß. Darauf sagte Kapitän Conti, der Italiener, es ginge das Gerücht um, daß Prinz Andrea Doria und seine Galeeren nach Barcelona zurückbeordert werden sollten, statt der Armada nach England zu folgen.
Der Biscayer bat mich sodann, zu sagen, er habe überdies gehört, daß Heinrich von Frankreich, der so lange eine defensive und statische Politik getrieben, Amiens angegriffen und soeben befreit habe. Wenn dies wahr sei, so sei das doch ein schwerer Schlag für Spanien.
Quesada erwiderte, er habe nichts davon gehört; Gerüchte gingen

immer um, es sei ihnen wenig Bedeutung beizumessen. Was auch immer in Frankreich geschehe, es könne die Hauptstrategie des Krieges nicht beeinflussen. Sobald England zusammengebrochen sei, würde das Hauptzentrum des calvinistischen und gottlosen Widerstandes verschwunden sein und auch jeglicher andere Widerstand zusammenbrechen.

»Ja«, sagte der Portugiese, seine Hände spreizend. »*Sobald* England zusammengebrochen ist. Aber wie lange wird es Widerstand leisten und mit wieviel Blut werden wir unseren Sieg erkaufen? Sein Angriff auf Spanien im letzten Jahr war nicht die Tat eines schwachen und entzweiten Landes.«

»Es ist nicht schwach«, unterbrach ihn Bonifaz, »aber es ist entzweit. Alle unsere Spione berichten dies. Und während es ohne seine Flotte ist, bietet sich unsere große Chance. Wir segeln morgen.«

Schweigen senkte sich herab. Sie dachten alle an das, was vor uns lag. Dann sah Conti mich an und sagte:

»Ihr seid Engländer. Ihr müßt Euer Land gut kennen. Wie beurteilt Ihr die Aussichten dieser großen Expedition?«

Ich starrte ihn an, wie gebannt durch die Möglichkeiten, die seine Frage bot. Diese Männer würden wohl nicht viel auf meine Meinung geben. Und dennoch ...

»Ich hoffe, Sir, daß diese Expedition siegreich sein wird. Nur eines bereitet mir Sorgen ...«

Ich verstummte und suchte nach den rechten Worten, um Klugheit und Scharfsinn betend.

»Und das wäre?«

»Wie Ihr wißt, Sir, war ich letztes Jahr bei der Expedition nach Cadiz Sekretär von Sir Walter Raleigh ...«

»Nein, das wußte ich nicht.«

Wir sprachen Englisch, und Quesada und drei der andern konnten nichts verstehen.

»Nun, dazumals wurde von einer Sache viel gesprochen, und zwar davon, daß unsere Flotte unbedingt vor der Tag- und Nachtgleiche zurück in England sein müsse. Zu dieser Jahreszeit herrschen an unseren Küsten starke Stürme. Es war das Hauptargument, welches dagegen vorgebracht wurde, Cadiz besetzt zu halten. Es stand ein Monat bevor, in dem keine Versorgungsgüter durchkommen würden.«

»Die Tag- und Nachtgleiche?« sagte Conti. »Wann –«

»Sie beginnt am 22. oder 23. dieses Monats, Sir. Also in zwei Tagen. Deshalb glaube ich nicht, daß die englische Flotte nach den Azoren gesegelt ist. Es ist zu spät im Jahr. Ich glaube, daß sie von dieser Küste aus auf Heimatkurs gegangen ist. Meiner Meinung nach liegt sie bereits im Hafen, doch wird sie ohne Zweifel herauskommen, wenn wir uns der englischen Küste nähern – falls es das Wetter gestattet.«

Conti wandte sich zu dem biscayanischen Kapitän.

Der Franzose zuckte die Achseln. »Ich bin Stürme gewöhnt; es gibt sie zu jeder Zeit. Freilich, zur Tag- und Nachtgleiche besonders starke. Aber das Meer ist immer tückisch, auch unser Mittelmeer, *capitaine.*«

Conti sagte zu mir: »Habt ihr Kapitän Quesada erzählt, was Ihr eben sagtet?«

»Er hat mich nicht danach gefragt.«

»Dann seid so freundlich, es ihm zu sagen.«

Ich sagte es ihm.

Quesada erwiderte: »Sagt Kapitän Conti, daß wir keine Kinder sind, die sich vor jedem Schatten fürchten.«

Conti antwortete: »Sagt Kapitän Quesada, daß es kein Schatten war, der letztes Jahr sieben unserer Galeonen vernichtete und 2000 Mann das Leben kostete.«

Quesada sagte: »Sagt Kapitän Conti, das war im November: wir segelten unsicher und unvorbereitet auf Befehl eines Königs, der nichts von diesen Dingen versteht. Jetzt ist September: wir sind gut vorbereitet, und dieser Junge kann nicht beurteilen, was uns erwartet. Ich bin schon im September vor Ushant gesegelt, und das Meer war ruhig wie ein Teich.«

»Gut vorbereitet!« sagte Conti. »Ich habe mich beim Adelantado beschwert, daß mein Proviant schlecht und unzureichend ist und meine Besatzung mit grünen Jungens ergänzt wurde. Er hat nichts darauf gegeben. Wir segeln morgen – vielleicht dem Sieg entgegen, vielleicht aber auch dem Untergang!«

Der Franzose beugte sich über den Tisch. »Wißt Ihr nicht, Junge, daß ein Sturmboot vor sechs Tagen meldete, daß diese englische Flotte sich bereits den Azoren nähert?«

»Dann habe ich wohl unrecht.«

»Was veranlaßt Euch dann, dies zu sagen?«

»Nur Sir Walter Raleighs Worte, als er im letzten Jahr mit Lord Essex konferierte.«
»Und die waren?«
»Man sprach damals von dem Plan, bevor die Expedition nach Cadiz unternommen wurde – daß spät im Jahr eine Flotte England verlassen und dann Kurs auf die Azoren nehmen sollte, um eine Armada zu verlocken, England anzugreifen, während es scheinbar ungeschützt sei. Dann sollten die Engländer heimlich nach England zurückkehren und darauf warten, daß das Wetter Eure Schiffe kampfunfähig macht, bevor sie angreifen ...«
Zögernd fügte ich hinzu: »Natürlich kann es jetzt anders sein. Es mag stimmen, daß England ungeschützt ist und daß wir es leicht erobern können. Doch es macht mich unruhig, daß anscheinend alles nach dem Plan verläuft, über welchen die Engländer letztes Jahr diskutierten.«

Der Morgen des zwanzigsten war sonnig und klar, doch vor Mittag kam plötzlich ein starker Nordwestwind auf. Er blies direkt in die Betanzos-Bucht. Wieder ein Tag verloren, dachte ich. Denn obgleich ich übertrieben hatte, war vieles von dem, was ich über das Wetter gesagt hatte, wahr: es stand bestenfalls ein Monat Segelwetter bevor. Kein englischer Kapitän blieb mit seiner Flotte nach Ende Oktober auf See. Am Abend fand an Bord der *San Pablo* wieder eine Konferenz statt, an der alle höheren Marineoffiziere teilnahmen. Am nächsten Morgen hatte der Wind etwas nachgelassen, doch wir segelten nicht.
Ich bekam unwillkommenen Besuch. Über das vom Wind gekräuselte Meer ruderten sechs schwarzhaarige spanische Matrosen Captain Richard Burley von der *San Mateo* zur *San Bartolomeo.* Er hatte eine Besprechung mit Kapitän Quesada, und danach ließ er mich holen.
Burley begrüßte mich mit spöttischem Grinsen. »Nun, Landsmann, ich bin herübergerudert, um ein Wort mit Euch zu reden. Wir hatten ein wenig Ärger, wie Ihr Euch sicher denken könnt.«
»Ärger?«
»Ja, mit unseren ausländischen Kapitänen. Sonst wären wir gesegelt.«
»Wieso?«
Sein blauer Anzug war schäbig wie immer; in seinem einen Ärmel

war ein Riß und die Ränder waren ausgefranst; er sah aus wie ein Pirat. »Das fragt Ihr, Landsmann? Ihr scheint doch Euer Bestes getan zu haben, es durch Verbreitung von Lügen und Gerüchten zu verhindern.«

»Ich verstehe nicht.«

»Habt Ihr zum Beispiel nicht die Meinung geäußert, daß die Engländer uns überlisten und nicht wir die Engländer?«

»Das habe ich nicht gesagt, Captain Burley. Doch letztes Jahr war dies Raleighs Plan, und ich wies auf die Gefahr hin.«

Burley spuckte auf den Boden; dann sah er Quesadas Stirnrunzeln und verrieb den Batzen mit dem Fuß. »Seid Ihr auf unserer Seite, Killigrew? Oder versucht Ihr, das Ganze hinauszuzögern, bis es zu spät ist?«

»Ich versuche nichts hinauszuzögern. Ich möchte nur zu gern nach Hause.«

»Das sagt Ihr. Und die hohen Herren glauben Euch. Ich für meinen Teil würde Euch am liebsten aufknüpfen, bevor Ihr weiteres Unheil anrichtet.«

»Ich kann nur sagen, Ihr täuscht Euch.«

»Hm . . . Nun ja, mag sein. Die hohen Herren haben Pläne, von denen ich nichts weiß. Zum Beispiel, welches unser Ziel ist. Doch falls Ihr Zweifel säen wolltet, glaubt nur nicht, daß ihr Zögern alleine eine Folge Eurer Worte ist. Die Zweifel waren bereits da, bevor Ihr spracht. Was Ihr sagtet, war nur der Tropfen, der das Faß zum Überlaufen brachte.«

Ich blickte Kapitän Quesada an, der, wie ich merkte, dann und wann ein Wort verstand.

»Was ist denn mit diesen ausländischen Kapitänen?« fragte ich.

»Sie haben Angst, versteht Ihr nicht? Sie zucken vor ihren eigenen Schatten zusammen. Gestern am frühen Morgen liefen zwei portugiesische Fischerboote ein und meldeten, Raleigh kreuze noch mit 150 Schiffen vor Lissabon. Nichts als Lügen und Unsinn. Die ganze englische Flotte hat keine 150 Schiffe, nicht einmal 100. Das wissen wir. Und drei Viertel davon sind bei den Azoren, wenn nicht alle. Wenn Raleigh den anderen nicht gefolgt ist, so hat er sich den Befehlen widersetzt und befehligt keine zwanzig Schiffe.«

»Warum laufen wir dann nicht aus?«

»Man will nichts riskieren. Und Ihr und Euresgleichen seid schuld daran. Das Gerücht hat sich schneller als Fieber auf den Schiffen verbreitet. Deshalb beschloß der Adelantado, um die ausländischen Kapitäne zu beruhigen, auf den nächsten Kurier von den Azoren zu warten, der morgen eintreffen soll. Indessen hat er den König verständigt und wartet auch auf dessen Antwort.«

»Und wann laufen wir nun aus?«

»Morgen oder übermorgen. Länger zu warten, können wir uns nicht leisten. De Soto und Brochero kochen vor Wut. De Soto hat mich zu Euch geschickt; er ist zu beschäftigt. Er sagte, ich soll mit Euch sprechen und ihm sagen, was ich denke. Was soll ich ihm ausrichten, hm? Seid Ihr nur eine Memme oder treibt Ihr ein falsches Spiel?«

»Ich habe vielleicht ein wenig unbedacht gesprochen. Doch war es nur eine Antwort auf die an mich gestellten Fragen.«

Captain Burley rieb den Stiefel, den er über sein Knie gelegt hatte. Sein Haar fiel ihm in die Stirne. »Nun, laßt Euch von einem Landsmann einen guten Rat geben – beantwortet keine mehr. Sonst hängt Ihr an jener Rahe. Verstanden? Ich knüpfe Euch eigenhändig auf.«

Langsam erhob er sich. Er war ein großer Mann und schien den ganzen Raum zu füllen. »So, ich gehe. Auf Wiedersehen in England – falls Ihr dann noch lebt. Adios, Kapitän.«

Wir sahen ihn von Bord klettern. Die Sonne verschwand hinter einer weißen Wolkenbank. Kapitän Quesada schnitt eine Grimasse.

»Ein ungehobelter Bursche und ein Spitzbube.«

Die nächsten zwei Tage waren schön und warm; von Osten wehte eine starke Brise, die uns jedoch nicht am Segeln gehindert haben würde. Am zweiten Tag traf der erwartete Kurier von den Azoren ein. Raleigh hatte sich der übrigen Flotte angeschlossen, welche Flores erreicht hatte und in Richtung Fayal segelte. Sie waren also etwa 1200 Meilen von Spanien entfernt. An der Richtigkeit dieser Meldung gab es keinen Zweifel; der Kommandeur des Sturmboots war ein spanischer Offizier von größter Zuverlässigkeit: er hatte das Geschwader selbst gesehen. Auf Admiral Brocheros Vorschlag versammelten sich alle Kapitäne der Flotte auf der *San Pablo*, wo der Offizier die Meldung selbst vorlas. Inzwischen erhielt der Adelantado eine Depesche des Königs, der nun völlig genesen war.

Auch diese las Don Martin den versammelten Kapitänen vor. Sie enthielt die Mitteilung, daß Admiral Don Marcos de Arumburu Lis-

sabon sofort verlassen und mit seinem andalusischen Geschwader nach England segeln werde. Obwohl der Adelantado die gesamte Flotte befehligte, sollte er nicht auf Arumburu warten, sondern ohne weiteren Aufschub auslaufen. Jeder Kapitän, so fügte der König hinzu, der in irgendeiner Weise Schwierigkeiten mache, solle sofort an der Rahe seines eigenen Schiffs gehängt werden.
Nun konnte kein Widerspruch mehr erhoben werden, doch ich wußte, daß auf der *San Bartolomeo* infolge der Verzögerung ein beträchtlicher Teil des Proviants verbraucht worden war, und ein Teil des Rests war, wie immer, verdorben, so daß wir nur für höchstens drei Wochen Proviant und Wasser an Bord hatten.
Früh am folgenden Morgen weckte uns eine Kanone. Das erste Geschwader unter Don Martin de Padilla läuft schon aus, dachte ich. Verschlafen zog ich mich an und ging an Deck. Der Himmel war grau und die See wogte; ein heulender Westwind trieb Wolken vor sich her. Zwei der kleineren Galeonen hatten in der Tat die Bucht bereits verlassen, doch ihr heftiges Schlingern und Schaukeln, die wenigen Segel, die sie aufgezogen hatten, waren Beweis genug, daß wir, was König Philipp auch sagen mochte, heute nicht auslaufen konnten.

Es dauerte eine Woche, bis der Sturm sich legte. Zweimal in dieser Zeit wurden Versuche unternommen, in See zu stechen, doch am vierten Tag drehte der Wind auf Nord-West, und da er so direkt in die Mündung der Bucht blies, war das Auslaufen unmöglich. Alles wurde unternommen, die Flotte bereitzuhalten, damit sie zu jeder Stunde aufbrechen konnte. Man bemühte sich sogar, unseren dezimierten Proviant zu ergänzen. Transporter wurden nach La Coruña und El Ferrol zurückgeschickt, um Zwieback aus den Backöfen von Neda zu holen und in Santiago, Lugo und den Dörfern der Umgebung Lebensmittel zu requirieren. Soldaten und Matrosen, die nach wie vor in großer Zahl an Fieber erkrankten, wurden an Land gebracht und sechs neue Kompanien eingeschifft. An Bord wurde strengste Disziplin aufrechterhalten, bei den vielen untätigen Männern keine leichte Aufgabe; kein Tag verging, ohne daß einer gehängt oder mehrere Männer ausgepeitscht wurden. Vielleicht half die große Zahl von Priestern, die Ordnung zu bewahren. Zufällig hatte ich an der Konferenz an Bord der *Ark Royal* teilgenommen, bei der Essex die Gebetsordnung für die Expedition nach Cadiz verkündete und betonte, daß es sich im Grunde um ein religiöses Unternehmen handle; doch dieses war nichts im Vergleich zu dem heiligen Kreuzzug, den diese Armada durchführen sollte. Er wurde wahrhaftig mit der gleichen Leidenschaft unternommen wie jener zur Befreiung Jerusalems von den Ungläubigen.

Am Vormittag des siebenten Tages ließ der Wind nach, und innerhalb einer Stunde lichtete die *San Pablo*, an deren Mast der schwalbenschwanzförmige grüne Wimpel flatterte, die Anker und verließ die Bucht. Ein Schiff ihres Geschwaders nach dem andern folgte, und bei Sonnenuntergang waren wir alle auf See.

So begann meine Heimreise.

Als wir die Bucht verließen und nordöstlichen Kurs nahmen, breitete sich die ganze große Armada um uns aus. Don Martin mit seinem grünen Wimpel führte das erste Geschwader an. Dicht hinter ihm auf seiner Backbordseite – stets näher als nötig, als dränge er ihn – folgte Don Diego Brochero, an dessen Mast eine gelbe Flagge flatterte. Das dritte Geschwader befehligte Admiral Bertendona mit einem roten Wimpel.

Bei Sonnenuntergang erhielten alle Schiffe der Flotte den Befehl, an der Galeone des Admirals vorbeizusegeln. Während sie dies taten, riefen die Mannschaften jedes Schiffes dreimal Hurra, und Trompetenstöße ertönten. Dann fragte der Kapitän nach dem Losungswort für die Nacht und dem Kurs, den er steuern sollte. Darauf setzten sie sich in einer Reihe hinter das Flaggschiff und erhielten die Anweisung, die *San Pablo* bis zum Morgen nicht zu überholen.

Alle Lichter wurden gelöscht, außer in den Kabinen der Offiziere, denen kleine Lampen gestattet waren.

Während ich einschlief, fragte ich mich, ob morgen der Sturm wohl wiederkommen würde. Er kam nicht, das Wetter war schön und klar. Der Sonnenaufgang wurde mit einem Trompetentusch begrüßt, und die ganze Armada zog wieder salutierend am Adelantado vorbei. Dann wurde auf allen Schiffen eine *Missa Sicca*, eine »trockene Messe« ohne Wandlung, abgehalten. Der Tag verging ohne besondere Zwischenfälle.

Endlich wurden die versiegelten Order geöffnet und ihr Inhalt der übrigen Flotte mitgeteilt. Das Ziel war Falmouth. Sollte schlechtes Wetter oder eine Schlacht die Schiffe voneinander trennen, so war der Treffpunkt die Falmouth-Bucht. Die Soldaten erhielten strenge

Anweisung, bei der Landung die Leute in Falmouth Haven gut zu behandeln; in allen anderen Orten sollten die Einwohner niedergemetzelt werden. Caldes sagte mir, daß allein die *San Bartolomeo* 100 000 Dukaten mit sich führte, die in England zur Bestechung und Belohnung verwendet werden sollten.
Als die zweite Nacht auf See hereinbrach, waren wir gut vorangekommen. Den ganzen gestrigen Tag hatten wir kein Schiff gesichtet. Ich kannte dieses Wetter aus meiner Jungenzeit; oft kamen nach den Stürmen des September und Oktober zwei oder drei goldene Herbstwochen mit leichtem westlichem Wind und ruhigem Wasser. Für die Spanier schienen sich all die Verzögerungen gelohnt zu haben.

Mein Vater in seinem Schloß erwartete gewiß jeden Tag diese Flotte. Bedrängt von Gläubigern, betrogen von seiner Schwiegertochter, umgeben von einer jungen, vielköpfigen Familie, ein Abtrünniger und Verräter ... Was würden die andern im Hause wohl tun? Was würde Foster, der für das Fort verantwortlich war, denken, wenn diese Flotte in der Bucht vor Anker ging? Was würde Carminow, der Kanonier, tun, wenn man ihm befahl, nicht zu feuern? Auf wie viele Leute würde mein Vater sich verlassen können; wie viele würden seine Anweisungen befolgen? Henry Knyvett natürlich. Und meine Großmutter, falls sie noch lebte, würde auf seiner Seite sein. Wenn die Flotte mit englischen Fahnen geschmückt eintraf und mein Vater so tat, als wüßte er von ihr, würde man seinen Befehl, die Landungskommandos freundlich zu empfangen, befolgen, bis es zu spät war. Niemand würde die Initiative und den Mut haben, sich ihm zu widersetzen. Vielleicht würde Hannibal Vivian in der anderen Burg das Feuer eröffnen, doch vielleicht würde man auch ihn durch eine falsche Nachricht von Pendennis täuschen, und überdies würde Fort St. Mawes allein eine Landung nicht verhindern können.

Ich konnte nur Vermutungen darüber anstellen, was in ein paar Tagen an der Küste Cornwalls geschehen würde. Was zu dieser Zeit außerhalb der Invasionsflotte geschah, wußte ich nicht. Ich konnte nicht wissen, daß die Engländer während ihrer ganzen Fahrt nach den Azoren Mißgeschick verfolgt hatte, so daß Essex enttäuscht und entmutigt am gleichen Tag wie der Adelantado nach England segelte und die zwei Flotten jetzt einander entgegensegelten, nur daß infolge der Entfernung die englische Flotte eine Woche zurück war. Doch selbst wenn ich all dies gewußt hätte, wäre mir nicht klar gewesen, in welch unterschiedlicher Verfassung sich die beiden Flotten befanden: die Spanier waren trotz all ihrer Unzulänglichkeiten frisch und eifrig und kampfeslustig; die Engländer enttäuscht und nach zwei Monaten auf See undiszipliniert und krank, unvorbereitet auf eine Schlacht und nur darauf bedacht heimzukommen.

Am Morgen des dritten Tages befand sich die Armada wohlbehalten und in ordentlicher Formation vor Blavet in der Bretagne, was bedeutete, daß wir in dieser Zeit ganze dreihundert Meilen gesegelt waren. Und das schöne, günstige Wetter hielt an. Man hatte gehofft, Aramburu würde vielleicht vor uns eingetroffen sein, doch es war nichts von ihm zu sehen.

Fünf Pinassen wurden ausgeschickt; eine sollte Admiral Zubiaur mit seinen acht Galeassen und 2000 Infanteristen holen, die andern frisches Wasser und zusätzliche Versorgungsgüter, die man für uns vorbereitet hatte.

An jenem Abend verschwand die Sonne hinter einem ausgefransten braunen Wolkenstreifen. Von der Küste her frischte der Wind auf, und die Sonne war nahezu auf ihre doppelte Größe angeschwollen – alles Zeichen, die zumeist auf ein Anhalten des guten Wetters deuteten. Nach dem Gebet ließ Kapitän Quesada mich holen. Kapitän Diego Bonifaz war bei ihm, und er richtete das Wort an mich. Endlich wurde die Katze aus dem Sack gelassen.

»Alle Befehle sind erteilt, Killigrew. Die *San Bartolomeo* wird, unterstützt von der *San Marcos* und zwölf kleineren Schiffen, als erste landen. Und zwar am Morgen des nächsten Donnerstag, wenn der Wind günstig ist. Captain Elliot wird uns vorausfahren und vor Eurem Haus Mittwochnacht, nachdem der Mond untergegangen ist, ankern. So wird man in der Burg erfahren, wann man uns zu erwarten hat. Die Einzelheiten der Landung hängen vom Wind ab, doch wenn er günstig bleibt, werden beide Galeonen in der Bucht unter der Burg ankern, und ich werde mit 600 Arkebussieren und Musketieren auf dem dortigen Sandstrand landen. Anfangs werden nur Sturmboote in den Hafen einlaufen, denn soviel ich weiß, gibt es noch eine andere Burg, die möglicherweise Widerstand leisten wird. Ist das richtig?«

Kapitän Bonifaz war ein dünnlippiger Soldat mit schroffem Benehmen. Ich fand, ein anderer Mann hätte sich besser geeignet, die Invasion anzuführen, wenn es auf Diplomatie ankam.
»Fort St. Mawes könnte kaum viel mehr tun, als gelegentlich einen Schuß auf die Landungstruppen in der Flußmündung abgeben, doch es könnte das Vordringen auf dem Fluß schwierig machen. Was gedenkt Ihr dagegen zu unternehmen?«
»Eine zweite, von eurem Captain Burley angeführte Gruppe wird auf dem Sandstrand östlich der Flußmündung landen und die Landenge überqueren, um diese andere Burg unschädlich zu machen. Wenn es überraschend geschieht, wird es nicht lange dauern.«
»Und was ist meine Aufgabe?«
»Ihr werdet mit dem ersten von diesem Schiff ausgesetzten Boot an Land fahren. Ein Sergeant und zwanzig Soldaten werden Euch begleiten. Ihr werdet Verbindung mit Eurem Vater aufnehmen und dafür sorgen, daß er mir die Burg offiziell übergibt.«
»Und dann?«
Kapitän Bonifaz sah mich verächtlich an. »Wenn die erste Operation durchgeführt ist, habt Ihr und Euer Vater nichts mehr zu tun. Doch soviel ich weiß, ist vorgesehen, daß Ihr beide Aufgaben bei der Befriedung des Landes nach seiner Eroberung übernehmt.«
»Wie sieht Euer Plan für die Eroberung aus?«
»Es ist nicht *mein* Plan, Killigrew; ich führe nur Befehle aus, und ich würde Euch raten, das gleiche zu tun. Deshalb seid Ihr hier, deshalb hat man Euch vermutlich freigelassen.«
Bonifaz stand auf und ging zum Spiegel, um seine Mütze aufzusetzen; für ihn war die Unterredung beendet. Doch Kapitän Quesada sagte: »Sobald alle Soldaten und die gesamte Ausrüstung an Land sind, wird man eine Gruppe von Sturmbooten mit dem Auftrag hinausschicken, uns zu warnen, falls die englische Flotte zurückkehrt. Es ist ein alter Grundsatz der Seekriegsführung, über den sich Don Martin sehr wohl klar ist, daß eine feindliche Flotte nicht unzerstört bleiben darf. Deshalb wird, sobald die Nachricht eintrifft, unsere Flotte unter Admiral Brochero ihr von Falmouth aus entgegensegeln und sie vernichten. Indessen wird der Adelantado über Land auf Plymouth vorrücken.«

Als es finster wurde, tranken wir einen Becher Wein und aßen krüm-

ligen Zwieback und Salzfisch. Der Trompetentusch ertönte heute spät. Es gab keine Parade, sondern eifrige Vorbereitungen für den letzten Schlag. Ich zitterte und fühlte mich krank, als ich an Deck zur Messe ging.
»Sanctus, Sanctus, Sanctus, Dominus Deus Sabaoth, Pleni sunt coeli et terra gloria tua.«
Der Wind hatte seit gestern ein wenig gedreht; er schien von Nordost zu wehen. Morgen mittag würden wir bei den Scillyinseln sein, und er würde es uns erschweren, den Kanal hinaufzusegeln.
»Laudamus te, benedicimus te, adoramus te, glorificamus te.«
Wir knieten auf dem Achterdeck hinter dem Hauptmast, vor uns auf dem Mittelteil des Schiffs die stramm angetretenen Soldaten, hinter ihnen die Matrosen und Kanoniere, und hinter diesen die fünfzig irischen Freiwilligen unter einem Corporal und einem Master-at-Arms.
»Quoniam tu solus Sanctus, tu solus Dominus, tu solus Altissimus, – Jesu Christe ...«
Die Stimmen der Männer hallten über den Ring aus Schiffen, erhoben sich über den Wind; 20 000 Männer beteten.
Schläfrig und mit steifen Gliedern, feucht vom Seewind, erhoben wir uns. Ich wurde zur letzten Konferenz an Bord der *San Pablo* befohlen; als ich aufs Deck des Flaggschiffs kletterte, waren Captain Elliot und Captain Burley bereits da. Ein Dutzend anderer Engländer umgab sie; einige rotäugig, widerlich und schäbig, Auswurf der See – bereit, den Spaniern gegen Lohn zu helfen, England zu erobern; andere Herren von Stand, welche ihres Glaubens wegen verbannt worden waren und hofften, in ein katholisches England zurückzukehren. Ich blickte mich nach Thomas Arundell um, doch er war nicht zu sehen.
Richard Burley, der sich trotz seiner Ungehobeltheit mit den Spaniern am besten von uns allen zu stehen schien, begrüßte uns. Danach standen wir herum und beäugten uns gegenseitig, einige sprachen miteinander, doch voll Mißtrauen, als gehörten sie verschiedenen Rassen an.
Während wir warteten, bewölkte sich der Himmel, und als die Konferenz in der Kabine des Adelantado zuende war, wehte ein ziemlich starker Sturm. Er peitschte das Meer zu kleinen, weißgefleckten Wellen auf, die sich an den Schiffen brachen und treibenden Schaum vor ihnen ausbreiteten. Die *San Pablo* schwankte nicht sehr, neigte sich aber stark zur Seite.

Wir wurden zur *San Bartolomeo* zurückgerudert und stiegen durchnäßt an Bord. Ich sah, daß die Kapitäne, die zu den weiter draußen liegenden Galeonen fuhren, nur mühsam vorankamen. Sofort wurden die Segel gesetzt, und wir fuhren aufs offene Meer hinaus. Unsere zwei Galeonen fuhren voraus, gefolgt von der Galeasse *Santiago*, vier von Zubiaurs Galeassen, den Hulks *Aguila* und *Grifo*, sechs großen Sturmbooten und sieben Versorgungsschiffen. Wir waren offiziell die Vorhut von Diego Brocheros Geschwader, hatten aber Anweisung, uns als unabhängig zu betrachten und auf niemanden zu warten.

Als wir uns von der Küste entfernten, krängte unser Schiff, bohrte seinen großen Bug ins Wasser und wühlte große Gischtwogen auf. Nahe der Insel Groix passierten wir die letzten Schiffe der Armada; einige waren dabei, sich quer vor den Wind zu legen, um nicht an Land getrieben zu werden.

Gegen Mittag fiel ein kalter Regen. Später zerrissen die Wolken, und obgleich der Wind stark und kalt blieb, war er nicht böig, und wir kamen schnell voran. Am Horizont tauchte der Rest unseres Geschwaders auf, und wir sahen Admiral Brocheros gelben Wimpel.

Viele Soldaten zwischen den Decks waren seekrank; sie lagen herum und übergaben sich. Inzwischen war das ganze Schiff naß; das Meer schlug durch die Speigatts und Kanonenpforten, und die unteren Kanonendecks waren voll Wasser, das durch die Ladeluken eingedrungen war. Genauso war es auf der *Warspite* gewesen, doch damals herrschte warmes Wetter; jetzt ließ einen die Feuchtigkeit frösteln. Sobald wir den Schutz der Küste verließen, hatte man die Feuer auf den Galeassen gelöscht, so daß es nichts Warmes zu essen und zu trinken gab.

Gegen vier ging ich nach unten, denn auf Deck gab es nichts zu tun, doch in der winzigen Kabine war es schon fast finster, und Pater Donald lag seekrank auf seiner Koje und ließ seinen Rosenkranz durch die Finger gleiten. Enrico kam herein und sagte, in einer halben Stunde werde der Abendgottesdienst abgehalten, doch ich sagte, ich fühlte mich nicht wohl und blieb unten. Ich betete zu meinem eigenen Gott, er möge den Wind stärker werden lassen und diese Flotte auseinandertreiben und vernichten – und sollte es mich das Leben kosten. In vierundzwanzig Stunden würde es zu spät sein. Dann würde der Angriff begonnen haben und zumindest ein Teil der Invasionstruppen gelandet sein. Und auch der Verrat würde dann begangen worden sein. Danach gab es kein Zurück mehr.

Es war eine unruhige Nacht. Von uns fünfen in der winzigen Kabine waren drei seekrank, und wegen der hohen Wellen konnte die Luke nicht geöffnet werden, so daß die Luft immer stickiger und stinkender wurde. Das große Schiff schlingerte und schwankte, das Holz ächzte, Wasser plätscherte in der Bilge, und alles übertönte das Heulen des Windes. Mir träumte, ich sei in Kapitän Buarcos Kammer, und er lebte und saß hinter seinem Tisch, und ich mußte ihn immer und immer wieder töten.

Als der Morgen kam, war der Himmel voller tief herabhängender Wolken. Der Wind hatte nachgelassen, doch das Meer war aufgewühlt und diesig, und die *San Bartolomeo* kam nicht weiter. Sie bockte und zitterte gleich einem angebundenen wilden Pferd. Taumelnd stieg ich hinauf aufs Hauptgeschützdeck und blickte hinaus auf eine graue Ödnis, in der nirgends Land zu sehen war. Nur noch drei andere Schiffe waren bei uns, die Galeasse *Santiago*, die Hulk *Grifo* und ein Sturmboot.

Ich kletterte die vier Leitern zum Poop hinauf, wo Kapitän Quesada neben einem Matrosen stand, welcher mit einem Fernglas den Horizont absuchte. Ein anderer Matrose wollte sich mir entgegenstellen, doch Quesada bedeutete ihm, mich durchzulassen.

Ich wünschte ihm einen guten Morgen. »Die Flotte ist zerstreut worden, Sir.«

»Kein Wunder. Wir werden uns schon rechtzeitig wieder versammeln.«

Trotz seiner ruhigen Worte sah er aus, als habe er nicht geschlafen; er trug ein kleines Käppchen statt seines üblichen hohen schwarzen Hutes, und sein Bart war grau von Salz.

»Hat der Wind gedreht?«

»Ja, er weht jetzt von Südost und ist deshalb günstiger für uns.«

»Wo sind wir, Sir?«

»Nach unseren Berechnungen zehn oder fünfzehn Seemeilen südlich der Scilly-Inseln. Falls nötig, können wir im Schutz der Inseln auf die andern warten.«

»Wann haben wir die *San Marcos* verloren?«

»Schon Anfang der Nacht. Kapitän Chagres blieb in der Dämmerung zurück; sein Schiff ist zu langsam.«
»Dann werden wir vielleicht heute abend Falmouth erreichen?«
»Heute abend nicht mehr, Killigrew. Habt Geduld. Morgen früh.«

Gegen Mittag waren wir an den Scillies, doch da das Wetter sich beruhigt hatte, kam Kapitän Quesada zu dem Schluß, daß wir ihren Schutz nicht brauchten. Um vier hatte uns das gesamte Vorausgeschwader mit Ausnahme eines Transporters eingeholt. Zuvor hatte uns die *Dolphin* passiert; sie hielt einen Moment an, ein paar Worte wurden hin und her gerufen, dann fuhr sie weiter, um heimlich die Nachricht von unserer Ankunft zu überbringen.

Um fünf aßen wir zu Abend: Hafergrütze, gepökeltes Rindfleisch, Zwieback und einen Becher Weißwein. Als es dunkel wurde, tauchte zwischen den Abendwolken Admiral Brochero mit seinen restlichen Schiffen auf, und das Geschwader verbrachte eine halbe Stunde mit Beten und dem Singen von Chorälen.

Um sieben segelten wir weiter; Brochero ließ dem Vorausgeschwader einen Vorsprung von zwei Stunden, bis er folgte.

Während ich die letzte Nacht in der finsteren Kabine lag, dachte ich, daß indessen gewiß in England Nachricht von der bevorstehenden Invasion eingetroffen war. Wahrscheinlich hatte man uns von den Scilly-Inseln aus gesehen und eine schnelle Pinasse ausgeschickt, um Alarm zu schlagen. Selbst wenn niemand wußte, wo die Armada angreifen würde, war man bestimmt unterrichtet, daß sie nahte.

Ich täuschte mich und hoffte vergebens. Niemand in ganz England hatte die geringste Ahnung.

Das Land schlief; man wähnte sich in völliger Sicherheit. Überall nahm man an, daß ein Teil der Flotte des Adelantado bei den Azoren war und der Rest in El Ferrol lag und nicht imstande sein würde, vor dem Frühjahr auszulaufen. Alle Meldungen, die von Essex eintrafen, bestätigten dies. Seine letzte Depesche lautete, daß er immer noch die spanischen Schiffe und die Schatzflotte suche und daß ein großer, glorreicher Sieg bevorstünde. Es war sogar eine Anweisung an Essex unterwegs, sich mit der Heimfahrt nicht zu beeilen, wenn er es für vorteilhaft halte, zu warten.

Am Tage, da Admiral Don Diego Brochero bei den Scillies mit seinem Vorausgeschwader zusammentraf, wurde Lord Admiral Howard, welcher seine ruhmreiche Karriere mit der Eroberung von Cadiz gekrönt hatte, im Alter von 61 Jahren zum Earl of Nottingham geadelt, und unsere Königin hatte soeben das Parlament einberufen, um zu diskutieren, welche Maßnahmen gegen den im nächsten Frühjahr drohenden Angriff getroffen werden sollten. Die Schlachtschiffe, welche sich nicht bei den Azoren befanden, lagen außer Dienst in Chatham; Sir Henry Palmer, welcher das Kanalgeschwader befehligte, war krank; Sir Ferdinando Gorges kommandierte eine kleine Garnison ausgebildeter Soldaten in Plymouth; die anderen westlichen Häfen waren ungeschützt.

Im Atlantik näherte sich bei stürmischem Wetter eine desorganisierte englische Flotte mit lecken Schiffen und kranken Matrosen, bedrückt über ihren Mißerfolg, den Spaniern. Die meisten Schlachtschiffe hatten ihre großen Kanonen im Laderaum verstaut, um ihre von all den Stürmen arg mitgenommenen Spanten zu schonen.

Und in Falmouth rechnete John Killigrew seine Schulden zusammen.

Gegen Mitternacht wurde das Schwanken und Schlingern der Galeone stärker, obwohl der Wind nicht zugenommen hatte. In späteren Jahren bin ich öfter durch diese Gewässer gesegelt und weiß deshalb, daß vor Land's End Gegenströmungen das Wasser aufwühlen. In der Kabine spürten wir, wie die Galeone immer höher stieg, als segle sie einen Berg hinauf, und dann, als das Ruder sich aus dem Wasser hob, drehte sich das Schiff und glitt hinab in eine scheinbar grundlose Mulde.

Ich ertrug es bis drei Uhr; dann kroch ich hinaus, vorbei an den zusammengekauerten Gestalten der Schlafenden. Die Decks waren überraschend trocken. Zwischen Wolkenfetzen waren ein paar Sterne und ein trüber, in Dunst gehüllter Halbmond zu sehen. Dicht hinter uns folgte unsere Eskorte von zwanzig Schiffen. Der Wind kam von querab, und die Wogen waren zweimal so schnell wie wir, so daß wir ständig von ihnen überholt wurden und hilflos wie ein Korken auf ihren Kämmen segelten, bevor wir in die nächste Mulde stürzten. Drei Männer klammerten sich ans Steuer, um den Kurs zu halten; Kapitän Quesada stand neben ihnen.

Als der Himmel sich langsam hell färbte, erblickte ich sechs oder sieben Meilen weit entfernt an unserer Backbordseite Land. Es war England, die lange, dunkle Linie der Halbinsel Lizard, und wir gerieten bereits in ihren Schutz. Es war zu keiner Zeit einfach, in diesen Gewässern zu segeln, doch sobald wir die Manacles umfahren haben würden, würde das Kap uns vor dem Schlimmsten bewahren, und in etwa zwei Stunden würden wir in Falmouth Haven und in Sicherheit sein. Ich blickte zurück und zählte fünfzehn von unseren zwanzig Schiffen, die in Sicht waren. Vor Einbruch der Dunkelheit konnte alles an Land sein: Soldaten, Material, Kanonen, Pferde. Bis dann wäre auch Brochero eingetroffen, und seine Truppen konnten an Land gebracht und während der Nacht aufgestellt werden. Wenn morgen der Adelantado eintraf, wäre das erste Stadium abgeschlossen.

Ich schaute zum Himmel auf. Im Nordosten türmten sich blauschwarze Wolken übereinander. Der Mond war verschwunden, doch an der Stelle, wo die Sonne aufgehen würde, war ein metallischer Lichtstreif, und auf einem Fleck klaren Himmels funkelten einige Sterne. Die Spanier müssen die Zeichen genauer erkannt haben als ich, denn ich sah, wie eine Gruppe Matrosen rasch die Wanten hinaufkletterte, um die Segel einzuziehen. Kaum waren sie damit fertig, da traf uns der Wind wie ein Faustschlag.

Ich habe puritanische Prediger behaupten hören, daß die Winde, welche im Jahre 1588 die Armada zerstreuten, das Werk göttlicher Vorsehung waren, dazu bestimmt, einer gottgefälligen und gerechten Sache zu helfen; doch trieben sie die Armada erst fort, als sie in der Schlacht schwere Schäden davongetragen hatte und kampfunfähig war.

Die *San Bartolomeo* zog ihre Segel gerade zur rechten Zeit ein. Eine der von Nordwesten heranziehenden Wolken platzte über uns und überschüttete uns mit Hagel, der prasselnd auf die Decks schlug und die Sicht auf Meer und Himmel versperrte. Als wir hindurch waren, war das einzige Segel, das noch gesetzt war, zerfetzt und eine der Rahen zersprungen; die Männer klammerten sich an Reling und Schanz und Stag, während eine fahle, eben aufgegangene Sonne die hoch aufwogende See in ein unheimliches Licht tauchte.

Innerhalb der nächsten Stunde trafen uns drei solcher Stürme. Danach stand unser Hauptmast schief, und wir hatten vorn ein Leck. Durch Löcher zerrissenen Segeltuchs sahen wir zwölf unserer Begleitschiffe. Die *Santiago*, die nicht so schwer beladen war wie wir und

sich die ganze Zeit dicht hinter uns gehalten, hatte nicht so schwer gelitten, doch die beiden Hulks waren in Schwierigkeiten, und eins der Versorgungsschiffe lag tief im Wasser und wurde von grünen Wogen überspült.
Wir befanden uns nur noch etwa drei Meilen von den Manacles, doch bestand keine Hoffnung, das Kap zu umfahren. Wenn der Wind weiter aus der gleichen Richtung wehte, würden wir dem Schiffbruch knapp entgehen und dann tiefer in den Kanal getrieben werden.
Viele der Soldaten waren aus Angst zu ertrinken an Deck gestürzt; zwischen den Decks ertönten Trompeten; drei Offiziere waren mit Kapitän Quesada auf dem Poopdeck; Gruppen von Männern drängten sich, knietief im Wasser stehend und vom Gischt durchnäßt, hinter Schotts. Ein oder zwei Männer verloren den Halt, rutschten übers Deck, bis sie an irgend etwas stießen, woran sie sich verzweifelt festhielten. Ein halbes Dutzend Männer war über Bord gegangen.
Wir wurden an den Manacles, welche sich uns wie ein Finger entgegenstreckten, vorbeigetrieben. Der Hauptmast hatte einen Teil der Wanten weggerissen, und die Hauptrahe ragte schräg in den Himmel. Quesada befahl einigen Matrosen, soviel wie möglich wegzuhacken, und sie kletterten mit Äxten hinauf. Es war ein tückischer böiger Sturm, der sie wie Fliegen an die Taue drückte, so daß sie nur langsam vorankamen.
Sie zerhackten die Takelage, die Hauptrahe schwang herum und stieß einen der Matrosen hinab. Er wand sich auf dem Deck, bis die verworrene Takelage auf ihn fiel; dann wurde alles von einer Woge gepackt und über Bord gespült; andere Gestalten sprangen vor und hackten die Taue durch.
Ich war steif vor Kälte, meine Hände froren, mein Magen krampfte sich zusammen. Etwa zwölf Matrosen kauerten in meiner Nähe auf dem Vorderdeck. Pater Donald und ein anderer Priester hatten sich zum Heck vorgearbeitet und begannen mit den Männern zu beten.
Das Versorgungsschiff sank. Die Wogen schlugen über ihm zusammen und begruben es immer tiefer unter sich. Das Heck hoch in der Luft, tauchte es unter; Masten und Takelage lagen einen Moment neben ihm auf dem Wasser, dann verschwand es. Männer und Trümmer schwammen im Wasser. Die Sturmboote taten ihr möglichstes, doch sie kämpften selbst um ihr Leben. Ich sah, wie ein paar Männer

Taue hinaufkletterten, doch der Rest versank. Ein Tau, an dem fünf Männer hingen, wurde von einer Woge gepackt; als sie vorbei war, war das Tau leer.

Nach einer weiteren Stunde waren nur noch vier Schiffe unseres Geschwaders in Sicht. Der Wind hatte etwas nach Westen gedreht, so daß zwischen den Böen noch immer das Land zu sehen war. Dort ist Arwenack, dachte ich, irgendwo auf diesem dunklen Land, vielleicht werde ich es nie mehr wiedersehen, und ich sollte Gott danken, wenn ich ertrinke. (Doch wenn der Adelantado und seine Hauptflotte dem schlimmsten Sturm entgingen und es dennoch erreichten?)

»Heilige Maria, Mutter Gottes«, sagte eine Stimme neben mir. Es war ein großer Ire; seine Zähne klapperten vor Furcht. »Heilige Maria, wir sinken. Im Namen des Vaters und des Sohnes . . .« Der Sturm riß seine Worte fort.

Aus einer Wolke, die dicht über dem Wasser hing, kam ein Wogengebirge auf uns zu. Schäumend und gurgelnd hob es uns empor, doch ein Teil brach über Bord; es gab ein berstendes Geräusch, und ich dachte, wir würden dem Versorgungsschiff folgen. Zwischen Vorderdeck und Heck war kein Deck mehr, nur ein paar Balken und zappelnde, schreiende Männer. Die Galeone schwankte heftig; dann tauchte das Hauptdeck wieder auf wie ein Fels in einem Wasserfall. Doch die Wogen hatten die Ladeluken zertrümmert, und die Galeone war halb voll Wasser, das langsam aus Kanonenpforten und Speigatts rann.

Sowie sie sich hob, stürzten Männer, die unter Deck gewesen waren durch die Ladeluken, und viele von ihnen liefen zur Back, um sich an den Vordermast oder an einen andern Teil des Schiffs zu binden, der vielleicht nicht untergehen würde. Am Lärm und dem Verhalten der Galeone merkte man, daß einige der Kanonen zwischen den Decks sich losgerissen hatten. Der Ire neben mir, der solche Angst gehabt hatte, verließ seinen sicheren Platz und zerrte drei seiner verletzten Freunde neben mich an die Reling. Ich half ihm, sie an die Rahe zu binden, die, als der Sturm losbrach, heruntergeholt und an der Reling befestigt worden war.

Die Küste war jetzt außer Sicht; nur dann und wann tauchte weit achtern einen Augenblick die Halbinsel Lizard auf. Die *Santiago* befand sich immer noch in unserer Nähe, mußte sich jedoch, da sie ebenfalls schwer beschädigt war, um sich selber kümmern. Auf un-

serer Steuerbordseite tauchte etwa eine Meile entfernt ein Sturmboot wie ein Stück Strandgut auf und verschwand wieder.
Der Wind, der sich in einem winzigen Stück Segel am Vordermast fing, trieb uns immer noch voran. Die Männer arbeiteten in Zehnergruppen an den Pumpen, doch jede Woge, die über Bord schlug, machte das wenige, das sie tun konnten, wieder zunichte.
Im weiteren Verlauf des Tages verloren wir unsere letzten Begleitschiffe, die *Santiago* setzte sich vor uns und das Sturmboot sank, von einer Woge zertrümmert und von der nächsten in die Tiefe gerissen.
Gegen Mittag lugte die Sonne hinter einer zerfetzten Wolkenmasse auf uns herab, die den halben Himmel verfinsterte; dann verschwand sie, und der letzte Sturm brach los und packte uns. Der Wind zerrte an allem; das letzte Gaffelsegel zerriß, der Vordermast stürzte um; ein doppelt festgebundener Anker riß sich los. Als die See über uns hereinbrach, war das Vorderdeck wie eine Insel, die in einem Strudel weißen Schaums unterging. Der Ire und seine Freunde klammerten sich neben mir an die Rahe und kippten langsam ins Meer; ich hielt mich an der zerbrochenen Spiere fest und sah, wie das Heck sich hoch emporhob und Wasser und Männer herabstürzten, als die *San Bartolomeo* in die Tiefe schoß. Luken und Holzklötze und Ketten rutschten an mir vorbei, und dann wirbelte das Wasser um mich, und ich klammerte mich fest an die Spiere, als Schiff und Männer untergingen.
Das Wasser war nicht kälter als die Luft; vielleicht rettete mich das, denn ich konnte tief einatmen, während scharfe Kälte mir wahrscheinlich den Atem verschlagen hätte. Ich versank tief und kam erst nach langen Sekunden wieder an die Oberfläche, zwischen Trümmern und Schreien und dem grauen, vom Wind aufgewühlten Meer. Ich sah, wie zwei Matrosen sich bemühten, Quesada über Wasser zu halten, den irgendetwas getroffen hatte, als das Schiff sank. Der Ire und seine Freunde klammerten sich nicht weit weg an ihre Rahe. Zwanzig Männer bemühten sich, auf eine Luke zu klettern, die höchstens fünf trug. Zwei andere suchten mir meine Spiere zu entreißen, doch ich stieß sie weg. Als eine Welle mich emporhob, sah ich Enrico Caldes; er schwamm von einem Netz verfilzter Takelage weg. Ich schrie und versuchte zu ihm zu schwimmen, doch er verschwand hinter den Wellen, und als die nächste mich hochhob, war er nirgends mehr zu sehen.

Überall ragten Köpfe aus dem Wasser; die Hälfte der Besatzung hatte den Untergang überlebt, doch ein Teil war verletzt, ein Teil konnte nicht schwimmen, ein Teil war bereits halb ertrunken. Es begann zu regnen; ein schwerer Platzregen, der Wolken und See eins werden ließ. Kleine Wellen schlugen mir in den Mund, doch der Regen glättete allmählich das Meer, und als er nachließ, war auch der Sturm abgeflaut.
Als es zu regnen aufhörte, waren viele der Überlebenden versunken. In meiner Nähe waren immer noch die vier Iren und etwa acht Spanier, die sich an einen Balken klammerten. Weitere vierzig oder fünfzig Männer waren weit übers Meer verstreut.
Sonst war nichts zu sehen als die wogende See.

Spät am Nachmittag wurde ich – zusammen mit zwei der Iren und einem Spanier – von einem Fischerboot, der *Angel* aus Fowley, aufgenommen und noch am gleichen Abend an Land gebracht. Von den dreihundertsechsundfünfzig Männern an Bord der *San Bartolomeo* wurden sechzehn gerettet.

Fünftes Buch

1

Wenn ich heute daran zurückdenke, kann ich nicht glauben, daß ich mich die ganze Woche, welche ich bei meinen Vettern, den Treffrys in Fowey, verbrachte, in einem Zustand geistiger Abwesenheit befand. Es muß Momente gegeben haben, wo ich mich von ihnen zu erfahren bemühte, was geschehen war, ja in denen ich sogar aufzustehen versuchte. Doch alles, dessen ich mich entsinne, ist das Gefühl, nach sechzehn Monaten wieder daheim zu sein, daß ich nach der Kälte und Nässe in trockene Decken gehüllt war, daß ich heiße Getränke gegen meine Erkältung schlürfte und frische und gute Speisen aß, daß mich nach Monaten der Spannung und des Schreckens ein plötzlicher Zusammenbruch niederstreckte. Ich war am Leben. Ich aß und trank und schlief und atmete tief.

So dauerte es Tage, bis ich erfuhr, was in England geschehen war, und von einigem hörte ich erst Wochen später – daß eine Panik in Westminster ausbrach, als ein erschöpfter Kurier aus Plymouth die Nachricht brachte, daß die ganze spanische Armada sich dem Lizard näherte, daß man sofort das Parlament einberufen und eilends einen neuen Kommandeur für das Kanalgeschwader ernannt hatte, daß man Befehl erteilte, die restlichen Schiffe in Chatham bereitzumachen, sämtliche englischen Truppen aus dem Ausland zurückbeorderte und alle Landstreitkräfte zur Verteidigung der gefährdeten Grafschaften sammelte.

Inmitten dieses Chaos trafen Gerüchte von einer Seeschlacht vor Rame Head ein und andere von einer Landung der Spanier an der nördlichen Küste von Devon. Fischer von den Scilly-Inseln berichteten, daß sich dort eine weitere Flotte versammle und zum Angriff vorbereite. Von der englischen Flotte bei den Azoren war nichts zu hören. Man wußte nicht einmal, ob sie die Heimfahrt angetreten hatte.

Dann erschienen ein paar Tage nach dem ersten Alarm vier Galeonen vor Plymouth. Soldaten eilten auf die Befestigungen, Kanonen wurden ausgefahren, die Leute bereiteten sich darauf vor, ihre Häuser zu verbarrikadieren und zu kämpfen wie die Spanier in Cadiz; und nicht einmal die englischen Flaggen an den Masten beruhigten sie. Erst als man die Namen der Schiffe erkannte, legte sich die Aufregung. Es waren die ersten vier der Azorenflotte unter Lord Mountjoy, welcher die Landstreitkräfte der Flotte befehligt hatte. Er berichtete, daß ein großer Sturm die englische Flotte beschädigt und zerstreut hatte, war jedoch der Meinung, daß die übrigen Schiffe, falls sie ihn überstanden hatten, nicht weit weg sein konnten. Im aufgewühlten Wasser des Kanals hatte er die Spanier nicht gesehen, doch er übernahm sofort das Kommando über den Hafen und befahl seinen vier Schiffen, sich zur Schlacht vorzubereiten.
Bald danach lief Sir Walter Raleigh mit den Resten seines Geschwaders in St. Ives ein. Als er von dem Alarm erfuhr, begab er sich auf dem Landweg nach Cornwall, um dort das Kommando zu übernehmen. Ein oder zwei andere englische Schiffe trieben in die Häfen an der Südküste von Devon; dann traf Lord Thomas Howard in Plymouth ein und schließlich Essex selbst mit dem Rest der Flotte.
Keiner hatte die ganze Armada gesehen, doch einige hatten während des Höhepunkts des Sturmes Gruppen feindlicher Schiffe nahe den Scillies und vor dem Lizard gesichtet.
Indessen wurden fieberhafte Vorbereitungen getroffen. Meldungen über Wracks an der Nordküste von Devon gingen ein, und drei spanische Hulks, die schwer beschädigt waren, liefen schutzsuchend in den Hafen von Bristol, wo ihre Besatzungen gefangengenommen wurden. Ein großes spanisches Sturmboot mit einem Leck und einem zertrümmerten Mast, dessen achtzigköpfige Besatzung zur Hälfte aus Soldaten bestand, erschien vor Dodman Point. Dort wurde es von einem Schiff aus Plymouth angegriffen und gekapert.
Am letzten Oktobertag lieh ich mir ein Pferd und einen Diener und ritt nach Arwenack. Da ich schon früh aufbrach, traf ich vor dem Dunkelwerden ein. Ich wußte nicht, was meiner harrte; ich hatte keine Ahnung. Vermutlich waren die Spanier noch nicht gelandet; Mr. William Treffry und seine Familie hatten keine genauen Nachrichten, und ich konnte mich nur mit größter Vorsicht erkundigen.
In Truro sah ich ein paar Soldaten, doch als ich durch Penryn ritt,

schien alles unverändert. Der Ort sah genauso aus wie damals, als Belemus Sybilla Kendall den Hof machte und man uns bis außerhalb der Stadt verfolgte.
Es war ein sonniger Tag, doch es herrschte bereits eine herbstliche Kühle. Nach dem Sturm war das Ende des Monats friedlich. Nur die Eichen trugen noch ihre Blätter, die übrigen Bäume hatten die wilden und tückischen Winde entlaubt.
Als wir uns den Palisaden näherten, hatte ich das Gefühl, als sei mein kurzer Besuch daheim, vor der Expedition nach Cadiz, bei dem ich Sue gesehen hatte, noch gar nicht so lange her; die schrecklichen sechzehn Monate dazwischen erschienen mir fast wie ein Traum. Ich verspürte diesmal nicht das überwältigende Gefühl wie im Jahre 1594, als ich durch das nasse Gras und Farnkraut auf unser Haus zulief. Ich war damals jünger gewesen. Oder vielleicht waren es die Umstände, die es mir unmöglich machten, mein Daheim als etwas unvergleichlich Reines, Klares, Sicheres zu sehen, als etwas, wonach ich mich zutiefst sehnte. Meine Schlafkammer mit ihren engen Wänden und langen hellen Fenstern würde mir nicht mehr Schutz vor den Gefahren und Wirrnissen der Welt bieten. Wohin ich nun auch gehen mochte, bis zu meinem letzten Tag würden diese Gefahren und Wirrnisse mich begleiten.
Simon Cook war am Tor. Seine Anwesenheit erfüllte mich mit dem beruhigenden Gefühl, daß noch nichts Schlimmes passiert sein konnte. Er war erstaunt und erfreut und wollte mich zum Haus begleiten, doch ich sagte nein, wir würden lieber allein gehen.
Erst als wir schon fast am Haus waren, sah ich die Zelte. Sie waren um den ganzen Fuß des Hügels verstreut, der zur Burg führte. In einem von ihnen brannte ein Licht. Gestalten bewegten sich zwischen ihnen. Es waren Soldaten.

Als ich ins Haus trat, hatte man sich gerade zum Abendessen gesetzt.
Mein Vater war da, meine Stiefmutter, viele Stiefbrüder und -schwestern, Belemus, Henry Knyvett, Mistress Wolverstone, Tante Mary Killigrew, Rosewarne und zwei Offiziere, die ich nicht kannte. Die Kinder begrüßten mich stürmisch, voll Zärtlichkeit und Erleichterung. Sie waren sich der Gefahr, in der sie sich befanden, bewußt, doch sie erfüllte sie eher mit Aufregung denn mit Angst; sie bestürm-

ten mich mit Fragen, wie ich heimgekommen sei. Mein Vater stand lächelnd und seinen Schnurrbart streichend auf und sagte, mein Gott, hätte ich mich verändert, ich sähe aus wie 27, was müsse ich alles durchgemacht haben, doch nun sei ich durch Gottes gütige Vorseung wieder mit der Familie vereint und das müsse gefeiert werden ... Captain Alexander und Leutnant Guildford, dies sei sein ältester Sohn – ein illegitimer Sohn, doch von allen geliebt und geschätzt –, aus Spanien sei er heimgekehrt, nach einem Schiffbruch, sagtest du nicht so, Maugan? – mit der spanischen Flotte vor unserer Küste. Kommt, laßt uns heute abend alle fröhlich sein, was, Dorothy? Was, Henry? Wilky, hol eine Flasche vom besten Kanarienwein!

Noch nie war er so erfreut gewesen, mich zu sehen; ich hätte gerührt sein sollen. Doch wenn ich mich verändert hatte, so er noch mehr. Er mußte um fünfzehn Pfund zugenommen haben, und das hatte ihn dicker, doch nicht kräftiger oder gesünder gemacht. Seine Haut war matt und schlaff; unter seinen Augen waren Säcke, und der Mangel an Gefühl in ihnen hatte sich über sein ganzes Gesicht ausgebreitet. Er hatte schon immer viel getrunken, doch nur selten hatte ich ihn lallend sprechen hören.

Die zwei Offiziere waren überaus korrekt, doch wenig mehr. Sie waren erst vor zwei Tagen eingetroffen und befehligten eine fünfhundert Mann starke Truppe, die Raleigh in Pendennis Castle stationiert hatte. Es waren von der englischen Flotte ausgeschiffte Soldaten, zum Teil in landeinwärts gelegenen Städten Ausgehobene, zum Teil Berufssoldaten und ein paar Matrosen.

Es schien, daß meine Ankunft meinen Vater in Verlegenheit setzte und daß er mich so herzlich empfing, um die andern zu täuschen. Jeder, der aus Spanien kam, war dazu angetan, einen in Verlegenheit zu setzen, selbst ein entkommener Gefangener.

Die beiden Offiziere stellten mir während des Essens keine Fragen, achteten aber sorgfältig auf das Gespräch. Deshalb wog ich genau jedes Wort ab, bevor ich es aussprach, was mir nicht besonders schwer fiel, da ich ja bereits einige Übung darin hatte.

Die große Halle war in den sechzehn Monaten schäbiger geworden. Zwei Fensterscheiben waren zerbrochen und mit Brettern vernagelt. Die Binsen auf dem Fußboden hatte man sicher zwei Wochen nicht erneuert. Das Holz im Kamin war schlecht aufgeschichtet und qualmte; ein dünner grauer Rauchschleier hing um die Balken. Die

Kerzen tropften und stanken; die Kaninchenpastete war fast kalt, das Rindfleisch zäh und zu stark gesalzen. Die Diener sahen liederlich und deprimiert aus.

Schließlich fragte ich: »Und . . . Großmutter?«

»Oh, sie ist noch bei uns«, sagte Mr. Killigrew. »Zäh wie immer, obgleich sie die meiste Zeit japst wie ein an Land geschwemmter Fisch. Sie ist auf ihrem Zimmer.«

»Und John? Ist er bei seiner Frau?«

»Sie sind zu Besuch bei ihrem Vater. Sie sind schon einen Monat fort, und ich hoffe, bald Nachricht von ihnen zu erhalten.«

Captain Alexander und Leutnant Guildford verabschiedeten sich korrekt und förmlich und verließen das Haus. Ich dachte, mein Vater würde mich allein sprechen wollen, doch er stapfte in seine Kammer und ließ sich nicht mehr sehen. Mrs. Killigrew hatte eine weitere Tochter bekommen, die nach ihr Dorothy getauft worden war. Ein rundes Dutzend Kinder hatte sie nur die Figur und die Zähne gekostet, doch in den letzten zwölf Monaten schien noch etwas anderes an ihr gezehrt zu haben.

Nach dem Essen winkte mir Belemus, und ich machte mich von den Kindern los und trat zu ihm auf den ungepflegten Rasen vor dem Haus.

»Da bist du also. Ich kann dir gar nicht sagen, wie ich mich freue – ich dachte schon, wir würden dich nie mehr wiedersehen. Aber wie hast du dich verändert – hohle Wangen, glänzende Augen: haben sie dich gefoltert?«

»Nein . . . Aber ein spanisches Gefängnis ist kein Kurort.«

Er sah mich gespannt an. »Hier ist vieles geschehen, was ich nicht begreife, und dein Kommen gehört dazu. Ich kenne dich doch nur zu gut, Maugan. Was hast du angestellt?«

»Nichts, wozu ich nicht gezwungen wurde.«

»Aha. Das sagt allerlei. Und –«

»Und was ist hier geschehen, was du nicht begreifst?«

Er bückte sich und lockerte die Schnalle seines Schuhs. »Oh, alles mögliche. Du siehst, wie verkommen das Haus ist, wie aufgedunsen und bedrückt dein Vater; es scheint fast, als sei eine Verschwörung im Gange. Die merkwürdigsten Dinge geschehen. Zum Beispiel diese Krisis. Schon seit Anfang September benimmt dein Vater sich wie ein Fuchs, hinter dem die Hunde her sind. Man könnte fast meinen, er

hat das ganze vorausgeahnt. Du weißt ja, daß er den Wein schon immer nur so in sich hineingeschüttet hat; aber diesen Monat war er keine Stunde nüchtern ... Im September hat er alles darangesetzt, John und Jane nach Northampton zu schicken, obgleich sie gar nicht wollten. Wirklich, es war, als hätte er eine Vorahnung; doch andererseits hat er nichts getan, um Vorbereitungen gegen einen Angriff zu treffen. Carminow hatte nicht genügend Pulver, um einen Überfall abzuwehren. Foster wurde mit dem Auftrag nach Launceston Castle geschickt, über den Kauf einer Kanone zu verhandeln; als ob wir genügend Geld dafür gehabt hätten. Raleigh war hier und ist nach einer kurzen Auseinandersetzung wieder verschwunden, und dann haben diese Soldaten die Burg und die Befestigungen so gut wie okkupiert. Entscheidungen werden getroffen, ohne Mr. Killigrew zu Rate zu ziehen; über die Aufstellung der Truppen, über Verteidigungspläne, Verproviantierung, Bewaffnung; es ist, als lebten wir in einem besetzten Land. Dein Vater, scheint's, hat all dies ohne Protest hingenommen. Sieht ihm gar nicht ähnlich. Vor ein paar Jahren hätte er sich mit Klauen und Zähnen gegen dergleichen zur Wehr gesetzt.«
Wir gingen zum Rand des knöcheltiefen nassen Rasens und blickten zu den schwarzen Umrissen der Burg hinüber.
»Seine Schuldenlast ist nicht leichter geworden?«
»Ha! Sieh dich doch um.«
»Und Jane?«
»Jane? Du lieber Himmel!«
»Wieso?«
»Wenn dein Vater sämtliche Landstraßen Englands abgesucht haben würde, hätte er keine ungeeignetere Frau für den armen John finden können. Eine Wölfin! Sie könnte von Lady Killigrew und Captain Elliot gezeugt sein!«
»Was ist mit ihrer Mitgift? Mein Vater hat mir davon geschrieben.«
»Ich bezweifle, daß wir je etwas davon zu sehen kriegen werden. Aber sie scheint außer diesen lumpigen 200 Pfund im Jahr über andere Geldquellen zu verfügen. Sie läßt in Penryn ein Boot bauen – ausgerechnet in Penryn – und will damit als ›Handelsschifferin‹ die Küste entlangfahren: mit ihren achtzehn Jahren!«
»Vielleicht wird sie bald Familie haben, und das wird sie zähmen.«
»Bis jetzt ist kein Sprößling da, und sie sind schon ein Jahr verheiratet. Mangel an Lust kann bei ihr der Grund nicht sein.«

»Wie meinst du das?«
»Sie war noch keine drei Monate im Haus, da machte sie mir einen unmißverständlichen Antrag.«
Ich zögerte einen Moment; dann fragte ich: »Und du hast abgelehnt?«
»Ehrlich gesagt, nur ungern. Sie ist keine Hebe, doch ich könnte mir denken, daß sie sehr unterhaltsam ist. Ich habe jedoch gewisse Prinzipien, und eines davon ist, mich nicht mit der Frau meines Vetters einzulassen, wenn noch nicht mal der Glanz vom Ehering weg ist.«
Schweigend gingen wir weiter. Ich fragte: »Wie geht es Susan Reskymer?«
»Ich habe gehört, ihr Mann war krank.«
»Das war er schon vor meiner Abreise.«
»Manche alten Männer sind zäh wie Leder.«
Am wolkenlosen Nachthimmel funkelten Sterne. Sie waren heller als die gelben Lichter am Burgberg.
Er sagte: »Ich gehe nächsten Monat von hier fort.«
»Nanu? Warum? Was hast du vor?«
Er zuckte die Achseln. »Ich habe jetzt zwei Jahre hier als Gutsverwalter deines Vaters gearbeitet. Jetzt habe ich durch meinen Onkel – jenen, der nicht im Gefängnis sitzt – eine Offiziersstelle unter Norris bekommen. Vielleicht wurde ich vom Schicksal dazu ausersehen, Soldat zu werden.«
»Du erwähntest vorhin Elliot«, sagte ich.
»Ja, die *Dolphin* ist ein- und ausgelaufen, das letzte Mal vor acht oder neun Tagen. Sie war durch den Sturm arg mitgenommen. Es gab die üblichen heimlichen Besprechungen und Flüstern hinter verschlossenen Türen. Sowie die Nachricht eintraf, daß die Spanier möglicherweise landen würden, machte er, daß er wegkam. Was ich ihm nicht verübeln kann. Es ist bestimmt nicht angenehm, zwischen zwei Feuer zu geraten.«

Irgendwie kam es mir unwirklich vor, daß mein Heim und alles drumherum sich so wenig verändert hatten. Während dieser schrecklichen sechzehn Monate, in denen ich soviel gesehen und erlebt und gelitten hatte, war hier alles Tag für Tag seinen alten Gang gegangen. Kühe waren gemolken worden, Schafe geschoren, Felder gepflügt,

Äpfel gepreßt. Ich und meine Familie hatten in verschiedenen Welten gelebt. Fast schien es, als sei für sie die Zeit stehengeblieben. Meine Nerven waren in einem Zustand der Spannung, der sich nicht lösen wollte.
Während ich fort war, hatte Meg Stable einen kleinen Jungen geboren, und dies oder irgendeine Wandlung, die in ihr vor sich gegangen war, bewirkte, daß sie sanfter und freundlicher zu mir war; sie schien mir wegen unserer Affäre nicht mehr böse zu sein. Dies war das Erfreulichste an meiner Heimkehr; es machte mich glücklich, wieder mit ihr reden zu können.
Mr. Killigrew ließ sich am nächsten Tag nicht blicken, und man sagte mir, er sei unpäßlich. Am Nachmittag ließ er mich in sein Schlafgemach holen. Er war auf und saß vor einem prasselnden Feuer – in einem Schlafrock, der einst smaragdgrün gewesen, jetzt aber so verblaßt war, als hätte man ihn in Meerwasser getaucht. Er hatte eine schlimme Erkältung. Auch die Dienstboten litten alle an einer Herbstgrippe und husteten.
»Du warst noch nicht bei deiner Großmutter, Maugan. Sie hat sich darüber bei mir beklagt.«
»Tut mir leid. Ich hatte heute morgen zu tun und dachte, ich würde sie beim Mittagessen sehen.«
Wie immer, wenn er freundlos und alleine war, litt er an einer Art Verfolgungswahn und bildete sich ein, selbst leblose Dinge hätten sich gegen ihn verschworen. Das Holz im Kamin war noch grün und wollte nicht brennen und ihn wärmen. Gestern waren seine Lieblingspantoffeln kaputtgegangen.
Der Becher neben seinem Ellbogen enthielt, wie er sagte, eine alte Arznei – in Wein gekochtes Fieberkraut, doch ich glaube, das Wesentliche war der Wein. Ich fühlte mich unbehaglich in dem kleinen Raum.
»Nun, Junge, schön, daß du wieder da bist; aber du hast ja meinen Brief erhalten und weißt, wie uns das Unglück seit deiner Abreise verfolgt hat. Die Not ist größer denn je, die Fermors haben mich wegen der Mitgift übers Ohr gehauen, und nun haben mir diese Militärs gar noch meine Burgherrenrechte streitig gemacht. Kein schönes Bild, das sich dir bei deiner Heimkehr bietet!«
»Hat Sir Walter diesen Männern befohlen, das Kommando über die Burg zu übernehmen?«

»In der Burg kommandiert niemand außer mir; aber sie befehligen die Truppen, die sie verteidigen sollen! Da liegt der Hase im Pfeffer. Seit Jahren habe ich um Geld und Männer angesucht – ohne Erfolg. Jetzt, in einer Notlage, schickt man haufenweise Männer, Pulver und Munition werden großzügigst bereitgestellt, doch den Befehl über die Soldaten überträgt man einem Armeekommandeur. Eine unglaubliche Ungerechtigkeit.«

»Du wirst dich natürlich beim Staatsrat beschweren.«

Er hustete und schnaubte und wischte sich den Schnurrbart mit einer Socke. »Ganz gewiß werde ich das. Doch ich bin ein Wrack. All die Sorgen, die Spannungen der letzten Zeit; du hast keine Ahnung, was ich hinter mir habe – eine Woche oder länger, bevor diese Soldaten kamen, habe ich mich buchstäblich abgestrampelt, alles zur Verteidigung der Burg mit meinen paar Dienstboten und zwei Kanonieren vorzubereiten; ständig war ich unterwegs zwischen dem Haus und den Befestigungen, schrieb Depeschen, mußte jeden Tag damit rechnen, daß meine Frau und meine Kinder verschleppt und vergewaltigt und ermordet werden. Es war eine ungeheuer anstrengende Zeit, und keinerlei Dank habe ich dafür geerntet; niemand erkennt an, was ich durchgemacht habe.«

»Ich habe Captain Elliot gesehen«, sagte ich.

Mein Vater sah mich an – zum zweiten Mal, seit ich den Raum betreten hatte.

»Als er dir meinen Brief überbrachte?«

»Danach.«

»Ach, ich möchte in Zukunft nichts mit ihm zu tun haben. Er ist kein redlicher Mann, und man hält sich am besten von ihm fern.«

»Ich hatte den Eindruck, er ist ein Verräter«, sagte ich.

Schweigen senkte sich nieder.

Mr. Killigrew zupfte am ausgefransten Ärmel seines Schlafrocks.

Ich sagte: »Ich habe Elliot in Cadiz und in El Ferrol gesehen. Und später vor den Scilly-Inseln – vor etwas über zwei Wochen.«

»Als du bei der spanischen Flotte warst?«

»Als ich bei der spanischen Flotte war.«

»Du mußt mir gelegentlich einmal von all dem erzählen . . . Hat man dich schlecht behandelt?«

»Nein. Ich genoß Vergünstigungen. Sie erwarteten, daß ich ihnen nützlich sein würde, wenn sie in England landeten.«

»Ach ... in der Tat? Ich wäre nie auf die Idee gekommen, daß sie versuchen könnten, uns zu kaufen. Diese Spanier kennen die Killigrews nicht.«
»Ich mußte so tun, als sei ich bereit, ihnen zu helfen – sonst wäre ich nicht mehr am Leben. Es ging um Leben und Tod.«
»Was du nicht sagst. In was für Situationen man doch kommen kann. Zuweilen ist es nötig, seinen – äh – seinen Mantel nach dem Wind zu hängen. Ich kann dein Verhalten gut verstehen, Junge. Nun bist du, Gott sei Dank, wieder bei uns, und es hat ja niemand Schaden durch deinen kleinen Betrug erlitten.«
»Ich hoffe, es gibt keinen anderen Betrug, durch den jemand Schaden erleiden wird.«
Mein Vater blickte mit mutlosen, blutunterlaufenen Augen aus dem Fenster.
Ich sagte: »Man war der Meinung – manche der Flotte angehörenden Spanier waren der Meinung, in dieser Burg werde man ihnen günstig gesonnen sein, wenn sie landen. Was sie dachten oder denken ist unwichtig, wenn sie, wie es jetzt möglich scheint, gar nicht versuchen werden zu landen ... Es wäre aber sehr schlimm, wenn dieses Gerücht sich verbreitete und bei irgendwelchen englischen Stellen Glauben fände ...«
»Wie sollte es? Niemand würde wagen –«
Ich unterbrach ihn – etwas, das ich mich vor einem Jahr noch nicht getraut hätte: »Ich hoffe nur, niemand hat in diesem Hause unbedacht geplaudert; niemand hat etwas getan, was falsch ausgelegt werden könnte; niemand hat Briefe geschrieben oder empfangen, die ein solches Gerücht bestätigen würden ...«
Ich brach ab und wartete. Ich glaube, endlich begriff mein Vater, was ich wollte – ihm, falls es sich als nötig erweisen sollte, helfen, ohne dafür zu verlangen, daß er sich mir anvertraute.
»Zum Beispiel«, fuhr ich fort, »hoffe ich, daß niemand da ist – etwa Carminow oder Foster, der, falls man ihn dazu aufforderte, bezeugen würde,daß –«
»Es gibt nichts zu bezeugen.«
»Es sind auch keine Briefe gekommen, die nicht verbrannt wurden?«
»Es sind keine Briefe gekommen.« Er nieste. »Ich glaube, diese Erkältung habe ich mir geholt, als ich mir letzten Freitag die Füße

wusch. Es ist nicht gut, wenn man das im Winter tut, doch es war das erste Mal seit August, und das Wetter war ungewöhnlich mild ... Hör mich an, Maugan ...«

»Ja.«

»Du scheinst mehr über diese Sache zu wissen als irgend jemand anderer. Du warst von Anfang an dabei und bist es, scheint's, bis zum Ende. Nun, wenn dies das Ende ist, dann lassen wir's dabei bewenden und sprechen wir nicht mehr darüber. Ich werde nicht mehr darüber sprechen, dessen versichere ich dich. Wir können durch Schweigen alles gewinnen und nichts verlieren. Zuweilen ist Schweigen das Vorteilhafteste – das wirst du erkennen, wenn du älter bist.«

»Ich habe es bereits erkannt, Vater. Ich machte mir nur Sorgen und wollte wissen, ob Schweigen bewahrt werden kann.«

Ich wollte aufstehen und gehen, doch er bedeutete mir, sitzenzubleiben. »Nun, da wir uns einig sind, brauchst du ja keine Eile zu haben, oder? Bring den Tisch herüber und laß uns ein wenig würfeln.«

Ich blieb diese und die nächste Woche in der Nähe des Hauses. Falls die Spanier noch kamen, wollte ich da sein. Die Truppen, welche um die Burg kampierten, würden sie sicher abwehren, und es bestand keine Gefahr, daß mein Vater versuchen würde, sein Versprechen zu erfüllen; doch ich fürchtete, er könnte mit den Militärs wegen seiner Rechte in Streit geraten, und ich wollte ihn zurückhalten. Daß er ihre Autorität akzeptierte, als sie eintrafen, war eins der wenigen vernünftigen Dinge, die er getan hatte.

Doch während der November voranschritt, begann ganz England wieder aufzuatmen. Die Mobilisierung in Chatham wurde abgeblasen, die Rückbeorderung der Truppen aus Übersee widerrufen, Essex und Raleigh und Howard mußten bei Hofe erscheinen und Bericht über ihre Fehler erstatten, das Parlament trat wieder zusammen, und man hob den Ausnahmezustand auf. Zweihundert der in Pendennis ausgehobenen Soldaten durften nach Hause gehen, doch die Berufssoldaten blieben, und Captain Alexander schien nicht daran zu denken, seine Machtbefugnis aufzugeben.

Um ein Uhr hatte ich Penzance hinter mir und nahm den Küstenweg, der um die Klippen herumführt. Dann ritt ich den Berg hinauf zur Kirche. Copley war müde, und so stieg ich ab und führte ihn.

Die Kirche war noch längst nicht fertig, doch das Haus hatte man wiederaufgebaut. Im Garten standen zwei Pferde, beaufsichtigt von einem livrierten Reitknecht.
Der Diener, der an die Türe kam, kannte mich. Als er mich hereinführte, hörte ich aus dem Wohnzimmer eine selbstbewußte Männerstimme, und ich wußte sogleich, daß sie Mr. Henry Arundell von Truthall gehörte. Zufällig waren wir wieder zusammengetroffen. Seinem Ton entnahm ich, daß seine Worte an Sue gerichtet waren. Dann hörte ich, wie der Diener mich meldete, und Sue kam heraus.
Sie trug Witwenkleidung.

2

Mit ausgestreckten Armen lief sie mir entgegen; dann blieb sie stehen und kam langsam auf mich zu.
»Maugan! Oh, welch gesegneter Tag! Gott sei Dank! Ich wagte kaum zu hoffen ...«
»Daß ich wiederkommen würde? Von Zeit zu Zeit hatte ich Zweifel. Dieses Treffen ...«
Sie küßte mich, zog sich jedoch sogleich zurück, denn in dem Zimmer hinter uns war ein Schritt zu hören.
»Oh, Maugan, ich habe deinen Brief erhalten ... Ich habe so gebetet ... Du hast dich verändert, siehst älter aus – hast du soviel durchgemacht?«
»Das ist bereits ein Traum. Dies ist die Wirklichkeit ... Sag, ich hatte keine Ahnung – dein Mann?«
»Im September.« Sie holte tief Luft. »Er starb wie er lebte – edel ...« Sie drehte sich um. »Du erinnerst dich an Mr. Henry Arundell? Ich glaube, ihr habt euch schon einmal ...«
Der kräftige Mann war aus dem Zimmer getreten und nickte mir zu.
»Natürlich. Welch glückliche Fügung. Wir hatten Euch schon fast aufgegeben, Killigrew.«
Sie führten mich ins Zimmer und überhäuften mich mit Fragen. Das Schwarz stand Sue; sie sah gut aus, ein wenig mager und blaß, und sie war herzlich zu mir, hielt sich jedoch in Arundells Gegenwart zurück. Obwohl er überaus liebenswürdig war, schien er über mein

Erscheinen nicht sehr erfreut. Ich war in Gedanken versunken, konnte fast nicht glauben, daß Sue Witwe war; ich hatte gedacht, es würde noch Jahre dauern. Ich erkundigte mich nach ihm, und sie erzählte mir alles. Danach erinnerte ich mich an nichts; irgendwie sträubte ich mich, mich zugleich über Sues Freiheit und den Tod ihres Mannes zu freuen.

Ich konnte kaum erwarten, daß Henry Arundell ging, doch er hatte keine Eile. Ich erfuhr, daß Sue in ein kleines Haus in Helston ziehen würde, welches ihrem Gatten gehört hatte. Sie würde dann, sagte Mr. Arundell voll Genugtuung, viel näher bei Truthall leben, und er freue sich auf den Tag, da sie Nachbarn werden würden. Alles was er für die Witwe seines verstorbenen guten Freundes tun könne, werde er mit größter Freude und Befriedigung tun. Durch seine roten Lippen paffend, betrachtete er Sue mit einem Wohlwollen, das mir gar nicht recht war.

Sie wandte sich zu mir; ihr Haar und ihre Wimpern glänzten im Licht, das durch das Rautenfenster fiel. »Mein lieber Maugan, nach deinem letzten Besuch war ich so frei, mit Mr. Arundell über dich zu sprechen. Wie du weißt, suchte er einen zuverlässigen, gebildeten Verwalter für sein Gut. Ich erzählte ihm, wie tüchtig du bist und welche Erfahrungen du bereits als Sekretär erworben hast.«

Ich starrte sie an. Sie klopfte mit ihrem schwarzseidenen Pantoffel auf den grünen Teppich.

»Da du so lange in Gefangenschaft warst, war Mr. Arundell unglücklicherweise gezwungen, sich jemand anderen zu suchen, und so besteht diese Möglichkeit leider nicht mehr.«

Henry Arundell brummte. »Ich habe einen guten Mann gefunden. Er ist zwar viel älter als Ihr, Killigrew, und hat eine große Familie. Aber wer weiß, ob Ihr über die nötige Autorität verfügt hättet.«

Ich befeuchtete meine Lippen und sah wieder Sue an, die eine Schleife an ihrem Gürtel glattstrich.

»Als wir darüber sprachen«, fuhr Sue fort, »fragte ich Mr. Arundell jedoch auch, ob er, falls er dich für zu jung für die Verwalterstelle hält, etwas bei seinen Vettern in London für dich tun könnte – bei den Howards. Und das hat er mir versprochen. Darf ich auf diese Gefälligkeit noch zählen, Henry?«

Lange herrschte Schweigen in dem Zimmer.

»Gewiß, das werde ich – dir zuliebe, Susanna. Auf Lord Thomas, den

Seemann, habe ich nur wenig oder keinen Einfluß. Doch Lord Henry kenne ich gut, und ein Empfehlungsschreiben von mir könnte Euch von großem Nutzen sein. Seine Interessen sind mannigfaltig: Kunst, Literatur, Wissenschaft, Wohltätigkeit.« Mr. Arundell pustete durch seine Lippen. »Er sucht häufig geeignete junge Männer. Ich bezweifle nicht, daß er Euch eine Stellung beschaffen könnte, Killigrew.«
Als ich den Mund öffnete, kam Sue mir zuvor und bedankte sich. Ihre Worte schienen Arundell sehr zu schmeicheln. Mir fiel ein, wie schlau und heuchlerisch sich Raleigh oft verhalten hatte. Wenn ich dies offen heraus abschlug, würde ich Sue, die überzeugt schien, ganz in meinem Interesse zu handeln, möglicherweise tödlich beleidigen. Ich konnte es mir leisten, verschlagen zu sein. Nun, da sie Witwe war, würde mein Leben erst richtig beginnen.
»Ich bin Euch sehr zu Dank verpflichtet, Sir«, sagte ich.
Mr. Arundell traf Anstalten zu gehen, doch Sue überredete ihn, noch eine Weile zu bleiben, und bevor er sich verabschiedete, hatte sie ihn nicht nur dazu gebracht, den Empfehlungsbrief an Lord Henry Howard zu schreiben, sondern ihm auch das Versprechen abgenommen, morgen aus Truthall direkt einen Brief an Seine Lordschaft zu richten und ihn darin zu bitten, Mr. Maugan Killigrew gefällig zu sein, wenn Mr. Maugan Killigrew vorsprach.
Mr. Arundell lud mich ein, die Nacht bei ihm zu verbringen. Als ich dankte, war er darauf bedacht, sich zu vergewissern, daß ich sie in Godolphin verbringen würde. Ich fand, daß seine Besorgnis um Schicklichkeit größer als nötig war.
Als wir ihn hinausbegleitet und die Haustüre geschlossen hatten, fragte Sue, da zwei Dienstboten anwesend waren, förmlich: »Möchtest du hier zu Abend essen, Maugan?«
»Gerne, vielen Dank.«
Sie hängte sich bei mir ein und führte mich in den Salon. Ein Hausmädchen wollte uns folgen, doch Sue sagte lächelnd: »Ich werde nach dir läuten, Florence.«
Als die Tür zu war, lehnte ich mich dagegen und preßte meine Lippen auf ihren Hals. Schwarzer Taft raschelte; die zarte Gestalt schien, obgleich durch ein Fischbeinmieder gestützt, zu schmelzen; es duftete nach Sandelholz, ihre Finger strichen über mein Haar. Meine Lippen fanden die ihren. Ich hatte gedacht, die zwei Jahre hätten mich zynisch und hart gemacht. Weit gefehlt. Ich ertrank in ihr, vergaß alles

um mich. Ich flüsterte wilde Koseworte, vergessen, sobald sie ausgesprochen, bemühte mich meiner unsagbaren Leidenschaft Ausdruck zu verleihen.

Schließlich machte sie sich los, senkte den Kopf, winkte mit der Hand, als sei sie verletzt. Ich blickte ihr nach, als sie zum Fenster ging. Sie gab sich alle Mühe, ruhig zu bleiben.

»Sue ... ein Jahrhundert scheint es her zu sein ...«

»Ist es fast. So vieles ist geschehen. Als du heute kamst, konnte ich es kaum glauben ... Ich habe so oft gebetet.«

»Vielleicht hat mich das gerettet. Oft hat es mir den Verstand gerettet, wenn ich an dich dachte. Im Gefängnis erdachte ich mir Gespräche mit dir, beschwor dein Bild herauf ...«

»Als ich erfuhr, daß du wieder in Gefangenschaft geraten bist, dachte ich: *Das* war es, was ich fürchtete. Ich spürte es, als du mich damals besuchtest. Entsinnst du dich? Ich wollte nicht, daß du gehst! Dann kam dein Brief. Und seit deinem Brief nichts ... Oh, Maugan.«

Ich trat zu ihr und legte meinen Arm um sie. Lange standen wir so da. Von dem Fenster aus konnte man einen Maurer sehen, der am Kirchturm arbeitete, welcher fast wiederaufgebaut war.

»Erzähl mir, was du erlebt hast. Erzähl mir alles.«

»Nein, später. Wann wird dieses Mädchen wieder hereinkommen?«

»Warte ein wenig, Maugan. Ich bin erst seit sieben Wochen Witwe.«

»Ist er hier begraben?«

»Nein, an der Familienkirche bei Reskymer.«

Wir setzten uns zum Abendessen. Diese Florence nahm daran teil. Ich nützte die Zeit, Sue zu berichten, was ich in Spanien erlebt hatte, wobei ich die Ermordung Buarcos, den Pakt mit de Prada, meinen Übertritt zum katholischen Glauben nicht erwähnte.

Sue hatte sich verändert, was ich bereits bei meinem letzten Besuch bemerkt hatte. Das bezaubernde Wesen, das ich kannte, war, ohne etwas von seinem Zauber zu verlieren, ruhiger und reifer und selbstsicherer geworden. Die Dienstboten gehorchten ihr auf den leisesten Wink, und sie erteilte ihre Anordnungen lächelnd und ohne Zögern oder Scheu.

Florence blieb nach dem Essen sitzen, doch schließlich schickte Sue sie hinaus. Es war jetzt sieben, und wenn ich in Godolphin sein wollte, bevor alle zu Bett gegangen waren, mußte ich bald aufbrechen.

Ich sagte: »Sue, wann können wir heiraten?«

»Maugan, noch nicht ... Irgendwann nächstes Jahr; genau weiß ich's nicht.«

»Nächstes Jahr! Anfang des nächsten Jahres.«

»Ja. Aber es muß ein wenig Zeit verstreichen.«

»Und bis dahin?«

»Es ist doch nicht mehr lange, Liebster – laß uns vernünftig sein. Es würde alles, was wir füreinander empfinden, verderben, wenn wir uns heimlich und verstohlen träfen.«

»Sue, empfindest du noch das gleiche?«

»Wie kannst du das bezweifeln?«

»Ich brauche dich so sehr, daß ich Angst habe. Du scheinst den Aufschub mit viel größerer Ruhe hinzunehmen als ich.«

»Vielleicht liegt das an meinem Wesen. Durch die Art, wie ich lebte, bin ich so geworden. Doch wenn wir vier Jahre gewartet haben, werden wir auch die vier Monate noch ertragen. Erstens ist es schicklicher. Zweitens muß ich Philips Angelegenheiten regeln. Und drittens wirst du Gelegenheit haben, Lord Henry Howard aufzusuchen und zu erkunden, ob er etwas für dich tun kann.«

»Ach, daran liegt mir nichts. Als wir uns letztes Mal sahen, sagte ich dir doch schon, daß ich Raleigh versprochen habe, bei ihm zu bleiben.«

»Das war, bevor du mit ihm auf die Expedition gingst. Damals konnte ich deine Loyalität verstehen. Doch jetzt, da du zurück bist, nach all dieser Zeit, bist du niemandem verpflichtet. Diese Reise hat dir nichts eingebracht außer viel Leid. Diese Erfahrung machen alle, die sich Raleigh verschreiben.«

»Dennoch fühle ich für ihn das gleiche wie je. Wenn er mich will, bin ich sein Mann.«

Sie machte eine ärgerliche Geste. »Was hat er dir bis jetzt geboten, Maugan? Eine Stellung als Sekretär. Die Gelegenheit, in einer Schlacht zu sterben oder in einem spanischen Kerker zu verrotten.«

»Was wird Henry Howard mir bieten?«

»Ich weiß nicht. Aber zumindest könntest du dich bei ihm erkundigen.«

Meine letzte Frage war ein Fehler gewesen, denn ihre Antwort brachte mich in eine Lage, in der ich unvernünftig erscheinen mußte.

Sie fuhr fort: »Wenn wir heiraten, *mußt* du eine Stellung haben. Wovon sollen wir sonst leben? Wenn du unverheiratet bleiben willst, kannst du Raleighs Sekretär bleiben oder nach Guayana segeln oder tun, was er sonst von dir verlangt. Aber wir werden vielleicht Kinder bekommen. Und deshalb brauchen wir ein Heim.«

Ich erhob mich und starrte auf die frommen Bücher auf dem Schreibtisch; ich fühlte mich, als befände ich mich noch in Feindesland.

Sie sagte: »Als ich Philip heiratete, habe ich mich nicht um Geld geschert; ich wußte nur, daß er mir Sicherheit vor Not bot. Doch er war kein unvermögender Mann. Falls du dich fragst –«

»Sein Geld würde ich nicht anrühren –«

»Falls du dich fragst – der größte Teil seines Vermögens wurde ihm von seinem Vater als unveräußerliches Erbe hinterlassen, und da er ohne Nachkommen starb, geht es nun an seinen jüngeren Bruder über. Ich werde einiges Geld bekommen, genug, um sorglos leben zu können, doch keinen Besitz.«

»Das ist nicht wichtig –«

»O doch, denn ich hätte gern –«

»Sue, ich weiß nicht, wie ich dir klarmachen soll, was ich empfinde. Ich habe neun Monate oder länger in Raleighs Diensten gestanden, und das hinterläßt seine Spuren. Doch darüber hinaus ist es eine Sache der Loyalität. Sir Walter und die Howards tolerieren einander zwar, sind aber im Grunde Feinde. Wenn ich jetzt in die Dienste eines Howard träte, hätte ich das Gefühl, ins gegnerische Lager überzulaufen.«

Sie ging nicht darauf ein. »Aber du willst mich heiraten?«

». . . Das geht mir über alles.«

»Und mir gegenüber empfindest du keine Loyalität?«

»Loyalität! Dir gehört all meine –«

»Also schön. Angenommen, wir heiraten im nächsten April. Ich habe ein wenig Geld. Es wird uns helfen. Aber als Raleighs Schreiber –«

»Vielleicht bietet er mir etwas mehr.«

»Vielleicht. Doch er ist nicht reich. Und was wird mit ihm geschehen, wenn die Königin stirbt? Er verdankt ihr alles. Die Howards sind vielleicht die mächtigste Familie im Lande, und da sie teils Protestanten, teils Katholiken sind, wird es ihnen nie schlecht ergehen, ganz gleich, wer ihr nachfolgt.«

Ich starrte sie an. »Das ist eine sehr – vernünftige Ansicht.«

»Ich bin vernünftig. Ich mußte es sein. Übrigens, ich habe mit Henry Arundell darüber gesprochen. Er ist sehr klug in praktischen Dingen und äußerst hilfsbereit.«

Ich setzte mich wieder neben sie. »Sue, bitte nimm dich vor ihm in acht. Ich glaube, er hat Philip Reskymer immer um seine Frau beneidet.«

Sie drehte nachdenklich den Ehering an ihrem Finger. »Ja, ich glaube, da hast du recht.«

»Dann solltest du ihn weniger sehen.«

Sie schlug ihre schwarzen Wimpern nieder. »Ich war seit dem Tode meines Vaters immer auf mich selbst gestellt. Der Umgang mit jemandem, der sich ehrenhaft um mich bemüht, ist doch nicht im mindesten gefährlich.«

»Es könnte gefährlich sein, daß er womöglich denkt, du nimmst ihn ernst.«

»Er ist ein kluger und besorgter Freund. Ich habe wenige genug davon.«

Eifersucht packte mich. »Wenn ich nicht zurückgekehrt wäre, könnte er sich vielleicht mehr erhoffen.«

Sie schüttelte den Kopf. »Wärest du nicht zurückgekehrt, dann wüßte ich nicht, was ich täte.«

»Oh, Sue«, sagte ich, »verzeih mir. Immer wenn ich dich sehe, bin ich innerlich ganz zerrissen. Mein einziges Glück wird sein, dich zu besitzen.«

Sie lächelte leise. »Bist du sicher? Vielleicht hegst du zu große Erwartungen.«

»Mein Liebes, du hast zu lange in der Gesellschaft alter Männer gelebt . . . Wann darf ich dich wiedersehen?«

»Wann du magst. Wenn es nur nicht unschicklich oft bis zum neuen Jahr ist. Möchtest du am Montag kommen?«

»Mit Freuden . . . Sue, ich kann es immer noch nicht fassen. Niemand kann über den Tod eines so guten Mannes wie Philip Reskymer frohlocken. Doch daß du wieder frei bist, ist, als sei nach vielen dunklen Jahren plötzlich die Sonne für mich aufgegangen!«

Sie legte ihre Hand auf die meine. »Ich freue mich mit dir – aus ganzem Herzen. Nun können wir beginnen – ein gemeinsames neues Leben.«

Eines Tages ging ich mit Belemus zur Burg hinauf, doch der Wachtposten wollte uns nicht einlassen. Die Soldaten hatten Gräben ausgehoben und um den ganzen Berg, auf dem die Burg stand, Wälle errichtet. Obwohl Captain Alexander nach außen hin so tat, als liege ihm daran, mit dem Burgherren auf gutem Fuß zu stehen, unternahm er viel auf eigene Faust. Die Soldaten fällten zwölf schöne Ulmen; auf meines Vaters Beschwerde hin behaupteten sie, die Bäume behinderten den Blick landeinwärts; in Wirklichkeit brauchten sie Holz für ihre Feuer, und so ließ es sich am leichtesten beschaffen. Abgesehen von gelegentlichen Besuchen im Haus aus dienstlichen Gründen, hatten die Offiziere sich jetzt ganz in die Burg zurückgezogen.

Am Samstag veranstalteten wir Jüngeren eine Abschiedsfeier für Belemus, welcher uns am nächsten Tag verlassen wollte. Wir waren unser zwölf, und infolge Johns Abwesenheit war Thomas der älteste echte Killigrew, der daran teilnahm. Mit seinen siebzehn Jahren war er ein höchst begabter Lautenspieler. Sein größtes Vergnügen war es, mit seiner Laute umherzuziehen und in den umliegenden Dörfern Lieder und Tänze zu sammeln; manches Mal war er drei Tage fort. Er behauptete, sechzig verschiedene Lieder spielen zu können. Er war ziemlich klein, doch ein gutaussehender, kräftiger Bursche. An Mädchen hatte er kein Interesse und war über die Versuche meines Vaters, ihm eine passende Frau zu suchen, sehr ungehalten. Auch am Haus oder Gut, an seinem Gedeihen und Fortbestehen lag ihm nicht das geringste. Er wartete darauf, daß ihn sein Onkel William an den Hof holen würde und lebte nur für diesen Tag.

Die sechzehnjährige Odelia war schon eine richtige Schönheit, schlank und groß, mit klaren blauen Augen wie eine Nixe und einer etwas ungraziösen Art, sich zu bewegen. Irgendwann während des Heranwachsens hatte sie das warme, herzliche Wesen ihrer Kindheit verloren und nichts Besseres an seiner Stelle gefunden. Sie war verschlossen und zurückhaltend geworden.

Henry sah man bereits den Geizhals an, der er werden würde. Er hatte ein schmales Gesicht wie ein Vogel und suchte Erde und Himmel nach Nahrung und glänzenden Dingen ab. Seine Zunge war scharf, und er konnte damit die jüngeren Kinder zu Schrei- und Wutanfällen bringen. Doch er liebte Tiere, und stets lief ihm irgendein verletzter Köter nach.

Nach ihm kam eine große Lücke. Maria war neun und hatte ein dikkes, rotes, frühreifes Gesicht; ihre dicken Beine rieben sich aneinander, wenn sie lief; sie war nie still und jauchzte ständig oder schrie zornig mit hoher Stimme. Peter war sechs und Maria in allem außer roher Kraft ebenbürtig; an Gewandtheit und geistiger Flinkheit übertraf er alle andern. Elizabeth war fünf und Simon drei, und nur Dorothy, die in ihrer Wiege quengelte, blieb der Feier fern. Die anderen Teilnehmer waren Oliver Gwyther, indessen mit Annora Job verlobt, und zwei der jungen Knyvetts aus Rosemerryn.

Als es vorbei war, sagte ich zu Belemus:

»Dies ist ein trauriger Abschied – das Ende einer alten Freundschaft; ich bin sehr betrübt.«

»Es ist ebensowenig ein Ende wie damals, als du fortgingst und Raleighs Sekretär wurdest.«

»Gehst du Janes wegen fort?«

»Keine Frau hat mich je dazu gebracht wegzulaufen. Doch ich muß gestehen, daß ich diese zwölf Monate ohne sie im Haus glücklicher gewesen wäre. Ich lehne nur äußerst ungern Aufforderungen dieser Art ab, und nach einer solchen Ablehnung ist es kalt, als hätte jemand in einer Winternacht das Fenster offengelassen ... Nein, Unsinn, ich war zu lange hier und gehe jetzt, mein Glück zu machen – oder um bei der Suche danach Prügel zu beziehen. Ich hoffe, du hältst mich nicht für eine Ratte, die das sinkende Schiff verläßt.«

»Eher für einen tapferen Mann, der ins Wasser springt, um das Boot zu erleichtern.«

Er klopfte mir auf die Schulter. »Gut gesagt. Du wirst sehen – ich werde beladen mit geplünderten Schätzen wieder an Bord kommen!«

Am Dienstag ging ich zu meinem Vater und sagte ihm, daß ich heiraten wolle.

»Was? So bald nach deiner Heimkehr? Wer ist es? Jemand im Hause?«

»Philip Reskymer starb im September. Ich möchte seine Witwe heiraten, die frühere Susanna Farnaby.«

Man merkte ihn an, wie er nachsann, ob ihm dies Vorteile bringen würde. »Philip Reskymers Witwe? Hm ... Du hättest eine schlechtere Wahl treffen können. Sie dürfte über ein ziemliches Vermögen verfügen.«

»Der größte Teil ist nicht an sie gefallen.«

»Hm. Aber sie ist gewiß nicht arm. Nun, Junge, verheiratet zu sein ist für einen Mann nicht von Übel. Ihr könnt hier wohnen und mir eine kleine Summe zahlen. Wir haben jetzt Platz genug, und sie kann meiner Schwiegertochter Gesellschaft leisten. Auf diese Weise wirst du mir mehr helfen können.«

»Sie mir nicht böse, Vater, aber ich möchte meinen eigenen Weg gehen. Das verstehst du doch sicher?«

»Hast du sie gefragt, ob sie hier wohnen möchte?«

»Ich weiß, daß ihr das nicht recht wäre.«

Er schwieg eine Weile beleidigt. Es bestätigte seine misanthropische Einstellung, daß sogar sein eigener Sohn, zu dem er stets so großzügig gewesen war, sich nun gegen ihn stellte. Ich merkte, daß er dachte: *dies* ist der Dank für alles.

»Es tut mir leid, Vater.«

»Nun ... *Ich* kann dir nicht im mindesten helfen. Wann wollt ihr fortgehen?«

»Oh, das ist noch nicht entschieden. Wir können nicht vor dem nächsten Jahr heiraten. Ich muß die Raleighs besuchen und ihnen berichten, wie ihr Vetter starb.«

»Das ist gut, Raleigh ist ein Mann, den du dir warmhalten mußt. Er hat jetzt wieder das Ohr der Königin, genau wie in den alten Zeiten. Und er ist außerdem mit Essex befreundet! Doch diese Freundschaft wird wohl nicht lange halten.«

»Ich hoffe doch. Sir Walter und Lord Essex sind unter ihrer scheinbaren Arroganz von einer Großmut, die sie sehr wohl befreundet sein lassen kann.«

»Nach meiner Ansicht können sie nicht Freunde sein, denn sie sitzen auf zwei verschiedenen Enden einer Wippe. Es kann nur einer oben oder unten sein.«

»Und Cecil?«

»Ach ... der sitzt in der Mitte und bewegt sich deshalb nur wenig. Die Killigrews sind ihm eng verbunden, und das kann nur von Gunsten für sie sein. Lediglich ich, hier unten isoliert, nicht beachtet in sicheren Zeiten, gedemütigt in unheilvollen, bin der einzige, der leidet.«

»Vater«, sagte ich, »ich bin froh, daß die Armada gescheitert ist.«

Er nieste, lehnte sich in seinem Sessel zurück und öffnete seinen Gürtel. »Nun freilich, wer ist das nicht? Denn ich hätte in der Schlacht in vorderster Linie gestanden und wäre als erster gefallen. Ohne die Flotte und mit ungeschützten Küsten wäre England überrannt worden. Dieser große Sturm war ein Geschenk des Himmels.«

»Es ist auch noch in anderer Hinsicht gut, daß die Armada gescheitert ist, Vater. Es machte eine Entscheidung überflüssig, die ich nicht gern getroffen hätte.«

Er schwieg eine Weile und atmete tief vor Erleichterung, daß sein Bauch nun mehr Freiheit hatte. »Welche Entscheidung du auch meinen magst, sie wurde schon lange getroffen, Maugan. Doch jetzt ist alles vorbei und vergessen. Wir wollen nicht mehr daran denken, was hätte sein können.«

Am nächsten Tag erhielt mein Vater einen Brief des Staatsrates. Er wurde darin aufgefordert, am 27. November in Westminster zu erscheinen und sich in seiner Eigenschaft als Burgherr von Pendennis Castle zu verantworten.

3

Jene, die in die Vorgänge jener Zeit weniger eingeweiht waren als ich, müssen sich über Mr. Killigrews Verhalten vor seiner Abreise nach Westminster gewundert haben. Er setzte ein neues Testament auf. Er schrieb sogleich an seine Onkel Henry und William und teilte ihnen mit, daß er, da seine Angelegenheiten in großer Unordnung und seine Familie in Not seien, seine beiden Söhne Thomas und Henry mitbringen und ihrer Obhut anvertrauen werde. Er schrieb John, er möge schnellstens nach Arwenack zurückkehren und sich um Haus und Gut kümmern. Er bat mich, mit ihm zu reisen, damit ich ihn zur Sitzung des Staatsrates begleiten und ihm, falls nötig, beistehen könne. Er schrieb an Raleigh und fragte ihn, welch schwerwiegenden Fehler er in seinen Augen begangen habe, daß er einen so ungünstigen Bericht erstattet habe. Er schrieb an Cecil und legte ihm Rechenschaft über seine Bemühungen in den letzten zwei Jahren auf dem Gebiet der militärischen Verteidigung ab. Er war mit seinen Kindern dermaßen zärtlich, daß er ihnen Angst einjagte und hielt Mrs. Killigrew Gar-

dinenpredigten, die sie gänzlich einschüchterten. Er ließ Henry Knyvett aus Rosemerryn kommen und zog sich für lange Stunden mit ihm in Lady Killigrews Gemach zurück.
Da wir erst in einigen Tagen reisen mußten, besuchte ich Sue noch einmal. Ich sagte ihr soviel wie möglich, konnte jedoch die wichtigsten Dinge nicht erwähnen. Sie meinte, dies sei eine ideale Gelegenheit, Lord Henry Howard Mr. Arundells Brief zu überbringen. Ich sei in erster Linie Mr. Killigrew verpflichtet, doch wenn wir lange genug blieben, würde ich ihn aufsuchen, sagte ich. »Du *mußt*, Maugan«, erwiderte sie. »Du tust es doch für uns beide. Bitte.«
Während meines Besuches sprach ich mit Reverend John Tremearne, welcher nächste Woche die Pfarrei übernehmen sollte. Er war ein schwarz gewandeter, ernster Mann, doch nicht vom Range Reskymers. Als wir allein waren, erkundigte er sich voll Interesse über die Inquisition und über die Haltung, welche die Spanier ihr gegenüber einnahmen. Es schien eine gute Gelegenheit, eine Sache anzuschneiden, die mir Sorgen machte.
»Mr. Tremearne, in El Ferrol lernte ich zwei Engländer kennen, welche den katholischen Glauben angenommen hatten, um ihr Leben zu retten. Wie würdet Ihr solche Leute betrachten?«
Er starrte mich grimmig an, als erstaune ihn die Frage. »Als Verräter an Christus, Mr. Killigrew. Als Menschen, die ihre unsterbliche Seele für eine kurze Verlängerung ihrer irdischen Existenz verkauft haben. Wie hätten sie sonst die Lehren und Doktrinen dieser – dieser Latrine namens Rom annehmen können?«
»Ja ... Ja, natürlich. Der eine Mann war sehr bedrückt, doch der andere nahm es leicht. Er war der Ansicht, daß unter Zwang abgelegte Eide und Bekenntnisse ohne Bedeutung seien.«
»Es kann nicht ohne Bedeutung sein, Gott zu leugnen, Mr. Killigrew – sonst wären alle Worte und Taten ohne Bedeutung. Meint Ihr nicht, daß die glorreichen alten Märtyrer ebenso versucht wurden? Doch sie haben widerstanden. Unter ihnen Latimer und Ridley. Sie haben sich von diesen stinkenden Brodem aus dem Sumpfe des römisch-katholischen Europa nicht umnebeln lassen. Was hülfe es einem Menschen, wenn er die ganze Welt gewänne und nähme Schaden an seiner Seele?«
»Der andere Mann«, sagte ich, »jener, der so bedrückt war, meinte, daß Gott, der alles verstünde, alles verzeihen würde. Er war ent-

schlossen, bei seiner Rückkehr nach England wieder den neuen Glauben anzunehmen. Glaubt Ihr, daß er das tun könnte?«

»Er müßte zu seinem Bischof gehen und ihn um seinen Rat fragen. Gesetzlich bestünde natürlich kein Problem. Die Krone verlangt nicht mehr von ihm, als daß er die Gottesdienste unserer reformierten Kirche besucht und kommuniziert. Geistig ist es freilich etwas anderes: Er müßte täglich Stunden auf den Knien verbringen und Christus um Vergebung für seinen Verrat bitten. Petrus wurde vergeben. Vielleicht ihm auch – wenn er beharrlich und in aller Demut sich seinen Gebeten widmet.«

Ich hörte Sues Schritte. Dankbar wandte ich meine Gedanken wieder ihr zu. In drei Monaten würden wir heiraten. Weder meine Gewissensprobleme noch der Verfall und Niedergang von Arwenack waren gegenüber diesem erregenden Gedanken von Bedeutung.

Am Donnerstag, dem siebzehnten, brachen wir morgens auf. Wir waren zu sechst: Mr. Killigrew, Thomas, Henry und ich sowie Thomas Rosewarne und Stephen Wilky.

Es gab keine großen Abschiedszeremonien; nur vier Kinder und eine Handvoll Diener fanden sich ein. Es wehte ein starker Wind, der an den Rockschößen und Hüten und den Schweifen der Pferde zerrte. Am zweiten Abend speisten wir in Penheale. Es war sehr spät, und wir schienen nicht sehr willkommen, denn bei seinem letzten Besuch hatte Mr. Killigrew sich von seinem Gastgeber Geld geliehen. Dann durchquerten wir Devon und Dorset. Die Montagnacht verbrachten wir in einer Herberge in Yeovil, und am Dienstagmorgen trappelten wir über die lange steinerne Zufahrt in den Gutshof von Sherborne. Mein Vater hoffte, Sir Walter werde ihm einen Fingerzeig geben können, was seiner in Westminster harrte; doch er wurde enttäuscht – und ich auch. Sir Walter war seit seiner Rückkehr krank und fürchtete, er habe einen Stein; deshalb hatte er sich von seinen Pflichten entbinden lassen, und er und Lady Raleigh weilten zur Kur in Bath. Nur George Chapman und Matthew Royden und der kleine Wat und seine Amme und die Dienstboten waren da. Ich hatte das Gefühl, als kehrte ich heim. Ich fragte George Chapman, ob Sir Walter neue Pläne bezüglich Guayana habe. Chapman sagte, seit den zwei Expeditionen des Jahres '96, der ersten unter Keymis, der zweiten unter Captain Berry, hätte Sir Walter nichts weiter in der Sache unternommen; doch er habe die Absicht und warte nur auf einen günstigen Moment.

Wir verbrachten diese Nacht in Shaftesbury, die nächste in Andover und die Donnerstagnacht in Hartley. Spät am Freitag trafen wir in London ein und stiegen in »The French Lily« in der Mark Lane ab, wo wir zu viert in einem acht Fuß breiten Daunenbett schliefen.

Zum Frühstück aßen wir frischen Lachs, der am Abend zuvor im Fluß gefangen worden war und in kleinen Zinnschüsseln serviert wurde. Thomas und Henry waren noch nie in London gewesen, und nach dem Frühstück gingen wir eine halbe Stunde spazieren, bis Mr. Killigrew, der, wie er sagte, schlecht geschlafen hatte, fertig war.

Wir gingen die schmale Straße zum Fluß hinunter. Am unteren Ende umfing uns der ganze Trubel der Stadt. Ein Dutzend Bootsmänner, die auf den Treppen hockten, boten uns ihre Dienste an; offene und geschlossene Fähren mit Kissen aus Samt und Satin waren zu vermieten. Der Fluß war voller Schiffe. Zu unserer Linken ragte der Tower schwarz in den rauchigen Himmel auf. Auf den Werften um ihn standen Kräne, dahinter sah man Kirchtürme. Flußabwärts überspannte die Brücke das Wasser. Die Flut stieg eben, und die Wellen umspülten die Bögen, als wollten sie sie einreißen. Überall um die Boote und auf den freien Stellen schwammen Schwäne, weiß wie Schnee.

Um elf Uhr waren wir bei Sir Henry und Lady Killigrew in Lothbury zum Mittagessen eingeladen, und so gingen wir schnell zurück. Mr. Killigrew zwängte eben seinen dicken Bauch in das rotbraune Satinwams, das er sich im vergangenen Jahr hatte schneidern lassen, und Wilky kniete vor ihm und zog ihm die Glacéschuhe an.

Es war nicht weit bis zum Killigrew-Haus, doch der Weg war uneben und die Pflastersteine voll von getrocknetem Schlamm. Das Haus, ein hoher, schmaler, imposanter Bau aus Ziegeln und Holz, stand in einem Block mit drei andern zusammen. Die William Killigrews wohnten ein Stück weiter in derselben Straße, doch sie waren nicht da. Sir Henry sagte, er werde Thomas und Henry bei sich aufnehmen, bis sie zurückkämen.

Während des Gespräches bei Tisch ging man persönlichen Angelegenheiten sorgsam aus dem Wege. Daß die Armada beinahe einen Erfolg errungen hätte, wurde kaum erwähnt. Raleigh, sagte Sir

Henry, sei wieder ständig an der Seite der Königin; groß, voll Würde und trotz seines Hinkens überaus eindrucksvoll. Essex, welcher ohnedies in Ungnade gefallen war, weil er mit seiner Flotte nach den Azoren gesegelt war und England der Invasion preisgegeben hatte, war überdies sehr beleidigt über die Verleihung der Earlwürde an Admiral Howard gewesen, welche diesen über alle anderen Earls stellte, und hatte sich schmollend nach Wanstead zurückgezogen. Sir Robert Cecil wollte in Kürze England verlassen, um Heinrich IV. von Frankreich einen Besuch abzustatten und ihn davon abzubringen, einen separaten Friedensvertrag mit Spanien zu schließen.
Großen Kummer bereiteten wie stets die irischen Angelegenheiten. Es war schwierig, jemanden zu finden, der geeignet war, sich mit diesem unlösbaren Problem zu befassen. Und die Zustände in England verschlechterten sich immer mehr: stürmische und nasse Sommer, lange und dunkle Winter, Mißernten, Preissteigerungen, Not und Sorge auf dem Lande. Die Königin war Gott sei Dank bei guter Gesundheit. Bei Hofe gingen Gerüchte um, sie habe insgeheim ihren Nachfolger bestimmt.
Nach dem Essen zeigte man Thomas und Henry ihr Zimmer, und wir verabschiedeten uns von ihnen. Erst jetzt, als Mr. Killigrew aus einem plötzlich väterlichen Impuls heraus mit ihnen nach oben gegangen war und Lady Jael etwas mit den Dienstboten besprach, sagte Sir Henry leise zu mir:
»Maugan, soviel ich gehört habe, wurde dein Vater vor den Staatsrat geladen. Wieviel ist wahr an diesen häßlichen Gerüchten, die in Umlauf sind?«
»An welchen Gerüchten, Sir?«
Er sah mich scharf an. »Er muß dich doch ins Vertrauen gezogen haben – sonst würdest du ihn wohl kaum begleiten? Wirst du nach Cornwall zurückkehren, wenn dein Vater es nicht tut?«
Das klang unheilvoll. »Vorübergehend ... Doch ich werde mich bemühen, irgendeine feste Stellung in London oder Westminster zu finden. John dürfte inzwischen wieder in Arwenack sein, und falls meinem Vater etwas geschehen sollte, wird er der neue Herr sein. Außerdem möchte ich heiraten und würde eine Empfehlung für einen guten Posten in London oder in der Nähe brauchen.«
In seiner vorsichtigen Art schien er im Geiste jedes Wort einzeln unter die Lupe zu nehmen.

»Was einen guten Posten betrifft, so habe ich, wie du weißt, bereits bezüglich der zwei mir anvertrauten jungen Männer alle Hände voll zu tun. Und es hängt von der morgigen Staatsratssitzung ab, wieviel ich für sie werde tun können. Es ist eine ungünstige Zeit. Hast du keine Empfehlungsschreiben?«
»Eines, das ich jedoch nicht verwenden möchte.«
»Warum? Darf ich fragen, wer . . .«
»Es ist an Lord Henry Howard gerichtet.«
»Trotz seines Alters ein Mann mit Zukunft. Du solltest es ihm übergeben.«
»Warum sagt Ihr das mit so angewiderter Miene?«
»Nun . . . offen gesagt, privat halte ich ihn für ein wenig anrüchig.«
»In welcher Weise?«
»Er ist ein Mann von großen Talenten, der sehr viel von Literatur und Kunst versteht. Doch aus seinem Privatleben schließt man auf eine gewisse Zwiespältigkeit in Fragen der Religion und der persönlichen Vorlieben.«
Mein Vater kam die Treppe herunter, und wir verstummten, doch als wir gingen, sagte Sir Henry zu mir: »Wenn nötig, könnte ich dir zumindest eine Kammer in meinem Hause zur Verfügung stellen.«
»Vielen Dank, Sir.«

Der nächste Tag, ein Sonntag, war windig, und hin und wieder regnete es. Wir sollten uns um neun Uhr in Whitehall einfinden. Mr. Killigrew mietete an der Treppe unterhalb der Mark Lane eine Fähre, und wir wurden den Fluß hinaufgerudert und glitten unter dem zweiten Bogen der großen Brücke durch wie durch einen Tunnel. Am einen Ende der Brücke befanden sich einige Bolzen, auf welche die Köpfe von Verrätern aufgespießt waren. Ich hoffte, daß mein Vater sie nicht bemerkt hatte, und war erleichtert, als einer der Ruderer, der sich ein Trinkgeld verdienen wollte, uns die anderen Sehenswürdigkeiten zeigte: die St. Thomas-Kapelle auf der Brücke und den Turm von St. Mary Overy's am andern Ufer; dann den Turm von St. Paul zu unserer Rechten und die dichtgedrängten Gebäude flußabwärts. Der Ruderer sagte, der wundervolle 500 Fuß hohe Turm der Kathedrale sei nicht wieder aufgebaut worden, seit ein Blitz ihn zerstörte. Dann sahen wir den Palast des Bischofs von Ely mit seinem Garten und seiner Halle und Kapelle.

Mein Vater schwieg, seit wir in die Fähre gestiegen waren. Die Niedergeschlagenheit und Verstimmung, mit der er von Arwenack aufgebrochen war, hatte die ganzen zwölf Tage fast ununterbrochen angehalten. Jetzt räusperte er sich und sagte: »Ich weiß nicht, was mir bevorsteht, Maugan. Ich habe keine Ahnung, wessen man mich beschuldigen wird, mit welchem Lob oder Tadel ich bedacht werden soll. Aus dem Ton der Vorladung kann ich lediglich schließen, daß meine Feinde sich zusammengeschart haben, mir möglichst großen Schaden zuzufügen.«

»Ich hoffe, er wird klein sein.«

Er brummte und hustete und spuckte ins Wasser. »Bei Gott, Gerüchte sind etwas Gefährliches; sie können die harmloseste Sache ins Riesenhafte vergrößern und verzerren. Darauf müssen wir gefaßt sein, Junge.«

»Wir? Du meinst, man wird mich einlassen?«

»Ja, als Zeugen. Denn falls meine Kontakte mit Spanien zur Sprache kommen sollten, kannst du zu meinen Gunsten aussagen.«

Wir fuhren jetzt zwischen grünen Uferböschungen hindurch; links grasten darauf Schafe, rechts schien der Rasen zu den Gärten der großen Häuser zu gehören, welche ein wenig abseits vom Fluß standen.

»In der Tat, Maugan – sollte es zum Schlimmsten kommen und ich dessen beschuldigt werden, dann könntest du mir sehr helfen.«

»Wie?«

Er wandte sich um und blickte zurück zu Thomas Rosewarne und Stephen Wilky, die uns folgten. »Ich habe viel für dich getan, Junge, das weißt du. Ohne mich wärst du überhaupt nicht am Leben. Ich habe dich wie meinen eigenen Sohn behandelt und dir alle Privilegien und Ehren zukommen lassen. Mir hast du alles zu verdanken, deine Ausbildung, das Leben eines Gentleman, die Stellung bei Raleigh . . .«

»Ja, das weiß ich, und ich bin dir dankbar dafür.«

»Nun, ich habe nachgedacht, in der Nacht habe ich über alles nachgedacht. Sollte man unseligerweise die Beschuldigung gegen mich erheben, so könnte ich dagegen vorbringen – besser gesagt, *du* könntest vorbringen –, daß du allein dafür verantwortlich bist. Daß du, als du dich in spanischer Gefangenschaft befandest, um dein Leben zu retten gezwungen warst, mit ihnen zu verhandeln und daß du dies in meinem Namen und ohne mein Wissen tatest. Du könntest sagen, Elliot und Burley seien deine Freunde, und sie hätten dir dazu geraten. Du könntest sogar sagen, man hätte dir dafür, daß du mit der spanischen Vorhut landest, eine große Summe Geldes geboten und daß du sie annahmst –«

»Kurz gesagt, daß ich allein den Verräter spielte?«

»Es ist nicht notwendig, bei einem Jungen wie dir dieses Wort zu verwenden. Durchaus nicht notwendig. Du wurdest irregeführt, eingeschüchtert und verleitet. Das ist alles. Wir tragen denselben Namen – Killigrew –, und so glaubte man, ich hätte mit der Sache zu tun. Da du noch so jung bist, hast du wenig zu befürchten ...«

»Außer vielleicht gehängt zu werden.«

»Aber nein, nein, nein. Das würde ich nicht zulassen. Mit einem Jungen wie dir würden sie sehr milde verfahren. Viel milder als mit mir ...«

Inzwischen mußten wir am Durham House, wo ich mit Sir Walter gewohnt hatte, vorbeigefahren sein, denn wir bogen zur Whitehall-Treppe ab.

Langsam sagte ich: »Vater, ich weiß, daß ich in deiner Schuld stehe; ja, ich gebe es mit Freuden zu. Doch du verlangst zuviel von mir. Überdies wäre es sinnlos: Selbst wenn ich wollte, könnte ich sie nicht überzeugen.«

»Wenn du sagtest –«

»Ich werde es nicht tun. Gib dich damit zufrieden, daß ich alles andere versuchen werde. Du weißt, daß ich mich bemühen werde, dir auf jede andere Weise, die du wünschst, zu helfen.«

Wir legten an der Treppe an, und eifrige Hände ergriffen die Fähre, halfen uns beim Aussteigen, wischten nicht vorhandene Wassertropfen von unseren Mänteln – alles in der Hoffnung auf ein Trinkgeld. Mr.Killigrew entlohnte den Fährmann, und wir stiegen langsam die breite Treppe hinauf. Hinter uns legte die zweite Fähre an.

»Nur Mut«, sagte ich. »Ich kann mir nicht denken, daß der Staatsrat irgend etwas von dieser Sache weiß.«

»Der Staatsrat hat viele Augen und Ohren – Spione in allen Ländern. Man weiß nie, wovon er Kenntnis hat oder was er sich ausdenkt, wenn er entschlossen ist, einen Mann zu ruinieren.«

Am oberen Ende der Treppe warteten wir auf Rosewarne und Wilky. Es war windig, und mein Vater hüllte sich in seinen Mantel. In dem grellen Licht sah man die Rauheit seiner Haut; sein einst reines, klares Gesicht war eingefallen und mürrisch. Seine Augenlider hingen auf den Seiten ein wenig über gleich winzigen schlaffen Lippen. In einem Ohr hatte er Watte gegen die Kälte. Er sah aus wie ein alter Mann.

4

Wir warteten in einem langen Raum neben dem Audienzsaal der Königin. Es war ein reichverzierter Raum mit einer Galerie an einem Ende, und an der Decke hingen Kristallkandelaber gleich umgekehrten Pyramiden. Pagen und Männer in verschiedener Livree gingen dann und wann hindurch, doch außer uns wartete niemand. Wir waren nicht durchsucht worden, hatten aber unsere Degen an der Türe abgegeben. Wilky und Rosewarne waren draußen geblieben. An der Eingangstüre des Audienzsaales standen vier riesige Männer in Rot mit gestickten goldenen Rosen auf dem Rücken und der Brust. Der Boden dieses imposanten Vorzimmers war mit irgendwelchen Kräutern bestreut, die einen stechend-süßen Geruch ausströmten.

Die Männer, die den Audienzsaal verließen, taten dies rückwärts gehend und mit einer tiefen Verbeugung. Ich wußte nicht, ob Ihre Majestät an allen Sitzungen des Staatsrates teilnahm, doch heute schien sie anwesend zu sein.

Es wurde zehn und halb elf. Immer wieder drang ein seltsamer, enervierender Laut aus dem Garten herein – Pfauen, die draußen auf dem Rasen kreischten.

Die Türe ging auf, und zwei sich verbeugende Männer kamen heraus. Es folgte ihnen ein Kammerherr, der meinem Vater winkte. Ich erhob mich, ihn zu begleiten, und nach kurzem Zögern ließ mich der Kammerherr ein.

Der Raum, in den wir traten, war kleiner als der Vorraum. In seiner Mitte stand ein schmaler Tisch, auf den durch drei hohe Fenster Licht fiel. Ein großer Kamin mit glimmendem Feuer; Teppiche mit Schlachtszenen an den Wänden; sechs der in Rot gekleideten Gardisten; am Tisch etwa ein Dutzend Männer in Amtstracht; an seinem Ende eine Frau.

Am unteren Ende des Tisches stand eine Bank, davor eine zweite, die niedriger und gepolstert war. Auf diese knieten wir nieder. Am Tisch herrschte tiefes Schweigen. So knieten wir dort unter den Augen der zwölf größten Männer des Landes. Die Frau sah uns nicht an, sondern betrachtete den diamantenbesetzten Reif an ihrem Arm.

Links neben ihr saß ein kleiner Mann in Schwarz mit einem buckligen Rücken – ich nahm an, daß es Sir Robert Cecil war. Im Schatten hinter seinem Sessel saßen vier Sekretäre schreibend an einem Pult. Natürlich wußte ich nicht, wer all die anderen Männer waren, doch zur Rechten der Königin saß der Erzbischof von Canterbury, und ich erkannte den Earl of Nottingham, den einstigen Lord Admiral Howard. Unter den anderen befanden sich der Großkämmerer, der Großsiegelbewahrer, der Großzeremonienmeister, der Oberschatzmeister, der Lord Oberrichter und der Lord Oberhofmeister.

Wir verharrten in unserer Haltung, während Ihre Majestät auf ihren Armreif blickte. Erst als sie aufsah und nickte, wurde das Schweigen gebrochen.

Der Erzbischof sagte: »Mr. Killigrew, wir haben in der Vergangenheit schon oft schlechte Berichte über Euch erhalten. Es scheint, daß Ihr aus dem Euch von Ihrer Majestät anvertrauten ehrenvollen Amt nicht selten privaten Nutzen gezogen habt. Erst vor zwei Jahren wurde eine Kommission beauftragt, diese Übelstände zu untersuchen. Ihr Bericht war alles andere als günstig, doch Ihre Majestät übersah gnädigerweise Eure Vergehen und schenkte Euren ständigen Versicherungen Glauben, daß ihr in allen die Sicherheit des Reiches betreffenden Dingen nichts anderes im Sinn hättet, als ihr zu dienen ...«

Auf den ersten Blick wirkte die Königin wie eine junge Frau; es schien, als sei sie auf wunderbare Weise im Alter von dreißig Jahren erhalten worden. Doch wenn sie ihren Kopf zum Fenster wandte, sah man die Falten unter dem Talkum und Borax. Sie trug eine rotbraune Perücke, und ihr weißseidenes mit großen Perlen besticktes Kleid war tief ausgeschnitten und zeigte viel weißen Busen. Sie hatte zwei Perlen in den Ohren, ein Halsband, welches bei jeder Bewegung funkelte und auf dem Kopf eine kleine Krone.

»Nichtsdestoweniger habt Ihr im vergangenen Monat, als das Reich sich in der vielleicht größten Gefahr seit der Regierungszeit Ihrer Majestät befand, Eure Pflichten gröblichst vernachlässigt. Captain

Alexander berichtete, daß sich bei seiner Ankunft in Pendennis am 31. Oktober kein halbes Faß Pulver in der Burg befand, daß die Befestigungen vernachlässigt, die Kanonen in schlechtem Zustand waren. Des weiteren, daß Euer stellvertretender Captain nicht anwesend war und die Dienstboten, die Ihr mit der Verteidigung der Feste betrauen wolltet, betrunken waren. Was habt Ihr zu all dem zu sagen?«

Mein Vater setzte zu einer langen, weitschweifigen Rede an, in der er sich teils rechtfertigte, teils die Vorwürfe bestritt. Er verwies darauf, daß er zahlreiche Briefe an den Staatsrat gerichtet und darin um Waffen gebeten habe. Er sprach von den Schwierigkeiten und Eifersüchteleien, mit denen er sich daheim herumschlagen müsse. Er hätte noch viel länger geredet, wurde jedoch plötzlich unterbrochen. Eine weiß behandschuhte Hand am Ende des Tisches hatte sich erhoben.

»Was macht dieser junge Mann hier, Mr. Killigrew?«

»Er ist mein ältester Sohn, Eure Majestät. Ein illegitimer Sohn, den ich jedoch sehr schätze. Ich erlaubte mir, ihn mitzubringen, weil er meine Worte zum Teil bestätigen kann. Wenn . . .«

»Fahrt fort, Erzbischof.«

Der Erzbischof drehte ein Pergament um. Ein paar Sekunden hatte der Blick der Königin auf mir geruht.

»Eine zweite Anklage. Vor zwei Wochen wurde in Dartmouth ein gewisser Nicholas Franklin von George Carey aus Cockington und Thomas Holland, Bürgermeister von Dartmouth, verhört. Franklin, ein Matrose, befand sich an Bord der *Bear of Amsterdam*, welche der Sturm zum Einlaufen zwang, und wurde interniert . . . Er sagte aus er habe ein Gespräch zwischen einem gewissen Captain Elliot und Offizieren gehört. Dieser Captain Elliot ist ein bekannter Verräter und arbeitet seit langem mit den Spaniern zusammen. Der Zeuge behauptete, Captain Elliot habe gesagt, er sei im Juni letzten Jahres mit seinem Schiff im Hafen von Falmouth und viel mit John Killigrew, dem Burgherrn, zusammen gewesen. Damals sei er von der *Crane*, einem Schiff der Königin, überrascht worden und den Fluß hinauf geflüchtet. Woraufhin Mr. Killigrew Captain Jonas, den Kommandeur der *Crane*, mit 100 Pfund bestach und dazu brachte, aus dem Hafen zu segeln und so Elliot Zeit zur Flucht zu verschaffen. Dieses Geld zahlte Captain Elliot an Mr. Killigrew zurück und dieser nahm es an, obwohl er wußte, daß es spanisches Geld war . . .«

Die Pfauen kreischten. Der neue Earl of Nottingham strich mit dem Ende seines Federkiels über den Bart.

»Eure Majestät«, sagte Mr. Killigrew, »Mylords, das ist empörend! Das ist eine Infamie! Glaubt Ihr, Majestät, die Ihr mich so lange mit Eurem Vertrauen geehrt habt, eine solche Verleumdung? Ich, der ich all diese Jahre mit all meinen Kräften . . .«

»Mr. Killigrew«, sagte die Königin leise. »Derlei Proteste bringen uns nicht weiter. Sagt, ob Ihr es getan habt oder nicht.«

»Ich habe es nicht getan! Bei meiner unsterblichen Seele und bei meiner Hoffnung auf ihre Erlösung durch die Liebe Christi schwöre ich – ich habe es nicht getan!«

Der Oberschatzmeister sagte: »Ich glaube, Ihr habt bei einer früheren Gelegenheit zugegeben, daß Ihr mit diesem Mann bekannt seid.«

»Ja, gewiß. Mein Fluß ist ein offener Hafen, welcher ohne Unterschied jedem Schiffe Schutz bietet. Doch ich bin mit Captain Elliot nicht besser bekannt als mit hundert anderen Seeleuten, welche von Zeit zu Zeit in den Hafen einlaufen und dort ankern.«

Lord Bathurst sagte: »Hätten wir nicht Captain Jonas vorladen können?«

Sir Robert Cecil erwiderte: »Captain Jonas wurde bereits verhört . . . Selbstverständlich leugnet er, von all dem zu wissen. Es liegt die bestätigende Aussage eines Steuermannes Lloyd vor, welcher sich zur betreffenden Zeit an Bord der *Crane* befand. Doch Lloyd ist, wie fairerweise gesagt werden muß, kein ganz glaubwürdiger Zeuge.« Cecil hatte eine zarte, leise Stimme, doch jedes seiner Worte war deutlich zu verstehen.

Es gab eine kurze Pause. Die Königin blickte auf die Uhr und wandte sich dann wieder dem Erzbischof zu.

»Es liegt noch ein dritter Vorwurf vor«, sagte Erzbischof. »Er ist enthalten in der Aussage eines gewissen William Love aus Weymouth, welcher wegen Piraterie gehängt wurde. Love behauptete, ›daß in der kürzlich gegen uns ausgesandten Armada Captain Elliot, Captain Burley und Captain Lambert den Spaniern als Lotsen dienten und instruiert waren, zu landen und mit John Killigrew von Pendennis und Arwenack, mit dem sie gut bekannt sind, zusammenzuarbeiten. Und daß Killigrew sich ohne Zweifel in diesem und allen anderen Punkten schuldig gemacht und von den Spaniern Geld genommen hat.‹«

Ich starrte auf die lange Tischplatte – auf die Hände und Federkiele und das Papier und das Wachs.
Die Königin sagte: »Es scheint, Mylords, in diesem Falle hat uns übertriebener Eifer eines wertvollen Zeugen beraubt.« Sie zog ironisch eine Augenbraue hoch.
Mr. Killigrew sagte: »Eure Majestät, Mylords, auch dies ist eine völlig unwahre Verleumdung! Wenn man mir dies zutraut, so bedaure ich, daß nicht einige Feinde landeten und mir Gelegenheit gaben, mein Blut zu opfern und damit diese gemeine Ehrabschneidung zu widerlegen. Eure Majestät, mein Sohn hier war an Bord eines der spanischen Schiffe; man hatte ihn nach Cadiz gefangengenommen. Er sprach mit Elliot und anderen und kann bezeugen, daß mein Name nie von ihnen genannt wurde, außer als der eines Feindes Spaniens, welcher bei der Landung überwältigt werden müsse – doch niemals als Verräter, niemals als Verräter!«
Alle sahen mich erwartungsvoll an. Ich befeuchtete meine plötzlich trockenen Lippen.
»Eure Majestät, da ich Spanisch spreche, mußte ich während dieser Reise als Dometsch zwischen den Spaniern und einigen irischen Freiwilligen dienen. Ich befand mich an Bord der Galeone *San Bartolomeo* und war einer der wenigen Überlebenden, als sie im Sturm unterging. Ich habe Captain Elliot dreimal gesehen. Er wußte, daß ich ein Killigrew bin und haßte mich deshalb. Er betrachtete meinen Vater nicht als Freund der Spanier, sondern als ihren ersten Feind, der bei der Landung überwältigt werden mußte. Bevor die Armada auslief, saß ich unter Bedingungen, die viele meiner Gefährten das Leben kosteten, im Gefängnis. Später war ich in Einzelhaft und verlor für eine Weile den Verstand. So hätten die Spanier den Sohn eines Mannes, den sie als ihren Freund betrachteten, gewiß nicht behandelt.«
Ein Sonnenstrahl schien durch das Fenster und fiel auf eine rotbraune Perücke.
Einer der Männer sagte: »Von welchem Wert ist die Aussage eines Sohnes zugunsten seines Vaters? Ich hätte gelogen, um meines Vaters Kopf zu retten.«
»Es gibt Söhne«, sagte die Königin, »die lügen würden, um ihre Väter hängen zu sehen. Das ist nicht überzeugend, Mylord.«
Der Erzbischof faltete seine Hände auf dem Pergament. »Dies ist nicht die Sternkammer, Mr. Killigrew, und wir befassen uns nur mit

Disziplinarverfahren. Uns liegen drei Beschuldigungen vor – die erste scheint bewiesen, die zwei anderen sind strittig, doch alles zusammen scheint auf schweren Verrat zu deuten. Wir haben Eure Verteidigung, Eure Gegenargumente gehört, jedoch –«

Ein Page trat leise zur Königin und flüsterte ihr etwas ins Ohr. Sie blickte auf und schob ihre schmale Unterlippe vor. »Ja, er soll hereinkommen.«

Wir alle warteten, doch sie erklärte dem Rate nicht, wer um Erlaubnis bat, eintreten zu dürfen. Man hörte schwere, klirrende Schritte, die ich bereits erkannte, bevor ich den Mann sah, der sich über die Hand der Königin neigte.

»Sir Walter«, sagte sie, »wir gaben Euch doch Urlaub, um zur Kur zu fahren.«

Sein Blick wanderte über ihr Gesicht. »Ich hatte dringende Geschäfte in London, Eure Majestät, und so kam ich kurz hierher.«

»Habt Ihr Euch erholt?«

»Durch die Freundlichkeit dieses Empfanges mehr als die ganze Zeit in Bath.«

Sie lächelte. Unter seinem bewundernden Blick wirkte sie plötzlich wie verjüngt. Sie sprachen eine Weile miteinander, als sei niemand anderer in dem Raum. Bis jetzt hatte Sir Walter den mächtigsten Rat im Lande nicht einmal begrüßt; es war verständlich, daß er sich überall unbeliebt machte. Schließlich besann sich die Königin auf ihre Würde und sagte: »Und Euer Besuch hier? Was ist Euer Anliegen, Walter?«

Raleigh blickte auf den Tisch nieder. »Mylords, ich erfuhr durch Zufall, daß hier über Dinge verhandelt wird, die mit meiner Statthalterschaft in Cornwall in Zusammenhang stehen, und so erlaubte ich mir, um eine Audienz zu bitten. Eure Majestät, falls Ihr meint, daß ich meine Kompetenzen auch nur im geringsten überschritten habe, so sagt dies bitte, und ich werde mich sofort zurückziehen.«

»Nein, nein. Fahrt bitte fort.«

»Ihr werdet Euch entsinnen, daß in dem großen Sturm, der die spanische Flotte zerstreute, ein Teil meines Geschwaders, darunter die *Warspite*, in St. Ives einlief, um Schutz zu suchen. Als ich dort von der Bedrohung erfuhr, nahm ich ein Pferd und galoppierte über Land nach Falmouth Haven, wo ich am Nachmittag des 29. Oktober eintraf. Als ich feststellte, daß die dortigen Streitkräfte bei weitem nicht ausreichten, diese große Gefahr abzuwenden, veranlaßte ich, daß fünfhundert Mann, teils von meinen Schiffen, teils eilends unterwegs gesammelt, zur Verteidigung von Burg und Hafen bereitgestellt wurden. Ich unterstellte sie dem Befehl Captain Alexanders. Da ich somit zwei Tage vor irgendeinem anderen Offizier in jener Gegend war, bin ich besser als er in der Lage, Euch zu sagen, was ich dort vorfand. Die Verteidigungsanlagen waren in schlechtem Zustand, unzureichend bemannt und mit Geschützen versehen, und das Pulver hätte kaum ausgereicht, eine einzige spanische Kompanie abzuwehren.«

»Dies bestätigt Captain Alexanders Bericht«, sagte der Erzbischof trocken.

»Ganz recht, Mylord. Was er jedoch nicht sagte, weil er es nicht wußte, war, daß Eure Lordschaften Mr. Killigrew beharrlich Geld und Material verweigert hatten, obgleich er immer wieder brieflich und durch persönliche Vorsprachen bei Hofe darum ansuchte. Indem Ihre Majestät mich zum Statthalter von Cornwall ernannte, übertrug sie mir die Verantwortung für die Verteidigung dieser Grafschaft. Ich verweise respektvollst auf meine Briefe vom August, September und November 1595, Januar und Februar 1596, März, April und Mai dieses Jahres, welche alle das Problem der Verteidigung betrafen und in denen ich ersuchte, die Burgen St. Mary, St. Michael, Pendennis, St. Mawes und andere mit stärkeren Streitkräften zu besetzen, um einen überraschenden Angriff abwehren zu können. Wir sind ein kleines Land, Mylords, und haben große Feinde. Unsere Quellen an Menschen und Material sind überaus beschränkt. Doch wenn unsere kärglichen Truppen falsch eingesetzt werden, erscheint es mir ungerecht, einen einzelnen Kommandanten des Verrats zu bezichtigen.«

»Macht Ihr Euch zum Verteidiger Mr. Killigrews?« fragte die Königin ungehalten. »Heißt Ihr sein Verhalten gut?«

»Keineswegs, Majestät. Ich finde, daß er nachlässig war und einen Tadel verdient. Jedoch –«

»Unter gewissen Umständen kann Nachlässigkeit bereits Verrat sein, Sir Walter. Überlaßt es uns, das zu entscheiden.«

»Niemand kann das besser entscheiden als Ihr, Majestät. Wenn ich –«

»Es liegen aber auch noch andere Beschuldigungen vor, von denen Ihr vielleicht nicht gehört habt. Unterrichtet Sir Walter davon.«

Mürrisch setzte der Erzbischof ihn davon in Kenntnis. Mein Vater und ich wurden wiederum gefragt, was wir zur Verteidigung vorzubringen hätten. Während ich sprach, sah Sir Walter mich ausdruckslos an.

»Eure Majestät, derlei Beschuldigungen sprießen stets aus mit Argwohn gedüngtem Boden. Sobald bekannt wird, daß ein Mann in Ungnade gefallen ist, fallen die Gerüchtemacher gleich Schakalen über ihn her. John Killigrew hat seinem Lande viele Jahre treu gedient. Ist es nicht unwahrscheinlich, daß er es jetzt verkaufen würde?«

»John Killigrew steckt tief in Schulden«, sagte Lord North. »Wir alle wissen das. Geldmangel hat schon so manchen Mann korrumpiert.«

Zum ersten Male meldete sich der Earl of Nottingham zu Wort: »Sind nicht überdies der Beschuldigte und Sir Walter verwandt und seit langem gute Freunde?«

»Es ist eine sehr entfernte Verwandtschaft, Mylord, und ich betrachtete John Killigrew stets nur als ein Glied unter vielen in der Verteidigung dieser Inseln. Bei meinen dienstlichen Reisen durch Cornwall – die ich zumeist im Auftrag dieses Rates unternahm – übernachtete ich dann und wann in seinem Hause. Doch die vorgebrachte Unterstellung ist absurd ... Ich würde nicht für meinen eigenen Bruder eintreten, wenn ich ihn des Verrates für schuldig hielte!«

Die Königin nickte. Vielleicht gefiel ihr der verächtliche Ton nicht, in dem der Captain ihrer Garde mit den erlauchtesten Nobilitäten des Landes sprach, doch sie schien ihm wohlgesonnen.

»Die Zeit verstreicht, Mylords. Wir haben heute noch anderes zu erledigen, und bald ist Mittag. Wir müssen zu einer Entscheidung über die Zukunft dieses Mannes gelangen ... Sir Walter, wir danken Euch für Euren wertvollen Beistand. Ihr habt meine Erlaubnis, Euch zurückzuziehen.«

»Nachdem mir diese Augenweide gegönnt war, Majestät, tue ich es voll Erquickung.«

Er küßte ihr Handgelenk oberhalb des kurzen Handschuhs. Einige Mitglieder des Rates bemerkten dies und blickten mißbilligend, doch die Königin nicht.

Nachdem er gegangen war, herrschte Schweigen. Sir Robert Cecil brach es. »Mylords, wie beurteilt Ihr das Verhalten John Killigrews? Darf ich eine Abstimmung vorschlagen? Erstens: War es Verrat?«

Fünf hoben die Hände: der Erzbischof, der Earl of Nottingham, Lord North und zwei andere.

»Hat er sich der Nachlässigkeit, jedoch nicht des Verrates schuldig gemacht?«
Fünf Hände hoben sich.
»Ist er im Sinne der vorgebrachten Anklagen nicht schuldig?«
Keine Hand hob sich. Sir Robert Cecil und ein anderer hatten sich der Stimme enthalten.
Sir Robert sagte: »Würden Eure Majestät gütigst Eure Meinung verkünden?«
»Das will ich, mein Lieber, denn wir sind alle hungrig. Mr. Killigrew, Ihr wurdet der Vernachlässigung Eurer Pflichten mir und der Sicherheit dieses Reiches gegenüber angeklagt. Wir sind nicht der Ansicht, daß Ihr Eure Unschuld bewiesen habt. Ihr wurdet verräterischer Beziehungen mit den Spaniern und der Bereitschaft, mit ihnen zu verhandeln, angeklagt. Auch in diesen Punkten halten wir Euch nicht für schuldlos.«
Mein Vater neigte den Kapf, und sein strohgrause Haar fiel ihm über die Augen.
»Bezüglich dieser letzteren Anklagepunkte sind die Zeugenaussagen jedoch nicht völlig überzeugend und unzureichend. Deshalb neigen wir dazu, diese schwerste Anklage fallenzulassen. Mylords, wir finden, der Gerechtigkeit wäre am besten gedient, wenn wir Nachlässigkeit als erwiesen betrachten. Möchte dem jemand widersprechen?«
Niemand meldete sich.
»Es erscheint mir notwendig, Mr. Killigrew seines Amtes als Burghauptmann von Pendennis Castle zu entheben. Wir müssen in den nächsten Wochen nach einem geeigneten Nachfolger Umschau halten.«
»Eure Majestät«, sagte mein Vater, »erlaubt mir, Euch für Eure Milde zu danken. Solange ich lebe –«
»Faßt diese Milde nicht falsch auf, Mr. Killigrew – etwa als Zeichen meiner Billigung Eures Verhaltens. Ein schlechter Diener ist oft schlimmer als gar kein Diener. Eure Nachlässigkeit hätte England bösen Schaden zufügen können. Herr Schriftführer, soviel ich weiß, ist Mr. Killigrew der Krone Geld schuldig.«
»Ja, Eure Majestät. 2000 Pfund.«
»Sorgt dafür, daß sie eingetrieben werden.«
»Eure Majestät –«, wollte mein Vater unklugerweise protestieren, doch die Königin brachte ihn mit einem Wink zum Schweigen. Sie

hatte sich von ihrem brokatbezogenen Sessel erhoben. Ihren schwarzseidenen, mit Silberfäden durchzogenen Mantel um sich schlagend, wandte sie sich ab und verließ rasch den Raum. Zwei Pagen hatten eben Zeit, vorzustürzen und ihre Schleppe zu heben.
Sowie sie draußen war, nahmen die Mitglieder des Staatsrats wieder Platz und begannen sich zu unterhalten. Zwei der Gardisten klopften uns auf die Schulter und führten uns durch den Vorraum auf den Palasthof.
Dort warteten geduldig Rosewarne und Wilky. Als sie uns erblickten, kamen sie uns sichtlich erleichtert entgegen.
Mein Vater sagte: »Laß uns sofort gehen. Ich habe gewisse Verfügungen zu treffen, und dies kann nicht schnell genug geschehen.«

Am nächsten Morgen um neun Uhr wurde mein Vater im Auftrag von Mr. Reynolds vom Königlichen Schatzamt verhaftet. Man brachte ihn ins Gatehouse-Gefängnis in Westminster, ein düsteres Gebäude am New Palace Yard, welches sowohl als Gefängnis wie als Wachgebäude für Westminster Hall diente.
Er hatte mir sein ganzes Geld gegeben, sowie seine Uhr und die brillantenbesetzten Schnallen seiner Schuhe, seine zwei Ringe und eine goldene Kette.
»Versuch das alles zu verkaufen. In Old Jewry gibt es einen Mann namens Fulbright, der für einen Spitzbuben recht ehrlich ist. Behalte nur den goldenen Ring, der einst meinem Vater gehörte. Versetze ihn – wer weiß, vielleicht können wir ihn eines Tages auslösen. Obgleich ich bei Gott wenig Hoffnung habe. Ich bin erledigt, am Ende; man wird mich hier verrotten lassen. Dies ist der Lohn für alle meine Dienste . . .«
Anslowe, der Kerkermeister, war ein kräftiger, hundsgesichtiger Mann mit zottigem rotgrauem Haar, der übel roch. Er forderte sogleich 3 Pfund als Einlieferungsgebühr und sagte, 20 Shilling wöchentlich würden meinem Vater ein Bett und eine Zelle im Erdgeschoß zusammen mit fünf anderen sichern. Sonst müsse der neue Häftling in den Gemeinschaftsraum. Beim Hineingehen waren wir an Gitterfenstern vorbeigekommen, durch welche Schreie nach Brot und Fleisch drangen, und ein paar magere Hände hatten sich durch die Stangen gestreckt. Das ganze Innere des kleinen Gefängnisses war finster und voll Gestank, und es bestand nur dort Hoffnung, zu über-

leben, wo ein wenig Luft eindrang und man durchs Fenster die Kutschen und die Leute sehen konnte, die das Wachhaus betraten. Mein Vater ließ sich Geld von mir geben und steckte es Anslowe zu, und dieser brachte ihn in einen finsteren Raum, in dem bereits zerlumpte Männer an dem großen Fenster hockten und die Passanten anbettelten. Sie blickten meinen Vater finster an, und Anslowe deutete mit dem Daumen auf ein paar Bretter und eine Decke und sagte »Das ist Euer Bett«. Dann wartete er, daß ich ging. Dies tat ich schweren Herzens, und als ich mich noch einmal umblickte, stand Mr. Killigrew da gleich einem dicken kranken Vogel, umringt von Geiern.

Raleigh sagte: »Nun, Maugan, wir dachten schon, wir würden dich nie mehr wiedersehen. Erst durch den Brief deines Vaters erfuhr ich, daß du am Leben bist. Was hast du nicht alles durchgemacht!«

Es war ein freundlicher, ja herzlicher Empfang; doch schien ich die falsche Zeit gewählt zu haben, denn Bell war bei ihm und ein neuer Sekretär, und er wollte in Bälde nach Bath zurückkehren. Und wie stets, wenn er mit anderen zusammen war, war er weniger zugänglich. Es gab so viele Walter Raleighs: den überschwenglichen Enthusiasten, den Denker, den listigen Politiker, den uneigennützigen Freund, den ehrgeizigen Staatsmann, den Poeten, den vielbeschäftigten Mann. Heute schien er vor allem das letztere zu sein.

»Der arme Victor . . . Es war ein böser Tag, als ich euch beide heimschickte. Ich trachtete sein Leben zu retten, und er verlor es. Mein Gott, wie hängen wir von des Geschickes Mächten ab!«

Sein Gesicht war bleich und voller Falten; an seinem Schreibpult lehnte der Stock, obgleich er ihn nicht benützte, wenn er im Zimmer umherging.

»Ich komme, mich zu bedanken, Sir Walter – vor allem im Namen meines Vaters. Ohne Eure Hilfe wäre es ihm noch weitaus schlimmer ergangen.«

»Ach, dieser Staatsrat. Ich sollte ihm angehören, doch Ihre Majestät weiß, daß ich dann all den andern meine Meinung aufzwingen würde. Welch ein Unsinn, John Killigrew zu verdächtigen, er habe mit dem Feind zusammengearbeitet!«

Ich schwieg.

»Oh, ich weiß, er war kein Engel«, fuhr er fort. »Ich heiße sein Verhalten nicht gut, und ein neuer Hauptmann für die Burg wird nur von Vorteil sein – als ich sie letzten Monat besuchte, war ihr Zustand beklagenswert. Aber das hat doch nichts mit Verrat zu tun.«

Sein Sekretär lenkte seine Aufmerksamkeit auf ein Dokument, das er eben unterzeichnet hatte. Während er sich damit beschäftigte, ging ich zum Fenster. Ein Passagierschiff mit sieben Segeln glitt rasch den Fluß hinab.

Der Sekretär verließ den Raum, und nur Bell blieb. Es war noch immer kein günstiger Moment, doch ich brauchte eine Antwort von ihm, bevor er nach Bath abreiste.

»Sir, ich muß jetzt zurück nach Arwenack und mich um meine Familie kümmern. Doch mein Halbbruder John wird bald heimkommen und seine Pflichten übernehmen. Sobald er da ist –«

»Wie gut, daß dein Vater Söhne hat, auf die er sich verlassen kann.« Sir Walter nahm ein Buch und steckte einen Federkiel hinein, um die Seite zu markieren. »Packt dies ein, Bell, ich habe heute abend anderes zu tun ... Vielleicht wird es dir möglich sein, bald wieder in meine Dienste zu treten, Junge –«

»Eben darüber wollte ich mit Euch sprechen –«

Hinter mir wurde die Türe geöffnet. »Sir, Lord Cobham wünscht Euch zu sprechen.«

»Führt ihn in die Galerie. Ich komme gleich.«

Der Sekretär zog sich zurück. Ich sagte: »Kann ich wieder auf einen Posten bei Euch zählen, Sir?«

»Selbstverständlich. Lady Raleigh hält große Stücke von dir. In Sherborne gibt es viel zu erledigen, und höchstwahrscheinlich werden die irischen Angelegenheiten mich eine Weile in Anspruch nehmen. Ich glaube, eine Revolte braut sich zusammen, und unsere Truppen müssen einem erfahrenen, tüchtigen Offizier unterstellt werden ... Ich frage mich, was Cobham wohl will.«

»Sir, ich möchte Euch noch einmal danken, daß Ihr für meinen Vater eingetreten seid. Es könnte sehr wohl sein, daß es ihm den Kopf gerettet hat.«

»Es war das wenigste, was ich für ihn tun konnte. Wenn du es dir jetzt bitte unten bequem machen würdest. Ich habe zu tun.«

»Hättet Ihr nur noch eine Minute Zeit?«

Er blieb an der Türe stehen und starrte in Gedanken versunken vor sich hin. »Auch zwei, wenn nötig. Doch Lord Cobham wartet.«

»Sir, ich möchte heiraten.«
»Willst du meinen Segen? Wenn ja, so hast du ihn.«
»Wenn ich verheiratet bin, brauche ich eine Position, Sir Walter. Ich persönlich würde mich glücklich und geehrt fühlen, Euch wieder als Schreiber zu dienen, doch die Notwendigkeit, eine Frau und später eine Familie zu erhalten –
»Es ist Platz genug in Sherborne. Bring deine Frau mit. Sie wird dort gewiß mit dir glücklich sein.«
»Sehr gern. Danke, Sir. Vielen Dank ... Doch vielleicht darf ich Euch um die Gunst einer Beförderung bitten. Wenn – wenn man heiratet, wird man ... ehrgeizig.«
Er schwenkte ungeduldig seinen Stock. »O ... ehrgeizig. Ehrgeiz ist es, was uns alle antreibt. Bring deine Frau nach Sherborne mit, Maugan, wenn du willst. Eine Beförderung ist durchaus möglich. Ich bin keiner, der seine Freunde vergißt.«

5

Ich verkaufte mein Pferd, behielt Mr. Killigrews und veräußerte oder versetzte den Schmuck und die anderen Dinge, die er mir gegeben hatte. Den größten Teil des Geldes gab ich Thomas Rosewarne, der beschlossen hatte, in Westminster zu bleiben und eine Stellung als Schreiber anzunehmen, um in meines Vaters Nähe zu sein. Er glaubte, daß es irgendwelche rechtlichen Mittel geben müsse, mit denen sich mein Vater aus dem Gefängnis holen ließ; ich hingegen bezweifelte, daß er selbst durch eine volle Rückzahlung seiner Schulden an die Königin die Freiheit wiedererlangen würde. Es bestand sogar die Gefahr, daß noch weitere Beweise auftauchten und daß man ihn aus dem Wachhaus in den Tower verlegen würde. Würden die Spanier wohl ihre Pläne geheimhalten, nun da sie fehlgeschlagen waren? Und was, wenn Captain Elliot oder Richard Burley gefangen wurden?
Am nächsten Morgen besuchte ich Mr. Killigrew. Er hatte eine schlaflose Nacht verbracht und war arg von Wanzen zerbissen. Da ihn sehr fror, ließ ich ihm zwei weitere Mäntel da. Die Decke auf seiner Pritsche sei nur ein Fetzen, sagte er, und als Kissen habe er nichts als schmutziges Stroh. Das Essen, welches er sich gegen Bezahlung

aus der Gefängnisküche habe bringen lassen, sei so angebrannt gewesen, daß es ungenießbar war.
»Erzähle Mrs. Killigrew, ich welch einer Lage ich mich befinde. Enthalte ihr nichts vor, denn von Zeit zu Zeit kommt immer wieder etwas Geld ins Haus, das unbedingt für mich verwendet werden muß. Wenn meine Entlassung nicht erreicht werden kann – laß mich in Ruhe, Mensch! Ich habe nichts für dich!« Dies rief er einer der zerlumpten Gestalten zu, die ihn belästigte, während er mit mir durch das Gitter sprach. Ich warf dem Kerl einen Penny zu. »Und zügele deine Großzügigkeit, Maugan! Wenn du reich bist, magst du mit deinem Geld tun, was du willst. Jetzt nicht!«
»Zieh dir die Mäntel an, wenn du schläfst, Vater. Sonst stiehlt man sie dir womöglich nachts. Möchtest du Bücher oder ein Schachspiel?«
»Ich habe Feder und Papier, das ist wichtiger. Cecil habe ich bereits geschrieben. Morgen schreibe ich der Königin. Und ich habe meine Würfel ... Aber keine von diesen widerlichen Kreaturen kann damit *spielen!*«
»Ich bin sicher, man wird dich bald verlegen.«
»Wenn du John und Jane siehst, sprich ein ernstes Wort mit ihnen. Sie *hat* das Geld oder könnte es beschaffen. Mache den beiden klar, in welch entsetzlicher Lage ich mich befinde! Es ist dringend, denn mit meinem Husten würde ich den Winter nicht überstehen!«
»Ich werde mein Möglichstes tun. Verlier bitte nicht den Mut – es hätte noch schlimmer kommen können.«
Er blinzelte mich mit seinen blutunterlaufenen Augen an. »Diese alten Männer. Viele von ihnen sind mir schon seit langem feindlich gesonnen. Aber Cecil! Ich hätte nie von ihm gedacht, daß er wie ein Frosch dasitzen und sich alles anhören und nichts sagen würde. Und die Königin! Sie wird alt, Maugan, das ist das Schlimme. Sie vergißt ihre alten Freunde ... Du kehrst morgen nach Hause zurück? Beeil dich, denn je früher ich hier herauskomme, desto besser.«

Der Fischmarkt draußen war voll sich drängender und schreiender Menschen; dahinter, bei den Buden um die St. Margarets-Kirche, prügelten sich zwei Weiber inmitten einer grölenden Menge. Deprimiert und erfüllt von einem Gefühl der Schuld, daß ich noch nicht mehr für meinen Vater hatte tun können, ging ich in eins der vielen Bierhäuser und trank einen Humpen Ale.

Vielleicht rührte das Schuldgefühl daher, daß mich in meinem tiefsten Innern die ganze Zeit Zufriedenheit erfüllte. Der Kummer dieser finsteren Tage, die Furcht, es könne noch Schlimmeres kommen, wurden durch den Gedanken an Sue erhellt. Wenn ich sie in zwei oder drei Monaten heiratete, würde die Welt freundlich und bunt sein, und neues Glück würde in mein Leben einziehen. Fast jeden Morgen, wenn ich erwachte, durchzuckte mich der Gedanke an sie, brach wie eine Flut der Erregung in meinem Schlaf, als trete jemand in ein finsteres Zimmer und reiße die Vorhänge auf.

Ihr zuliebe mußte ich nun das Letzte hinter mich bringen, was ich mir vorgenommen.

Es war ein schmales Haus, nicht weit vom Durham House. Ein arroganter Bursche mit langem blondem Haar nahm meinen Brief und ließ mich an der Tür stehen. Ich wartete mit frierenden Füßen, bis er mich einließ.

»Lord Henry wird Euch empfangen, sobald er Zeit hat.«

Ich stand auf einem schönen Marmorboden in einer hohen, schmalen Eingangshalle. In der Ferne spielte jemand auf einer Laute. Es war ein Lied, das ich nicht kannte.

Der unverschämte Bursche trat wieder in die Halle und starrte mich an. Ich starrte zurück.

»Lord Henry erwartet Euch.«

Wir gingen nach oben und traten in einen großen Raum, dessen Wände Bücherregale säumten. In dem offenen Kamin brannte ein Feuer, und daneben hockte auf einem Teppich ein anderer hübscher Junge und spielte Laute.

In einem Lehnsessel saß, ein aufgeschlagenes Buch auf den Knien, ein älterer Mann in einer pelzbesetzten Jacke. Obgleich viele Falten sein Gesicht durchzogen, war sein Haar schwarz und quer über den Kopf gekämmt, um seine Kahlheit zu verbergen. Er hatte eine lange Nase und sinnliche Lippen. Mein Brief lag offen auf dem Tisch. Den Raum erfüllte ein schwüler Veilchenduft.

Wir warteten, bis der Junge mit dem nächsten Vers fertig war.

Mit zwei Fingern unterdrückte der ältere Mann ein Gähnen. »Schür das Feuer, Claude, es wird kalt.«

Der junge Lautenspieler stocherte mit einem eisernen Stab im Feuer.

»Ein Besucher, Mylord.«

»Ich weiß – Master Maugan Killigrew.« Lord Henry nahm den Brief

und überflog ihn. Dann erst sah er mich an. »Master Maugan Killigrew, tretet näher.«
Ich trat vor und stellte mich neben den Tisch.
»Mein Freund Henry Arundell hat mir über Euch geschrieben.«
»Jawohl, Sir.«
»Er sagt, Ihr seid ein begabter junger Mann. Ein Killigrew, der nach dem Hofe drängt. Kennt Ihr das Leben bei Hofe?«
»Nein, Mylord. Ich war bisher nur in Cornwall und in Spanien.«
»Ah, in Spanien. Stimmt – ich glaube, Mr. Arundell erwähnt das. Ihr wart in Gefangenschaft und seid entkommen. Wie fandet Ihr die Spanier?«
»Grausam im Kampfe, Mylord. Fanatisch in der Religion. Charmant im persönlichen Umgang.«
Er musterte mich von oben bis unten. »Ah. Er hat ein gutes Talent zur Charakterisierung. Nicht wahr, Claude?«
Der Junge zuckte die Achseln und begann wieder seine Laute zu zupfen.
Lord Henry nahm einen anderen Brief in die Hand und las ihn aufmerksam. »Dieser ist ebenfalls von Mr. Arundell. Ich entnehme ihm, daß Ihr in Sir Walter Raleighs Diensten standet.«
»Jawohl, Mylord. Ich arbeitete sechs Monate lang in seinem Haus als Sekretär.«
»Warum habt Ihr ihn verlassen?«
»Ich geriet, wie Ihr erwähntet, in spanische Gefangenschaft.«
»Und er will Euch nicht wieder aufnehmen?«
»Oh, doch. Aber er bietet mir die gleiche Stellung. Ich suche etwas Besseres.«
»Ah, etwas Besseres. Ich bezweifle, daß ich Euch etwas Besseres bieten kann. Ich habe wenig Einfluß, bin unerwünscht bei Hofe, lebe in bescheidenem Stil . . . Claude, du kannst gehen.«
Der Junge verließ schmollend das Zimmer.
»Ein ungehorsamer, doch netter Bursche . . . Wie Mr. Arundell schreibt, beabsichtigt er zu heiraten.«
»So? . . .«
»Ein seltsames Verlangen bei einem Manne nahe den Fünfzig. Und noch dazu bei einem, dessen Geschmack stets ziemlich . . .« Lord Henrys Augen funkelten boshaft. »Doch was geht es uns an.«

Ich schluckte und starrte auf ein Heiligenbild zwischen den Bücherregalen.
»Ihr schreibt und sprecht Spanisch, Killigrew?«
»Ja, Mylord.«
»Das ist eine seltene Fertigkeit. Vielleicht könnte ich Euch eine interessante Stellung verschaffen.«
»Da wir zur Zeit mit Spanien Krieg führen, keine sehr gefragte Fertigkeit, Mylord.«
»Handel und Kunst hören auf das Geheiß von Herrschern nicht auf. Verfügt Ihr noch über andere Fähigkeiten?«
»Ich verstehe etwas vom Krieg.«
»Das ist von geringerem Wert, denn wir alle sind seiner müde. Wie steht es mit der – Diplomatie?«
Er sagte es in einem Ton, als meine er damit vielerlei.
»Ich habe einige Erfahrung darin.«
»Das liegt wohl in der Familie. Eure Verwandten sind Anhänger Cecils, nicht wahr?«
»Ich glaube, Mylord, sie betrachten sich vor allem Diener der Königin.«
»Nun, wer nicht? Wer nicht? Wir alle verehren unsere edle Elizabeth und dienen ihr – Gott möge sie schützen. Doch ihre großen Männer stimmen zuweilen nicht darin überein, wie ihr am besten zu dienen ist. Ich ... nun, ich bin ein Anhänger von Essex. Meine Freunde Francis und Anthony Bacon und ich unterstützen seine Lordschaft, wann und wie wir nur können. Doch ich stehe auch mit Sir Robert Cecil und seinem Vater auf gutem Fuße.«
Mir fiel Raleighs Äußerung in jener heißen Juninacht in der Kabine der *Warspite* auf der Fahrt nach Cadiz ein. »Öl und Wasser mischen sich nicht«, hatte er gesagt. »Doch Thomas Henry ist seinem Onkel Lord Henry bei weitem vorzuziehen. Solltest du ihm einmal begegnen, so betrachte ihn gut.«
Plötzlich sagte Lord Henry zwischen verschiedenen Fragen etwas, das ich kaum glauben konnte. Ich starrte ihn verblüfft an; offenbar hatte ich ihn mißverstanden.
Er wiederholte: »Ihr seid Katholik, nicht, Killigrew?«
»Nein, Sir! Ich kann mir nicht denken, woher Ihr – woher dieser Irrtum stammen könnte.«
Er öffnete zwei Knöpfe seiner Jacke und wischte ein wenig Schnupf-

tabak vom Pelz. Sein boshaftes Gesicht war von der Hitze gerötet.
»In einem Lande wie dem unseren, mein lieber Killigrew, entstehen leicht Irrtümer. Bedenkt, welch schlimme Wirkungen sie auf meine Familie hatten. Mein Vater, der Earl of Surrey, wurde zur Regierungszeit des letzten Henry das Opfer eines Irrtums in religiöser Beziehung und verlor seinen Kopf. Er war damals achtzehn. Ein wenig jünger als Ihr.«
»Wenn Ihr –«
»Dann mein Neffe, der Earl of Arundell, welcher den Irrtum beging, Katholik zu werden und seine Ansichten nicht zu verheimlichen. Er starb vor zwei Jahren im Gefängnis. All diese Irrtümer hätten klügere Männer wie wir vielleicht vermeiden können.«
Er strich wieder über seine Jacke.
Ich sagte: »Henry Arundell kann nichts über meine Religion wissen. All das –«
»Oh, er erwähnt auch gar nichts davon.«
»Dann verstehe ich nicht –«
»Ich habe gehört, daß Ihr in Spanien zum katholischen Glauben übergetreten seid.«
Mir war das Ganze nach wie vor unbegreiflich. »Was man in Feindesland tut, tut man unter Zwang. Das kann nicht –«
»Unter Zwang?« Er hob ironisch die Augenbrauen. »Aber natürlich. Alle Entscheidungen werden unter Zwang getroffen. Das ist nun einmal so im Leben. Im Winter neige ich leicht zu einem Nierenleiden. Wärme und trockene Luft wehren es ab, und so ziehe ich mich warm an und sorge für ein ordentliches Feuer im Kamin. Ich handle somit unter Zwang. In Rom und Florenz, wo ich mich vor etwa zwölf Jahren aufhielt, war das Wetter so warm, daß es dessen nicht bedurfte ... Ebenso ist es mit der Religion, mein lieber Killigrew. In England bin ich ein eingefleischter Protestant. Ihr gewiß auch. Nur ein Narr friert, wenn kalte Winde wehen.«
Dieser Mann gefiel mir nicht, doch ich konnte nicht umhin, seine Raffinesse und Intelligenz zu bewundern. Er schien völlig offen, ja sogar vertraulich, was seine Familiengeschichte betraf, doch durch Nuancen, geschickt gewählte Pausen, spöttische Wendungen suchte er mich die ganze Zeit zur Reaktion herauszufordern.
»Ich begreife nicht, Mylord, wie Ihr zu einer solchen Information über mich gelangt seid.«

»Ist das wichtig?«
»Es könnte wichtig sein.«
»Ich bin ein friedlicher Mensch, Killigrew, und habe nichts als Friedliches im Sinn. Belassen wir's dabei. Die Sache ist an sich ohne Belang, doch sie läßt Schlüsse auf Euren Charakter zu. Man darf wohl annehmen, daß Ihr ein gewitzter Bursche seid.«
»Mylord, ich suche eine Stellung.«
»Ach ja ... es schmeichelt mich, daß Ihr Euch deshalb an mich wendet. Eine Stellung habe ich nicht für Euch – aber vielleicht eine Beschäftigung.«
»Worum handelt es sich, Mylord?«
»Holla – nicht diese Hast! Alle jungen Männer sind doch gleich.«
Ein Holzklotz fiel von dem Stapel im Kamin, und Funken sprühten auf. Langsam wurde es dunkel in dem Raum, und das Feuer ließ purpurne und gelbe und grüne Flecken über Bücher, Tische und Sessel zucken. Gleich dem Gespräch verdunkelte das Feuer ebensoviel, wie es enthüllte.
»Setzt Euch, Killigrew. Ihr habt eine gewisse Elastizität, die mir möglicherweise nützlich sein könnte. Doch ich spüre auch eine Starrheit, welche erst ergründet werden muß, bevor wir fortfahren. Ein Glied bewegt sich nur so gut, wie seine Gelenke es zulassen. Ebenso gründlicher Erforschung bedarf die geistige Anatomie.«
Ich ließ mich in einen Sessel aus geschnitztem schwarzem Eichenholz nieder. Der hölzerne Sitz stellte die nackte Gestalt Merkurs dar.
»Ihr sprecht in Rätseln, Mylord.«
»O nein, ich versichere Euch, es ist nichts Rätselhaftes an meinen Worten – ich bin nur ein wenig vorsichtig. Sagt, bewundert ihr Euren Onkel?«
»Meinen Onkel?«
»Sir Henry Killigrew.«
»Nun, gewiß ...«
»Verfügt Ihr über die gleichen Qualitäten wie er?«
»Was betrachtet Ihr als solche?«
»Vor allem ein Talent für heimliche Verhandlungen und Loyalität gegenüber seinem Herrn.«
Lord Henry betrachtete mich mit halbgeschlossenen Lidern. Es ließ sich nicht sagen, wie weit er es ernst meinte.

»Sir Henry ist älter als ich, Mylord. Zweifellos entwickeln sich diese Qualitäten erst im Laufe vieler Jahre.«
»Nicht, wenn sie im Keime nicht bereits vorhanden sind. Wann brecht Ihr nach Cornwall auf?«
»Morgen früh.«
»Ah . . . Immer diese unvorteilhafte Hast. Ich nehme an, Ihr seid Raleigh nicht mehr verpflichtet?«
Ich wußte nicht, was ich erwidern sollte. »Wir reiten schnurstracks nach Hause, Mylord. Mein Vater sitzt in Schuldhaft, und meine Stiefmutter bedarf vermutlich meiner Hilfe. Danach bin ich frei. In zwei oder vielleicht drei Wochen.«
Auf Lord Henrys Knien lag noch immer das offene Buch. »Kennt Ihr das alte lateinische Sprichwort: ›Zu manchen Zeiten soll man nichts sagen, und zu manchen Zeiten soll man etwas sagen, doch zu keiner Zeit soll man alles sagen.‹«
»Nein, Mylord.«
»Vielleicht ist dies eine Zeit, etwas zu sagen, doch nur ein wenig. Wie ich bereits erwähnte, kann ich Euch äußerstenfalls eine – sagen wir – einträgliche Beschäftigung bieten. Als Sekretär und wenn nötig als Bote. Überlegt es Euch während des Heimritts. Nun mögt Ihr gehen.«

6

In strömendem Regen ritten Wilky und ich zurück nach Cornwall. Je weiter wir nach Westen kamen, um so trüber wurde der Himmel, um so aufgeweichter die Wege. Und jeden Tag wurde der Wind stärker, als versuche er uns aufzuhalten.
Als wir nach Launceston kamen, gab Stephen Wilky, der sich eine Erkältung zugezogen hatte, auf und sagte, er könne nicht weiter. Wir übernachteten wieder in Penheale. Die Grenvilles meinten, ich solle doch einen oder zwei Tage bleiben, bis das Wetter sich bessere, doch ich sagte nein, ich müsse weiter. So ließ ich Wilky bei ihnen zurück, sagte ihm, er solle nachkommen, wann er wolle, und ritt allein durch die wilden Moore weiter.
Ich ritt über das Goss-Moor, erreichte schließlich das schützende Ladocktal und aß einen Bissen in Truro; der kurze Tag würde bald

zuende sein, doch ich war zu nahe von Daheim, um bei den Bonythons Station zu machen. Penryn, in einer Mulde zwischen den grünen Hügeln gelegen, tauchte früher als erwartet auf, und Trudy trabte schneller. Als ich an der alten Mühle vorbeikam, flammte über dem Berg noch einmal die Sonne auf.

Das Tor stand offen. Dies war das erste, was mich stutzig machte. Noch nie hatte ich erlebt, daß es offen und unbewacht war.

Die zum Haus führende lange Kastanienallee war voller tiefer schlammiger Furchen, als hätten sie mehr Wagen oder Kutschen als üblich benützt. Auf dem Berghang standen noch die Zelte. Allmählich ließ der Wind nach, und nur dann und wann fegte eine Bö über das Land.

Am Hintereingang neben der Küche standen drei Fuhrwerke. Zwei davon waren mit Möbeln und Kleidern beladen. Ich brauchte die Stute nicht anzubinden; während ich ins Haus lief, trottete sie alleine zum Stall. Als erste sah ich Meg.

»Maugan!« rief sie, sich vergesssend. »Mein Gott, bin ich froh, daß du da bist!« Und sie schlang ihre Arme um meinen Hals.

Ich küßte sie auf den Mund; süße Erinnerungen stiegen trotz allem in mir auf. »Liebe Meg. Ist alles wohlauf?«

»Wohlauf? Schreckliches ist geschehen. Mein Gott, es ist ein Alptraum. Vor zwei Tagen erschien ein Grafschaftsbeamter und präsentierte einen Pfändungsbefehl im Namen eines Mr. Coswarth. Es war niemand da, der ihn aufhielt, und so ging er einfach ins Haus. Es heißt, Mr. Killigrew sitzt im Schuldgefängnis und ganz London bedrängt ihn um Geld – ist das wahr, Maugan? Gestern in aller Frühe kam ein halbes Dutzend Gerichtsdiener und schwenkte Papiere – Schuldscheine und dergleichen – und forderte Bezahlung.«

»Oh, Meg . . .«

»Und niemand trat ihnen entgegen. So gingen sie hinein und beschlagnahmten alle möglichen Dinge. Gestern und heute fuhren sie den ganzen Tag Sachen fort. Es war wie im Krieg – Männer schrien und prügelten sich. Sie zerfetzten sogar die Vorhänge, als sie sie einander zu entreißen suchten!«

Vorbei an ein paar Dienstboten ging ich durch die Küche in die große Halle. Verschwunden waren die Wandteppiche, die Plüschsessel, in denen Mr. Killigrew und besondere Gäste zu sitzen pflegten, die Stühle, die Vorhänge, die Feuerhaken. Vor dem Kamin lag Asche, als hätte sie der Wind herausgeblasen.

»Wo ist der junge Mr. John Killigrew?«
»Nicht da.«
»Und Mrs. Killigrew?«
»Liegt krank in ihrer Kammer.«
Zwei Männer trugen eben eine Kommode die Treppe herunter. Der eine war ein großer schäbiger Mann in Schwarz, der andere ein fuchsgesichtiger Bursche mit einer großen Warze neben seiner Nase. Ich stellte mich ihnen in den Weg; der große Mann brummte mich an, doch ich wich nicht von der Stelle.
»Mit welchem Recht, meine Herren, schafft Ihr die Möbel meines Vaters fort?«
Sie stellten die Kommode nieder. »Mit welchem Recht? Diese Dinge gehören euch nicht mehr. Aus dem Weg!«
»Wie heißt Ihr, Mann?«
»Wer seid Ihr?«
»Maugan Killigrew. Ein Sohn John Killigrews.«
Der große Mann wischte sich mit dem Ärmel über die Stirne. »Ah, ich habe von Euch gehört. Ihr könnt hier nichts tun. Euer Vater ist bankrott, und nichts ist mehr sein eigen.«
»Wie heißt Ihr?«
»Ratcliffe. Und er Challenor. Es geht um Geldschulden . . .«
»Wo ist Euer Beweis?«
Ratcliffe starrte mich an. »Wir haben ihn bereits vorgezeigt, als man uns einließ.«
»Ich möchte ihn sehen.«
»Hier.« Challenor kam um die Kommode herum und hielt mir ein Blatt Papier hin. »Da ist Eures Vaters Schuldschein. Über 300 Pfund. Fällig im August '95! Nicht angefochten! Nicht verlängert! Zwei Jahre sind seither vergangen, und er hat keinen Penny bezahlt!«
»Zu gegebener Zeit werdet Ihr voll ausbezahlt«, sagte ich. »Aber nicht, wenn Ihr wie Hyänen kommt – wie Geier. Was hofft Ihr, dafür zu bekommen. Ein paar Pfund –«
»Wir werden herausschlagen, was wir können, bei Gott!« rief Challenor.
»Geht«, sagte ich.
»Bei Gott, diese Zeiten sind vorbei, junger Mann, vergeßt das nicht!«
»Hinaus mit euch!«

»Oh, nein, so könnt Ihr mit uns nicht umspringen. Das Gesetz ist auf unserer Seite –«

Ich zog meinen kurzen Dolch und richtete ihn auf Challenors Kehle. Er wich zurück, stieß gegen die Kommode, schlüpfte um sie herum.

»Was untersteht Ihr Euch! Wenn Ihr –«

»In zwei Minuten seid ihr aus dem Hause – alle beide. Wenn nicht, so werde ich euch Beine machen.«

»Das könnt Ihr nicht tun, Killigrew!« sagte Ratcliffe. »Es gibt Grafschaftsbeamte und Gerichtsvollzieher – sie werden Euch zur Vernunft bringen . . .«

»Verschwindet aus dem Haus und von dem Grundstück, bevor es finster ist. Das heißt, in zehn Minuten.«

Ratcliffe öffnete wieder den Mund, um zu protestieren, doch ich ging mit dem Dolch auf ihn los. Er wich hastig zurück, und die beiden Männer stießen aneinander; dann wandten sie sich ab und gingen hinaus, die Kommode am Fuß der Treppe stehenlassend. Ich folgte ihnen. Meg war in der Halle.

»Bringt Lampen!« fuhr ich zornig ein paar Dienstboten an, die sich in einer Türe drängten. Dann fragte ich Meg: »Wo ist Job? Und Bewse? Und Dick?«

»Maugan, Du kannst ihnen keine Vorwürfe machen. Sie hatten keine Anweisungen –«

»Wer spricht von Vorwürfen? Wo sind sie?«

»Im Stall.«

Ich ging hinaus, zum Stall hinüber und stieß eine Türe auf. Dick striegelte Trudy, ein halbes Dutzend anderer stand bedrückt herum, mit krummen Schultern, schmutzig und ungekämmt.

»Hört, sagte ich. »Ihr schaut einfach zu, wie diese Hyänen uns ausrauben? Wo ist euer Stolz –«

»Aber das Gesetz . . .«, sagte Jael Job, »was können wir denn tun? Wenn ein Mann seiner Schulden wegen –«

»Aber ihr würdet doch tun, was ich euch sage – ob Gesetz oder nicht?«

»Nun, vielleicht. Es wäre nicht das erste Mal, daß wir uns nicht um die Gesetze scheren –«

»Dann laßt uns diese Männer vertreiben.«

Ich wandte mich ab und wartete, daß sie mir folgten. Challenor und Ratcliffe standen diskutierend neben einem der Fuhrwerke.

»Ladet die Sachen ab.«
Nach fünf Minuten waren die Möbel wieder im Haus.
»Bewse und Dick, führt diese Männer von unserem Grundstück und schließt das Tor hinter ihnen.«
Wir anderen gingen durch die Halle und die Treppe hinauf. Oben kam uns ein Mann entgegen, der Bettzeug und eine Rolle Segeltuch schleppte. Long Peter, der inzwischen Mut gefaßt hatte und zu allem bereit war, entriß ihm das Tuch und stieß ihn die Treppe hinab, so daß er halb hinunterstürzte. Am Ende des Korridors traten eben zwei andere Männer aus einem der Schlafzimmer.
»Hinaus mit ihnen!«
Die zwei waren jedoch keine Gläubiger, die selbst ihre Schulden einzutreiben suchten, sondern Grafschaftsbeamte und nicht einzuschüchtern. Es gab einen kurzen Kampf im Halbdunkel, ein paar Kerzen fielen von einem Wandleuchter, durch ein Fenster schien graues Dämmerlicht herein. Nach einer Weile hatten wir sie überwältigt.
»Werft sie hinaus!«
»Halt. Bist du's, Maugan? Ja, in der Tat, ich hab's geahnt, daß du heimgekommen bist! Aber, Junge, was du tust, ist unklug.«
Die Stimme, die große magere Gestalt, das lange schwarze Haar ... Ich war wieder ein Kind, das an eine alte Mühlentüre pochte. In meinem Mund sammelte sich Speichel; Furcht stieg in mir auf.
»Ich hatte keine Ahnung, daß Ihr hier seid, Mistress Footmarker.«
»Nun, ich bin froh, daß du heimgekommen bist – hier braucht es einen Mann. Kummer und Not sind über dieses Haus gekommen. Ich sagte es dir schon vor Jahren voraus. Das Unheil hing wie eine Wolke –«
»Ihr zieht das Unheil an! Job, bring diese beiden Männer –«
»*Nicht*, Junge.« Sie kam den Korridor herunter, und die Dienstboten wichen furchtsam zurück. »Du kannst gegen das Gesetz nicht ankämpfen. Dein Vater hat's versucht; schau, wohin es ihn gebracht hat. Dies ist kein –«
»Ihr und Euer verdammtes Geschwätz! Wer hat Euch geholt?«
Ihr mageres Gesicht war starr zwischen den langen Locken, die blauen Augen funkelten vor Zorn.
»Deine Stiefmutter, Mrs. Killigrew –«
»Ach, sie steht so unter Eurem Einfluß, daß ...«
»Hör mich an.« Sie legte ihre Hand auf meinen Arm, und ich schüttelte ihn ab. »So hör doch! Was hast du denn – wie kannst du dich so

der Vernunft verschließen! Laß diese Männer in Frieden, sonst wirst du im Gefängnis landen. Deine Großmutter wollte Widerstand leisten und diese Männer nicht durch die Palisaden lassen, doch das war unrecht. Ich sagte es ihr, und auch Mrs. Killigrew –«

»Bei Gott!« sagte ich. »Jetzt begreife ich. Ihr prophezeit nicht nur den Ruin dieses Hauses; Ihr sorgt selbst dafür! ... Peter, bring diese Frau fort. Wenn sie einen Gaul hat, setz sie darauf und schaff sie von unserem Land weg!«

Job und ein anderer Mann begannen die zwei Beamten durch den Korridor zur Treppe zu drängen. Long Peter war so groß, daß er in diesem Teil des Hauses nicht aufrecht stehen konnte; er war ein Mann, der ansonsten keine Furcht kannte, doch er zögerte, die Frau anzurühren. Er leckte sich die Lippen und sah Dick Stable und Penruddock, die beiden andern, an.

Die Footmarker sagte: »Wenn ihr mich anfaßt, werden in euren Eingeweiden drei Fuß lange Würmer wachsen. Eure Augen werden verfaulen und eure Zunge wird anschwellen, bis sie aus dem Mund platzt.«

Peter kniff die Augen zusammen und spuckte in die Hände, doch sonst rührte er sich nicht.

Sie wandte sich zu mir: »Maugan, du bist blind vor Zorn und weißt nicht, was du redest. Gut, laß uns keine weiteren Worte wechseln, bis deine Stimmung vergangen ist. Es gibt viel zu tun. Deine Großmutter –«

Vielleicht war in mir ein wenig von dem, was alle Menschen erfüllt, wenn sie Hexen verbrennen: Wut, hinter der sich Furcht verbarg. Ich packte sie an der Schulter. Sie schüttelte mich ab, und der seltsame vertraute Geruch von Heu stieg mir in die Nase; ich ergriff ihren Arm und drehte ihn auf ihre Schulter; sie zerkratzte mir mit der anderen Hand das Gesicht, und Blut quoll hervor; ich zerrte ihren Arm herum und packte den andern.

Als ich sie den Korridor hinunterstieß, kam Mrs. Killigrew heraus.

»Maugan!« Ich stürzte an ihr vorbei. »Maugan, laß sie in Frieden – wir *brauchen* sie!«

Ich lief mit ihr die Treppe hinunter; sie trat mit den Füßen nach mir, doch sie trug weiche Schuhe, und es tat nicht weh; ich fühlte mich krank und fror; die Wut war wie eine Krankeit, eine Ruhr des Geistes.

»Zum Teufel mit dir, Maugan! Wenn du mich so hinauswirfst, habt ihr mich zum letzten Mal gesehen – ich komme nie mehr wieder; nie mehr; es wird dir leidtun – es wird dein Leben lang auf der Seele liegen.«

Unten am Fuß der Treppe drückte sich Meg an die Wand. Durch die Halle und in die Küche; hinaus auf den Hof; eine Laterne brannte über der Stalltüre; ich ließ sie los und gab ihr einen Stoß; sie stürzte fast, hielt sich aber an der Tür fest.

»Nehmt Euer Pferd oder Maultier, falls Ihr eins habt. Wenn ihr zu Fuß seid, nehmt ein Pony. Das ist der Lohn für das, was Ihr getan haben mögt. Nehmt es und verschwindet.«

Sie lehnte sich an die Tür und sah mich an. »Nie hätte ich gedacht, daß ich das erleben würde. Nie hätte ich das gedacht.«

Mich fröstelte.

»Nehmt ein Pony«, sagte ich, »und verschwindet.«

Es war, als übernähme ich das Kommando über eine Festung. Der Feind war vertrieben; nun galt es, die Truppen neu zu gruppieren.

Die meisten Vorhänge waren fort, die besten Möbel, sogar einige der Betten. Das Haus glich großen kalten Scheunen. Mrs. Killigrew lag mit Gelbsucht im Bett und hatte kaum bemerkt, was man alles fortgetragen hatte; jedenfalls hatte es ihr an Mut gemangelt, sich zu widersetzen. Doch sie zürnte mir, weil ich Katherine Footmarker vertrieben hatte. Das hatte ich erwartet; die Frau hatte ein Macht über Dorothy Killigrew erlangt, daß diese geradezu von ihr besessen schien, und vor allem deshalb hatte ich ihr weiteres Verbleiben im Hause als gefährlich empfunden. Zu meinem Schrecken stellte ich fest, daß die Footmarker auch meine Großmutter behandelt hatte, die mir nun vorwarf, die einzige Frau, die ihr helfen könne, hinausgeworfen zu haben.

Die Dienstboten, von denen nur noch vierzehn da waren, unterstützten mich nach Kräften, und bald war das Haus aufgeräumt und am Palisadentor eine Wache aufgestellt. Noch etwas anderes mußte bedacht werden – einer Armee konnten wir nicht Widerstand leisten.

Am nächsten Morgen ging ich zur Burg hinauf und verlangte Captain Alexander zu sprechen. Er empfing mich im Waffenraum, dessen Fenster auf den Hafen hinausgingen. Viel hatte sich verändert, seit ich zum letzten Mal hiergewesen war; es sah aus wie im Zelt eines Generals während einer Schlacht – an allen Wänden hingen Pläne und Karten.

»Captain Alexander, Ihr habt vielleicht gehört, daß mein Vater in London wegen einer Schuldklage inhaftiert wurde. Ich bezweifle nicht, daß in Bälde seine Entlassung erreicht werden kann, doch im Augenblick kann er nicht hier sein und Euch in seiner Eigenschaft als Burghauptmann helfen.«

»Ich gehorche Befehlen, Mr. Killigrew. Mein Befehl lautet, diese Burg verteidigungsbereit zu machen. Mit dem Burghauptmann habe ich nichts zu tun, denn meine Instruktionen kommen von höheren Stellen. Eures Vaters Mißgeschick ist deshalb für uns ohne Bedeutung.«

»Gläubiger haben Arwenack zu plündern versucht. Ich habe sie vertrieben.«

»Das ist Eure eigene Angelegenheit, Mr. Killigrew.«

»Es freut mich, daß Ihr es so betrachtet.«

»Warum sollte ich nicht, solange ich keine gegenteiligen Befehle erhalte?«

Somit hatte ich erreicht, was ich wollte, und es schien nutzlos, das Gespräch fortzusetzen. Ich merkte deutlich, er wartete, daß ich ging.

»Habt Ihr die Absicht, mit Euren Leuten den Winter über hier zu bleiben, Captain Alexander?«

Er zuckte die Achseln. »Das wird nächste Woche bei einer Konferenz entschieden.«

»Wo findet sie statt? Hier?«

»Ja. Sir Nicholas Parker, Sir Ferdinando Gorges und Paul Ivey, der Befestigungsexperte, werden sich hier beraten und die Entscheidung fällen. Es wäre sehr entgegenkommend, wenn Ihr sie in Eurem Hause unterbringen könntet.«

»Ich werde alles vorbereiten lassen.«

Als ich zum Haus zurückging, fragte ich mich, ob wohl noch genügend Betten da waren und wie wir das Essen auftreiben würden. Doch die Mühe würde sich sicher lohnen. Alexander war zum Schluß ein wenig freundlicher gewesen. Es konnte nur von Vorteil sein, mit ihm auf gutem Fuß zu stehen.

Als sie davonzog, waren ihre letzten Worte keine Flüche gewesen.

Während ich ins Haus ging, hatte sie mir nachgerufen: »Du solltest dich schämen, Maugan, deine einzige Freundin so zu behandeln! Du wirst dein Leben lang diesen Tag bereuen!«
Mir war schrecklich übel, als ich hineinging, und fast hätte ich mich übergeben.
Meine einzige Freundin? Am Abend, als es finster geworden war, saß ich fast zwei Stunden mit einer anderen Freundin zusammen, die mir mein gestriges anmaßendes Benehmen indessen vergeben hatte, und unterhielt mich mit ihr über die Zukunft.
Dorothy Killigrew sagt: »Ich freue mich für dich, Maugan. Sie ist ein reizendes Mädchen. Hübsch und elegant und von sonnigem Wesen. Welcher Segen für dich, daß es so gekommen ist. Ich bete, daß du glücklich wirst.«
»Ich danke Euch.«
»Du weißt, daß ich dich liebgewonnen habe wie meine eigenen Kinder, und ich hoffe, du wirst mir von Zeit zu Zeit schreiben. Sei froh, daß du dieses Haus verläßt. Ich zittere, wenn ich daran denke, was aus uns werden wird.«
»Ich glaube nicht, daß Vater lange im Gefängnis bleiben wird. Er hat so viele Freunde.«
»Freunde, die sich von ihm abgewandt haben, Maugan. Wenn die Königin sich gegen ihn gestellt hat, so besteht wenig Hoffnung auf eine baldige Entlassung.«
»John wird bald heimkommen.«
Die kleine Dorothy quengelte, und so drehte ihre Mutter sie in ihrer Wiege um.
»Wenn wir uns doch alle besser mit Jane verstehen würden. Sie ist sehr – sehr weiblich und dabei doch merkwürdig unfeminin – ohne jede Anmut. Und feindselig gegenüber ihren neuen Verwandten. Vielleicht wird sie sich mit der Zeit ändern.«
»Sie braucht einen Erben.«
Mrs. Killigrew seufzte. »Ich bin wieder schwanger, Maugan. Deines Vaters Verlangen hat trotz seiner Verzweiflung nicht nachgelassen. Es ist eine gar zu große Last für mich geworden – neun lebende Kinder und vier tote. Wenn wir reich und ohne Sorgen wären, wäre es vielleicht nicht so schlimm. Aber wir wissen kaum, wie wir uns ernähren sollen, und unsere Lage macht mich völlig mutlos. Nicht einmal in meinem Glauben finde ich viel Trost.«
Ich streichelte ihre Hand. »Verliert nicht den Mut. Vielleicht ist dies

die dunkelste Stunde. . . Glaubt mir, ich lasse Euch nur sehr ungern hier zurück.«
»Du mußt dir anderswo dein Glück suchen. Dies ist jetzt Johns Haus. Er wird bestimmt sein Bestes tun, es zu retten.«

In finsterer Nacht erwachte ich und dachte, Katherine Footmarker sei im Zimmer. Dann war mir, als sei es Sue. Auf unerklärliche und erschreckende Weise schienen die beiden eine Weile eins zu sein – eine Frau, entsprungen dem gleichen Quell aus Liebe und Haß. Mir schien, es sei Sue gewesen, die ich die Treppe hinabgestoßen und aus dem Hause geworfen hatte, als habe sie gesagt: »Du wirst dein Leben lang diesen Tag bereuen.«
Ich bat sie um Verzeihung und murmelte wieder jenen schrecklichen Eid von Sevilla: »Ich erkläre feierlich, daß die Kirche von England keine Kirche ist, sondern des Teufels Synagoge, und daß sie und alle ihre Ansichten und Zeremonien die Seele in Verdammnis stürzen; und ich verachte und verabscheue sie . . .«
Ich setzte mich in dem langen, schmalen Raum im Bett auf und strich mir die Spinnweben des Alptraums aus dem Gesicht. Der Himmel hatte die Farbe von grauem Frauenhaar. Ich stand auf und ging hinunter. In der großen Halle schaufelte Dick Stable gähnend die Asche aus dem Kamin. Hunde umschwänzelten mich, während ich frühstückte. Bald nach Sonnenaufgang war ich unterwegs nach Helston.
Nachdem ich mich zweimal erkundigt hatte, fand ich ihr Haus; ein Dienstmädchen öffnete mir. Nein, Mistress Reskymer sei nicht daheim. Vor zwei Tagen sei sie in aller Eile abgereist und habe Florence und Jones mitgenommen. Sie habe einen Brief erhalten und sich nach Tolverne zu den Arundells begeben.
Es begann zu regnen. Manchmal nimmt einem das Wetter jeden Mut und jede Entschlußkraft. Das nächste Haus war Truthall. Ich hatte keine Lust, mit Henry Arundell zu Mittag zu speisen. Doch besser als hungrig und durchnäßt heimzureiten schien es, einen kleinen Umweg zu machen, um sich zu wärmen und zu sättigen.
In Godolphin sagte Lady Godolphin, sie erwarte Sir Francis in einer Stunde zurück. Ob ich ihn geschäftlich sprechen wolle oder ob mich die Tragödie von Tolverne herführe?
»Oh, anscheinend weißt du noch gar nichts. Jonathan ist letzte Woche gestorben.«

7

Ein plötzlicher Herzanfall hatte ihn hinweggerafft. Er war einunddreißig gewesen. Beim Essen sprachen wir darüber, welch schreckliche Tragödie es für die arme Gertrude war, die mit zwanzig Witwe geworden war, und für Lady Arundell, die ihren älteren Sohn verloren hatte, und für Elizabeth, die Katholikin, und für Thomas, der nun alles erbte.

Ich sprach nicht von Sue, da ich annahm, sie kannten sie nicht, doch zufällig erwähnte Lady Godolphin Mark Reskymer, das Oberhaupt der Familie, dessen Haus sich ein paar Meilen südlich von Truthall befand.

Sie sagte: »Oh, wie freue ich mich für dich, Maugan. Sie ist ein hübsches Mädchen und noch so jung. Du hast Glück, daß du sie bekommst, denn sie wird eine wohlhabende Witwe sein.«

»Durchaus nicht«, entgegnete ich. »Nahezu das ganze Vermögen Mr. Reskymers wurde zum unveräußerlichen Erbe erklärt.«

Lady Godolphin sagte: »Ich glaube, du hast mehr Glück als du denkst, Maugan. Zufällig erwähnte Mark Reskymer uns gegenüber, daß dies nur mit einem kleinen Teil geschehen ist. Das bedeute, sagte er, daß wegen Philip Reskymers später dritter Ehe ein Großteil des Vermögens der Familie verloren gehen würde.«

Sir Francis sagte: »Ich weiß nicht, wie Gertrude dastehen wird. Die Arundells von Tolverne sind keine reiche Familie, und Thomas muß das Haus erhalten.«

»Ich habe anderes gehört«, sagte ich, »– über die Reskymers meine ich. Aber vielleicht sind meine Informationen neueren Datums. Oder die Euren.«

»Ja, gewiß, mag sein. Die Auslegung eines Testaments ist stets eine schwierige Sache. Ohne Zweifel werden sich die Advokaten eingehend damit befassen müssen.«

Lady Godolphins Ton entnahm ich, daß sie sich im Recht glaubte. Die Unruhe in meinem Innern fand immer mehr neue Nahrung. Ich lieh mir ein frisches Pferd und ritt nach Tolverne.

Es war sieben, als mich die Fähre übergesetzt hatte, und inzwischen so finster, daß ich mein Pferd den steilen Hang zum Haus hinaufführte. Ich dachte daran, wie Jonatan in jenem glücklichen Jahr bei unserer Weihnachtsfeier getanzt hatte. Ich dachte an Gertrude, von

der Hitze gerötet und glücklich und wie sie sich für Sue ausgab und ich auf die Täuschung hereinfiel. Ich dachte an Sue.
In der Halle brannte Licht, sonst nirgends. Sie aßen spät zu Abend; ich kam gerade zurecht; Lady Arundell und Elizabeth und Thomas und Gertrude und Sue und fünf andere Verwandte, die ich nicht kannte, saßen am Tisch.

Die menschliche Natur ist so beschaffen, daß sie nur ein gewisses Maß an Kummer ertragen kann, und ich glaube, ihr Maß an Sorge und Leid war voll. Meine Ankunft sprengte den Panzer des Kummers. Erleichtert wandten sie ihre Gedanken für eine Weile anderem zu. Wir sprachen vom Krieg, Mr. Killigrew und der Königin, von der Not im Lande und von der Verlobung Jack Arundells von Trerice mit Mary Carey von Clovelly.
Ich merkte, daß Sue niemandem von ihrer Heiratsabsicht erzählt hatte. Dies schien nicht erstaunlich: wer in ein Trauerhaus kommt, verkündet nicht sogleich sein eigenes Glück. Ihr schwarzes, leicht feucht aussehendes Haar hing über ihre zarten lieblichen Schläfen und Wangen, ihre graugrünen glänzenden Augen wanderten nachdenklich von Gesicht zu Gesicht, während andere sprachen; sie saß ein wenig im Dunkel, traurig gestimmt durch die Traurigkeit um sie, doch in völliger Ruhe. Wenn ihre Augen den meinen begegneten, was selten geschah, leuchteten sie auf.
Während des Gesprächs aß Thomas Äpfel. Er biß mit seinen kräftigen weißen Zähnen, von denen zwei mittlere fehlten, hinein und kaute langsam; sein Gesicht war breit und schlaff, doch es verbarg brutale Kraft, Entschlossenheit und Ausdauer, Eigenschaften, an denen es seinem älteren Bruder so bitter gemangelt hatte. Gertrude, die junge Witwe, lauschte der Unterhaltung; nur selten sprach sie ein paar Worte und blickte dann so starr auf die Kerzen, daß die gelben Flammen in ihren Augen brannten.
Niemand fragte, warum ich gekommen war. Endlich fand ich Gelegenheit, mit Sue zu sprechen.
»Können wir irgendwoanders hingehen?«
»Ich komme gleich hinaus.«
Wir trafen uns im Nähzimmer. Ich küßte ihr Gesicht, die graue Seide ihres Kleides, den Spitzenkragen um ihren Hals.
Nur eine Kerze brannte in diesem Raum; sie stand hinter dem Spinn-

rad, und die Speichen des Rades warfen Schatten an die Decke. Unsere Schatten vereinten sich an der Wand.
Atemlos machte sie sich von mir frei. »Es könnte jemand kommen.«
»Und?«
»Vor einer Woche lag Jonathan tot in dem Raum über uns.«
Ich holte tief Luft. »Wenn schon. .. ich bin ebenso betrübt wie du. Doch das Leben in mir – in uns – ist stark ... es ist nicht respektlos, ihm seinen Lauf zu lassen. Jonathan würde es uns nicht verübeln; auch Gertrude nicht, wenn sie es wüßte.«
»Sie wird es erfahren, Maugan, das verspreche ich dir. Laß mir nur ein wenig Zeit ... Erzähl mir von London.«
Ich berichtete ihr von meiner Unterredung mit Sir Henry Killigrew und daß er mir das Beste wünsche, aber im Augenblick nichts bieten könne. Ich erzählte ihr, daß Raleigh mir vorgeschlagen hatte, nach Sherborne zu kommen und meine junge Frau mitzubringen.
»Mehr hat er mir im Moment nicht zugesagt, doch ich bin ganz sicher, daß er innerhalb der nächsten zwölf Monate eine Möglichkeit finden wird, mich zu befördern. Man mag gegen Sir Walter sagen, was man will. Sue, doch sein größter Feind könnte nicht behaupten, daß er seiner Freunde nicht gedenkt.«
»Und Lord Henry Howard?«
»Ach, ganz unmöglich. Bei solch einem Mann könnte ich nicht arbeiten.« Ich erzählte ihr von unserem Gespräch. »Er bot mir noch weniger als Sir Walter. Keine Sekretärsstelle, sondern irgendeine unregelmäßige und undurchsichtige Beschäftigung. Briefe auf Spanisch zu schreiben. Andere Briefe zu befördern – doch nicht nach Spanien, glaube ich, sondern – ich glaube, er sagte, nach Schottland. Es war alles so verschleiert, so indirekt. Ich weiß nur, daß ich an irgendeiner geheimen Sache teilnehmen sollte, doch wollte er nicht sagen, worum es ging.«
»Aber er meinte doch nicht etwas Unehrenhaftes?«
»Das weiß ich nicht. Es ließ sich schwer sagen. Eins jedenfalls ist klar: Er prüfte mich, versuchte herauszufinden, wie ich reagiere ... Doch selbst wenn er mir ein besseres Angebot gemacht hätte, könnte ich es nicht annehmen.«
»Warum nicht?«
»Er ist Raleighs größter Feind.«

»Raleigh hat viele Feinde. Es sind jedoch nicht alle schlechte Männer.«
»Er hat auch irgendwelche Verbindungen nach Spanien, die mir nicht geheuer vorkommen. Er wußte von Dingen, die ich in Spanien erlebte und die, wie ich glaubte, in England niemand erfahren haben konnte. Mag sein, daß es keine verräterische Beziehung ist, doch es muß eine unerlaubte sein.«
»Der Earl of Essex hat in ganz Europa Informanten. Lord Henry und seine Vettern vielleicht auch.«
Nervös stand ich auf. »Du solltest ihn sehen. Er ist von langhaarigen Jungen umgeben. Er hat gewiß Geschmack und Bildung, doch alles ist wie mit einer ätzenden Säure überzogen, die, was er berührt, zu zerfressen scheint . . .«
»Wie ist das Ganze ausgegangen? Hast du sein Angebot abgelehnt?«
»Nicht direkt. Ich werde ihm einfach nicht schreiben.«
»Er bat dich, ihm zu schreiben?«
»Wenn ich interessiert bin, soll ich ihm im Januar schreiben. Er sagte, es habe keine Eile. Wahrscheinlich will er inzwischen versuchen, mehr über mich zu erfahren.«
Sie schwieg. Nach einer Weile sagte ich: »Sue, verstehst du nicht, daß es unmöglich war, eine Stellung bei diesem Manne anzunehmen? Doch er bot mir nicht einmal eine Stellung an, sondern stellte mir nur eine zeitweise Beschäftigung in Aussicht. Und vor allem – er hätte nicht einmal eine Unterkunft in seinem Haus. Wir müßten irgendwo zur Miete oder in einem eigenen Haus wohnen. Das könnten wir uns bei der Bezahlung, dic ich von ihm erhielte, nicht leisten.«
»In dieser Hinsicht könnte ich vielleicht helfen.«
»Heißt das, du hast mehr geerbt, als du dachtest?«
»Von dem, was ich habe, könnten wir, so wenig es ist, ein Jahr leben. Im Zentrum der Dinge zu sein, wie du es dort wärst, wäre von großem Vorteil.«
»Dieser Mann ist mir widerlich, Sue.«
Sie stand auf. »Mein lieber Maugan, bist du sicher, daß deine Abneigung nicht auf Vorurteilen beruht, weil du Raleigh so verehrst? Warst du nicht schon, bevor du Lord Henry kennenlerntest, gegen ihn?«
»Es ist nicht nur das. Glaube mir.«

»Dann stehen wir also wieder vor dem Nichts, wo wir begannen?«
»Wenn wir uns lieben, stehen wir nicht vor dem Nichts.«
Sie seufzte.
»Was hast du?« fragte ich.
»Du weißt, daß ich dich liebe. Maugan ...«
»Ich – hoffe es.«
»Doch das Leben hat mich gelehrt, praktisch zu denken. Liebe gedeiht nur, wenn Mann und Frau in auskömmlichen Verhältnissen leben. Wenn ich weiter so spreche, wirst du mich für gemein und berechnend halten –«
»Nein!«
»Was in gewissem Sinne wahr wäre. Wir wollen es also vorläufig dabei bewenden lassen ... Kannst du einen oder zwei Tage bleiben?«
»Bis John zurückkommt, werde ich in Arwenack gebraucht. Aber ich kann dich ja wieder besuchen. Sue, warum soll ich Sir Walters Angebot nicht annehmen? Es ist nicht so übel ...«
»Und daß du mit dem Gesinde zusammenwohnst?«
Ich sah sie erstaunt an. »Ich werde nicht als Dienstbote behandelt. Abends sitze ich mit ihnen zusammen, außer es ist irgendein ungewöhnlicher Gast da. Lady Raleigh ist ein bemerkenswerter Mensch; sie wird dich bestimmt ins Herz schließen. Es ist wirklich nichts Erniedrigendes an der Stellung ... Doch selbst wenn dem so wäre ... Sir Walter ist die rechte Hand der Königin. Mit einem Worte könnte er mir einen weit besseren Posten verschaffen als je die halb katholischen Howards –«
»Und wie lange wird er die rechte Hand der Königin sein, Maugan? Wie lange wird die Königin leben, Maugan? Alles, was er hat und ist, verdankt er ihr ... Jedenfalls führen Sir Walters Anhänger, wie ich schon sagte, ein seltsames Leben. Es gibt keine Sicherheit für sie, nichts, worauf sie bauen können; sie unternehmen abenteuerliche Expeditionen in fremde Länder, sie kämpfen in Irland oder auf der See. Denk an all jene, die schon gestorben sind.«
»Es gibt keine Sicherheit auf Erden. Ich will einem *Manne* dienen, nicht einem perversen –«
Sie legte ihre Finger auf meine Lippen, und ich küßte sie. »Maugan, es ist dumm, zu streiten. Wir müssen irgendeine Möglichkeit finden. Laß uns die Nacht darüber schlafen.«

»Sue, da ist noch etwas anderes. Lord Henry hatte Henry Arundells Brief vor sich liegen. Ihm hatte er irgendwie entnommen, daß Mr. Arundell zu heiraten beabsichtigt. Ich hoffe, er will nicht dich heiraten.«
Sie lächelte leise. »Doch.«
»Er hat dir einen Antrag gemacht? Was hast du gesagt?«
»Was wohl? Natürlich nein.«
»Mein Gott, ich liebe dich so sehr, daß die kleinste Gefahr wie eine Klippe vor mir aufragt . . . Hast du ihm von mir erzählt?«
»Nein, das war unnötig. Er hegt dir gegenüber freundschaftliche Gefühle. Warum sie vorzeitig zerstören?«
Ich küßte sie wieder. »Kleine Intrigantin.«

Ich blieb den ganzen nächsten Tag, nur um mit ihr zusammen zu sein.
Am Nachmittag sprach ich mit Thomas, der mit einem halben Dutzend Knechten auf der Falkenjagd gewesen war. Weißen Dampf in der kalten Dezemberluft ausatmend, trat er aus dem Stall.
»Weißt du, daß ich daran denke, mich mit Bridget Mohun aus Hall zu verloben?«
»Ich habe davon gehört.«
»Sie sind eine gute Familie, die Mohuns, ohne jede Hysterie, sehr vermögend und protestantisch. Bridget ist ein feines hübsches Mädchen. Schöne feste Brüste und runde Schenkel; das mag ich. Obwohl es einmal eine Zeit gab, da hätte ich alles für Susanna Reskymer hingeworfen. Bridget hat nicht nur eine gute Figur, sondern auch Geld. Hast du nicht früher auch einmal ein Auge auf Susanna geworfen? Magst du sie immer noch?«
»Sie ist erst so kurz Witwe, daß mir der Gedanke noch nicht gekommen ist.«
»Nun, du könntest dich glücklich schätzen, wenn du sie bekämst. Sie ist nicht so wohlhabend wie Bridget, doch mit all dem Besitz in West-Cornwall und an der Grenze von Devon steht sie auch nicht schlecht da.«
»Der größte Teil des Vermögens wurde als unveräußerliches Gut vererbt.«
»Wer hat dir das gesagt?«
»Sie.«

»Ah, dahinter steckt gewiß ein wenig weibliche Raffinesse; das solltest du nicht ganz ernst nehmen.«

Ein Stallbursche trat zu ihm und nahm den Falken von seinem Handgelenk.

»Dies alles gehört jetzt mir«, sagte Thomas. »Ich habe dir gesagt, daß es einmal so kommen wird; Jonathan hatte nicht das Zeug, ein alter Mann zu werden. Doch, bei Gott, ich mag es nicht, und ich werde zusehen, daß ich es so schnell wie möglich los bin. In fünf Jahren werden die Arundells von Tolverne fort sein, und wenn ich es niederbrennen muß!«

»Und deine Familie?«

»Gertrude wird ohne Zweifel wieder heiraten; Jonathan hat nicht allen Saft aus ihr herausgequetscht, und ihr Vater hat Geld und Beziehungen. Elizabeth ... Es würde mich nicht erstaunen, wenn sie nach Frankreich oder Italien ginge und in ein Kloster einträte. Und meine Mutter kann zurück nach Godolphin gehen und dort leben. Oder wenn sie will, kann sie zu mir ziehen, wenn ich mir eine eigene Existenz gegründet habe ... Aber nicht diese andern alten Nichtstuer und Herumlungerer, die im Hause ein- und ausgehen: Tanten und Vettern und Nichten und Bastarde und dergleichen.«

Ich war nicht mehr so dumm, dies als Beleidigung aufzufassen.

Wir gingen hinein. »Wie sieht es denn jetzt in Arwenack aus?« fragte er und sah mich grinsend an. »Nicht mehr die gleiche Räuberhöhle wie früher, wie? Endlich hat man deinem Vater die Flügel gestutzt. Ist euer Haus auch verdammt?«

Am nächsten Morgen um zehn wollte ich aufbrechen. Während wir frühstückten, schien die Sonne durch die dicken Zweige der Zypressen. Es war ein schöner Wintertag, und nachdem ich veranlaßt hatte, daß mein Pferd hergerichtet wurde, ging ich zum Haus zurück, aus dem mir Sue entgegentrat. Wir schlenderten zum Fluß hinunter.

Schweigend gingen wir bis zu dem kleinen Steinkai, wo meine Stiefgeschwister und ich an jenem Tag vor fast sechs Jahren festgemacht hatten, an dem all dies begonnen hatte. Ich wischte den Schmutz von der Steinbank, und wir setzten uns und blickten auf den Fluß. Sie trug einen violetten Mantel mit zurückgeschlagener Kapuze.

»Maugan ...« sagte sie.

»Ja.«

»Du glaubst mir doch, daß ich dich wirklich liebe?«
»Das Wissen darum erfüllt mich mit einem beständigen Gefühl des Glücks.«
»Dann habe ich das Recht, dich zu bitten, daß du mir zuliebe etwas tust?«
»Ja.«
»Ich habe über das, was du mir von London erzähltest, viel nachgedacht. Wenn wir im Februar heiraten, dann hängt sozusagen unser Leben – zumindest am Anfang – von einer dieser Unterredungen ab.
»Vielleicht gibt es noch andere Möglichkeiten.«
»Kaum. Du könntest in Arwenack bleiben, doch das ist nicht gut denkbar, wenn wir heiraten. Henry Arundell könnte vielleicht einen Posten für dich finden, doch die Verwalterstelle ist vergeben, und da er weiß, was du für mich empfindest, kann ich ihn nicht um weitere Gefälligkeiten für dich bitten.«
»Nein, da hast du recht. Dann –«
»Nach London können wir nicht ohne jede Aussicht oder Empfehlung gehen. Bleiben also nur die Angebote Sir Walters und Lord Henrys.«
»Wenn du es so siehst.«
»Wie soll ich es sonst sehen? Und hier liegt das Problem. Du möchtest Sir Walters Angebot annehmen – welches ich als erniedrigend und deiner Begabungen unwürdig betrachte. Ich möchte, daß du Lord Henrys Angebot akzeptierst, das dir so zuwider ist.«
Ich starrte sie an. »Du möchtest wirklich, daß ich für so einen Mann arbeite?«
»Ich möchte, daß du sein Angebot akzeptierst. Er muß große Sympathie für dich empfinden – sonst hätte er es dir nicht gemacht. Wie ich gehört habe, soll er ein großer Menschenkenner sein. Es herrscht kein Mangel an jungen Männern, die sich darum reißen würden, die Gunst der mächtigsten Familie Englands zu erlangen. Müssen denn in so einem Fall persönliche Gefühle eine Rolle spielen? Mußt du einen Mann, dem du dienst, unbedingt bewundern?«
»Bewundern nicht. Aber gewiß achten, denn sonst verliert man seine Selbstachtung. Henry Howard ist ein gefährlicher Mann. Ihm zu dienen, kann nichts Gutes bringen.«
»Das käme auf einen Versuch an. Ein so standhafter Mensch wie du kann wohl kaum innerhalb einiger Monate verdorben werden. Du

würdest viele Leute kennenlernen – andere Möglichkeiten würden sich ergeben.«

Ich blickte auf den Fluß hinaus, der von einem dunklen öligen Grün war. Die Bäume an beiden Ufern standen so tief, daß bei der Flut ihre Zweige ins Wasser hingen. Das Unterholz war dicht und fast undurchdringlich.

»Ich kann es nicht, Sue. Du bittest mich, nicht wieder zu Raleigh zu gehen. Nun, ich kann verstehen, daß du dagegen bist. Ich kann verstehen, daß du nicht willst, daß ich mich Raleigh verschreibe. Doch ich kann nicht von ihm zu einem seiner bittersten Feinde gehen. Das wäre – Verrat.«

Sie stand auf. »Sind wir jetzt endlich auf die Wahrheit gestoßen, Maugan? Ist das nicht eigentlich der wirkliche Grund, warum du nicht für Henry Howard arbeiten willst? Du stehst in Raleighs Bann und kannst oder willst dich nicht von ihm lösen.«

Ich wunderte mich, wie erregt ihre Stimme klang.

»Dir zuliebe würde ich mich von Raleigh lösen, das habe ich dir gesagt; doch ich will mich nicht zu einem Angriff gegen ihn benützen lassen.«

»Wer sagt, daß man ihn angreifen will? Und wenn, wer sagt, daß die Howards es tun werden? Was ist mit Essex? Was mit Cecil? Weißt du nicht, wie man in London und bei Hofe über ihn denkt? Er ist der bestgehaßteste Mann Englands.«

»Doch seine eigenen Leute verehren ihn als einen Helden.«

»Darunter du!«

»Oh, nein. Ich sehe in ihm keinen Helden . . . Er hat viele Fehler – aber auch Größe. Ich würde ihm nicht blindlings folgen. Doch für mich steht er über den meisten anderen Männern.«

Eine Wolke, die wie ein Hund geformt war, verfinsterte die Sonne. Das Wasser wurde dunkler, und eine Brise strich darüber hin und kräuselte die Oberfläche.

»Heißt das, du willst niemandem dienen außer ihm?«

»Natürlich nicht. Nur Henry Howard mag ich nicht dienen.«

»Nicht einmal mir zuliebe?«

»Ich glaube nicht, daß du mich darum bitten wirst.«

»Ich habe dich darum gebeten.«

»Dann muß ich nein sagen.«

8

Während des ganzen Heimritts grübelte ich nach, warum Sue wohl Raleigh so feindselig gesonnen war. Es war unlogisch und deshalb bei ihr erstaunlich. Alles andere schien, von ihrem Standpunkt aus betrachtet, durchaus vernünftig. Sie hatte recht: Die Howards waren eine ungeheuer einflußreiche Familie und Sir Walter ein Emporkömmling, der früher oder später vielleicht böse enden würde. Doch was ich nicht begriff, war der Ton, in dem sie gesprochen hatte.
Es hatte keine Versöhnung zwischen uns gegeben, bevor ich aufbrach; auch hatten wir kein weiteres Treffen ausgemacht. Es mußte möglich sein, zu einem Kompromiß zu gelangen, doch im Moment waren wir beide zu erregt, um nachzugeben.
Das Tor war heute gut bewacht. Long Peter berichtete mir, daß John und seine Frau heimgekommen waren.

Am Abend sprach ich im großen Salon mit ihnen.
Der Raum war ohne Teppich; die guten Sessel waren fort und durch Stühle aus der Küche ersetzt. Den Tisch hatten sie dagelassen, weil er so schwer war. Kerzen brannten in billigen Haltern, im Kamin flakkerten grüne Holzklötze.
Jane Killigrew nahm in dem einen guten Sessel Platz und wärmte ihre Hände am Feuer. Sie trug ein Kleid aus rosa Samt, darüber ein Cape aus kostbarem Stoff. Ihr pechschwarzes Haar hing herab gleich Vorhängen neben einer Bühne, und die Bühne war ein milchweißes Gesicht mit zwei Flecken roten Ockers, kleinen funklenden Augen und einem wohlgeformten Mund. Sie sah mich aufmerksam an, während ich sprach.
»Wir wollen keine Zeit mit Vorwürfen vergeuden. Ich kam gerade zur rechten Zeit, um noch einiges zu retten, doch ihr seht, in welchem Zustand das Haus ist. Am nächsten Tag hätten sie sich über die Räume Mrs. Killigrews und Lady Killigrews hergemacht. Sie und vier andere – welche Meg Stable vorsorglicherweise absperrte – waren die einzigen, die sie nicht anrührten. Selbst die alten Tanten gingen einiger Dinge verlustig. Miss Wolverstone rissen sie ein Armband vom Handgelenk, und Tante Mary nahmen sie ihre Uhr und ein Paar Schuhe.«
»Eine meiner Taschen ist weg«, sagte Jane.» Sie enthielt ein Feder-

messer, eine Haarnadel und mein Siegel. Man sollte die Dienstboten dafür auspeitschen, daß sie es zuließen.«

»Die Dienstboten haben vor dem Gesetz mehr Respekt als wir. Sie konnten ihnen nicht entgegentreten. Welches Recht hatte ich dazu? Nur das Recht des Degens.«

»Und deinen Jähzorn«, sagte Jane. »Er wird dir noch einmal Ärger bringen, Schwager.«

»Es wird bald Ärger geben, wenn wir nichts unternehmen, ihn abzuwenden.«

»Wieso?« fragte John.

»Warum sollten wir etwas unternehmen, um Ärger von dir abzuwenden, Schwager?«

»Weil es auch der deine ist, Schwägerin. Glaube nicht, daß ich die Last dieses Hauses länger tragen werde. John hat sie auf sich zu nehmen – und du. Solange mein Vater im Gefängnis sitzt, ist John der Herr dieses Hauses, und dieses Privileg ist mit Pflichten verbunden. John –«

»Ja, Maugan, ich weiß«, sagte er gereizt. »Doch ich kann wenig mehr tun, als du –«

»Aber deine Frau kann etwas tun.«

»Ah«, sagte Jane. »Hab ich's mir doch gedacht, daß mein Schwager bald darauf kommen wird.«

»Es läßt sich nicht vermeiden. Überdenkt die Situation.«

John erhob sich und setzte sich auf den Rand des Tisches. Selbst die kurze Zeit seiner Ehe hatte ihn sehr reifen lassen, doch agiler war er nicht geworden. »Was sollen wir denn tun?«

»Nun, wenn wir nichts tun, werden die Gläubiger wiederkommen. Es wird mich in größte Schwierigkeiten bringen, daß ich sie beim ersten Mal hinauswarf; doch daran wollen wir nicht denken. Bedenken wir nur, daß man, was noch im Hause ist, fortschaffen und unsere Felder und Scheunen plündern wird. Nichts wird man uns lassen, Schwägerin. Vielleicht wird es dir gelingen, deine Kleider und deinen Schmuck zu retten, doch darauf würde ich mich nicht verlassen. Wir haben Glück, daß uns diese Atempause von ein paar Tagen bleibt.«

»Nun«, sagte Jane, »und was soll ich tun?«

»Vielleicht ist es noch nicht zu spät, sie abzufinden.«

»Das bezweifle ich.«

»Die meisten Gläubiger werden darauf verzichten, Sachen an sich zu nehmen, welche ein Zehntel ihrer Forderung wert sind, wenn man ihnen Geld in Höhe von einem Fünftel bietet und spätere Bezahlung des Rests verspricht.«

»Und was, meinst du, würde das kosten?«

»Vielleicht ein paar tausend Pfund.«

Jane sah mich mit zusammengekniffenen Augen an. Dann lachte sie plötzlich kurz auf, erhob sich und trat mit dem Fuß nach einem Holzklotz. »Bist du närrisch, Schwager?«

»Nun, wie du meinst. Vielleicht könnte man die Zudringlichkeit mit achthundert Pfund abwehren.«

»Ich habe nicht einmal achthundert Shilling.«

»Doch dein Vater hat sie. In ein oder zwei Jahren sind sie dein.«

»Diese verdammten Klötze – warum spaltet man sie nicht! Wir lassen sie immer spalten, weil sie dann viel besser brennen ... Mein Vater wird nicht meine Mitgift vergeuden, um die Schulden eines verschwenderischen alten Mannes zu bezahlen.«

»Dazu möchte ich mich nicht äußern. Nur eines: Er muß von John Killigrews Schulden gewußt haben, als er den Heiratskontrakt unterzeichnete. Schließlich hat er einen uralten Namen eingehandelt, um einen neueren Namen damit zu vergolden, oder nicht?«

»Das ist unverschämt, Schwager. Eine unverschämte Beleidigung.«

»Nun, nenne es, wie du willst – es läuft darauf hinaus. Das Geld, von dem wir sprechen, ist jedoch nicht dazu bestimmt, deinen Schwiegervater aus dem Gefängnis zu befreien. Sondern es soll dein Heim erhalten, einige Möbelstücke darin und Nahrungsmittel und Wein in der Küche. Wenn es dir dafür zu schade ist, dann mußt du die Gläubiger plündern lassen und fortan auf dem Heuboden über der Scheune hausen.«

Sie nahm ihre Pfeife vom Tisch neben dem Kamin und begann, sie mit Tabak aus einem Linnenbeutel zu stopfen. »Ich weiß nicht. Ich muß mir die Sache überlegen. Schließlich ...«

»Schließlich was?« fragte John.

»Diese Gläubiger haben kein Recht auf dein und mein persönliches Eigentum. Und da das einzige, was ich hier habe, persönliche Dinge sind, kann ich nichts verlieren. Bucklan und Skinner könnten Wache stehen, und es müßte schon ein sehr kühner Mann sein, der an ihnen vorbeikäme.«

»Meiner Mutter würde man wahrscheinlich alles nehmen.«

»Und sie ist wieder schwanger«, sagte ich.
Jane verzog angewidert ihr Gesicht; es war das erste echte Gefühl, das ich an diesem Abend darauf sah. Sie starrte auf die Pfeife nieder, die sie mit ihren großen Fingern immer wieder herumdrehte.
»Und du erwartest von meinem Vater, daß er zehn Killigrews retten soll, nur um mich zu schützen? Davon wird er gewiß nicht begeistert sein.«
»Immerhin könntest du ihn darum bitten.«
Sie sah John an. »Was meinst du?«
Er zuckte die Achseln. »Natürlich wäre ich dir dankbar.«
Ich sagte: »Wenn du deinem Vater eine Botschaft schickst, würde es an die zwei Wochen dauern, bis Antwort eintrifft. So lange würde man uns kaum in Frieden lassen. Hast du nicht selbst irgendwelches Geld, mit dem man diese Männer so lange hinhalten könnte?«
»Glaubst du ich habe ein Goldbergwerk in meiner Tasche?«
»Ich habe nur gehört, daß in Penryn ein Boot für dich gebaut wird. Vielleicht hast du Geldmittel, von denen wir nichts wissen.«
Ich machte die Bemerkung aufs Geratewohl und war deshalb überrascht, als sie mich mit bohrendem Mißtrauen ansah. »Ich habe ein wenig eigenes Geld, mein Lieber. Doch nicht genug, um dich oder diese Gläubiger zufriedenzustellen ... Also gut, ich werde meinem Vater schreiben.«
Sie hielt den Kopf der Pfeife über eine Kerzenflamme und zog am Stiel; als der Tabak brannte, lehnte sie sich zurück, atmete den Rauch ein und stieß ihn mit spitzen Lippen aus. »Wenn ich einige dieser elenden Schuldscheine prolongieren lasse, so nur unter der Bedingung, daß ich in diesem Hause mehr zu sagen habe.«
John sagte in beherrschtem Ton: »Dies ist kein Markt, auf welchem Handel abgeschlossen werden. Es hat davon schon allzuviele gegeben.«
»Nun, dies ist ein weiterer – entweder oder. Vor allem möchte ich, daß die Hälfte von diesen widerlichen Kötern umgebracht wird. Sie vermehren sich in einem fort, und das ganze Haus stinkt nach ihnen ... Sodann möchte ich, daß hinsichtlich der Mahlzeiten in der Halle ein anderes System eingeführt wird, damit die Dienstboten sich nicht länger mit Brei vollschlagen, während sie so tun, als ob sie auf uns warten ... Und ich möchte, daß deine Großmutter aus ihrem Schlafgemach ausquartiert wird, das der einzige Raum mit genügend Platz

und Fenstern nach zwei Seiten ist . . . Und ich möchte, daß die Kinder zu einer anderen Stunde zu Mittag essen, damit man nicht von dem Geschrei der Babys behelligt wird und dem Geschwätz anderer, die man schon längst Schweigen hätte lehren müssen . . . Und ich möchte, daß Pastor Merthers endlose Gebete auf die Hälfte gekürzt werden . . . Und ich möchte . . .« Sie brach ab und blickte in den Pfeifenkopf, um zu sehen, ob der Tabak glühte. »Wie du siehst, sind das höchst bescheidene Forderungen.«

Ich sah John an und wartete. Er war von der Ecke des Tischs geglitten und klaubte ein Stückchen Talg auf, das von einer Kerze getropft war.

»Ich kann meine Großmutter nicht aus ihrem Zimmer hinauswerfen.«

»Gib ihr das unsere. Das wäre doch ein vernünftiger Tausch.«

»Sie – sie ist dem Tode nahe. Wenn wir warten würden, bräuchten wir wahrscheinlich nicht lange zu warten.«

»Soviel ich weiß, ist sie schon seit fünf Jahren dem Tode nahe. Gewiß würden ihre Atembeschwerden noch schlimmer werden, wenn die Schuldeneintreiber in ihr Zimmer eindringen und ihre schönen Teppiche forttragen.« Jane lächelte mich an. »Dies ist ein ausgezeichneter Tabak. Nun, da ich Papa entronnen bin, habe ich wenigstens dafür Geld genug.«

John wanderte auf und nieder. »Jane, bedenk doch bitte, daß es eine tödliche Beleidigung für die alte Dame wäre. Sie hat diesen Raum nicht einmal meiner Mutter abgetreten. Er gehört ihr schon seit fünfzig Jahren.«

»Nun, wie du willst. Ich helfe nicht, ohne daß es mir irgendeinen Vorteil bringt. Wirklich, John, das kannst du nicht von mir erwarten.«

Ich sagte: »Wer den Pfeifer bezahlt, bestimmt, was er zum Tanz spielt.«

»Jawohl, Schwager. Es freut mich, daß du meiner Meinung bist.«

»Ich habe nicht gesagt, daß ich deiner Meinung bin. Ich bin nur dankbar, daß einige unter uns sind, die nicht tanzen müssen.«

Oft ließ sich schwer sagen, ob Jane Killigrew lächelte oder die Zähne fletschte.

Am Freitag trafen die drei hohen Besucher mit einer Eskorte von Dienern ein: Sir Nicholas Parker, ein gutaussehender Mann in den

Vierzigern; Sir Ferdinando Gorges, ein großer rotgesichtiger Mann um die dreißig, dessen westenglische Sprechweise an die Raleighs erinnerte; Paul Ivey, bebrillt und schmalschultrig. Die beiden ersteren waren berühmte Soldaten; Sir Nicholas war Generalfeldzeugmeister bei den Truppen in Frankreich gewesen, Sir Ferdinando Captain und Kommandant der Burg und Festung Plymouth.

Während wir speisten, bemerkte ich, daß Jane Sir Nicholas Parker wohlgefällig musterte. Wenn er sprach, ließ sie mehr als einmal ihr leises, sprödes Lachen hören, und noch vor Ende der Mahlzeit war seine Ehrerbietung ihr gegenüber leicht zynisch gefärbt. Henry Knyvett war von Rosemerryn herübergekommen und hatte bereits, bevor er eintraf, viel getrunken; seine lange, schlaksige Gestalt, das kleine Käppchen auf seinem langen grauen Haar, seine zunehmende Taubheit machten ihn zu einem nicht gerade angenehmen Gesellschafter, und die Aufgabe, die drei Gäste zu unterhalten, fiel John und mir zu.

Bevor wir uns erhoben, griff Sir Nicholas Parker in seinen Umhang, welchen er wegen der Zugluft während des ganzen Essens getragen hatte, und zog ein Pergament hervor.

»Dies dürfte Euch interessieren. Es ist ein Erlaß des Staatsrates, welchen ich Euch übergeben soll.« Er reichte ihn mir.

In dem Erlaß wurde Sir Nicholas Parker als Nachfolger J. Killigrews zum Burghauptmann von Pendennis Castle ernannt. Weiter hieß es darin, daß aller persönliche Besitz J. Killigrews aus der Burg entfernt und in sein Haus nach Arwenack gebracht werden solle, und daß in Zukunft ihm und seinen Vertretern der Zutritt zur Burg und den Verteidigungsanlagen verwehrt sei.

Als ich ihn gelesen hatte, reichte ich ihn John. Er las ihn langsam, wobei Jane stirnrunzelnd über seine Schulter blickte und die Worte zu entziffern suchte. Als er fertig war, stand er auf und gab das Pergament über den Tisch zurück.

»Sie kommen in keiner freundlichen Mission, Sir Nicholas.«

»Ich komme als Diener der Krone. Ich habe Befehlen zu gehorchen, Mr. Killigrew.«

»Dann müssen wir wohl das gleiche tun.« Er verbeugte sich und blieb stehen. Die übrigen Männer standen nacheinander gleichfalls auf, Sir Nicholas Parker als letzter, und so endete das Mahl in eisiger Atmosphäre.

Am nächsten Morgen gingen John, ich, Carminow und Foster zur Burg hinauf, um Mr. Killigrews Sachen in Empfang zu nehmen. Paul Ivey war bereits an der Arbeit und nahm, bebrillt und mit ernster Miene, Vermessungen vor. Bald würden Pferdegespanne und Gruppen von Arbeitern Felsen und Bäume niederreißen und seine Umbaupläne verwirklichen. Schweigend gingen wir zurück, jeder von uns wohl über das Ende einer Ära nachsinnend – nahezu sechzig Jahre Killigrew'scher Herrschaft. *Sic transit . . .*

Ich ritt nach Truro, um einen Geldbetrag einzutreiben, welchen, wie mein Vater mir gesagt hatte, Chudleigh Michells Bruder ihm schuldete. Unterwegs schaute ich aus Neugier bei Katherine Footmarkers Hütte vorbei und sah zu meinem Erstaunen, daß sie nicht mehr da war, sondern an ihrer Stelle ein schwarzer Fleck im Gras, und die zwei Bäume waren bis zur halben Höhe verbrannt.

John Michell sagte: »Sie wurde im September vertrieben. Die Leute dachten, sie habe den bösen Blick. Sie zog westwärts, in Richtung Penryn. Zwei Wochen später kam sie wieder zurück . . . Als die Nachricht sich verbreitete, erschien eine Schar Männer und Frauen und ging mit Stöcken und Steinen auf sie los. Sie konnte gerade noch flüchten, mit ihrem schwarzen Hund . . . Vermutlich wurde sie getroffen, doch sie entkam. Die Leute zündeten das Haus an, da sie glaubten, so könnten sie sich am sichersten vor Krankheiten schützen.«

»Wohin ging sie diesmal?«

»Sie wurde in St. Erme gesehen, unterwegs nach Osten. Ich glaube, sie ist für immer fort, und das ist gut so. Ich habe keinen solchen Haß gegen sie wie Chudleigh, doch es gibt viele Lähmungen und Skrofulose in der Gegend, und wer weiß, woher sie kommen.«

Bevor ich Truro verließ, suchte ich eine alte Frau auf, welche die Footmarker einmal ihre Freundin genannt hatte. Sie konnte mir wenig sagen; nur, daß die Footmarker oft von einer Nichte in Bristol gesprochen hatte. Bestimmt sei sie unterwegs nach Bristol. Doch es sei eine schlechte Jahreszeit.

Sue saß bei Lady Arundell, als ich in Tolverne eintraf. Es dauerte eine halbe Stunde, bis ich mit ihr alleine war. Dann versuchte ich sie klugerweise nicht in meine Arme zu schließen, sondern blieb ruhig sitzen

und berichtete ihr, was geschehen war, seit wir uns das letzte Mal gesehen hatten.
Ich spürte, wie ihre Zurückhaltung schwand. Nach weiteren zehn Minuten waren wir einander so nahe wie je. Ich erzählte ihr von Katherine Footmarker, denn mich erfüllte jetzt ein Gefühl der Schuld und Verwirrung. Zuerst hatte ich es für richtig gehalten, daß man sie aus ihrem Hause vertrieb, doch nun erschien es mir schändlich und ungerecht.
Plötzlich senkte sich Schweigen nieder. Ich würde es als beruhigend empfunden haben, hätte ich nicht gespürt, daß sie immer noch irgendwie gespannt war.
»Maugan, ich habe Neuigkeiten für dich.«
»Erzähle.«
»Du weißt, daß Philips Schwester, die in der Nähe von London lebt, mich zu sich eingeladen hat. Ich habe mich entschlossen, die Einladung anzunehmen.«
»Du hast es neulich schon erzählt. Es wird gewiß nett für dich sein. Doch gedenkst du lange zu bleiben?«
»Das hängt von dir ab.«
»Dann bleibe möglichst kurz.«
»Aber ich dachte, du wirst vielleicht im Januar auch nach London kommen. Wenn wir wollen, könnten wir dort heiraten.«
»Oh, mein Liebstes, mit Freuden! Wenn das deine Neuigkeit ist ... Mir scheint es, als seien wir schon eine Ewigkeit getrennt –«
»Nein, das ist nicht meine Neuigkeit. Maugan, ich habe die Absicht, bei Amelia Reskymer zu bleiben. Ich könnte im dortigen Sprengel das Aufgebot bestellen. Wenn du – wenn du die Stellung annehmen würdest, die Henry Howard dir bietet, so könnte ich dir genügend Geld geben, daß du ein kleines Haus kaufen und einrichten kannst, und wir könnten Mitte Februar heiraten. Später im Jahr müßte ich vielleicht noch einmal hierher zurückkehren, um Philips Nachlaßangelegenheiten zu regeln, doch wir könnten London als unseren ständigen Wohnsitz betrachten.«
»Liebste Sue, du weißt, wie ich darüber denke. Laß mich einen andern Vorschlag machen. Hast du genügend Geld, daß wir sechs Monate davon leben könnten?«
»Ohne daß du etwas verdienst? Vielleicht.«
»Lady Godolphin sagte mir, Philip habe dir ein sehr beträchtliches Vermögen hinterlassen.«

Sie strich über ihr Haar. »Ich sagte dir doch, daß fast alles als unveräußerlich erklärt wurde.«
»Lady Godolphin sagte, Mr. Mark Reskymer habe sich beklagt, daß dem nicht so sei.«
»Mark würde sich stets beklagen, und wenn nur eine Hütte an jemanden ginge, der nicht zur Familie gehört. Aber glaubst du etwa Lady Godolphins Wort mehr als meinem?«
Ich sah, wie ihre Augen plötzlich auffunkelten. »Natürlich nicht. Auf jeden Fall gehört, was du auch hast, dir, und du kannst damit tun, was du willst. Ich meine nur, wenn du uns sechs Monate lang erhalten könntest, ohne dein ganzes Geld zu verbrauchen, so würde mir das die Gelegenheit geben, mich umzusehen, bevor ich mich verpflichte.«
Sie lächelte. »Du hast dich bereits dadurch verpflichtet, daß du mich im Februar heiratest.«
»Ich verpflichte mich nur, die Frau zu heiraten, die ich liebe. Nicht einem Manne zu dienen, den ich verachte.«
»Würde dich nicht das eine für das andere entschädigen?«
»Um dich heiraten zu können, würde ich die Abfallkübel von Bedlam plündern. Und das mit Freuden. Ich habe nur eine Bitte – daß die ersten Monate unserer Ehe nicht durch ein Gefühl verdorben werden, daß ich Kompromisse schließen, daß ich heucheln muß ... Daß ich etwas höchst Wertvolles durch etwas Niedriges erkaufen muß.«
Ich stand auf. Wut erfüllte mich, teils auf sie, teils auf mich. Während ich sprach, war mir plötzlich klargeworden, wie viele Kompromisse ich in Spanien auf mich genommen hatte, nur um am Leben zu bleiben. Und nun sträubte ich mich gegen diesen viel unbedeutenderen. Was hatte ich im Grunde eigentlich gegen Lord Henry Howard? Was war es außer schierer Dickköpfigkeit? Er war intelligent, begabt, scharfsinnig. War in Wirklichkeit mein Widerwille unecht?
Doch die Kompromisse welche ich in Spanien geschlossen hatte, machten mir das Ganze nicht leichter; sie stellten sich ihm entgegen, schmerzten und quälten mich und trieben mich in einen trotzigen Zorn. Und war dieser wirklich unbedeutender? Damals hatte ich mit dem Feind verhandelt. Mit dem Mädchen, das ich liebte, zu verhandeln, war viel schwerer.
Sie war ebenfalls aufgestanden.
Ich sagte: »Was für eine Neuigkeit hast du sonst noch für mich?«

»Sie wird dir nicht gefallen, Maugan. Thomas hat mich gebeten, ihn zu heiraten.«
Das Fenster ging auf die Hinterseite des Hauses hinaus, und draußen auf dem Hof spaltete ein Knecht mit einer Hacke und einem Keil Holzklötze. Es war ein monotones und dabei unregelmäßiges, dumpfes Geräusch, als schlage eine Schaufel auf einen Sarg.
»Und was hast du ihm gesagt?«
»Daß ich ihm meine Antwort im Januar geben werde.«
»Du – du hast ihm nichts von uns gesagt?«
»Noch nicht.«
»Warum nicht?«
»Es schien mir besser. Es hat ja keine Eile.«
»Besser? Besser für wen? . . . Sue, das bestürzt mich. Ich – ich . . .«
»Es tut mir leid.«
In dem Raum war plötzlich zu wenig Luft. »Thomas . . . der Mann, dem du immer aus dem Weg gingst, den du nie mochtest. Ich verstehe das nicht. Er ist mit Bridget Mohun so gut wie verlobt.«
»Wenn ich ablehne, wird er sich nächsten Monat mit ihr verloben.«
»*Wenn* du ablehnst? Gott im Himmel! Sue, sieh mich an: wie sprichst du? Was tust du mit mir?«
Doch sie hielt den Kopf abgewandt. »Ich dachte zuerst, es ist besser, wenn ich es dir nicht sage. Aber dann . . .«
»Sue, liebst du mich?«
»Das weißt du doch.«
»Aber dies . . . Du scheinst unter Liebe etwas anderes zu verstehen als ich . . . Heißt das, daß du noch nicht fest entschlossen bist? Daß alles, was du mir sagtest . . .«
»Nein, es war alles ehrlich gemeint, doch ich werde dich nicht heiraten, Maugan, wenn du mir keine Sicherheit bieten kannst, keine Hoffnung auf Vorankommen. Ich habe dir schon oft gesagt, daß das Leben bei mir daheim viele innerliche Narben in mir hinterlassen hat. Die Armut, die Angst, die Plackerei, das von der Hand in den Mund leben, die Krankheiten . . . All das hat mich mit der Entschlossenheit erfüllt . . . Mein Leben mit Philip hat mich nicht mutiger, sondern noch ängstlicher gemacht. Manchmal glaube ich, ich bin nicht die richtige Frau für dich. Du brauchst jemanden mit größerer Willensstärke, der nicht zurückschreckt vor Not und –«
»Ich brauche dich. Keine andere.«

»Du brauchst mich, weil du mich liebst. Das heißt nicht, daß mein Temperament zu deinem paßt. Oder mein Charakter –«

»Sue, ich begreife das einfach nicht. Ich dachte, du haßt Thomas.«

»*Gehaßt* habe ich ihn nie. Er ist in letzter Zeit viel reifer geworden. Ich liebe ihn nicht –«

»Doch du würdest ihn heiraten?«

»Wieviele Ehen gründen schon auf Liebe. Und scheitern sie alle? Ich stehe unter Druck.«

»Unter Druck! Was, in Gottes Namen, meinst du damit?«

»Vielleicht ist es nicht das richtige Wort. Mark Reskymer hat versucht, mich dazu zu überreden – weil die Reskymers und die Arundells schon einmal verbunden waren und das Vermögen in der Familie bleiben würde. Und obwohl ich Thomas nicht liebe, empfinde ich Zuneigung für Elizabeth und Gertrude und auch für Lady Arundell. Seit langer Zeit ist dies mein zweites Heim. Ich liebe dieses Haus.«

Ich schüttelte meinen Kopf, um ihn klar zu bekommen. »Weiß Lady Arundell davon?«

»Noch nicht.«

»Vor Jahren sagtest du einmal, sie würde Thomas nie erlauben, dich zu heiraten, weil du kein Geld hast. Offenbar trifft dies nicht mehr zu.«

»Natürlich wäre ich für ihn eine weniger gute Partie als Bridget Mohun. Doch wir sind jetzt beide älter. Wenn Thomas mich heiraten möchte, könnte sie ihn nicht davon abhalten. Ich glaube auch nicht, daß sie das wollte.«

»Was ist also dein Preis? Welches sind deine Bedingungen?«

Ich starrte sie mit unverhohlener Feindseligkeit an. Zum ersten Male errötete sie.

»Nun«, sagte sie, »siehst du mich so, wie ich bin. Als du letztes Mal hier warst, nanntest du mich eine Intrigantin, und ich widersprach dir nicht. Ich wäre zu jeder Intrige fähig – für mein Glück – und das deine.«

»Das meine!«

»Ja, denn es ist besser, du brichst jetzt mit mir, als daß du diese Entdeckung zu spät machst. Ich bin nicht gefühllos, wie du offenbar denkst; doch ich bin – vernünftig . . . und entschlossen. In allen Fällen wiege ich eins gegen das andere ab und entscheide mich dann.

Auch, was die Ehe betrifft. Auch in der Liebe. Wenn dich das anwidert – was es offenbar tut –, dann ist es am besten, wir machen Schluß.«
Ich ballte meine Fäuste so fest, daß sie schmerzten.
»Was ist dein – Preis?«
»Du meinst, unter welchen Bedingungen ich bereit wäre, dich zu heiraten? Aber möchtest du mich denn noch?« Tränen glänzten in ihren Augen.
»Laß mich wenigstens die Bedingungen wissen.«
»Also gut . . . Ich will dich heiraten, Maugan, wenn du bereit bist, für mindestens ein Jahr die Beschäftigung bei Lord Henry Howard anzunehmen und mir am Ende dieser Zeit erlaubst, zu entscheiden, ob du noch ein zweites Jahr bei ihm bleibst.«
»Noch etwas?«
»Sonst nichts.«
»Wärest du nicht besser beraten, einen Arundell und damit Sicherheit zu wählen?
»Gewiß. Doch ich nehme das Risiko auf mich.«
»Er ist jetzt der älteste Sohn des Hauses. Ich weiß, er ist nicht reich, doch sein Vater wurde zum Ritter geschlagen. Vielleicht wird er es auch. Und du hättest ein besseres Heim, als ich es dir je bieten könnte.«
»Wer weiß, was du mir einmal bieten kannst?«
»Möglicherweise wirst du eines Tages Lady Arundell sein. Besser als eine Ehe mit einem unehelichen Sohn der Killigrews, einer Familie, welche bankrott und verarmt ist. Es muß dir doch einleuchten, daß es unvernünftig ist, mich auch nur in Betracht zu ziehen.«
Sie wischte sich die Tränen von ihren Wimpern. »Aber, Maugan, wie kannst du nur so reden? Erstens will ich *dich* heiraten und nicht Thomas. Glaube mir, es ist mein aufrichtiger Wunsch . . . Zweitens glaube ich, daß du es, wenn du die Gelegenheit hast, weiter bringen wirst als er.«
Ich schwieg einen Augenblick und leckte mir die Lippen. »Oh, Sue, ich kam mit solcher Hoffnung zu diesem Treffen. Jetzt ist mir von dem Ganzen so übel, daß ich am liebsten brechen möchte.«
Sie wandte sich ab. »Wenn du so empfindest, kann ich nichts mehr sagen.«
»Was könntest du denn noch sagen?«

»Vielleicht, daß du dich nicht gleich entscheiden solltest. Vor allem nicht – gegen mich. Geh fort, verbringe Weihnachten in Arwenack, und bevor ich nach London gehe, komm und sag mir Bescheid. Ich werde nicht vor dem Dreikönigstag abreisen.«

Sue hatte eine alte Puppe mit grauem, staubigem Gesicht in die Hand genommen und strich ihr zerdrücktes Kleid glatt. Ich starrte sie ungläubig an. Ich fühlte mich wie einer jener Männer, den ich in Cadiz erstochen hatte – erstaunt, fassungslos. War dies *sein* warmes Blut?

Was immer ich jetzt auch tat oder sagte – meine Beziehung zu Sue würde nie mehr dieselbe sein.

Sie blickte durch ihre Wimpern zu mir auf. »Magst du mich nicht mehr?«

»Nein. Das nicht.«

»Wirst du es dir überlegen, Maugan? Bedenke – ist es soviel, worum ich dich bitte?«

Ich schüttelte den Kopf. Worüber wir gesprochen hatten, erschien jetzt geringfügig und unwichtig. Womit sie drohte – ja, allein, *daß* sie drohte – warf einen ungeheuren Schatten auf alles andere.

»Wirst du es dir überlegen?«

»Ich werde es mir überlegen«, sagte ich.

Bevor ich am nächsten Morgen aufbrach, erklärte ich mich mit ihren Bedingungen einverstanden. Doch ich stellte ebenfalls eine Bedingung – wir müßten Anfang Februar heiraten, nicht später.

Ich traute ihr nicht mehr und glaubte, daß sie sich nicht an die Abmachung halten würde.

9

Während meiner Abwesenheit von Arwenack war die Übergabe der Befehlsgewalt über die Burg vollzogen worden, und die drei Männer hatten das Haus verlassen. Captain Alexander blieb kommandierender Offizier unter Sir Nicholas Parker, doch hundert weitere Soldaten wurden nach Plymouth zurückgeschickt. Ratcliffe und Challenor waren, entschlossen, sich Eintritt zu verschaffen, mit zwei Gerichtsvollziehern wiedergekommen; doch Jane hatte mit ihnen verhandelt,

ihnen etwas Geld gegeben und sie dazu gebracht, von einer Klageerhebung abzusehen. Wo sie das Geld hernahm, wußte niemand – am wenigsten ihr Mann –, doch es hatte uns vorläufig gerettet. Ihre Drohung, den Haushalt umzuorganisieren, schwebte noch immer über uns.
Der Weihnachtstag war feucht und neblig. Jeden Tag und jede Nacht dachte ich fast ständig an Sue. Manchmal redete ich mir ein, daß ihre Drohung nicht ernst gemeint gewesen war, daß sie sie aus einer falschverstandenen Entschlossenheit, mir zu helfen, machte, doch nicht die Absicht hatte, sie zu verwirklichen. In anderen Augenblikken wog ich die Möglichkeiten gegeneinander ab, wie sie es wohl tat, und kam zu dem Schluß, daß, wenn sie mich nicht bevorzugte, Thomas Arundell leicht den Sieg davontragen würde. Dann brach mir plötzlich der Schweiß aus, und am liebsten wäre ich sogleich nach Tolverne geritten, um mich zu überzeugen, daß sie mich noch wollte.
Ich grübelte viel über ihren Charakter nach, der seit unserem letzten Treffen neue Blätter – oder waren es Dornen – entfaltet zu haben schien. Eines jedoch war klar, so sehr sie es auch leugnen mochte: Philip Reskymer hatte eine reiche Frau hinterlassen. Obwohl Thomas Susanna Reskymer vorziehen mochte, würde er nie daran gedacht haben, eine Verbindung mit den mächtigen Mohuns zugunsten einer mittellosen Witwe aufzugeben. Überdies war Sue zuversichtlich gewesen, daß Lady Arundell keinen ernsthaften Einwand erheben würde.
Warum hatte sie mich dann wiederholt angelogen? Weil sie die Ausrede, arm zu sein, und damit einen Grund, Thomas zu heiraten, nicht aufgeben wollte? Weil sie mich nicht mit dem Gefühl erfüllen wollte, finanziell unabhängig zu sein, da ich mich dann noch stärker widersetzt hätte, Lord Henry Howards Angebot zu akzeptieren?
Was war wohl der Grund, warum sie darauf beharrte, daß ich diese Beschäftigung annahm? Eine zufällige Verbindung mit der Familie, verstärkt durch Kindheitserinnerungen? Der Umstand, daß sie fern von London lebte und nur eine wichtige Persönlichkeit kannte, nur eine Empfehlung hatte? Ein übertriebenes Sicherheitsbedürfnis, die Enschlossenheit, auf ein bekanntes Fundament zu bauen?
Vielleicht sah ich in dem, was sie tat und dachte, zuviel Berechnung. Vielleicht lagen Instinkt und weibliche Unlogik in Widerstreit mit ihrem nüchternen, sachlichen Geist, und ich vereinfachte ihre Gründe

zu sehr, indem ich sie von außen her betrachtete, sah sie als einfache gerade Linien, während sie in Wahrheit kompliziert waren wie eine Gleichung Hariots.
Doch welche Motive ich auch suchte, welche Entschuldigungen ich auch fand – ihr Charakter erschien mir immer erschreckender. Sie war offenbar unnachgiebig entschlossen, ihr Leben nach ihrem Willen zu gestalten und – wenn ich zustimmte – damit das meine. Sie liebte mich – in der ihr eigenen Weise –, sie hatte Vertrauen in meine Fähigkeiten, sie glaubte an mich – und war nur gegen einen bestimmten Preis bereit, ihr Leben mit dem meinen zu verbinden. Sie war willens, ihren Körper, den ich einst besessen und deshalb um so mehr begehrte, gegen meine Fügsamkeit in beruflicher Hinsicht einzuhandeln. Manchmal fragte ich mich, ob die wilde kleine Bestie, welche mein Stiefbruder geheiratet hatte, eigentlich schrecklicher war als sie.
Am St. Stephanstag speiste Sir Ferdinando Gorges bei uns zu Mittag und erzählte dabei von Raleigh und einer brillanten Aktion während des ansonsten erfolglosen Azorenunternehmens. Er war bei Fayal mit zweihundertfünfzig Mann unter dem mörderischen Feuer einer doppelt so großen Zahl von Spaniern gelandet, hatte persönlich die Attacke durch die Brandung angeführt und den Strand erobert. Als daraufhin seine Männer zögerten, die schwer befestigte Stadt anzugreifen, war er, den Kommandostab in der Hand und ohne Rüstung außer seinem Ringkragen, nur von einem Offizier und zehn Mann begleitet, ohne Hast eine Meile weit den felsigen Hang hinaufgehinkt, wobei Geschosse seine Kleider zerfetzten, der andere Offizier verwundet wurde und zwei Männer ihre Köpfe verloren. Als er die Festung erreichte und seine restlichen Soldaten sahen, daß er noch am Leben war, faßten sie Mut, folgten ihm, und binnen einer Stunde war die Stadt genommen.
Ich hatte Sues Abneigung gegenüber Sir Walter absolut nicht begriffen, doch während Gorges sprach, stieg ein gewisser Verdacht in mir auf. Sir Walter war der einzige Mensch, welchem ich außer ihr tiefste Bewunderung entgegenbrachte und der ähnlich großen Einfluß auf mich hatte. Daß diese Bewunderung gänzlich anderer Art war, zählte nicht. Sie wünschte klare Verhältnisse.

Am nächsten Morgen erhielt ich einen Brief von ihr, den ein Fischer den Fluß heruntergebracht hatte. Er lautete:

»Mein Liebster,
Du hast versprochen, mich zu den Bedingungen, welche ich Dir stellte, zu heiraten, doch ich weiß, daß Du mir deshalb grollst.
Ich habe nie beansprucht, ein guter oder vortrefflicher Mensch zu sein, und wenn Du mich dafür gehalten hast, so entsprang diese Meinung nur Deiner eigenen Güte. Wenn du es wünschst, bin ich deshalb bereit, Dich freizugeben.
Doch vergiß eines nicht, Maugan: mir liegt nur an Deinem Wohlergehen; ich liebe nur Dich, und wenn wir heiraten, so werde ich Dir eine treue und gute Frau sein, bis der Tod uns scheidet.

Susanna ...«

An jenem Tag schrieb ich, meine wahren Gefühle unterdrückend, an Lord Henry Howard, daß ich die Beschäftigung, welche er mir freundlicherweise angeboten, gerne annehmen und Mitte Januar in London sein würde, um ihm meine Aufwartung zu machen.
Ich empfahl mich als sein demütiger und gehorsamer Diener Maugan Killigrew.
Dank Gorges konnte ich den Brief einem Militärkurier mitgeben. Außerdem schrieb ich Sue und machte ihr davon Mitteilung.

Als Dorothy Killigrew erfuhr, daß ich Anfang Januar nach London reisen und dort Sue heiraten würde, bat sie mich, meine Schwester Odelia bis Totnes mitzunehmen.
»Sie ist das letzte der älteren Kinder, Maugan, und ich möchte nicht, daß sie unter diesen Umständen hierbleibt; die andern sind alle so jung, daß sie gemeinsam aufwachsen und die Veränderungen nicht bemerken werden. Deines Vaters Schwester, Lady Billingsley, hat sich erboten, sie nach Totnes zu sich zu nehmen. Es wird gut für sie sein, von hier fortzukommen.«
Nachts wachte ich oft auf und dachte daran, daß Sue mit Thomas unter einem Dache wohnte. Nicht daß ich etwa annahm, ihr drohe irgendwie Gefahr von ihm – ich wußte jetzt, wie sie imstande war, auf sich zu achten –, doch die Versuchung war immerhin da. Wie lange würde sie ihren Kopf durch ihr Herz beherrschen lassen?
Bis jetzt war sie mir, auf ihre eigene Weise, stets treu gewesen. Wenn ich sie von dem Piedestal, auf welches ich sie in meinem Idealismus gestellt, herunternahm und als menschliches Wesen, fehlbar und feh-

lerhaft, betrachtete, mußte ich dann nicht für diese Treue dankbar sein?
Am 28. Dezember erschienen zwei weitere Gläubiger und wurden wieder von Jane Killigrew abgefunden. Danach sagte sie zu mir: »Wirst du deinen Vater in Westminster besuchen?«
»Ich denke schon.«
»Dann laß mich dich warnen, Schwager. Ich gebe eine Menge Geld aus, um meine und Johns Ruhe zu erkaufen. Ich möchte nicht bei dir oder deinem Vater den Eindruck erwecken, daß ich bereit bin, seine gesamten Schulden zu bezahlen. Ich habe den Gläubigern, die sich hier einfanden, gesagt, daß ihn seine Londoner Gläubiger einsperren ließen und daß er bis zum Ende seiner Tage nicht mehr hierher zurückkehren wird. So weit, so gut. Doch wenn dein Vater erfährt, daß hier Geld zu haben ist, so wird er – das schwöre ich dir – die Gans, welche dieses kleine Ei für ihn gelegt hat, schlachten.«
»Ich werd's ihm nicht sagen.«
»Bucklan hat sich indessen um die Details von Johns Besitz gekümmert –«
»Du meinst, von Mr. Killigrews Besitz.«
»Nun schön, doch in einem Gefängnis pflegt man nicht lange am Leben zu bleiben ... Trotz deines Vaters Verschwendungssucht scheint dieser Besitz noch etwa 1000 Pfund im Jahr einzubringen. Es ist nötig, daß er John eine Vollmacht ausstellt, was er schon, bevor er nach London ging, hätte tun sollen. Wirst du dich darum kümmern?«
»Gewiß.«
»Sorge aber dafür, daß er es im richtigen Licht sieht. Er wird sich nie von seinen Schulden befreien können, doch viele seiner Schulden werden mit ihm sterben. Wenn seine Kinder nicht in der Gosse verhungern sollen, dann muß das Wenige eingehende Geld auf irgendeine Weise erhalten werden und darf nicht zur Gänze dem übrigen nachgeworfen werden.«
»Dagegen habe ich nichts einzuwenden. Doch würdest du mir einen Gefallen tun, Jane?«
Sie hob ihre nachgezogenen Augenbrauen. »Worum geht es?«
»Ich habe gehört, daß du Lady Killigrew ihr Schlafgemach noch eine oder zwei Wochen lassen willst. Darf ich dich bitten, die – Reduzierung unserer Hunde ebenfalls erst vornehmen zu lassen, wenn ich fort bin?«

»Hast du einen schwachen Magen? Das hätte ich nie gedacht.«
»Oh, ich gebe zu, daß es ihrer zuviele sind. Doch ich kenne die meisten der Hunde beim Namen und möchte nicht gerne sehen, wie alte Freunde geschlachtet werden.«
»Nicht geschlachtet; ich gedachte, sie im Hafen auszusetzen und ihnen die Chance zu geben, nach St. Mawes zu schwimmen.«
Sie hatte ihren Kopf halb abgewandt, so daß ich ihr Gesicht nicht richtig sehen konnte.
»Vielleicht würdest du das mit den Kindern auch gerne tun.«
Sie lachte leise. »Für was für ein Monstrum hältst du mich, Schwager?«
»Das war natürlich nur ein Scherz«, sagte ich.

An jenem Abend – wir trauten unseren Augen kaum – schleppte sich Lady Killigrew zum Essen herunter. Hannibal Vivian von St. Mawes Castle war zu Besuch gekommen. Er war dort immer noch Burghauptmann und war erschienen, um mit Sir Nicholas über die neue Bewaffnung von Pendennis zu beraten. Bevor sie fertig waren, brach die Nacht herein, und so aß er mit uns zu Abend und wollte bei uns übernachten. Hannibal Vivian war ein alter Freund von Lady Killigrew und immer sehr galant zu ihr.
Sie lag schon so lange im Sterben, daß ihr Auftauchen an jenem Abend irgendwie unheimlich schien, als speise ein Geist mit uns. Doch so ausgezehrt und abgemagert sie in einen weißen Umhang gehüllt dasaß, sie brachte noch hin und wieder ein paar Worte hervor – und es waren ätzend scharfe Worte.
Zum Abschluß des Mahles aßen wir Banburykäse, den Vivian mitgebracht hatte; er sagte, er habe einen ebensolchen auf die Burg mitgenommen und man sei sehr erfreut darüber gewesen.
»Den Leuten dort oben mangelt es an jeglicher Bildung«, sagte Lady Killigrew. »Sie setzen sich rücksichtslos über all unsere Rechte und Privilegien hinweg.«
Pastor Merther sagte: »Ich weiß nicht, ob man es bemerkt hat, doch als heute vormittag Soldaten an unserem Tor vorbeiritten, bespritzten sie unser Wappen über und über mit Schlamm. Er ist klebengeblieben und getrocknet, doch nicht abgefallen. Am liebsten wäre ich hinausgelaufen und hätte sie zur Rede gestellt, doch ich wußte, es ist sinnlos.«

»Ich werde morgen hinaufgehen«, sagte John. »Es ist unerträglich, daß man uns so beleidigt!«
Lady Killigrew sagte: »Mag sein, daß die Soldaten der Schande Ausdruck verleihen wollten, die über unser Haus gekommen ist. Wir sollten mit ihnen nicht über etwas streiten, was uns allen klar ist!«
»Aber ich bitte Euch, Mylady«, erwiderte Mr. Vivian. »So schlimm ist es nun auch wieder nicht. Wir alle erleiden von Zeit zu Zeit Mißgeschick. Am Ende werden die Starken und Standhaften siegen.«
Lady Killigrew nahm mit zitternder Hand ihr Glas und trank einen Schluck Kanarienwein. »Stark und standhaft, Mr. Vivian? Dies sind Eigenschaften, die es in der Familie Killigrew nicht gibt. Jedenfalls nicht bei den Männern, die ich in den letzten fünfzig Jahren kannte. Stark vielleicht bei der Suche nach ihrem eigenen Vergnügen, standhaft im Ignorieren alles anderen. Nun, Ihr seht, wohin es uns gebracht hat!«
»Euer Sohn hatte Unglück, Madam . . .« Mr. Vivian begann höfliche Entschuldigungen zu murmeln, doch die alte Frau schnitt ihm verbittert das Wort ab.
»Alles ist verloren – doch es ging nicht verloren durch zu strenges Festhalten an Prinzipien. Oh, nein, mein Lieber. Oh, nein. So manche große Familie ist für eine *Sache* aufgestiegen und untergegangen. Das einzige, wofür wir je eingetreten sind, war unser Eigennutz, und trotzdem sind wir untergegangen, und dies um so schmählicher. Ich sage Euch, es hat nie einen Killigrew gegeben, der zögerte, seinen Mantel nach dem Wind zu hängen, wenn es für ihn von Vorteil war . . . Doch es hat uns nichts Gutes gebracht! In uns ist eine tiefe Schwäche, mein Freund, und weder mein Blut, noch das der kleinen Dorothy, noch das jenes zänkischen Weibes, das soeben das Zimmer verlassen hat, kann uns hart genug machen, um für irgendwelche Prinzipien zu kämpfen und zu sterben – nicht für die Religion, nicht für die Familie, nicht für die Königin, nicht für unser Land!«
Ein verlegenes Schweigen breitete sich aus. Sie hüllte sich gegen die kalte Zugluft in ihren Umhang und sah aus wie ein alter weißer Kormoran, der darauf wartet, daß ein Fisch auftaucht.
»Mary, du regst dich zu sehr auf«, sagte die alte Mistress Wolverstone. »Du solltest dich ins Bett zurückziehen.«
»Zurückziehen? Ich werde mich bald ins Grab zurückziehen, um neben meinem Mann zu ruhen, der vielleicht von der ganzen Sippe der

Beste war. Doch seine Brüder haben es weiter gebracht als er. Sie haben sich bei der Königin eingeschmeichelt und in einem fort ›Ja, Eure Majestät‹ gesagt und ›Nein, Eure Majestät‹ und ihr jeden Wunsch von den Augen abgelesen. So haben sie es zu großen Häusern in London gebracht, und ihre Schulden werden ihnen verziehen.«

»Vielleicht wird sie Eurem Sohn bald Gnade erweisen, Madam. Ohne Zweifel ist sie schlecht beraten –«

»Killigrew«, sagte meine Großmutter nachdenklich. »Wißt Ihr, was dieser Name bedeutet, Mr. Vivian? Adlerhorst. Wir haben einen zweiköpfigen Adler in unserem Wappen. Ich frage Euch, wo sind die Adler! Mein Sohn war fruchtbar wie ein Pfaffe, doch ich sehe keine Adler unter seiner Brut. Dieser Bastard von ihm hat mehr Kraft in den Flügeln als irgendeins seiner legitimen Kinder.«

Ich war nahe daran, ihr für dieses Kompliment zu danken, doch sie sah mich unverhohlener Mißbilligung an.

Ich sagte: »Du bist ungeduldig und erwartest dir zuviel, Großmutter. Da ich nicht sein ehelicher Sohn bin, hatte ich mehr Freiheit. Laß ihnen Zeit.«

»Zeit ist etwas, wovon ich nicht mehr viel habe. Taten nützen nur etwas, wenn sie heute geschehen. Auf Versprechungen kann man ebensowenig bauen wie auf die nächste Ernte.« Sie deutete mit ihrem krallenartigen Finger auf den Pastor am Ende des Tisches. »Merther, ich möchte jetzt hinaufgehen. Gebt mir Eure Hand . . .«

Als sie gegangen war und die anderen sich erhoben hatten, schlenderte ich hinaus, um vor dem Schlafengehen noch ein wenig frische Luft zu atmen.

Ein ungerechtes Urteil, gefällt von einer alten, kranken Frau, die seit Jahren zur Melancholie neigte. Die Killigrews hatten für die Sache der Lancasters gekämpft; sie hatten unter Mary schlimme Zeiten durchgemacht, und einer zumindest hatte während ihrer Regierungszeit im Exil gelebt. Und dennoch war an ihren Vorwürfen etwas Wahres. Die meisten von ihnen hatten an der Oberfläche des Lebens gelebt, gleich Fischen nach vorübersummenden Fliegen schnappend. Und wenn sie geangelt wurden, waren sie zutiefst beleidigt, als sei ihnen himmelschreiendes Unrecht geschehen.

Meine Unehelichkeit hatte mich vor dieser Schwäche nicht bewahrt.

Auf der Treppe unterhalb des Torturms, die zu unserem Kai führte, fischte ein Mann; es war Dick Stable. Ich setzte mich eine Weile zu ihm. Die Nacht war kühl, doch mein Mantel schützte mich vor dem leichten Ostwind. Dick hatte fünf Makrelen und einen Aal gefangen. Er sagte mir, daß er und Meg daran dächten, nach Penryn zu gehen. In dem Granitsteinbruch sei eine Stelle frei, und sie könnte in der Nähe auf einem Bauernhof arbeiten.

»Die Arbeit in einem Steinbruch ist schwer, Dick. Überlegt es euch gut. Warum wollt ihr von hier fort?«

»Es könnte leicht sein, daß man uns entläßt, Master Maugan. Es scheint, die neue Mrs. Killigrew mag die alten Dienstboten nicht; vielleicht will sie neue wie die zwei, die sie mitgebracht hat.«

»Es gefällt mir gar nicht, daß ihr fort wollt. Zu viele meiner alten Freunde sind bereits gegangen.«

»Nun, ihr werdet ja selbst nicht mehr lange hier sein, Master Maugan. Dann wird sich kaum noch jemand etwas daraus machen, ob wir bleiben oder gehen.«

Ich wußte nichts darauf zu sagen, und so saßen wir eine Weile schweigend.

»Ich habe gehört, Ihr wollt heiraten?«

Es hatte immer eine leichte Spannung zwischen uns geherrscht, seit er mich Megs wegen zur Rede stellte, und obgleich sie jetzt sehr glücklich zusammen schienen, glaubte ich bei Dick stets, wenn ich mit seiner Frau sprach, ängstliche Blicke zu bemerken.

»Ja . . . Nächsten Monat. Danach wollen wir für eine Weile in London leben. Es ist Mistress Susanna Reskymer – vormals Farnaby. Sie ist einmal hiergewesen, doch ich glaube nicht, daß du dich an sie erinnerst.«

»O doch, natürlich! Das war an dem Weihnachten, wo ich ›Lord of Misrule‹ war.« Er seufzte. »Mein Gott, wie lange scheint das her! Wie viele Jahre? Ja, ich entsinne mich Mistress Farnabys – sie ist schlank und hat schwarzes Haar und helle Augen. Ich bin sicher, Sir, Ihr werdet sehr glücklich werden.«

»Danke, Dick, das hoffe ich.«

Er legte seine Angel hin und sammelte die Makrelen ein. Sie glitzerten im schwachen Sternenlicht wie Schlangenstein.

»Ja, ich erinnere mich, einen Tag, nachdem Ihr aus Spanien zurückkamt – damals, als wir Euch alle für tot hielten –, sah ich Mistress Farnaby in Truro. Sie war sehr froh, als sie davon erfuhr; damals sah

ich sie zum letzten Mal. In welchem Jahre war das? Es muß '94 gewesen sein. Himmel, es sind fast vier Jahre her, seit ich Meg heiratete.«
Das Boot, mit dem Hannibal Vivian gekommen war, schlug leise an den Landungssteg unter uns. Leise plätscherte das Wasser.
Ich sagte: »Ich glaube, da täuschst du dich. Ich kam im Juli '94 zurück.«
»Ja, Sir, eben das sagte ich doch.«
»Dann kann es nicht im Juli 1594 gewesen sein, daß du Mistress Farnaby sahst.«
»Doch. Ganz bestimmt. Ihr kamt an einem Sonntagabend. Ich weiß es noch genau. Ich hatte die Sensen fürs Heumachen am nächsten Morgen geschliffen. Dann ging ich zu Bett, und Meg weckte mich und sagte mir, daß Ihr heil und gesund heimgekehrt seid. Am nächsten Tag regnete es wieder – Ihr wißt sicher noch, wie jener Sommer war –, und so sagte Thomas Rosewarne, ich soll mit Rose nach Truro fahren und die Achsenbolzen für das alte Fuhrwerk holen, das am Samstag entzweigegangen war. Wir holten also die Bolzen, und dann besorgten wir noch eine Menge anderer Dinge, welche die Damen brauchten. Als wir nach Truro kamen, ließ der Regen ein wenig nach, und ich sah Mistress Farnaby aus dem kleinen Schnittwarenladen neben der Kirche treten. Sie war alleine, und da ich dachte, dies sei gewiß in Eurem Sinne, nahm ich meine Mütze ab und sagte ihr, daß Ihr am Abend zuvor heil und gesund heimgekehrt seid.«
In der Festung jenseits der Flußmündung verlöschte das letzte Licht. Die ganze Küstenstreif gegenüber war schwarz. Eine Wolke war heraufgezogen, und das Wasser schimmerte nur ganz leicht.
»Was sagte sie?«
»Oh, sie war sehr erfreut. Ich entsinne mich gut, zuerst zuckte sie zusammen, so überrascht war sie. Dann war sie überglücklich zu hören, daß Ihr heimgekehrt seid.«
»Warum hast du mir nicht gesagt, daß du sie trafst?«
»Nun, daran dachte ich wohl gar nicht, Sir. Wir erzählten allen Leuten davon!«
»Hm.« Ich stand auf. »Du mußt dich getäuscht haben, Dick.«
»Bitte?«
»Vielleicht eine Verwechslung ...« Ich fuhr mir mit der Zunge über die Lippen. »Laß uns nicht weiter davon sprechen.«

10

Ich fuhr auf dem Fluß nach Tolverne, doch sie war eben nach London abgereist. Thomas sah ich nicht; er war auf der Jagd.
Gertrude sagte: »Es wird ihr leid tun, daß du sie nicht angetroffen hast, Maugan, doch du hast ihr nicht gesagt, daß du kommst, oder? Ich dachte, es war ausgemacht, daß ihr euch in London trefft.«
»Ja. Ja, das war es.«
»Kann ich dir irgendwie helfen?«
»Nein, Gertrude, nein, vielen Dank. Ich – wollte sie nur sehen.«
»Liebster Maugan, ich freue mich so für euch beide. Sie hat es mir im Vertrauen gesagt, bevor sie abreiste.«
»So, hat sie?«
»Ja. Hätte sie es nicht sollen?«
»Nein . . . Aber ich dachte nicht, daß sie es sagen würde.«
»Weißt du, daß auch Thomas sie gebeten hat, ihn zu heiraten?«
»Ja.«
»Ich bin sehr froh über ihre Wahl. Doch ich glaube nicht, daß es für sie den mindesten Zweifel gab.«
»Wer weiß? Thomas ist vermögend und lebt in gesicherten Verhältnissen.«
»Oh, er wird gewiß noch Großes vollbringen; doch er ist kein angenehmer Schwager, und ich wäre nicht gerne seine Frau.«
»Was wirst du jetzt tun, Gertrude?«
»Mit Lady Arundell und Elizabeth bis zum Frühjahr hierbleiben. Den Sommer werde ich daheim verbringen. Und dann . . .« Sie zuckte die Achseln.
»Bestimmt wirst du wieder heiraten.«
»Oh . . . eines Tages vielleicht. Die Ehe ist solch ein Lotteriespiel, Maugan.«
»Ja«, sagte ich.

Ich traf alle Anstalten, Arwenack rasch zu verlassen. Ich wollte fort sein, bevor es zwischen Jane und Lady Killigrew zum Zusammenstoß kam, bevor weitere Gläubiger erschienen, bevor die Hunde ertränkt wurden. Ich war am 10. bereit, doch da Odelia nicht fertig war, reisten wir erst am dreizehnten.
Ich war froh, daß ich mich um Odelia kümmern mußte; es lenkte

mich ab. Als wir aufbrachen, schien sie kühl wie der östliche Wind, der wehte, doch später am Tage sah ich Tränen auf ihren Wangen. So blieb ich in Totnes noch einen Tag bei den Billingsleys, damit sie sich nicht zu einsam bei ihnen fühlte.

Dann begab ich mich alleine weiter nach Sherborne, versunken in meine Gedanken. Es waren graue Gedanken, durch die sich ein roter Faden zog.

Ich hatte Sir Walter sehen wollen, doch er war in London bei der Sitzung irgendeines Parlamentsausschusses. Ich aß und übernachtete in Sherborne und beantwortete voll Unbehagen Elizabeth Raleighs Fragen. George Chapman und Carew Raleigh und Lawrence Keymis waren da. Keymis sagte mir, seine Reise nach Guayana im Jahre '96 sei zwar nicht so erfolgreich gewesen wie er gehofft, doch er sei jetzt im Besitz besserer Informationen über die Lage der großen Stadt Manoa und des Parima-Sees mit seinen reichen Goldminen. Leider scheine es nun, da Sir Walter wieder seinen alten Posten als Captain der Königlichen Garde bekleide, unwahrscheinlich, daß er wegkönne. Es bestünde sogar die Möglichkeit, daß man ihn als Nachfolger Lord Boroughs zum Statthalter von Irland ernennen werde.

Dies ist der Mann, dachte ich, dem Sue mich nicht folgen lassen will, weil er ein verlöschender Stern ist. (Oder einer, der so hell strahlt, daß der ihre daneben verblaßt?)

Ich stieg bei meinem Onkel Sir Henry ab, und gleich am nächsten Morgen besuchte ich meinen Vater. Er befand sich noch in derselben Zelle, doch seine Gefährten hatten gewechselt; er war abgemagert, und seine Kleider waren zerlumpt und von Ungeziefer verseucht; sein Haar und sein Schnurrbart waren nicht gestutzt; er roch übel. Bitter beklagte er sich über die Behandlung und die Enge der Zelle. Die Erkältung und der Husten die er aus Cornwall mitgebracht hatte, plagten ihn noch immer, und er war überzeugt, daß er gleich seiner Mutter Asthma bekommen werde. Er hatte an die Königin und sechsmal an Cecil geschrieben, bis jetzt aber keine Antwort erhalten.

Der treue Rosewarne kam jeden Tag und brachte ihm ein paar Pence und ein wenig zu essen, doch seine zwei Söhne Thomas und Henry hatten ihn zu seiner Verbitterung seit November erst zweimal besucht.

Bevor ich ging, kam Thomas Rosewarne und versuchte mir die verworrenen finanziellen Verhältnisse meines Vaters begreiflich zu machen, doch das Ganze war so kompliziert, daß ich keinerlei Ausweg sah. Sein Hauptgläubiger nach der Königin war Henry Lok, der Schnittwarenhändler, welcher Mr. Killigrew gegen dürftigste Sicherheiten mehrere tausend Pfund geliehen hatte. Überdies wurde Henry Lok von anderen Gläubigern bedrängt, weil er von Mr. Killigrew ausgestellte Schuldscheine unterschrieben hatte. Lok seinerseits prozessierte um ein meinem Vater gehörendes Stück Land in Devonshire, welches die Königin beschlagnahmt hatte, und ein gewisser Nicholas Athol hatte eine Gegenklage eingereicht. Anderer Land- und Hausbesitz war Gegenstand eines Prozesses vor dem Gericht in Wards. Alles in allem schienen die Schulden meines Vaters an die 20 000 Pfund zu betragen.

Ich hatte Sues Adresse in Pancras, konnte mich aber anfangs nicht überwinden hinzugehen. Ich verbrachte fast die ganzen Tage mit Thomas, der sich mit einigen anderen Lautenspielern angefreundet hatte; sie trafen sich oft im Nebenzimmer eines Gasthauses und plauderten und spielten zusammen. Ich begleitete ihn dorthin, um mich abzulenken.

Nach einer Woche schrieb ich Mistress Amelia Reskymer einen Brief und fragte, ob ich meine Aufwartung machen dürfe. Und schließlich besuchte ich Lord Henry Howard.

Er empfing mich im gleichen Salon wie das erste Mal. Ein anderer Mann war bei ihm, jünger, doch bleich und mager mit einem langen Gesicht, einem schmalen, abwärts gebogenen Mund und glattrasierten Wangen. Kein Pagenjunge mit einer Laute war diesmal da, doch wieder erfüllte ein schwül-süßer Duft den Raum.

»Ah«, sagte Lord Henry, »dies ist der junge Killigrew, von dem ich dir erzählte. Ich denke, ich werde ihn beschäftigen.«

»Warum?« fragte der andere und begann seine Fingernägel zu polieren. Er trug spanische Stiefel aus weichem Leder und an seinen Händen mehr Ringe als die Königin.

»Warum?« sagte Lord Henry, den die Frage ein wenig zu verblüffen schien.

»Ja. Ich pflege mir immer diese Frage zu stellen. Sie schärft den Verstand . . . Killigrew. Mag sein, daß wir entfernt verwandt sind. Meine gräßliche, doch fromme Mutter ist die Schwester von Sir Henry Killigrews erster Frau.«

»In der Tat, Sir?« Einen Moment hatte ich in seine blaßbraunen Augen geblickt, die denen einer Schlange glichen. Sie waren nicht unfreundlich, nicht leblos, doch ein wenig unmenschlich.
»Warum ich ihn beschäftigen möchte?« sagte Lord Henry. »Weil er das Spanische beherrscht und etwas von Krieg und Diplomatie versteht. Und er hat einen scharfen und flinken Geist.«
»Geist habt Ihr, sagt Lord Henry. Ist das wahr?«
»Ich weiß nicht, Sir.«
»Geist, Killigrew, gleicht dem Messer eines Wundarztes: er schneidet schlechte Launen fort, doch geht man auch nur ein wenig ungeschickt damit um, verblutet der Patient zu Tode.«
Lord Henry lachte leise und bot Schnupftabak an; der andere lehnte ab. »Ich glaube«, sagte Lord Henry, »es ist ein wenig eine Grille von mir, diesen jungen Mann zu beschäftigen, doch ich habe Eigenschaften an ihm entdeckt, die ich selbst besitze. Ich habe Euren Brief erhalten, Killigrew. Ich nehme an, Ihr könnt mir von jetzt an zu Diensten stehen?«
»Ja, Mylord. Ich habe ein Geschäft zu erledigen, doch kann ich mich in dieser Hinsicht nach Euren Bedürfnissen richten.«
»Gut, gebt mir Eure Adresse. Habt Ihr schon ein Logis?«
»Ich wohne diesen Monat bei meinem Onkel, werde mir jedoch eine andere Unterkunft suchen, da ich in Kürze heiraten möchte.«
Der jüngere Mann zuckte leicht zusammen.
Lord Henry sagte: »Insultiert dich dieses Wort, Francis?«
»Es weckt nur zwiespältige Erinnerungen in mir, mein lieber Freund. Wie du weißt, verfehlte ich vergangenes Jahr um Haaresbreite dies El Dorado aller männlichen Träume. Seither sind Bedauern und Erleichterung meine ständigen Begleiter, ersteres bei Tage und letztere bei Nacht . . . *Dolor decrescit ubi quo crescat non habet.*«
Lord Henry kicherte. »Ich hätte dich nicht für so gefühlvoll gehalten.«
»Nun, eine Heirat hätte mich von meiner schlimmsten Krankheit kuriert, einer schweren Auszehrung meiner Börse.« Die Schlangenaugen streiften mich ein zweites Mal, nicht um zu sehen, ob ich amüsiert war, sondern um meine Gedanken zu erforschen. »Doch schließlich beschloß ich, die Reue aufzustecken, denn Selbstvorwürfe verdoppeln noch jegliche Pein. Selbst Armut hat ihre Vorteile.«
»Mylord«, sagte ich, »ich will nicht länger stören. Wollt Ihr mir einen

Tag sagen, an dem ich mich bei Euch einfinden soll oder werdet Ihr mir Nachricht nach Lothbury schicken?«

»Montag«, sagte Lord Henry. »Am nächsten Montag ist Gelegenheit, einige Briefe für mich zu schreiben. Von da an täglich, wenn ich Euch nichts Gegenteiliges sage. Zieht an der Kordel neben Euch. Claude wird Euch hinausbringen.«

Als ich mit dem unverschämten Claude die Treppe hinunterging, fragte ich: »Darf ich fragen, wie der junge Mann heißt, der bei Lord Henry ist?«

»Mr. Bacon. Ein Advokat und Mitglied des Parlaments.« Er warf sein Haar auf eine Weise zurück, wie ich sie zuvor nur bei Frauen gesehen hatte. »Wenn Ihr öfter in dieses Haus kommt, werdet ihr ihn viel sehen. Werdet Ihr öfter kommen?«

»Wahrscheinlich täglich.«

»Zu welchem Behuf?«

»Das wird sich erweisen.«

»Oh, ein Geheimnis, wie? Es gibt hier allerlei Geheimnisse, doch nach und nach löse ich sie alle. Es ist ein Steckenpferd von mir.«

»Viel Glück«, sagte ich, als ich ging.

Daheim fand ich einen Brief vor.

»Mein Geliebter,

ich sende Dir diese Zeilen durch Deinen Boten, damit nicht noch mehr Zeit verlorengeht. Meine Schwägerin hat mich gebeten, Dich für morgen früh um zehn einzuladen. Wenn wir nichts Gegenteiliges hören, so erwarten wir Dich. Ich sehne mich nach Dir.

All meine Liebe
Sue«.

Pancras ist ein etwa drei Meilen von London entfernter an der Straße nach Northampton gelegener Weiler. Miss Reskymer besaß einen Bauernhof und war ungleich ihrem Bruder eine kleine agile Person. Sie begrüßte mich und ließ mich dann diskret mit Sue allein.

Es ändert nichts am Verlangen nach einer Frau, wenn man sie eines Verrats verdächtigt, wenn man unerfreuliche Entdeckungen bezüglich ihres Charakters gemacht zu haben glaubt. Verlangen nach einer Frau ist ein tiefes körperliches Gefühl, das der animalischen Seite des menschlichen Wesens entspringt und deshalb – wie die Puritaner sagen – zu verachten ist; doch es ist deshalb nicht weniger stark, nicht weniger verlockend. Nachdem ich sie geküßt hatte, sah ich sie nachdenklich an: Warum diese Augen? – Ich habe schönere gesehen, wenngleich keine klareren –, warum diese Lippen? – Marianas waren voller, Megs unschuldiger –, warum dieses Haar, glatt und ohne Locken; diese Wangen, dieser Nacken? – es gibt edler geformte. Doch mich erfüllte all dies mit einem unbezähmbaren fleischlichen Verlangen.

»Wurdest du aufgehalten, Maugan? Ich erwartete dich schon letzte Woche.«

»Ja. Es gab eine Verzögerung . . .«

»Hast du Lord Henry Howard aufgesucht?«

»Ja. Es ist alles abgemacht.«

»Da ich so lange warten mußte und nichts zu tun hatte, habe ich mir in London Wohnungen angesehen. Ich fand eine sehr hübsche in der Great Carter Lane beim St. Pauls-Kirchhof. Sie kostet mehr, als ich ausgeben wollte, doch das ist in London mit allen Wohnungen so. Sie ist zentral gelegen, doch vielleicht ein wenig laut. Können wir sie uns zusammen ansehen?«

»Ja, gewiß.«

»Ich habe uns in St. Pancras in the Fields zweimal aufbieten lassen. Nächsten Sonntag wird das dritte Aufgebot verkündet. Ist dir das recht?«

»Natürlich.«

»Hast du das Zertifikat von Mr. Garrock? Und hast du in St. Budock das Aufgebot bestellt?«

»Ja.«

»Du bist so still. Hast du irgend etwas?«

»Nein, gar nichts.«

»Dann wollen wir uns setzen und über die Vorbereitungen sprechen. Die Hochzeitsfeier wird hier stattfinden. Amelias Cousin Robert wird mein Brautführer sein. Glaubst du, deine Brüder werden mich zur Kirche geleiten?«

»Bestimmt.«

»Maugan, du warst es, der die Bedingung gestellt hat, daß die Hochzeit Anfang Februar ist. Ich hoffe, du hast nicht den Eindruck, daß ich bei den Vorbereitungen eine ungebührliche und unweibliche Hast an den Tag lege?«

»Nein, nein, durchaus nicht.«
So sprachen wir eine halbe Stunde lang, und währenddessen schmolz allmählich das Eis, welches seit drei Wochen mein Herz umschloß. Mit neu erwachtem Interesse begann ich Pläne zu machen. Was auch immer, dachte ich – sie wird meine Frau sein. Gott im Himmel, was wünsche ich mir mehr?
Sie plauderte leicht daher, wie ich es von ihr gar nicht gewohnt war. »Bist du über die Fields gekommen? Ja? Dann hast du die Battle Bridge überquert. Dort hat Boadicea gegen die Römer gekämpft ... Die Wasserleitung führt 2000 Yards weit bis Snow Hill ... Maugan, ich glaube, du hörst mir gar nicht zu.«
»Oh doch, ich versichere dich ... Sue ...« Ich mußte es ihr sagen.
»Ja.«
»Die ganze Zeit, die du mit Philip Reskymer verheiratet warst – Ich meine, bevor wir uns während der spanischen Invasion in Mousehole trafen – das war fast ein Jahr nach meiner Heimkehr – die ganze Zeit hattest du nichts davon gehört, daß ich am Leben war?«
Sie sah mich mit leicht zusammengekniffenen Augen an. »Wie kommst du jetzt auf diese Frage?«
»Nun, ich habe oft daran gedacht – als wir uns an jenem Tag vor der brennenden Kirche trafen, starrtest du mich an wie einen Geist. Doch wir wohnten nur dreißig Meilen voneinander entfernt. Hattest du gar nichts von meiner Rückkehr gehört?«
Draußen auf dem Weg fuhr rumpelnd ein Fuhrwerk vorbei. »Mein Liebster, ich brauchte dich nicht für tot zu halten, um dich anzustarren wie einen Geist. Es war das erste Mal, daß wir einander begegneten. Was glaubst du, wie es in mir aussah? Ich bin nicht aus Stein.«
»Wann erfuhrst du denn, daß ich am Leben bin?«
»Was hast du nur, Maugan? Warum ist dir das so wichtig?«
Ich blickte in die Schlucht, an welche ich getreten, und schreckte zurück. »Es kam mir nur so in den Sinn. Du hast mir nicht geschrieben.«
»Du hast *mir* nicht geschrieben. Und ich war der Meinung, durch meine Heirat jedes Recht auf deine Liebe verwirkt zu haben.«
»Dem war nicht so.«
Einen Augenblick herrschte Schweigen. Der Mann draußen trieb seine Pferde an.

Sie sagte: »Ich erfuhr es von meiner Tante. Als ich sie etwa zwei Monate nach meiner Hochzeit besuchte, sagte sie mir, du seist dagewesen und habest mich sehen wollen.«
»So . . . Ich dachte, du hast vielleicht schon früher davon gehört. Erinnerst du dich an Dick Stable?«
»Nein.«
»Er war ›Lord of Misrule‹ während der zwölf Weihnachtstage.«
»Ach ja. Ein magerer Junge mit einer großen Nase.«
»Ja. Er sagte mir, er habe dich eines Tages in Truro getroffen und dir von meiner Rückkehr erzählt. Er sagte, es war bald, nachdem ich heimkam.«
»Das ist unmöglich. Ich war nach meiner Hochzeit mehrere Monate nicht in Truro.« Sie beugte sich vor und schürte die Glut im Kamin. »Aber was soll dies alles? Welchen Wert hat es, von jener traurigen Zeit zu sprechen? Sind wir nicht am Leben und wohlauf und lieben einander? Was ist sonst von Bedeutung?«
»Es ist von Bedeutung, Sue. Entsinnst du dich, daß du Dick trafst?«
Sie blickte stirnrunzelnd ins Feuer. »Ja . . . Aber es war später – nach Weihnachten. Ich glaube, im März. Ja, es muß im März gewesen sein. Ich besuchte mit Philip die Robartes, und wir übernachteten bei ihnen. Am Morgen kaufte ich mir ein Paar Handschuhe, und dieser Dick Stable ging mit einem anderen Mann an dem Geschäft vorbei. Er erkannte mich und blieb stehen und sprach mich an. Er erzählte mir, daß du gesund heimgekehrt seist. Vielleicht hatte er den Eindruck, daß ich ein wenig erschrak, aber – aber jede Erwähnung deines Namens war zu jener Zeit wie ein Schlag für mich. Angesichts dessen, was ich getan, ertrug ich es nicht, von dir zu hören.« Sie blickte zu mir auf. »Stellt dich das zufrieden oder komme ich jetzt auf den Pranger und werde gesteinigt?«
»Nein, Liebste. Niemand wirft mit Steinen nach dir.« Als sie sich aufrichtete, legte ich meine Arme unter die ihren und küßte sie. Dies waren die Lippen, nach denen ich mich so gesehnt hatte.
März war der Monat, in dem Dick, nachdem er in Penryn überfallen worden war, mit der Kopfwunde schwerkrank darniedergelegen hatte.
Einer von den beiden hatte unrecht. Vielleicht würde ich nie erfahren, wer.

11

In den nächsten beiden Wochen sah ich sie nur zweimal. Irgend etwas in mir sträubte sich dagegen, und sie drängte mich nicht. Wir sahen uns die Wohnung in der Great Carter Lane an und nahmen sie. Es war ein gutes Viertel, und die Räume waren gut eingerichtet – besser, als ich je erwartet hätte –, doch sie mochte mir nicht sagen, was sie kosteten; ich solle die Zwölfmonatsmiete als Hochzeitsgeschenk betrachten, meinte sie.

Ich ging ein dutzendmal zu Henry Howard, und die Arbeit schien ohne besondere Bedeutung. Die Briefe, welche ich auf Spanisch schrieb, behandelten geschäftliche und offenbar ganz harmlose Dinge. Falls sie in einem Code verfaßt waren, so kam ich nicht dahinter.

Ich fragte mich, ob Lord Henry nicht in einem einzigen Satz den ganzen Grund ausgedrückt hatte, warum ich ihn nicht mochte. Er hatte gesagt, es sei eine Grille von ihm, mich zu beschäftigen, weil er an mir Eigenschaften entdeckt habe, die er selbst besäße. Und es mag in der Tat sein, daß eine gewisse Ähnlichkeit zwischen uns bestand. Zum Glück auf meiner Seite nichts, was das Geschlechtliche betraf, doch vielleicht hinsichtlich der alten Verschlagenheit der Killigrews. Wieder der zweiköpfige Adler.

Ich hatte Kontakt mit Spanien gehabt; ich hatte Kontakt mit dem Katholizismus gehabt; seither besaß ich nicht mehr meine frühere Redlichkeit. Und auch die Kompromisse hatten mich verändert, wie auch jener, den ich bezüglich Sues schließen würde, nicht ohne Einfluß auf mich bleiben würde.

Ich zog mit Thomas in der Stadt umher. Wir saßen in Tavernen und Bierhäusern, kosteten die verschiedenen Alesorten, die Gascogneweine, den Malmsey, den spanischen Schaumwein, und aßen weiche Safrankuchen mit Rosinen. Zuweilen, zum ersten Mal in meinem Leben, betrank ich mich, und Thomas mußte mich nach Hause schleppen. Wir gingen in die Menagerie nahe dem Tower und sahen die Löwen und den Tiger, den Luchs, das Stachelschwein, den Adler. Wir besuchten die Bärenzwinger und sahen zu, wie die großen Braunbären gefüttert wurden, jeder Bär mit vier Hunden. Wir sahen in Bridewell, wie ein halbes Dutzend Männer gehängt wurden, einer wegen Notzüchtigung, einer wegen Mordes, einer, weil er einen Hut im Werte von 2 Schilling gestohlen hatte. Man setzte sie einen nach dem anderen in einen Karren, legte ein Seil um ihren Hals und stieß den Karren weg; dann zerrten ihre Freunde an ihren zuckenden Hälsen, damit sie schneller starben.

So verging die Zeit, und der Tag der Hochzeit rückte heran. Es war der 9. Februar.

Wir sollten zur Mittagsstunde getraut werden. Schon im Morgengrauen stand ich auf, und Thomas war in seinem Element. Er kleidete sich gern elegant, er liebte die Musik, und er liebte Feierlichkeiten, wenn er nicht in ihrem Mittelpunkt stand. In jenen Wochen in London hatten wir uns besser verstanden als jemals daheim, wo er im Schatten Johns und Belemus' gestanden, und ich war gerührt, als er mir nach dem Frühstück einen mit gelben Bändern geschmückten Rosmarinstrauß gab, welchen ich während der Feier tragen sollte. Rosmarin, welcher die männlichen Qualitäten repräsentierte, war ein übliches Geschenk, doch ich hatte gar nicht daran gedacht.

Nach meiner Ankunft in London hatte ich einen Ehering anfertigen lassen, einen emaillierten Reif mit kleinen Brillanten, welche den doppelköpfigen Adler der Killigrews umgaben. Sir Henry lieh mir das für diese Ausgaben nötige Geld, doch an der Hochzeit konnte er nicht teilnehmen, da er die Königin, welche an jenem Morgen nach Greenwich zog, begleitete. Lady Jael wollte kommen und desgleichen mein Onkel Simon, und sein Sohn Stephen sollte mein Beistand sein.

Um acht Uhr ging ich zu Sir Henry, um mich zu verabschieden. Er sagte lächelnd:

»Nun, Maugan, dies ist ein glücklicher Tag für dich – und ein schöner. Ist alles in Ordnung?«

»Ja, vielen Dank, Sir.«

»Wenn ich mich nur an deine Braut erinnern könnte. Du sagst, ich habe sie vor einigen Jahren kennengelernt?«

»Ja. Aber nun werdet Ihr sie ja sicher bald sehen . . .«

»Gewiß . . . Wie steht es mit deiner Arbeit bei Lord Henry?«

»Recht gut.«

»Diese Beziehung könnte sich für dich als überaus vorteilhaft erweisen. Lord Henry steht auf sehr gutem Fuß mit dem Earl of Essex, und mit Essex geht es steil aufwärts. Seit er vor sechs Wochen zum Großzeremonienmeister ernannt wurde, ist er wieder bester Stimmung.«

Mein Großonkel runzelte die Stirne. »Wüßte ich nur die Einstellung der Königin. Lord Essex scheint jetzt fast imstande, sie zu beherrschen. Langsam hat er immer mehr Einfluß auf sie gewonnen. Es kommt häufig vor, daß brillante junge Männer völlige Macht über eine alternde Frau erlangen ... Andererseits – noch niemand, kein Mann und keine Frau auf Erden, hat je die Königin beherrscht, seit sie vor vierzig Jahren den Thron bestieg. Sie hat solch angeborene Größe, daß er, wenn er sich nicht vorsieht, auf seinen Ruin zusteuern könnte ... Nimm dich in diesem Falle in acht, daß du bei seinem Sturz nicht mitgerissen wirst.«

»Lord Henry steht sich heute auch mit Sir Robert Cecil sehr gut. Er hat ihm diese Woche jeden Tag einen Brief geschrieben.«

Sir Henry knöpfte sein Wams zu. »Worüber, wenn ich fragen darf?«

»Ich denke, Sir, wenn ich bei ihm beschäftigt bin, muß ich darüber Schweigen bewahren.«

»Ja ... ja, das ist wahr. Ich hätte dich nicht fragen dürfen.«

»Ich kann nur soviel sagen, daß vieles mit Schottland zu tun hat.«

»Politische Dinge?«

»Ja. Aber offenbar nichts Bedeutungsvolles.«

»Ob etwas von Bedeutung ist oder nicht, hängt vom Schreiber und vom Leser ab, Maugan. Die Königin ist in den Sechzigern, und das heißt, daß wir alle auf einem Seil über einen Abgrund wandeln. Sie wird schlimm von Rheumatismus und Kopfschmerzen geplagt. Es kann jeden Tag etwas geschehen.«

»Das möge Gott verhüten.«

»Darum beten wir alle.«

Sir Henry streifte eine samtene Hose über seine mageren Schenkel. »Aber deshalb sollst du dir jetzt keine Sorgen machen, Maugan. Dies ist dein Hochzeitstag ... Ich entsinne mich gut, wie dein Vater – es scheint, als sei es erst gestern gewesen – an den Hof kam, ebenso jung und eifrig wie du. Sein Vater, mein älterer Bruder, führte ihn ein, und wir alle fanden, daß er ein hübscher junger Mann war. Unsere Königin war damals in ihren Dreißigern, und wir hofften, sie würde ein Auge auf ihn werfen und ihn fördern, so wie Leicester und Raleigh und Essex. Doch wir hofften vergebens. Vielleicht mangelte es ihm an Format ...«

Ich sagte: »Kanntet Ihr eigentlich meine Mutter?«

»Was?« Sir Henry kratzte sich am Kinn. »Was? Deine Mutter? Oh ja, ich kannte sie.«
Ich starrte ihn an. Ich hatte die Frage ganz beiläufig gestellt, ohne mit dieser Antwort zu rechnen.
Er sagte: »Ich glaube, ich war der einzige aus unserer Familie, der sie kannte. Dein Vater hatte – was bei einem neu an den Hof gekommenen hübschen und wohlerzogenen jungen Mann nicht verwunderlich ist – allerlei pikante Affären. Es war jedoch alles nichts Ernstes, und dein Großvater und deine Großmutter sahen sich in Anbetracht ihrer hohen Schulden nach einem reichen Mädchen um, das sich vielleicht mit im verloben ließ. Da lernte er deine Mutter kennen und verliebte sich offenbar in sie. Sie war eine Londonerin aus keiner besonders vornehmen Familie, doch von großem Charme, und ich glaube, dein Vater dachte sogar daran, sie zu heiraten. Dies wurde ihm jedoch verboten – vor allem von deiner Großmutter, deren energischen Charakter du ja kennst –, und so ging die Verbindung auseinander. Ich glaube«, schloß Sir Henry trocken, »es war das einzige Mal in seinem Leben, daß dein Vater jemanden außer sich selbst liebte.«
»Wie hieß sie?«
»Maugan, wie du. Du bekamst ihren Zunamen als Vornamen. Bald nach deiner Geburt brach die Pest aus, und die ganze Familie Maugan erkrankte daran. Gegen den Willen seiner Eltern ging dein Vater hinunter zur Themse, wo sie wohnten, und holte dich fort. Er engagierte eine Amme und brachte dich nach Cornwall. Lady Killigrew war zutiefst entsetzt, denn in Arwenack waren just die Moncks zu Gast, deren Tochter dein Vater später in jenem Jahre heiratete.« Lächelnd steckte Sir Henry ein Tuch in seine Tasche. »Während der Verlobungsfeier bewahrte man dich in der Küche auf und gab dich als Sohn Sarah Ambles aus, die damals für dich sorgte. Doch ich glaube, daß Dorothy Monck nach ihrer Heirat niemals Anstoß an dir nahm; im Gegenteil, du hättest dir keine liebevollere Stiefmutter wünschen können.«
»Da habt Ihr recht. Wie war meine Mutter?«
»Äußerlich? Groß, ein wenig grobknochig für eine Frau. Blauäugig und dunkelhaarig. Du siehst ihr ein wenig ähnlich. Ich sah sie nur einmal, war aber von ihrer Erscheinung beeindruckt.«
»Wißt Ihr, wo sie begraben ist?«

»Nein, ich habe keine Ahnung. Sie ist damals nicht gestorben, und möglicherweise lebt sie noch – sie dürfte noch nicht vierzig sein.«
»Sie ist nicht gestorben? Aber –«
»Sie genas von dem Fieber, doch ihr Vater starb. Er war ein Kräuterhändler, der nahe den Hermitage Stairs wohnte. Katherine Maugan führte sein Geschäft einige Jahre weiter und wurde wegen ihrer Arzneien berühmt; dann geriet sie in Zwist mit einer der Zünfte und verließ London.«
Sir Henry nahm seinen Stock. »Soviel ich hörte, ging sie nach Westengland, doch das war vor vielen Jahren. Frauen, welche dieses Gewerbe ausüben, geraten zuweilen in den Verdacht der Hexerei; ich hoffe, sie hat einen ruhigen Hafen gefunden, denn sie war eine rechtschaffene Frau.«

Es war für Februar ein schöner Tag; eine nordwestliche Brise wehte, und weiße Wolken schwebten hoch am strahlendblauen Himmel. Ich nahm ein Pferd, und Lady Jael, Onkel Simon und Philip Killigrew folgten mit ihrer Kutsche. Wir verließen London und überquerten die Fleet-Brücke mit ihren in den Stein eingelassenen Piken und Laternen, welche an Winterabenden für die Reisenden angezündet werden. Von den Feldern schwand eben der morgendliche Reif. Schafe grasten. Zwei Windmühlen klapperten neben einem Bach. Mein Hochzeitstag.
Der rechtschaffene Sohn einer rechtschaffenen Frau.
Sue trug ein rotbraunes Kleid; dessen entsinne ich mich gut, doch an den größten Teil der Zeremonie erinnere ich mich nicht. Ich glaube, ich war als erster an der Kirche, denn ich weiß noch, daß ich an der Kirchentür stand und sie durchs Friedhofstor kommen sah, Thomas zu ihrer Rechten und Henry zu ihrer Linken; Dorothy Reskymer, eine angeheiratete Cousine, ihre Brautjungfer, und Mr. Robert Reskymer, der sie mir übergeben sollte, folgten ihr. Sue trug ihr Haar geflochten, nicht offen auf die Schultern niederhängend, wie sie es getan hätte, wäre sie nicht schon einmal verheiratet gewesen. Auf dem Kopf hatte sie einen goldenen Reif, und ihr Kleid war aus feinster Seide. Darauf waren die üblichen Rosetten gestickt, in Milchweiß, Gelb, Blau und Rot. Gold wurde nie verwendet, denn es versinnbildlichte die Habgier. Ob sie es bei ihrer ersten Hochzeit getragen hatte? Auch

Fleischfarben waren verpönt, denn sie bedeuteten Geilheit. Mir hätten sie besser angestanden als Rosmarin.
Es waren mehr Leute erschienen, als ich erwartet hatte, Neugierige und Freunde. Lord Henry Howards weibischer Claude, ein halbes Dutzend von Thomas' Wirtshausfreunden, Mistress Amelia Reskymer, ein Killigrewvetter, der mit dem jungen Henry gekommen war, unser getreuer Verwalter Thomas Rosewarne.
Sue lächelte mich an, doch ich glaube, ich erwiderte ihr Lächeln nicht. Gleich einem Geist war eine andere Frau neben uns, hielt meine Hand, starrte in mein Gesicht.
Der Pastor stand an der Türe und sagte ein paar Worte, und ich erwiderte ein paar Worte, die ich einstudiert hatte. Er ging voran in die Kirche. Eine Hand war in der meinen, zart, behandschuht, die Hand einer Lady. Sie umklammerte die meine mit leichtem Druck; dann trennte man uns wieder. Musik erfüllte die Kirche. Wir gingen hindurch, sie voran mit meinen beiden Brüdern und Dorothy Reskymer. Ich folgte mit Philip Killigrew. ›Safran gegen Masern; Majoran und Anis; Schwarzwurz und Lakritze . . .‹
Wir knieten vor dem Altar nieder, neben mir das schlanke, zarte, dunkelhaarige, ränkevolle Mädchen, das meine Frau werden sollte. Ich wandte den Kopf und sah sie an. Mir war, als sähe ich ganz deutlich – und zynisch – ihren kühlen, feinknochigen Körper nackt neben mir liegen, in dem Bett in Trewoofe. Ich sah ihr bleiches Gesicht, das glatte schwarze Haar auf dem Kissen gleich Seetang. Ich sah die winzigen Schweißperlen auf ihrer Lippe, spürte ihre Wimpern an meiner Wange. All dies würde wieder so sein.
»Liebe und Haß. Zwischen jedem Mann und jeder Frau sind immer Liebe und Haß. Du wirst lernen, daß dem so ist.«
»Sollte einem von euch ein Hindernis bekannt sein, warum ihr nicht rechtmäßig ehelich verbunden werden dürft, so fordere ich euch auf, es zu gestehen. Denn seid versichert, wer auf andere Weise vermählt wird, als es Gottes Wort erlaubt, ist nicht von Gott zusammengefügt, und dessen Ehe ist nicht gültig.«
In der Kirche roch es nach Moder und Staub, doch zuweilen spürte ich den Duft des Mädchens neben mir. Die Sonne schien durch ein buntes Glasfenster hinter dem Pastor, und die roten und blauen Strahlen fielen auf den marmornen Boden und seinen Talar. Solche Stufen hatte ich den blutenden Victor Hardwicke herabgeschleppt. ›Nimm dich in

acht‹ hatte sie einmal gesagt, als sie mich auf der Treppe traf. ›Ich habe Blut an deinen Händen gesehen.‹

»Willst du diesen Mann zu deinem angetrauten Gemahl nehmen und mit ihm nach Gottes Geboten im heiligen Stande der Ehe leben? Willst du ihm gehorchen und dienen, ihn lieben, ehren und zu ihm stehen in Krankheit und Gesundheit? Willst allen andern entsagen und zu ihm stehen, solange ihr beide lebt?«

»Ich will.«

Sue, sah ich, war aufgestanden. Was hatte man mir einst gesagt –

»Steh auf«, flüsterte Philip Killigrew hinter mir. Ich erhob mich; mit steifen und schmerzenden Knien und Händen, als habe sich mein Gefühl, keinen Ausweg findend, in Gift verwandelt und rinne durch meinen Körper. »Den Ring«, sagte er.

Mit zitternder Hand holte ich den Ring hervor und ließ ihn fast fallen. Sie hatte ihre Handschuhe ausgezogen. Die Hand, die ich nahm, war warm und ruhig und zart und schön.

»Mit diesem Ring vermähle ich mich dir«, sagte ich. »Dies Gold und Silber gebe ich dir. Mit meinem Körper verehre ich dich, und all meine weltlichen Güter schenke ich dir.« Ich berührte mit dem Ring ihren Daumen. »Im Namen des Vaters.« Ich berührte mit dem Ring ihren Zeigefinger. »Und des Sohnes.« Ich sah sie an, und sie sah mich an; ich sah ihre in dem bunten Licht glänzenden Augen, den goldenen Reif auf ihrem schwarzen Haar, ihre fein geformte Nase, ihre hohen Backenknochen, ihre mit Krapp geröteten Lippen, leicht geöffnet und lächelnd. In ihren Augen schien ich meine ganze Vergangenheit zu schauen. Ich berührte mit dem Ring ihren Mittelfinger. »Und des Heiligen Geistes.« Noch konnte ich davonlaufen, den Ring auf die Steintreppe werfen, ein neues Leben beginnen, ganz allein von mir gestaltet, aufbauend auf dem, was ich nun von meinen Vorfahren wußte, auf meine Fehler. Vor allem auf meine Fehler, auf die falsche Einschätzung des Charakters der einzigen zwei Frauen, die mir je etwas bedeuten würden.

Doch wenn ich dies jetzt tat, entfloh ich dann nicht dem Geschick, das ich mir selbst geschaffen, das ich mir selbst gewählt?

Ich streifte den Reif über ihren Ringfinger. »Amen.«

Wir nahmen das Heilige Abendmahl. Dann umringten uns Freunde, um die Rosetten von Sues Kleid zu zupfen. Lächelnd machte sie eine nach der andern ab.

Benommen trank ich Muskateller aus der silbernen Schale, die sie mir gereicht hatten. Ich gab sie an Philip Killigrew weiter und nahm ein Stück Kuchen.
Alle schwatzten und lachten und traten zu uns und wünschten uns Glück. Die Freunde, die Thomas mitgebracht, stimmten auf ihren Lauten ein Lied an. Zufällig war es jenes, das Victor Hardwicke so oft im Gefängnis in Lagos gespielt:

»Nicht weinen sollst du – lächle, Liebchen mein;
Im Alter deiner harrt genug der Pein.«

Postskriptum für Puristen

Dieser Roman handelt hauptsächlich von den Killigrews, einer nicht unbedeutenden Familie in Cornwall, deren Name in den Aufzeichnungen jener Zeit immer wieder auftaucht und einen neugierig macht. Manchmal sind nur die bloßen Daten der Existenz dieser Familie überliefert, dann wieder sind die Daten prächtig und vielsagend ausgeschmückt, manchmal gibt es nur entmutigendes und undurchdringliches Schweigen.

Bibliographien in einem historischen Roman sind anmaßend – für den Leser ist es unwichtig, ob ein Autor dreißig oder dreihundert Bücher zu einem Thema gelesen hat –, aber vielleicht sollte ich doch sagen, daß ich bei den Forschungen zu diesem Buch, wo immer möglich, auf die Originalquellen zurückgegriffen und bekannte Tatsachen nicht leichtfertig verdreht habe.

Ich habe mir erlaubt, das Alter von ein oder zwei Kindern John Killigrews geringfügig zu verändern, jedoch um nicht mehr als etwa ein Jahr. Weil es zu jener Zeit so viele Elizabeths gab, habe ich seine älteste Tochter Odelia genannt und Elizabeth dort eingefügt, wo eigentlich Odelia hingehört. Aus demselben Grund habe ich Sir John Arundell von Tolverne Sir Anthony genannt und John, seinen ältesten Sohn, Jonathan. Zu jener Zeit hieß fast jeder älteste Sohn John. Eine Zeile in *Vivian's Visitations* läßt die Vermutung zu, daß Sir Anthony kurz nach seinem ältesten Sohn gestorben sein könnte anstatt kurz vor ihm; aber die Zeugnisse darüber sind widersprüchlich. Seine religiösen Zweifel waren wahrscheinlich nicht so offenkundig.

Was die Vergehen der Killigrews betrifft, habe ich mich auf das *Lansdowne Ms.*, das *Salisbury Ms.*, die *Acts of the Privy Council* usw. gestützt, nicht auf Hals, der sich bezüglich dieser Familie in mehrfacher Hinsicht geirrt hat, und ebenfalls nicht auf das sogenannte *Killigrew Ms.*, das nicht vor 1737 entstanden ist. Die einzige verläßliche Zusammenfassung dieser Quellen – abgesehen von verstreuten, wenngleich erhellenden Hinweisen auf diese Familie in den Schriften von A. L. Rowse – findet sich in D. Matthews Beitrag im *English Historical Review* vom Juli 1924.

Der Bericht darüber, daß John Killigrews illegitimer Sohn von Captain Richard Burley und einem portugiesischen Freibeuterschiff entführt und am spanischen Hof Page wurde, findet sich im *Calendar of State Papers* unter dem Februar 1596.

Der Ort Blavet in der Bretagne, der im Roman häufiger erwähnt wird, ist identisch mit Port Louis, das dem heutigen Hafen Lorient gegenüberliegt. Ich habe in dem Buch durchweg den modernen Kalender verwendet.

Zum Zeitpunkt der spanischen Landung war John Tremearne in Wirklichkeit schon Pfarrer von St. Paul; ich habe mir in dem Buch die Freiheit genommen, ihn erst danach in den Sprengel kommen zu lassen. Ansonsten habe ich mich an die zeitgenössischen Berichte im *Salisbury Ms.* und anderswo gehalten und an den nur wenig jüngeren Bericht Carews – des Vaters von Gertrude –, dem Sir Francis Godolphin von den Vorgängen berichtet hatte.

Daß Raleighs plötzliche Versöhnung mit Essex Ende 1595 durch die Heirat seines engen Freundes Northumberland mit Essex' Schwester zustandekam, ist eine These, die bisher noch nicht geäußert wurde, für die aber eine gewisse Wahrscheinlichkeit spricht.

Es gibt eine ganze Anzahl von Augenzeugenberichten über die Eroberung von Cadiz, von denen derjenige Raleighs zweifellos der berühmteste ist. Aber in der Hauptsache habe ich mich auf ein unveröffentlichtes Ms. in der Lambeth Palace Library gestützt, das wahrscheinlich von jemandem auf Raleighs Flaggschiff verfaßt worden ist; dieses Ms. bildet auch die Grundlage für meine Darstellung von Raleighs Abenteuer in der Nacht vor der Schlacht – ein Abenteuer, das zumindest in den Einzelheiten seinen zahlreichen Biographen entgangen zu sein scheint – und für die Geschichte vom Verlust der *Peter of Anchusen*. Die Schatzflotte in Cadiz wurde in Wirklichkeit erst vierundzwanzig Stunden später in Brand gesetzt, als in diesem Buch angegeben.

Man kann sich wahrscheinlich darüber streiten, wie weit John Killigrew sich mit den Spaniern eingelassen hat, aber die Beweise dafür, daß er es getan hat, scheinen mir zwingend zu sein. Es gibt nicht nur den im Roman erwähnten Bericht Facys über die Aussage von William Love, sondern noch viele ähnlichlautende Berichte, die gegen Ende des Jahres 1597 und im Verlauf des folgenden durchsickerten. William Astell bezeugte am 22. Februar 1598, daß in La Coruña das Gerücht umlaufe, John Killigrew sei wegen Verrats hingerichtet worden. Peter Scoble berichtete am 5. Mai 1598, daß er während seiner spanischen Gefangenschaft ständig darüber verhört wurde, ob John Killigrew hingerichtet oder im Gefängnis sei. Aber die entscheidenden Beweise kommen von spanischer Seite – Anspielungen und Bezugnahmen in verschiedenen Briefen, in erster Linie jedoch der Befehl des Adelantado, daß bei der Landung in Falmouth Haven die Leute dort gut zu behandeln, alle übrigen aber niederzumetzeln seien.

Ich habe keinen Beweis dafür, daß Raleigh zugunsten John Killigrews ausgesagt hat, als dieser in London für sein Verhalten zur Rechenschaft gezogen wurde, aber bei seinem Charakter wäre es durchaus denkbar, daß er so gehandelt hat.

Für Einzelheiten über die zweite spanische Armada – genau genommen eigentlich die dritte, wenn man das verfehlte Unternehmen des Vorjahres mitzählt – habe ich außer englischen Quellen, von denen Raleighs Depesche von Ende Oktober 1597 wohl die genauesten Nachrichten enthält, noch folgende benutzt: die spanischen und venezianischen Staatsannalen, die Depeschen des Adelantado, Briefe von Pater Sicilia S. J., de Sotos Briefe und die Briefe des Königs an mehrere seiner damaligen Befehlshaber. Ich bin von den historischen Tatsachen insofern abgewichen, als ich de Soto schon 1594 als Sekretär des Adelantado auftreten lasse – er wurde erst im Mai 1597 offiziell dazu ernannt, hatte sich aber schon ziemlich lange hinter der Szene betätigt, und mir schien dies eine brauchbare Vereinfachung. Das Ziel dieser Armada wurde vollkommen geheimgehalten – darin habe ich nicht übertrieben; die einzigen, die Bescheid wußten, bevor die versiegelten Orders erbrochen wurden, waren der König selbst, Don Juan de Idiaquez, Don Cristoval de Moura und die beiden Sekretäre, de Ibarra und Prada (siehe den zeitgenössischen Bericht Vendraminos; die *Relazioni degli Ambasciatori Veneti*, Vol. 13, von Alberi; die *Vita del Catolico Re Filippo II* von Gregorio Leti, Köln 1679).

Was aus den Leuten wurde: John Killigrew lebte bis 1605, meist im Gefängnis, manchmal, wenn der Staatsrat seine Einwilligung dazu gab, in Freiheit, dann aber immer in Begleitung eines Gefängnisbeamten, um sich um seine chaotischen Vermögensverhältnisse zu kümmern. Das Geheimnis um Jane Fermors Mitgift ist nie aufgeklärt worden; die einzige einigermaßen begründete Darstellung geht dahin, daß die gesamte Mitgift am Hochzeitstag mitgebracht und von ihren beiden Dienern heimlich bei Gyllyngvase – auf Arwenackschem Boden, etwa eine Meile vom Haus entfernt – vergraben wurde. Sie verstand es, sich in Zeiten der Not Zugang zu ihrer Mitgift zu verschaffen, sie ihrem Mann und ihrem Schwiegervater jedoch vorzuenthalten. John Killigrew, ihr Mann, der es in seinem Leben nicht gerade einfach hatte – unter anderem führte er einen jahrzehntelangen Kampf um die Scheidung von seiner Frau –, erhielt von Jakob I. die Erlaubnis, die Stadt Falmouth zu gründen; und sein Bruder Peter, der geschickt die Balance zwischen König und Parlament zu halten verstand, erlangte 1661 einen Gnadenbrief für sie.

Jack Arundell von Trerice wurde Sir John Arundell und war Befehlshaber von Pendennis Castle, als es sich 1646 mit einer winzigen Besatzung fünf Monate lang gegen Fairfax behauptete; es war zu dem Zeitpunkt der letzte Ort in England, wo noch die königliche Standarte wehte. Thomas Arundell heiratete seine Bridget Mohun, verkaufte Tolverne und ging nach London. Er wurde 1603 in Greenwich geadelt, erbte Truthall von seinem Onkel und ging, nachdem er bei einer unvorsichtigen Spekulation Geld verloren hatte, wieder nach Cornwall zurück und ließ sich dort nieder. Gertrude Arundell (geborene Carew) heiratete bald wieder, und zwar William Carey von Clovelly, den Bruder der Frau Jack Arundells.

Lord Henry Howard war natürlich, obwohl er sich stets im Hintergrund von Cecil hielt, entscheidend daran beteiligt, Jakob von Schottland den Weg zum englischen Thron zu ebnen. Es war auch weitgehend sein Werk, daß der König eine immer ablehnendere Haltung gegenüber Raleigh einnahm, und bei Raleighs Prozeß im Jahre 1603 war er einer der Richter. Zu Lebzeiten Jakobs I. wurde er mit unverdienten Ehren überhäuft.

Schließlich sollte ich vielleicht noch erwähnen, daß ich Maugan einige Wesenszüge eines Robert Killigrew beigelegt habe, der ein enger Freund Raleighs war, außerordentlich geschickt und erfahren im Mischen von Arzneien und Kräuterheilmitteln, und der später unschuldig in die Ermordung Sir Thomas Overburys verwickelt wurde. Aber das ist eine andere Geschichte.

Salman Rushdie

Mitternachtskinder

Roman. Aus dem Englischen von Karin Graf.
612 Seiten. Serie Piper 716

»Dieses Buch ist fesselnd wie zuletzt nur García Márquez' ›Hundert Jahre Einsamkeit‹. Die Faszination erwächst aus der harmonischen Verbindung von Unterhaltung im besten Sinn, Stimmigkeit des historischen, gesellschaftlichen Hintergrunds und stilistischer Sicherheit des Autors. Denn das Märchen, durch das sich Saleem Sinai behende bewegt, ist die Wirklichkeit.« Der Tagesspiegel

»Rushdie breitet einen phantastischen, lebensprallen Erzählteppich aus, mit Szenen und Figuren in einem Geflecht von Beziehungen.« Welt am Sonntag

Scham und Schande

Roman. Aus dem Englischen von Karin Graf.
341 Seiten. Geb.
(Auch in der Serie Piper 1148 lieferbar)

»Salman Rushdie verdient es, als einer der großen Geschichtenerzähler unserer Zeit bezeichnet zu werden, als magischer Realist in der Tradition von Grass, Calvino, Borges und vor allem García Márquez.« The Observer

»Wie Márquez und Kundera, deren Zeitgenossen er auf so natürliche Weise ist, zeigt uns Rushdie, mit was für einer Phantasie unsere heutige Geschichte geschrieben werden muß.« The Gurardian

Vom selben Autor liegt außerdem vor:

Das Lächeln des Jaguars

Eine Reise durch Nicaragua. Aus dem Englischen von Melanie Walz.
192 Seiten. Serie Piper 744

Piper 57/1 a

PIPER

Kenizé Mourad

Im Namen der toten Prinzessin

Roman eines Lebens
Aus dem Französischen von Brigitte Weidmann.
611 Seiten. Serie Piper 1344

In diesem Buch erzählt Kenizé Mourad die abenteuerliche Lebensgeschichte ihrer Mutter, Prinzessin Selma, die als Enkelin des Sultans Murad V. in den Zusammenbruch des Osmanischen Reiches hineingeboren wurde. Die Familie emigrierte nach Beirut. Später verheiratete man Selma mit einem indischen Radscha. In der Pariser Boheme gegen Ende der Dreißiger Jahre fand Selmas Leben ein tragisches Ende – ein außerordentliches Frauenschicksal vor dem Hintergrund einer untergehenden Welt.

»Eine wundersame Liebesgeschichte ergibt manchmal einen großen Roman. Wenn aber die Geschichte darüber hinaus wahr ist, ja ebenso wahr wie unwahrscheinlich, wenn sich in ihr der Untergang eines ganzen Weltreichs, einer bewegenden Epoche spiegelt, wenn die Heldin eine Sultanin ist und Istanbul ihr Geburtsort, von wo der Zusammenbruch des Osmanischen Reiches sie ins libanesische Exil nach Beirut zwingt, die Heirat mit einem ihr unbekannten Radscha sie an einen indischen Königshof führt und die bevorstehende Geburt ihres ersten Kindes ihr zum ersten Mal ein freies Leben – in Paris – ermöglicht, dann erwartet man ein außergewöhnliches Buch.«

L'Express